地球の歩き方 KJ0065 ● 2024～2025年版

紐西蘭

New Zealand

地球の歩き方編集室　MOOK墨刻出版

基本資訊

37 南島

出發前務必閱讀！ 旅遊的安全對策…487

233 北島

MAP

書中使用的記號與縮寫

記號	說明
i SITE	遊客中心i-SITE
i	遊客中心DOC
住	地址
電	電話號碼
FREE	紐西蘭國內免付費電話
手機	行動電話號碼
FAX	傳真號碼
URL	網址
e-mail	Email
開	開館時間
營	營業時間
運	行駛時間
時	舉行時間
休	公休日、休館日
費	費用
交	交通
Ave.	Avenue
Blvd.	Boulevard
Cnr.	Corner
Cres.	Crescent
Dr.	Drive
Hwy.	Highway
Rd.	Road
Sq.	Square
St.	Street
Pde.	Parade
Pl.	Place
Tce.	Terrace
E.	East
W.	West
S.	South
N.	North

奧克蘭

人口：166萬人
URL www.aucklandnz.com

奧克蘭
Auckland

人口約166萬的奧克蘭，全國有1/3的人居住在此地，是紐西蘭經濟與商業的中心，也是最大的城市。

奧克蘭是紐西蘭具代表性的商業城市

1841年到1865年曾經定都於此地，因此文化設施眾多，而且雖然是國際級大都市，卻保有綠意盎然的景觀及美麗的海灘，也成為奧克蘭的魅力之一。周邊屬於奧克蘭火山帶，擁有伊甸山等約50座火山，但多數為休火山。此外，北擁懷特瑪塔港Waitemata Harbour、南臨馬努考港Manukau Harbour，發展興盛的水上運動也是奧克蘭的一大特色；擁有遊艇及小型船舶的市民人口比例為世界第一，無怪乎能贏得「帆船之都City of Sails」的稱號。漫步在時尚的街道、美麗的大海與蒼綠的公園，為旅遊增添無數樂趣。

駐奧克蘭辦事處（駐奧克蘭台北經濟文化辦事處）
Taipei Economic & Cultural Office in Auckland, New Zealand
Map P.246-D1
住Level 15, Tower 2, 205 Queen Street
電(09) 303-3903
FAX(09) 302-3399
URL www.roc-taiwan.org/nzakl
開週一～五9:00～12:30、13:30～17:00
休週六・日・節日
領務服務時間
開週一～五9:00～12:30、13:30～17:00

奧克蘭國際機場
Map P.245-D2
電(09) 275-0789
FREE 0800-247-767
URL www.aucklandairport.co.nz

以風帆為造型的奧克蘭國際機場

國際線入境大廳

如何前往奧克蘭 Access

搭乘飛機抵達

奧克蘭國際機場Auckland International Airport是紐西蘭國內出入境乘客數最多的機場，從台灣直飛奧克蘭，可搭乘紐西蘭航空從桃園國際機場出發的航班（→P.453）。航廈內以帆船之都的主題來設計，現代而時尚，1樓為入境大廳，2樓則為出境大廳。國內線航廈則在距離1km之處（→P.239邊欄）。

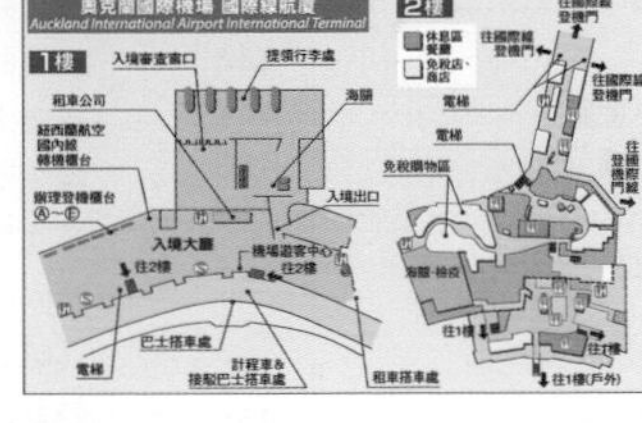

238

Homeland

Map P.246-A2 市中心

由紐西蘭知名的主廚Peter Gordon所開設的高級餐廳，堅持提供永續性及在地生產的獨特美食，從早餐到晚餐都能享用，主菜價格在$40左右。位於溫耶德區，絕佳的海景位置亦為一大賣點，並設有廚藝教室。

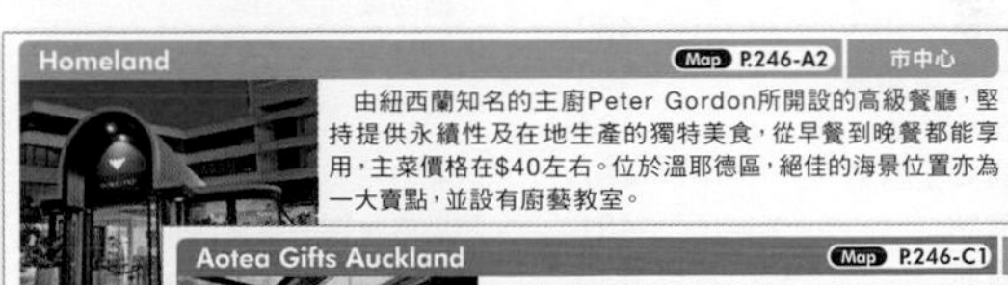

餐廳

Aotea Gifts Auckland

Map P.246-C1 市中心

紐西蘭全國共有9家店舖，是綜合性的紀念品店。限定品牌「Avoca」有健康食品、蜂蜜，而「Kapeka」則是高品質的美麗諾羊毛商品；尤其是麥蘆卡蜂蜜與皮膚保養品的種類豐富，品質方面也有一定水準。有會說中文的店員，非常方便。

購物

Hilton Auckland

Map P.247-A3 市中心

座落在突出於懷特瑪塔港的王子碼頭，每間客房都擁有著視野遼闊的專屬陽台，能眺望明亮迷人的海洋風景。飯店內還有海鮮餐廳「Fish」及時尚的酒吧「Bellini Bar」，設備完善；設有水底觀景窗的戶外游泳池也很受歡迎。

住Princes Wharf, 147 Quay St. 電(09) 978-2000
URL www.auckland.hilton.com
費ⓈⒹⓉ$468～ 房間數187 CC ADJMV

住宿

由上到下是島名、城市名

地圖上的主要符號

- 購物
- 餐廳
- 住宿
- Holiday Park
- 山間小屋
- 高爾夫球場
- 避難小屋
- 露營區
- 郵局
- 銀行
- 公廁
- 滑雪場
- 步道

CC 信用卡

A American Express美國運通
D Diners大來卡
J JCB
M Master Card
V VISA Card

飯店房間

Ⓢ 單人房（1張床1人使用）
Ⓓ 雙人房（1張床2人使用）
Ⓣ 雙人房（2張床2人使用）
Camp 露營區
Dorm 團體房
Share 床位較少的團體房
Lodge 小木屋

■本書的特徵

本書以想要前往紐西蘭旅行的讀者為對象，介紹各城市的交通、住宿、餐廳等資訊。

■關於刊載資訊

編輯部會盡最大努力提供最新且正確的情報，然而當地的規定及手續時常會有變動，有時也會因理解上的不同而出現問題，若是因為這些理由或是本公司並沒有重大過失時，讀者因參考本書而產生的損失及不便，皆不在本公司的負責範圍內，敬請見諒。此外，使用本書時請讀者自行判斷本書提供的情報與建議，是否適用於自身的狀況或計畫。

■當地採訪與調查時間

本書以2022年11月到2023年3月的採訪資料為基礎編輯而成，追蹤調查時間到2023年4月上旬。不過有些數據會隨著時間而變動，特別是餐廳、住宿設施的費用等，常會在實際前往旅行時已經調整過，因此本書提供的資料僅供參考，建議抵達當地時前往遊客中心收集最新資訊。

■關於公休日

本書省略年初、年底及節日（→P.9）。

奧克蘭天空之塔©MOOK

一般資訊

紐西蘭的基本資訊

▶旅行英語會話
→ P.491

國旗
底色是皇家藍，搭配英國國旗Union Jack以及代表南十字星座的4顆星。

正式國名
紐西蘭
New Zealand

國歌
有2首，《天佑女王God Save the Queen》與《天佑紐西蘭God Defend New Zealand（毛利名E Ihoa Atua）》。

面積
約27萬534km^2，其中北島為11萬6000 km^2、南島15萬1000 km^2、周邊群島4000 km^2。

人口
約515萬1600人（2022年12月統計）
（參考URL www.stats.govt.nz）

首都
威靈頓Wellington
人口約54萬2000人

元首
英國國王查爾斯三世Charles III，不過在紐西蘭政府的建議下由總督擔任國家元首代理人，任期為5年，2024年5月目前的現任代理人是辛迪・基羅Cindy Kiro。

政治體制
君主立憲制。議會實行一院制，每3年改選一次。2024年5月目前的現任總理是克里斯多福・盧克森Christopher Luxon。

民族構成
歐洲人約70%、毛利人約16.5%、玻里尼西亞人約8%，以及亞洲等其他民族。（2022年12月統計）

宗教
約44%是基督教徒，英國國教、羅馬天主教等信徒眾多。

語言
常用語言為英語、毛利語與紐西蘭手語，不過毛利人也講英語，因此到哪裡英語都通用。

貨幣與匯率

▶旅行預算與金錢
→ P.448

紐幣（100¢＝$1、$1＝台幣20.13元，2024年5月匯率）紙鈔有$5、10、20、50、100等5種，是2015～2016年新發行的，硬幣則有10、20、50¢與$1、2等5種。每人攜帶超過1萬紐幣的現金出入境時，必須填交攜帶現金報告表（Border Cash Report）。

$5

$10

$20

$50

$100

※圖片是新紙鈔，舊紙鈔仍然可以使用。

10¢

20¢

50¢

$1

$2

如何撥打電話

▶電話→ P.484

從台灣撥往紐西蘭　例撥往紐西蘭的(09)123-4567時

國際電話識別碼		紐西蘭國碼		區域號碼（去除開頭的0）		對方的電話號碼
002	+	64	+	9	+	123-4567

節日（主要節日）

（※記號）是每年日期不同的節日。新年、耶誕節若恰好是週末，基本上週一補假，公家機關及商店則每逢節日幾乎都休假。

月	日期		節日
1月	1/1～2		新年　New Years Day
2月	2/6		懷唐伊日（紐西蘭國慶日）　Waitangi Day
4月	4/18（'25）	※	耶穌受難日　Good Friday
	4/21（'25）	※	復活節後的週一　Easter Monday
	4/25		澳紐軍團日　ANZAC Day
6月	6/2（'25）	※	國王生日　King' s Birthday
7月	7/20（'25）	※	毛利新年　Matariki
10月	10/28（'24）	※	勞動節　Labour Day
12月	12/25		耶誕節　Christmas Day
	12/26		節禮日　Boxing Day

營業時間

▶購物
基礎知識→P.474

以下是一般營業時間的概況，會因為店家而有30分鐘～1小時的差異。復活節、耶誕節前後～新年的假期，除了觀光區之外的商店、餐廳幾乎都休息。

銀行

一般在平日週一～五9:30～16:30營業，週六、日及節日不營業。主要銀行有ANZ、Kiwi Bank等。此外街上隨處可見ATM，即使銀行休息也能24小時提款，非常方便；不過使用路邊的ATM時要注意後方是否有人。

百貨公司、商店

依照店家的種類、季節不同，一般的營業時間為平日週一～五9:00～17:00、週六10:00～16:00、週日11:00～15:00，有些地方每週1天（大多是週四或週五）營業到21:00。許多商店的冬季（4～9月）關門時間比夏季早。奧克蘭、基督城等大都市以觀光客為主的商店則營業到22:00。

電器&錄放影機&網路

▶網路→P.486

電壓與插頭

標準電壓是230/240V、50Hz，插座是3孔八字型。插座旁有按鈕，確定插頭插好後再按ON。要使用台灣的電器必須確認該電器的電壓範圍能適用240V，否則要準備變壓器。需要常備O型轉接頭。

DVD、藍光光碟、錄放影機形式

紐西蘭的DVD區域碼是4，藍光光碟碼是B，錄放影機形式是PAL。台灣的DVD區域碼是3，藍光光碟碼是A，錄放影機形式則是NTSC，因此在紐西蘭購買的軟體通常無法在台灣的機器上播放。

從紐西蘭撥往台灣　例撥往台灣的 (02)1234-5678或 (0912)345-678時

國際電話識別碼		台灣國碼		去除區域號碼與行動電話第一個0		對方的電話號碼
00 ※1	+	886	+	2 或 912	+	1234-5678 或 345-678

※1 利用公共電話撥打回台灣時，如左所示，但如果是從旅館內撥打國際電話時，則必須先撥外線號碼。

▶紐西蘭國內通話

紐西蘭的區域號碼一共有5種（北島04、06、07、09，南島03），即使是屬於同一個區域號碼，只要不是在附近，撥打電話時都一定要加上區域號碼。市內通話1分鐘24¢～。

▶手機

用手機打電話回台灣時，以Wi-Fi連接網路，透過LINE、FaceTime等通訊app，最為方便。

小費

紐西蘭沒有給小費的習慣，不過覺得受到特別服務時也可以付小費。

▶小費
→ P.482

飲用水

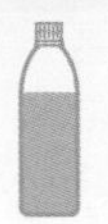

自來水屬於弱鹼性水質，可直接飲用，不過近年來喝礦泉水的人也逐漸增加。礦泉水分為Still Water（無碳酸）和Sparkling Water（添加碳酸）2種，不喝碳酸水的人要先確認再購買。寶特瓶大多是不容易打翻的吸取式瓶蓋，價格方面，國產品牌的Pump 750ml是$2.5。

氣候

▶旅行季節
→ P.442

紐西蘭位於南半球，氣候和台灣正好相反。愈往南愈冷，地區氣候差別很大。四季分明，一年當中最熱的是1～2月，最冷的是7月，但全年溫差只有8～9℃。不過要注意的是紐西蘭的日夜溫差大，甚至會出現「一天之內有四季」，特別是南島，即使是夏天的早晚仍會覺得微寒，計畫去山區或搭乘渡輪的人要做好禦寒準備。另外，紫外線也比台灣強4倍，別忘了做好防曬工作。

紐西蘭的氣溫、降雨量

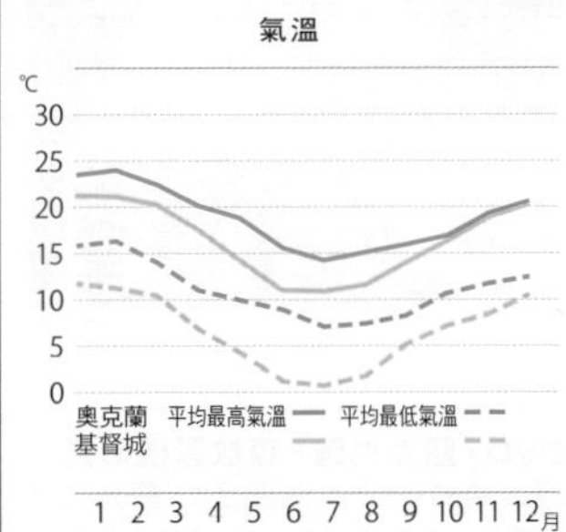

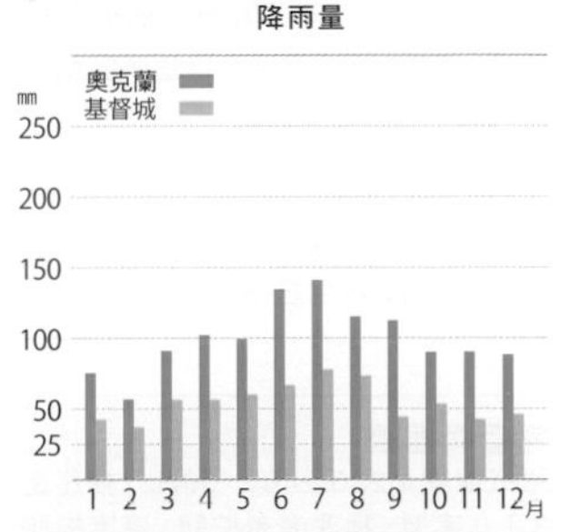

從台灣出發的飛行時間

▶訂購機票
→ P.453

紐西蘭航空從桃園國際機場直飛奧克蘭，每週3班，航程約11小時；若想要行程安排更有彈性，也可以經由香港、上海、新加坡等地轉機。或是搭乘中華航空經由澳洲雪梨或布里斯本短暫停留約1小時，之後原機飛抵奧克蘭，每週7班，航程約14小時。

時差與夏季日光節約時間

比台灣快4小時，台灣時間加4即可，也就是台灣上午8:00等於紐西蘭上午12:00。夏季實施日光節約時間（Daylight Saving），本年度的實施時間從2024年9月29日～2025年4月6日，將時間調快1小時，因此時差為5小時。

郵政

▶郵政→ P.485

紐西蘭的郵政由國營的New Zealand Post與民營Aramex New Zealand 2家經營，郵局營業時間一般是週一～五8:00～17:30和週六9:00～12:00，購物中心裡也設有郵局，數量很多很方便。

郵資

普通郵件的話，寄往台灣的明信片為$3.3、信件（尺寸為13cm×23.5cm，厚1cm，重量100g以內）則是$4；若是寄送航空小包裹，會因物品的形狀、重量與內容物而有不同的費用，大約3～10天可送抵台灣。

出入境

▶出入境手續
→ P.455

※免簽，但需申請電子旅行授權NZeTA（→P.451）

簽證

從事3個月以內觀光、短期留學的台灣民眾，無須辦理簽證。

護照

有效期限必須比停留紐西蘭旅行的天數多3個月以上，辦理入境審查時要繳交在飛機上填好的入境審查單。

稅金

TAX

▶長期停留的必備簽證→ P.483

在紐西蘭購物或接受服務必須支付GST（Goods and Services Tax，商品服務稅），稅率是15%，即使是旅客也不退還。除了特別標明的情況外，一般含在標示的金額內。

安全與糾紛

▶旅行糾紛與安全對策→ P.487

紐西蘭給人很安全的感覺，但還是有犯罪事件發生，也曾經接獲許多觀光客遭到偷竊或扒手的報案；此外以亞洲女性為對象的性犯罪也逐年增加，觀光客造成的交通意外也頻傳，必須要多加注意。**警察・救護車・消防隊☎111**

年齡限制

在紐西蘭未滿18歲禁止喝酒及購買香煙，買酒也要超過18歲。在機場或主要觀光地區都有租車服務，不過必須年滿21歲（有些地區要25歲以上），而且要求提供護照等可以確認身分的資料及信用卡。

度量衡

跟台灣一樣，長度用公尺、重量用公克，液體的容量則採用公升。

其他

▶餐廳基礎知識
→ P.476
▶禮儀→ P.482

抽煙禮儀

實施禁煙環境修正法，室內的公共設施全面禁煙，抽煙必須前往屋外設置有煙灰缸的場所，飯店等住宿設施基本上為全面禁煙。

廁所

觀光景點、各主要城市都設置有公廁，而且幾乎都是免費，衛生環境也很良好。此外百貨公司、購物中心的廁所也都打掃得很乾淨，方便顧客使用。

餐廳的執照與BYO

在紐西蘭，餐廳若提供酒類一定要有執照，能夠提供酒類的餐廳會標示「BYO」或「Fully Licensed」。「BYO」是「Bring Your Own」的簡稱，代表顧客可以自己帶酒進餐廳，「Fully Licensed」則代表這家店擁有販售酒精類的執照。此外，也有餐廳會標示「BYOW（Bring Your Own Wine）」，代表能夠自行攜帶葡萄酒、香檳，但不能攜帶啤酒入店。

紐西蘭

景點摘要

主要由南北兩島及眾多小島所組成的紐西蘭，充滿山岳、冰河、地熱景觀、美麗海岸線等豐富的自然魅力。

世界最大級的
星空保護區

蒂卡波湖 →P.77

在湖畔可以欣賞到南十字星以及多到數不盡的星星，正在申請將星空登錄為世界遺產中。

可以看到鯨魚和
海狗

凱庫拉 →P.180

知名的海洋動物寶庫，盛行自然活動，搭乘賞鯨船看到鯨魚的機率很高。

紐西蘭的最高峰

奧拉基／庫克山國家公園 →P.84

除了標高3724m的奧拉基／庫克山，還有多座超過3000m的高山聳立，跟峽灣國家公園與蒂瓦希普納姆Te Wahipounamu共同登錄成為世界遺產。

峽灣國家公園的最大焦點

米佛峽灣 →P.132

以搭乘遊輪穿越被冰河侵蝕所形成的斷崖而知名的人氣景點，國家公園內還有神奇峽灣Doubtful Sound與達斯奇峽灣Dusky Sound。

圖片提供／©Real NZ

坎特伯里
Canterbury

南島的中心城市

基督城 →P.40

市區有超過700座公園，擁有花園城市美稱的綠意都市。克服2011年的震災，商業設施等陸續重新展開。

皇后鎮
奧塔哥
Otago
南地
Southland
但尼丁
因弗卡吉爾

擁有世界最小的企鵝

奧瑪魯 →P.151

保有許多古老建築的城鎮，以及世界最小的藍企鵝與黃眼企鵝的棲息地。

世界最南端的國家公園

斯圖爾特島 →P.176

在這個有人居住的最南端島嶼，保存著豐富的自然景觀。2002年被劃定為國家公園，有許多紐西蘭特有種鳥類棲息其中。

與企鵝和
信天翁的相遇

奧塔哥半島 →P.166

從但尼丁延伸到奧塔哥半島，有皇家信天翁中心和企鵝棲息地，可以和動物們近距離接觸。

南島簡介 P.38

遇見貝殼杉

貝殼杉海岸 ➔P.351

為北島特有樹種——貝殼杉的森林保護區，由於19世紀的亂伐，樹齡超過千年的巨木只能在這裡看到。

殖民時代的街道與自然

科羅曼德半島 ➔P.353

約1/3被規劃為森林保護區，有地區可以看見貝殼杉的大樹，也有溫暖氣候和海灘，成為知名的度假地。

北島

毛利文化和地熱區

羅托魯瓦 ➔P.296

僅次於陶波湖，周邊充滿地熱的羅托魯瓦是紐西蘭第2大湖，居住著許多毛利原住民，保存著傳統文化。

紐西蘭的門戶

奧克蘭 ➔P.238

紐西蘭最大的城市，有「帆船之都」稱號的港都，遊艇和小型船隻的數量居世界第一，並且擁有許多蓊綠的公園和海灘。

北地
Nothland
旺加雷
奧克蘭
Auckland

漢密爾頓
陶朗加
懷卡托
Waikato
豐盛灣
Bay of Plenty
吉斯伯恩
Gisborne
吉斯伯恩
新普利茅斯
霍克斯灣
Hawke's Bay
內皮爾
哈斯丁
塔拉納基
Taranaki

旺格努伊
馬納瓦圖・旺格努伊
Manawatu-Wanganui
北帕莫斯頓
威靈頓
Wellington

《魔戒》和《哈比人》的拍攝地

瑪塔瑪塔 ➔P.289

賣座電影拍攝地的小鎮，保存完整的電影場景，成為世界各地粉絲的朝聖地。

毛利族的活火山聖地

東格里羅國家公園 ➔P.327

成立於1894年是紐西蘭最早的山岳國家公園，自古以來就是毛利人的聖地，也是觀光客夏季健行、冬季滑雪的世界遺產。

紐西蘭的首都

威靈頓 ➔P.390

位於北島南部是世界最南端的首都，身為貿易中心而繁榮的港都，也是前往南島皮克頓的據點。

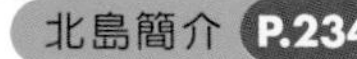
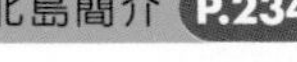

北島簡介 P.234

紐西蘭

世界遺產與國家公園

自然豐富的紐西蘭擁有3個世界遺產，其中2個是自然遺產，
另1個是自然與文化的複合遺產；
而且南北島合起來共有13個國家公園。

世界遺產
World Heritage

URL whc.unesco.org/en/statesparties/nz

擁有美麗山形的瑙魯赫伊山

旺加雷
奧克蘭
陶朗加
漢密爾頓
羅托魯瓦
新普利茅斯
吉斯伯恩
內皮爾
哈斯丁
旺格努伊
北帕莫斯頓
尼爾森
威靈頓
凱庫拉
基督城
皇后鎮
但尼丁
因弗卡吉爾
斯奈爾斯群島
邦蒂群島
奧克蘭群島
安蒂波德斯群島
坎貝爾島

A 東格里羅國家公園 ➔P.327
Tongariro National Park

複合遺產 登錄年●1990年、1993（拓展）

為毛利人的聖地，由於當年毛利酋長堅決抵抗殖民者的濫墾開發，而將土地贈與國家。1894年規劃為紐西蘭第一座國家公園，因為地處環太平洋火山帶的最南端，1990年登錄為世界遺產，1993年又因為毛利族聖地而列入文化遺產，成為複合遺產。

B 蒂瓦希普納姆—西南紐西蘭
Te wahipounamu-South West New Zealand

自然遺產 登錄年●1990年

蒂瓦希普納姆是毛利語「翡翠產地」之意，包含了⑨西部泰普提尼國家公園（→P.222）、⑩奧拉基／庫克山國家公園（→P.84）、⑪阿斯匹林山國家公園、⑫峽灣國家公園（→P.130）4座國家公園，總面積達2萬6000km²的廣大世界遺產。

峽灣國家公園的米佛峽灣

紐西蘭最高峰的奧拉基／庫克山

C 紐西蘭次南極區群島
New Zealand Sub-Antarctic Islands

自然遺產 登錄年●1998年

靠近南極，位於南緯50度附近的安蒂波德斯群島、奧克蘭群島、坎貝爾島、斯奈爾斯群島、邦蒂群島所組成的自然遺產。在嚴峻的自然環境下棲息著各種生物，為了保護其生態體系而管制進入。

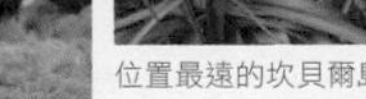

位置最遠的坎貝爾島

每座島都是鳥類的天堂

國家公園

National Park

URL www.newzealand.com/jp/national-parks/

北島

1 東格里羅國家公園 →P.327

Tongariro National Park

紐西蘭的第一座國家公園，同時也是世界遺產，包含3座火山及東格里羅山，以縱貫絕景間的東格里羅山健行（→P.330）最受歡迎。

位於海拔1725公尺處的火口湖──藍湖。圖片提供／Destination Lake Taupo

2 旺加努伊國家公園

Whanganui National Park

分布於注入塔斯曼海的旺加努伊河中、上流域，順流而下的獨木舟或小艇之旅充滿樂趣。

3 艾格蒙特國家公園

Egmont National Park

擁有海拔高達2518m塔拉納基火山的國家公園，左右對稱的山形不僅美麗，公園內也能看到多樣的植物生態。

塔拉納基山如三角錐的山形十分美麗

南島

4 亞伯塔斯曼國家公園

Abel Tasman National Park →P.208

位於南島北端，是紐西蘭面積最小的國家公園，以發現紐西蘭的荷蘭探險家亞伯塔斯曼來命名，可以享受海上獨木舟，以及在複雜海岸線健行的樂趣。

平靜無波的海灣

5 卡胡朗吉國家公園

Kahurangi National Park

以曾經是毛利人運送翡翠，全長約78km的希菲步道Heaphy Track最受歡迎。卡胡朗吉是毛利語「無可取代的財產」之意。

6 尼爾森湖國家公園

Nelson Lakes National Park →P.202

以羅托伊蒂湖及羅吐魯阿湖2座冰河湖為中心，位於南阿爾卑斯山脈最北端的國家公園，適合露營、健行和冬季滑雪。

7 帕帕羅瓦國家公園

Paparoa National Park

位於南島的西海岸，幾乎整座公園都在石灰岩層之上，由石灰岩所堆疊而成的煎餅岩Pancake Rocks成為觀光焦點。

岩層堆疊形成遼闊而特殊的景觀

8 亞瑟隘口國家公園

Arthur's Pass National Park →P.212

為南島最早成立的國家公園，位於南阿爾卑斯山脈北側，以建設橫貫山脈公路的工程師亞瑟・杜伯森為名，適合健行和騎登山車等活動。

9 西部泰普提尼國家公園

Westland／Tai Poutini National Park →P.222

雖然距離海岸線僅僅10km，卻能欣賞被超過2000m冰河環抱的雄偉高山景致，擁有法蘭士・約瑟夫與福克斯2座冰河。

10 奧拉基／庫克山國家公園

Aoraki／Mount Cook National Park →P.84

聳立著紐西蘭最高峰的奧拉基／庫克山，庫克源自英國航海家庫克船長，奧拉基則是毛利傳說中少年的名字。以庫克山山莊為據點，可以享受健行的樂趣。

11 阿斯匹林山國家公園

Mount Aspiring National Park

位於南阿爾卑斯山脈南端，以3027m阿斯匹林山為首的高山林立，擁有如路特本步道Routeburn Track等充滿變化的健行路線，可由瓦納卡或皇后鎮等地前往。

走在步道上感受自然

12 峽灣國家公園

Fiordland National Park →P.130

紐西蘭面積最大的國家公園，絕大部分都屬於蒂瓦希普納姆世界遺產，形成於冰河時期的峽灣景觀非常美麗，包括米佛峽灣與神奇峽灣等。

13 拉奇歐拉國家公園

Rakiura National Park

位在紐西蘭的南端，占斯圖爾特島約8成面積、於2002年成立的國家公園，可觀察到稀有的野生動物，也是國寶奇異鳥的棲息地。

特輯 1

別忘了帶相機

如畫般的絕美景點巡禮

在大自然寶庫的紐西蘭，
擁有許多想用相機好好收藏的絕美景致。
從無數上相的景點中，
嚴選出不為觀光客所知的私房景點來介紹！

絕美景點 1

羅伊峰

Roy's Peak

健行步道位於南島瓦納卡，可以眺望瓦納卡湖與南阿爾卑斯群峰，眼前景觀美到讓人無法形容。由於步道在私人牧場內，可以近距離看見羊群也是健行樂趣之一。途中就有適合拍照的地點，遊客較多時必須等候、互相禮讓；再往上走1.5km左右（約30分鐘），就能抵達山頂。

P.93

拍照祕訣

- 在途中的拍照點，人一定要盡量靠近山崖前端，才能拍出背景遼闊的氣勢！不過還是要注意安全。
- 由於這裡牧場的羊群都很親人，即使靠近也不會逃走，絕對要拍張羊兒入鏡的好照片！

雖然沿路有幾段不好走的陡坡，會讓人心生挫折，但是努力爬上去就有絕美景色等著你

絕美景點 2

黏土懸崖
Clay Cliffs

位於南島歐瑪拉瑪的奇岩群，為冰河所造成的特殊地形，矗立著無數朝向天際的尖塔，彷彿走進奇幻世界一般，充滿不可思議的感覺。

→P.155

拍照祕訣

●讓人走入尖塔群，才能拍出尖塔的巨大感受

請留意地面容易滑倒

由冰河打造出的神祕地形

拍照祕訣

●中午時太陽在正上方所造成的頂光，會讓湖水和藍天的顏色拍起來最漂亮；而夕陽西下時分也很夢幻。

可以試飲與選購葡萄酒的品酒室

絕美景點 3

瑞本酒莊
Rippon Vineyard

地處南島瓦納卡山丘上的老牌酒莊，採用不灌溉的自然農法來培育葡萄，推薦酒種為黑皮諾Pinot Noir。從品酒室眺望葡萄園的美景令人感動！

MAP P.94-A2 住246 Wanaka-Mt Aspiring Rd. Wanaka ☎(03) 443-8084 URL www.rippon.co.nz 開品酒室12:00～17:00（要預約） 休無休 CC AJMV

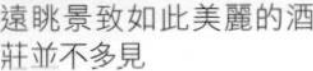

遠眺景致如此美麗的酒莊並不多見

絕美景點 4

埃格林頓山谷
Eglinton Valley

前往米佛峽灣途中的大草原，置身於因冰河侵蝕所形成的U形山谷，呈現出的雄偉氣勢令人震撼。由於旅行團的巴士也會造訪，雖然不能稱為私房景點，卻是租車自助旅行也不能錯過的絕佳景點。

→P.135

拍照祕訣

●因為景觀遼闊到相機鏡頭不能容納，絕對要用全景模式拍攝，錄影也無法表現其氣勢。為了呈現出壯觀感，最好將人物或車一同入鏡。

過於遼闊的景致會讓人失去距離感

建議拍攝全景照片

絕美景點5

紅杉樹頂步道

Redwoods Treewalk

行走在北島羅托魯瓦廣闊紅杉（Sequoia）林間架設的28座吊橋，是當地很熱門的活動。不但白天能欣賞森林景色，入夜還會點亮34個燈籠，充滿夢幻氣氛。

➜P.304

感覺像是會遇見森林精靈般的神聖氛圍

34個燈籠所散發出的光亮

拍照祕訣

● 雖然有點燈，不過夜晚的森林還是很暗，要使用高感度的相機，將ISO值調高以避免手震。

絕美景點6

毛奧（芒格努伊山）

Mauao（Mount Maunganui）

海拔232m的山岳，為北島芒格努伊山的地標。不需要特殊裝備就能用30分鐘登頂，站在山頂可以將內海、外海每座海灘及度假小鎮一覽無遺。 ➜P.364

一邊爬山一邊眺望海景

海灣將市區兩側包夾的獨特地形

拍照祕訣

● 前往山頂途中也有拍照點，可以欣賞市區對面的美麗景致，不妨趁著休息時順便拍幾張。

超級上相的四季美景

春 基督城的櫻花大道

北海格雷公園（→P.52）的櫻花大道會在9月盛開，基督城植物園（→P.53）的水仙和玫瑰也很美麗。
圖片提供／ChristchurchNZ

夏 瓦納卡薰衣草農場 北帕莫斯頓的向日葵花田

瓦納卡薰衣草農場（→P.92）的薰衣草花季為12月中旬～2月中旬，北帕莫斯頓郊外Mangamaire的向日葵則是1～2月（→P.389）。

秋 箭鎮的黃葉

4月將箭鎮（→P.110）染成金黃的白楊樹大道，其美景令人驚艷；還有瓦納卡湖畔（→P.91）也有黃葉可欣賞。圖片提供／Destination Queenstown

冬 滑雪場

皇冠峰滑雪場（→P.111）等紐西蘭全國的滑雪場從6月開始營業，銀白世界的美景只有此時能欣賞。
圖片提供／Destination Queenstown

豆知識

空拍機的使用

紐西蘭航空可以帶空拍機上飛機，但作為可攜式電子裝置託運時，必須將電池取出放置於手提行李中。

此外，在紐西蘭使用空拍機時，有限重25kg以下、限飛高度120m以下、未經許可不准在私人土地上使用等規定，詳情請上民航局CAA或空拍機服務整合應用公司AirShare的網站確認。

● CAA
URL www.aviation.govt.nz/drones
● Air Share
URL www.airshare.co.nz/rules

特輯2

不必擔心匯率

聰明省錢的高CP值旅行法

全世界通貨膨脹、萬物齊漲的浪潮來襲，紐西蘭自然也無法倖免。要如何享受省錢又快樂的旅行，讓我們傳授祕訣給你！

採購美食、找伴手禮

活用超級市場

在紐西蘭超市的寬廣店內，陳列著跟台灣略顯不同的各式商品，光看就叫人興奮不已，勾起購物慾望。若能徹底執行下面所介紹的Tips，就會是節約旅行的有力幫手。

特價的商品會清楚標示，讓人一目了然

Tips 1 秤重計價避免買多浪費！

蔬菜和水果通常都是秤重計價，只購買需要的分量就不會浪費。陳列穀麥片、堅果、零食、香料等種類琳瑯滿目的散裝食物區，也可以零買。

琳瑯滿目的散裝食物區讓人眼花撩亂

在蔬菜和水果賣場設有計算重量的秤

Tips 2 瞄準特價品

店內隨時都有特賣活動，除了接近保存期限的食品，還有從日用品到化妝品等各種優惠商品，像是蜂蜜、巧克力等伴手禮也可以趁特價時下手採購。

不可不知的超市基本常識

1 買東西要自備購物袋

因為塑膠袋不是免費的，請自備購物袋；也可以當場購買，有不織布、保冷保溫袋等多種材質，以及強調設計性的時尚環保袋。

2 結帳是輸送帶式

通常是由購物者將商品從購物籃或推車裡拿出來，放在輸送帶讓店員結帳，然後再由另一位店員幫忙打包裝袋。如果購買物品不多時，也可以選擇自助結帳。

3 提供小孩免費水果！

Countdown特有的服務。超市內設置為陪伴大人購物的小孩提供香蕉、蘋果等水果，可以免費食用的地點；由於禁止外帶，請遵守規則。

Tips 3 以PB為目標

自有品牌PB（Private Brand）就是各超市自己企劃、開發的商品，除了使必需品的數量豐富之外，也能保持一定的品質，在售價上也比較便宜。Countdown的自有品牌有生活必需品的essentials、天然類商品的marco等，New World（→右圖）的系列有食品類的Pams、高品質的Pams Finest、便宜的Value等品牌商品。

Tips 4 傍晚來 熟食區找即期品！

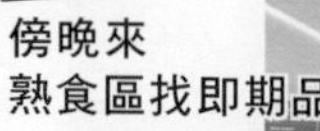

對遊客來說，沙拉、小菜、三明治等可立即食用的熟食，是最方便的；超市裡提供許多烹調過的食品，傍晚以後有機會能買到半價的即期品。

Tips 5 辦張優惠多多的會員卡

大型連鎖超市設有會員制度，不但入會免費，購物還能享有會員價格優惠，以及消費金額積點的福利。New World就有針對觀光客的會員制度「Tourist Club Deals Card」，雖然無法享有積點紅利，但可以會員價格購物，十分划算，入會的有效期限為3個月。

Tips 6 品項豐富的酒類區

以葡萄酒和啤酒為主的酒類賣場，所販賣的品項種類豐富得令人吃驚；便宜葡萄酒的選擇很多，價格從$9～，適合買回飯店喝，或是帶回國作伴手禮。啤酒通常是6罐裝，精釀啤酒則可以單瓶購買。

紐西蘭的主要超市

這次採訪的是奧克蘭店

Countdown

➔P.280

在紐西蘭全國開設超過185家店的澳資大型連鎖超市，以價格低廉與商品種類豐富為特色，還有許多店舖兼設藥局。

URL www.countdown.co.nz

New World

創業於1960年代的紐西蘭本土連鎖超市，共有140多家店舖，以些微高級但品質優良為評價，採購進貨的品味也很出色。

URL www.newworld.co.nz

Pak'nSave

被譽為紐西蘭最低價的廉價超市，店內裝潢走倉庫風，商品陳列使用原本運送的紙箱，將節省的成本反映在降低售價上，某些分店還兼設加油站。總公司與New World 相同。

URL www.paknsave.co.nz

Four Square

New World系列的小型超市，雖然全國都有分店，但大多都分布在地區城市。超市的代標性商標Mr. Four Square為人所熟知。

URL www.foursquare.co.nz

其他還有台灣人也很熟悉的會員制賣場──好市多Costco，以及天然派超市Commonsense Organics（→P.278、409）等。

好市多 Costco

URL www.costco.co.nz

不利用就虧大了！

享受省錢的秘訣

在紐西蘭有許多免費或能享受優惠的景點與服務，充分利用的話就能省下不少旅費。

免費入場的基督城藝術中心（→P.50）

秘訣1 大眾交通工具有離峰時間票價

巴士、渡輪等大眾交通工具，在巔峰時間以外的離峰時間（平日的清晨、中午、夜間及週末）都適用於優惠票價。例如在奧克蘭的平日6:00以前、9:00～15:00、18:30以後及週末，搭乘巴士、渡輪（除了懷希基島線），票價均有9折優惠，不過必須使用儲值卡才能享有折扣。不妨配合離峰時間來計畫旅遊行程。

其他離峰時間的優惠實例

●威靈頓（→P.390）的市巴士在平日7:00以前、9:00～15:00、18:30以後及週末，票價都是5折優惠（部分路線除外）。

搭乘巴士遊覽奧克蘭市區非常方便

秘訣2 有許多免費的景點

紐西蘭境內大部分的公園、植物園、海灘、健行步道都是免費的，就連設置在公園裡的公共BBQ設施也可以免費使用。

威靈頓的蒂帕帕國家博物館（→P.396）與威靈頓博物館（→P.400）、基督城的藝術中心（→P.50）、但尼丁的奧塔哥移民博物館（→P.161）及但尼丁公共美術館（→P.161）等設施都是免費入場（某些特展需要另外買票）。

公園裡可以免費使用的電子BBQ烤肉台，無需預約

健行是不用花錢的戶外活動

秘訣3 趁Happy Hour上餐廳和酒吧

Happy Hour是設定在餐廳和酒吧空閒時段的活動，千萬不要錯過這種可以享用優惠食物或飲料的機會。若有想去的店家請先確認是否有這類優惠時段活動。

店家門口的看版刊載著Happy Hour的訊息

秘訣4 可以免費租車的「Transfercar」

Transfercar提供可以免費租車的服務，因為在紐西蘭租車自駕旅遊的風氣盛行，其中有很多遊客都是甲地租乙地還，所以租車公司就必須將車開回原本出租營業處；而幫忙租車公司把車開回去的工作就是Transfercar，不妨確認自己的旅遊行程是否能剛好配合。此外，通常這項服務的使用者必須年滿25歲，提供車種除了轎車，也會有休旅車或露營車。搜尋、申請預約請上Transfercar網站。

URL www.transfercar.co.nz

也許可以便宜租到露營車！？

陷入幻想世界裡！

化身主角探訪電影的拍攝地

身為紐西蘭人的彼得·傑克森（Peter Robert Jackson）所執導的電影《哈比人》及《魔戒三部曲》，來趟知名場景巡禮！

有著可愛圓門的哈比人小屋

哈比村

在電影中是哈比人生活的村莊，拍攝時的哈比村（夏爾）場景被完整保留，參加遊覽團就能進入參觀。連小地方都仔細製作，充滿臨場感！➔P.289

夏爾餐廳

這間咖啡館兼紀念品店是遊覽團的出發地點。從這裡搭乘遊覽巴士前往哈比村。

比爾博和佛羅多的家

位於山丘上的袋底洞，房子上這棵大橡樹是以原著的插圖為原型，將真樹加以塑形，再淋上矽膠做成的。

菜園

甘道夫探訪哈比村時出現的場景，穿過石牆，哈比村就在眼前！哈比人是農耕民族，廣闊的田地附近分布著哈比人洞穴。

連洗晾衣物都有，充滿真實生活感

哈比人洞穴

大小共有44個哈比人洞穴，其中只有1個開放讓遊客進入，可以拍張充滿哈比人氣氛的紀念照！

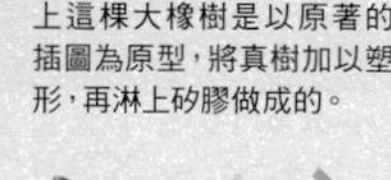

綠龍酒店 Green Dragon

電影中哈比人聚集的Pub。參加旅行團的遊客，可以免費飲用一杯琥珀艾爾啤酒等飲料，店內的派等點心也很美味。

山姆的家

出現在《魔戒三部曲》最後一幕的山姆家。和太太小玫、孩子幸福生活的景象浮上眼前。

另一個拍攝地

Hairy Feet Waitomo

一邊展示電影劇照，一邊解說的蘇西

標示比爾博站立位置的記號還保留著

在《哈比人》中食人妖出現森林的所在地Piopio村的美麗農場Hairy Feet Waitomo，有著矗立的岩壁、奇岩以及蓊綠的森林，中土大陸的各種景致都在這裡拍攝。

雄偉的石灰岩壁呈現出中土大陸的意象

受雨侵蝕而形成的奇怪岩石

甘道夫現身

電影的相同場景放著甘道夫的人形立牌

比爾博他們被食人妖抓住、差點被吃掉時，甘道夫用手杖劈開岩石，讓食人妖照到陽光變成石頭的地方。

發現劍的食人妖洞窟

用比爾博接受劍的姿勢來拍紀念照

在岩壁和地面間的縫隙拍攝，其實並不是洞窟

比爾博他們發現食人妖的洞窟時，洞內有把精靈鑄造的劍，甘道夫把劍交給比爾博，半獸人等怪物接近時會發出藍光，後來稱為刺針。

座狼的襲擊

從岩壁的對面突然出現的座狼，攻擊比爾博他們的拍攝地，索林用在洞窟內發現的精靈劍，和座狼正面對決。

即使現在，仍然覺得座狼會從森林深處飛出來

Hairy Feet Waitomo

摺頁地圖① 住1411 Mangaotaki Rd. 電(07) 877-8003 URL hairyfeetwaitomo.co.nz 時10:00（要預約） 費大人$70、小孩$40（14歲以下，約2小時） 交沒有大眾交通可到，需租車或參加導覽團

懷托摩1日遊
Waitomo Full Day Tours

前往Hairy Feet Waitomo及叢林健行、懷托摩洞穴等景點的旅遊團，Waitomo Village 8:30出發，可以到周邊的住宿點接送。也有從漢密爾頓出發的行程。
BL Tourism Group 電(07) 878-7580 URL www.bltourismgroup.com/waitomofulldaytours 費$434（包含各設施的門票及午餐）～

還可以角色扮演

造訪拍攝地的寶庫——格倫諾基

在格倫諾基的「天堂」拍紀念照

位於皇后鎮郊外的格倫諾基Glenorchy（→P.110），是《魔戒三部曲》、《哈比人》及《X戰警：金鋼狼》、《納尼亞傳奇》等許多賣座電影的拍攝地，在這裡有處因為坐擁壯麗自然景觀而被稱為「天堂」的村落。參加魔戒場景之旅不但能進入這片私人土地，還可以角色扮演拍紀念照，真是太棒了！

猛獁出現之處

行駛在瓦卡蒂波湖畔的景觀道路Glenorchy-Queenstown Rd.，一路往格倫諾基前行，途中會在山姆和佛羅多看見猛獁被法拉墨捉住的場景拍攝地Twelve Mile Delta停留。

要塞艾辛格

在達特河畔延伸的天堂谷Paradise Valley，是薩魯曼居住地艾辛格的場景，而讓世人發現這片壯麗的山景。由於這處拍攝地是私人土地，只有參加旅遊團的旅客才能造訪。

羅斯洛立安的森林

位於天堂的山毛櫸森林是精靈國羅斯洛立安的拍攝地，還有阿蒙漢和法貢的森林也是這裡。

魔戒場景之旅
Lord of the Rings Scenic Tour

Pure Glenorchy

電(03) 441-1079　URL pureglenorchy.com　時全年，皇后鎮8:00、13:45出發　費大人$180、小孩$90（約4小時30分，含飲料和零食）

其他的電影場景之旅➔ P.61、P.112

潛入電影幕後 前往維塔工作室

製作過《魔戒三部曲》、《哈比人》、《金剛》等許多精采電影、電視節目的威塔工作室，在奧克蘭和威靈頓也有設施，並舉辦導覽及工作室，還附設商店，吸引全世界的影迷前來造訪。

Wētā Workshop Wellington ➔ P.401

Wētā Workshop Unleashed Auckland

MAP P.246-D1

住Level 5, 88 Federal St. Auckland　電無

URL tours.wetaworkshop.com　營10:00～18:00　休無休

費導覽大人$55、小孩$30（約1小時30分）

在威靈頓工作室的入口處，可以和巨大的食人妖合照。圖片提供／WellingtonNZ

在奧克蘭則能接近異形的祕密

在美景中與草尼馬相遇的「莎瑪拉羊駝牧場」

特輯 4

有綿羊！還有草尼馬！

蓬鬆軟綿的觸感超療癒

在酪農大國的紐西蘭，
有許多可以接觸蓬鬆軟綿動物的景點！
體驗被綿羊和草尼馬療癒的片刻時光。

親♡

感情很好的羊駝，讓人心頭一暖

像是微笑般的表情超可愛！

被160隻草尼馬包圍

莎瑪拉羊駝牧場

Shamarra Alpacas

位於基督城郊外阿卡羅阿的羊駝牧場，地處能眺望阿卡羅阿灣的丘陵上，能同時享受美景與可愛的草尼馬。草尼馬很親人，可以觸摸擁抱及餵食，工作人員還會說明牠們的生態。導覽則包含飲料及牧場自製的餅乾，而販賣部的羊駝毛編織商品也很值得一買。➔P.61

遇見珍貴的高地牛

瓦特爾峰高原牧場

Walter Peak High Country Farm

牧場必須從皇后鎮搭乘厄恩斯洛號蒸汽船前往，也有參觀團可以參加。最值得看的是在紐西蘭很稀少、原產於蘇格蘭的高地牛，一身蓬鬆長毛的可愛模樣超受歡迎。其他還有剪羊毛秀、導覽之旅、鄉村式下午茶等許多有趣活動。

➔P.105

高地牛體型大，看起來很兇，其實很溫柔

有著毛茸茸瀏海的可愛高地牛

搭蒸汽船去牧場

必看的剪羊毛秀！

牧場裡有綿羊、草尼馬、鹿等各種動物

來餵小羊喝奶

愛哥頓牧場
Agrodome

擁有40多年歷史，在羅托魯瓦以農場秀而聞名的牧場，350英畝的園內飼養著19種綿羊，還有草尼馬、牛、騷馬、馬、山羊、鹿等動物，可以嘗試用奶瓶餵小羊喝奶、擠牛奶、餵動物等各種農場體驗；牧羊犬趕羊秀也很值得一看！ ➔P.307

農場秀的壓軸是小羊的餵奶體驗

軟綿綿
超可愛！

可以抱小羊

挑戰擠牛奶

參加牧場導覽體驗餵山羊

也有毛茸茸的小動物！

綿羊世界
Sheepworld

位於奧克蘭郊外的牧場。除了週四～日舉行的牧羊犬趕羊秀之外，能和園內飼養的動物接觸也是一大魅力；包含綿羊、草尼馬、山羊、牛等農場常見的動物，還有袋貂、兔子、鸚哥等小型動物，還可以餵食哦！

Map P.261-A1

住324 State Hwy. 1, Warkworth 電(09) 425-7444 URL www.sheepworldfarm.co.nz
營10:00～16:00（趕羊秀為週四、五11:00，週六、日11:00、14:00；餵食動物則從每日12:30～） 休無休 費大人$16～35、小孩$12～20 交從奧克蘭走1號國道往北約65km（付費高速公路），也可以搭乘Intercity（→P.496）往旺加雷的長途巴士（先告知司機要在綿羊世界下車）。

很值得欣賞的牧羊犬趕羊秀

袋貂 1

兔子 2

驢子 3

1 澳洲的原生種動物──袋貂
2 也可以抱兔子
3 可愛的驢子，還有鴯鶓、豬、鹿等動物

再多摸
一下～

牛兒也很友善

想要接觸更多蓬鬆柔軟的動物
試試農莊住宿！

農莊住宿Farm Stay就是在農場或牧場停留的住宿方式，還能體驗紐西蘭的鄉村生活。 ➔P.479

把毛茸茸帶回家！

在紐西蘭的紀念品店有許多綿羊、鳥類等玩偶，OK Gift Shop皇后鎮店（→P.119）就有用古董毛毯手工做成的綿羊$39.9和奇異鳥$19.9～，時尚又可愛！

AGRO
ROTOR

DOME
UA N.Z.

特輯5

好吃的 Kiwi美食

下巴掉下來

在近海捕獲的魚貝類、身為農業大國自豪的肉類等，品嚐使用當地食材所做成的料理；再加上眾多移民帶來世界各國風味，融合之後的無國界料理，讓尋找美食更有樂趣！

肉類

豬五花肉

Porkbelly

整塊的豬五花肉微火慢烤，再加上蘋果泥等醬料的菜餚。酥脆的皮最是好吃。

鹿腿排

Denver Leg of Venison

表面稍微烤過的鹿肉口感非常嫩，很受歡迎，脂肪少、熱量低也是一大優點。

羊排

Lamb Rack

烤小羔羊的肋骨肉是紐西蘭常見料理，沒有羶味，羊肉的獨特風味讓人回味無窮。

海鮮

布拉夫牡蠣

Bluff Oyster

在南島南端的布拉夫Bluff（→P.174）捕撈到的牡蠣，是能享受濃厚奶味的高級食材，4～8月是盛產期。

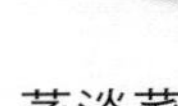

淡水螯蝦

Crayfish

凱庫拉Kaikoura（→P.180）的特產，與龍蝦同種的淡水螯蝦是高級食材，盛產於9～3月，不過有些餐廳全年供應。

蒸淡菜

Steamed Mussels

紐西蘭沿岸養殖的淡菜（綠殼菜蛤），肉質肥碩口感佳。

毛利料理

Hangi

毛利人的傳統料理，利用地熱的蒸氣蒸烤蔬菜、Kumara（地瓜）、肉類，有埋在地下蒸，或是用噴氣孔蒸等方式。

在地啤酒

紐西蘭各地都有啤酒廠和酒廠直營餐廳，生產的啤酒品牌超過200種，用餐時別忘了喝杯由當地風土所釀造的在地啤酒。

Steinlager

喝起來很爽口，是紐西蘭最受歡迎的品牌，也銷售到國外，得過許多獎項。

Speight's

在南島但尼丁釀造的啤酒，擁有獨特的苦澀與香氣，吸引死忠愛好者。

Canterbury Draught

只在南島販售的在地啤酒，使用坎特伯里地區的麥芽及南阿爾卑斯山的水所製作。

Tui

淡淡的甜，喝起來很順口，酒標設計為紐西蘭特有種鳥類──簇胸吸蜜鳥Tui。

Mac's Gold

不嗆辣，後勁清爽的麥芽拉格啤酒，搭配什麼料理都合適。

平價小吃

炸魚薯條
Fish&Chips

炸得酥脆的魚肉，搭配薯條。魚的選擇有Hoki（藍尖尾無鬚鱈）、Tarakihi（長鰭線指鰳）、Snapper（鯛魚）、Gurnard（石狗公）等。

肉派
Mince Pie

紐西蘭人最喜歡吃的派，在咖啡店和麵包店買得到。內餡包著滿滿的牛絞肉，份量十足。

甜點

焦糖酥餅
Caramel Slice

在餅乾底鋪上煉乳和轉化糖漿的一種甜點，也可以加上巧克力。

太妃波奇
Hokey Pokey

紐西蘭最具代表性的冰淇淋口味，是在香草冰淇淋中加入香濃的焦糖顆粒，滋味香甜。

帕芙洛娃蛋糕
Pavlova

用烤箱烘焙鬆軟的蛋白霜，添加奶油、水果，是傳統的紐西蘭甜點。

烤酥餅碎
Crumble

將混合後的奶油、麵粉、砂糖、肉桂鋪在煮得香甜的蘋果或大黃上面，加以烘烤的甜點。

胡蘿蔔蛋糕
Carrot Cake

紐西蘭咖啡店與蛋糕店的必備甜點，在適量甜度的海綿蛋糕抹上奶油糖霜。

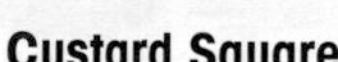

Custard Square

兩片酥皮中間夾卡士達醬，再撒上椰子粉的四角形甜點。

萊明頓蛋糕
Lamington Cake

起源於澳洲的蛋糕，將四角形的海綿蛋糕，外表淋上巧克力或果醬，再撒椰子粉。

咖啡

紐西蘭擁有獨特的咖啡文化，外觀看來相似，滋味卻有些微不同，不妨嘗試看看。城市裡有咖啡師的店家也不少。

馥列白咖啡
Flat White

濃縮咖啡與牛奶的比例為1：1，因為牛奶是平坦（Flat）白色的而得名。

義式摩卡
Mochacino

濃縮咖啡加入等量的蒸氣熱牛奶和巧克力醬，滋味濃厚香甜。

卡布奇諾
Cappuccino

濃縮咖啡加上等量的蒸氣熱牛奶與奶泡，最後再灑上可可粉。

拿鐵
Latte

濃縮咖啡加兩倍量的蒸氣熱牛奶，牛奶味道香濃。

美式咖啡
Americano

濃縮咖啡加等量熱開水所調製的咖啡，味道與黑咖啡相近。

特輯6

紐西蘭的必買伴手禮特集！

從毛利飾品、羊毛製品到食物等，有各種具紐西蘭風格的伴手禮，還有以植物或動物為主題的可愛有趣商品，要慎選！

羊皮和袋貂美麗諾羊毛

身為綿羊大國的紐西蘭，有著豐富的羊毛商品，其中以美麗諾羊毛和袋貂的混紡製品，又輕又暖，最受歡迎。

羊皮

蓬鬆柔軟、保暖性佳，很受歡迎的羊皮靴。

斗篷

美麗諾羊毛和袋貂毛混紡製成的斗篷，高領讓脖子也暖呼呼。

圍巾與手套

美麗諾羊毛、袋貂毛及絲混合材質的手套與圍巾，透氣性佳、輕盈又保暖，以漂亮的配色和可愛的羊圖案為選擇重點。

羊皮靴

在紐西蘭的冬天，流行拿來代替室內拖鞋。

袋貂美麗諾羊毛

雜貨與毛利商品

作為伴手禮很受歡迎的廚房用品、飾品和All Blacks商品、原住民毛利人傳統設計物等，具有紐西蘭風格的好物超豐富。

鳥類商品

奇異鳥的飾品、會發出叫聲的垂耳鴉Kokako 玩偶等，OK Gift Shop（→P.119、277）有售。

茶巾Tea Towel

紐西蘭都把這種大條的Tea Towel當成抹布來使用，花樣圖案十分豐富。

黑衫軍All Blacks相關商品

紐西蘭的橄欖球國家代表隊──黑衫軍All Blacks的相關商品包羅萬象，在Experience Store（→P.279）等店家買得到。

毛利文的蠟筆

以毛利文寫上顏色的名稱，在Pepa Stationery（→P.67）有售。

綠玉的雕刻飾品

毛利語為Pounamu，英文則為Jade、Greenstone，是一種很受歡迎的能量石。

毛利雕刻所蘊含的意義

Tiki（全能之神）

以全能之神「Tiki」為主題，意味著土地平安、五穀豐收、幸運的象徵及強大意志等。

Koru（新的開始）

象徵蕨類冒出幼嫩新芽的模樣，也含有新生命的開始或再生、成長之意。

Fish Hook（旅遊平安）

有著旅遊平安、繁榮或權力等意思，可以設計成各式各樣的造型，非常受到年輕人的喜愛。

Manaia（和諧）

守護神的代表，頭部是鳥、身體為人的模樣，3根手指頭表示著誕生、活著、死亡，也意味著世界和諧。

Twist（融合）

交纏而成的立體圖案，代表生命與愛永遠持續下去之意，依照作品的不同，交纏扭轉的次數也各異。

食品和酒類

當地人喜愛的餅乾、調味料、酒類在小鎮的超市和紀念品店就能買到；至於特別的葡萄酒則要到酒莊及酒類專賣店才有賣。

葡萄酒

除了紅、白和粉紅酒，還有麥蘆卡蜂蜜的氣泡蜂蜜酒等特別種類。

辣醬

北地（→P.335）凱塔亞出產的辣醬，由奇異果和哈瓦那辣椒製作而成

抹醬

以使用當地產水果做成的果醬，以及花生奶油醬最為推薦

穀麥片

紐西蘭的標準早餐。

大蒜蛋黃醬Aioli

加了大蒜的美乃滋

巧克力

具有紐西蘭風格的包裝

Weet-Bix是塊狀固體、由整顆小麥做成的穀麥片，加上牛奶食用

奶油

具有酪農大國風格的濃厚罐裝奶油

餅乾

在紀念品店有各式各樣的奇異果或蜂蜜餅乾

紐西蘭的2大巧克力品牌「Cadbury」和「Whittaker's」

蜂蜜相關商品

蜂蜜可以說是紐西蘭最知名的特產，除了麥蘆卡蜂蜜還有各種口味，都頗具風味。加入蜂膠的商品也很受注目。

麥蘆卡蜂蜜

推薦在超市買麥蘆卡蜂蜜，人氣品牌阿拉塔基Arataki $9～

薰衣草蜂蜜

瓦納卡薰衣草農場（→P.19、92）的蜂蜜，以濃醇的香氣而著稱

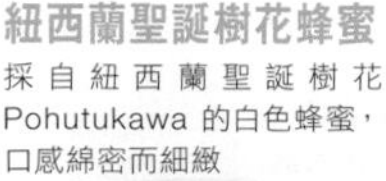

紐西蘭聖誕樹花蜂蜜

採自紐西蘭聖誕樹花Pohutukawa 的白色蜂蜜，口感綿密而細緻

蜂膠牙膏

加入蜂膠，據說可以預防牙周病和口臭，在超市和藥局有售

咖啡和紅茶

紐西蘭的咖啡文化盛行，用在地的咖啡品牌來杯下午茶吧！

威靈頓Supreme（→P.404）的咖啡豆，在超市也能買得到

有機城鎮──馬塔卡納Matakana（→P.249）所烘焙的咖啡豆香氣濃郁

紐西蘭早餐茶

世界知名的紅茶品牌Twinings的紐西蘭限定商品

即溶咖啡

但尼丁在地的咖啡品牌Gregg's所製作的即溶咖啡

即溶拿鐵

連紐西蘭最具代表性的冰淇淋太妃波奇Hokey Pokey口味的拿鐵也有

產自紐西蘭

用天然保養品來修護自己！

紐西蘭擁有含優質麥蘆卡蜂蜜等天然成分的眾多保養品，
選擇溫和高品質的產品來保養自己吧！

代表性的品牌

在百貨公司等店家一定找得到的品牌！

Manuka Doctor

以高級麥蘆卡蜂蜜品牌出發的保養品系列，曾獲選為UK Beauty Award的最佳新品牌，在奧克蘭的百貨公司和藥妝店就能買到。

URL www.manukadoctor.co.nz

嚴選自蔓越莓、猴麵包樹等植物油，搭配麥蘆卡蜂蜜與24K金所製成，為銷售冠軍的精華油

Trilogy

成立於2002年，是使用有機認證玫瑰果油於保養品的先驅，榮獲世界各國的美妝大獎。

URL www.trilogyproducts.tw

招牌商品的玫瑰果油（左），為乾燥肌補充水分的超保濕面霜（右）

Living Nature

使用純天然的成分，開發出安全且有效的天然保養品，強調不添加任何人工合成原料。

URL www.livingnature.com

用麥蘆卡蜂蜜和麥蘆卡油來調理肌膚的麥蘆卡蜂蜜深層凝膠

Great Barrier Island Bee

位於奧克蘭近海的大屏障島Great Barrier Island（→P.265），有80%的面積長滿麥蘆卡茶樹，所生產的高品質麥蘆卡蜂蜜，再加上杏仁油、乳木果油，就成為該品牌的天然身體保養品系列。

URL www.greatbarrierislandbeeco.co.nz

含有當地原產的紐西蘭聖誕樹花（Pohutukawa）和巴婆果（Pawpaw）萃取物的護手及身體霜，具深度保濕功效

Apicare

在保養品裡搭配了麥蘆卡蜂蜜與活性麥蘆卡蜂蜜的先驅，以產品豐富且平價而受到歡迎。

URL www.apicare.co.nz

來自麥蘆卡蜂蜜的維他命能滋潤嘴唇和肌膚。護唇膏（左）與身體乳液（右）

Antipodes

使用紐西蘭純淨天然原料的品牌，懷抱生態環保與有機的概念，致力於以科學方式來實證其效果。

URL antipodesnature.com

加入大量超級水果──手指檸檬 Finger Lime的成分，感覺特別滋潤的面霜

Aotea

大屏障島Great Barrier Island的麥蘆卡蜂蜜及保養品品牌，特色是以毛利族的香草Kawakawa卡瓦胡椒、Harakeke紐西蘭麻為原料，敏感肌也能適用。

URL aoteamade.co.nz

紐西蘭麻籽油與麥蘆卡純露的護手霜及身體乳液，有100ml、300ml、500ml 3種容量

Evolu

創業於1997年的天然保養品牌，有許多使用奇異果、綠茶、乳木果油等抗老保養產品。

URL evolu.com

添加鋅，對環境與肌膚友善，可阻斷紫外線SPF30的日霜

新品牌

也別錯過造成話題的新品牌！

No.8 Essentials

以威靈頓為據點，開發少量精銳產品，包含體香劑、粉刺調理、保濕、香氛、護唇膏等5系列。

URL no8essentials.co.nz

添加夏威夷堅果油與蜂蠟的潤色護唇膏，100%天然原料

Eko Hub

2018年由一對住在旺加雷的母女所成立，大多以酪梨油、椰子油等食用原料為主，也為母親及小孩開發產品。

URL ekohub.co.nz

使用金縷梅純露、橙花、費拉蘆薈等製成的化妝水

Ethique

以抵制塑膠為主張的環保品牌，特色為洗髮精、潤髮乳、洗面乳、保濕保養等產品都為固體。

URL ethiqueworld.com

洗臉為固體的洗面皂，分為普通～乾燥肌膚、普通～油性肌膚2種類

Frankie Apothecary

以添加毛利族香草Kawakawa卡瓦胡椒的濕疹舒緩膏而為人所知，主要開發針對敏感肌膚的商品，從嬰兒到熟齡肌均可使用。

URL frankieapothecary.com

使用印度教傳統醫學或中醫，添加植物成分的香菜精油的美容液

平價保養品

關於紐西蘭的日常保養品，只要找到這5個關鍵字準沒錯！
快來買隨手可得的天然保養品！

Manuka Honey
麥蘆卡蜂蜜

具有保濕等美容效果的蜂蜜，由於稀少珍貴，眾多的特有麥蘆卡蜂蜜商品反而成為紐西蘭的特色。

Wild Ferns的麥蘆卡蜂蜜潔淨去角質$19.8

Kiwi Fruit
奇異果

紐西蘭的特產奇異果也可以做成保養品，含有豐富的維他命C。

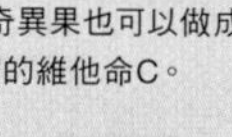

含有奇異果的種子、費拉蘆薈及小黃瓜萃取物的護手霜$9.9

Rosehip
玫瑰果

玫瑰果是野玫瑰的果實，富含維他命C，據說萃取出的油有滋潤肌膚，讓膚色明亮的功效。

在超市可以買到添加玫瑰果essano的日霜$26.99（左），保濕噴霧$13.99（右）

Lanolin
綿羊油

採集自羊毛、具高保濕效果的綿羊霜，也有添加膠原蛋白或精油的，種類豐富。

含有具抗菌功效的費拉蘆薈及維他命的潤膚霜$12.9（左），在綿羊油裡添加維他命C、維他命E的洗面乳$17（右）

Rotorua Mud
羅托魯瓦火山泥

紐西蘭溫泉區羅托魯瓦的火山泥，含有豐富礦物質，可以去除肌膚的汙垢。

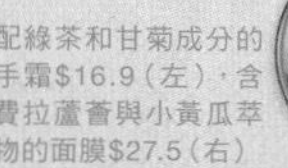

搭配綠茶和甘菊成分的護手霜$16.9（左），含有費拉蘆薈與小黃瓜萃取物的面膜$27.5（右）

特輯 7

New Zealand Bird

只能在紐西蘭看見的珍貴鳥類

紐西蘭的特有種鳥類都不會飛，這是因為沒有天敵而不需要飛到空中，取而代之則演化成方便在陸地行走的粗短雙腳。

Pukeko 紫水雞

體長 約51cm
棲息地 紐西蘭全國

外型與塔卡黑秧雞很類似，主要出現在湖泊等濕地。是超過1000年前從澳洲飛過來的。

Kaka 卡卡鸚鵡

體長 約45cm
棲息地 斯圖爾特島等地

毛利文的鸚鵡之意，用刷子狀的舌頭吸食科槐花、Rata花的花蜜，也是植物間相當重要的授粉要角。靈巧使用腳吃食物的模樣十分有趣。

Kiwi 奇異鳥

體長 30～45cm（依種類而異）
棲息地 斯圖爾特島（野生）等地

紐西蘭的國鳥，也是紐西蘭人俗稱kiwi的由來。目前野生數量減少，各地都進行保護。

Takahe 塔卡黑秧雞

體長 約63cm
棲息地 峽灣地區

以紅色的嘴喙為特徵，曾在20世紀初短暫絕跡，卻在1948年又被發現，利用靈活的腳來抓住植物進食。

Kea 啄羊鸚鵡

體長 約50cm
棲息地 奧拉基／庫克山附近

世界唯一棲息於高海拔森林地帶的鸚鵡，好奇心強，會發出「Kea～」的高亢叫聲而得名。

Weka 威卡秧雞

體長 約53cm
棲息地 尼爾森等地

過去因為獵人的大量捕殺而短暫瀕臨絕種，好奇心強，在山中會偶然遇見。

企鵝 Penguin

紐西蘭擁有7種企鵝，也是世界最多種類的企鵝棲息地。由於有觀察棲息地的旅遊團，務必要參加。

Yellow Eyed Penguin 黃眼企鵝

有著黃色眼睛，是全世界體型第3大的紐西蘭特有種企鵝。頭部也是黃色，由於作為棲息地的森林減少及外來種動物的影響，而被指定為瀕臨絕種動物。

Fiordland Crested Penguin 峽灣冠羽企鵝

以眼睛上方有著黃色冠羽為特徵的紐西蘭特有種，過去因為被威卡秧雞捕捉蛋和幼鳥而數量驟減，目前指定為瀕臨絕種動物。棲息在峽灣到斯圖爾特島之間。

Blue Penguin 藍企鵝

體長30～40cm左右，是全世界體型最小的企鵝，棲息於紐西蘭全國各地，可以參觀位於奧瑪魯的棲息地，看牠們從海中回巢的可愛模樣。

南島
South Island

瓦納卡羅伊峰的羊

南島 INTRODUCTION 簡介

紐西蘭最高峰奧拉基／庫克山Aoraki/Mt. Cook等代表南阿爾卑斯山的群山、峽灣，還有可以接觸到各種動物的深邃森林等，一望無際的自然美景是南島最大的魅力，以及置身大自然中的豐富多元戶外活動。此外像是基督城和但尼丁等地，保留著濃厚英國移民歷史文化的街景也值得注目。

1 基督城 P.40

南島最大城市，也是南島的門戶。雖然是國際大都會，市區內卻處處可見美麗的庭園與公園，被譽為「花園城市」。

2 阿卡羅阿 P.74

由法系移民開拓的城市，以出海賞海豚及養殖鮭魚而聞名。

3 蒂卡波湖 P.77

位於南阿爾卑斯山腳的湖畔小鎮，是天文觀測的最佳地點。

4 奧拉基／庫克山國家公園 P.84

以「蒂瓦希普納姆」之名將周圍的國家公園登錄為世界遺產。登山、健行、遊覽飛行等活動很受歡迎。

5 瓦納卡 P.91

分布在瓦納卡湖畔的度假小鎮，冬天是附近2座滑雪場的據點，非常熱鬧。

6 皇后鎮 P.100

被南阿爾卑斯的群山環繞，且位於廣大的瓦卡蒂波湖Lake Wakatipu畔，為紐西蘭屈指可數的觀光勝地，兼具購物、酒莊巡禮、享受美食，樂趣無窮。

7 蒂阿瑙 P.124

有南島最大湖──蒂阿瑙湖，同時也是米佛峽灣Milford Sound的出入口，因觀光客聚集而熱鬧。

8 峽灣國家公園 P.130

紐西蘭最大的國家公園，擁有錯綜複雜的峽灣、冰河侵蝕的山脈、大型冰河谷與湖泊等豐富多變的自然景觀。

9 奧瑪魯 P.151

自古就是奧瑪魯石這種石灰岩的產地，可以欣賞到石造的歷史建築物。附近有企鵝棲息地，也能觀察到藍企鵝、黃眼企鵝。

10 蒂瑪魯 P.156

坎特伯里地區Canterbury南部的城市，有卡洛琳灣Caroline Bay的美麗沙灘，夏天總會湧進大批玩水的遊客。

11 但尼丁 P.158

奧塔哥地區Otago的主要城市，近郊的奧塔哥半島有珍貴的皇家信天翁及企鵝棲息地，可以參加生態旅遊團前往。

12 因弗卡吉爾 P.171

南島南部的寧靜小鎮，從這裡到巴爾克盧薩Balclutha之間的海岸線稱為卡特林斯海岸，是知名的兜風路線。

13 斯圖爾特島 P.176

隔著弗佛海峽漂浮在南島最南端的島嶼。島嶼面積的85%被列為拉奇歐拉國家公園Rakiura National Park，可以看到野生奇異鳥及其他珍貴動物。

14 凱庫拉 P.180

可搭船或直升機觀賞抹香鯨，而成為受歡迎的賞鯨聖地，也能看到海豚、海狗的棲息地。

15 布蘭尼姆 P.188

馬爾堡地區的最大城市，葡萄酒的產量很大。

16 皮克頓 P.191

往來南北島渡輪的碼頭，位於馬爾堡峽灣Marlborough Sounds的內側。

17 尼爾森 P.197

為周邊3座國家公園的據點城市，因為氣候溫暖、盛產水果而聞名。

18 黃金灣 P.205

為知名的紐西蘭原住民毛利人聖地，有普普湧泉Pupu Springs等景點。

19 亞伯塔斯曼國家公園 P.208

位於南島北端，很受觀光客歡迎的國家公園。沿著海岸線的健行路線會經過沙灘、奇岩，風景多變而豐富，也很盛行海上獨木舟。

20 亞瑟隘口國家公園 P.212

位於南阿爾卑斯山脈的北端，有觀光列車Tranz Alpine號行駛其間。規劃各種健行路線，從平坦的短程到正式的登山行程都有。

21 西海岸 P.216

南島西海岸一帶有連續斷崖的高聳岩壁與群山逼近的險峻地形。葛雷茅斯Greymouth為中心城市，也是地區內的交通重鎮。

〔主要城市〕西港Westport／葛雷茅斯Greymouth

22 西部泰普提尼國家公園 P.222

擁有冰河、尖峰等壯觀的優美景色，在法蘭士・約瑟夫冰河Franz Josef Glacier、福克斯冰河Fox Glacier可以享受冰河健行、遊覽飛行等戶外活動的樂趣。

南島的行程規劃→P.444
國內移動→P.459～473

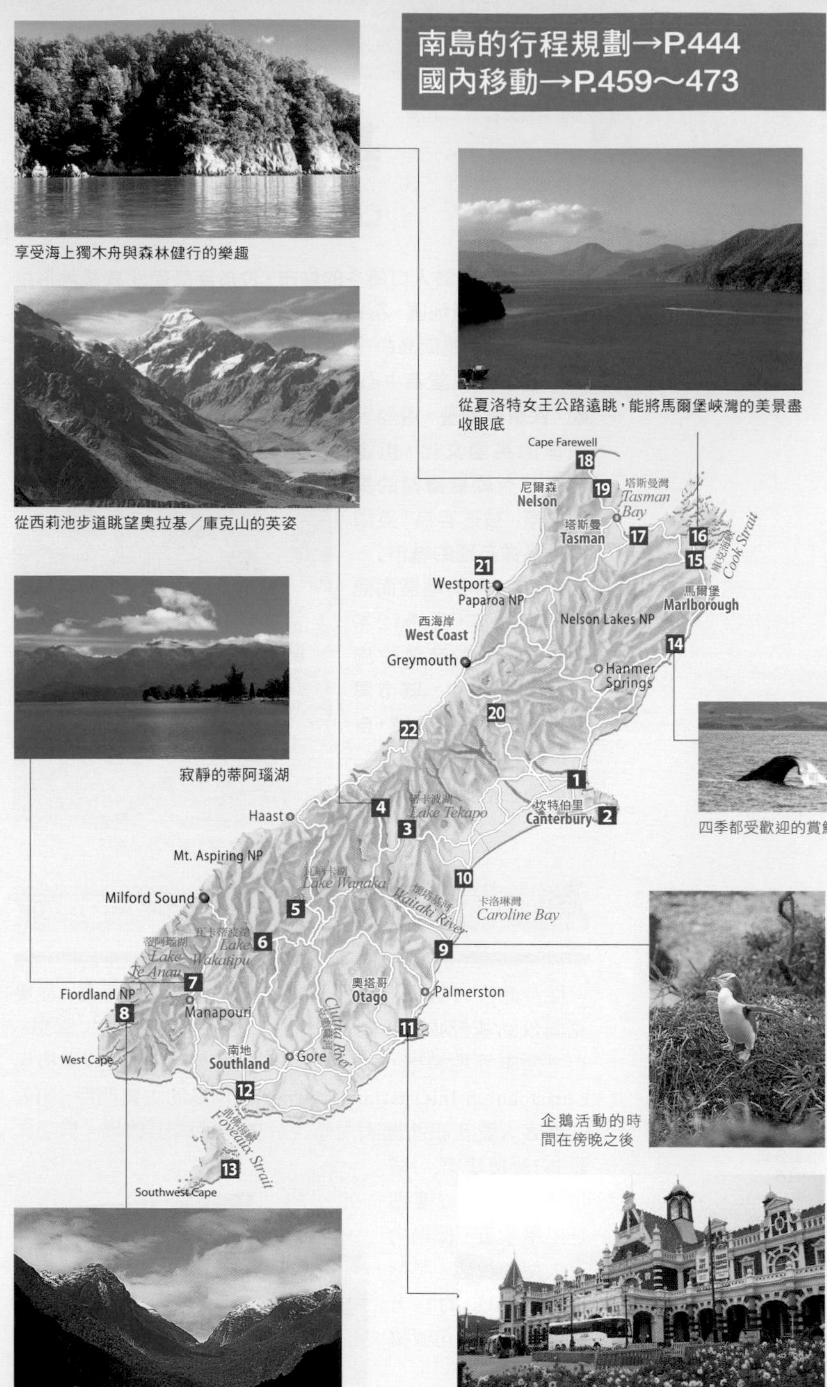

享受海上獨木舟與森林健行的樂趣

從夏洛特女王公路遠眺，能將馬爾堡峽灣的美景盡收眼底

從西莉池步道眺望奧拉基／庫克山的英姿

寂靜的蒂阿瑙湖

四季都受歡迎的賞鯨

企鵝活動的時間在傍晚之後

米佛峽灣巡航很受歡迎

探訪蘇格蘭風格的歷史建築也很有趣

基督城

Christchurch

人口：40萬2910人
URL www.christchurchnz.com

基督城是南島人口最多的城市，位於南島南北狹長地形中央的坎特伯里地區，為紐西蘭第3大城。這裡是島內觀光的據點，同時也是南島前往紐西蘭國內各地的交通中心。

市區以大教堂為中心，處處可見哥德式建築與美麗的公園，保留著園藝、遊船等濃厚的英國文化，街道隨處都有綠意盎然的美麗風景，被形容為「英國以外最像英國的城市」。由於2011年的地震而受到極大災害，經過12年的重建，新的商業設施正逐漸開幕中。城市興建現代化建築的同時，自古以來稱為「花園城市」的美麗也被保留下來。

1934年由雪梨製造的藍色路面電車

如何前往基督城 Access

搭乘飛機抵達

從台灣沒有航班直達基督城，必須在奧克蘭轉機，從奧克蘭飛到基督城需要1小時25分；或者是從新加坡、雪梨、布里斯本等地轉機，也可以到達基督城。基督城國際機場Christchurch International Airport是南島的主要門戶，出入的旅客人數在紐西蘭國內僅次於奧克蘭國際機場。機場大廳為2層樓建築，1樓是入境大廳，2樓則是出境大廳，機場內有大型免稅店、黑衫軍All Blacks的官方商店、租車公司櫃檯等設施。

雖然從台灣沒有直航班機，但有許多國際航線往來基督城國際機場

實用資訊
醫院
Christchurch Hospital
Map P.48-B·C1
住Riccarton Ave.
☎(03) 364-0640
警察局
Christchurch Central Police
Map P.48-C2
住40 Lichfield St.
☎105
租車公司
Hertz
機場
☎(03) 358-6730
Avis
機場
☎(03) 358-9661

機場裡的租車公司

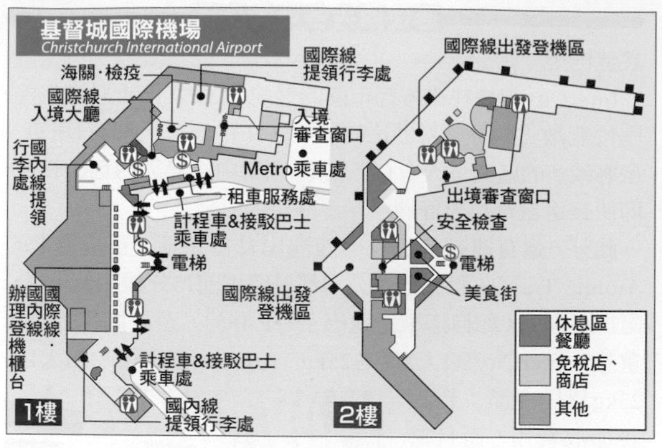

從機場到市區

位於Harewood地區的基督城國際機場到市區很近，約12km，搭車約需20分鐘，最便宜的交通工具是稱為Metro的市巴士，不過必須自行從市區巴士站前往目的地。時間充裕且人數較多時，搭乘機場接駁巴士價格較划算。當然搭計程車最方便，不需要等待就能直接到達目的地。

Metro

從機場可搭乘Metro市巴士，前往市中心的巴士總站Bus Interchange（Map P.48-C2）。共有2條路線，分別為經由巴士總站前往薩姆納Sumner的紫線，以及經由Fendalton前往巴士總站的＃29，2條線都是1小時1～2班車，每站都會停車，車程約30分鐘。車票可在上車時向司機購買，也可以使用Metro卡。

機場接駁巴士

由Super Shuttle公司經營的機場接駁巴士，價格比計程車便宜卻一樣方便。乘客人數湊齊就會開車，所以沒有固定的發車時刻，車資與所需時間也會依方向、目的地而不同。24小時皆可搭乘，同行乘客愈多，單人所分攤的車資就愈便宜。通常都是先在網站或電話事先預約，腳踏車等大型行李則會另外加收費用。

計程車　Taxi

國際線和國內線航廈外各有1個有計程車招呼站，車資照表收費，到市區約$45～65。司機會幫忙將行李放到後車廂，不會特別收小費。

基督城國際機場
Map P.46-A1
☎(03) 358-5029
☎(03) 353-7777（24小時）
URL www.christchurchairport.co.nz

1樓設有換匯櫃台及ATM

Metro
☎(03) 366-8855
URL www.metroinfo.co.nz
紫線（經由巴士總站前往薩姆納）
運 週一～五　6:35～23:37
週六　6:05～23:39
週日　6:37～22:39
＃29（經由Fendalton前往巴士總站）
運 週一～五　6:22～22:32
週六　6:42～23:32
週日　7:12～22:32
費 機場↔市中心
現金
單程大人$4、25歲以下$2
Metro卡
單程大人$2、25歲以下$1

前往市區便宜又輕鬆

機場接駁巴士公司
Super Shuttle
FREE 0800-748-885
URL www.supershuttle.co.nz
費 機場↔市中心
1人　$25
2人　$30
3人　$35

方便的機場接駁巴士可以直接到達目的地

主要城市間的主要航班
(→P.460)

主要的巴士公司(→P.496)
InterCity
Atomic Travel

長途巴士起訖站
InterCity在Lichfield St.和Colombo St.交會處的巴士總站Bus Interchange(**Map P.48-C2**)內的營業所前上下車。

長途巴士

InterCity經營往來各都市間的長途巴士,其巴士設備完善,座位寬敞,車內空間也比較大。每條路線每天都有1班車,旅客較多的區間每天會有多班車,因為中途停靠的地點較多,即使長途旅行也很舒適。

此外,還有連結基督城與西海岸葛雷茅斯、霍基蒂卡的Atomic Travel。每家巴士公司都是發車前15分鐘開始上車,記得別遲到(如何搭乘長途巴士→P.465)。至於攜帶行李的重量,InterCity為1人2件各25kg,Atomic Travel則是1人1件23kg以內免費;超過要加收費用,而且必須事先申請。體積較小的手提行李則可帶進車內。

InterCity也有雙層巴士
© InterCity

InterCity的車內 © InterCity

InterCity的巴士外觀

連結基督城與主要觀光地長途巴士的所需時間及班次

城市名/觀光地名	所需時間	班次
漢默溫泉	2小時10分	2班
蒂卡波湖	3小時40分~4小時10分	1班
奧拉基/庫克山國家公園	5小時30分	1班
皇后鎮	8小時30分	2班
但尼丁	6小時	1~2班
凱庫拉	2小時40分	1~2班
皮克頓	5小時30分	1~2班
尼爾森	7小時	1~2班
布蘭尼姆	5小時	1~2班
奧瑪魯	4小時15分	1~2班
因弗卡吉爾	10小時	1班

※所需時間、班次為粗估,依當天狀況而異

長途列車

從基督城連結其他城市的長途列車，有Kiwi Rail經營的2條路線。

太平洋海岸號Coastal Pacific是北上東海岸的列車，只在夏季行駛，抵達終點皮克頓Picton需要約5小時40分。皮克頓有往來南北島的渡輪碼頭，因為抵達的時間安排得剛好，欲前往北島的旅客在這裡轉搭渡輪就能前往威靈頓Wellington（往來南北島→P.230）。

另一班是著名的The Tranz Alpine號，是往來基督城與葛雷茅斯Greymouth的列車，橫斷南阿爾卑斯山脈，也停靠亞瑟隘口國家公園Arthur's Pass National Park，車程為4小時50分。只要途中望見車窗外的風景，就能理解這班列車為何聞名全球；而且這2班列車都有加掛餐車，可以邊欣賞美景邊享用餐點。由於每天來回只有一個班次，要注意發車時間，出發前20分鐘一定要辦理好搭乘手續（如何搭乘長途列車→P.467）。

位於郊外的基督城火車站

鐵路公司（→P.496）
Kiwi Rail
FREE 0800-872-467
Tranz Alpine號
運 全年
基督城 8:15出發
葛雷茅斯 13:05抵達
葛雷茅斯 14:05出發
基督城 19:00抵達
費 單程$219
太平洋海岸號Coastal Pacific
運 9月下旬～4月底

基督城車站
Map P.46-B2
住 35 Troup Dr. Addington
交 位於市區西南方約4km處，有共乘計程車配合列車的起訖時間招攬乘客，或是預約接駁巴士Super Shuttle，能到市區各飯店民宿接送，而且更便宜。可以直接電話連絡，或是在官網線上預約。

Super Shuttle
FREE 0800-748-885
費 車站↔市中心
1人 $15
2人 $20
3人 $25

基督城的市區交通 Traffic

Metro

基督城的市巴士Metro路線網羅市區各地，是主要代步工具。經營公司隨著路線而不同，但車資、搭乘方法等基本系統則是完全相同。除了繞行市區外圍一周的The Orbiter之外，黃線、藍線、橘線、紫線等路線都會經過市中心的巴士總站Bus Interchange。

有近30條巴士路線

Metro
電 (03)366-8855
URL www.metroinfo.co.nz

Metro票價
雖然依距離分為1～3 ZONE，但票價卻一樣，現金大人$2、25歲以下$1、未滿5歲免費。市區的景點幾乎全包含在ZONE 1，同區間搭乘2小時內可轉乘1次免費。車票直接向司機購買，用Metro卡搭車比現金便宜（→P.44）。

可搭乘Metro前往的郊外景點

目的地	巴士號碼	所需時間	目的地	巴士號碼	所需時間
夢娜維爾	㉙	12分鐘	薩姆納海灘	Ⓟ	40分鐘
特拉維斯濕地公園	Ⓞ	35分鐘	菲利米德歷史公園	㉘	35分鐘
空軍博物館	Ⓨ	36分鐘	基督城纜車／利特爾頓	㉘	30分鐘
國際南極中心	Ⓟ㉙	36分鐘	基督城農夫市集	ⓅⓎ	30分鐘
柳岸野生動物保護區	Ⓑ→⑩⑦	50～61分鐘	Cookie Time Factory Shop	Ⓨ	45分鐘
新布萊頓區	Ⓨ	30分鐘	Riccarton Market	Ⓨ	45分鐘

Ⓨ＝黃線 Ⓟ＝紫線 Ⓑ＝藍線 Ⓞ＝橘線
（所需時間是從巴士總站上車的粗估時間，並包含下車站牌到目的地的步行時間）

Metro卡
票價比用現金搭乘便宜的卡片，在巴士總站購買1張$5，儲值為$5～（車上可儲值），購買時需出示護照。使用Metro卡，2小時內的乘車票價為大人$2、25歲以下$1，對常搭巴士的人來說很划算。

方便的票卡

巴士總站的遊客中心
Map P.48-C2
住Colombo St.& Lichfield St.
開週一～五　9:00～17:30
週六、日　9:00～17:00

巴士總站內的遊客中心

The Orbiter
運週一～六　6:00～23:30
週日　7:00～22:30
15～30分鐘一班車。

黃線
新布萊頓／Rolleston
兩方向行駛時間都是平日和週六5:30～24:00、週日7:30～23:00。

藍線
Cashmere／Rangiora
兩方向行駛時間都是平日5:30～23:00，週六、日6:30～24:00。

在基督城市中心很流行租借稱為Lime的滑板車（$1.38～※費用依城市與時間而異），下載手機app就可以使用。
URL www.li.me/en-nz

〈巴士總站Bus Interchange〉

Bus Interchange是大型的巴士總站

巴士總站在市中心的Lichfield St.，站內的遊客中心可以買Metro卡和儲值。除了像Orbiter這些不走市中心的路線，其餘的巴士都會經過總站，轉車非常方便；並設有清楚標示巴士起訖時間的資訊螢幕，搭車前請先確認時間。站內設有便利店和三明治等商店，等車時間可以順便用餐。

〈The Orbiter〉

Metro的一條路線，環狀繞行基督城郊外，以順時鐘、逆時鐘方向行駛，繞一圈約需1小時20分。停靠Westfield Riccarton、Northlands Platform、坎特伯里大學、醫院等地，主要乘客是市民。

〈黃線Yellowline、藍線Blueline〉

同樣是Metro的一條路線，黃線東西橫貫基督城市區，往來新布萊頓New Brighton和Rolleston；但是到The Hub Hornby的區間車班次比較多。至於藍線則是南北縱斷市區，連結Belfast與Rangiora兩地。

方便觀光的黃線

為市民代步的藍線

〈如何搭乘巴士〉

基本上從前門上車，下車走前後門都可以。上車時先告知司機目的地，再用現金或Metro卡支付車資；若用現金要索取Transfer Ticket，這張票和Metro卡都可在2小時內、同區轉乘免費。接近目的地的巴士站時，要按車上的紅色下車鈴，因為若無人上下車，司機就會過站不停；而且這裡的巴士內不會顯示沿途的站名，車上也沒有廣播，若擔心坐過站，可以在上車時拜託司機「到了○○站請告訴我。」

計程車　Taxi

原則上不能隨處招手叫車，必須打電話叫車。也可以用手機app預約Uber。

主要計程車公司
Corporate Cabs
(03) 379-5888
Gold Band Taxis
(03) 379-5795
Blue Star Taxis
(03) 379-9799

車資依公司而有所不同

路面電車　Christchurch Tram

搭路面電車在市區觀光非常方便。行駛路線從大教堂總站Cathedral Junction出發，經過大教堂廣場、Worcester Blvd.、Oxford Tce.、Cashel St.、High St.，再從High St.折返，經大教堂廣場往坎特伯里博物館去，然後在這裡右轉，經過Armagh St.、New Regent St.再回到大教堂總站。車票直接跟車上司機購買，當天可以多次使用，還能聽司機的觀光導覽周遊市區。

行駛於基督城市中心的紅色路面電車

路面電車
(03) 366-7830
URL www.christchurchattractions.nz
運 9:00～18:00（依季節而異）
費 大人$30、3歲以下有大人同行1人免費（不能使用Metro卡）

基督城當地的旅遊團　Tours

<市區觀光巴士之旅>

Christchurch Sightseeing Tour是搭乘巴士從基督城植物園等市中心景點開始，到郊區的石造西洋建築塔卡黑古堡（Map P.47-C3）、利特爾頓等地的周遊之旅。上午出發的巴士也有前往國際南極中心的路線。

也會前往深受當地居民喜愛的薩姆納海灘

旅遊公司
Leisure Tours
FREE 0800-484-485
URL www.leisuretours.co.nz
Christchurch Sightseeing Tour
時 9:00、13:30出發（所需時間約3小時）
費 大人$80～、小孩$40～
CC AMV

往漢默溫泉泳池與水療中心方向 P.59
往凱庫拉、馬爾伊亞溫泉方向
柳岸野生動物保護區
Willowbank Wildlife Reserve
P.57
Clearwater
Hussey Rd.
STYX
歐拉那野生動物園 P.56
Orana Wildlife Park
MacLeans Island Rd.
基督城國際機場
HAREWOOD
BISHOPDALE
NORTHCOTE
P.56 國際南極中心
International Antarctic Centre
Sudima Christchrch Airport
P.70
Russley Golf Course
PAPANUI
BRYNDWR
MERIVALE
YALDHURST
Burnside Park
BURNSIDE
FENDALTON NTH.
The Chateau on the Park
P.69
Merivale Mall
P.70 Pavilions
P.55
夢娜維爾
Mona Vale
市中心 P.48
RUSSLEY
AVONHEAD
FENDALTON
P.54 基督城農夫市集
Christchurch Farmer's Market
ILAM
坎特伯里大學
University of Canterbury
Riccarton Bush
海格雷公園
Riccarton Market
P.65 Sasuke
RICCARTON
ISLINGTON
HEI HEI
基督城火車站
P.56 空軍博物館
Air Force Museum
Addington Raceway
P.71
Jailhouse Accommodation
Orangetheory Stadium
SPREYDON
Wigram Aerodrome
HORNBY
往艾士伯頓、但尼丁方向
Canterbury Agricultural Park
OAKLANDS
SOMERFIELD
CASHMERE
HOON HAY
Halswell
LANSDOWNE
Sign of The Bell Bird
往阿卡羅阿
基督城←→阿卡羅阿
基督城
Christchurch
往阿卡羅阿的景觀路線
薩姆納
Sumner
Cookie Time Bakery Shop
P.68
利特爾頓
Lyttelton
班克斯半島
P.76 奧凱因斯海灣毛利人與移民博物館
Okains Bay Maori and Colonial Museum
往阿卡羅阿的最短路線
Lake Ellesmere
Kaitorete Spit
貝瑞灣乳酪工廠
Barry's Bay Cheese Factory
P.75
阿卡羅阿
Akaroa
P.74
0 10km

基督城區域圖
南太平洋
South Pacific Ocean
P.58 特拉維斯濕地公園
Travis Wetland Nature Heritage Park
Bottle Lake Forest Park
Waitikiri Golf Club
Waimairi Beach Golf Course
Shirley Golf Course
Rawhiti Golf Club
The Palms
Salt on the Pier P.64
新布萊頓區 P.57
New Brighton
Avondale Golf Course
亞芬希斯科特河口
Estuary of the Heathcote and Avon Rivers
飛馬灣
Pegasus Bay
坦納瑞購物中心
The Tannery P.58
菲利米德歷史公園
Ferrymead Heritage Park P.58
薩姆納海灘
Sumner Beach P.57
Richmond Hill Golf Club
Barnett Park
Mary Duncan Park
塔卡黑古堡
Sign of the Takahe
Mt. Vernon Park
基督城纜車 P.59
Christchurch Gondola
利特爾頓
Lyttelton P.59
Lyttelton Harbour
奇異鳥屋
Sign of the Kiwi
Quail Island
Fort Jevois
鑽石港 P.59
Diamond Harbour

基督城的街頭藝術
URL smartview.ccc.govt.nz/play/streetart

位於Little High Eatery（→P.66）的黑貓壁畫

基督城的 漫遊

受到2011年2月坎特伯里大地震的影響，以大教堂廣場Cathedral Square為主的市中心區域受到很嚴重的破壞。雖然目前大教堂仍在重建中，透過納入市民意見的復興方案，整個城市的重新開發正在慢慢進行中，新的景點也陸續誕生。傳統的英國風格與現代的城市設計融合，洋溢著紐西蘭其他城市所沒有的魅力；還有許多壁畫、裝置藝術等街頭藝術，可以感受到濃厚的玩心，也成為基督城獨有的特色。市中心的地勢平坦好走，無論是步行或租借腳踏車遊逛都很適合。

市區有莊嚴美麗的哥德式建築──藝術中心，也有能代表基督城「花園城市」的植物園，散發出與南島第一大城截然不同的優雅氣氛。至於郊外的景點可以在巴士總站搭乘Metro前往。

基督城市中心

P.65 Pedro's House of Lamb
P.64 Strawberry Fare
比利街 Bealey Ave.
教堂
Southern Comfort Motel P.71
Carlton Mill Rd.
亞芬河
CentrePoint on Colombo Motel P.71
P.63 Majestic at Mayfair
Vic's Cafe P.65
P.69 The Mayfair
聖瑪莉小學
Harper Ave.
Park Tce.
Victoria St.
Durham St.
Colombo St.
Manchester St.
往夢娜維爾方向
Salisbury St.
Madras St.
Barbadoes St.
基督城賭場 P.54 Christchurch Casino
P.51 基督城地震博物館 Quake City
Montreal St.
鐘塔
Peterborough St.
P.64 50 Bistro
The George P.69
北海格雷公園 North Hagley Park P.52
P.50
Novotel Christchurch P.69 Cathedral Square
Kilmore St.
The Grange Boutique B&B and Motel P.71
基督城現代藝術館 Christchurch Art Gallery Te Puna O Waiwhetu
艾薩克皇家劇院 P.55 Isaac Theatre Royal
Lake Albert
Lake Victoria
Design Store P.68
新攝政街 P.53 New Regent Street
Chester St.
P.53 基督城植物園 Christchurch Botanic Gardens
長途巴士總站
Twenty Seven Steps P.65
Armagh St.
Orari B&B P.71
P.54 Tūranga
Urbanz P.71
基督書院
Rolleston Ave.
Gloucester St.
P.66 Foundation
Sampan House P.65
大教堂廣場 P.49 Cathedral Square
大教堂總站
Gloucester St.
坎特伯里博物館 P.51 Canterbury Museum
Ibis
Sakimoto Japanese Bistro P.65
Worcester St.
Worcester Blvd.
Christchurch P.70
P.64 Cook'n' with Gas
Fiddelsticks P.64
Distinction Christchurch P.69
Avon River
Hereford St.
Oxford Tce.
Aotea Gift Christchurch P.67
Hereford St.
P.70 Hotel Give
The Terrace
ANZ Centre
紙教堂（臨時大教堂） Cardboard Cathedral
P.53 追憶橋 Bridge of Remembrance
Cashel St.
High St.
Cashel St.
基督城醫院
BNZ Centre
Riccarton Ave.
Cambridge Tce.
Shopology P.67
P.49
Lichfield St.
警察局
BreakFree on Cashel P.70
Boat Shed Café P.66
St Michael's Church
巴士總站 Bus Interchange
Kilt P.68
C1 Espresso P.63
南海格雷公園 South Hagley Park P.52
亞芬河輕舟撐篙之旅（乘船處） P.52 Punting On The Avon
電影院
Tuam St.
河濱市集 Riverside market
The Crossing
Little High Eatery P.66
The Gift Shop P.67
P.55
St. Asaph St.
藝術中心 P.50 The Arts Centre Te Matariki Toi Ora
Welles St.
Lemon Tree Cafe P.66
N Hagley Ave.
Antigua St.
Durham St.South
Colombo St.
Ferry Rd.
海格雷高中
Black Betty Cafe P.63
Frances Nation P.67
Pepa Stationery P.67
Fragranzi P.68
Ara Institute of Canterbury
The Fudge Cottage P.68
South City Shopping Center
The Observatory Hotel P.70
0 300m
Moorhouse Ave.
Moorhouse Ave.
Hello Sunday Cafe P.66

A B C
1 2 3

基督城的 景點

紙教堂（臨時大教堂）
Cardboard Cathedral

Map P.48-B3

原為基督城代表性建築的大教堂，因為2011年的地震而毀壞，於是由日本建築師坂茂設計興建了臨時的大教堂。坂茂是世界知名的建築師，為地震受害的災區提案以紙為材料來興建，並積極到災區進行建設等援助活動；他的行動受人稱讚，並曾榮獲有建築界諾貝爾之稱的普立茲克建築獎。

色彩繽紛的彩繪玻璃令人印象深刻

屋頂使用表面經過特殊處理的硬紙筒，室內的祭壇及椅子，還有掛在正面的十字架等也都是用紙做成的。由許多義工共同參與施工，歷經2年時間，在2013年8月完工。館內可容納700人，不僅能做禮拜，還可以作為音樂會、活動會場，並能耐用50年，直到新的大教堂興建完成。

大教堂
住234 Hereford St.
☎(03) 366-0046
URL cardboardcathedral.org.nz
開週一～六　9:00～16:00
　週日　7:30～17:00
　（依季節變動）
休無休
費免費（歡迎捐款）

沒有多餘的裝飾，以簡單的設計引人注目

大教堂廣場
Cathedral Square

Map P.48-B2

重建中的大教堂

擁有63m高尖塔的美麗哥德式大教堂，曾經是基督城的地標，這座教堂的所在地——大教堂廣場，位於市中心，為許多觀光客的聚集地而熱鬧不已。但是，大教堂因為2011年的地震而毀損，直到2020年才開始重建工程，預定2027年底才能完全修復。除了主角大教堂和塔樓，北側將增加遊客中心、咖啡館、庭園、紀念品店；此外，舊郵局則改建成包含餐廳、酒吧、遊客中心i-SITE的多功能設施The Grand。2018年位於大教堂北邊Library Plaza的中央圖書館Tūranga已經完工。

以聖杯為主題的裝置藝術

中央圖書館Tūranga

The Grand
URL www.thegrand.co.nz

基督城現代藝術館
住Worcester Blvd.& Montreal St.
電(03) 941-7300
URL christchurchartgallery.org.nz
開週四～二 10:00～17:00
週三 10:00～21:00
休無休
費免費
免費導覽
時每日11:00、14:00開始（只有週三增加19:15）

設置在館外的藝術品「Chapman's Homer」

藝術中心
住2 Worcester Blvd.
電(03) 366-0989
URL www.artscentre.org.nz
開10:00～17:00（依設施而異）
休無休

每週日都會舉行市集

基督城現代藝術館

Christchurch Art Gallery Te Puna O Waiwhetū

Map P.48-B2

以曲線玻璃帷幕的現代建築吸引目光的現代藝術館，主要展出紐西蘭藝術家的現代美術作品，也是大洋洲規模最大的免費美術館。展覽內容約3個月就會更新，即使是常客也看不膩。大型行李在入館時必須寄在櫃台。可以享受欣賞繪畫、裝置藝術、數位作品等豐富多樣的藝術樂趣。

玻璃帷幕的建築也很值得一看

藝術中心

The Arts Centre Te Matatiki Toi Ora

Map P.48-B1～2

從大教堂正對面沿著路面電車的軌道往西直行而去，約5分鐘就能到達這幾棟新哥德式Neo-Gothic Style的建築。這些房舍自1877年完工後一直到1976年都是坎特伯里大學的校舍，在2011年受到地震的嚴重災害，重建工程一直進行到2016年6月才部份開放。目前仍有工程持續，但設有電影院、藝廊、坎特伯里大學的藝術學校等，作為藝術家創作活動的場地，因而受到歡迎，也會舉辦音樂會、歌劇、電影節等活動；而每週日10:00～15:00舉行的市集，很適合尋找伴手禮。此外，也有時尚的咖啡館和葡萄酒吧，由於天氣晴朗時會開設露天咖啡座，推薦可以來此用餐；還有新成立的飯店。

藝術中心內設有商店和咖啡館

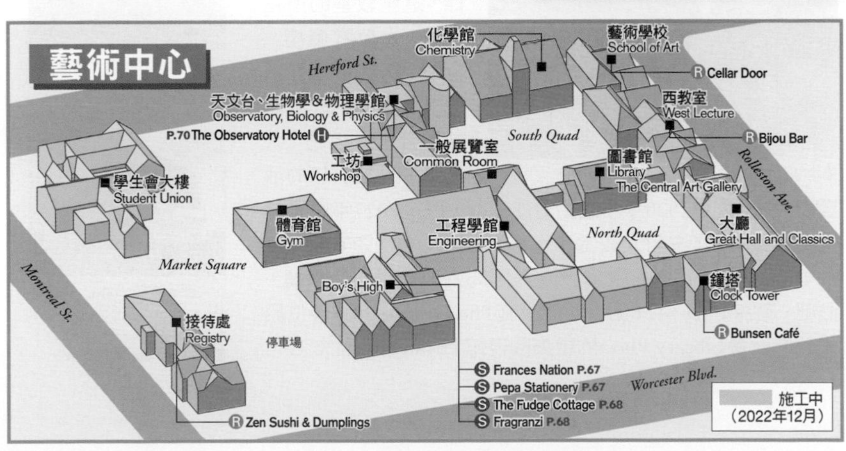

坎特伯里博物館
Canterbury Museum

Map P.48-B1

這座佇立在海格雷公園一隅的博物館，是建於1867年的新哥德式建築，館內展示最能代表毛利文化的雕刻、手工藝品，以及殖民時代使用的家具和交通工具等。在自然科學的範疇方面，能夠看到過去棲息在紐西蘭的巨鳥──恐鳥Moa的蛋及骨骼標本，還有很多如奇異鳥kiwi等紐西蘭特有種鳥類的標本，相當值得一看。此外，雪貓車Snowcat及亞孟森Roald Amundsen、史考特Robert Falcon Scott這些探險家的裝備等，關於南極探險的展示也很有趣。隨著建築老舊的整修及展覽室的擴建工程，從2023年4月起休館中；工程預估要花費5年，預定2028年重新開幕。

有關毛利文化的展示品很豐富

坎特伯里博物館
住Rolleston Ave.
電(03) 366-5000
FAX(03) 366-5622
URL www.canterburymuseum.com

建築物本身就很值得欣賞

基督城地震博物館
Quake City

Map P48-B2

記錄基督城在2010年9月、11年2月和6月所發生多次大地震的地震博物館。原本放在坎特伯里博物館中，2013年在Cashel St.興建期間限定的展覽館，後來隨著市區重建，2017年9月才遷移到現址重新開放。

館內會放映關於地震的毛利傳說的影像、地震當時的錄影畫面、災民的訪問等影片，還有毀損前的建築物模型、大教堂受損後的部分窗戶和尖塔，以及基督城火車站的時鐘、Tekoteko像（掛在毛利人集會所的傳統雕像）、在地震中受到毀壞古蹟建築的一部分等，許多與地震相關的各種展覽，還介紹來自世界各國的救難隊。

基督城地震博物館
Quake City
住299 Durham St.
電(03) 365-8375
URL quakecity.co.nz
營10:00～17:00
休無休
費大人$20、學生．銀髮族$16、小孩$8（有大人同行則免費）

保留大地震記錄的博物館

重達300kg以上教堂的鐘

已經毀損的大教堂十字架

海格雷公園內的戶外活動
Antigua Boatsheds
☎(03) 366-5885
URL boatsheds.co.nz
營9:00～17:00
休無休
費單人獨木舟Single Kayak $17／1小時
雙人獨木舟Double Kayak $34／1小時
腳踏船Paddle Boat $30／30分鐘
划槳船Row Boat $25／30分鐘
加拿大式輕艇Canadian Canoe $30／30分鐘
租腳踏車 $15／1小時 $45／1日

很受家庭遊客青睞

海格雷公園
Hagley Park

Map P.48-A～C1

是市民休憩親近的場所

基督城被稱為「花園城市」，到處都有美麗的公園，其中又以海格雷公園特別遼闊，總面積有165公頃，是大安森林公園的6.34倍大，象徵著綠意盎然的基督城。公園以Riccarton Ave.為界線，區分為北海格雷公園North Hagley Park與南海格雷公園South Hagley Park。1813年，為了保護樹木，根據州法將此公園列為公共綠地。

園內有許多運動設施，經常舉行高爾夫球、網球，以及紐西蘭的國民運動橄欖球、板球比賽，一到週末就可以看到許多穿著各隊制服的球員，還有來散步或慢跑的人、全家來野餐的當地居民。流經園內的亞芬河，可見鴨子優游在清澈的水面，讓人感受到悠閒的氛圍。

此外，位於公園內的基督城植物園，可以欣賞到紐西蘭特有種及外來植物等當季盛放的花朵。

亞芬河輕舟撐篙之旅
住2 Cambridge Tce.
☎(03) 366-0337
URL www.christchurchattractions.nz
時10～3月 9:00～18:00
4～9月 10:00～16:00
休無休
費大人$35、小孩$15（所需時間約30分鐘）

以綠白條紋為標記的搭船處

搭船處設有咖啡館Boat Shed Café（→P.66）

亞芬河輕舟撐篙之旅
Punting On The Avon

Map P.48-B・C1

亞芬河蜿蜒流過市區，最受歡迎的就是輕舟撐篙，不過，要持棒為櫓划動這種英國小船需要很好的技術。搭乘船夫搖櫓的小船，緩緩地欣賞兩岸的白楊樹、美麗花朵盛開的風景順流而下，就能窺探到基督城與英國相似的一面。搭船出發處在Cambridge Tce.的船棚，在通過第2座橋後折返，回到出發點。

穿著傳統服飾的船夫

這種手工打造的船，團體也能搭乘

基督城植物園
Christchurch Botanic Gardens

Map P.48-B1

位於海格雷公園內，占地約有21公頃，起源於1863年為了慶祝英國維多利亞女王的長子亞伯特·愛德華Albert Edward與丹麥的亞歷山德拉公主Alexandra結婚，因此在這裡種植了橡樹English Oak（Quercus），至今整年都能欣賞到各種植物和花卉。園內除了有超過250種玫瑰爭奇鬥艷的玫瑰園之外，還可以欣賞到水仙與櫻花。為了希望世界和平，2006年在園內設置了「世界和平鐘」，這跟1954年日本送給紐約聯合國總部的鐘相同，在全球各地共有21個。

園內百花盛開，繽紛美麗

園內的遊客中心Botanical Garden Visitor Center，除了提供旅遊服務，還附設展示區、咖啡館、圖書館和紀念品店。

此外，還有乘坐綠毛蟲造型電動車的導覽服務，可以邊聽解說員的導覽邊遊園，需要約1小時。

基督城植物園
電 (03) 941-7590
URL ccc.govt.nz/parks-and-gardens/christchurch-botanic-gardens
開 遊客中心
9～5月 9:00～17:00
6～8月 9:00～16:00
休 無休
費 免費
遊園導覽
時 10月中旬～4月 13:30出發
費 $10（所需時間約90分鐘）
植物園之旅
電 (03) 366-7830
URL www.christchurchattractions.nz
時 10～3月 10:00～15:30
4～9月 11:00～15:30
休 無休
費 大人$25、小孩$10
路面電車、植物園之旅、亞芬河輕舟撐篙之旅、基督城纜車4項活動，有名為基督城Pass的套票，大人$90、小孩$25，只有大人可以省$10，大人加小孩則能省下$20。而路面電車與亞芬河輕舟撐篙之旅的套票則為大人$60、小孩$15。

追憶橋
Bridge of Remembrance

Map P.48-B2

跨越亞芬河的橋當中最美最有名的就屬這座追憶橋，是擁有一座大型拱門的橋。第一次世界大戰當時，士兵們在親友們的目送下，從市區的軍營渡過這座橋前往車站，出發去亞洲或歐洲的戰場；據說這座橋的名字就來自士兵們在戰場上回想故鄉時，會很懷念地追憶起這座橋。現在這座雄偉的橋則是為了悼念在戰場上失去寶貴生命的眾多士兵，於1923年所興建的，成為紐西蘭的歷史建築而受到保護。

包含著各種涵義的石頭橋

新攝政街
New Regent Street

Map P.48-B3

是條充滿西班牙風格、色彩繽紛建築林立的商店街，原本興建於1932年，頗具歷史意義，在紐西蘭國內算是擁有主題性購物商場的先驅。街上有餐廳、咖啡館、紀念品店、精品及飾品店等裝潢時尚的店家相連，就算是逛逛櫥窗也很不錯。

外觀可愛多彩的建築林立

新攝政街
URL newregentstreet.co.nz

路面電車沿著街道行駛

Tūranga
🄐60 Cathedral Square
URL my.christchurchcitylibraries.com/turanga
營週一～五 9:00～20:00
週六・日 10:00～17:00
休無休

從觀景陽台眺望市區

Tūranga
Tūranga

Map P.48-B2

於2018年開幕的中央圖書館，擁有18萬冊的藏書，以及與城市相關的豐富歷史資料；由於館內設置許多沙發與桌子，還有免費Wi-Fi，成為最適合收集資訊的地方。而且每層樓都有可以免費使用2小時的寄物櫃，從觀景陽台還能欣賞市區景致，非常方便。

為現代設計風格的5樓建築

基督城農夫市集
住16 Kahu Rd. Riccarton
URL www.christchurchfarmersmarket.co.nz
時週六 9:00～13:00左右
交從市中心搭Metro黃線或紫線約15分鐘，下車後步行約10分鐘。

Riccarton Market
Map P.46-B1
住Riccarton Park, 165 Racecourse Rd.
電（03）339-0011
URL riccartonmarket.co.nz
時週日 9:00～14:00左右
交從市中心搭Metro黃線約25分鐘，下車後步行約20分鐘。

基督城農夫市集
Christchurch Farmer's Market

Map P.46-B2

每逢週末，在基督城市區的各地都會舉辦跳蚤市場，其中最適合觀光客去的，就是每週六在Riccarton Bush內舉辦的基督城農夫市集。除了蔬菜、水果等生鮮食品，也有不少賣麵包、輕食的店家，吸引許多來享受早午餐的人。

而離市中心有點距離，交通不算太方便的Riccarton Park，也有週日營業的Riccarton Market，很受當地人喜愛，聚集了超過300家店鋪，很值得一逛。

也有攤販賣自製新鮮蔬果昔

基督城賭場
住30 Victoria St.
電（03）365-9999
URL christchurchcasino.nz
營週一～三、日 12:00～24:00
週四～六 12:00～翌日2:00
休無休
交從市中心搭Metro #20約7分鐘，下車後步行約3分鐘。
※照相機、錄影機、大型行李需寄放櫃台，必須準備護照等身分證明，未滿20歲禁止進入，不得穿著牛仔褲等輕便服裝。

基督城賭場
Christchurch Casino

Map P.48-A2

開幕於1994年的紐西蘭第一家賭場，可以玩21點、輪盤、撲克、吃角子老虎機等各種博弈遊戲，包含美式輪盤、21點、百家樂、加勒比撲克、歐式輪盤、幸運輪等，共有32張遊戲桌台，以及超過450台吃角子老虎機，任君挑選。還會配合星期與季節舉辦各種活動，行前不妨先查詢。賭場內並附設餐廳及酒吧，也會依節日舉辦活動。

到賭場試試運氣吧？

夢娜維爾
Mona Vale

Map P.46-B2

從市中心往西約2km，矗立於亞芬河畔的建築——夢娜維爾，是建於19世紀末維多利亞風格的私人住宅，現在則成為對外開放的結婚會場。宅邸的一隅設有咖啡館The Pantry，營業時間為每週三～日9:00～15:00，除了供應早午餐和午餐，也可以享受High Tea $45～。從窗戶就能欣賞有亞芬河流經的美麗英式庭園，度過閒適而優雅的時光。

整理得很完善的花園裡百花盛開

夢娜維爾
住40 Mono Vele Ave.
電(03) 341-7450
URL www.monavale.nz
開7:00～日落前1小時

The Pantry
營週三～日　9:00～15:00（依季節而異）
休週一·二
交從市中心搭Metro #29約12分鐘。

艾薩克皇家劇院
Isaac Theatre Royal

Map P.48-B2

開幕於1863年頗具歷史的劇院，歷經2次的改建，現在的地點和建築完成於1908年。法國文藝復興式的建築外觀有著典雅的裝飾，以及觀眾席上圓頂天花板的壁畫等，內部空間極具藝術價值。受到2011年大地震的影響，建築為半毀損狀態，外觀和內部都進行過修復，目前再度上演音樂劇及演奏會等各種節目。

距離新攝政街New Regent St.很近

艾薩克皇家劇院
住145 Gloucester St.
電(03) 366-6326
URL isaactheatreroyal.co.nz
在官網上可以買票。

Column 美食與購物的最佳地點

說起基督城現在最受歡迎的景點，就是位於Oxford Tce.於2019年10月開幕的河濱市集Riverside Market。2層樓建築的本館，聚集超過30家美食店家，就連日本百貨公司B1的美食都有，像是起司、甜點等適合當伴手禮，還提供試吃服務；2樓則是啤酒酒吧、時尚亞洲料理林立的餐廳區。

除此之外，在從市場延伸的Laneways有流行服飾、化妝品、設計雜貨等店家林立，適合購物或用餐。

河濱市集 Map P.48-C2
住Cnr. Lichfield St. &Oxford Tce.
URL riverside.nz
營週一～四　8:00～18:00、週五·六　8:00～21:00、週日　9:00～17:00（依店家而異）
休無休（依店家而異）

以室內型的 Farmers' Market為概念

也能享用在地啤酒和葡萄酒

空軍博物館
Air Force Museum

Map P.46-C1

這座空軍博物館緊鄰紐西蘭空軍的起源地——郊外的威克拉姆空軍基地Wigram Aerodrome，館內有如機庫般的廣大展場，展示從初期的螺旋槳飛機到1970年的噴射戰鬥機等各式各樣大小的飛機；也有專區以影片、實物展示介紹始於1923年的紐西蘭空軍的歷史。

飛機展場內部，前面這一架是1950年代使用的野馬戰鬥機

空軍博物館
住45 Harvard Ave. Wigram
☎(03) 343-9532
URL www.airforcemuseum.co.nz
開9:30～16:30
休無休
費免費
導覽之旅
每日11:00、13:30、15:00出發，大人$2，12歲以下免費（所需時間45分鐘）
交從市中心搭Metro黃線約30分鐘，下車後步行約6分鐘。

國際南極中心
International Antarctic Centre

Map P.46-A1

紐西蘭距離南極很近，基督城國際機場作為前往南極的運輸、通信基地，與南極有很深的關聯。這裡有南極探險的歷史資料，以及關於企鵝等生物的展示；在南極氣候與四季的體驗區，內部盡可能營造出接近南極的狀態，讓遊客親身體驗並深入了解南極。Storm Dome則是在室內製造出-20℃的低溫，讓遊客體驗接近南極那種會凍死人的寒氣，是很受歡迎的體驗活動。此外，還有4D Theatre，座位會配合用3D攝影機拍攝的南極影像搖晃，感受到水花噴濺，是震撼力十足的虛擬體驗。

體驗南極探險的氣氛

國際南極中心
住38 Orchard Rd.
☎(03) 357-0519
FREE 0508-736-4846
URL www.iceberg.co.nz
開9:00～16:30
休無休
費大人$59、小孩$39
交從市中心搭Metro紫線或#29約25分鐘，下車後步行約5分鐘。從基督城國際機場步行約5分鐘。

可愛的企鵝餵食時間為10:30、15:00

歐拉那野生動物園
Orana Wildlife Park

Map P.46-A1

占地約80公頃的廣大野生動物園，園內鮮少柵欄，以接近野生狀態飼養超過70種動物。因為園內遼闊，有附導遊解說的遊園巴士可搭乘，遊客可以坐在車上觀賞獅子、獵豹、斑馬、駱駝、長頸鹿等動物，也能看到紐西蘭特有的奇異鳥，以及被稱為「活化石」的刺背鱷蜥。

由於整天都有各種活動，抵達時記得先確認活動行程表。其中14:30開始的The Lion Encounter是讓遊客搭乘籠子車近距離接觸獅群、非常驚險的體驗，一天限定20人，$52.5（身高須超過140cm）。

歐拉那野生動物園
住793 McLeans Island Rd.
☎(03) 359-7109
URL www.oranawildlifepark.co.nz
開10:00～17:00（最後入園為～16:00）
休無休
費大人$39.5、銀髮族・學生$33.5、小孩$12.5
交從市區開車約25分鐘，有接駁車Steve's Shuttle可搭乘（須付費）。
Steve's Shuttle
✆021-232-4294

跟獅子面對面心跳破百

柳岸野生動物保護區
Willowbank Wildlife Reserve

Map P.46-A2

把環境整理成接近自然的寬敞園區內，飼養著小袋鼠Wallaby、酷你酷你豬KuneKune Pig、刺背鱷蜥Tuatara、鰻魚、啄羊鸚鵡、卡卡鸚鵡、塔卡黑秧雞等動物。而且還能近距離觀察奇異鳥，不用隔著玻璃，幾乎是面對面那樣靠近的珍貴場所，至於可以親手餵水豚或環尾狐猴的Encounter Program也很受歡迎。因為1天限定4～6人，最好提早預約。

毛利人飼養的酷你酷你豬

柳岸野生動物保護區
住60 Hussey Rd. Harewood
☎(03) 359-6226
URL www.willowbank.co.nz
開9:30～17:00
休無休
費大人$32.5、小孩$12
水豚Encounter
每日14:00開始，需時20分鐘
大人$40、小孩$17.5
環尾狐猴Encounter
每日13:30開始，需時20分鐘
大人$35、小孩$17.5
交從市中心搭Metro藍線到Northland再轉乘＃107，所需時間約1小時。

新布萊頓區
New Brighton

Map P.47-B4

新布萊頓區距離基督城市區往東約8km，車程15分鐘左右，是很熱鬧的海濱區，夏天總是湧進大批玩水和衝浪客，周邊有櫛比鱗次的餐廳、咖啡廳，可以感受到度假氣氛。由於每到週末就相當擁擠，如果想要輕鬆悠閒，建議平日前往。特別是海邊的圖書館很受歡迎，可以坐在館內的沙發上眺望大海，悠閒聆聽音樂、閱讀書籍。圖書館前有條突出海面約300m長的巨大長堤Pier，是著名景點之一，也有人在長堤上釣魚。

在長堤上眺望海灘為一大絕景

如何前往新布萊頓區
從市中心搭Metro黃線約30分鐘。

約300m長的長堤，周圍的地面刻著建設費用捐獻者的名字

位於海灘前的公園，夏天有免費的兒童泳池對外開放

新布萊頓區圖書館
住213 Marine Pde. New Brighton
☎(03) 941-7923
URL my.christchurchcitylibraries.com/locations/NEWBRIGHTN
開週一～五 9:00～18:00
週六・日 10:00～16:00
休無休

附設氣氛佳咖啡館的海邊圖書館

建議坐在圖書館的沙發上看海

薩姆納海灘
Sumner Beach

Map P.47-C4

距離市區往東南方約10km，利特爾頓港Lyttelton Harbour的東北方，和新布萊頓區同樣是靠近市區的海灘，所以很受歡迎，夏天週末總是湧進大批來此享受海水浴的市民。位於東南方、稍微有點距離的Taylors Mistake Beach是深受衝浪客喜愛的衝浪地點。海灘沿岸有許多氣氛佳的餐廳、咖啡館，邊眺望清涼海景邊用餐，超享受。

從市區開車約20分鐘，即可抵達薩姆納海灘

如何前往薩姆納海灘
從市中心搭Metro紫線約40分鐘。

菲利米德歷史公園
住50 Ferrymead Park Dr. Heathcote
☎(03) 384-1970
URL www.ferrymead.org.nz
開10:00～16:30
休無休
費大人$15、老人‧學生$12.5、小孩$10
路面電車
大人$5.5、小孩$3.5
蒸汽火車
大人$5、小孩$3
交從市中心搭Metro #28約25分鐘，下車後步行約8分鐘。

菲利米德歷史公園
Ferrymead Heritage Park

Map P.47-C3

40公頃的廣大園區內重現19～20世紀前半的街景，如商店、工廠、郵局、學校等，是大規模的歷史公園。各展示室裡除了有展示品之外，還擺設著精緻的人偶模型，有種彷彿回到過去的感覺。此外，由於此地是紐西蘭在1863年首次建造國營鐵路的地方，因此蒸汽火車、汽車等交通相關的展示品也很豐富，週末及節日有舊型路面電車、蒸汽火車在園內行駛，當然也能搭乘。

經典的路面電車行駛於遼闊的公園內

特拉維斯濕地公園
住280 Beach Rd., Burwood
☎(03) 941-8999
(Christchurch City Council)
URL traviswetland.org.nz
開8:00～20:00
(Beach Rd.側門開門時間)
休無休
費免費
交從市中心搭Metro橘線約25分鐘，下車後步行約10分鐘。

超可愛的紫水雞

特拉維斯濕地公園
Travis Wetland Nature Heritage Park

Map P.47-A3

園區面積包含濕地約有116公頃，棲息著55種野生鳥類，是野鳥的保育區，紐西蘭的特有種鳥類，如紫水雞、鷺科、鷸科、蠣鴴、黑天鵝等都棲息其中。園區內設有完備的步道，悠閒漫步就能體驗賞鳥的樂趣，也設有觀察野鳥的賞鳥小屋，以及鳥類解說牌，請帶著望遠鏡前往。

紐西蘭的特有種植物生長茂密

坦納瑞購物中心
住3 Garlands Rd.Woolston
URL thetannery.co.nz
開10:00～17:00
(因店家而異)
休無休
交從市中心搭Metro #28或紫線約20分鐘，下車後步行約10分鐘。

The Brewery
「Cassels & Sons′」的酒吧
☎(03) 389-5359
營8:00～Late
休無休

店後面就是小型啤酒釀造廠

坦納瑞購物中心
The Tannery

Map P.47-C3

位於基督城郊外的伍爾斯頓區Woolston，是1800年代後期因羊毛加工而繁榮的城鎮。當時Woolston Tannery是鎮上最大的製皮工廠(Tannery)，後來舊工廠被基督城最有名的在地啤酒「Cassels & Sons′」買下，作為小型啤酒釀造廠。在2011年的地震後，經過重建、再開發，目前成為聚集各種個性商店的購物商場；除了Cassels & Sons′的酒吧，還有服飾精品、家飾、古董店及咖啡館、餐廳。

紅磚建築的購物商場讓人聯想到以前的工廠

基督城纜車
Christchurch Gondola

Map P.47-C3

市區與港都利特爾頓Lyttelton之間有座海拔400m的卡文迪西山Mt. Cavendish，4人座的纜車就從小山丘的山腳一直爬升到山頂，可以享受約10分鐘的空中散步；除了俯瞰利特爾頓港，還能從市區望向坎特伯里平原，甚至連南阿爾卑斯山都一覽無遺，享受360度的遼闊全景。山頂還設有餐廳和紀念品店。騎越野車或徒步下山也很有樂趣。

基督城纜車
住10 Bridle Path Rd.
☎(03) 366-7830
URL www.christchurchatractions.nz
開10:00～17:00
休無休
費大人$35、小孩$15
交從市中心搭Metro #28約30分鐘。

從纜車一覽市區風景

利特爾頓
Lyttelton

Map P.47-D3・4

距離基督城市中心約30分鐘車程，是班克斯半島Banks Peninsula的港都之一，人口約3000人。從基督城市中心的巴士總站搭#28巴士約40分鐘。雖然鎮上有很多斜坡，但街道小而美，很適合散步。主街道London St.兩旁餐廳、咖啡館和雜貨店林立，每週六10:00～13:00還會舉辦利特爾頓農夫市集Lyttelton Farmers Market，非常有趣。

利特爾頓是小而美的港都

此外，也可以搭乘10分鐘的渡輪，到對岸的鑽石港Diamond Harbour（Map P.49-D4）去；走走海邊的Cliff Track，或是在美麗海灘悠閒度過。

利特爾頓的觀光資訊
URL lytteltoninfocentre.nz

販賣蔬菜和水果等許多物品的農夫市集

鑽石港
URL diamondharbour.info
交從利特爾頓港搭乘渡輪約10分鐘。6:00～23:00每30分鐘～1小時行駛，單程船費為現金大人$6、小孩$3，Metro卡大人$4、小孩$2。

Column 推薦的南島溫泉景點

從基督城搭車往北約1小時30分，國道1號北上到懷帕拉Waipara，再轉入國道7號續行約25分鐘，就能抵達熱門的度假勝地──漢默溫泉Hanmer Springs（摺頁地圖①）。這是一個曾經出現在毛利傳說中、歷史悠久的溫泉，觀光重點是漢默溫泉泳池與水療中心Hanmer Springs Thermal Pools & Spa，有著類型、溫度（28～42℃）各異的露天溫泉，還設有大型水上溜滑梯，如遊樂園般的設施。由於地處海拔350m，被豐富的大自然包圍，可以從事健行、高爾夫、高空彈跳等活動，因此成為熱門觀光景點。從漢默溫泉坐車約1小時，還有個日本風格的溫泉設施「Maruia Springs」。

漢默溫泉泳池與水療中心
Map P.46-A2外
住42 Amuri Ave. Hanmer Springs
☎(03) 315-0000 FREE 0800-442-663
URL hanmersprings.co.nz
營10:00～21:00（因季節而異）
休無休 費大人$38、小孩$22
主要交通
Hanmer Connection
☎(03) 382-2952 FREE 0800-242-663
URL www.hanmerconnection.co.nz
運基督城（坎特伯里博物館前）9:00出發
費單程大人$35、小孩$25

有各種遊樂設施的溫泉度假中心

Column 哈特山滑雪場

哈特山滑雪場分布在海拔2086m哈特山Mt. Hutt的斜坡上，是南島最大規模的滑雪場，距離基督城約1小時45分鐘車程，交通方便，可當日來回，因此觀光客也很多。這裡的雪質、積雪量及富有變化的滑雪道等都頗受好評，每年6月上旬～10月上旬都能享受單板及雙板滑雪的樂趣。

除了高手，連初學者也能享受滑雪的樂趣

哈特山滑雪場沒有住宿設施，大多選擇住宿在麥斯文Methven。雖然和大都市基督城相比，麥斯文只是一個小城鎮，冬天卻很熱鬧，因為交通方便，到滑雪場只需約35分鐘車程，市區有各種住宿設施、滑雪器材店，很受長期停留者的青睞。

麥斯文是很知名的滑雪度假地

如何前往滑雪場

從麥斯文到滑雪場可搭乘Methven Travel經營的Mt. Hutt Ski Bus，雪季中每天都有班次，從麥斯文7:45、9:45出發，回程從滑雪場15:00、16:15發車，可以在網路或當地旅行社預約，並且能在麥斯文的各飯店上下車。來回票價為$25（10歲以下免費）。前往滑雪場的山路險峻，路旁也沒有護欄，建議不要租車自行前往，而是選擇搭乘巴士。此外，基督城機場與滑雪場之間也有接駁巴士，從機場10:00發車，單程票價為$47（10歲以下免費）。

關於滑雪場

由於海拔高，屬於水分少、雪質極佳的粉雪，只不過天候變化大，強風時纜椅會暫停，有時甚至會關閉整座滑雪場，這裡因為風大而有「封閉山Mount Shut」的別名。前往時要準備禦寒裝備，行程也盡量不要安排得太緊湊。

滑雪場分布在U形的斜坡上，設有4種纜椅，有緩坡、迂迴滑雪道等適合初學者的雪道，也有中級和高手可挑戰的陡坡、貓跳滑雪道，是一座兼具各種程度雪道的滑雪場。

此外，主建物內設有咖啡館及餐廳，想要簡單填滿肚子就去Sky High Café及Sixteen10 Espresso Bar，想悠閒用餐可選擇Opuke Kai，2家都有提供早餐和午餐。

Mt. Hutt Ski Area 摺頁地圖 ①
電 (03) 308-5074（下雪資訊）
URL www.nzski.com
營 6月上旬～10月上旬 9:00～16:00
費 纜椅1日券
大人$159、小孩$99（10歲以下免費）
用具租借
1日大人$60～、小孩（18歲以下）$50～

Mt. Hutt Ski Bus和接駁巴士
Methven Travel
電 (03) 302-8106
FREE 0800-684-888
URL www.methventravel.co.nz

基督城的小旅行

Excursion

基督城郊外有各式各樣的景點，也有著各種類型的旅遊團，像是探訪南阿爾卑斯山絕景之旅，或是牧場體驗、電影拍攝場景巡禮、拜訪葡萄酒莊等豐富主題，不妨找找看有沒有你喜歡的行程。

阿卡羅阿1日遊

前往阿卡羅阿的巴士上，司機會詳細解說當地的歷史，還會在老火車站「Little River」、可眺望阿卡羅阿灣的Hilltop Tavern、貝瑞灣乳酪工廠等景點稍做停留，到阿卡羅阿則是自由活動，回程為16:00集合。

Akaroa French Connection
FREE 0800-800-575　URL www.akaroabus.co.nz
時 全年　基督城9:00出發　費 大人$55、小孩$35　CC AMV

亞瑟隘口國家公園1日遊

搭乘知名的登山火車Tranz Alpine號及巴士探訪亞瑟隘口國家公園。Tranz Alpine號乘車時間為2小時左右，停留歐蒂拉峽谷Otira Gorge，午餐後就在國家公園內自由散步；回程會在懷馬卡里里河Waimakariri River搭乘噴射飛船（自費行程），還去拜訪牧場，行程非常豐富。

Leisure Tours
FREE 0800-484-485　URL www.leisuretours.co.nz　時 全年　7:30～8:00出發（可到飯店接送）　費 大人$395～、小孩$262.5～　CC AMV

奧拉基／庫克山國家公園1日遊

由曾在日本當過老師，會說流利日文的克雷格先生帶領的私人旅遊團。經由蒂卡波湖Lake Tekapo到奧拉基／庫克山國家公園Aoraki/Mt. Cook National Park，輕鬆短程健行，含手作野餐午餐，所需時間約12小時。2人以上即可成行。

CanNZ Tours　021-1811-1570
URL cannewzealandtours.co.nz/ja/mtcook-tours-2　E-mail info@cannztours.com　時 全年　費 $525（2人參加時1人的費用）　CC MV

葡萄酒莊之旅

造訪懷帕拉谷Waipara Valley 3～4家酒莊的旅遊團，可以從超過20種的葡萄酒當中挑選試喝。含午餐，可到住宿地點接送，喝醉也不怕。2人即可成行。

Discovery Travel
027-557-8262
URL www.discoverytravel.co.nz
時 全年　11:00出發（所需時間6小時）
費 $195～　CC MV

羊駝牧場之旅

從基督城沿著阿卡羅阿灣一路兜風，前往飼養約160隻羊駝的私人牧場。除了會解說關於草尼馬的生態與習性，還能在充滿廣闊自然景色的牧場裡，與草尼馬接觸互動。也有從阿卡羅阿接送的行程。

Shamarra Alpacas
(03) 304-5141
URL www.shamarra-alpacas.co.nz
時 全年　11:00、13:00、16:00出發（所需時間1小時）
費 大人$50、小孩$25　CC MV

《魔戒三部曲》拍攝地巡禮

搭乘4輪傳動車奔馳在《魔戒3部曲》第2、3集的拍攝地「Edoras山壘」。因為拍攝地點為私人土地，若非參加旅遊團就無法進入，更顯得這趟體驗的珍貴。包含從基督城市區的接送。

Global Net NZ
(09) 281-2143
URL www.globalnetnz.com
時 全年　9:00出發（所需時間8小時30分）
費 大人$299、小孩$199
CC MV

基督城的 戶外活動

Activity

與花園城市溫和的氣氛截然不同，基督城的戶外活動也很豐富，而且幾乎都是能充分體驗周圍大自然的活動。不過如果想要同時追求大自然美景與快感，建議挑戰高空跳傘這類驚險刺激的戶外活動！

噴射飛船

距離基督城市中心約50分鐘車程，在懷馬卡里里河Waimakariri River體驗噴射飛船的快感，以高速奔馳在河上的戶外活動。開船的駕駛都受過專業訓練，可以放心體驗驚險刺激。雖然各旅行社有些許差異，一般都會從市區接送（需另外付費）。

Alpine Jet Thrills
FREE 0800-263-626 URL www.alpinejetthrills.co.nz 時 全年
費 Braided Blast 大人$80、小孩$60（所需時間約20分鐘，須另付接送費） CC MV

衝浪

在波浪平緩的薩姆納海灘舉辦的衝浪課程，從針對成人的團體課、個人教學到兒童課程，內容包羅萬象；由專業教練教導，初學者也沒問題。包含衝浪板及防曬水母衣的租借費用。

Learn to Surf ✆021-030-7231 FREE 0800-807-873
URL surfcoach.co.nz 時 全年 針對成人的團體課週六‧日13:00～（所需時間約2小時） 費 大人$89～、小孩$55～ CC MV

熱氣球

大清早從基督城出發，依天氣和人數決定前往地點，從參與熱氣球的準備工作到飛上天空的行程。可以欣賞美麗的日出、由田園及牧場交織成如拼布般的景色，坎特伯里平原、南阿爾卑斯山脈連峰都能一覽無遺。

Ballooning Canterbury ☎(03) 318-0860
FREE 0508-422-556 URL ballooningcanterbury.com 時 全年
費 大人$395、小孩$250（12歲以下、身高110cm以上） CC AMV

騎馬

從基督城搭車約50分鐘，在Rubicon Valley附近享受騎馬樂趣。在嚮導的帶領下，騎著馬在廣大的牧場、懷馬卡里里溪谷，以及懷馬卡里里河沿岸地區散步。從2小時的輕鬆行程到半天的行程都有，市區接送請洽詢。

Rubicon Valley Horse Treks
☎(03) 318-8886
URL rubiconvalley.co.nz
時 全年
費 2小時$130、3小時$160 CC MV

激流泛舟

在距離基督城約2小時車程的朗基塔塔河Rangitata River，時而激烈時而緩慢地順流向下的戶外活動。雖然必須自行操縱方向盤，不過教練會仔細教導，初學者也能勝任。必須自備毛巾和泳衣。

Hidden Valleys
✆027-292-0019
URL www.hiddenvalleys.co.nz/rangitata-river-rafting.html
時 9～5月
費 $260 CC MV

騎登山車

在城市或大自然中享受騎登山車奔馳的快感。有各種行程和旅遊團，從周遊海格雷公園、亞芬河附近適合初學者的輕鬆體驗行程，到要騎上好幾天的長途行程都有。租借好全副裝備的登山車後就出發吧！

Explore New Zealand by Bicycle
☎(03) 377-5952 FREE 0800-343-848
URL www.cyclehire-tours.co.nz 時 全年
費 登山車1日$35～60（租借）
騎越野車行程$80
CC MV

在基督城的新舊咖啡館小歇片刻！♪

南島第一大城市裡有很多時尚的咖啡館，來看看當地人深愛的老店及受矚目的新店！

用水管送餐！

C1 Espresso

Map P.48-C3

創立於1996年的人氣咖啡館，天花板和梁柱上布滿管子線路，可以體驗將餐點放進圓筒狀的盒子內，透過水管送到每張桌子的嶄新送餐方式。有「氣動的」之意的Pneumatic Menu，7:00～20:30供應。

住185 High St.
電無
URL www.c1espresso.co.nz
營週一～五7:00～21:00
週六・日7:00～17:00
休無休
CC ADJMV

1店內的巨大管線很引人注目 2氣動漢堡$23.9、波浪薯條$11.9 3也有賣咖啡豆

供應三明治與蛋料理等適合搭配咖啡的餐點

喜歡咖啡的人無法抵抗♪

Black Betty Cafe

Map P.48-C3

有著黑色外觀和倉庫風設計的時髦咖啡館，除了義式濃縮咖啡，也能品嚐在紐西蘭罕見的虹吸式塞風，以及手沖、愛樂壓AeroPress等各種類的咖啡。早午餐供應到14:00。

住3/165 Madras St.
電(03) 365-8522
URL www.switchespresso.co.nz/pages/black-betty
營週一～五　7:30～15:00
週六・日　8:30～15:00
休節日　CC MV

從早餐到雞尾酒的豐富菜單

Majestic at Mayfair

Map P.48-A2

在開幕於2022年7月的精品飯店Mayfair（→P.69）裡開設的時尚店家，白天是咖啡館，傍晚以後則變身為酒吧。除了蛋料理和穀麥片，分量十足的和牛漢堡、咖哩也是推薦餐點。

住155 Victoria St.
電(03) 595-6335
URL mayfairluxuryhotels.com
營週一～五　6:30～Late
週六・日　7:00～Late
休無休　CC ADJMV

招牌的法式吐司$24，料理和店內裝潢都很有型

基督城的餐廳

Restaurant

像是美食複合設施的河濱市集Riverside Market開幕，基督城的餐廳狀況時常都有變化，充滿活力；尤其是Victoria St.和新攝政街New Regent St.，是餐廳及咖啡館十分密集的區域。

紐西蘭料理

Cook'n' with Gas

Map P.48-B2 市中心

利用19世紀末期的建築改建，入口搖曳著柔和的煤氣燈光，內部裝潢的氣氛也很棒。料理頗受好評，從1999年開幕以來就得過很多大獎。主菜選擇性高，有海鮮、羊肉、豬肉和牛肉等，價格為$40～48，每人預算約$70，最好先預約。

住23 Worcester Blvd. 電(03) 377-9166
URL www.cooknwithgas.co.nz
營週一～六17:00～23:00 休週日 CC ADMV

50 Bistro

Map P.48-A1 市中心

位於飯店「The George」(→P.69)內的餐廳，使用新鮮的當地食材，提供創意十足的料理，從早到晚全天性開放，十分方便。早餐$22～，午餐與晚餐的前菜$14～、主餐$38～；也可以一邊欣賞海格雷公園的綠意，一邊享受優雅的High Tea。

住50 Park Tce. 電(03) 371-0250
URL www.thegeorge.com 營6:30～22:00 休無休 CC ADJMV

Fiddelsticks

Map P.48-B2 市中心

位於Worcester Blvd.上的餐廳，蒐羅鹿肉、牛肉、羊肉、海鮮等具紐西蘭特色的食材，能以時尚的方式來品嚐。晚餐中最受歡迎的是炸雞加上以綠番茄做成的印度酸辣醬，而午餐的當日特餐菜單多樣，有派、麵包、湯等，也很推薦。

住48 Worcester Blvd. 電(03) 365-0533
URL fiddlesticksbar.co.nz 營週一～五8:00～23:00 週六·日、節日9:00～23:00 休無休 CC AMV

Strawberry Fair

Map P.48-A1 市中心

長年受當地人喜愛的餐廳，堅持優質食材與精心烹調的餐點，每樣都分量滿點。位置靠近海格雷公園，從窗戶就能眺望綠意也是一大魅力。蛋糕、布丁、慕斯等甜點種類豐富，特別推薦能數人分享的每日特選Chefs Tasting Plate$25.9。

住19 Bealey Ave. 電(03) 365-4897
URL www.strawberryfare.com
營週一～五7:00～Late、週六·日8:30～Late 休無休 CC AJMV

Salt on the Pier

Map P.47-B4 新布萊頓

位於新布萊頓圖書館(→P.57)內的餐廳，面對海景的絕佳地點，1樓為咖啡館，2樓則是餐廳。不但可以享受Steinlager、Speight's等紐西蘭生產的啤酒，葡萄酒的種類也很豐富。晚餐有阿卡羅阿鮭魚$35.5、坎特伯里羊排$34.5等，價格$30左右。

住Pier Terminus, 195-213 Marine Parade, New Brighton 電(03) 388-4493
URL saltonthepier.co.nz 營咖啡館8:30～16:00、餐廳週二～五16:00～Late、週六·日11:00～Late 休週一(咖啡館無休) CC MV

西歐料理

Twenty Seven Steps

Map P.48-B3 市中心

由義大利主廚使用新鮮食材烹調出具歐洲風味的料理，搭配當地葡萄酒一同品味，推薦牡蠣、扇貝等海鮮，或是羊肉和鹿肉。菜單會依季節而變化，通常前菜$11.5～21、主菜$32.5～42、杯酒$8～。經常客滿請事先預約。

住16 New Regent St. 電(03) 366-2727
URL www.twentysevensteps.co.nz 營17:00～23:00
休無休 CC MV

中國料理

Sampan House

Map P.48-B3 市中心

靠近新攝政街New Regent St.的平價餐廳，麵類$16～18、單點料理$20左右，便宜的價格就能品嚐正統的中華料理，包含前菜、主菜、甜點等的套餐$27～。此外，也有沙嗲、泰式咖哩等亞洲料理，外帶也沒問題。

住168 Gloucester St. 電(03) 372-3388
營11:00～15:00、16:30～21:00
休週一·二 CC MV

西班牙料理

Pedro's House of Lamb

Map P48-A1 市中心

使用貨櫃的外帶專門店，只賣無麩質的烤羊肩$60（2～3人分），以及涼拌高麗菜$12等配菜。將小羊的羊肩排用迷迭香和大蒜調味，送進烤箱烘烤5～6小時，附馬鈴薯。最好先電話預約。

住17b Papanui Rd. 電(03) 387-0707 URL www.pedros.co.nz
營16:00～20:00 休無休 CC ADJMV

日本料理

Sasuke

Map P.46-B2 市區周邊

位於Riccarton Rd.上Windmill購物商場內的日本食堂，以拉麵和用大量洋蔥炒出甜味的日式咖哩最受歡迎。醬油拉麵$16.5、味噌拉麵及辣味噌拉麵$19。不用任何化學調味料，以魚乾等天然食材熬湯頭，是家以健康為取向的店。

住Windmill Shopping Centre, cnr of Riccarton Rd. & Clarence St.
電(03) 341-8935 營12:00～14:30、17:00～20:00（週五·六～21:00）
休週三午餐·週日 CC MV

Sakimoto Japanese Bistro

Map P.48-B3 市中心

位於大教堂總站Cathedral Junction內氣氛輕鬆的日本小酒館。除了下酒小菜，便當式的餐點也很受歡迎。只使用無麩質的醬油，從新鮮的生魚片，到煎餃、炸雞塊等，料理種類豐富。還有紐西蘭葡萄酒、琴酒、威士忌。

住119 Worcester St.（16A Cathedral Junction） Central City
電(03) 379-0652 營17:00～21:00 休無休（依季節變動）
CC MV

咖啡館

Vic's Cafe

Map P.48-A2 市中心

每逢週末就大排長龍的人氣咖啡館。在紐西蘭國內的評比大賽得到好幾次金牌，自家烘焙的麵包也頗受好評，菜單上三明治和吐司的品項很多，培根、蛋、番茄和薯條組成的套餐Big Breakfast $25.9，分量超大。

住132 Victoria St. 電(03) 963-2090 URL vicscafe.co.nz
營週一～五7:00～14:30、週六·日7:30～14:30
休無休 CC MV

Boat Shed Café

Map P.48-B1 市中心

位於亞芬河畔，改建自歷史船屋，綠白相間條紋的外觀很醒目。可以點餐到14:30的早餐與午餐有歐姆蛋$23、鬆餅$22.5、希臘串烤雞肉$23.5等，價格$20左右的餐點為主。坐在露天座位可以俯瞰亞芬河，度過浪漫時光。

住2 Cambridge Tce. 電(03) 366-6768
URL boatsheds.co.nz 營7:00～17:00（依季節變動）
休無休 CC AJMV

Lemon Tree Cafe

Map P.48-C3 市中心

第一眼會以為誤入花店，是間充滿綠意和花朵的咖啡館。除了Full Breakfast $25、雞肉&鬆餅$20、班尼迪克蛋$17～等餐點，還有豐富的烘焙點心。店內滿是老闆從跳蚤市場收藏的餐具及生活雜貨，飄散著優雅的氣氛。

住234 St Asaph St. 電(03) 379-0949
營週二～五8:00～14:30、週六・日9:00～14:30 休週一
CC MV

Foundation

Map P.48-B2 市中心

位於中央圖書館Tūranga（→P.54）內的咖啡館，在大片玻璃充滿開放感的空間裡，就算是遊客也能輕鬆進入。除了輕食，也供應牛排三明治$25、韓式炸雞塔可$22.5等豐富美食，不妨來此用餐。適合解決旅行中蔬菜不足問題的今日沙拉$10～。

住60 Cathedral Square 電(03) 365-0308
URL www.foundationcafe.co.nz
營週一～五7:30～17:00、週六・日8:30～17:00 休無休 CC MV

Hello Sunday Cafe

Map P48-C2外 市區周邊

這座建於19世紀的古老建築，原本是教會的假日學校，現在作為可愛的早午餐咖啡館。擁有假日般的悠閒氛圍和美味食物而深受好評，也有素食和無麩質料理。推薦菜色為燉牛頰肉$28、水波蛋$26.5～等。

住6 Elgin St. 電(03) 260-1566 URL www.hellosunday.co.nz
營週一～五7:30～15:00、週六・日8:30～15:00
休無休 CC MV

Column 前往當地的人氣美食街

想吃平價的美食就要來這裡。和購物商場內的美食街不同，集合了漢堡店、披薩、壽司、泰式料理等9家人氣名店，有種大排檔的氛圍。這裡的用餐程序是點餐付完帳之後，領取取餐呼叫器，呼叫器響起再去取餐。

從基督城農夫市集Christchurch Farmer's Market起家的「Bacon Brothers」是堅持使用非籠飼的雞蛋等食材，供應15種以四角漢堡麵包夾著大量蔬菜的美味漢堡，有培根、牛肉和雞肉等，午餐時間總是大排長龍的人氣店家。

Little High Eatery Map P.48-C3
住181 High St.
電021-0208-4444 URL www.littlehigh.co.nz
營11:00～22:00（依店家而異）
休無休 CC依店家而異

基督城的購物

Shop

市中心的商店集中在主要街道Cashel St.上陸續開幕的購物商場，藝術中心裡也有幾間很適合找紀念品的店。至於郊外也有些個性小店，但要開車才方便去採購。

紀念品

Aotea Gifts Christchurch

Map P.48-B2 市中心

開設在主要城市的連鎖紀念品店，基督城是在2011年地震之後，於2019年重新開幕。店內蒐羅各種亞洲觀光客喜愛的伴手禮，像是專賣品牌「Avoca」的健康商品和蜂蜜、「Kapeka」的優質美麗諾羊毛服飾等。

住99 Cashel St. 電(03) 925-8997
URL jp.aoteanz.com URL www.aoteanz.com
營9:30～19:00 休無休 CC AJMV

The Gift Shop

Map P48-B~C2 市中心

位於The Crossing購物商場內的紀念品店，如藝廊般的店內陳列著可愛的生活雜貨及飾品。像是基督城在地做的有機肥皂$12.9～、有Tiki或紐西蘭聖誕樹花、奇異鳥圖案的珠珠刺繡小錢包$25.9～、動物圖樣的枕頭套$55左右等。

住7/166 Cashel St. 電(03) 366-5802
營週一～五9:00～18:00、週六・日10:00～17:00
休無休 CC MV

雜貨

Shopology

Map P.48-B2 市中心

只販售紐西蘭廠商或品牌的商店，像是使用100%天然蜂蜜的Bee My Honey，或是在地自製的榛果奶油、奧瑪魯知名餐廳Riverstone Kitchen的手工果醬等，蒐羅紐西蘭專屬的各種商品。

住Little Riverside Lane, 6/86 Cashel St. 電(03) 365-9059
URL www.shopology.co.nz 營夏季10:00～17:00、冬季10:00～16:00
休無休 CC MV

Frances Nation

Map P48-B1~2 市中心

店內陳列著老闆Tesa從紐西蘭各地精選收集來的家飾品和生活雜貨，尤其是有機或職人手作的商品很多，令人驚豔的品項也很齊全。像是手工編織的美麗諾羊毛絲巾、漂亮的蠟燭、肥皂、園藝用品、餐具等，最適合想找紐西蘭製造紀念品的人。

住28 Worcester Blvd. 022-383-2545
URL francesnation.co.nz 營10:00～17:00
休無休 CC MV

文具

Pepa Stationery

Map P48-B1~2 市中心

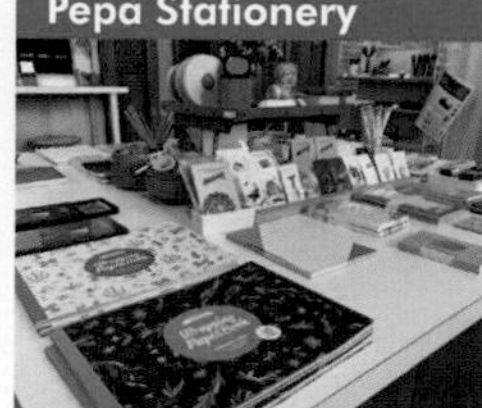

位於藝術中心（→P.50）內專賣文具的小店，有來自世界各地設計精美的筆記本和鉛筆，也有包包及飾品，像是可愛插畫的明信片$7.5、豐富設計的包裝紙書$38，都很值得推薦。店內也有提供筆試寫的地方。

住28 Worcester Blvd. 電(03) 365-0423
URL pepastationery.co.nz 營10:00～17:00
休無休 CC MV

藝品

Design Store

Map P48-B2 市中心

位於基督城現代藝術館（→P.50）內的商店，由於販售商品會配合展覽主題而改變，每次來都會有新的發現。有飾品、包包、餅乾、流行藝術或毛利相關書籍等，商品包羅萬象，推薦買高質感的生活雜貨送人。

住Cnr Worcester Blvd. and Montreal St. 電(03) 941-7370
URL christchurchartgallery.org.nz 營10:00～17:00（週三～21:00）
休無休 CC MV

食品

The Fudge Cottage

Map P48-B1～2 市中心

位於藝術中心（→P.50）內手工牛奶糖的專賣店，最適合當伴手禮的盒裝牛奶糖$6.5（115g），有太妃波奇Hokey Pokey、麥蘆卡蜂蜜等約20種口味，其中最受歡迎的是巧克力、Russia和Baileys甜奶酒，3盒組合為$18。店裡可以試吃，此外也有動物造型的可愛巧克力。

住28 Worcester Blvd. FREE 0800-132-556 URL fudgecottage.co.nz
營10:00～17:00 休無休
CC MV

香水

Fragranzi

Map P.48-B1～2 市中心

使用25種香精基底調配出原創香水的店家，店員會從旁指導，就算是新手也不必擔心。15ml瓶及寫有名字的標籤$65、50ml $90，只要約45分鐘就能完成，最適合當成旅行的紀念。店內也販售約800種的香水，任君挑選。

住28 Worcester Blvd. ✆021-4081-4558
URL fragranzi.co.nz 營10:00～17:00
休無休 CC MV

流行服飾

Kilt

Map P.48-C3 市中心

販售100%紐西蘭製女裝的精品店，有許多觸感舒適而可愛的商品，洋裝$129～299、外套$300、連衣褲$179～等服飾依季節陸續登場。鞋、包包等配件也很齊全，在這裡就能完成整體搭配。在坦納瑞購物中心（→P.58）也有分店。

住205 High St. 電(03) 365-0696 URL www.kiltonline.co.nz
營週一～五10:00～17:00、週六9:00～17:00、週日10:00～16:00
休無休 CC AMV

Column 紐西蘭的知名餅乾

在紐西蘭國內的超市和便利商店都買得到Cookie Time公司的餅乾，餅乾裡有大顆的巧克力和堅果，是紐西蘭人喜歡的甜點之一。2013年海外的第一家店開在東京原宿，一開幕就在日本造成話題。雖然皇后鎮有專賣店，但在基督城郊外則是工廠的附設商店；這裡不只有一般商品，還有限定商品，而且還能以便宜價格買到破碎的瑕疵餅乾。

品牌吉祥物餅乾小怪獸Cookie Muncher在門口迎接遊客

Cookie Time Bakery Shop
Map P46-C1
住789 Main South Rd., Templeton
電(03) 349-3523
URL cookietime.co.nz
營週一～五9:00～17:00
週六·日9:30～16:30
節日9:00～16:30
休無休
交從市中心開車約20分鐘，搭Metro黃線約45分鐘。

最常見的商品Orignal Chocolate Chunk

基督城的住宿

Accommodation

飯店和青年旅館大多位於市中心，比利街Bealey Ave.上較多汽車旅館和B&B。有些市區周邊的住宿設施會提供接送服務，行前請確認。

高級飯店

The George

Map P.48-A1 市中心

緊鄰海格雷公園的奢華精品酒店，服務溫馨，隱密性佳，可以度過悠閒時光。還有使用建於1950年代住宅的別館「The Residence」，能提供包棟服務。

住50 Park Tce. 電(03) 379-4560 FREE 0800-100-220
URL www.thegeorge.com
費Ⓓ Ⓣ$307～ 房數52 CC ADJMV

The Mayfair

Map P.48-A2 市中心

2022年7月開幕的新飯店，極簡風格而舒適的客房為寬闊的32m²，賓至如歸的接待服務方式，連小細節都無微不至，令人十分滿意。並提供免費的電動腳踏車租借服務，非常方便；還設有咖啡館及酒吧（→P.63）。

住155 Victoria St. 電(03) 595-6335
URL mayfairluxuryhotels.com 費Ⓢ Ⓓ$268.2～、Ⓣ$310.5～
房數67 CC ADJMV

Distinction Christchurch

Map P48-B2 市中心

位於大教堂廣場，由舊千禧酒店Millennium Hotel重新改裝的11層樓飯店。房間寬敞走沉穩風，有3種經典房附有浴缸。館內有三溫暖、健身中心、餐廳及酒吧，設施齊全。

住14 Cathedral Square 電(03) 377-7000
URL www.distinctionhotelschristchurch.co.nz 費Ⓢ Ⓓ Ⓣ$179～
房數179 CC MV

Novotel Christchurch Cathedral Square

Map P.48-B2 市中心

面對大教堂廣場的現代飯店，客房分為標準、商務和行政3種類型，一部分附有浴缸。館內設有提供紐西蘭料理的餐廳及酒吧，也有健身房，市區觀光也很方便。

住52 Cathedral Sq. 電(03) 372-2111
URL www.novotel.com 費Ⓓ Ⓣ$237～
房數154 CC ADMV

The Chateau on the Park

Map P.46-B2 市區周邊

位於海格雷公園的西邊，看似古堡的建築，以及幾乎每間客房都能眺望到的庭園很美。有搭配King Size、Queen Size大床的豪華客房等，每間客房都很寬敞。飯店內有餐廳、酒吧、SPA，設備齊全。

住189 Deans Ave. Riccarton 電(03) 348-8999
URL www.hilton.com/en/hotels/chcnzdi-chateau-on-the-park-christchurch
費Ⓓ Ⓣ$226～ 房數192 CC AMV

高級飯店

Sudima Christchurch Airport

Map P.46-A1 市區周邊

距離基督城國際機場約2分鐘車程，24小時都有接駁車往返機場。飯店內空間寬敞，裝潢典雅，非常適合飛行前後停留。所有客房採用卡片鑰匙，隔音佳，空調設備也完善。

住550 Memorial Ave. 電(03) 358-3139 FREE 0800-783-462
URL www.sudimahotels.com
費Ⓓ①$220～ 房數246 CC ADMV

Pavilions

Map P.46-B2 市區周邊

雖然離市中心稍遠，不過到賭場、海格雷公園都還是在可步行的範圍內。客房分為標準型的套房、含迷你廚房的公寓型，還有獨棟小屋型的客房。此外，水療泳池及健身中心等設備也很齊全。

住42 Papanui Rd. 電(03) 355-5633
URL www.pavilionshotel.co.nz
費ⓈⒹ①$177～ 房數90 CC ADMV

The Observatory Hotel

Map P.48-B1～2 市中心

位於藝術中心內2022年5月才開幕的飯店。雖然建築外觀厚重，大廳和客房的內裝卻巧妙運用鮮豔色彩，既獨特又優雅。所有客房內都備有義大利咖啡機，套房還有浴缸。館內的酒吧頗受好評。

住9 Hereford St. 電(03) 666-0670
URL observatoryhotel.co.nz 費ⓈⒹ①$299～
房數33 CC ADJMV

中級飯店

Ibis Christchurch

Map P.48-B2 市中心

位於市中心，就在大教堂廣場和巴士總站Bus Interchange旁邊。標準客房面積19m²，堪稱小巧，但內部設計很現代簡潔；雙人房為2張床，可以睡得舒適，而餐廳及酒吧也很完善。

住107 Hereford St. 電(03) 367-8666 URL www.ibis.com
費Ⓓ①$203～ 房數155
CC AJMV

BreakFree on Cashel

Map P.48-B3 市中心

以具設計感的黃色外觀為標誌的飯店。空間設計很時尚，住宿費卻很平實；不過，客房只有10m²～，小而簡約。冰箱、電視及熱水瓶等設備則很齊全，Wi-Fi免費使用容量為1晚2GB。

住165 Cashel St. 電(03) 360-1064 FREE 0800-448-891
URL www.breakfree.com.au 費ⓈⒹ$112～ 房數263 CC AMV

Hotel Give

Map P.48-B1 市中心

面對海格雷公園YMCA內的住宿設施，以前曾是青年旅館，經過改裝於2021年升級為飯店。有公寓式的房間，適合家庭及長期停留的遊客；也有共用衛浴的團體房。附設的健身房付費$10就能使用。

住12 Hereford St. 電(03) 550-7005
URL hotelgive.nz 費Dorm $45～、Ⓢ$75～、Ⓓ$110～
房數92 CC AMV

廚房（全部客房） 廚房（部分客房） 廚房（共用） 吹風機（全部客房） 浴缸（全部客房） 游泳池
網路（全部客房／須付費） 網路（部分客房／須付費） 網路（全部客房／免費） 網路（部分客房／免費）

汽車旅館

Southern Comfort Motel

Map P.48-A1 市中心

位於海格雷公園北端的比利街上，各客房都有廚房，能夠收看衛星電視，設備齊全。此外，共用的洗衣房和按摩浴缸等設備完善，也很適合長期居住。

住53 Bealey Ave. 電(03) 366-0383
URL southerncomfort.co.nz
費ⓈⒹⓉ$125～ 房數22 CC MV

CentrePoint on Colombo Motel

Map P.48-A2 市中心

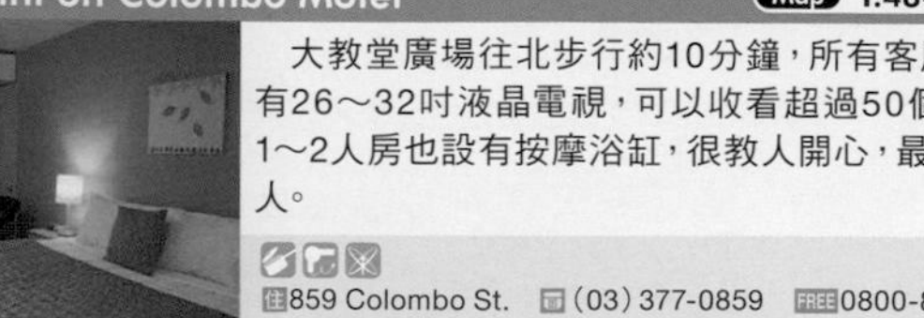

大教堂廣場往北步行約10分鐘，所有客房都附簡易廚房，並有26～32吋液晶電視，可以收看超過50個頻道的衛星電視。1～2人房也設有按摩浴缸，很教人開心，最大的房間可以容納5人。

住859 Colombo St. 電(03) 377-0859 FREE 0800-859-000
FAX (03) 377-1859 URL centrepointoncolombo.co.nz
費ⓈⒹⓉ$109～ 房數12 CC AJMV

B&B

The Grange Boutique B&B and Motel

Map P.48-B2 市中心

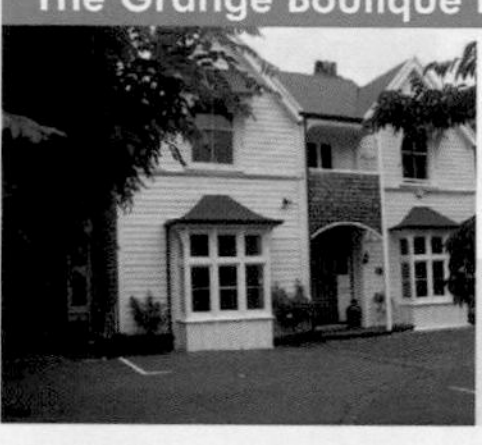

將1874年建造的維多利亞式宅邸，改裝為內部裝潢摩登的B&B，所有客房皆有浴室，也有可住宿3人的大客房。館內以美麗的家具裝飾，讓人感受悠閒氣氛。

住56 Armagh St. 電(03) 366-2850
URL thegrange.co.nz
費Ⓢ$120～ Ⓓ$165～ 房數14 CC ADMV

Orari B&B

Map P.48-B2 市中心

位於市中心，距離海格雷公園步行約3分鐘，將1890年代的古民宅改裝為旅店，並以歐洲風格來裝飾。所有客房都有液晶電視及衛浴設備，最大的房間能容納4人。

住42 Gloucester St. 電(03) 365-6569
FREE 0800-267-274 URL www.orari.net.nz
費Ⓢ$170～ Ⓓ$190～ 房數10 CC VM

青年旅館

Urbanz

Map P.48-B3 市中心

靠近新攝政街的青年旅館，距離市中心的巴士總站步行約10分鐘，交通超方便。有團體房及共用衛浴的單人房、家庭房，各種配合人數與預算的房型。

住273 Manchester St.
電(03) 366-4414 URL urbanz.net.nz
費Dorm$30～ Ⓢ$60～ Ⓓ$75～ 房數170床 CC MV

Jailhouse Accommodation

Map P.46-B2 市區周邊

將建於1874年，直到1999年仍作為監獄的建築整修而成；館內還保留著當年的照片和資料，是很特別的住宿體驗。有能住10人的團體房，也有個人房；共用的視聽室還可以看Netflix，租借毛巾$3。

住338 Lincoln Rd., Addington 電(03) 982-7777
URL www.jail.co.nz 費Dorm$33～ Ⓢ$69～ Ⓣ$78～ Ⓓ$80～
Family Room $160～ 房數81床 CC AMV

2天1夜的充實行程

從基督城到阿卡羅阿

第一天在南島據點基督城把全部景點走透透，第二天前往班克斯半島的海港小鎮阿卡羅阿，是短時間就能玩到重點的推薦行程。

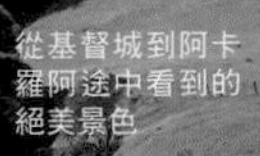

從基督城到阿卡羅阿途中看到的絕美景色

第1天

Start

玩市區的第一步從這裡開始

大教堂廣場

Cathedral Square →P.49

就從市中心的大教堂廣場開始。以63m高的聖杯裝置藝術為地標，只能隔著柵欄看到受震災損壞的大教堂，目前正在重建中，預定要到2027年底才能修復完成。

近距離觀看會驚訝其巨大

陸續進行修復工程的大教堂

坐路面電車觀光也很讚

搭乘路面電車就能市區觀光，周遊大教堂廣場、藝術中心、新攝政街等景點，好好利用就能輕鬆觀光。參考→P.45。

乘坐古典的路面電車，心情也跟著興奮起來

藍色的路面電車也很典雅可愛

步行約10分

沒想到是紙做成的大教堂

紙教堂

Cardboard Cathedral →P.49

前往由日本建築師以紙興建，用來代替被震毀大教堂的臨時大教堂。外表的三角形屋頂使用了彩繪玻璃，走進內部給人簡單樸實的感覺。

簡樸卻美麗的教堂內部

會使用到大教堂興建完成

步行約5分

古老美麗的基督城

新攝政街

New Regent Street →P.53

色彩繽紛的殖民地建築林立，還有紀念品店，以及時尚的咖啡館、餐廳、酒吧等店家相連，無論是白天或夜晚漫步都很有趣。尤其是路面電車穿過多彩街道的景象，一定要拍下來。

行駛中的路面電車就在眼前經過

步行約10分

館內也有藝廊及咖啡館

甦醒城市的象徵

藝術中心 Arts Centre →P.50

2011年因震災而關閉，雖然目前仍有部分區域在進行工程，但葡萄酒吧、飯店、電影院和適合尋找伴手禮的紀念品店已經進駐，極受矚目。不妨一邊確認園區設施地圖，一邊走逛店家及藝廊。

專賣牛奶糖的老店 The Fudge Cottage （→P.68）

週日的市集有販賣綿羊造型的肥皂$8

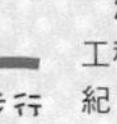

步行約1分

占地寬廣的美麗公園

海格雷公園 Hagley Park →P.52

受到市民與觀光客歡迎的花園景點，寬廣的園區內有美麗的玫瑰園、冬天也能賞花的溫室，以及能見到紐西蘭特有種植物的紐西蘭花園等，並附設咖啡館可以小歇片刻。

步行約10分

盛開著各色玫瑰的玫瑰園

聚集當季美食的新景點

河濱市集

Riverside Market →P.55

受市民和觀光客喜愛的城市型市集，聚集當地美食，買特產及用餐都很適合。周圍還有精品店與藝術雜貨店、紀念品店等相連，區域整體被稱為「City Mall」。

因為是室內市集，下雨天也不怕

第2天 基督城

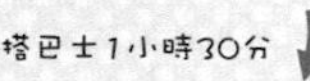

搭巴士1小時30分

像法國般美麗的海港小鎮

阿卡羅阿

Akaroa →P.74

享受從車窗瀏覽的景致

從基督城搭乘巴士前往阿卡羅阿。小鎮中心的廣場上，有法國殖民建築的可愛房屋林立，也有咖啡館和餐廳，能悠閒地享受漫步街道的樂趣。

街上到處可見法國的三色旗

一邊眺望景色一邊散步

阿卡羅阿灣

Akaroa Harbour →P.75

在美麗的阿卡羅阿灣可以享受搭渡輪的樂趣，運氣好還能看見海豚。從遊客中心i-SITE沿著主要街道Beach Rd.往南步行約10分鐘，就是渡輪出發的碼頭。

因為火山噴發所形成的火山湖

步行約20分

許多獨特的裝置藝術

巨人屋

The Giant's House →P.75

由紐西蘭設計師所創作，放置磁磚拼貼裝置藝術的花園。看著這些色彩繽紛的作品，像是一邊唱歌一邊游泳、還演奏樂器的樣子，快樂地與藝術交流。

由鋼琴的裝置藝術品來迎接遊客

有人物、天使等各種磁磚拼貼作品

阿卡羅阿

Akaroa

基督城
阿卡羅阿

人口：780人
URL www.akaroa.com

往阿卡羅阿的接駁巴士
Akaroa French Connection
FREE 0800-800-575
URL www.akaroabus.co.nz
運 基督城 9:00出發
阿卡羅阿 16:00出發
費 來回$55

前往阿卡羅阿的景觀道路
Map P.46-C・D1
租車前往阿卡羅阿需要從基督城翻山越嶺，山路相當蜿蜒，開車要小心。

阿卡羅阿灣的景色優美

位於班克斯Banks半島的港都阿卡羅阿，是英國人抵達利特爾頓Lyttelton之前就由法國移民開墾的城市。1840年簽訂懷唐伊條約Waitangi Treaty後，紐西蘭成為英國統治地，只有阿卡羅阿因為是捕鯨據點，所以有許多法國人移居此地。因此直到現在，小鎮內仍然保留著濃厚的法國文化氣息。

從基督城市中心往東南方約1小時30分車程，行駛於班克斯半島前往阿卡羅阿的兜風路線，是可以欣賞紐西蘭特有牧場風景的景觀道路。

如何前往阿卡羅阿 Access

從基督城約1小時30分～2小時車程，一天只有1班，由Akaroa French Connection行駛往來基督城與阿卡羅阿的接駁巴士。

阿卡羅阿的漫遊

這個面對海灣的小鎮，因為面積不大且景點集中，當天來回就夠了。此地最受歡迎的戶外活動就是港灣巡航，可以看到可愛的紐西蘭賀氏海豚Hector's Dolphin。而船隻停靠的港邊有許多時髦的咖啡館、商店，還能去逛逛19世紀的代表性建築——三一教堂Trinity Church、聖派翠克大教堂St. Patrick's Cathedral，以及加冕圖書館Coronation Library。此外，這裡是很受歡迎的度假勝地，因此能欣賞港灣風光的飯店、汽車旅館也很多。

阿卡羅阿近郊還有起司工廠、葡萄酒莊、聞名的阿卡羅阿鮭魚養殖場、果樹農園等景點，還能在餐廳品嚐用新鮮食材烹煮的佳餚。

城市各處常見藍白紅3色出現

俯瞰美麗港灣

遊客中心 i SITE
Akaroa i-Site Visitor Information centre
Map P.75
住 61 Beac Rd.
☎ (03) 304-7784
URL www.visitakaroa.com
開 9:00～17:00
（依季節變動）
休 無休

聖彼得教堂

阿卡羅阿的 景點

阿卡羅阿灣渡輪

Akaroa Harbour Cruise

Map P.75

約1200萬年前，班克斯半島曾經是位於距離南島約50km處的巨大火山錐，因為火山爆發，而形成現在的阿卡羅阿灣與利特爾頓港LytteltonHarbour（→P.59）。搭乘Black Cat Cruises的渡輪，花2小時從阿卡羅阿灣到外海附近周遊一圈，可以從港灣內嚴峻的斷崖窺探歷史的風貌。

阿卡羅阿灣以遇見世界罕見的最小海豚「紐西蘭賀氏海豚」而聞名全球，還有藍企鵝、海鳥等多種海洋生物棲息於此地。此外，還會經過鮭魚養殖場，有機會可以看到餵食的情況。和海豚一起游泳的旅遊團「與海豚共泳Swimming with Dolphins」也非常受歡迎。

壯觀的海蝕崖綿延不絕

阿卡羅阿灣渡輪
Black Cat Cruises
☎(03) 304-7641
URL blackcat.co.nz
Akaroa Nature Cruises
時11:00、13:30出發
費大人$99、小孩$40
與海豚共泳
Swimming with Dolphins
時6:30、9:30、12:30出發
（依季節變動）
費大人$210、小孩$180

巨人屋

The Giant's House

Map P.75外

從阿卡羅阿市中心步行約10分鐘，位於Rue Balguerie路底，由活躍於紐西蘭國內外的藝術家Josie Martin所改造的庭園，在一棟建於1880年法式風格的建築四周，擺設許多色彩繽紛的裝置藝術。像是以磁磚馬賽克拼貼的人偶、噴水池，造型都很獨特。

庭園內有鋼琴的藝術品

巨人屋
住68 Rue Balguerie
☎(03) 304-7501
URL thegiantshouse.co.nz
開夏季 11:00～16:00
冬季 11:00～14:00
休無休
費大人$25、小孩$10

貝瑞灣乳酪工廠

Barry's Bay Cheese Factory

Map P.46-D1

只使用自然的素材，採用傳統工法製作約40種起司，除了在9～5月的週一～五能隔著玻璃觀賞製造過程外（需確認日期），還能試吃各種起司，也販售切達起司Cheddar、艾登起司Edam、高達起司Gouda、風味起司Flavor Cheese等，還有很適合搭配起司的當地葡萄酒。

最暢銷的是果香味濃的麥斯頓起司Maasdam

貝瑞灣乳酪工廠
住5807 Christchurch Akaroa Rd.Duvauchelle 7582
☎(03) 304-5809
URL www.barrysbaycheese.co.nz
開9:00～17:00
休無休

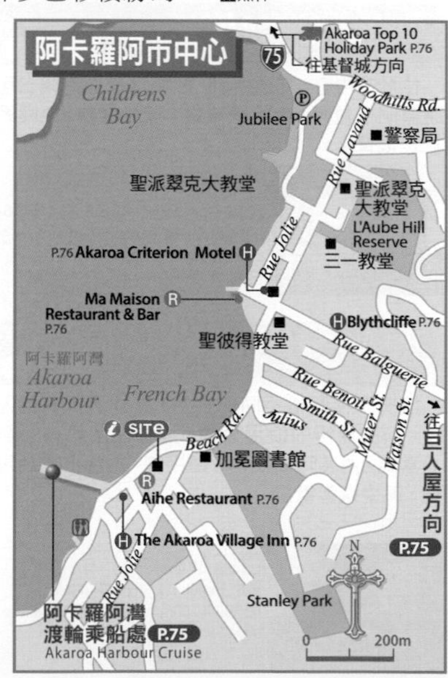

奧凱因斯海灣毛利人與移民博物館
住1146 Okains Bay Rd. Okains Bay
電(03) 304-8611
URL okainsbaymuseum.co.nz
開10:00～16:00
休週一·二（12月下旬～1月上旬無休）
費大人$15、小孩免費

奧凱因斯海灣毛利人與移民博物館

Okains Bay Maori & Colonial Museum

Map P.46-D1

奧凱因斯海灣位於班克斯半島東北方，距離阿卡羅阿約25分鐘車程，據說毛利人的Ngai Tahu族在1680年划獨木舟抵達此地。博物館裡展示著毛利人的釣具、獨木舟，以及移民者帶來的生活用品、航海模型圖，以及與本地歷史相關的珍貴資料。

保留著毛利人的傳統集會所

阿卡羅阿的餐廳 Restaurant

Ma Maison Restaurant & Bar

Map P.75

位於阿卡羅阿灣旁，從店內看出去的風景很浪漫，也能作為婚宴會場。最受歡迎的午餐是海鮮巧達湯$24，晚餐要預約。

住6 Rue Balguerie
電(03) 304-7668
URL www.mamaison.co.nz
營8:00～22:00
休無休 CC MV

Aihe Restaurant

Map P.75

位於渡輪乘船處旁的絕佳地點，可以一邊欣賞美麗海景，一邊享受現代歐洲料理。以今日魚料理$39等新鮮的海鮮餐點最受歡迎，也提供無麩質及蔬食料理。

住75 Beach Rd.
電(03) 304-7173
URL www.aiherestaurant.co.nz
營8:30～21:00
休無休 CC MV

阿卡羅阿的住宿 Accommodation

Akaroa Criterion Motel

Map P.75

位於市中心，交通便利，所有客房都有陽台可眺望阿卡羅阿灣，風景優美。液晶電視、地暖系統也很齊全。

住75 Rue Jolie 電(03)304-7775
FREE 0800-252-762
URL holidayakaroa.com
費ⓈⒹⓉ$190～ 房數12 CC MV

Blythcliffe

Map P.75

將建於1857年的國定古蹟宅邸作為B&B，早餐有當季水果、阿卡羅阿鮭魚、當地生產的火腿等豐富在地美食。經過精心整理的庭園也很美麗。

住37 Rue Balguerie
✆021-527-184
URL www.blythcliffe.co.nz
費ⓈⒹ$199～ 房數3 CC MV

The Akaroa Village Inn

Map P.75

擁有多種風格不同的客房，從能看海景的閣樓、公主床幔的浪漫套房、適合家庭的Villa到公寓式，內裝時尚、價格卻平實，再加上位於海邊，很受遊客歡迎。

住81 Beach Rd. 電(03)304-1111
FREE 0800-695-2000 URL www.akaroavillageinn.co.nz 費ⒹⓉ$160～
房數15公寓 CC MV

Akaroa Top 10 Holiday Park

Map P.75外

擁有游泳池、BBQ、彈跳床等多項兒童遊戲設施，深受家庭房客喜愛；從單房型、附廚房的家庭房、小木屋到營地等住宿類型豐富。

住96 Morgans Rd. 電(03)304-7471 FREE 0800-727-525
URL akaroatop10.co.nz 費Camp$40～ Cabin$105～ Unit$145～
房數13 CC MV

廚房（全部客房） 廚房（部分客房） 廚房（共用） 吹風機（全部客房） 浴缸（全部客房） 游泳池
網路（全部客房／須付費） 網路（部分客房／須付費） 網路（全部客房／免費） 網路（部分客房／免費）

蒂卡波湖區
Lake Tekapo

人口：558人
URL www.laketekaponz.co.nz

湖水顏色會因天氣而改變

包括蒂卡波湖在內，分布在南阿爾卑斯山東邊的高地一帶，被稱為麥肯錫地區Mackenzie Country。蒂卡波湖南北狹長約30km，最深處約120m，特殊的湖水顏色來自冰河融化的水混合岩石顆粒而成。南阿爾卑斯山峰峰相連的群山，倒映在盪漾著深沉綠松石藍的湖泊上，湖畔矗立著一座彷彿出現在繪本中的小教堂，春天則妝點著紫或粉紅色的魯冰花，形成紐西蘭頗具代表性的風景。

此外，蒂卡波湖周邊區域由於晴天機率高、星空極美，而被認證為奧拉基‧麥肯錫國際暗空保護區（Aoraki Mackenzie International Dark Sky Reserve）（→P.80、81），而且更嘗試申請將這裡的星空列入世界遺產，有可能成為世界第一個星空世界遺產。在盡量減少光害的蒂卡波湖區，若是晴天就能眺望令人感動的滿天星斗，而觀星之旅（→P.79）也很受歡迎。

主要巴士公司（→P.496）
InterCity
Great Sights

架設在湖畔蒂卡波河上的橋

長途巴士停靠站
Map P.78-B2
住1 Motuariki Lane

如何前往蒂卡波湖區 Access

從基督城前往皇后鎮的長途巴士會停靠蒂卡波湖區，通常是在這裡休息吃午餐，由InterCity經營，一天1班車，車程約3小時35分；從皇后鎮出發也是一天1班車，車程約4小時，也有Great Sights的巴士。夏天則有The Cook Connetion前往奧拉基／庫克山國家公園Aoraki/Mt. Cook National Park的巴士行駛（→P.84）。長途巴士停靠站在Dark Sky Project（→P.79）前。

蒂卡波湖區近郊的滑雪場
Roundhill Ski Area
Map P.78-A2外
電（03）680-6977（下雪資訊）
URL www.roundhill.co.nz
開6月下旬～9月中旬 9:00～16:00
費纜椅1日券 大人$99、小孩$48
交以蒂卡波湖區為據點，沿著湖行駛國道8號往東北方約32km處的小型滑雪場，滑雪場可俯瞰湖光山色，有許多家族遊客。租借全套裝備（1日）大人$58、小孩$42。

蒂卡波湖區的漫遊

Village Centre是小鎮的中心，狹長的區域裡聚集了紀念品店、餐廳、住宿設施。因為鎮上範圍很小，景點並不多，只有千變萬化的蒂卡波湖，以及周邊的步道景觀等具有紐西蘭風格的美景可欣賞。從市區約35分鐘車程的地方有滑雪場Roundhill Ski Area，距離約50km處的普卡基湖Lake Pukaki（Map P.78-B1外）也很值得一遊。

蒂卡波湖區的商店
Aotea Gifts Tekapo
Map P.78-B2
住State Hwy. 8
電（03）971-5264
URL jp.aoteanz.com
營9:30～17:00（依季節變動）
休無休

善良牧羊人教堂
☎(03) 685-8389
URL www.churchofthegoodshepherd.org.nz
開 戶外自由參觀，內部只有參加旅遊團能進入，詳細狀況需洽詢。教堂的大門為夏季8:00～20:00、冬季9:00～17:00開放。
休 無休（婚喪喜慶時除外）

善良牧羊人教堂
Church of the Good Shepherd

Map P.78-A2

佇立在湖畔的石造教堂是來此開墾的歐洲移民於1935年建造的，最初設計成哥德形式，後來為了融入蒂卡波湖的景色，而修改成能展現建材風格的簡單設計。在周圍的岩石縫隙間會看到Matagouri、Tussock等野生植物生長。

這座教堂最大的特色是祭壇對面有一大片玻璃窗，越過玻璃可以眺望到蒂卡波湖與南阿爾卑斯山交織成的風景，那片大自然創造出如畫般的美景，真是如詩如夢。

也有新人在此舉行結婚儀式

邊界牧羊犬雕像
Boundary Dog Statue

Map P.78-B2

離教堂不遠處矗立著一座牧羊犬像，這是開拓者為了讚揚當時在沒有柵欄的放牧地上守護邊界（Boundary）而辛勤工作的狗兒們，於1968年建造的。

勇敢的牧羊犬雕像

蒂卡波湖區

往亞歷山德里娜湖、麥克雷德湖方向
約翰山 Mt. John 1031m
約翰山天文台 University of Canterbury Mt. John Observatory P.79
約翰山天文台 觀星之旅 P.79 Summit Experience
P.82 Astro Café
約翰山山頂路線 Mt. John Summit P.79
蒂卡波溫泉 Tekapo Springs P.79
湖岸路線
蒂卡波湖 Lake Tekapo
往Roundhill滑雪場方向 P.77
Lilybank Rd.
Godley Peaks Rd.
Domain Walk
Lake Tekapo Village Motel P.83
湖畔餐廳 P.82
Aotea Gifts Tekapo P.77
The Godley Hotel P.83
P.83 YHA Lake Tekapo
Dark Sky Project P.79
P.82 Reflections
善良牧羊人教堂 P.78 Church of the Good Shepherd
邊界牧羊犬雕像 Boundary Dog Statue P.78
Lakes Edge Holiday Park P.83
Lakesaide Dr.
Darchiac Dr.
P.83 Galaxy Boutique Hotel
P.83 Peppers Bluewater Resort
Aorangi Cres.
Pioneer Dr.
派音茲海灘
Mantra Lake Tekapo P.83
長途巴士總站
往奧拉基／庫克山國家公園、普卡基湖、特威澤爾方向
Alan St.
Scott St.
Murray Pl.
Creel House B&B P.83
Domain Walk
Tekapo River
Lake George Scott Loop
派音茲海灘步道 P.79 Pines Beach Walk
發電廠 Powerhouse
水門
Lake George Scott
科灣茲山丘 Cowans Hill
科灣茲山丘步道 P.79 Cowans Hill Track
往蒂馬魯、基督城方向

蒂卡波湖周邊步道
Walking Tracks around Lake Tekapo

Map P.78

約翰山山頂Mt. John Summit步道

科彎茲山丘步道～派音茲海灘步道

Cowans Hill Track～Pines BeachWalk（1圈約2小時30分）

從蒂卡波河Takapo River上的橋出發，沿著河往上走，穿過森林，抵達科彎茲山丘Cowans Hill的瞭望台約需1小時。接著就進入派音茲海灘步道，穿過牧場的柵欄，沿著派音茲海灘Pines Beach走，到善良牧羊人教堂約1小時。

約翰山山頂路線

Mt. John Summit（來回2小時～4小時）

沿著湖走會看到蒂卡波溫泉，就是起點。筆直往山頂走的路線是有點陡的持續上坡，來回要2小時；另一條湖岸路線則是緩坡，因為繞比較遠，單程要花上3小時～3小時30分。山頂有座約翰山天文台，館內設有咖啡館和廁所。

約翰山天文台
University of Canterbury Mt. John Observatory

Map P.78-A1

從約翰山頂眺望的湖景

約翰山距離蒂卡波湖市區約15分鐘車程，山頂有座天文台。2004年紐西蘭坎特伯里大學與日本名古屋大學共同研究，在此設置了口徑1.8m、紐西蘭最大的天文望遠鏡MOA，由4座天文望遠鏡持續記錄天文觀測，只要參加Dark Sky Project舉辦的觀星之旅（下述）就可以參觀望遠鏡。

Dark Sky Project
Map P.78-B2
住1 Motuariki Lake
☎(03) 680-6960
URL darkskyproject.co.nz

約翰山天文台觀星之旅（Summit Experience）
時全年（行程的出發時間和次數依季節變動，請先確認）
費大人$179～、小孩$99～
從Village Centre的辦公室前出發，行程約1小時45分，7歲以上才能參加。夏天的山頂仍舊微涼，記得要穿暖和點，也有羽毛衣可供租借。

科彎茲天文台觀星之旅（Crater Experience）
時詳情請洽詢
費大人$115、小孩$70
同樣從Village Centre的辦公室前出發，行程為75分鐘，5歲以上才能參加。可以使用14吋的大型天文望遠鏡觀察星星。

約翰山天文台觀星之旅
Summit Experience

Map P.78-A1

抬頭仰望滿天星斗吧

參加Dark Sky Project舉辦的觀星之旅，搭乘巴士前往約翰山天文台Mt. John University Observatory，一邊聽著解說員的星空導覽，一邊用肉眼或望遠鏡觀察南半球星空的南十字星等星座。若是天文攝影解說員在場時，可以幫忙指導遊客用單眼相機拍照。在科彎茲天文台也有舉辦火山口觀星體驗Crater Experience等觀星之旅。

蒂卡波溫泉
Tekapo Springs

Map P.78-A1

有3座設定在28～38.5℃溫度不同的戶外溫水游泳池，可以一邊眺望蒂卡波湖和綿延山景，一邊泡澡，以及按摩、SPA等多項服務；冬季還有長達150m滑水道的Snow Tube Park。

蒂卡波溫泉
住6 Lakeside Dr.
☎(03) 680-6550
FREE 0800-2353-8283
URL tekaposprings.co.nz
營10:00～20:00（依季節變動）
休無休
溫水游泳池
費大人$35、小孩$20
Snow Tube Park
費大人$32、小孩$22

最適合健行之後的休閒活動

蒂卡波湖的驕傲

去看世界第一的星空

蒂卡波湖是個徹底執行保護星空的小鎮，所以人為光害極少，才能看見別處少見的美麗燦爛星空。

蒂卡波湖區的約翰山星空

世界最大級的星空保護區

人口僅有560人的湖畔小鎮，擁有南緯44度的高緯度，加上晴天機率高、空氣清澈等條件，是很適合觀察星象的地方，便設立了世界最南端的天文台。2012年6月蒂卡波湖、奧拉基／庫克山國家公園和麥肯錫盆地周邊約4300 km²的廣大區域，被認證為奧拉基·麥肯錫國際暗空保護區（Aoraki Mackenzie International Dark Sky Reserve），天空布滿星星的模樣，有種像是在銀河中旅行的錯覺。既然以觀察星空為主要目的，就挑農曆月底到月初時去吧。

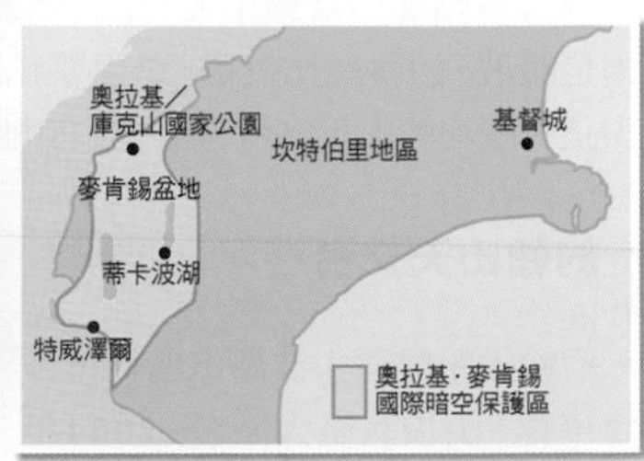

觀察星空Q&A

Q▸觀察的重點爲何？

A 位於南半球的紐西蘭，看星座的方法和台灣不同；台灣冬天有名的獵戶座，這裡要在夏天才能看到，而且星座移動的方向和左右都相反。以容易觀察的星座為基準是重點，像是一整年都能看到的南十字星，以及雖然動向改變但看起來一樣的獵戶座。不過，即使在夏天氣溫也會降到很低，一定要準備禦寒衣物與裝備。

南十字星的左邊有2顆指極星（The Pointers）並列。

大麥哲倫星雲和小麥哲倫星雲都是由數百億顆星星所組成

Q▸只能在南半球看見的星星或星座？

A 最具代表性的就是南十字星（Southern Cross），4顆星在南方夜空發光、排成十字架的星座，而旁邊還有一個假十字座。至於銀河外側有個小銀河，即大小麥哲倫星雲，也是只有在南半球才能看到的星星。

在山上看星星感覺更靠近

Q▸肉眼也能看得見嗎？

A 根據季節和天候而定，在奧拉基·麥肯錫國際暗空保護區可以用肉眼看到數千顆星星，據說東京只能看見300顆星，就不難想像那夜空會有多麼壯觀了。

各地的星空觀察點

斯達多姆天文台／奧克蘭(→P.256)

離奧克蘭市區很近的天文台，備有500mm的天文望遠鏡，在市中心也能體驗星空之美。

卡特天文台／威靈頓(→P.397)

紐西蘭規模最大的天文觀測設施，天氣晴朗的話，可以使用數台望遠鏡來觀察星象。

白天&雨天來這裡！

鎮上的觀星設施

Dark Sky Project擁有室內天文設施，即使在白天或雨天也能體驗蒂卡波湖的星空觀察；導覽體驗需要45分鐘，大人$40、小孩$20。內部並附設商店和餐廳，也很適合停留時間短的遊客。

就位於湖畔

圖片提供／Dark Sky Project

晚上參加觀星之旅吧！

蒂卡波湖區被認證為奧拉基·麥肯錫國際暗空保護區（Aoraki Mackenzie International Dark Sky Reserve），能看見在台灣很難看到的南十字星和大小麥哲倫星雲，又因為比其他地方的晴天機率高，使得看到星星的機率也隨之大增。由於星座移動的方向不同，參加觀星之旅，可以一邊聽說明一邊觀察星空，會更有樂趣。

可以觀察到南半球特有的星星

攜帶物品&注意事項

攜帶物品

- 夏天也要有保暖衣物！帶著帽子和手套才安心
- 穿適合走路的鞋子去
- 單眼相機（若有攝影師在場就能幫忙拍照）

注意事項

- 關掉相機和手機的閃光燈，嚴禁攜帶會發出白光的物品
- 喝醉者不能參加此行程
- 活動進行中禁煙

在高海拔的山頂用肉眼找尋星座

肉眼看不到的星雲就要利用大型望遠鏡

約翰山天文台觀星之旅（Summit Experience）→P.79

另一個天文台之旅

科彎茲天文台觀星之旅

Crater Experience

雖然位處海拔比約翰山低，卻是設立在沒有光害山丘上的天文台。→P.79

在科彎茲山丘Cowans Hill上

四季的夜空

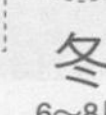

春
9~11月

春天能看見毛利人的獨木舟星座，從金牛座的昴星到獅子座為獨木舟，銀河是太平洋，從船尾的獵戶座把錨繩延伸，倒立的南十字星就像是海面下錨的樣子。到了11月，南十字星會出現在一年中最低的位置，銀河也會沿著地平線蜿蜒，而沿著銀河向東方看去，就會看見一等星天狼星和老人星。

夏
12~2月

首先會發現獵戶座從北方夜空升起，其左側應該能看見俗稱昴星的金牛座星團。銀河從獵戶座附近流向南方，視線順著銀河移動，就能發現天空中最明亮的天狼星，然後是前方的偽十字星、南十字星，把2顆指極星（The Pointers）作為標記。

秋
3~5月

夏季出現的星座都落下到西方的夜空了，獅子座在東方的天空升起，和台灣相同的是從頭部開始升起與落下，但是臉面對的方向卻是相反。到了4月，天蠍座及射手座也出現了，與天蠍座呈180°相反方向就能發現獵戶座的蹤跡。在夏季靠近地平線的南十字星正緩緩升高，5月左右就會看到它在天頂上。

冬
6~8月

空氣澄清的冬天是觀察星空的最佳季節。在這個時節，南十字星從天頂往右傾斜而去，在靠近地平線的位置出現白色如碎雨雲的是大小麥哲倫星雲；順著流過天頂的銀河看過去，就會發現規模最大的天蠍座與射手座。而像小型北斗七星形狀的6顆星則是射手座的南斗六星。

蒂卡波湖區的戶外活動 Activity

搭乘小型飛機遊覽飛行Air Safaris

從蒂卡波湖區搭乘小型飛機，欣賞南阿爾卑斯山脈壯麗的美景，有繞行奧拉基／庫克山國家公園及西部國家公園的Grand Traverse行程，需時約1小時$425；也能從奧拉基／庫克山入口處的格蘭坦公園Glentanner Park，或是法蘭士·約瑟夫Franz Josef飛行場出發。提供蒂卡波湖區飯店的免費來回接送。

Air Safaris
(03) 680-6880 FREE 0800-806-880
E-mail sales@airsafaris.co.nz
URL airsafaris.co.nz/ja/ 時全年
費Grand Traverse
大人$425～、小孩$325～
CC AJMV

立式划槳（SUP）／獨木舟

可以在蒂卡波湖體驗的水上活動。站在一塊大板子上划槳前進的SUP，或是租借獨木舟享受欣賞美景的巡航之樂；裝備包含救生衣及放錢包小物的防水袋，既安全也能放心。獨木舟從初學者到想提升技術的進階課程都有。

Paddle Tekapo
027-668-5388
URL www.paddletekapo.co.nz
時夏季10:00～17:30（依天候變動）
費SUP／獨木舟租借1小時$25～
CC MV

騎馬

位於蒂卡波湖區郊外的騎馬設施，從輕鬆體驗的30分鐘行程，到前往Lake Alexandrina的4小時行程都有；最推薦的則是在約翰山Mt. John附近散步的2小時30分行程，在馬背上搖晃著，將蒂卡波湖及南阿爾卑斯山脈交織成的雄偉美景盡收眼底。提供蒂卡波湖區的飯店接送。

Mackenzie Alpine Horse Treks
021-134-1105
FREE 0800-628-269
URL www.maht.co.nz
時夏季
費30分鐘$70、1小時$140、2小時30分$210～、4小時$290 CC MV

蒂卡波湖區的餐廳 Restaurant

Astro Café

Map P.78-A1

位於約翰山頂的景觀餐廳，由於全部為落地玻璃窗，店內和陽台的座位都能將蒂卡波湖區的街道與湖景一覽無遺。菜單包含貝果、用當地麵包做成的各種三明治，以及自家製的司康等輕食。

住Mt. John Observatory
(03) 680-6960
營10:00～17:00（L.O.16:30）
休週二～四
CC MV

Reflections

Map P.78-B1·2

白天是咖啡館、晚上是餐廳，整天都能利用的休閒咖啡餐廳，天氣晴朗時適合在戶外露天座位用餐。晚餐前菜約$15～20、主菜為$25～45，也供應兒童餐；最受歡迎的是炸雞漢堡。

住16 Rupuwai Lane
(03) 680-6234
URL www.reflectionsrestaurant.co.nz
營11:00～14:30（週六9:00～）、17:00～20:00 休週一·二 CC MV

Column 來吃蒂卡波湖的名產鮭魚！

以養殖鮭魚而聞名的蒂卡波湖，使用當地冰冷的冰河水養殖的鮭魚，比日本的油脂多且肉厚。照片為最暢銷的菜色鮭魚丼$27，附味噌湯和醃漬小菜，醋飯上鋪著滿滿的新鮮鮭魚。其他還有便當、壽司、豬排飯、烏龍麵等由日本廚師做的正統日本料理，菜色很豐富。

也有麵衣爽脆的天婦羅便當$45

湖畔餐廳 Map P.78-B2
住6 Rapuwai Lane
(03) 680-6688 URL www.kohannz.com
營11:30～14:00、17:30～20:00（依季節變動）
休週四·日 CC ADJMV

蒂卡波湖區的住宿 Accommodation

Peppers Bluewater Resort

Map P.78-B1

高級連鎖飯店Pepper Group的旗下飯店，地理位置佳，可欣賞山景和湖景，幾乎所有客房都有陽台，也有附廚房及浴缸的房間。在餐廳用餐可以眺望蒂卡波湖。

住State Hwy. 8 電(03)680-7000
URL www.peppers.co.nz/bluewater/
費ⓈⒹⓉ$183～
房數142 CC ADJMV

Lake Tekapo Village Motel

Map P.78-B2

位於Village Centre內，交通方便，內裝雖簡潔卻能眺望湖景。從單床雙人房到6人閣樓套房，有各種形式的房型，也適合長期停留。

住State Hwy. 8 FREE 0800-118-666
URL www.laketekapo.com
費Studio$180～ Family Unit$230～
房數19 CC MV

Galaxy Boutique Hotel

Map P.78-B1

所有客房皆能欣賞湖景並附浴缸，有12間豪華客房設有天窗，可以躺在床上眺望星空；也有附廚房的兩臥室套房，很適合家庭與團體旅客。

住53 Darchiac Dr.
電(03) 680-6666 FREE 0800-270-270
URL www.galaxytekapo.co.nz
費ⒹⓉ$299～ 房數15 CC MV

The Godley Hotel

Map P.78-B2

面對蒂卡波湖，由數棟2層樓建築所組成的飯店。由於附浴缸的面湖客房很受歡迎，建議夏季時要盡早預訂。館內有大廳、餐廳、健身房、滑雪用具乾燥室等，設備完善。

住2-4 Rapuwai Lane 電(03) 680-6848 FAX (03) 680-6873
URL godleyhotel.co.nz 費ⓈⒹⓉ $150～ 房數58 CC ADJMV

Creel House B&B

Map P.78-B2

由親切的主人與2隻貓經營的B&B，為挪威山屋風格的建築，距離市區步行約12分鐘，很適合想悠閒度日或享受在地氛圍的人。也有附陽台和浴缸的的房型。

住36 Murray Pl. 電(03)680-6516
URL www.creelhouse.co.nz
費ⓈⒹⓉ$195～
室數3 CC ADJMV

Lakes Edge Holiday Park

Map P.78-A1

位於湖畔，可以開露營車進駐的假日公園和營地，也有汽車旅館、小木屋及背包客棧。汽車旅館的客房空間雖然小，但附有衛浴和簡易廚房設備。還有公共洗衣房可以使用。

住2 Lakeside Dr. 電(03) 680-6825
FREE 0800-853-853 URL llakesedge holidaypark.co.nz 費Dorm$37～
Motel$257～ Cabin$155～ 房數25 CC MV

Mantra Lake Tekapo

Map P.78-B2

可以享受緩慢而優雅時光的公寓式飯店，擁有臥室、客廳、廚房等完善格局，最適合家庭與團體旅客。所有客房都附設陽台或中庭，並有游泳池及BBQ設施。

住1 Beauchamp Pl. 電(03) 680-6888 URL www.mantrahotels.com/mantra-lake-tekapo
費$385～ 房數23 CC AMV

YHA Lake Tekapo

Map P.78-B2

位於湖畔的好位置，擁有可欣賞湖景的大廳，附烤箱及鬆餅機的公共廚房，還提供各種當地旅遊團的預約服務，並有精緻的盥洗備品與服務。附設腳踏車停車場。

住5 Motuariki Lane
✆021-221-7085 URL www.yha.co.nz 費Dorm$52～ Ⓓ$205～ Ⓣ$180～ 房數144床 CC MV

廚房（全部客房） 廚房（部分客房） 廚房（共用） 吹風機（全部客房） 浴缸（全部客房） 游泳池
網路（全部客房／須付費） 網路（部分客房／須付費） 網路（全部客房／免費） 網路（部分客房／免費）

URL mackenzienz.com

主要巴士公司（→P.496）
Great Sights
運全年
基督城～庫克山
7:30出發（12:50到達）
費單程$229～
皇后鎮～庫克山
7:30出發（12:15到達）
費單程$189～

The Cook Connection
FREE 0800-266-526
URL www.cookconnect.co.nz
※目前暫停營業中。
預定2024年夏天恢復行駛，詳情請上官網確認。

世界遺產

奧拉基／庫克山國家公園

Aoraki / Mount Cook National Park

被落日染紅的奧拉基／庫克山

海拔3724m的奧拉基／庫克山是紐西蘭最高峰，奧拉基Aoraki是毛利語「高聳入雲的山」之意，通常會與英文名稱庫克山Mt. Cook並稱。以這座山為主，加上超過海拔3000m的19座山峰，以及蜿蜒於山谷間的眾多冰河所構成的南阿爾卑斯山脈，非常符合「南半球的阿爾卑斯山」之名。不過由於此地的氣候不穩定，年平均降雨量多達4000mm、下雨日數149天，因此想要看到完整奧拉基／庫克山的英姿需要一些運氣。正因為如此，當期待已久的晴天出現，終於看到高聳的純白山頂時的感動，實在難以言喻。

奧拉基／庫克山國家公園的面積廣大，超過700km^2，與南邊的西部國家公園Westland National Park、阿斯匹林山國家公園Mt. Aspiring National Park、峽灣國家公園Fiordland National Park等3座國家公園並稱為「蒂瓦希普納姆TeWahipounamu」，被聯合國教科文組織列為世界遺產。

如何前往奧拉基／庫克山國家公園 Access

國家公園以奧拉基／庫克山村Aoraki/Mount Cook Village為據點，村落位於往來基督城與皇后鎮之間的長途巴士路線轉入支線（國道80號），沿著普卡基湖Lake Pukaki約55km的位置。路標清楚易懂，不必擔心迷路。

可從基督城或皇后鎮搭乘InterCity系統的Great Sights巴士到達庫克山村，途中會在蒂卡波湖暫停約15分鐘，是有免費Wi-Fi的舒適巴士。

從基督城出發的巴士為1日1班，車程為5小時20分；從皇后鎮出發也是1日1班，車程為4小時45分，都是在村內的The Hermitage Hotel（→P.90）前搭車。The Cook Connection從蒂卡波湖出發的接駁巴士則在10～5月行駛，1日1班。長途巴士會停靠在距離支線分歧點最近的城市特威澤爾Twizel，夏天可以在此轉乘The Cook Connection的接駁巴士。

小知識

據點城鎮特威澤爾Twizel

投宿在奧拉基／庫克山國家公園時，最好先在特威澤爾停留；雖然這裡只是個小鎮，卻有超市、餐廳、銀行等各種必要設施。距離奧拉基／庫克山村約1小時車程。

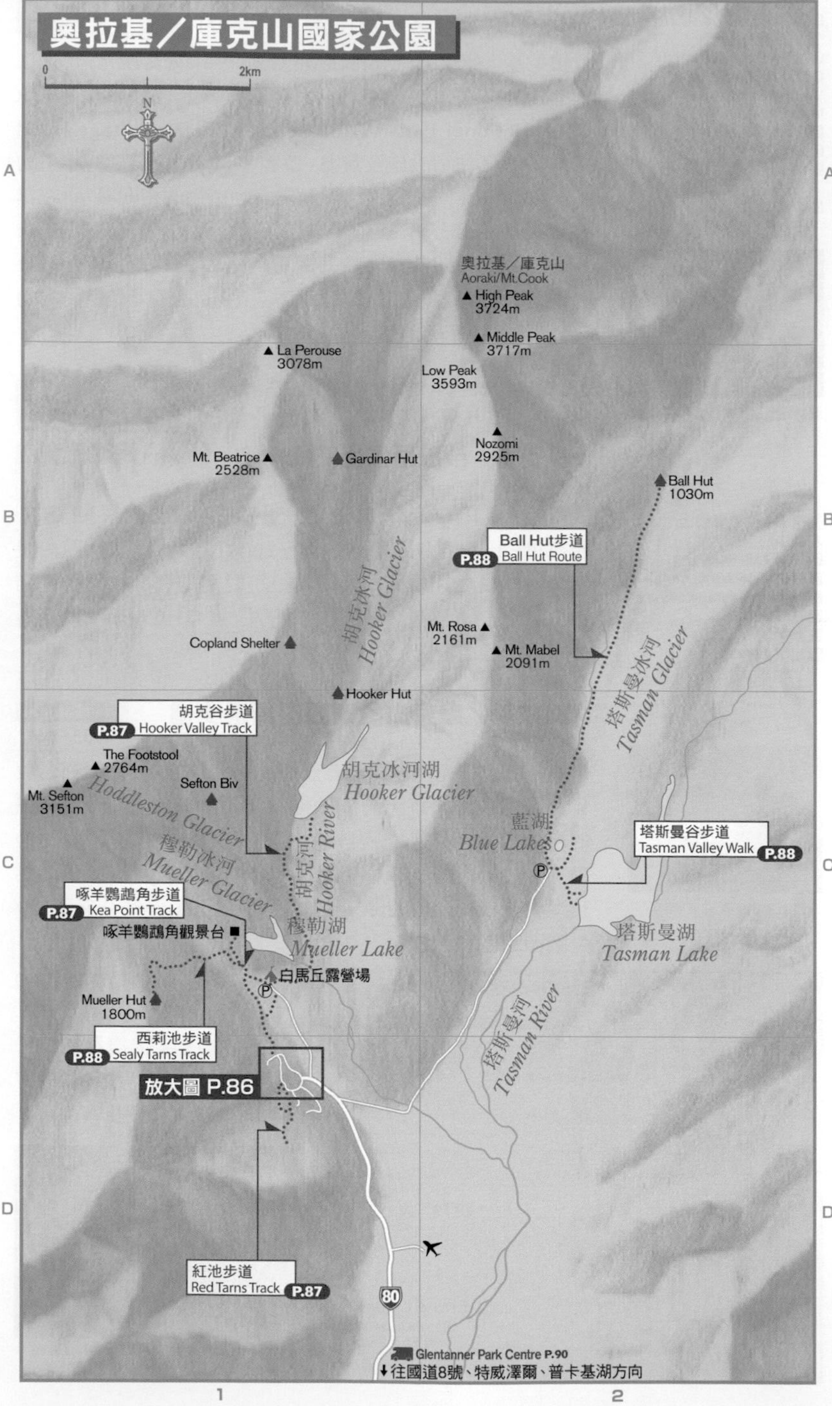
奧拉基／庫克山國家公園
0
2km
N
奧拉基／庫克山
Aoraki/Mt.Cook
High Peak 3724m
Middle Peak 3717m
La Perouse 3078m
Low Peak 3593m
Nozomi 2925m
Mt. Beatrice 2528m
Gardinar Hut
Ball Hut 1030m
Ball Hut步道
Ball Hut Route
P.88
胡克冰河
Hooker Glacier
Copland Shelter
Mt. Rosa 2161m
Mt. Mabel 2091m
Hooker Hut
塔斯曼冰河
Tasman Glacier
胡克谷步道
Hooker Valley Track
P.87
The Footstool 2764m
Mt. Sefton 3151m
Sefton Biv
Hoddleston Glacier
胡克冰河湖
Hooker Glacier
藍湖
Blue Lakes
塔斯曼谷步道
Tasman Valley Walk
P.88
穆勒冰河
Mueller Glacier
胡克河
Hooker River
啄羊鸚鵡角步道
Kea Point Track
P.87
啄羊鸚鵡角觀景台
穆勒湖
Mueller Lake
塔斯曼湖
Tasman Lake
白馬丘露營場
Mueller Hut 1800m
西莉池步道
Sealy Tarns Track
P.88
塔斯曼河
Tasman River
放大圖 P.86
紅池步道
Red Tarns Track
P.87
80
Glentanner Park Centre P.90
往國道8號、特威澤爾、普卡基湖方向

ℹ️遊客中心
DOC奧拉基／庫克山國家公園遊客中心
DOC Aoraki Mount Cook National Park Visitor Centre
Map P.86
住1 Larch Grove
☎(03) 435-1186
開10～4月　8:30～17:00
5～9月　8:30～16:30
休無休

健行前先到DOC遊客中心收集資料

奧拉基／庫克山國家公園的 漫遊

奧拉基／庫克山村Aoraki/Mt. Cook Village是觀光據點，這裡有DOC奧拉基／庫克山國家公園遊客中心Aoraki/Mount Cook National Park Vistor Centre、The Hermitage Hotel（→P.90）等住宿設施及餐廳。遊客中心除了提供健行步道的資訊外，也有許多周邊地理、歷史與動植物的相關展示，在健行出發前務必先來這裡。村內沒有一般的商店，只有The Hermitage Hotel及YHA內有販賣食品、雜貨類的小店，有計畫要健行的遊客，必須事先準備必須物品及行動糧。村內的交通只能靠步行和開車。

奧拉基／庫克山國家公園的 景點

艾德蒙·希拉里爵士高山中心
Sir Edmund Hillary Alpine Centre
Map P.86

艾德蒙·希拉里爵士高山中心
☎(03) 435-1809
FREE 0800-68-6800
URL www.hermitage.co.nz
開9:00～17:00
休無休
費大人$20、小孩$10
（庫克山博物館、2D&3D電影套票）

位於The Hermitage Hotel內，是以紐西蘭登山家艾德蒙·希拉里Edmund Hillary（1919～2008）為名的設施。館內展示著首位成功登頂聖母峰的希拉里愛用的登山物品與雪貓車Snowcat，並放映庫克山相關歷史的2D、3D影片，以及播放星空影像的全天域球幕劇場。

仰望庫克山的艾德蒙·希拉里銅像

奧拉基／庫克山國家公園周邊步道
Tracks in Aoraki / Mount Cook National Park
Map P.85、86

奧拉基／庫克山村周邊有幾條規劃完善的步道，從輕鬆散步到要花費半天以上時間的健行步道都有，一邊欣賞高聳的群山與冰河風景一邊散步，是在這個地方才能享受的樂趣。11～2月的夏季，庫克山百合Mt. Cook Lily（正式學名為巨型毛茛Giant Buttercup）、魯冰花Lupinus等花朵盛開，爭奇鬥豔，美不勝收。

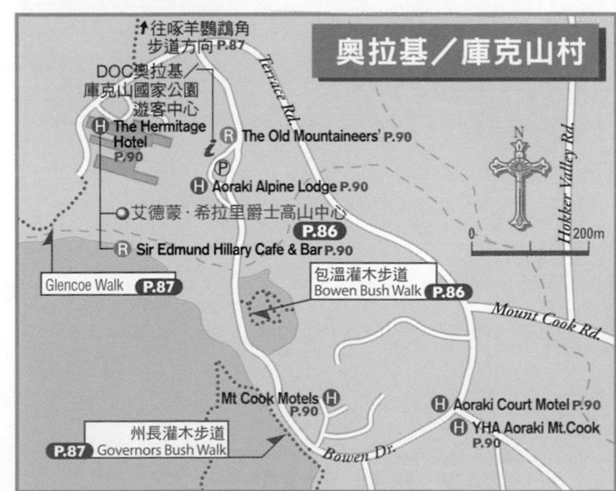

包溫灌木步道 Bowen Bush Walk（一圈約10分鐘）

位於村內環狀道路內側，繞行森林一圈的步道，可以當作早晚的散步行程。

悠哉地走在包溫灌木步道上，一邊聆聽野鳥鳴叫聲

州長灌木步道

Governors Bush Walk（一圈約1小時）

從公共避難所的後方進入山毛櫸林，緩坡而上，走到觀景台就能看見村落全貌，遠眺群山的風景也很美。

紅池步道Red Tarns Track（來回約2小時）

從村落出發後走過小橋越過河流，從不平坦的陡坡一路往上爬，就能抵達一個山中池。「tarn」是山中池塘的意思，此地因為生長著茂密的紅色水草，成為地名的由來。

啄羊鸚鵡角步道

Kea Point Walk（來回約2小時）

比較輕鬆就能欣賞到穆勒冰河Mueller Glacier及奧拉基／庫克山，因此遊客也比較多。路線大多是平坦的草原，只有最後必須爬上稍陡的斜坡才能抵達觀景台。從白馬丘露營場White Horse Hill Camp Ground的停車場出發，單程約30分鐘，正面能眺望奧拉基／庫克山，左側則能看到西福頓山Mt. Sefton的垂掛冰河。流過眼前的是穆勒冰河末端的冰磧Moraine（冰河搬運來的堆積物），讓冰河水形成獨特的顏色。

湖和冰磧的對面就是閃著白光的奧拉基／庫克山

胡克谷步道

Hooker Valley Track（來回約3小時）

步行在高原上，眺望著正面的奧拉基／庫克山

此地最受歡迎的步道，從湍急的胡克河上渡過3次吊橋後，就能一邊眺望奧拉基／庫克山，一邊漫步在花田、河灘、草原等富有變化的地形上，一路走到冰河漂浮的胡克湖。特別是走在木棧道上眺望奧拉基／庫克山，最是舒服。步道一路通往冰河上方，由於有落石的危險，一般健行客都只走到胡克湖。除了白馬丘露營場以外，經過第二座吊橋後不遠處也設有廁所。

Glencoe Walk
（來回約30分鐘）

步道的起點在The Hermitage Hotel後面，登上陡坡後視野開展，奧拉基／庫克山村、胡克冰河及奧拉基／庫克山都能一覽無遺，也是欣賞日出和落日最美的展望點。

健行的季節

9～5月是最佳季節，如果是在村落周邊的步道，冬季積雪不多時也可以健行；但是像西莉池步道Sealy Tarns Track等海拔較高的步道，一旦下雪就會難以行走，必須事先跟DOC遊客中心確認狀況。雖然大多數的健行步道都是為一般大眾所設計的，不過還是會有些不好走的路段，建議最好還是穿著輕型登山鞋。此外，為了預防天氣變化及禦寒，一定要攜帶雨具，水和食物也是必備物品。當然，垃圾要全部帶走、不摘取任何植物等基本規則一定要遵守。

如何前往步道

胡克谷步道Hooker Valley Track及西莉池步道Sealy Tarns Track的起點是白馬丘露營場White Horse Hill Camp Ground，要先從村落沿著規劃完善的啄羊鸚鵡角步道Kea Point Walk走約30分鐘（車程5分鐘）才會到達。最好在這裡先吃飽、上完廁所，再開始健行。

可以在DOC的官網下載健行及騎腳踏車用的英文版旅遊摺頁（PDF），方便事先規劃行程、研讀地圖。也能在DOC遊客中心索取。

小心啄羊鸚鵡！

啄羊鸚鵡Kea是棲息在紐西蘭南島山岳地帶的鸚鵡（→P.36），身長約50cm，全身為褐綠色，會發出「keee-aaa」的高亢叫聲，很容易分辨。啄羊鸚鵡比較麻煩的地方是牠們不怕人，喜歡惡作劇，常會發生搶奪、拉扯遊客行李的狀況。就算啄羊鸚鵡靠近身旁也千萬別餵食，小心趕走牠們，遠遠觀看就好。

啄羊鸚鵡會發出「keee-aaa」的獨特叫聲

冬季的活動
直升機滑雪Heli Skiing

搭乘直升機飛行到山上，從新雪的斜坡快速滑下來的滑雪方式，適合對滑雪有自信的資深高手。標準行程是從800～1000m的高度差距滑5次，費用包含午餐，以及飯店到機場之間的接送服務。

Mount Cook Heli Skiing
電(03) 435-1834
運7～9月
URL www.mtcookheliski.co.nz
費$1425（多滑1次加$125）

Ball Hut
費大人$8、小孩$2.5

在山屋周圍搭帳篷露營（只限夏季）為$2.5，出發前必須先到遊客中心（→P.86）繳費，且不能預約床位，以當日到達的先後順序為準。由於夏季時很容易客滿，最好準備帳篷。

西莉池步道 Sealy Tarns Track（來回3～4小時）

望著正如其名「高聳入雲的山」的奧拉基／庫克山

往啄羊鸚鵡角步道途中的分歧點走，爬上大多是階梯的陡坡後就會看到一座小池，眼前出現胡克谷Hooker Valley的冰河，偶爾還會聽見冰河崩落如打雷般的聲音，眺望奧拉基／庫克山的景觀也極佳。步道繼續通往穆勒小屋Mueller Hut，不過到那裡來回要花上8小時，適合健腳的登山客。

塔斯曼谷步道（藍湖與塔斯曼冰河）Tasman Valley Walk (Blue Lakes and Tasman Glacier View)（來回約40分鐘）

從國道彎進塔斯曼谷路Tasman Valley Rd.約8km，公路盡頭的停車場就是步道起點。沿著陡峭的斜坡往上走，會發現路分成2條，一條通往藍湖的觀景台，另一條則是到塔斯曼湖的觀景台。雖然上坡路還沒到盡頭，不過從觀景台看到的風景非常壯觀，可以遠眺塔斯曼冰河，俯瞰灰色的塔斯曼湖，湖上浮著許多大冰塊，右手邊有冰河削切而成的寬廣河谷，眼前則是高山聳立。在這裡眺望風景的快樂，讓疲憊都消失無蹤。從村落到步道起點需要搭車。

從觀景台眺望塔斯曼湖

Ball Hut步道 Ball Hut Route（來回6～8小時）

適合登山經驗豐富、體力好，且裝備齊全的好手路線。起點和塔斯曼谷步道在同樣的停車場，往塔斯曼冰河繼續沿著4WD道路前行約5km，再往前就是荒野地區；由於之後的路途沒有任何標示、容易迷路，健行者必須考量自身的技術及能力。而且被冰河削切的岩石及沙土所堆積成的冰磧，如牆一般延伸，必須小心落石。從終點的Ball Hut（山屋）可以享受眺望塔斯曼冰河與南阿爾卑斯山脈的雄偉景致，雖然山屋內只有睡墊、廁所和自來水等最基本的設備，不過可以住宿；這裡的自來水建議要煮沸後再飲用。

奧拉基／庫克山國家公園的戶外活動 Activity

觀星之旅

在詳細解說下，透過天文望遠鏡或雙眼望遠鏡，觀察列為奧拉基‧麥肯錫國際暗空保護區（Aoraki Mackenzie International Dark Sky Reserve）（星空保護區→P.80、81）的星空。需要時間為75～90分鐘。

Big Sky Stargazing
☎(03) 435-1809 時全年、晴天時
費大人$139、小孩$79 CC AJMV
※在The Hermitage Hotel（→P.90）的活動櫃台報名

在冰河湖划獨木舟

在位於冰河末端的塔斯曼湖或穆勒湖體驗獨木舟的旅遊團，一邊欣賞南阿爾卑斯山脈的雄偉景致及浮在湖面的冰山，一邊悠閒地划著槳。出發地點在The Old Mountaineers'（→P.90）前，必須年滿13歲才能參加。

Glacier Sea Kayaking
✆027-434-2277 URL www.mtcook.com/glacier-sea-kayaking
時全年 9:00出發（塔斯曼湖之旅）
費$275 CC MV

搭乘滑雪飛機遊覽飛行

可以搭乘以小飛機裝上滑雪道具的滑雪飛機在冰河上降落，有繞行奧拉基／庫克山上方與眺望塔斯曼冰河的Glacier Highlights（45分鐘），以及繞行到福克斯冰河Fox Glacier、法蘭士‧約瑟夫冰河Franz Josef Glacier等周邊冰河的Grand Circle（60分鐘）$649～等行程。

Mt Cook Ski Planes and Helicopters
☎(03) 430-8026 FREE 0800-800-702
URL www.mtcookskiplanes.com 時全年
費Glacier Highlights$599～ CC MV ※滑雪飛機遊覽飛行可以變更為直升機遊覽飛行，在The Hermitage Hotel的活動櫃台報名

搭乘直升機遊覽飛行

從格蘭坦公園Glentanner Park的直升機飛行場出發，有降落Zodiac冰河的Alpine Vista（20分鐘），以及可以俯瞰奧拉基／庫克山、福克斯冰河、法蘭士‧約瑟夫冰河的Mount Cook & The Glacier（55分鐘）等行程。提供飯店接送服務。

The Helicopter Line
☎(03) 435-1801 FREE 0800-650-651
URL www.helicopter.co.nz 時全年 費Alpine Vista$300 Mount Cook & The Glaciers $695 CC AJMV ※在The Hermitage Hotel的活動櫃台報名

冰河船Glacier Explorer

在嚮導的陪同下，搭乘遊覽船巡航塔斯曼冰河末端的湖，近距離觀看歷經300～500年形成的壯觀冰山，還能真實觸摸。所需時間2小時30分，其中巡航約1小時，中途還會在塔斯曼谷步道Tasman Valley Walk輕鬆健行約30分鐘。

Glacier Explorers
☎(03) 435-1809 FREE 0800-686-800
URL glacierexplorers.co.nz 時9月中旬～5月下旬 費大人$179、小孩$79
CC AJMV ※在The Hermitage Hotel的活動櫃台報名

Column 歷史上的奧拉基／庫克山

庫克山Mt. Cook這個名字源自英國航海家庫克船長Captain Cook，但命名者卻是1851年來紐西蘭測量的英國人斯托克J. L. Stokes。庫克在1770年航海時將峰峰相連的高山命名為南阿爾卑斯山，但好像沒有注意特定的山峰。

毛利語名奧拉基Aoraki是傳說中少年的名字，奧拉基和兄弟搭乘的獨木舟撞上了暗礁，他們爬上獨木舟突出海面的尖端避難，等待救援，後來卻變成了石頭；於是那艘獨木舟變成南島，兄弟們變成南阿爾卑斯群山，身高最高的奧拉基則變成了主峰。

從1860年代起才有人走進奧拉基／庫克山深處。1894年英國人E. Fitzgerald和義大利人M. Zurbriggen為了要成為首位征服奧拉基／庫克山的登山者，而來到紐西蘭，在當地擔任山岳嚮導的Tom Fyfe、Jack Clark、George Graham等3名紐西蘭人聽聞此事便挺身而出，為阻止外國人成為首位登頂者而開始努力，終於在該年的聖誕節成功踏上山頂。

奧拉基／庫克山國家公園的餐廳 Restaurant

The Old Mountaineers'

Map P.86

由著名的登山嚮導所經營，景色優美的咖啡館及餐廳，店內牆上裝飾著登山道具及照片。漢堡$26～、披薩$23～等，都是分量十足的餐點。外加$3就能提供無麩質料理。

住3.Larch Grove
027-434-2277
URL www.mtcook.com/restaurant
營11:00～14:30、17:30～19:00
休不定休（冬季暫停營業） CC MV

Sir Edmund Hillary Cafe & Bar

Map P.86

位於The Hermitage Hotel內採自助式服務的咖啡館，提供現做的三明治、派等多種輕食餐點。正面的落地窗可以眺望奧拉基／庫克山壯麗的風景，1樓的酒吧和餐廳也很不錯。

住Aoraki/Mount Cook Village
(03) 435-1809 FREE 0800-686-800 URL www.hermitage.co.nz 營10:00～16:00（依季節變動） 休無休 CC AJMV

奧拉基／庫克山國家公園的住宿 Accommodation

The Hermitage Hotel

Map P.86

自1884年開幕以來，就有登山家等眾多旅客投宿過的老字號大型飯店。幾乎所有客房都能眺望奧拉基／庫克山，還有各種戶外活動（→P.89）可以參加。

住Aoraki/Mount Cook Village
(03) 435-1809
FREE 0800-686-800
URL www.hermitage.co.nz 費Ⓓ Ⓣ$318～ 房數164 CC ADJMV

Aoraki Court Motel

Map P.86

有著時髦室內裝潢的汽車旅館。從附浴缸的行政雙人SPA套房，到容納5人的公寓式客房都有，冰箱、電視、微波爐等設備一應俱全。有供應早餐。

住26 Bowen Dr. (03) 435-1111 FREE 0800-435-333
URL www.aorakicourt.co.nz
費ⒹⓉ$185～ 房數25
CC MV

Mt Cook Motels

Map P.86

為Hermitage系列的時尚汽車旅館。所有客房都附設廚房及陽台。

住Bowen Dr. FREE 0800-686-800 (03) 435-1809
URL www.hermitage.co.nz
費ⓈⒹⓉ$220～
房數 111 CC AMV

Aoraki Alpine Lodge

Map P.86

充滿木頭香味的漂亮木屋，有寬敞的公共廚房、家族房，所有客房都有衛浴。櫃台還設有小賣店。

住101 Bowen Dr.
(03) 435-1860 FREE 0800-680-680 URL aorakialpinelodge.co.nz
費ⒹⓉ$199～ 家庭房$240～
房數16 CC MV

YHA Aoraki Mt. Cook

Map P.86

夏季及滑雪季總是客滿的熱門YHA，電視交誼廳、雪具乾燥室、三溫暖等公共設施也很完善。提供毛巾及吹風機的租借服務。

住4 Bowen Dr. 021-193-1150
URL www.yha.co.nz
費Dorm$46～ ⒹⓉ$170.2～
房數77床 CC MV

Glentanner Park Centre

Map P.85-D1外

位於村落前約24km，是庫克山周邊唯一的Holiday Park，夏季要提早預約。附設烤肉區和餐廳，以及各種戶外活動的報名服務。

住3388 Mount Cook Rd.
(03) 435-1855
FAX (03) 435-1854
URL www.glentanner.co.nz
費Camp1人$25～ Dorm$45～
ⒹⓉ$160～ 房數14 CC MV

廚房（全部客房） 廚房（部分客房） 廚房（共用） 吹風機（全部客房） 浴缸（全部客房） 游泳池
網路（全部客房／須付費） 網路（部分客房／須付費） 網路（全部客房／免費） 網路（部分客房／免費）

瓦納卡
Wanaka

人口：8890人
URL www.lakewanaka.co.nz

瓦納卡的象徵「#That Wanaka Tree」

瓦納卡濱臨南北細長的瓦納卡湖，夏季是阿斯匹林國家公園Mount Aspiring National Park的入口，冬季則是三錐山滑雪場Treble Cone Ski Field、卡卓那滑雪場Cardrona Ski Field（→P.95）的據點，全年都很熱鬧。此外，這裡有被大自然圍繞、風光明媚的絕佳環境，近年來是備受矚目的度假勝地。

如何前往瓦納卡 Access

各主要城市都有長途巴士行駛到此地，從皇后鎮1天有4班Ritchies的巴士，而且會經過皇后鎮機場，非常方便；皇后鎮市區9:00／11:00／14:30／16:40出發，於10:30／12:50／16:00／19:00到達瓦納卡，票價為大人單程$35。InterCity的巴士從基督城沒有直達車，要到瓦納卡近郊的小鎮塔拉斯Tarras轉車，1日1班車，車程約7小時15分。從但尼丁有Ritchies的巴士行駛，1日1班車，但尼丁14:30出發，18:50到達瓦納卡，車程為4小時20分，票價為大人單程$50。巴士時刻會因季節而有所變動，請上官網確認詳情，巴士總站在湖畔停車場旁的圓環。

主要巴士公司（→P.496）
InterCity
Great Sights
Ritchies

遊客中心 i SITE
Lake Wanaka i-SITE Visitor Centre
Map P.92-A2
住103 Ardmore St.
☎(03) 443-1233
URL www.lakewanaka.co.nz
開9:00～17:00
（依季節變動）
休無休

就在長途巴士總站旁

瓦納卡的 漫遊

分布在瓦納卡湖周邊的瓦納卡是一個度假小鎮，主要街道在沿著湖畔的Ardmore St.與Helwick St.的岔路口附近，是餐廳、紀念品店聚集之處，Helwick St.沿途還有戶外用品店、超市等各種商店林立，生活必須物品大概一應俱全。不過由於沒有市區巴士，要去各景點必須租車或搭乘計程車。

遊客中心i SITE位於Ardmore St.的商店街裡，提供瓦納卡等西海岸一帶的觀光資訊。從湖畔往Ardmore St.的東邊走約5分鐘，就能抵達DOC蒂蒂提亞／阿斯匹林山國家公園遊客中心Tititea/Mount Aspiring National Park Visitor Centre。

i 遊客中心
DOC Tititea/Mount Aspiring National Park Visitor Centre
Map P.92-A2
住Cnr. of Ardmore St. & Ballentyne Rd.
☎(03) 443-7660
URL www.doc.govt.nz
開5～10月
週一～五 8:30～17:00
11～4月 8:00～17:00
休5～10月的週六·日

主要租車公司
Wanaka Rentacar
住2 Brownston St.
☎(03) 443-6641
URL www.wanakarentacar.co.nz
費1日$55～

主要計程車公司
Yello Cabs
☎(03) 443-5555
FREE 0800-443-5555

迷宮世界
住188 Wanaka Luggate Hwy. 84
電(03) 443-7489
URL www.puzzlingworld.co.nz
開9:00～16:30
休無休
交距離市中心約2km。
大迷宮The Great Maze
費大人$18、小孩$14
錯覺房Illusion Room
費大人$20、小孩$16
套票
費大人$25、小孩$18

迷宮世界
The Puzzling World

Map P.94-A2

如同其名，設有許多有趣迷宮的主題樂園，位於Ardmore St.往東沿著國道84號前行的路旁。園內最主要的遊樂設施是全長約1.5km的大迷宮The Great Maze，而且還是雙層的立體構造，相當複雜，據說平均要30分鐘～1小時才能走得出來；園方還為了怎麼也走不出來的遊客，貼心地準備了終點以外的緊急脫逃出口。除此之外，還有傾斜53度建造的傾斜塔Tumbling Towers、3D立體影像廳Hologram Hall、幻覺藝術Trick Art等，利用眼睛錯覺大玩視覺遊戲的錯覺房Illusion Room也很有趣。

超有特色的主題樂園

瓦納卡薰衣草農場
住36 Morris Rd.
電(03) 443-6359
URL www.wanakalavenderfarm.com
營9～5月 9:00～17:00
6～8月 10:00～17:00
休無休
費12～3月大人$15、小孩$7.5 4～11月大人$7、小孩$3.5
交距離市中心約4km。

最佳賞花時間為12月中旬～3月中旬

瓦納卡薰衣草農場
Wanaka Lavender Farm

Map P.94-A2

面積廣達20英畝的薰衣草農場，擁有紫色門及薰衣草花田等適合拍照的景點，還可以跟園內飼養的小馬和羊等動物接觸互動。進入花田需要購買門票，但紀念品店和咖啡館則為免費，販賣許多添加薰衣草的保養品、生活雜貨、蜂蜜等原創商品，很適合選購伴手禮。

交通與玩具博物館
National Transport & Toy Museum

Map P.94-A2

館內有超過700台的古董車，以及馬口鐵製玩具、泰迪熊、芭比娃娃等超過6萬件的收藏品，是全紐西蘭開放大眾參觀的私人收藏品中規模最大的博物館。戶外能看到以色列製戰車及高射炮、美軍軍用卡車等；館內還附設在地啤酒吧Wanaka Beerworks，營業時間為10:00～18:00，14:00起還有導覽行程。

舉目盡是古董車和玩具

交通與玩具博物館
住891 Wanaka Luggage Hwy.
電(03) 443-8765
URL nttmuseumwanaka.co.nz
開8:30～17:00
休無休
費大人$20、小孩$5
交距離市中心約8km。

Wanaka Beerworks
電(03) 443-1865
URL www.wanakabeerworks.co.nz

也提供生啤酒，試飲在地啤酒4種$19～

瓦納卡周邊步道
Walking Tracks around Wanaka

Map P.94-A1・2

熨斗山　Mt. Iron（約4.5km、來回約1小時30分）

海拔545m的熨斗山是瓦納卡周邊幾條步道中交通最方便的，從市區前往步道起點只需從國道6號往東走約2km，步道左側是放牧綿羊的牧場，從順著山坡蜿蜒的步道往上爬約45分鐘，就會抵達能360°盡覽四周風光的山頂。可以將正前方的瓦納卡市區、遠方的瓦納卡湖，以及背後聳立的群山一覽無遺。

輕鬆健行，欣賞美景

如何前往熨斗山
登山口距離市中心約2km，可步行前往。由於熨斗山整座山都是私人牧場，步道以外的地方禁止進入，牧場作業日也不開放。

請遵從標誌的標示前進

羅伊峰　Roys Peak（約16km、來回約5～6小時）

海拔1578m比熨斗山Mt. Iron高，所以步道也比較長，但眺望到的美景與爬山所付出的體力完全成正比。

這座山和熨斗山一樣，整座山都是牧場，一開始爬梯子越過柵欄就是步道的起點。順著步道往上走，細長瓦納卡湖的最遠端逐漸映入眼簾，然後走到最後的稜線，看到遠方山頂積著萬年雪、閃著白光的阿斯匹林山Mt. Aspiring，那一瞬間真是感動。

如何前往羅伊峰
從瓦納卡沿著湖往西走約6km即可抵達登山口，設有停車場，入山費為1人$2，請放入登山口的箱子。此外，10/1～11/10及牧場作業日不開放。

羅伊峰的停車場也設有腳踏車停車架

鑽石湖　Diamond Lake（約2km、來回約1小時）

位於瓦納卡往西約18km處的小湖，從湖畔的停車場開始往上坡走，到能俯瞰瓦納卡湖的觀景台為止，是條來回需1小時的步道。距離雖短，可是一出發就是相當陡的上坡路，要有心理準備。步道還可以繼續往上延伸，到最高點洛磯山Rocky Mountain（775m）繞一圈來回約3小時，是一條環形步道。

鑽石湖
交從瓦納卡沿著Wanaka Mount Aspiring Rd.往西走約18km，再續行右側往鑽石湖停車場的道路。距離羅伊峰的登山口約12km。

格蘭德胡海灣汽車營地
Glendhu Bay Motor Camp
(03) 443-7243
URL glendhubaymotorcamp.co.nz
交 從瓦納卡市區沿Mount Aspiring Rd.往西北方走約12km。

隔著湖眺望白雪皚皚的群山

與西海岸間的交通
Great Sights（→P.496）有行駛法蘭士・約瑟夫冰河Franz Josef Glacier（→P.224）、福克斯冰河Fox Glacier（→P.226）～瓦納卡的觀光巴士，中途會在鮭魚養殖場等2處休息停留，車程為5小時50分～6小時5分，票價為大人$116～。

格蘭德胡海灣
Glendhu Bay

Map P.94-A1

從瓦納卡沿著湖畔道路前行，就能到達格蘭德胡海灣，從這裡可以越過湖眺望在瓦納卡市區看不到的阿斯匹林山美麗輪廓。遠離城鎮喧囂的寧靜湖畔設有汽車營地，有機會也可體驗一下露營的樂趣。

瓦納卡郊外的 景點

羅布羅伊冰河步道
Rob Roy Glacier Track

Map P.94-A1

阿斯匹林山Mt. Aspiring周邊有幾條健行步道，其中以能夠當天來回的這條路線最熱門，雖然是條比較輕鬆的步道，不過能看到視野極為寬廣的景致。

步道的起點在距離瓦納卡西北方約1小時車程的木莓小溪Raspberry Creek，在濃密的森林裡沿著溪流往上走，約2小時會抵達視野寬廣處，那是能眺望到冰河全貌的瞬間。要去能夠眺望到羅布羅伊冰河的觀景台，從木莓小溪開始走，往返約需4小時，記得要穿登山鞋，並且準備水和食物。

還有另一條從木莓小溪出發的步道，是沿著瑪圖基圖基河Matukituki River往西走，最後抵達法國山脊小屋French Ridge Hut

從觀景台仰望眼前的羅布羅伊冰河

（單程6～7小時），不過從阿斯匹林小屋Aspiring Hut再往前走的路途很險峻，需要有專業的裝備、經驗及體力。走到阿斯匹林小屋就比較輕鬆，從木莓小溪往返此地約需4小時。此外，關於這幾條健行步道，可以到阿斯帕林山國家公園遊客中心購買「瑪圖基圖基谷步道Matukituki Valley Tracks」的摺頁$2。

三錐山滑雪場
Treble Cone Ski Field

Map P.94-A1

位於瓦納卡往西約19km，距離皇后鎮約70km，有座滑行面積為南島最大的滑雪場。這裡不僅滑雪場規模寬廣，最大的特徵是從滑雪道上方還能遠眺瓦納卡湖、阿斯匹林山Mt. Aspiring的美景；最大斜度為26度左右，適合中、高級滑雪者。除了一般滑雪道之外，還有利用自然地形的滑雪道及人工U型滑道，能讓雙板及單板滑雪者互相較勁。由於位處被南阿爾卑斯群山圍繞的地形中，不易受到風勢的影響，天候、雪質都很安定，因此旺季時幾乎都不會暫停營業。年平均降雪量充足，不過在積雪量少的旺季初期，也會使用人工造雪機。

對滑雪板者來說也是很熱門的滑雪場

卡卓那滑雪場
Cardrona Alpine Resort

Map P.94-A2外

位於瓦納卡南方約34km處，卡卓那山Mt. Cadrona東側斜坡上的滑雪場。這座滑雪場有許多適合初學者的滑雪道，很受家庭遊客青睞，特徵是滑道外的粉雪與遼闊的占地，尤其是場地遼闊程度遠超過其他滑雪場。場內有3處盆狀地形（Basin），可以善用地形享受各種滑雪樂趣；還有包含U型場地Half Pipe（於滑雪板集訓期間，限制一般滑雪客使用）的雪地公園也整理完善，很受滑雪板客及自由式滑雪者的喜愛，並備有4人座的高速纜椅。此外，由於海拔高，整季的雪質都很好，幾乎不會出現雪道變硬或是融雪的情形。

在U型場地完成連續跳台跳躍

三錐山滑雪場
電 (03) 443-7443
URL www.treblecone.com
營 6月下旬～9月下旬 8:30～16:00
費 纜椅1日券 大人$160、小孩$83
交 從The Access Rd.（接續Mount Aspiring Rd.的非柏油路）的入口到滑雪場有免費接駁巴士行駛，每小時1班。從瓦納卡市中心也有接駁服務（需要洽詢）。

卡卓那滑雪場
電 (03) 443-8880
FREE 0800-440-800
URL www.cardrona.com
營 6月中旬～10月中旬 8:30～16:00
費 纜椅1日券 大人$160、小孩$83
交 從Cadrona Valley Rd.到滑雪場有免費接駁巴士行駛，每小時1班。從瓦納卡市中心也有付費接駁服務（要預約）。
費 大人$35～（來回）、小孩$30～（來回）

在遼闊的滑雪場滑行很開心

Cardrona Hotel
卡卓那飯店
Map P.94-A2外
電 (03) 443-8153
住 2312 Cardrona Valley Rd., RD2
URL cardronahotel.co.nz
營 週一～三 10:00～20:00
週四～日 10:00～Late
休 無休

靠近滑雪場的飯店，附設有餐廳和咖啡館

瓦納卡的戶外活動 Activity

遊覽飛行

從瓦納卡機場出發的直升機遊覽飛行，可以俯瞰在地面很難捕捉到全貌的阿斯匹林山（所需時間1小時～1小時15分）；也有飛奧拉基／庫克山及米佛峽灣的班次，兩人即可成行。

Wanaka Helicopters
電(03) 443-1085
FREE 0800-463-626
URL www.wanakahelicopters.co.nz
時全年
費Amazing Aspiring$595～、Wanaka Experience$295～等
CC MV

噴射飛船／遊湖

面對瓦納卡湖的Lakeland Adventures舉辦各種湖上活動，「Clutha River Jet Boat」是搭乘9人座的噴射飛船，從瓦納卡湖逆流上溯到克盧薩河Clutha River上游，是震撼力十足的戶外活動（所需時間約1小時）；也有提供出租獨木舟、水上摩托車和登山腳踏車的服務。

Lakeland Adventures
電(03) 443-7495
URL lakelandwanaka.com
時全年
費噴射飛船 大人$129、小孩$75
單人獨木舟 $25（1小時）
CC MV

釣鱒魚

在瓦納卡湖釣魚也是一大樂趣，周邊的溪流10～5月是旺季，尤其以釣鱒魚特別有名。有幾家公司備有釣魚嚮導，也會幫忙設計行程，如果對費用、嚮導資歷、垂釣魚種等有要求，可以請遊客中心i SITE幫忙介紹適合的公司。

Aspiring Fly Fishing（Paul Macandrew）
021-500-669 URL www.aspiringflyfishing.co.nz
時10～5月 費1日嚮導團2人$950、涉水褲和雨鞋租借1人$50 CC MV

Adventure Wanaka
FREE 0800-555-700 URL www.adventurewanaka.com
時全年 費瓦納卡湖3小時$200～ CC MV

瓦納卡的餐廳 Restaurant

Alchemy

Map P.92-A2

面對湖畔舒適的小酒館，以在地食材烹調的大中小盤Tapas料理為主，餐點內容依季節而變化，搭配瓦納卡的在地啤酒或葡萄酒也很對味。超值的Happy Hour為16:30～18:00。

住151 Ardmore St.
電(03) 443-2040
URL www.alchemywanaka.nz
營11:00～15:00、16:30～Late
休週一 CC MV ※目前停業中

Trout Bar & Restaurant

Map P.92-A2

位於瓦納卡湖畔，堅持使用當地食材的餐廳。前菜$10～20、主菜有藍鱈、羊肉等$22～42，人氣餐點Open Fish Pie $34，兒童餐$15，並備有兒童座椅。

住151 Ardmore St.
電(03) 443-2600
URL www.troutbar.co.nz
營10:00～22:00（依日期變動）
休無休 CC AMV

Relishes Café

Map P.92-A2

位於市中心、深受當地居民喜愛的咖啡館。早餐和午餐價格從$15～26，只使用非籠飼的雞蛋及放養式家畜的肉類，滋味十分新鮮；絕大部分的料理都有無麩質的選擇。

住99 Ardmore St.
電(03) 443-9018
URL www.relishescafe.co.nz
營7:00～15:00
休無休 CC MV

Black Peak Gelato

Map P.92-A2

使用當地生產的牛奶、雞蛋及水果等食材製作的義大利冰淇淋店，堅守1950年超過80種的傳統配方，每天手工製作。店內經常供應的口味約18種，雪酪有斐濟果、博伊森莓等色彩繽紛的美味。

住123 Ardmore St.
URL www.blackpeakgelato.co.nz
營夏季10:30～22:30、
冬季10:30～18:00
休無休 CC MV

瓦納卡的住宿 Accommodation

Edgewater
Map P.92-A1

建於瓦納卡湖畔的高級度假飯店，所有客房皆有陽台（露台），可以直接通往湖邊。除了飯店客房外，還有附客廳、餐廳的公寓型。網球場、SPA、三溫暖等設備齊全。

住54 Sargood Dr. 電(03) 443-0011 FREE 0800-108-311
URL www.edgewater.co.nz
費ⓈⒹⓉ$180～600
房數103 CC ADJMV

Aspiring Motel
Map P.92-A2

位於市中心，地理位置便利，價格也很合理的汽車旅館。客房分為公寓式、單房式、可住宿6人的家庭房等共7種，也有山屋風格的房型。單板、雙板用的雪具乾燥室設備也很完善。

住16 Dungarvon St.
電(03)443-7816
URL www.aspiringmotel.co.nz
費ⓈⒹⓉ$180～ 房數14
CC AMV

Lakeside Apartments
Map P.92-A2

奢華的公寓，客房相當寬敞，每個房間都能從陽台眺望瓦納卡湖。有3間附水療泳池及寬闊陽台的6人用閣樓套房，很適合小團體住宿。

住9 Lakeside Rd. 電(03) 443-0188 FREE 0800-002-211
FAX (03) 443-0189
URL www.lakesidewanaka.co.nz
費Unit$245～ 房數21 CC AMV

Brookvale
Map P.92-A2

可以眺望到白雪覆蓋的群山，地理位置佳。2樓的客房皆有陽台，1樓則是各自有庭院，內部裝潢簡約卻很時尚。夏天可在庭院內享受烤肉樂趣。

住35 Brownston St. 電(03)443-8333 FREE 0800-438-333 FAX (03) 443-9040 URL www.brookvale.co.nz 費Unit$159～
房數10 CC MV

Yado Sasanoki
Map P.94-A2

由定居瓦納卡的日本人所經營的小民宿。客廳挑高且有暖爐，還有能欣賞絕景的餐廳，以及日式的浴室（須付費），並有創意日式料理可以選擇。位於面湖的安靜住宅區，可以從市區免費來回接送一次。提供連住優惠及長期停留的價格。

住22 Penrith Park Dr. 電(03) 443-1232 ✆021-155-0213
URL sasanoki.co.nz 費ⓈⓉ$200～
房數2 CC不可

Altamont Lodge
Map P.92-A1

距離市中心約5分鐘車程，適合喜歡安靜的遊客。12間客房都是單人和雙人房，共用的浴室和廚房也很乾淨而舒適，戶外的水療泳池從12點到21點免費開放。

住121 Wanaka Mount Aspiring Rd. ✆021-808-8151
URL altamontwanaka.co.nz
費Ⓢ$89～、ⒹⓉ$120～
房數12 CC MV

Wanaka Backpackers Bothy
Map P.92-A2

價格合理的家庭式旅館，團體房可以選擇附設床簾、插座、燈的個人空間床位。由喜愛戶外活動的家庭所經營，提供天文觀測、釣魚等活動或旅遊，以及腳踏車租借服務。

住21 Russell St. 電(03) 443-6723 URL 21 Russell Street
營www.bothy.co.nz
費Dorm$34～42、Ⓓ$90～
房數40床 CC MV

Wanaka Top 10 Holiday Park
Map P.92-A1

提供從露營場、汽車旅館到小木屋等多種住宿類型，至於付費的個人按摩浴池&三溫暖、租借腳踏車、雪具乾燥室、兒童遊戲場、BBQ等設備也很齊全。還可以帶寵物住宿。

住263 Studholme Rd. 電(03) 443-7766 FREE 0800-229-8439
URL www.wanakatop10.co.nz
費Camp$58～ Cabin$105～
Motel$189～ 房數15 CC MV

廚房（全部客房） 廚房（部分客房） 廚房（共用） 吹風機（全部客房） 浴缸（全部客房） 游泳池
網路（全部客房／須付費） 網路（部分客房／須付費） 網路（全部客房／免費） 網路（部分客房／免費）

從皇后鎮開始

隨意逛逛紐西蘭的酒莊

前往奧塔哥中部吉布斯頓谷Gibbston Valley的3個酒莊巡禮之旅，還能試飲在國際上得到高評價的黑皮諾Pinot Noir。

皇后鎮 Queenstown
吉布斯頓公路 Gibbston Highway
卡瓦勞河 Kawarau River
C 布倫南酒莊 Brennan Wines
吉布斯頓谷
A 查德農場 Chard Farm
B 羅莎山酒莊 Mt Rosa Wines

從皇后鎮約30分鐘車程

奧塔哥中部的老牌酒莊

A 查德農場 Chard Farm

創業約35年歷史的酒莊，使用生長在吉布斯頓谷等3種不同地區及環境的葡萄，釀造出具有堅持與風格的葡萄酒。共有7種黑皮諾，占總生產量的70%。

住205 Chard Rd.Gibbston
☎(03) 441-8452
URL www.chardfarm.co.nz
營12:00～17:00
休無休

1喝來順口的River Run黑皮諾　2黑板上寫著當天可以試飲的葡萄酒名　3位於靠近卡瓦勞橋的高地

約15分鐘車程

在美麗諾綿羊牧場釀造出有個性的葡萄酒

B 羅莎山酒莊 Mt Rosa Wines

葡萄園位於約1400公頃的廣大綿羊牧場內，在品牌眾多的黑皮諾裡，只用單一品種來釀酒，挑戰做出獨一無二的葡萄酒。

住47 Gibbston Back Rd.
☎(03) 441-2493
URL www.mtrosa.co.nz
營11:00～17:15（要預約）
休無休

1可以試飲多種葡萄酒
2將羊的剃毛小屋改裝成品酒室（販售處）

步行馬上到達

由家族經營的精品酒莊

C 布倫南酒莊 Brennan Wines

從葡萄的栽種到釀造，盡可能以手工作業進行的酒莊，以徹底管理為基礎釀造出的葡萄酒獲獎無數。雖然是個小酒莊，卻聚集滿載主人創意、具個性的葡萄酒。

住88 Gibbston Back Rd.
☎(03) 442-4315
URL www.brennanwines.com
營11:00～17:00
休週二·三

1帶有果香味的B2黑皮諾　2有著暖爐及舒適沙發的時尚品酒室

參觀酒莊與試飲的Q&A

Q 對葡萄酒不熟也能開心體驗嗎？
A 因為導遊會解說關於葡萄酒的基本常識，就算是對葡萄酒一無所知的人，也能很愉快地體驗。

Q 葡萄酒一定要全部喝光嗎？
A 喝不完也沒關係，酒莊備有品酒時專用的吐酒桶，喝剩的酒倒掉也OK。

Q 發現喜歡的葡萄酒可以買嗎？
A 可以買。2瓶（1瓶760ml）以內可以免關稅帶回台灣。

Q 試飲是免費的嗎？
A 依酒莊而異，通常是需要付費的，大概為$15～20；若購買超過1～2瓶葡萄酒就會免費。

奧塔哥中部
酒莊之旅

FREE 0800-946-327
URL www.yumelandnz.com/wine
時全年
費標準行程（3.5小時）
大人$160、小孩$50
CC M V

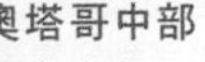

紐西蘭的葡萄酒

紐西蘭的葡萄酒在國際間有很高的評價，是因為這裡有肥沃的土壤與海洋性氣候適合葡萄生長及釀酒。早晚劇烈變化的溫差可以促使葡萄成熟，夏季長時間的日照讓葡萄果實更加香醇，因此能釀造出酸味恰好、口感高級的葡萄酒。不妨在各地的酒莊尋找自己喜歡的口味吧。

在種類豐富的葡萄酒當中選出自己喜歡的

主要的葡萄酒產地

北島 North Island
南島 South Island

北地

1819年紐西蘭國內最早種植葡萄的地方，屬於全年溫暖的亞熱帶氣候，盛產喜愛高溫的希哈Shiraz（紅）。酒莊多聚集在島嶼灣Bay of Islands（→P.337）。
【據點都市】● 旺加雷（→P.346）

尼爾森地區

擁有豐富的降雨量和溫暖的氣候，是著名的果園地區，生產夏多內、白蘇維濃、麗絲玲、黑皮諾等葡萄。
【據點都市】● 尼爾森（→P.197）

馬爾堡地區

紐西蘭全國日照時間最長、產量居冠之地，以夏多內、白蘇維濃居多。
【據點都市】● 布蘭尼姆（→P.188）

奧塔哥中部

世界最南的葡萄酒產地，多家酒莊集中在國道6號沿線上，以曾拿過世界級大獎的黑皮諾最有名。
【據點都市】● 皇后鎮（→P.100）、但尼丁（→P.158）

坎特伯里地區

分為基督城和懷帕拉Waipara兩區域，由於屬於平原地帶，氣候較為涼爽，適合種植夏多內、麗絲玲、黑皮諾。
【據點都市】● 基督城（→P.40）

奧克蘭地區

包括庫繆Kumeu、卡本內蘇維濃的產地懷希基島Waiheke Island（→P.264）等。
【據點都市】● 奧克蘭（→P.238）

懷卡托／豐盛灣地區

擁有遼闊的肥沃牧草地，濕度偏高，種植夏多內、卡本內蘇維濃等品種。
【據點都市】● 陶朗加（→P.362）

吉斯伯恩地區

被稱為「紐西蘭的夏多內首都」，是興盛栽培夏多內的地區。香味濃郁、口感清爽的夏多內很受好評。
【據點都市】● 吉斯伯恩（→P.366）

霍克斯灣地區

紐西蘭國內第2大葡萄酒產地，釀造夏多內、卡本內蘇維濃、黑皮諾等各種類型的葡萄酒。
【據點都市】● 內皮爾（→P.370）、海斯汀Hastings

懷拉拉帕地區

夏季炎熱、秋天乾燥，是紐西蘭國土土壤局掛保證、適合釀造葡萄酒的地區。以優質的黑皮諾聞名。
【據點都市】● 威靈頓（→P.390）

代表品種有這些！

白蘇維濃（白）
Sauvignon Blanc

清爽的香草香味與果香堆疊結合成纖細的風味，每個地區的口味有些微差異。

夏多內（白）
Chardonnay

葡萄本身並沒有香味，依產地的地質與氣候不同，風味也會隨之改變。可以充分品嚐到木桶清香的品種。

麗絲玲（白）
Riesling

從甜味到酸味強烈的不甜口味都有。年份淺的帶有花香味，熟成後便變化成帶有碳酸的獨特香味。

黑皮諾（紅）
Pinot Noir

由於栽培困難，全球各地的成功範例不多。雖然風味濃厚，但單寧Tannin（澀味）不強，口感輕盈帶果香味。

梅洛（紅）
Merlot

紅酒中最受歡迎的品種，口感圓潤柔順，果實的風味會在嘴裡擴散。

卡本內蘇維濃（紅）
Cabernet Sauvignon

高級紅酒用的品種，在世界各地都有超高人氣，可以紮實品嚐到酸味與單寧的濃醇風味。

人口：1萬5800人
URL www.queenstownnz.co.nz

皇后鎮

Queenstown

享受山與湖交織成的美景

皇后鎮位於風光明媚的南島上，是全年都有許多國內外遊客造訪的城市，以「適合維多利亞女王」為由而命名，被莊嚴聳立的群山包圍，位在閃閃發亮的美麗瓦卡蒂波湖畔。

自1862年在休特佛河Shotover River發現金礦後，皇后鎮急速發展，曾經有過數千名人口，不過在金礦枯竭後就迅速衰退，人口流失到只剩190人。

現在則是高原避暑勝地，成為各種戶外活動的據點，附近還有皇冠峰滑雪場Coronet Peak Ski Fields、卓越山滑雪場The Remarkables Ski Fields等熱門滑雪場，冬季會湧進眾多來滑單板、雙板的遊客。

航空公司（→P.496）
紐西蘭航空
捷星航空

皇后鎮機場
Map P.108-B1
☎(03) 450-9031
URL www.queenstownairport.co.nz

Orbus #1
運 皇后鎮出發
6:25～翌日0:25
費 機場↔市中心
現金
單程大人$10、小孩$8
BeeCard
單程大人$5、小孩$4

巴士從清早行駛到深夜

Orbus
FREE 0800-474-082
URL www.orc.govt.nz/public-transport/queenstown-buses-and-ferries
運 6:00多～翌日0:00多
（依路線變動）
費 現金
單程$4
Bee Card
單程大人$2、小孩$1.5
〈Bee Card〉的購買方法
可以向巴士司機（現金）、遊客中心i-SITE（→P.103）、Real NZ（→P.105）的多媒體服務機kiosk購買，1張$5，儲值（TOP UP）金額為$5～。

比現金划算的儲值卡Bee Card

如何前往皇后鎮 Access

搭乘飛機抵達

從奧克蘭、基督城搭乘紐西蘭航空、捷星航空直飛皇后鎮機場Queenstown Airport，紐航從基督城起飛的航班1日4班，航程為55分鐘～1小時10分；奧克蘭則是1日6～9班，航程為1小時50分。滑雪季時從澳洲雪梨Sydney也有直飛航班。

從機場到市區

從皇后鎮機場往西約8km就是市中心，距離很近，約25分鐘車程。到市中心搭乘市巴士便宜又方便，不過若是住宿郊外，推薦搭乘可接送到飯店的機場接駁巴士或計程車。

Orbus

為行駛市區的市巴士，Orbus的#1往來機場與市中心（→P.101），機場發車時間從6:15～翌日0:15，約30分鐘一班，到市中心約25分鐘。

機場接駁巴士　Airport Shuttle

由Super Shuttle公司經營，幾個人合搭一台9人座休旅車，進入市區後陸續送達目的地。也可以到住宿點接送，團體搭乘最為划算，需要事先在官網或電話預約。不過可能要先到其他乘客住宿的地方，會多花一些時間。

計程車　Taxi

走出機場出境大廳就會看到正在候客的計程車，到市中心約$30，搭車前不妨和司機確認目的地和車資。也可以用手機app叫Uber。

與國內各地的交通

從南島各大城市都有InterCity、Ritchies等公司的長途巴士行駛，InterCity從基督城每天有1～2班直達車，車程約8～11小時；從但尼丁Dunedin每天有1班直達車，約需4小時20分車程。Ritchies則是從瓦納卡1天4班巴士，約需1小時30分。

依公司及目的地不同，有時也會是小型巴士

機場接駁巴士公司
Super Shuttle
FREE 0800-748-885
URL www.supershuttle.co.nz
費 機場↔市中心
1人　$24
2人　$30
3人　$36

主要計程車公司
Blue Bubble Taxis
FREE 0800-788-294
URL queenstowntaxis.com
Green Cabs
FREE 0800-767-673
URL www.greencabs.co.nz

主要巴士公司(→P.496)
nterCity
Ritchies
InterCity和Ritchies的長途巴士總站都在Athol St.(**Map P.104-A2**)。

皇后鎮渡輪
運 Queenstown Bay出發 8:45～17:45
Hilton出發9:15～18:15
費 $5(只能使用Bee Card，不收現金)

皇后鎮的市區交通　Access

行駛皇后鎮市區及周邊地區的Orbus，對觀光客來說容易理解，班次也多，十分方便。從前門上車，付現金給司機或是刷儲值卡Bee Card，在接近目的地時按鈴通知司機，下車時從前、後門都可以。巴士路線有5條，以市中心的Stanley St.和靠近機場的Frankton為交通樞紐(Hub)；此外也可以搭乘瓦卡蒂波湖的渡輪，1天7班，連結Queenstown Bay(蒸汽船碼頭)、Bayview、Marina、Hilton 4個地點，腳踏車也能上船。船費只能使用Bee Card。

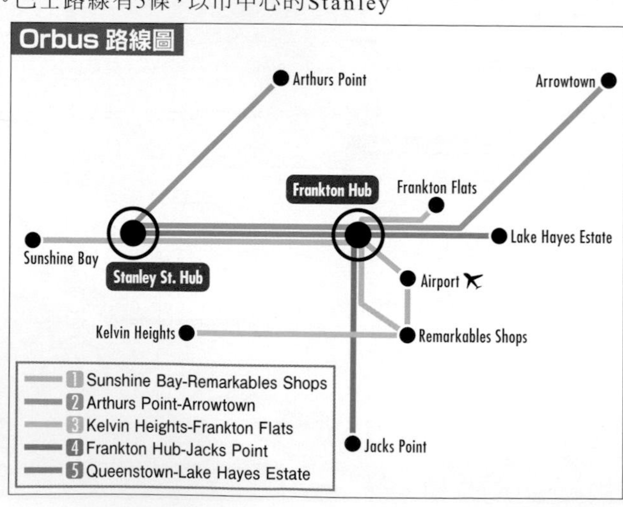

O' Connells
Map P.104-A2
住30 Camp St.
☎(03) 441-0377
URL www.skylineenterprises.co.nz/en/oconnells
營11:00～20:00（T Galleria～19:00）
休無休

經過改裝於2022年10月重新開幕的購物中心，館內有免稅店T Galleria及美食街Eatspace。

ℹ The Station
Map P.104-A2
住Shotover St. & Camp St.
開8:00～16:00（依季節變動）
休無休

冬季時館內附設提供下雪資訊的Snow Centre。

皇后鎮的 漫遊

皇后鎮市區周圍環繞著雄偉的南阿爾卑斯山，緊鄰瓦卡蒂波湖Lake Wakatipu，是一個小小的城市，徒步就能逛市中心。

首先從皇后鎮的市中心Camp St.與Shotover St.的交叉路口為出發點吧，無論走向哪條路，都有許多介紹周邊地區及戶外活動的店家，建議到可以索取全面性觀光資訊的遊客中心i-SITE，以及能獲得戶外活動資訊及預約的The Station等地收集旅遊資訊。

行人徒步大街　The Mall

市區的主要街道，為行人專用道，大街兩側有紀念品店、精品店、時髦的咖啡館及餐廳林立，氣氛非常熱鬧。

Beach St.～海濱大道 Marine Parade

能夠近距離欣賞瓦卡蒂波湖的步道規劃十分

能預約旅遊行程的The Station

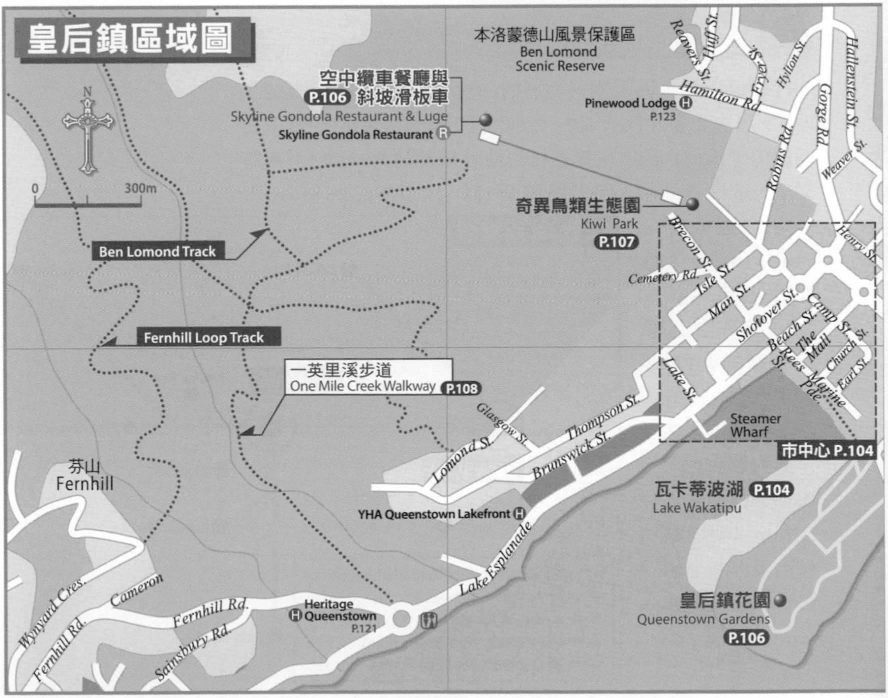

皇后鎮區域圖

本洛蒙德山風景保護區
Ben Lomond Scenic Reserve
空中纜車餐廳與斜坡滑板車 P.106
Skyline Gondola Restaurant & Luge
Skyline Gondola Restaurant
Pinewood Lodge P.123
奇異鳥類生態園
Kiwi Park P.107
Ben Lomond Track
Fernhill Loop Track
一英里溪步道
One Mile Creek Walkway P.108
芬山
Fernhill
YHA Queenstown Lakefront
Heritage Queenstown P.121
瓦卡蒂波湖 P.104
Lake Wakatipu
Steamer Wharf
市中心 P.104
皇后鎮花園
Queenstown Gardens P.106
Reavers St.
Huff St.
Fryer St.
Hylton St.
Hallenstein St.
Gorge Rd.
Hamilton Rd.
Robins Rd.
Weaver St.
Henry St.
Brecon St.
Cemetery Rd.
Isle St.
Man St.
Shotover St.
Camp St.
Beach St.
The Mall
Rees St.
Church St.
Earl St.
Marine Pde.
Lake St.
Thompson St.
Brunswick St.
Glasgow St.
Lomond St.
Lake Esplanade
Wynyard Cres.
Fernhill Rd.
Cameron
Sainsbury Rd.
0 300m
A
B
1
2

完善，看著從蒸汽船碼頭Steamer Wharf出發的厄恩斯洛號古董蒸汽船TSS Earnslaw緩緩在湖中前進的模樣，以及倒映在神祕的瓦卡蒂波湖面上的南阿爾卑斯山脈，心靈也能得到洗滌吧。繼續沿著海濱大道前行，就能通往皇后鎮花園Queenstown Gardens。

Brecon St.

奇異鳥類生態園Kiwi & Birdlife Park所在的平緩坡道，在這裡停下腳步、回頭往市中心的方向看去，可以清楚看見塞西爾峰Cecil Peak、皇冠峰Coronet Peak、卓越山脈The Remarkables等美麗的山景。如果坐纜車到空中纜車餐廳與斜坡滑板車Skyline Gondola Restaurant & Luge的觀景台，就能看到群山綿延到皇后鎮市區另一邊的風景。

在行人徒步大街散步，一邊尋找伴手禮

遊客中心 SITE
Official & Visitor Information Centre Queenstown
Map P.104-A2
住22 Shotover St.
☎(03) 442-4100
URL www.queenstownisite.co.nz
開9:00～18:30（依季節變動）
休無休

實用資訊
醫院
Queenstown Medical Centre
Map P.104-A1
住9 Isle St.
☎(03) 441-0500
警察局
Queenstown Police Station
Map P.104-B2
住11 Camp St.
☎105

皇后鎮山步道 Queenstown Hill Walkway P.108
皇后鎮山風景保護區 Queenstown Hill Recreation Reserve
瓦卡蒂波高地 Wakatipu Heights
皇后鎮 Queenstown
往皇后鎮機場方向
The Rees Hotel & Luxury Apartments P.121
法蘭克頓灣步道 Frankton Arm Walkway P.108
法蘭克頓灣 Frankton Arm
Amity Serviced Apartments P.122
Millennium Hotel Queenstown P.121
The Black Sheep Backpackers P.123
皇后鎮高爾夫球場 Queenstown Golf Course
凱文高地 Kelvin Heights
Anderson St. Kerry Dr. Belfast Tce. Malaghan St. Ballarat St. Edgar St. Beetham St. Hallenstein St. Melbourne St. Vancouver Manchester St. Edinburgh Dr. Stanley St. Coronation Rd. Sydney St. Panorama Earnslaw Wakatipu Peregrine Star Sunset Hensman Highview The Terrace Andrews Rd. Frankton Rd. Brisbane St. Hobart St. Adelaide St. Suburb St. Park St. Kelvin Heights Walk Peninsula Rd. 6A
A B 3 4

瓦卡蒂波湖畔的露天市集
Queenstown Market
URL www.queenstownmarket.nz
時 週六9:00～16:00

週末在湖畔舉辦的露天市集，主要以雜貨和衣服為主

瓦卡蒂波湖
Lake Wakatipu

Map P.102-B2、104-B1～2

是座呈細長S字型的冰河湖，長77km、面積約293km^2、最深處達378m，而且水位多變，彷彿一天漲退潮好幾次，據說皇后鎮港灣的高低水位曾經相差到12cm。就科學角度來說，這是氣溫與氣壓的變化所引起的，可是在毛利人的傳說中，那是以格倫諾基Glenorchy（→P.110）為頭、皇后鎮為膝蓋、國王屯Kingston為腳、瓦卡蒂波湖底為身體的巨人心跳，也是「瓦卡蒂波Wakatipu」這個名字「Wakatipu-wai-maori（巨人橫躺的山谷間的水）」的由來。在這裡，噴射飛船Jet Boat等水上運動也很盛行。

為紐西蘭第3大湖

皇后鎮市中心

往Skyline Complex、奇異鳥類生態園方向
R.S.A. Memorial Hall
Robins Rd.
Turner St.
Henry St.
Brecon St.
醫院
消防隊
Frank's Corner P.119
Memorial St.
Gorge Rd.
Avis
Isle St.
Camp St.
P.123 Haka Lodge Queenstown
Cemetery
Cemetery Rd.
Southern Laughter P.123
Outside Sports P.120
Shotover St.
The Dairy Private Hotel P.122
Queenstown Lakeview Holiday Park P.123
Scout Hall
Reserve
Man St.
Duke St.
P.102
The Station
長途巴士總站
Snow Centre
Athol St.
SITE
P.121 Sofitel Queenstown Hotel & Spa
Huffer P.120
Browns Boutique Hotel P.122
P.115 Bella Cucina
Info & Track
O'Connells P.102
Ballarat St.
Fergburger P.114
Fergbaker P.114
巽 P.116
P.117 Pig & Whistle
Hay St.
P.118 The Remarkable Sweet Shop
Cookie Time Cookie Bar P.118
P.107 皇后鎮天空之城賭場 Skycity Queenstown Casino
Joe's Garage P.117
樂 P.116
警察局
計程車招呼站
Thrilzone
Fear Factory
P.115 The Cow
The Mall
行人徒步大街
The Winery P.120
電影院
Nomads Queenstown P.123
P.116 Bombay Palace
Waka Gallery P.119
Rees St.
Yonder P.117
P.116 My Thai Lounge
P.117 Vudu Café & Larder
Te Huia P.120
Devil Burger P.116
P.120 Bonz in New Zealand
Beach St.
海底世界 Time Tripper P.105
Wilkinson's Pharmacy P.120
Church St.
Hertz
Earl St.
Lake St.
Aotea Gifts Queenstown P.119
Earnslaw Park
P.115 Botswana Butchery
Erik's Fish & Chips P.114
Patagonia Chocolates P.117
Real Journeys
蒸汽船碼頭 Steamer Wharf
海濱大道 Marine Pde.
Vesta P.119
厄恩斯洛號古董蒸汽船 P.105 Cruise by TSS Earnslaw
OK Gift Shop P.119
Pablic Kitchen & Bar P.115
Finz Seafood & Grill P.115
Saigon Kingdom P.116
Minus 5° Ice Bar P.117
瓦卡蒂波湖 P.104 Lake Wakatipu
Novotel Queenstown Lakeside P.122
Lake Esplanade
0 100m
A A B B 1 2

海底世界
Time Tripper

Map P.104-B2

建造在瓦卡蒂波湖面下的設施，可以欣賞到魚兒優游水中的自然模樣。

由於湖水溫度整年都維持在約12℃，是適合鱒魚生活的理想環境，因此在這裡可以看到眾多虹鱒、褐鱒自在優游；斑背潛鴨偶爾會潛入水中抓魚，牠們捕魚的樣子也很有趣，而且可以潛到3m深，在水裡最久可以待上1分鐘，是紐西蘭特有種的鳥類。

設有影片欣賞室，放映以自然史為主題的作品，像是9000萬年前的紐西蘭和南阿爾卑斯山脈是如何形成等寓教於樂的內容，而充滿震撼力的恐龍則最受小朋友的喜愛。

厄恩斯洛號古董蒸汽船
Cruise by TSS Earnslaw

Map P.104-B1

擁有超過100年歷史的厄恩斯洛號古董蒸汽船

被暱稱為「湖上貴婦人」的厄恩斯洛號古董蒸汽船，是建造於1912年的雙螺旋槳蒸汽船，原本是住在偏遠地區人們的交通工具，以及用來搬運貨物、家畜之用。船全長51m，重量為337噸，曾是南半球唯一一艘燃煤客船，如今搖身變為觀光船，仍然維持以往的速度11節，行駛往返於皇后鎮與對岸的瓦爾特峰Walter Peak。在船上可以到甲板及指揮駕駛室散步，參觀鍋爐工人像以前一樣加煤炭的工作情況，或是到船頭藝廊了解船的歷史，還有隨著鋼琴伴奏大家一起唱民謠，度過愉快的時光。光是搭船遊湖就很有趣了，還可以在瓦爾特峰高原牧場（→P.26）參加騎馬、BBQ晚宴等各種旅遊團。

參加牧場導覽可以觀看牧羊犬趕羊的情形，還能餵養鹿、綿羊、罕見的蘇格蘭高地牛，重頭戲是以純熟的技巧上演剪羊毛秀。之後還會到曾在這裡經營牧場的麥肯錫家族於20世紀初居住的上校農莊餐廳Colonel's Homestead，享用優雅的下午茶。餐廳內以舊照片、舊家具裝潢，讓人彷彿置身開拓時代，此外種植著貝殼杉、大楓樹及百花妝點的庭園也很美。

在瓦爾特峰高原牧場與動物近距離接觸

海底世界
住 Main Town Pier
☎ (03) 442-6142
開 9:30～18:00（依季節變動）
休 無休
費 大人$15、小孩$8

欣賞魚群游泳的姿態

厄恩斯洛號古董蒸汽船
Real NZ
住 Steamer Wharf
☎ (03) 249-6000
FREE 0800-656-501
URL www.realnz.com

瓦爾特峰高原牧場的旅遊團
TSS Earnslaw Steamship Cruises
時 夏季 11:00、13:00、15:00、19:00出發
冬季 12:00、14:00、16:00出發
費 大人$80、小孩$40（單程約45分鐘，所需時間約1小時30分。純搭船的遊客不能在瓦爾特峰高原牧場下船）

Walter Peak Farm Tours
時 夏季 11:00、13:00、15:00出發
冬季 12:00、14:00出發
費 大人$130、小孩$55（所需時間約3小時30分）

Walter Peak Horse Trek
時 夏季 11:00、13:00、15:00出發
冬季 12:00、14:00出發
費 大人$179、小孩$139（所需時間約3小時30分）

Walter Peak Gourmet BBQ Dining
時 夏季 11:00、13:00、17:00、19:00出發
冬季 12:00、18:00出發
費 大人$165、小孩$75（所需時間約3小時30分）

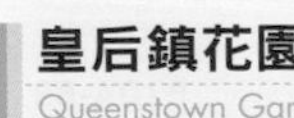

皇后鎮花園
Queenstown Gardens

Map P.102-B2

矗立在公園內以蕨類植物葉子為主題的雕塑

位於突出於瓦卡蒂波湖上的半島，占地約14公頃的花園，距離市中心走路只要幾分鐘，就能聽到小溪流水聲與鳥兒鳴唱聲，以及爭奇鬥豔的百花來迎接遊客，還能看到1867年開園當時所種植的2棵青剛櫟和紐西蘭的原生植物。湖畔的散步步道則可以繼續通往法蘭克頓灣步道Frankton Arm Walk（→P.108）。此外，園內也設有飛盤高爾夫Disc Golf的目標籃，可以將飛盤投擲進鐵鍊製成的目標裡，是當地的熱門戶外運動。

空中纜車餐廳與斜坡滑板車
Skyline Gondola Restaurant & Luge

Map P.102-A2

從Brecon St.的纜車站搭乘纜車登上鮑伯峰Bob's Peak的觀景台，站在觀景台上，皇冠峰Coronet Peak、卓越山脈The Remarkables及瓦卡蒂波湖對岸的塞西爾峰Cecil Peak、瓦爾特峰Walter Peak等群峰的雄偉英姿都一覽無遺。坐在如小型雪橇般的無動力滑車上，從專用滑道順坡而下的斜坡滑板車Luge，以及高空滑索Ziptrek（→P.113）、騎登山腳踏車等，體驗各種活動的樂趣，或是在附近的步道散步也很享受。觀景台室內設有紀念品店、自助式咖啡館Market Kitchen及餐廳。

餐廳裡有一整面從地板延伸到天花板的落地玻璃窗，可以正面俯瞰湖景，一邊享受自助餐，鮭魚、淡菜、羊肉、鹿肉等各種紐西蘭的特產料理一應俱全，搭配上美景更增添美食的風味。

此外，秋冬兩季還有觀賞星空之旅（所需時間1小時15分），開始時間依季節有所變動，請先確認。距離觀景台步行約數分鐘之處，就能充分享受南半球的星空之美。

雄偉的景觀與盡收眼底的街景

位於海拔795m的景觀餐廳

在公園裡悠閒散步的人們

空中纜車餐廳與斜坡滑板車
住Brecon St.
電(03) 441-0101
URL skyline.co.nz
營9:30～20:30
休無休
交從市中心往Brecon St.走上去，步行約5分鐘。

纜車
運週四～一 9:30～20:30
週二·三 9:30～18:30
費來回大人$46、小孩$32
餐廳
營週一·四·五 17:00～20:00
週六·日 12:30～20:00
休週二·三
纜車+午餐
費大人$109～、小孩$75～
纜車+晚餐
費大人129～、小孩$90～

以美景搭配美食，樂趣更加倍

纜車+觀賞星空
費大人$129、小孩$85（要預約）
纜車+晚餐+觀賞星空
費大人$199、小孩$139（要預約，提供免費租借保暖衣物）

也有使用望遠鏡的天文觀察

纜車+斜坡滑板車2次
費大人$71、小孩$49
纜車+斜坡滑板車3次
費大人$73、小孩$51

刺激度爆表的斜坡滑板車

皇后鎮天空之城賭場
Skycity Queenstown Casino

Map

位於市中心某綜合大樓的2樓，可以玩21點、小型百家樂、加勒比撲克等遊戲，不過就算不賭博，也能用餐、喝酒，體驗賭場氣氛。

熱鬧直到深夜

皇后鎮天空之城賭場
住16-24 Beach St.
☎(03) 441-0400
URL www.skycityqueenstown.co.nz
營11:00～24:00
休無休

進入賭場的條件與規定
- 年滿20歲
- 攜帶身分證件（護照或駕照等）
- 穿著整齊（不能穿T恤、牛仔褲或是骯髒的運動鞋等）
- 遊戲中不得戴帽子
- 禁止拍照錄影
- 不可使用錄影機、電腦、計算機、行動電話、MP3播放器、遊戲機等

奇異鳥類生態園
Kiwi Park

Map P.102-A2

在這裡可以觀察到不會飛的鳥——奇異鳥，還有許多瀕臨絕種的紐西蘭特有種鳥類；原本是以培育珍貴品種鳥類為目的，並保護受傷鳥兒所建造的設施。

爬上斜坡就能看到特別的建築物

由於奇異鳥是夜行性動物，必須在漆黑的小屋內觀察，雖然眼睛需要一點時間適應室內的黑暗，不過還是可以慢慢地看到奇異鳥活動的姿態。關於奇異鳥的餵食，夏天1日5次、冬天1日4次，能近距離觀察到牠們可愛的模樣。被稱為是「恐龍時代殘存的生物」的爬蟲類——紐西蘭刺背鱷蜥Tuatara，也讓人備感興趣。

走出小屋就是一大片紐西蘭原生林，處處可見鳥屋，飼養著吸蜜鳥Tui、莫里伯克鴞Morepork、長尾小鸚鵡Parakeet、紐西蘭棕鴨Brown Teal Duck等珍貴的鳥類。

原生林裡處處傳來鳥鳴聲

此外，園內還有毛利人的狩獵小屋，可以了解毛利人過去的生活。還有舉行鳥類解說秀（所需時間為30分鐘），夏天1日3次、冬天1日2次。

奇異鳥類生態園
住Brecon St.
☎(03) 442-8059
URL kiwibird.co.nz
開9:00～17:30（依季節變動）
休無休
費大人$49、小孩$24

餵食奇異鳥
10～4月 10:00、12:00、14:00、15:00、17:00
5～9月 10:00、12:00、13:30、16:30

鳥類解說秀
10～4月 11:00、13:30、16:00
5～9月 11:00、15:00

據說超過2億2千萬年都沒有改變外觀的紐西蘭刺背鱷蜥

昂森溫泉
Onsen Hot Pools

Map P.108-B1

以日本的溫泉文化為發想的溫泉設施，擁有14座用喜馬拉雅雪松打造而成的浴池，在欣賞眼前休特佛河與南阿爾卑斯山脈的寬廣絕景之餘，還能悠閒地享受泡澡時刻。

全部浴池都是採包場制，最多可容納4名大人，晚上則會點亮燈籠來照明，充滿浪漫氛圍；附設的SPA提供按摩服務，並有套裝價格。從市中心有免費接送服務，有大人陪同的5歲以上兒童，可以在9:00～16:30入場。

昂森溫泉
住162 Arthurs Point Rd, Arthurs Point
☎(03) 442-5707
FREE 0508-869-463
URL www.onsen.co.nz
營9:00～21:00
休無休
費大人1小時$87.5～（2人則為$145～）、小孩$20
CC MV

皇后鎮周邊步道

Walking Tracks around Queenstown

Map P.102～103

皇后鎮周邊有約10條步道，從簡單到需要體力的都有。

法蘭克頓灣步道 Frankton Arm Walkway（單程約1小時30分）

沿著法蘭克頓灣的湖畔走，是一條平坦的步道。起點在Park St.的尾端，沿途有許多樹木環繞的美麗海灘，很適合眺望山景。

一英里溪步道 One Mile Creek Walkway（單程約1小時30分）

步道起點在芬山Fernhill的圓環前，這條步道行經最接近皇后鎮的天然山毛櫸林，也能觀察鳥類；途中還會經過管道，通往曾經是紐西蘭國內最大水力發電廠的一英里水壩One Mile Dam。

健行注意事項

- 有些步道經過私有地，請注意
- 愛護且不觸碰動植物
- 垃圾務必隨手帶走
- 不將垃圾丟進河川
- 有些步道禁止狗進入

其他健行步道
皇后鎮山步道
Queenstown Hill Walkway
Map P.103-A3

穿過生長著原生植物的森林，往上攀登約500m高，來回約3小時的步道。穿過麥蘆卡Manuka、斐濟果Feijoa等紐西蘭特有植物的樹林，就會抵達能將卓越山The Remarkables、塞西爾峰Cecil Peak一覽無遺的地點。

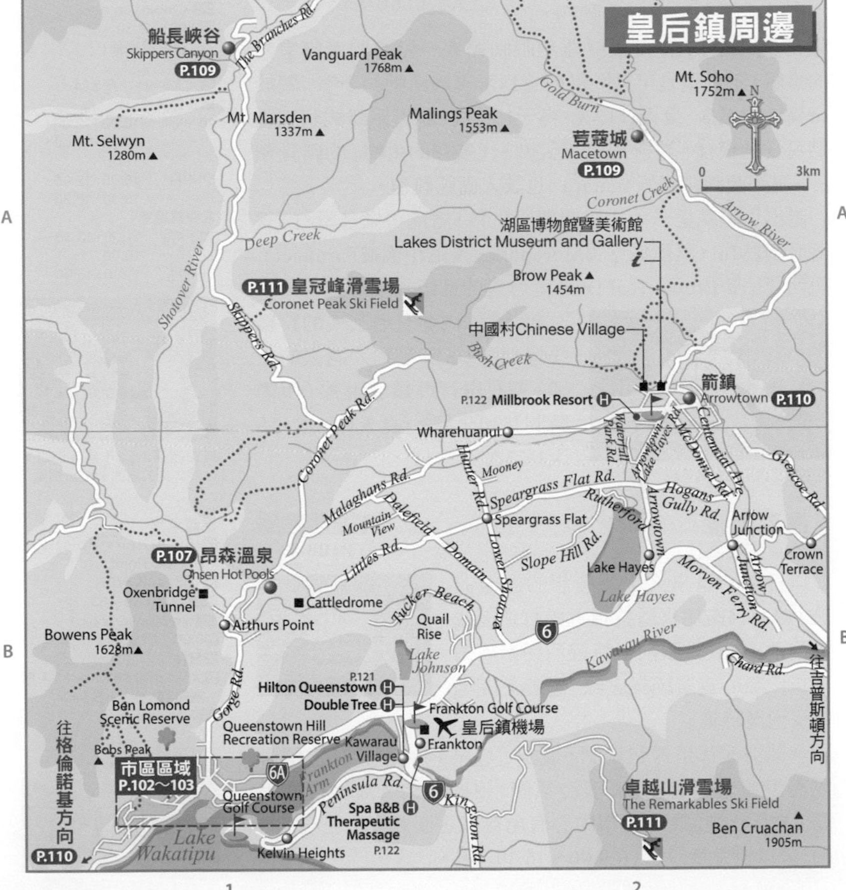

船長峽谷
Skippers Canyon

Map P.108-A1

擁有壯觀景色的船長峽谷，就位於閃耀著綠松石藍的休特佛河畔Shotover River，讓人對大自然產生驚訝與敬佩之意的這座大峽谷，是在冰河期被不斷靠近的瓦卡蒂波冰河經過幾百萬年的侵蝕後，地層露出地表所形成的。

在景色開闊的彎曲山路上前進

1862年，這裡和南島其他幾個小鎮同樣掀起了淘金熱。由於2名毛利人在拯救掉進休特佛河的家犬時，不經意發現了金子，之後便湧進超過4000人來此地淘金，到1863年陸續出現商店、酒吧、學校、法院等設施。至今各景點仍保留著當時的建築遺跡。

船長峽谷只能通行四輪傳動4WD的車輛，限制租車進入，建議還是參加旅遊團比較方便。除了位於峽谷入口附近、通過2座高聳岩石之間的地獄與天堂之門Hells & Heavens Gate，以及從彷彿彎曲手肘般高聳絕壁眺望峽谷的惡魔的手肘Devils Elbow，還有能夠遠眺包括海拔1748m本洛蒙德山Ben Lomond的Maori Point Saddle Lookout等峽谷景點之外，隨處可見的酒吧與飯店遺跡、修復後的學校等敘述著過去歷史的景點，都值得一看。

船長峽谷旅遊團

搭乘4WD到各景點，有搭配直升機冰河健行、噴射飛船的行程，也有步行逛金礦遺跡的行程。

4WD行駛於絕壁小路上的熱門行程

Nomad Safaris
☎(03) 442-6699
FREE 0800-688-222
URL www.nomadsafaris.co.nz
Skippers Canyon 4WD
時 8:15、13:30出發
費 大人$245、小孩$125
（所需時間約4小時）

Skippers Canyon Jet
☎(03) 442-9434
FREE 0800-226-966
URL www.skipperscanyonjet.co.nz
Jet Boat Tour
時 10～4月
8:30、12:00、15:30出發
5～9月　9:00、13:00出發
費 大人$189、小孩$89
（所需時間約3小時）

荳蔻城
Macetown

Map P.108-A2

位於箭鎮北方，19世紀因為發現金子與石英而發跡的地方，由活躍於1860年代的礦工3兄弟所取名，現在則被列為DOC保護區，除了幾個建築物遺跡之外，只有豐富的大自然。由於交通不方便，除了從箭鎮步行4～5小時前往之外，就只能選擇參加四輪傳動車4WD的旅遊團（禁止租車通行）。參加旅遊團除了能聽到淘金人的故事之外，還能走逛僅存的街道遺跡，還有開車走箭河Arrow River淺灘的兜風行程與體驗淘金也很有趣。

箭河畔有豐富的大自然

荳蔻城旅遊團
Nomad Safaris
洽詢上方的聯絡處
Macetown 4WD
時 8:00、13:30出發
費 大人$295、小孩$149
（所需時間約4小時30分）

格倫諾基的觀光資訊
URL www.glenorchycommunity.nz

如何前往格倫諾基
在皇后鎮的Info & Track或住宿地點搭乘接駁巴士（要預約，單程$29），此外有些戶外活動也有包含交通費。所需時間約50分鐘。

Info & Track
Map P.104-A2
住 37 Shotover St.
電 (03) 442-9708
FREE 0800-462-248
URL www.infotrack.co.nz
開 夏季 7:00～17:00
冬季 7:00～20:00
5～6月月初・10月 8:00～19:30
休 無休
提供租借健行裝備，以及旅遊團與交通的諮詢。

格倫諾基的戶外活動
噴射飛船、獨木舟
Dart River Adventures
電 (03) 442-9992
FREE 0800-327-853
URL www.dartriver.co.nz
Wilderness Jet
費 大人$259～、小孩$169～
Funyaks
費 大人$379～、小孩$285～
包含皇后鎮接送。

搭乘噴射飛船欣賞格倫諾基的大自然

箭鎮的觀光資訊
URL www.arrowtown.com
如何前往箭鎮
從皇后鎮市中心往東北約25分鐘車程，也可以在Camp St.搭乘Orbus #2直達，1小時約1班車，請確認時刻表。
費 現金 單程$4
Bee Card 大人$2、小孩$1.5

湖區博物館暨美術館
Map P.108-A2
住 49 Buckingham St.
電 (03) 442-1824
URL www.museumqueenstown.com
開 9:00～16:00
休 無休
費 大人$12、小孩$5
博物館內附設遊客中心。

格倫諾基
Glenorchy

Map P.108-B1外、131-B2

從皇后鎮驅車往西北方約45分鐘，距離約46km處。據說約1000年前，最早來到此地的是為了捕捉巨鳥——恐鳥Moa的毛利人。此地是阿斯匹林山國家公園Mt. Aspiring National Park的入口，同時也是路特本步道Routeburn Track（→P.144）、卡普爾斯步道Caples Track（→P.147）、綠石步道Greenstone Track（→P.147）等多條步道的起點。許多遊客都會經過這裡，如果不稍作停留，就錯過可以洗滌心靈的大自然之美與寧靜的機會；建議可以悠閒地在這個人口只有400人的小鎮散步，或是挑戰各種戶外活動。推薦的戶外活動有：坐噴射飛船遊達特河Dart River或瓦卡蒂波湖、划獨木舟、騎馬、釣魚、參加生態之旅觀察紐西蘭的動植物等。此外，也可以參加旅遊團暢遊《魔戒三部曲》中艾辛格Isengard、羅斯洛立安Lothlórien場景的拍攝地點。

在雄偉大自然之中享受戶外活動的樂趣

箭鎮
Arrowtown

Map P.108-A2

位於皇后鎮東北方約21km處，是一個因為淘金歷史而繁榮的小鎮。自從1862年發現金礦後，箭鎮迅速發展，最興盛時期人口超過7000人，飯店、酒吧、賭場、舞廳、學校、市民活動中心一應俱全。

白金漢街Buckingham St.上改建自舊石造建築的咖啡館、商店林立，處處可見當年的影子，道路西側還保留著可以了解淘金時代歷史的湖區博物館暨美術館Lakes District Museum and Gallery，以及當時中國工人的居住區域中國村Chinese Village。此外，推薦在至今仍產金的此地挑戰淘金，只要認真淘洗河床上的沙，也許真能淘到金子。

箭鎮鮮黃的白楊樹也很有名，每年4月下旬都會舉辦箭鎮秋季嘉年華會Arrowtown Autumn Festival，人們穿上淘金時代的服裝，開音樂會及遊街。

有種走在電影場景的氛圍

皇冠峰滑雪場
Coronet Peak Ski Field

Map P.108-A1

占地寬廣的皇冠峰滑雪場

滑雪場位在皇后鎮北邊的皇冠峰Coronet Peak頂端到南側的斜坡，地形佳，旺季時氣候也很穩定，因此鮮少因天候而暫停營業。滑雪道以中高級為主，不過也有設置吊掛式纜椅的緩坡，初學者也不用擔心。與卓越山滑雪場相比，這裡需要小心的薄冰坡道很多，對善用滑雪板兩側的高級雪板玩家，或是競技型的滑雪好手而言是絕佳滑雪場。

皇冠峰滑雪場最棒的地方之一是夜晚，為南島唯一有夜間照明設備的滑雪場，只有在限定期間的週三、五、六16:00～21:00之間纜椅會運行，同時場內也會點燈。在燈光的照射下，滑雪場營造出和白天完全不同的景色，白天已經滑過雪的人也能體驗到新鮮感。不過，由於這裡的海拔很高，一旦太陽西下，氣溫就會驟降，記得要準備禦寒衣物。

皇冠峰滑雪場
電 (03) 442-4620（下雪資訊）
FREE 0800-697-547
URL www.nzski.com
營 6月中旬～9月下旬 9:00～16:00（6月下旬～9月初的週三、五，以及7月和學校假期的週六16:00～21:00也營業）
費 纜椅1日券 大人$159 小孩$99（6～15歲）
交 雪季時每天都有Ski Bus的接駁巴士從皇后鎮往來滑雪場，總站在遊客中心The Station內的Snow Centre（Duke St.）前，車票也可以在這裡購買。週三、五、六也有配合夜間點燈的班次。

Ski Bus
運 皇后鎮 7:30～11:00出發（雪季期間，每30分鐘1班車，夜間班次是15:00～18:00每小時1班車，所需時間約25分鐘）
回程為13:00～，巴士坐滿就發車；夜間班次是17:30～21:30每小時1班車。
費 來回$25

卓越山滑雪場
The Remarkables Ski Field

Map P.108-B2

滑雪場上方有許多適合滑雪高手的陡坡

如果喜歡粉雪，就一定要來這座滑雪場。這裡的滑雪道比較少中度斜坡，只有幾乎像平地的緩坡與刺激的陡坡，其中像是能滑「直升機滑雪感」道外粉雪的Homeward Bound很受歡迎；適合初學者的滑雪道及雪地公園要從停車場出滑雪場，再搭乘左側纜椅前往。

滑雪場內陡峭的高級滑雪道很多，其中有一條延伸到滑雪場地圖右端的高手路線，就是可以盡情享受粉雪的「Homeward Bound」。其實這條滑雪道的終點會滑出通往滑雪場的馬路，那裡沒有纜椅可搭乘，不過為了滑出馬路的滑雪客，滑雪場的車子每天會有幾次去那裡接送遊客，所以要配合車子的時間去滑。

卓越山滑雪場
電 (03) 442-4615（下雪資訊）
FREE 0800-697-547
URL www.nzski.com
營 6月中旬～10月上旬 9:00～16:00
費 纜椅1日券 大人$159 小孩$99（6～15歲）
交 雪季時每天都有Ski Bus的接駁巴士可搭乘，從皇后鎮市區出發交通很方便，總站在Snow Centre。

Ski Bus
運 皇后鎮 7:30～9:00出發
法蘭克頓 7:30～11:00出發（雪季期間，每30分鐘1班車）
回程為13:30～，巴士坐滿就發車。
費 來回$25

皇后鎮的小旅行

Excursion

皇后鎮周邊有豐富的大自然與保留著淘金時代的城鎮等眾多具有魅力的觀光景點，近年來郊外的葡萄酒莊巡禮、知名的觀光景點米佛峽灣1日遊也很熱門。

健行團

在嚮導的帶領下走一段知名健行步道的行程。路特本步道Routeburn Track 1日體驗團8:00從皇后鎮出發，所需時間為9小時，2人即可出團。所需時間為4小時的皇后鎮半日健行團，可以一邊欣賞近郊的大自然，並且輕鬆地享受健行樂趣，也是2人便能出團。此外還有其他各種行程。

Tanken Tours 電(03) 442-5955 FAX(03) 442-5956 URL nzwilderness.co.nz 時全年 費路特本步道1日體驗團$230 皇后鎮半日健行團$150 CC AMV

米佛峽灣飛行遊覽之旅

搭乘小飛機在峽灣國家公園中最熱門景點──米佛峽灣的飛行遊覽之旅，雄偉矗立在峽灣的連峰、暢快流瀉而下的多個瀑布，以及廣闊的山毛櫸原生林，都能從空中以全景角度一覽無遺。也有搭配遊輪、回程搭乘巴士等多種行程組合可供選擇。

Real NZ
電(03) 249-6000 FREE 0800-656-501
URL realjourneys.co.nz 時10～4月
費大人$429～、小孩$260～ CC AJMV

湖畔散步之旅

步行2～5km的湖畔小徑，初學者也能輕鬆參加的散步行程；途中可以聆聽小鳥的鳴叫聲和植物等各種與大自然相關的解說，一路往觀賞美景的地點前進。8:00及13:30出發，費用依參加人數而變動，提供飯店接送服務。

Guided Walks New Zealand
電(03)442-3000 FREE 0800-832-226 URL www.nzwalks.com 時全年 費湖畔森林與野鳥之旅4人$790，每增加1人大人$129、小孩$90（所需時間4小時） CC AMV

電影拍攝地巡禮

走訪格倫諾基、天堂谷Paradise Valley，《魔戒三部曲》及《哈比人》的拍攝地巡禮；可以聽到拍攝時的內幕故事，沉浸在電影的世界裡，還能換上戲服、拿著戲裡的複製道具拍紀念照。也有箭鎮周邊的拍攝地巡禮。

Nomad Safaris
電(03) 442-6699 FREE 0800-688-222
URL www.nomadsafaris.co.nz 時全年
費格倫諾基之旅大人$245、小孩$125（所需時間4小時15分） CC MV

葡萄酒莊巡禮

皇后鎮周邊是紐西蘭國內數一數二的葡萄酒產地，特別是以黑皮諾而知名的地區。這個行程會走訪需要地底酒窖的奧塔哥中部3家酒莊，進行參觀與試飲，也可以買酒，還會去起司店。提供飯店接送服務。

Wine Trail
電(03) 441-3990
FREE 0800-827-8464
URL www.queenstownwinetrail.co.nz
催全年 費$175（所需時間4小時30分）
CC MV

皇后鎮的戶外活動

Activity

皇后鎮是世界屈指可數的戶外活動城市，除了起源於皇后鎮近郊的高空彈跳，還有各種驚險刺激的活動，都可以在這裡體驗到。每一種都是初學者就能玩，來到這裡就瘋狂挑戰一下吧！

高空彈跳

世界第一個、也是最知名的高空彈跳景點卡瓦魯橋Kawarau Bridge（43m），也附設遊客中心可以參觀活動過程；至於緊鄰空中纜車的The Ledge（47m）營業到下午16:30。如果想尋求更高處的刺激，就挑戰全紐西蘭最高的The Nevis（134m）吧！

AJ Hackett Bungy
電(03) 450-1300 FREE 0800-286-4958 URL www.bungy.co.nz 時全年
費卡瓦魯橋$220、The Ledge$205、The Nevis$290 CC AJMV

噴射飛船

搭乘噴射式遊艇奔馳在瓦卡蒂波湖，或是皇后鎮近郊的卡瓦魯河Kawarau River、休特佛河Shotover River，體驗360°迴轉的震撼及時速95km的刺激快感。出發地點除了Main Town Pier，Marina、Hilton也可以搭乘。

KJet
電(03) 409-0000 FREE 0800-529-272
URL www.kjet.co.nz 時全年 費大人$129、小孩$69 CC AMV

高空飛索

如同舞者般滑行橫渡於懸掛在鮑伯峰Bob's Peak斜坡樹木間的鋼索，非常刺激的戶外活動。除了以最高時速70km滑行的驚險感之外，還能欣賞到瓦卡蒂波湖的美景，是可以增加環保知識的熱門生態之旅。

Ziptrek Ecotours
電(03) 441-2102 FREE 0800-947-873 URL www.ziptrek.co.nz 時全年
費大人$159～、小孩$109～ CC ADJMV

高空跳傘

從2700m、3700m、4500m高空一躍而下的體驗，一定會給人帶來某些改變，最高時速達到200km。使用最新材質的降落傘背帶，並和經驗豐富的教練綁在一起玩雙人跳傘，即使沒經驗也完全不用擔心。所需時間約3小時30分。

NZONE Skydive
電(03) 442-5867 FREE 0800-376-796
URL nzoneskydive.co.nz 時全年
費高度約2700m（下降時間25秒） $299
高度約3700m（下降時間45秒） $379
高度約4500m（下降時間60秒） $479
CC MV

峽谷懸盪

距離皇后鎮約15分鐘車程，在休特佛河上空109m的高處，爽快地在峽谷間盪鞦韆！就像使用懸掛在溪谷間鋼索進行進階版的高空彈跳，試試看用不同的彈跳方式來增加驚險度吧。加$50就能拍照與錄影。

Shotover Canyon Swing
電(03) 442-6990
FREE 0800-279-464
URL www.canyonswing.co.nz
時全年 費單人$249、雙人$458
CC MV

飛行傘與滑翔翼

從鮑伯峰搭乘飛行傘，享受空中散步的樂趣，飛行時間約8～12分鐘，可以悠閒地欣賞皇后鎮的街景、瓦卡蒂波湖及周遭的山巒。如果希望體驗特技飛行，也可以和教練溝通。空中纜車票須另外付費，早上第一團還有折扣優惠。

GForce Paragliding
電(03) 441-8581
FREE 0800-759-688
URL www.nzgforce.com 時全年
費雙人飛行傘$269～
CC MV

非吃不可！

皇后鎮的平價美食

介紹來到皇后鎮一定要吃的知名美食，像是被稱為紐西蘭最好吃的漢堡，以及傳統食物的派等。

美味漢堡

嚴選食材、堅守滋味，用正統的手法製作出高水準的漢堡。

A

MENU

Ferg Deluxe $17.9

在扎實有口感的麵包裡，夾入牛肉餅、厚切培根、切達起司等，超夠分量。

派

→P.31

紐西蘭的國民美食，在便利商店和麵包店都能輕鬆買得到。

B

MENU

五花肉派

Pork Belly Pie

$7.9

把煮得軟爛如滷肉的豬肉丁，包在酥脆的派皮內，分量十足。要趁熱快點吃。

炸魚薯條

→P.31

由大量英國殖民帶進來，而成為紐西蘭的知名美食。

MENU

藍尖尾無鬚鱈 Hoki $8.3

薯條 Chips $4.9～

番茄醬

Tomato Sauce $1.5

價格依選擇的魚種而有所不同$8.3～12.9，招牌菜色是適合油炸的白肉魚──藍尖尾無鬚鱈，紐西蘭人稱為Hoki，用米糠油炸得外皮酥脆。

C

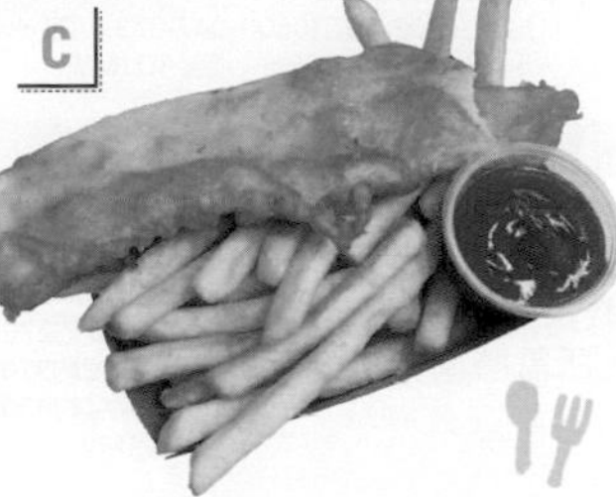

甜點在這裡！

紐西蘭的代表水果──奇異果，產季為12～4月。

MENU

油炸奇異果

$4.5

Deep Fried Kiwifruit

把奇異果裹上肉桂粉加以油炸，融合奇異果的酸與肉桂的甜，成為新口味的甜點！

A 紐西蘭No.1的美味漢堡！

Fergburger

Map P.104-A2

總是大排長龍的人氣漢堡店，使用來自箭鎮近郊新鮮牛肉加工做成的肉餅。店內提供約20種美味漢堡，招牌菜色是Fergburger $14.9，還有夾著300g肉餅、培根、起司與荷包蛋的超大漢堡Big Al $20.9。

住 42 Shotover St.
電 (03) 441-1232
URL fergburger.com
營 10:00～22:00　休 無休　CC AMV

B 人氣烘焙坊的剛出爐麵包到手

Fergbaker

Map P.104-A2

位於Fergburger隔壁的同系列烘焙坊，店內設有工房，每天現做出爐的可頌、丹麥麵包等擺滿架上，貝果和帕尼尼等三明治種類也很豐富，甜點類以奶油甜甜圈$4.9最暢銷。店內沒有座位，只能外帶或站著吃。

住 40 Shotover St.
電 (03) 441-1206
URL fergbaker.com
營 6:00～Late　休 無休　CC AMV

C 外帶炸魚薯條

Erik's Fish & Chips

Map P.104-B2

熱門的炸魚薯條貨車小攤，設有桌椅，一炸好就可以當場吃。有Hoki $8.3～、藍鱈$12.9～、花枝圈$9.3、布拉夫牡蠣$4.1等可以選擇，也有優惠的套餐。不太餓的話，點兒童餐$7.3就夠了。

住 13 Earl St.
電 (03)441-3474
URL www.eriksfishandchips.co.nz
營 11.30～21:30　休 無休　CC MV

皇后鎮的餐廳

Restaurant

不愧是代表南島的觀光勝地，從休閒的咖啡館、速食店到高級餐廳，在皇后鎮都能找得到。而且不管是豪邁的肉類料理、新鮮的海產，還是各國料理，應有盡有，住幾天都不會吃膩。

紐西蘭料理

Public Kitchen & Bar

Map P.104-B1　市中心

位於蒸汽船碼頭內的餐廳，大量使用當地食材做出的紐西蘭料理很受好評。人氣餐點是以羊肉為主菜的主廚推薦3道料理晚餐，1人$88；單點料理1種$18～55，甜點一定要吃帕芙洛娃蛋糕$18。有陽台座位能欣賞瓦卡蒂波湖景。

住GF. Steamer Wharf,88 Beach St.　☎(03) 442-5969
URL www.publickitchen.co.nz　營12:00～22:00　休週二·三
CC ADJMV

Botswana Butchery

Map P.104-B2　市中心

使用羊肉及安格斯牛肉做成的肉類料理頗受好評，經常客滿的熱門名店。改建自極具歷史的小木屋，店內充滿現代時尚氣氛。12:00～16:45提供超值午餐，並依季節而變換肉類和海鮮料理，午餐及晚餐最好都先預約。照片為慢烤牛小排(500g)$54.95。

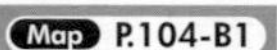

住17 Marine Pde.　☎(03) 442-6994
URL www.botswanabutchery.co.nz
營12:00～Late　休週一·二　CC ADJMV

海鮮

Finz Seafood & Grill

Map P.104-B1　市中心

位於蒸汽船碼頭內的餐廳，使用新鮮魚蝦的菜單很受歡迎，鮪魚、鮭魚及生干貝等的生魚片拼盤$37、蒜香大蝦$24、燒烤鮭魚和蔬菜$42、炸魚薯條$33～，還有各式肉類料理與沙拉。主菜$30～49.5。

住GF. Steamer Wharf　☎(03) 442-7405
URL www.finzseafoodandgrill.co.nz　營17:00～Late
休無休　CC ADJMV

義大利料理

The Cow

Map P.104-B2　市中心

利用從1860年維多利亞女王時代就是擠牛乳小屋的古老建築，販售披薩與義大利麵的餐廳。店內有深咖啡色的木製餐桌、石壁以及搖曳的蠟燭燈光，氣氛非常好。披薩分大小尺寸$25.9～，以及6種義大利麵，波隆那肉醬義大利麵$27.9；皆可外帶，瓦納卡也有分店。

住Cow Lane　☎(03) 442-8588　URL www.thecowpizza.co.nz
營17:00～20:30(依季節變動)
休無休　CC ADJMV

Bella Cucina

Map P.104-A1　市中心

店內氣氛極佳的義大利餐廳，每天更換菜單。早上現做的新鮮義大利麵，以及用木柴燒烤的披薩$29～39，前菜$16～36、其他主菜$38左右；搭配餐點的義大利產葡萄酒種類也很豐富，還有提拉米蘇等甜點約$10。

住6 Brecon St.　☎(03) 442-6762
URL www.bellacucina.co.nz
營17:00～Late　休無休　CC AJMV

日本料理

樂 Tanoshi

Map P.104-B2 市中心

隱身於Cow Lane中的鐵板居酒屋，供應烤雞翅、煎餃、日式炒麵、大阪燒等多種菜色，就連Tapas形式的下酒菜$16～也很豐富，適合與朋友一同分享。午餐也供應鮭魚丼、拉麵等餐點；以及啤酒、燒酒、威士忌和9種日本酒。

住Cow Lane 電(03) 441-8397 URL tanoshi.co.nz
營12:00～14:30、17:00～21:30
休無休 CC AMV

巽 Tatsumi

Map P.104-A2 市中心

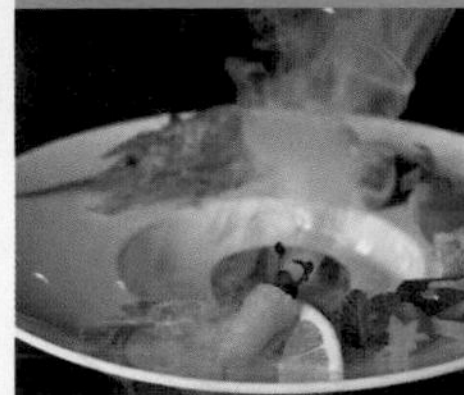

2007年創業於基督城的人氣店家搬遷到皇后鎮，日本老闆兼主廚具有法式及義大利料理經驗，可以品嚐現代日本料理。單品料理$20～、主菜$30～，還有超過100種的奧塔哥產葡萄酒及日本酒。由於是人氣店，要事先預約。

住9 Beach Street 電(03) 442-5888
URL tatsumi.co.nz 營17:00～Late
休週一・節日 CC AMV

泰國料理

My Thai Lounge

Map P.104-B1 市中心

位於Beach St.街上大樓的2樓，窗戶旁的位置能欣賞瓦卡蒂波湖景。提供現代創意的泰式料理，人氣餐點有My Thai炒飯$27、酸辣蝦湯$15等，前菜的小菜料理$9～20、大份的主菜料理$28～40。店內還有調酒師，可以享受雞尾酒。照片為咖哩羊腿$38。

住69 Beach St. 電(03) 441-8380
URL mythai.co.nz 營12:00～14:30、17:30～21:30
休週三・四 CC AJMV

越南料理

Saigon Kingdom

Map P.104-B1 市中心

位於蒸汽船碼頭內的時髦越南餐廳，供應生春捲$9.5、雞肉或牛肉河粉$18等傳統料理，也有豆腐生春捲等豐富蔬食餐點，甜點則推薦獨特的炸冰淇淋$12。飯後一定要來杯越南咖啡$5。

住Steamer Wharf, 88 Beach St. 電(03) 442-4648
URL www.saigonkingdom.co.nz 營16:00～21:30
休週一 CC MV

漢堡店

Devil Burger

Map P.104-B2 市中心

在地的熱門漢堡店，有紐西蘭產的PRIME等級牛肉餅，再加上番茄與起司的Devil Burger $12.5～，以及雞肉、羊肉、鹿肉、魚肉等豐富口味。絕大部分的餐點都有普通、大2種尺寸可以選擇，也供應捲餅、豬肋排、兒童餐。

住5/11 Church St. 電(03) 442-4666
URL www.devilburger.com 營12:00～21:00
休無休 CC MV

印度料理

Bombay Palace

Map P.104-B1 市中心

2層樓的店內空間十分寬廣，給人明亮輕鬆的感覺。供應40種咖哩，其中素食咖哩就有14種，菜色變化豐富。所有的咖哩料理都附白飯，招牌的奶油雞肉$23.9、辛辣雞肉咖哩$23.9等都很受歡迎，肉類則有雞肉、羊肉或蝦可以更換。

住66 Shotover St. 電(03) 441-2886
URL www.bombaypalacequeenstown.co.nz
營12:00～14:00、17:00～22:00 休無休 CC AJMV

咖啡館

Vudu Café & Larder

Map P.104-B2 市中心

從早上就客滿的熱鬧咖啡館，玻璃櫃中擺滿各式三明治、麵包、馬芬、蛋糕等，讓人看得眼花撩亂。熱門菜色有班尼迪克蛋$23～27、蔬食的檸檬椰子鬆餅$23等，最後點餐時間為15:00。

住16 Rees St. 電(03) 441-8370
URL www.vudu.co.nz 營7:30～16:00（依季節變動）
休無休 CC MV

Joe's Garage

Map P.104-B2 市中心

以好喝的咖啡在當地聞名，由咖啡師沖的道地咖啡$4.5～。如同其名，車庫風的店內隨時播放著音樂，散發著輕鬆活力的氣氛。除了司康、麵包等輕食之外，也供應以蛋和德式香腸做成大分量的開放式三明治「Joker」$19等餐點。

住Searle Lane 電(03) 442-5282
URL www.joes.co.nz 營7:00～14:00
休無休 CC ADJMV

Yonder

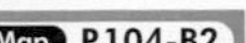

Map P.104-B2 市中心

以普普風為裝潢風格的咖啡館，店內員工來自世界各國，供應融合各地飲食文化的餐點。堅持當地生產與當季食材，菜單內容會依季節而變動；推薦菜色為可以選擇雞蛋烹調方式的「The Full Yonder」$27，隔壁由相同老闆經營的「The World Bar」也很受歡迎。

住14 Church St. 電(03) 409-0994
URL www.yonderqt.co.nz 營週三・四・日8:00～15:00、週五・六8:00～Late
休週一・二 CC AJMV

巧克力

Patagonia Chocolates

Map P.104-B2 市中心

來自阿根廷的老闆開設的巧克力專賣店。可可亞58%的巧克力飲料有辣椒、薑等3種口味$6～，隨時都供應以巧克力為主的20種口味冰淇淋，單球$7～，而混雜堅果和水果的巧克力超級美味，起司蛋糕$15也很推薦。

住2 Rees St. 電(03) 409-2465 URL patagoniachocolates.co.nz
營12:00～22:00（依季節變動）
休無休 CC AJMV

夜店

Pig & Whistle

Map P.104-A2 市中心

位在小河旁、石頭建築的英國風酒吧，提供的啤酒除了健力士Guinness之外，也有Speight's、Tui等許多紐西蘭品牌啤酒。人氣晚餐有以牛排為主菜，或是選擇漢堡、炸魚薯條等2道料理$35。週五、六晚上有現場演奏，總是熱鬧到深夜。

住41 Ballarat St. 電(03) 442-9055
URL thepig.co.nz 營週一～五15:00～24:00、週六・日12:00～24:00
休無休 CC AMV

Minus 5° Ice Bar

Map P.104-B1 市中心

先在入口借好保暖衣物，再進入這個夢幻的冰世界。酒吧裡溫度保持在-5～-10℃，眼前的吧檯是用冰塊砌成的，還有許多冰雕作品，連飲料也是裝在冰做成的杯子裡。成人入場費附雞尾酒$35、附1杯無酒精飲料$30，小孩則為$20。

住Steamer Wharf 88 Beach St. 電(03) 442-6050
URL www.minus5icebar.com 營14:00～22:00
休無休 CC ADJMV

在地人也很喜歡♡

紐西蘭的超甜甜點伴手禮

在紐西蘭航空的班機裡供應的國民甜點「Cookie Time」，以及對名稱很熟悉、外觀又不太一樣的牛奶糖，連包裝都很可愛，最適合當作伴手禮！

種類豐富的甜點店

The Remarkable Sweet Shop

Map P.104-B2

陳列在玻璃櫃裡色彩繽紛的東西，是在奶油裡加入鮮奶油和砂糖做成的牛奶糖。店內常備24種口味的牛奶糖100g $8.8及牛軋糖100g $8.8～，推薦作為伴手禮的是有4種口味的組合$32，其他還有超過1500種的甜點。在箭鎮及機場也有分店。

住23 Beach St.　電(03) 409-2630
URL www.remarkablesweetshop.co.nz
營10:00～18:00、週五·六·日10:00～19:00（依季節變動）
休無休　CC MV

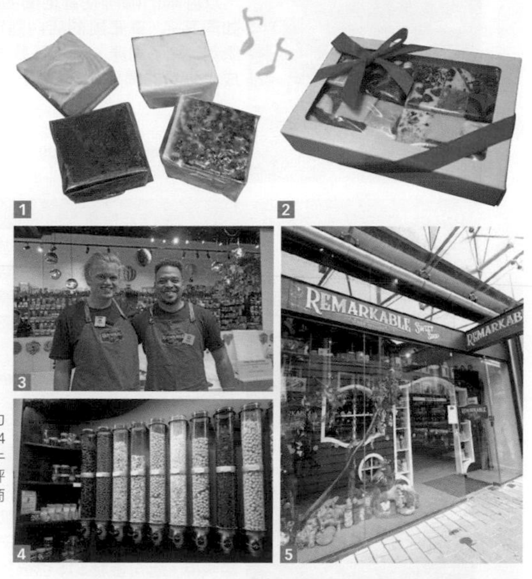

1最暢銷的烤布蕾、百香果、焦糖、黑巧克力海鹽焦糖4種口味牛奶糖　2也有可以放24種口味小塊牛奶糖的禮盒$50　3想試吃牛奶糖和牛軋糖可以詢問店員　4店裡也有秤重販賣軟糖及糖果　5位於Beach St.的商店外觀也很可愛

紐西蘭代表性的甜點

Cookie Time Cookie Bar

Map P.104-B2

在紐西蘭國內的超市及便利商店裡都能看到的餅乾「Cookie Time」的直營店，可以在店內吃到剛從烤箱出爐、口感扎實的餅乾。有多種口味，像是原味顆粒巧克力、蔓越莓、白巧克力每個$4。

住18 Camp St.
URL www.cookietime.co.nz
營9:00～21:00
休無休　CC MV

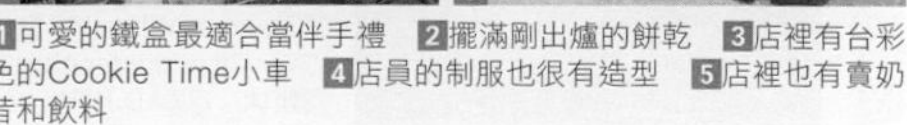
1可愛的鐵盒最適合當伴手禮　2擺滿剛出爐的餅乾　3店裡有台彩色的Cookie Time小車　4店員的制服也很有造型　5店裡也有賣奶昔和飲料

皇后鎮的購物

Shop

以行人徒步大街The Mall為中心，各種商店櫛比鱗次，隨時都非常熱鬧。除了一般的紐西蘭紀念品之外，從立刻能穿的衣服、戶外用品，到只有這裡才買得到的藝術家作品，應有盡有。

Aotea Gifts Queenstown

紀念品　Map P.104-B1　市中心

蒐羅許多觀光客喜歡的紀念品，最暢銷的是專賣品牌「Avoca」、「Kapeka」，也有適合寒冬使用、混合袋貂毛及絲的MERISILK，或是羊駝、喀什米爾羊毛的服飾，質地輕盈又保暖，從手套到毛衣種類豐富。

住87 Beach St.　電(03) 442-6444
URL jp.aoteanz.com　URL www.aoteanz.com
營10:00～18:00（依季節變動）　休無休　CC AJMV

OK Gift Shop

紀念品　Map P.104-B1　市中心

商品的種類包羅萬象，從羊毛手套、圍巾等平價物品，到混合袋貂毛既輕又暖的MERISILK毛衣等保暖衣物。小飾品及保養品也很豐富，特別是皇后鎮在地設計師製作的商品和民俗工藝品最受歡迎。

住Steamer Wharf Building, 88 Beach St.　電(03) 409-0444
URL okgiftshop.co.nz　營10:00～18:00（依季節變動）
休不定休　CC ADJMV

Vesta

雜貨　Map P.104-B2　市中心

將建於1864年、皇后鎮最古老的歷史建築威廉小屋William Cottage，作為商店使用，各房間都還保留著當時的裝潢，販售家具、蠟燭、餐具、玻璃製品、陶器、繪畫、卡片、保養品等，紐西蘭製造的創意生活雜貨與藝術品。

住19 Marine Pde.　電(03) 442-5687　URL www.vestadesign.co.nz
營10:00～16:00（依季節變動）
休週日・一　CC MV

Frank's Corner

雜貨　

市中心

以好品味而出名的選物店，秉持「Artisans of New Zealand」的概念，蒐羅羊毛製品、飾品、蜂蜜等在地生產製作的生活雜貨與食品。這些由皇后鎮到紐西蘭各地製作的時髦商品，最適合當作伴手禮。格倫諾基也設有分店。

住58 Camp St.　✆027-452-8662　URL www.frankscorner.co.nz
營10:00～17:00　休無休
CC MV

Waka Gallery

寶石　Map P.104-B2　市中心

在皇后鎮開業約45年的寶石店，店內陳列著澳洲產的蛋白石、紐西蘭的綠玉，以及從鮑魚貝中取出的珍貴藍珍珠等高級珠寶。老闆Rob Lynes也是知名的藝術家，店內2樓是展示繪畫與雕刻的藝廊，不妨上樓參觀欣賞一下。

住Cnr. Beach St. & Rees St.　✆021-835-889
URL www.wakagallery.com　營9:00～19:00
休無休　CC ADJMV

化妝品

Wilkinson's Pharmacy

Map P.104-B2 市中心

位於行人徒步大街的藥局，除了能解決身體不適的狀況，連防曬乳、牙膏等小東西也找得到，而防蚊噴劑及驅沙蚊sand fly的相關商品也很齊備。Trilogy、Antipodes等紐西蘭的天然保養品及雜貨也一應俱全，很適合採購伴手禮。

住Cnr The Mall & Rees St. 電(03) 442-7313
URL www.wilkinsonspharmacy.co.nz
營8:30～22:00 休無休 CC ADJMV

葡萄酒

The Winery

Map P.104-B2 市中心

店內使用儲值式的預付卡，可以用$2.4～（依品牌而異）自由試喝1小杯25ml的葡萄酒，是一家很創新的葡萄酒專賣店。主要販售從奧塔哥中部地區約200家酒莊裡，嚴選出來約800瓶葡萄酒，其中有80種提供試喝。也有賣起司＆沙拉米香腸$29～等適合配酒的食物。

住9 Ballarat St. 電(03) 409-2226
URL www.thewinery.co.nz 營14:00～Late
休無休 CC JMV

時尚

Huffer

Map P.104-A2 市中心

紐西蘭休閒品牌的服飾店，由於設計簡潔、價格平實，客戶範圍廣泛。原本是由2位身為滑雪運動愛好者的男性，在皇后鎮開始企畫的街頭時尚品牌，特別是羽毛外套的品質評價很不錯。

住36B Shotover St. 電(03) 442-6673
URL www.huffer.co.nz 營9:00～18:00
休無休 CC MV

Bonz in New Zealand

Map P.104-B1 市中心

販售使用美麗諾羊毛及羊駝毛織成的披巾$96～、顏色鮮豔的手工編織背心$490～等許多充滿紐西蘭特色的原創商品，其中最受歡迎的是有綿羊圖案、手工編織的毛衣$998～，顏色和設計都很豐富多樣，還推薦小羊皮做成的皮革製品。

住85 Beach St. 電(03) 442-5398
URL bonz.com 營9:00～19:00 休無休
CC AJMV

Te Huia

Map P.104-B2 市中心

功能性強，簡單、幹練的設計很吸引人。所有商品皆使用有機棉，以招牌的羊毛氈材質做成的外套$749、使用美麗諾羊毛和袋貂毛的MERISILK的手套$30～及襪子$51.9～等。所有商品的拉鍊頭都掛著以毛利人的風箏為主題設計的商標，令人印象深刻。

住1 The Mall 電(03) 442-4992
URL www.tehuianz.com 營10:00～18:00
休無休 CC MV

戶外用品

Outside Sports

Map P.104-A2 市中心

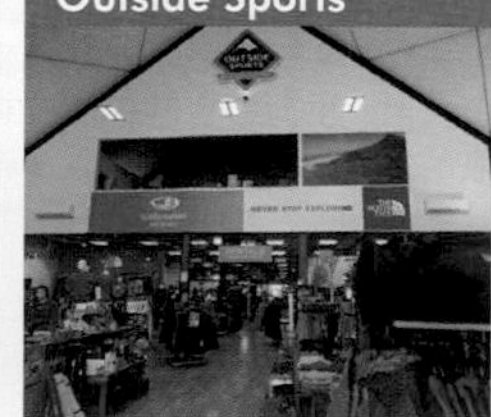

位於市中心，營業到晚上生意都很好的大型戶外運動用品店。登山、越野車、滑雪、滑雪板、釣魚、露營等任何季節所需的戶外用品，在這裡都能買到。夏天可租借腳踏車$39～，冬天則出租滑雪用具與雪板$39～。

住9 Shotover St. 電(03) 441-0074
URL www.outsidesports.co.nz 營8:00～20:00
休無休 CC AMV

皇后鎮的住宿

Accommodation

身為首屈一指的觀光勝地皇后鎮，擁有各種住宿設施，不過由於觀光客眾多，房價也較高，尤其是滑雪季經常一房難求，建議儘早預訂。位於市區周邊的住宿點要確認是否有接送服務。

高級飯店

Sofitel Queenstown Hotel & Spa

Map P.104-A1 市中心

位於市中心的豪華一流飯店，工作人員細心，服務又周到，寬敞的客房內備有義式咖啡機等完善設備，也有行政套房。館內附設餐廳、健身中心、SPA及酒吧。

住8 Duke St. 電(03) 450-0045 FAX(03) 450-0046
URL www.sofitel.com
費Ⓓ Ⓣ$298～ 室數82 CC ADJMV

Heritage Queenstown

Map P.102-B1 市區周邊

為歐式度假飯店，大廳有暖爐，客房裝潢時尚又寬敞，游泳池及健身房可欣賞到湖景，非常愜意；客房類型從別墅到一般套房都有。飯店前就有巴士站牌，前往市區的交通便利。

住91 Fernhill Rd. 電(03) 450-1500 FREE 0800-368-888
URL www.heritagehotels.co.nz 費Ⓢ Ⓓ Ⓣ$195～
室數175 CC ADJMV

The Rees Hotel & Luxury Apartments

Map P.103-A4 市區周邊

矗立在瓦卡蒂波湖畔、帶有豪華氣息的住宿設施，有90間附設廚房的公寓式客房，適合團體及長期停留的遊客。雖然距離市中心不算太近，但有為住客準備的免費接駁巴士。

住377 Frankton Rd. 電(03) 450-1100
URL www.therees.co.nz
費Ⓢ Ⓓ Ⓣ$445～ 室數155 CC ADJMV

Millennium Hotel Queenstown

Map P.103-B3 市區周邊

許多日本人來度蜜月的豪華飯店，客房統一採用柔和的色調，瀰漫著典雅氣氛。大廳寬敞明亮，餐廳、健身房等設備完善。步行到市中心並不算遠，停車費1日$10。

住32 Frankton Rd. 電(03) 450-0150
URL www.millenniumhotels.com/en/queenstown/millennium-hotel-queenstown 費Ⓓ Ⓣ$194～ 室數220 CC ADJMV

Hilton Queenstown

Map P.108-B1 市區周邊

距離機場約5分鐘車程，位在度假區 Kawarau Village內的飯店；所有客房都設有暖爐，也有能欣賞湖景和山景的房型。隔壁的「Double Tree」則是同集團飯店，全部客房都有簡單廚房設備，方便長期停留的旅客。

住Kawarau Village, 79 Peninsula Rd. 電(03) 450-9400
URL www.hilton.com 費Ⓓ Ⓣ$311～ 室數220
CC ADJMV

高級飯店

Millbrook Resort

Map P.108-A2 市區周邊

紐西蘭富豪們愛用的5星級大型度假飯店，有附陽台及廚房的別墅型套房、適合家庭居住的小木屋等，所有客房都很寬敞又重視隱私。精緻的SPA、高爾夫球場等設備也很完善，並有免費接駁巴士前往市區。

住1124 Malaghans Rd. Arrowtown 電(03) 441-7000 FREE 0800-645-527
URL www.millbrook.co.nz 費Ⓓ Ⓣ$433～
室數160 CC ADJMV

中級飯店

Novotel Queenstown Lakeside

Map P.104-B2 市中心

緊鄰瓦卡蒂波湖與皇后鎮花園，擁有絕佳景觀的飯店。客房及浴室空間不大，不過設備十分完善，飯店內還附設時尚的晚宴餐廳「Elements」。位於市中心，地點非常方便。

住Earl St. & Marine Pde. 電(03) 442-7750
FAX (03) 442-7469 URL www.novotel.com 費Ⓓ Ⓣ$247～
室數298 CC ADJMV

The Dairy Private Hotel

Map P.104-A1 市中心

位於Brecon St.、距離市中心約步行3分鐘的飯店，使用建於1920年代的歷史建築，客房充滿復古的時尚感。設有行政酒廊、圖書館及戶外溫水SPA。

住21 Brecon St. 電(03) 442-5164
URL naumihotels.com/thedairyhotel 費Ⓢ Ⓓ Ⓣ$299～
室數13 CC ADMV

汽車旅館

Amity Serviced Apartments

Map P.103-B3 市區周邊

位於緩坡的山丘上，稍微離開市區，不過附近都是安靜的住宅區，可以悠閒地放鬆休息。客房是公寓型式，有冰箱、微波爐等廚房設備，可以自己開伙，並能免費借腳踏車。

住7 Melbourne St. 電(03) 442-7288 FREE 0800-556-000
URL www.amityqueenstownaccommodation.co.nz
費Ⓢ Ⓓ Ⓣ$248.05～ 室數16 CC ADJMV

B&B

Browns Boutique Hotel

Map P.104-A1 市中心

從市中心步行約3分鐘，距離空中纜車站也不過5分鐘路程，位於市區觀光的最佳地點。歐式風格的行政酒廊內有暖爐，還收藏了豐富的DVD可供租借。部分客房附有浴缸，從陽台能欣賞到南阿爾卑斯山脈及瓦卡蒂波湖的景致。

住26 Isle St. 電(03) 441-2050
URL brownshotel.co.nz 費Ⓢ Ⓓ Ⓣ$319～480
室數10 CC MV

Spa B&B Therapeutic Massage

Map P.108-B1 市區周邊

B&B位於可以眺望瓦卡蒂波湖的小山丘上，由澳洲與日本人夫妻所經營，雖然目前只能住宿不提供餐飲，不過民宿內設有SPA，並由資深按摩師提供按摩服務。

住23 Douglas St. Frankton 電(03) 451-1102
URL spabb.web.fc2.com 費Ⓢ$125～145 Ⓓ Ⓣ$145～185
室數5 CC MV

Nomads Queenstown

Map P.104-B2 市中心

緊鄰瓦卡蒂波湖的青年旅館，櫃台為24小時開放，讓人安心；附設的遊客中心可以預約戶外活動和在地旅遊團，隔壁就是便利商店。客房使用無鑰匙、密碼而是手機app開門的系統。

住5/11 Church St. 電(03) 441-3922 FREE 0800-100-066
URL nomadsworld.com/new-zealand/nomads-queenstown
費Dorm$40～ ⓈⒹⓉ$180～ 室數386床 CC MV

Haka Lodge Queenstown

Map P.104-A2 市中心

擁有靠近市中心、交通便利的地理位置，以及清潔完備的公共廚房與衛浴設備。團體房的床位附設帶有鎖的拉動式簾幕，套房則設有電暖器及液晶電視，也有容納4人的公寓式客房。

住6 Henry St. 電(03) 442-4970
URL www.hakalodge.com 費Dorm $44～ Ⓓ$125～ Ⓣ$135～
室數15 CC MV

Southern Laughter

Map P.104-A1 市中心

從市中心步行約2分鐘，很受年輕旅客歡迎的青年旅館，雖然設備有點舊，卻維持得整潔舒適。洗衣房、BBQ等設施完善，戶外還有按摩浴缸。

住4 Isle St. 電(03) 441-8828
URL www.stayatsouthern.co.nz
費Dorm $37～ Ⓓ$110～ Ⓣ$95～ 室數100床 CC MV

Pinewood Lodge

Map P.102-A2 市區周邊

距離市中心步行約10分鐘，有親切的工作人員，還可以預約戶外活動。有團體房、雙人房等各式房型，豪華房則附專用衛浴。所有客房皆有暖氣，公共空間等設備也很齊全。

住48 Hamilton Rd. 電(03) 442-8273
URL www.pinewood.co.nz 費Dorm$34～ ⓈⒹ$89～
室數27 CC AMV

The Black Sheep Backpackers

Map P.103-B3 市區周邊

從市中心徒步約5分鐘。館內有電視交誼廳及電腦等，可以在此悠閒休憩。櫃台開放時間為8:00～21:00，女用浴室有吹風機，還有可以免費使用的按摩浴缸、三溫暖，以及腳踏車租借。

住13 Frankton Rd. 電(03) 442-7289
URL blacksheepbackpackers.co.nz
費Dorm$79～ ⒹⓉ$269～ 室數23 CC MV

露營區

Queenstown Lakeview Holiday Park

Map P.104-A1 市中心

位於空中纜車站前，距離市中心很近。寬廣的園區內有露營區、附衛浴及電視的小木屋，以及廚房設備完善的平房等各種類別的住宿設施，適合4～6人一起住宿。

住4 Cemetery Rd. 電(03) 442-7252 FREE 0800-482-735
URL holidaypark.net.nz 費Camp $50～ Studio$170～ Cabin$205～
Motel$250～ 室數44 CC MV

廚房（全部客房） 廚房（部分客房） 廚房（共用） 吹風機（全部客房） 浴缸（全部客房） 游泳池
網路（全部客房／須付費） 網路（部分客房／須付費） 網路（全部客房／免費） 網路（部分客房／免費）

人口：2760人
URL www.fiordland.org.nz

蒂阿瑙

Te Anau

面積為342km²的蒂阿瑙湖Lake Te Anau是南島最大湖泊，在全紐西蘭也僅次於北島中央地區的陶波湖Lake Taupo，是全國排名第2大的美麗湖泊，而佇立在南端湖岸邊的寧靜小鎮就是蒂阿瑙。Te Anau源自於毛利語的「Ana-au」，意思是「像下雨般湧出清水的洞窟」，也就是指地底有地下水流經的蒂阿瑙螢火蟲岩洞Te Anau Glowworm Caves；此外也有另一種說法，是發現蒂阿瑙湖的毛利族婦女之名，並沒有定論。

蒂阿瑙是前往座落於世界遺產保護區蒂瓦希普納姆Te Wahipounamu中峽灣國家公園的入口城鎮，因此每到夏天就熱鬧非凡，不僅是前進米佛峽灣Milford Sound、神奇峽灣Doubtful Sound等地的觀光據點，也是米佛步道Milford Track、路特本步道Routeburn Track及凱普勒步道Kepler Track等健行步道的出發基地，因此也聚集不少長期滯留的遊客。旅館、銀行、餐廳、超市等民生必需的基本服務這裡都有，另外還可以在蒂阿瑙湖體驗巡航之旅，或是噴射飛船、釣魚等多采多姿的戶外活動。

蒂阿瑙還有一處觀光景點，就是前面提到的蒂阿瑙螢火蟲岩洞，可以近距離地欣賞散發神祕光芒的藍光螢火蟲。

擁有清澄湖水的蒂阿瑙湖

如何前往蒂阿瑙 Access

從皇后鎮出發往米佛峽灣方向的Great Sights巴士1日1～2班，所需時間約2小時30分，巴士會停靠在米羅街Miro St.上。

InterCity的長途巴士則是從基督城出發，然後在皇后鎮轉乘Great Sights巴士。

此外，連結蒂阿瑙與米佛峽灣、皇后鎮、路特本步道（→P.144）及凱普勒步道（→P.148）的在地接駁巴士Tracknet，夏天常會增加行駛班次。

主要巴士公司（→P.496）
InterCity
Great Sights

長途巴士停靠站
Map P.125-A1
住2 Miro St.

Tracknet
☎(03) 249-7777
FREE 0800-483-262
URL www.tracknet.net

遊客中心 i-SITE
Fiordland Visitor Centre
Map P.125-A1
住85 Lakefront Dr.
☎(03) 249-8900
開8:30～18:00
（依季節變動）
休無休

i 遊客中心
DOC Fiordland National Park Visitor Centre
Map P.125-B1
住Lakefront Dr.
☎(03) 249-7924
開夏季 8:30～16:30
冬季 週一～六9:00～12:00、13:00～16:00
休冬季的週日

在DOC的遊客中心可以預約Great Walk（→P.419）

i 遊客中心
Southern Discoveries
Map P.125-B1
住80 Lakefront Dr.
☎(03) 249-7516
FREE 0800-264-536
URL southerndiscoveries.co.nz
開9:00～17:00
（依季節變動）
休無休

蒂阿瑙的 漫遊

Town Centre

市區規模並不大，靠徒步方式就能暢行無阻。主要街道是從湖泊往東北方延伸的Town Centre，各種餐廳、戶外用品店及超級市場等店家林立。這條路通往湖畔的盡頭是遊客中心i-SITE，提供所有關於峽灣的觀光資訊及住宿預約等服務；而附設在中心內的Real NZ，則提供蒂阿瑙螢火蟲岩洞、米佛峽灣及神奇峽灣等旅遊團的預約報名，同時也是集合出發的地點。

Lakefront Dr.

沿著湖畔的道路Lakefront Dr.，則是飯店、汽車旅館等眾多住宿設施集中的地區，這條街道的南端是DOC峽灣國家公園遊客中心DOC Fiordland National Park Visitor Centre，除了提供關於健行的相關資訊，也可以購買Hut Pass（山間小屋住宿券）；由於能獲得周邊健行路線地圖、天氣等最新消息，在出發前一定要到這裡來，並提出登山申請。

在遊客中心附近的湖畔，豎立著探險家與嚮導昆丁・麥金農Quintin Mackinnon（1851～92年）的雕像，從蒂阿瑙湖至米佛峽灣這段舉世聞名的米佛峽灣步道，就是他在1888年10月探勘開拓的路線。

佇立於湖畔的昆丁・麥金農雕像

Real NZ
Map P.125-A1
住 85 Lakefront Dr.
電 (03) 249-6000
FREE 0800-656-501
URL www.realnz.com
營 8:30～18:00
（依季節變動）
休 無休

並附設遊客中心i-SITE

蒂阿瑙螢火蟲岩洞之旅
Real NZ
（→P.125）
時全年
夏季
10:15、14:00、16:30、17:45、19:00出發
冬季
10:15、14:00、16:30出發
（所需時間約2小時15分，場次依季節變動）
費大人$99～、小孩$40～

蒂阿瑙螢火蟲岩洞
Te Anau Glowworm Caves

Map P.131-C2

蒂阿瑙螢火蟲岩洞位處於蒂阿瑙湖西岸，是全長約6.7km的巨大洞窟，由原本地底的石灰岩層裂縫與小型洞穴，在大量地下水的沖刷下所形成，而且岩洞內至今仍有弱酸性水質的地下水流動著，持續對洞穴進行侵蝕作用。

在岩洞內棲息著名為Glowworm的藍光螢火蟲（→P.295），Real NZ因此推出可前往部分洞窟參觀的在地旅遊行程。遊客必須從Real NZ辦公室後方的碼頭搭乘高速船，前往位於洞窟入口處的洞穴之家Cavern House，先步行經過地底瀑布、鐘乳石美景，之後再搭乘小艇繼續往洞穴深處前進，然後終於在黑暗中發現無數閃著藍綠色的螢光，宛如在地底世界滿布美麗星空，不可思議的感受及閃爍光點的美景，震撼到讓人無法言語。

洞窟內的溫度為8～12℃，不僅相當寒冷還會滴水，一定要攜帶外套，而且洞穴內嚴禁攝影拍照。

欣賞在黑暗中發光的藍光螢火蟲

峽灣電影院
住7 The Lane
☎(03) 249-8844
URL fiordlandcinema.co.nz
休無休
費Ata Whenua
大人$12、小孩$6
其他影片
大人$11～、小孩$9～

氣氛時尚的電影院

峽灣電影院
Fiordland Cinema

Map P.125-A1

雖然是上映一般電影的電影院，不過也會播放由戲院老闆自己從直升機上拍攝的32分鐘峽灣影片《Ata Whenua》，可以欣賞到隨著季節與天候而變化的峽灣美景，搭配著音樂，讓人陶醉其中。電影院內還附設酒吧，可以點完飲料後帶到座位。至於影片放映時間表請上官網查詢。

蒂阿瑙禽鳥中心
開白天隨時可以入場
費免費（歡迎捐款）

蒂阿瑙禽鳥中心
Te Anau Bird Sanctuary

Map P.125-B1

專門以人工方式養育與秧雞同科卻不能飛的塔卡黑秧雞Takahe，或是棲息於森林裡的貓頭鷹——莫里伯克鴞Morepork、棲息在安蒂德波斯群島Antipodes Islands的鸚鵡等瀕臨絕種的鳥兒。

尤其是曾經在20世紀前半被認為已絕跡的塔卡黑秧雞，竟然在1948年於莫奇森山脈Murchison發現牠的蹤跡，之後便列入保護名單；目前除了峽灣之外，在排除天敵的離島保護區域內僅飼養約440隻。雖然在禽鳥中心的柵欄內飼養著幾隻塔卡黑秧雞，但因為常躲在森林深處而難以見到蹤跡。

能近距離地觀察瀕臨絕種塔卡黑秧雞的珍貴機構

其他景點
Te Anau Trout Observatory
（鱒魚觀察站）
Map P.125-B1
開白天隨時可以入場
費$2（自動驗票機）
鱒魚觀察站就設置在一片鬱鬱蒼蒼的綠色花園下的大型地下水槽，遊客可以近距離地在陰暗中游泳的褐鱒。

蒂阿瑙1日健行

Day Trip from Te Anau

Map P.145-A1

在蒂阿瑙周邊規劃了幾條登山健行步道，當中有適合當天來回的輕鬆路線，即使是初學者也能來挑戰，而且如果是申請有嚮導隨行的健行團，可以走得更加安心愉快。不過，像是登山鞋、食物、飲水、雨具等基本裝備，還是要自行準備。一般來說，11～4月是適合健行的季節。

基山步道　Key Summit Track　（來回約3小時）

位於路特本步道Routeburn Track途中的基山Key Summit（海拔919m），是一處周邊被2000m群山包圍、可以享受極致全景的瞭望地，也是當天來回的健行路線中能輕鬆出發的選擇。

首先搭乘由蒂阿瑙前往米佛峽灣的接駁巴士，經過約1小時20分便抵達The Divide分水嶺，停車場旁就是路特本步道的起點。在蓊鬱的山毛櫸森林間走一段路後，就會發現從主步道岔往基山的上坡路，只要通過這段短而曲折的路段，眼前就是豁然開朗的景致；而且能享受走在穿越多座池塘的木棧道上，充滿多樣變化的健行樂趣。

馬里昂湖步道　Lake Marian Track　（來回約3小時）

通往位於基山正面所看到Mount Christina西側、深邃U型山谷中的馬里昂湖健行步道。這裡的狹窄山徑大多位於幽深的森林之中，因此沿途沒有景觀可欣賞，不過只要一抵達湖岸，眼前就是聳立於西面的驚險峭壁與雄偉的冰河美景。

從The Divide分水嶺繼續往米佛公路前行約1km轉進Hollyford Rd.，就是健行步道的起點。從這裡到湖畔邊的部分路徑相當陡峭，特別是在下雨過後，濕滑的地面相當不好走。

如何前往由蒂阿瑙出發的1日來回登山健行

不論是基山還是馬里昂湖，搭乘從蒂阿瑙出發、健行專用的接駁巴士（僅限於夏季行駛），最為方便，可透過DOC遊客中心代為預約。前往馬里昂湖則可在Hollyford Rd.的分岔口Hollyford Turnoff下車，沿著馬路步行約20分鐘，就是健行步道的起點。

從基山山頂眺望Mount Lyttle

健行專用接駁巴士
Tracknet（→P.124）
費 蒂阿瑙～The Divide分水嶺大人單程$48
運 10月下旬～4月

嚮導隨行的健行團
Tutoko Outdoor Guides
電 (03) 249-9029（10～4月）
手機 027-210-5027（10～4月）
FAX (03) 249-9029（10～4月）
E-mail office@tutokoguides.co.nz（全年）
URL tutokoguides.co.nz
時 10月中旬～4月中旬
費 基山$310
馬里昂湖$315
包含各路線的嚮導、接送、午餐及國家公園入場費。

Column　小心沙蠅

沙蠅Sandfly是一種出沒於紐西蘭各地的蚋蛾科昆蟲，雖然體型很小只有1～2mm，但是被叮咬之後會非常癢，而且大片紅腫，有時症狀甚至會持續好幾個禮拜。18世紀來到紐西蘭的庫克船長James Cook似乎也對沙蠅不勝其擾，曾經留下了「最有害的生物」的文字記載。

由於沙蠅喜好水邊，所以在峽灣國家公園的數量非常多，尤其是米佛峽灣、蒂阿瑙湖畔等地，可說是沙蠅出沒的知名地點；反而是進入山區之後，意外地鮮少看到沙蠅蹤跡，所以在健行途中不會有被沙蠅糾纏的煩惱。至於出沒時間，沙蠅比較喜歡陰天，特別是在清晨與傍晚時分最常看到，一到晚上就躲起來了。

對付沙蠅的方法就是不露出任何皮膚、避免穿黑色衣服，還有絕對要塗抹防止沙蠅叮咬的防蟲藥物（Insect Repellent），在當地的藥局等商店都能買到。

體型雖小，被叮咬卻很痛。一定要帶防蟲藥物

蒂阿瑙的戶外活動 Activity

噴射飛船

搭乘噴射飛船從懷奧河Waiau River上游出發，飆速在瑪納波里湖Lake Manapouri上，途中還會下船到電影《魔戒三部曲》的拍攝地參觀，所需時間約2小時；夏季1天3次10:00、14:00、17:00或18:00，冬季則為1天2次10:00、14:00。此外，還有結合水上飛機的空中遊覽飛行旅程。

Fiordland Jet
FREE 0800-253-826 URL www.fjet.nz 時 全年
費 Pure Wilderness 大人$169～、小孩$84～ CC MV

水上飛機的空中遊覽飛行

從空中飽覽宏偉絕倫的群山及複雜的峽灣地形，有能輕鬆體驗的「Lakes Explorer」（所需時間15分鐘）、由蒂阿瑙出發至神奇峽灣的空中之旅「Doubtful Sound」（所需時間40分鐘～），以及飛行至米佛峽灣的空中之旅「Milford Sound」（所需時間1小時～）等行程，路線豐富多樣。

Fiordland By Seaplane
☎ (03)249-7405 URL www.wingsandwater.co.nz 時 全年 費 Lakes Explorer大人$165、小孩$115 Doubtful Sound 大人$385、小孩$235 Milford Sound大人$583、小孩$350 CC MV

小型船的湖上之旅

搭乘小型船暢遊南峽灣的巡禮「Discovery Cruise」（1日1班，所需時間約3小時），也有14:30出發、遍賞湖畔夜景與滿天星斗的「Overnight Private Charter」之旅（1日1班，所需時間約19小時）等，提供各式各樣的旅程選擇，最少2人成行。

Cruise Te Anau
☎ (03)249-8005
URL cruiseteanau.co.nz
時 全年 費 Discovery Cruise大人$105、小孩$45 Overnight Private Charter2人包船$1100 料 MV

蒂阿瑙的餐廳 Restaurant

Redcliff Café

Map P.125-A1

為蒂阿瑙最好的餐廳，供應評價好但氣氛輕鬆自在的晚餐。供應使用當季在地食材烹調的創意料理，而鹿肉和野兔肉等野味料理也很受歡迎。店內氣氛舒適，也可以在酒吧單純喝酒。預算約$60左右。

住 12 Mokonui St.
☎ (03)249-7431
URL theredcliff.co.nz
營 16:00～Late
休 無休（7～8月暫停營業）
休 AMV

The Fat Duck

Map P.125-A1

熱門菜色有燉豬五花$41及炸魚薯條$32.5等，還有Popcorn Chicken Bowl $25.5等輕食和兒童餐也很豐富。16:00～18:00是Happy Hour。

住 124 Town Centre
☎ (03)249-8480
URL www.thefatduck.co.nz
營 週三・四17:00～Late、週五～日11:30～Late
休 週一・二 CC MV

Olive Tree Cafe

Map P.125-A1

擁有著暖爐及沙發座位的舒適咖啡館，漢堡$24～、鬆餅$18～，午餐則以烤羊肉$28最受歡迎，當然也不能忘記看看寫在黑板上的每日菜單；也供應無麩質及素食餐點。

住 52 Town Centre ☎ (03)249-8496 URL www.facebook.com/olivetreecafetenau
營 8:00～16:30
休 無休 休 MV

Sandfly Cafe

Map P.125-A1

位於市中心的咖啡館，不僅有咖啡、各式果汁等飲料，還可嘗試搭配貝果三明治$14～、吐司$8或沙蠅鬆餅$16等輕食。由於營業時間很早，是出發參加旅遊行程前吃早餐的好去處。

住 9 The Lane
☎ (03)249-9529
營 7:00～16:30
休 無休
CC MV

蒂阿瑙的住宿 Accommodation

Distinction Te Anau Hotel & Villas

Map P.125-B1

這是一間面湖而建，地理位置絕佳的大型度假飯店。除了有湖景與花園景致的飯店客房之外，也有花園Villa等房型，而且全都是寧靜舒適的裝潢與建築，至於三溫暖、SPA或戶外游泳池等設施也很完善，同時還附設有咖啡吧。

住64 Lakefront Dr. 電(03) 249-9700 URL www.distinctionhotelsteanau.co.nz 費ⒹⓉ$149～ 房數112 CC ADJMV

Lakefront Lodge Te Anau

Map P.125-B1

充滿木造小屋風格的建築，卻擁有著時髦外觀的汽車旅館。室內空間非常寬敞，可以享受舒適自在的住宿時光，也有附按摩浴缸的客房。員工都很親切，非常樂意提供觀光相關的各種諮詢。

住58 Lakefront Dr. 電(03) 249-7728 FREE 0800-525-337 URL www.lakefrontlodgeteanau.com 費ⓈⒹⓉ$165～ 房數13 CC AMV

Fiordland Lakeview

Map P.125-B1

位於蒂阿瑙湖畔，是間由家族經營的漂亮木屋。所有客房都擁有面湖景觀，從陽台上可以眺望絕佳景致。客房內還分成臥室與起居室，寬敞的室內空間也格外舒適。

住42 Lakefront Dr. 電(03)249-7546 FREE 0800-249-942 URL www.fiordlandlakeview.co.nz 費ⓈⒹⓉ$225～550 房數23 CC AJMV

Bella Vista Motel Te Anau

Map P.125-B1

分布於全紐西蘭各地的連鎖飯店Bella Vista Motel其中之一。距離市中心很近，客房空間雖小卻比較新穎，且設備周全，也有冰箱與熱水壺，並供應簡單的大陸式早餐。淡季時有住宿優惠價格。

住9 Mokoroa St. 電(03) 249-8683 FREE 0800-235-528 URL www.bellavista.co.nz 費ⓈⓉⒹ$185～ 房數18 CC AMV

Keiko's Garden Cottages B&B

Map P.125-A1外

由日籍太太Keiko與紐西蘭籍丈夫Kevin所經營的B&B。充滿1850年代風格的建築，是夫妻兩人聯手打造而成，因此對細節相當講究。可另外付費預約早餐（可更改為午餐便當）和湯屋（SPA浴池），而春夏繁花盛開的美麗花園也深受喜愛，並提供觀光或在地旅遊的洽詢服務。冬季會暫停營業。

住228 Milford Rd. 電(03) 249-9248 FAX(03) 249-9247 URL keikos.co.nz 費Ⓢ$155～ ⒹⓉ$205～ 房數4 CC MV

Te Anau Lakefront Backpackers

Map P.125-B1

是間面對著湖泊、地點絕佳的青年旅館，廚房或起居室不僅寬敞，且方便使用。所有客房都有暖氣，在大廳櫃台上更擺放著眾多在地旅遊行程及健行路線的相關簡介。冬季會暫停營業。

住48-50 Lakefront Dr. 電(03) 249-7713 FREE 0800-200-074 URL www.teanaubackpackers.co.nz 費Dorm$39～ ⒹⓉ$98～ 房數110床 CC MV

Distinction Luxmore Te Anau

Map P.125-A1

館內附設2家餐廳，從價格便宜的標準房到附按摩浴缸的行政套房，客房類型多樣；並有包含早餐或活動的套裝組合。

住41 Town Centre 電(03) 249-7526 URL www.distinctionhotelsluxmore.co.nz 費ⓈⒹⓉ$160～ 房數180 CC AJMV

Te Anau Top 10 Holiday Park

Map P.125-A1

儘管占地範圍並不算寬闊，卻從帳篷營地、汽車露營區，到小木屋、附廚房設備的汽車旅館等，提供多樣化的住宿選擇。由於地點鄰近市區，即使是沒有開車的遊客也能方便住宿，還有按摩浴缸、洗衣房可使用，以及BBQ設備及兒童遊戲場。

住15 Luxmore Dr. 電(03) 249-8538 URL www.teanautop10.co.nz 費Dorm$35～ Cabin$105～ Motel$175～ 房數31 CC MV

廚房（全部客房） 廚房（部分客房） 廚房（共用） 吹風機（全部客房） 浴缸（全部客房） 游泳池
網路（全部客房／須付費） 網路（部分客房／須付費） 網路（全部客房／免費） 網路（部分客房／免費）

峽灣國家公園

Fiordland National Park

基督城

峽灣國家公園

URL www.fiordland.org.nz

搭乘遊輪體驗近距離接觸大自然

面積約121萬5000公頃，規模堪稱全紐西蘭最大的峽灣國家公園，是保留著遠古以來不曾改變、極為珍貴的原始自然景觀區域。除了峽灣之外，更與西部泰普提尼國家公園Westland Tai Poutini National Park、奧拉基／庫克山國家公園Aoraki/Mt. Cook National Park、阿斯匹林山國家公園Mount Aspiring National Park 3座位於南島西南部的國家公園，合併稱為蒂瓦希普納姆Te Wahipounamu列入世界自然遺產（→P.14）。

紐西蘭最大的自然公園

峽灣Fiordland的名稱來自於14處深深切入西海岸的峽灣地形，以大量海水湧入被冰河削蝕而成的U字型山谷，形成筆直矗立於海上的險峻群山為特色。這片深邃的原始森林是奇異鳥、塔卡黑秧雞等稀有禽鳥棲息的著名地區，而養育如此生機盎然大自然的則是每年超過7000mm的豐沛降雨量。

吸引世界各地遊客前來的原因，還有豐富的戶外活動，像是著名的米佛步道Milford Track、路特本步道Routeburn Track，以及米佛峽灣Milford Sound的巡航之旅、神奇峽灣Doubtful Sound的遊覽飛行等，變化多端的體驗方式。

i 遊客中心
DOC峽灣國家公園遊客中心
DOC Fiordland National Park Visitor Centre
（→P.124邊欄）

峽灣國家公園的 漫遊

觀光的據點是位湖畔的小城鎮蒂阿瑙Te Anau（→P.124），從皇后鎮有長途巴士前來此地，地區的相關資訊或戶外活動情報、住宿、購物等也都應有盡有。不論是當天來回或長達數天的行程，蒂阿瑙都是最便利的健行據點。

距離蒂阿瑙西南方約20km遠的瑪納波里Manapouri，也有幾間住宿旅館可供選擇，這裡不僅有出發前往神奇峽灣的旅遊團，而且下榻環境更加清幽安靜；但是缺乏固定班次的巴士可以搭乘，如果沒有開車，交通非常不便。

有不少人會選擇從皇后鎮出發，只搭遊輪出海造訪米佛峽灣的1日遊巴士之旅，其實只要時間許可應該放慢腳步，好好地透過全身來感受豐富的大自然，仔細品味這裡獨有的珍貴體驗。

在米佛步道用自己的雙腳去體驗自然的偉大

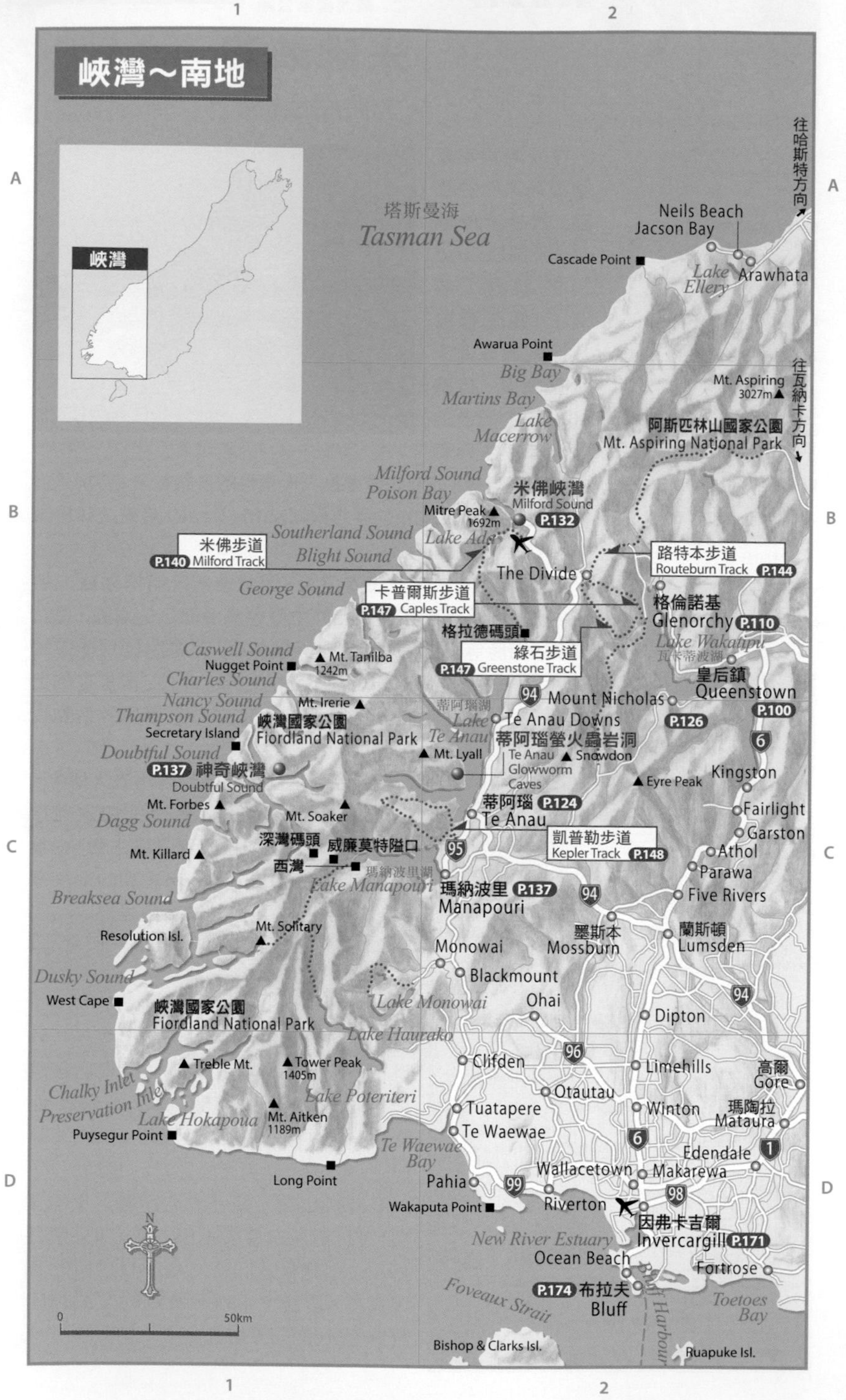

峽灣～南地

1 2

A

峽灣

塔斯曼海
Tasman Sea

往哈斯特方向

Neils Beach
Jacson Bay
Cascade Point
Lake Ellery
Arawhata
Awarua Point
Big Bay
Martins Bay
Lake Macerrow
Mt. Aspiring 3027m
往瓦納卡方向
阿斯匹林山國家公園
Mt. Aspiring National Park
Milford Sound
Poison Bay

B

米佛峽灣
Milford Sound
P.132
Mitre Peak 1692m
Southerland Sound
Lake Ada
米佛步道
P.140 Milford Track
Blight Sound
The Divide
路特本步道
Routeburn Track P.144
George Sound
卡普爾斯步道
P.147 Caples Track
格倫諾基
Glenorchy P.110
格拉德碼頭
Lake Wakatipu
瓦卡蒂波湖
Caswell Sound
Nugget Point
Mt. Tanilba 1242m
綠石步道
P.147 Greenstone Track
Charles Sound
皇后鎮
Queenstown
P.100
Nancy Sound
Mt. Irerie
Mount Nicholas
Thampson Sound
蒂阿瑙湖
Lake Te Anau
Te Anau Downs
P.126
峽灣國家公園
Fiordland National Park
Secretary Island
蒂阿瑙螢火蟲岩洞
Te Anau Glowworm Caves
Doubtful Sound
Mt. Lyall
Snowdon
P.137 神奇峽灣
Doubtful Sound
Eyre Peak
Kingston
Mt. Forbes
Mt. Soaker
蒂阿瑙 P.124
Te Anau
Fairlight
Dagg Sound

C

深灣碼頭
威廉莫特隘口
凱普勒步道
Kepler Track P.148
Garston
Mt. Killard
西灣
Athol
瑪納波里湖
Lake Manapouri
Parawa
瑪納波里 P.137
Manapouri
Breaksea Sound
Five Rivers
Mt. Solitary
墨斯本
Mossburn
蘭斯頓
Lumsden
Resolution Isl.
Monowai
Blackmount
Dusky Sound
West Cape
峽灣國家公園
Fiordland National Park
Lake Monowai
Ohai
Dipton
Lake Hauroko
Clifden
Limehills
高爾
Gore
Treble Mt.
Tower Peak 1405m
Chalky Inlet
Otautau
Preservation Inlet
Lake Poteriteri
Tuatapere
Winton
瑪陶拉
Mataura
Lake Hokapoua
Mt. Aitken 1189m
Puysegur Point
Te Waewae
Te Waewae Bay
Edendale

D

Long Point
Pahia
Wallacetown
Makarewa
Riverton
Wakaputa Point
因弗卡吉爾
Invercargill P.171
New River Estuary
Ocean Beach
Fortrose
N
P.174 布拉夫
Bluff
Bluff Harbour
Foveaux Strait
Toetoes Bay
0 50km
Bishop & Clarks Isl.
Ruapuke Isl.

1 2

米佛峽灣

Milford Sound

主要巴士公司（→P.496）
Great Sights

Tracknet
☎(03) 249-7777
FREE 0800-483-262
URL tracknet.net
運 從蒂阿瑙（夏季）
7:15、9:45、13:25出發
費 單程大人$62、小孩$45

前往米佛峽灣的巴士＋巡航之旅
Real NZ
☎(03) 249-6000
FREE 0800-656-501
URL www.realnz.com
時 全年
費 蒂阿瑙出發
大人$169～
小孩$105～
（所需時間6小時40分～8小時30分）
皇后鎮出發
大人$219～
小孩$119～
（所需時間約13小時）

在峽灣國家公園裡最熱門的景點，就是米佛峽灣。所謂Sound指的就是「峽灣」，眺望著被冰河削蝕成近乎垂直角度、超過1000m的周邊山脈，陷落在大海裡的雄偉景象，成為紐西蘭最具代表性的自然美景；特別是從矗立於海平面1683m的麥特爾峰Mitre Peak，最教人印象深刻。

岩壁矗立的峽灣地形，格外撼動人心

由於峽灣沿岸完全沒有道路，因此通常只能搭乘觀光遊輪，以便近距離欣賞從原始林中豪邁流洩而下的瀑布，還有海狗、海豚等野生動物。如果天候良好，搭乘小型飛機遊覽觀光也是不錯的選擇。此外，像是在船上過夜的遊艇或海洋獨木舟等戶外活動也很熱門。

因為峽灣地區有豐沛的雨水流入海中，造成海水與淡水兩層構造，因此在某些珍貴的淺水地區也能觀察到深海生物，在哈里森海灣Harrison Cove設置的海底觀測站，就能欣賞到神秘的海底世界。

米佛峽灣
航線依遊輪的種類而有所不同
塔斯曼海 Tasman Sea
聖安妮角燈塔 St. Anne Point
Anita Bay
米佛峽灣 Milford Sound
Thurso River
0 3km
皮奧皮奧塔希海洋保護區 Piopiotahi Marine Reserve
彭布羅克山 Mt.Pembroke ▲2015m P.134
P.132
仙女瀑布 P.134 Fairy Falls
Sinbad Gully
麥特爾峰 Mitre Peak ▲1683m
斯特林瀑布 Stirling Falls P.134
臥獅山 Lion Mountain
冰河擦痕 Gracial Striations
Footstool ▲841m
Harrison Cove
海底觀測站 Underwater Observatory P.134
P.133 米佛峽灣巡航 Milford Sound Cruises
Cascade ▲1221m
Bowen River
鮑文瀑布 Bowen Falls P.133
沙蠅角 Sandfly Point
觀光船碼頭
Mitre Peak Lodge P.136
P.136 Milford Sound Lodge
往蒂阿瑙方向

如何前往米佛峽灣 Access

以蒂阿瑙及皇后鎮為交通據點，Great Sights的長途巴士從蒂阿瑙出發是1日1班，所需時間約3小時30分；從皇后鎮也是相同班次，所需時間約6小時5分。而Tracknet也有相同路線的巴士行駛，不過巴士時間都會受到天候影響而變動。

Real NZ則推出巴士結合遊輪之旅的套裝行程，對於遊客來說很方便；另外還有搭乘小型飛機返回蒂阿瑙或皇后鎮的套裝選擇，透過空中飛行遊覽的方式來欣賞景色，另有一番魅力。

米佛峽灣的 漫遊

觀光船航運大樓可說是米佛峽灣Milford Sound唯一的大型建築，內部設有各家遊輪公司的服務櫃台。

峽灣一帶是紐西蘭全國雨量最豐沛的地區，年降雨量超過7000mm，也就是說不論是蒂阿瑙或米佛峽灣的天氣總是晴時多雲偶陣雨，變化相當大，千萬別忘了準備雨具。儘管能碰上大晴天的機會十分稀少，但是雨天的米佛峽灣也別有一番風景，特別是沿著峽灣矗立的筆直山崖全都是堅硬岩石，不容易吸收雨水，因此降雨就順著岩壁形成瀑布奔流而下，激發的水氣在空氣中交織成水霧飛舞。像這樣隨時都能出現好幾百公尺高的瀑布，以及落入大海的壯觀景致，可是只有下雨天才能看到。

米佛峽灣的 景點

米佛峽灣巡航
Milford Sound Cruises

Map P.132

來到米佛峽灣的遊客幾乎都會參加暢遊峽灣美景的米佛峽灣巡航。每家觀光船公司所推出的巡航行程都大同小異，只有在船隻種類上有所不同。如果是小型船隻就有機會更加靠近瀑布或岸上的野生動物，震撼力十足；至於大型遊輪則可以待在舒適的船艙內，體驗海上航行樂趣。所需時間約2小時，也可以選擇包含午餐的行程。

鮑文瀑布　Bowen Falls

一走出觀光船航運大樓，馬上就能眺望到峽灣內規模最大的瀑布。走在水邊的步道上，還可以近距離抬頭觀賞從160m高處急洩流下的瀑布，震撼力十足。瀑布的名稱來自殖民時代紐西蘭總督夫人的名字。

日間巡航之旅
Real NZ（→P.132）
米佛出發
時 1日2～6班～
費 大人$109、小孩$45

Southern Discoveries
☎ (03) 441-1137
FREE 0800-264-536
URL www.southerndiscoveries.co.nz
時 1日2班
費 大人$109～129 小孩$49～59

Mitre Peak Cruises
☎ (03) 249-8110
FREE 0800-744-633
FAX (03) 249-8113
URL www.mitrepeak.com
時 1日4班(依季節變動)
費 大人$109、小孩$40（有早鳥優惠）

Jucy Cruize
☎ (03) 442-4196
FREE 0800-500-121
FAX (03) 442-4198
URL www.jucycruize.co.nz
時 1日2～3班
費 大人$109～119 小孩$40～

觀光船航運大樓前停泊著眾多船隻

峽灣入口處的聖安妮角

米佛峽灣的 戶外活動

過夜巡航之旅Overnight Cruise

Real NZ公司（→P.132）會特別在9～5月間，推出在船上過夜的巡航之旅。有別於白天時無數船隻、觀光小飛機的熱鬧穿梭往來，能欣賞回歸寂靜峽灣的清晨與黃昏景觀，是最大的魅力所在。所有客房都附設衛浴設備，分為單床雙人房及雙床雙人房（與其他遊客共享）2種；在賞景之外也能下海划獨木舟，或者是搭乘小船上岸來趟自然觀察的健行等豐富多樣的活動。由於過夜巡航之旅非常熱門，尤其是從年底到3月的旅遊旺季一定要提早預約。

時 9月下旬～5月中旬　每日1班
費 Ⓢ$999～1099　ⒹⓉ大人$499～599、小孩$249～299
（都是單人價格，包含早晚餐及獨木舟或小船，也有家庭房。船上酒吧不能刷卡）　CC ADMV
※上述價格是從米佛峽灣出發，也有從蒂阿瑙、皇后鎮出發的接送巴士（需付費）。

船內的客房

能欣賞美麗的夕陽

這正是米佛峽灣所擁有的美景

仙女瀑布　Fairy Falls

米佛峽灣巡航的景點之一，從山崖上流洩而下的多座瀑布並列，打造出夢幻無比的瑰麗風景。不過這座瀑布常被天氣左右，遇到水量充沛的日子時，就能欣賞到美麗彩虹，但不是經常能看到，只要2、3天不下雨，瀑布就會暫時消失無蹤。

彭布羅克山　Mt. Pembroke

米佛峽灣最高的一座山，還殘留著過去曾覆蓋住整座峽灣的部分冰河。

氣勢磅礴的仙女瀑布

斯特林瀑布　Stirling Falls

在峽灣地區內以水量多而著稱，且高低落差達155m的瀑布。飛濺的水花與水氣四濺，四周也回響著轟隆隆的水聲，充滿力量的景色折服了到訪的遊客，也讓人敬佩大自然的鬼斧神工。遊輪到達斯特林瀑布附近都會暫時停留，由於小型船隻有機會以最近的距離欣賞瀑布景觀，也可以站上甲板眺望瀑布，只是很容易被水花濺濕全身，如果能事先準備雨衣會更方便。

能夠這麼靠近瀑布，船長的功力也讓人十分佩服。

海底觀測站　Underwater Observatory

設置在哈里森海灣Harrison Cove水面下12m，在海底觀測站內可一睹神祕的海中風景；由於大量降雨及周圍山脈所造成的遮蔽，讓峽灣形成像是深海般的特殊環境。儘管內容與設備不如水族館那麼吸引人，卻能夠清楚認識峽灣海洋所具有的神奇面貌。Southern Discoveries（→P.133）有推出巡航之旅與參觀海底觀測站的套裝組合。

海底觀測站
☎(03) 441-1137
FREE 0800-264-536
URL www.southerndiscoveries.co.nz
Discover More Cruise
時 1日1～2班，所需時間約3小時
費 大人$129、小孩$59

米佛公路
FREE 0800-444-449
URL www.nzta.govt.nz
（NZ Transport Agency）

米佛公路
Milford Road

Map P.135

從蒂阿瑙前往米佛峽灣間的119km路程，是穿梭在深山間且變化多端的山路，當地巴士經過這段山路時也會暫停在各景點上，讓遊客能開心享受約2小時的車程。

從蒂阿瑙出發的前20分鐘是沿著湖畔而行的道路，只要過了米佛步道起始點的Te Anau Downs乘船碼頭後，就跟美麗的湖景道別，沿著開闊的埃格林頓河Eglinton River河岸前

前往米佛峽灣的公路

像鏡子般倒映山景的鏡湖

設置在山崖下的荷馬隧道

開車的小提醒

●早上9:00～10:00左右是觀光巴士從蒂阿瑙出發的尖峰時間（尤其是在夏季），最好儘量避開這段時間出發。而多數觀光巴士都會在去程時停靠途中景點，回程就會直達蒂阿瑙，因此只要反其道而行就可以避開觀光人潮。

●請注意沿途沒有加油站。

●由於冬季時會有下雪或雪崩的危險，偶爾也會封閉道路，或是出現需要為輪胎加上雪鍊的情況，請確認最新的公路資訊後再出發。

進，這裡便進入國家公園的範圍。

愈深入山裡，道路兩側也隨之出現茂密的山毛櫸森林，這裡就是被稱為「山峰消失之路Avenue of Disappearing Mountains」的地方，在公路正前方可以看到露出森林頂端的山峰，看起來就像是山巒沉沒在樹海裡，因而得名。

穿越森林之後抵達的地點是鏡湖Mirror Lakes，儘管這裡只是座普通的小湖泊，卻能讓觀光巴士特別停下來，就是因為能欣賞到周圍山巒映照在如鏡般平靜的湖面；不過想看到這般美景，必須具備晴天、無風等條件才行。接著公路會穿過古恩湖Lake Gunn、法格斯湖Lake Fergus之間，朝向路特本步道起點的分水嶺The Divide而去，前往基山Key Summit的健行步道也是從這裡出發。

過了分水嶺之後，周圍的山脈走勢更加陡峭驚險，當峽灣特有的U字型山谷與刀削般聳立岩壁逼近眼前時，就到了荷馬隧道Homer Tunnel的入口。這條貫穿達崙山

蕨類植物蓊鬱的查斯姆峽谷

米佛峽灣的住宿
Milford Sound Lodge
Map P.132、P.142-A1
住Hwy. 94, Milford Sound
☎(03) 249-8071
URL www.milfordlodge.com
費有電營位$70～
Ⓓ$695～
位於國道94號旁的住宿設施，提供遊輪巡航或獨木舟組合的套裝行程。

脈Darran Mountains、長達1219m的隧道，工程耗費了18年，在1953年正式開通。隧道內是通往米佛公路的陡峭下坡道路，加上有許多大型巴士經過，開車時要格外小心。

通過荷馬隧道之後的下坡處就是查斯姆峽谷The Chasm，這裡有條約20分鐘路程的步道可以通往瀑布，途中會看到被湍急水流侵蝕而成、一連串曲線狀的奇岩怪石，令人覺得不可思議的有趣景觀。

接連不斷的奇怪岩石

米佛峽灣的戶外活動 Activity

小型飛機遊覽飛行

搭乘小型飛機遊覽也可以飽覽峽灣之美，從與遊輪不同的角度，感受米佛峽灣遼闊的大自然。有單純遊覽飛行的「Scenic Fight」，或是從皇后鎮出發的遊覽飛行與2小時的遊輪巡航組合成「Fly Cruise Fly」等多種行程。

Milford Sound Scenic Flights ☎(03)442-3065 FREE 0800-207-206 URL www.milfordflights.co.nz 時全年 費Scenic Flight皇后鎮出發大人$415～、小孩$255～（所需時間約1小時） Fly Cruise Fly皇后鎮出發$515～、小孩$315～（所需時間約4小時） CC AMV

海洋獨木舟

在米佛峽灣挑戰海洋獨木舟也是熱門活動，從海面上抬頭所能仰望到的風景，晴天時神聖而莊嚴，陰天時映照著神祕氣息，與在觀光船上感覺完全不同，還有機會遇見海豚及海豹，初學者也沒問題。有多家觀光船公司推出與1日遊輪巡航的套裝組合。

Cruise Milford
☎(03) 398-6112 URL www.cruisemilfordnz.com
時11～4月 費米佛峽灣出發獨木舟＆遊輪巡航組合大人$250、小孩$119（所需時間約6小時） CC AJMV

Column 米佛小歷史

1878年，與內陸地區還沒有任何公路交通的米佛峽灣，居住著一位來自蘇格蘭的探險家——唐納・蘇德蘭Donald Sutherland；他曾經從事礦山探勘、海豹獵人、軍人等職業，最後選擇定居於此地，而被稱為「米佛神仙Milford Hermit」。蘇德蘭在進入山中時赫然發現的大瀑布，就是如今在米佛步道途中會看得到的蘇德蘭瀑布Sutherland Falls。米佛步道的原始路線是在1888年時開拓出來的，從此之後觀光客漸漸增加，當時大多數的遊客為了避免翻山越嶺，通常都是搭船從外海進入步道。蘇德蘭則在此時與新婚妻子伊莉莎白經營小小的木屋旅店，接待這些遊客。

到了1953年，米佛峽灣才成為交通便捷的觀光勝地，也是荷馬隧道開通之後的事。儘管隧道挖掘是花了18年時間的超困難工程，但當初是受到世界不景氣的影響，想藉著這項壯舉來刺激經濟，才決定正式動工。

神奇峽灣

Doubtful Sound

前往神奇峽灣的據點城鎮是位於蒂阿瑙西南方的瑪納波里Manapouri。來自英國的探險家庫克船長，於1770年發現神奇峽灣這處看起來暗藏玄機的海灣，由於「質疑」船艦一旦開進去就會出不來，而停止繼續往峽灣內探索，更在自己的手繪地圖上標注為「可疑海灣Doubtful Harbour」，此後這裡就被稱為神奇峽灣Doubtful Sound。

視野恢弘的神奇峽灣

矗立於兩側的驚險斷崖打造出無數個海灣，繼續前進的同時，出現眼前的是神祕夢幻的自然美景。

如何前往神奇峽灣 Access

由於沒有一般道路可通往神奇峽灣，只能搭乘瑪納波里出發的觀光船，穿越瑪納波里湖才能到達。而作為觀光據點的瑪納波里Manapouri，從蒂阿瑙開車過來只需要約30分鐘，卻沒有巴士路線，只能租車或參加從蒂阿瑙、皇后鎮出發的旅遊團前往。

旅遊團除了往返瑪納波里的巴士之外，還包含瑪納波里湖及神奇峽灣觀光船的周遊行程，其中神奇峽灣的巡航之旅約3小時。從蒂阿瑙出發的旅遊團來回約9小時45分，皇后鎮出發來回則需要約12小時。

瑪納波里的住宿

Freestone
住270 Hillside Rd.
☎(03) 249-6893
✆021-0865-0530
URL freestone.co.nz
費ⒹⓉ$85～

Manapouri Motels & Holiday Park
住86 Cathedral Dr.
☎(03) 249-6624
URL manapourimotels.co.nz
費Motel$110～
Cabin$80～

Manapouri Lakeview Motor Inn
住68 Cathedral Dr.
☎(03) 249-6652
FREE 0800-896-262
URL www.manapouri.com
費ⓈⒹⓉ$105～

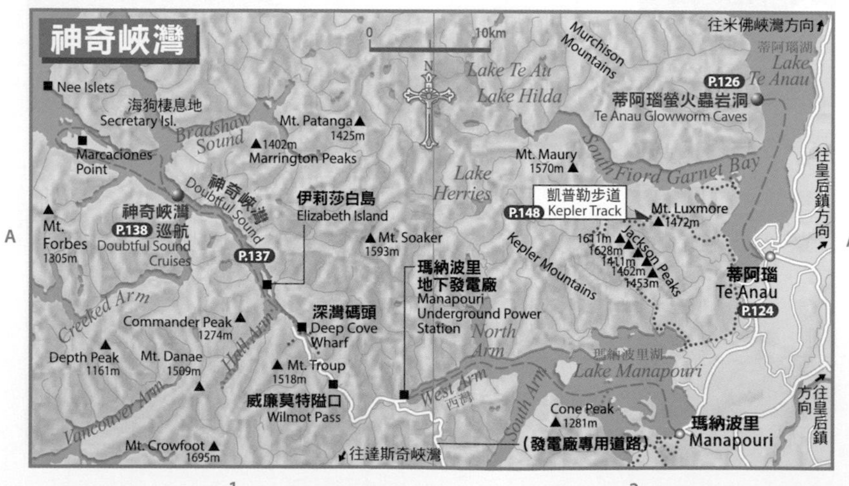

神奇峽灣的旅遊團
Real NZ（→P.132）
瑪納波里出發
時 1日1～2班
費 大人$229～、小孩$99（所需時間約7小時）
蒂阿瑙出發
時 1日1班
費 大人$249～、小孩$119（所需時間約9小時）
皇后鎮出發
時 1日1班
費 大人$289～、小孩$159（所需時間約12小時）

過夜巡航之旅
可分別從瑪納波里、蒂阿瑙、皇后鎮出發，在神奇峽灣度過一晚的過夜巡航之旅（請參考→P.133）。
時 1日1班
費 蒂阿瑙出發
大人$619～、小孩$319～

神奇峽灣的漫遊

瑪納波里的市區很小，只在湖畔有汽車旅館與Holiday Park露營區而已，因此在這裡的度假方式只有2種選擇，就是體驗健行樂趣，或是在寧靜湖畔盡情放鬆身心。附近規劃有多條健行路線，每條步道都是由郊外懷奧河Waiau River河口處的珍珠港Pearl Harbour作為起點。

從蒂阿瑙、皇后鎮出發至神奇峽灣的旅遊團，都會先搭巴士至瑪納波里，然後搭乘觀光船由東往西橫渡瑪納波里湖，接著再次乘坐巴士登上海拔670m的威廉莫特隘口Wilmot Pass，一覽整個神奇峽灣的開闊美景，接著便抵達前往神奇峽灣的出發地──深灣碼頭Deep Cove Wharf。最後從這裡搭乘觀光船飽覽神奇峽灣景致，也有從瑪納波里直接出發的在地旅遊團。

搭船遊瑪納波里湖也饒富趣味

神奇峽灣的景點

神奇峽灣巡航之旅
Doubtful Sound Cruises

Map P.137-A1

神奇峽灣的海岸線長達160km，是整座峽灣國家公園中規模第2大的峽灣。周圍盡是峽灣特有的垂直矗立於水邊的岩山美景，又因為比米佛峽灣大上3倍之多，山水交織的美麗風景與開闊視野，也更加地震撼人心。在這裡棲息著瓶鼻海豚（→P.187），運氣好就能發現牠們的蹤影，而在面海的Nee Islets小島群的岩石上，則是一整年都可以看到海狗群（紐西蘭海狗New Zealand Fur Seal）；另外還可以見識到像是峽灣企鵝、藍企鵝等可愛企鵝（→P.36）的蹤影。

深入峽灣的山脈充滿夢幻氛圍

大自然的美麗充滿生氣

引擎停止時的水面如鏡子般，被寂靜所包圍

Nee Islets的海狗群

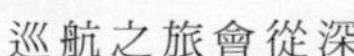
巡航之旅會從深

灣碼頭前往峽灣並繞行島嶼之間，在外海附近航行約3小時再返回；除了欣賞美麗峽灣風景，運氣好的話能看到野生動物之外，途中船長還會特別停船、關掉引擎，讓大家仔細聆聽大自然的聲音。

參加Real NZ的旅遊團就能接觸這種神祕

只有過夜巡航之旅能欣賞夕陽

在過夜巡航之旅體驗獨木舟

神奇峽灣的戶外活動 Activity

海洋獨木舟

只有在夏季推出的獨木舟之旅。一早從蒂阿瑙出發，享受搭船遊瑪納波里湖及威廉莫特隘口的景觀，再前往神奇峽灣；導遊導覽的時間約5小時，也能充分體驗獨木舟。中途會在霍爾灣Hall Arm的露營場上岸休息並吃午餐（午餐需自備）。

Doubtful Sound Kayak and Cruise
電(03) 249-7777
FREE 0800-452-9257
URL www.doubtfulsoundkayak.com
時 11～4月　費 $429～（包含從蒂阿瑙的接送服務）　CC MV

空中遊覽飛行

各公司都有推出從蒂阿瑙或皇后鎮出發，飛行在神奇峽灣上空的觀光之旅，所需時間約1小時左右，可以盡情地飽覽神奇峽灣的壯闊美景。只是行程經常受到天氣影響，即使事先預約也有可能會臨時取消；也有和遊輪組合的套裝行程。

Southern Lakes Helicopters 電(03) 249-7167　URL southernlakeshelicopters.co.nz
時 全年　費 $845～（所需時間70分鐘）　CC MV
Air milford 電(03) 442-2351
URL airmilford.co.nz　時 夏季
費 $960～（所需時間9小時30分）　CC MV

Column 瑪納波里湖水壩

瑪納波里在紐西蘭是環境保護運動的象徵而廣為人知，發源就是因為這裡的水庫、發電廠建設計畫。從很久以前，就有將瑪納波里湖豐沛水量運用在發電上的想法，而具體的發電廠建設計畫雛型則是在1940年代出現；當時有家紐西蘭公司在澳洲昆士蘭挖掘到作為鋁原料的超大鋁氧石礦藏，這些鋁氧石必須運回紐西蘭再加工粹煉成鋁，但是煉鋁需要相當大量的電力，因此如何確保電力源源不絕就成了最新的課題，而瑪納波里湖就在此時雀屏中選。

依照計畫，要興建水庫將湖水水位提升30m，並讓湖水落下以進行發電，但是這會讓湖泊周邊的森林及眾多島嶼沉入水底，當然就引來維護自然景觀人士的反對聲浪，到了1960年代後半更發展成席捲全國的保護運動；最終集結多達26萬5000人（約占當時紐西蘭總人口數的8%）反對興建水庫的聯署，迫使水庫興建計畫大幅度變更成建造地下水路，才得以保住這座湖泊。

早在自然環境保護意識不如現今的上個世紀，在紐西蘭南邊窮鄉僻壤的開發計畫，竟然會引起全國民眾的注意，而且最後是由反對派獲得全面勝利，顯示出紐西蘭民眾在環保概念上的高水準。

米佛步道
Milford Track

DOC官網
URL www.doc.govt.nz

吸引來自世界各地的健行者

1日健行之旅
Fiordland Outdoors
☎021-197-4555
FREE 0800-3474-538
URL www.fiordlandoutdoors.co.nz
時 10月下旬～4月末
蒂阿瑙11:00出發、
皇后鎮8:00出發
費 蒂阿瑙出發大人$187、小孩$121　皇后鎮出發大人$283、小孩$189
從蒂阿瑙出發的1日之旅，為由米佛步道起點開始步行約5km的行程，適合沒有時間或是擔心體力不足，卻又想體驗健行樂趣的人；所需時間為6小時30分，其中步行時間約4～5小時左右。也可以從皇后鎮出發，或從米佛峽灣開始走。

個人健行與導覽健行團
「個人健行」與「導覽健行」的費用落差極大，個人健行3晚的山間小屋使用費合計為$330，加上往返的交通費大約$450～530。相較之下，導覽健行團的費用大人為$2495～、小孩$1875～，可以選擇住套房；雖然價格並不便宜，但是就齊全的住宿設備與服務來說，還算是相當值得。特別是對於不習慣走山路的人而言，收費高的同時卻也多了有嚮導隨行的安全，更能享受健行的樂趣。

濃綠色的森林與清澈溪水交織成的美景

米佛步道是銜接米佛峽灣與蒂阿瑙湖、全長53.5km的健行步道，原本是距今100多年前所開拓出來的山路，在為數眾多的登山健行路線中，以變化多端的景觀與視野，加上多座湖泊與瀑布，被譽為是「全世界最美麗的健行步道」。這條超級熱門的米佛步道，每年會吸引超過7000人造訪，旺季是從10月下旬至4月底；不過因為有入山人數限制，因此想在旺季前往健行，必須事先預約申請。步道起點就位在南邊的Te Anau Downs，走完步道全程包含在途中小屋住宿，需要4天3夜。

如何前往米佛步道 Access

Te Anau Downs就在蒂阿瑙往北27km的蒂阿瑙湖畔，可以搭乘巴士或是自行開車前往；不過，需要注意的是在旺季期間必須事先預約，所以集合時間都是固定的。出發是從Te Anau Downs搭乘專用船隻，前往對岸的格拉德碼頭Glade Wharf，回程則是從米佛峽灣搭乘小飛機或巴士返回蒂阿瑙，或是其他城市。

米佛步道的漫遊

想暢遊米佛步道有2種方式，個人健行Independent Walk是4天3夜的固定行程，就是一個人獨自上路，因此健行中所需的食物、裝備等全都要自己整理、背負，只是在如此多雨且天候變化劇烈的峽灣地區行動，對於沒有登山經驗的人，建議最好還是不要輕易嘗試。健行的旺季是每年10月下旬～4月底，旺季以外則不需要事先預約，但需要購買山間小屋通行證Hut Pass（1晚$15）。

另一種方式是有嚮導帶領的導覽健行團Guided Walk，會以皇后鎮或蒂阿瑙作為往返據點，實際健行3天之後再加上在飯店住宿1晚的5天4夜行程；提供行程中所有的餐飲與寢具，參加者僅需要攜帶自己的隨身物品健行，因此只要擁有

基本體力就可以參加。

導覽健行團的出團期間為11月中旬～4月上旬，為了避免步道過於擁擠，同時將對大自然的影響降至最低，11～4月的入山人數限制為：導覽健行團1天50人、個人健行1天40人。除了事先預約之外，到了當地必須遵守：Te Anau Downs～米佛峽灣之間1日的行走距離必須在20km之內。

關於預約方法與購買住宿券

個人健行是從4月開始，導覽健行團則是1月下旬起接受預約服務，在耶誕假期前至1月初的新年假期會是最客滿的時間，請記得提早預約。

●個人健行

接受預約的是自然保育部DOC（Department of Conservation）的專屬櫃台。以米佛步道為例，即使是個人健行也必須按照固定行程來走，因此預約方式非常簡單，只需要確認出發日有無名額即可。首先在DOC官網上確認出發日期是否有名額，有的話就註冊免費帳號，進行預約、付款，付款方式為使用信用卡，3晚住宿費用$330會自動扣款，然後就只剩下出發前到當地領取山間小屋通行證Hut Pass即可；此時要順便收集天氣及注意事項等資訊。

預約完山間小屋，也要預約往返步道的交通工具，不然會沒車可搭，千萬不能忘記。使用DOC的官網預約後會收到E-mail確認信，信上就會附有交通機構的網站連結，就能進行預約和付款。

●導覽健行團

導覽健行團與個人健行的營運單位不同，是在皇后鎮的Ultimate Hikes Centre接受預約，手續流程基本上與個人健行相同，直接到辦公室或是透過網站預約都可以。

小屋Hut／山莊Lodge的設備與裝備

●個人健行

小屋陳設相當簡單，但是烹煮食物用的瓦斯爐、自來水、廁所等基本設備都有，夏季時還會有管理人員常駐，但是食材、餐具必須自行準備。至於床鋪會備有床墊，只需要攜帶睡袋即可；照明則只有部分或公共區域有電燈，自行準備手電筒（頭燈）會比較方便。

●導覽健行團

山莊內都會提供電與熱水，連洗髮精、沐浴乳、吹風機及寢具都非常齊全，包含步行途中的午餐等所有餐飲都會供應，因此僅需要準備一些自己喜歡的零食點心就行。如衣物、洗臉用品、水壺等盡量攜帶簡單、輕便的行李上路。

個人健行預約申請處
Department of Conservation
FREE 0800-694-732
URL www.doc.govt.nz

在官網預約
個人健行的預約在DOC以下的官網即可申請，而且可以預約紐西蘭全國的山間小屋，其剩餘床位數目與價格都一目瞭然，十分方便。在官網上預約必須註冊免費帳號，填寫姓名、地址、電子信箱等基本資料就能馬上完成，預約後也可以更改或取消。
URL booking.doc.govt.nz

導覽健行團預約申請處
Ultimate Hikes Centre
☎（03）450-1940
FREE 0800-659-255
URL www.ultimatehikes.co.nz

遠眺瑪納波里湖

簡潔的個人健行小屋

橫渡於克林頓河上的長吊橋

個人健行的行程

●第1天　格拉德碼頭→克林頓小屋
（約5km，所需時間1小時～1小時30分）

從Te Anau Downs搭船抵達格拉德碼頭上岸後，格拉德小屋就是步道的起點。出發不久就會橫渡跨越克林頓河的長吊橋，然後就是一直行走在河畔的寧靜森林浴步道。這一小段平坦的區段，可以當作是健行的輕鬆暖身地帶。

●第2天　克林頓小屋→米塔羅小屋
（約17.5km，所需時間約6小時）

出發之後沒多久就進入茂密森林中，經過龐波羅納山莊Ponporona Lodge（導覽健行團專用）之後，山勢就開始顯得陡峭，步道也會變成極陡的上坡。走完大約40分鐘的陡坡之後，就能抵達米塔羅小屋Mintaro Hut。

●第3天 米塔羅小屋→當普林小屋（約13km，所需時間6～7小時）

這一天要翻越整條步道的最高點，也就是麥金農隘口Mackinnon Pass。從小屋出發後是一段曲折的上坡路，約2小時之後會登上山頂，天氣晴朗時可以一覽蒂阿瑙、米佛兩地的遼闊美景。從隘口往下是2個多小時的陡急下坡路，而後抵達昆丁山莊Quintin Lodge（導覽健行團專用）；可以順道去看紐西蘭最大的蘇德蘭瀑布Sutherland Falls，不僅落差高達580m，站在水潭邊抬頭欣賞瀑布更是震撼力十足。結束來回約1小時30分的蘇德蘭瀑布遊之後，再度回到健行步道，約1小時後就能抵達當普林小屋Dumpling Hut。

●第4天　當普林小屋→沙蠅角
（約18km，所需時間5小時30分～6小時）

雖然步行距離長卻是平緩的下坡步道，不過為了趕上終點沙蠅角Sandfly Point的船班，必須在8:00～9:00間離開當普林小屋。前半段是行走於亞瑟河Arthur River沿岸的山谷間，後半段則是沿著如河般開闊的阿達湖Lake Ada畔前進。

米佛步道

▲ 導覽健行的山莊
▲ 個人健行的山間小屋(DOC)
避難小屋
廁所

導覽健行團的旅程

Map P.142

●出發前一天

出發前一天14:45在皇后鎮的「The Station」舉辦說明會，講解行程路線並與其他團員見面，有需要的人可以在這裡借登山背包和雨具。

●第1天　格拉德碼頭→格拉德小屋（約1.6km，所需時間約20分鐘）

9:15在「The Station」集合、完成報到手續後，搭乘巴士出發，中午在蒂阿瑙的咖啡館享用午餐後，繼續搭乘巴士前往Te Anau Downs，然後搭船前往步道起點所在的格拉德碼頭。這一天僅須徒步1.6 km至住宿點的格拉德小屋。

●第2天　格拉德小屋→龐波羅納山莊（約16km，所需時間約5～7小時）

這一天才開始真正的健行，行走於克林頓河畔的森林中，雖然是平緩的上坡，後半段漸漸能欣賞到峽谷的開闊風景，體驗到山間的健行氛圍。

●第3天　龐波羅納山莊→昆丁山莊（約15km，所需時間約6～8小時）

行程中最陡峭的爬坡路，前往麥金農隘口的崎嶇步道

越過麥金農隘口後往昆丁山莊前進，這一段不僅是整段步道的最高潮，同時也是最需要體力的路程。在抵達山莊之後，可以順道前往蘇德蘭瀑布參觀一番（來回1小時30分）。

●第4天　昆丁山莊→米佛峽灣（約21km，所需時間約6～8小時）

雖然距離很長，但幾乎都是沿著極為平坦的阿達湖畔步道往終點沙蠅角前進，最後結束健行之旅。搭乘小船到對岸的米佛峽灣，並在麥特爾峰旅館Mitre Peak Lodge登記住房、享用晚餐，之後會舉行健行完成證書的頒發儀式。

●第5天　米佛峽灣巡航之旅

上午會有約2小時的米佛峽灣巡航之旅，最後在巴士上用午餐，經過蒂阿瑙返回皇后鎮。回到皇后鎮為16:00左右。

格拉德小屋裡有間小展覽室

紐西蘭國內最大且落差高達580m的蘇德蘭瀑布

雨水豐沛的米佛步道旁生長著茂密的蕨類植物

小知識

小心沙蠅！

米佛的沙蠅（→P.127）數量比想像中多，連廁所裡都有，可以考慮戴上附有紗網的帽子。

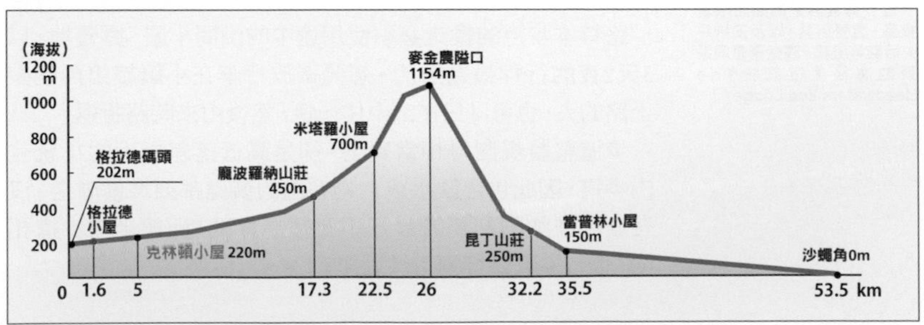

路特本步道

Routeburn Track

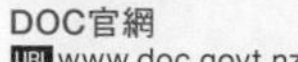

DOC官網
URL www.doc.govt.nz

主要巴士公司
Tracknet
☎(03) 249-7777
FREE 0800-483-262
URL tracknet.net
蒂阿瑙～分水嶺The Divide
運 夏季
7:15、9:45、13:25出發1日3班
費 單程大人$38、小孩$35
Info & Track
Map P.104-A2
住 37 Shotover St. Queenstown
☎(03) 442-9708
FREE 0800-462-248
URL infotrack.co.nz
皇后鎮～路特本避難小屋Routeburn Shelter
運 夏季
8:00、11:15、16:00出發1日3班
費 單程大人$52、小孩$41

i Info & Track
開 夏季 7:00～17:00
冬季 7:00～20:00
（依季節變動）
負責路特本周邊步道相關的所有安排。

格倫諾基的Holiday Park露營區
Mrs Woolly's Campground
住 64 Oban St. Glenorchy
✆021-0889-4008
URL www.mrswoollyscampground.co.nz
費 Camp $40～、有電營位$65～

位於露營區旁的商店販賣食品、露營用具，以及安排戶外活動等服務。隔壁則是同系列的高級住宿設施The Headwaters Eco Lodge。

站在康尼卡山欣賞山景，正前方就是達崙山脈的群峰

路特本步道位於峽灣國家公園與阿斯匹林山國家公園的交界處，是與米佛步道同樣具有高人氣的健行步道，每年吸引1萬6000名登山客造訪。步道全長33km，往南可以銜接綠石步道Greenstone Track及卡普爾斯步道Caples Track。路特本步道不僅能雙向通行，在抵達最高點之後也可以原路折返；通常都會是3天2夜的縱走行程，在步道上設有3座山間小屋及2處露營地。相較於行走在平坦森林中的米佛步道，要從海拔458m或532m的起點，以短距離登上1255m的最高點，路特本步道的落差起伏較大，相對地景觀視野也更有變化，能從高處眺望到絕佳山岳美景。

如何前往路特本步道 Access

皇后鎮方向的起點是路特本避難小屋Routeburn Shelter，距離皇后鎮約73km，車程約1小時30分；這段路程在夏季期間會有登山客專用的接駁巴士。蒂阿瑙方向的起點則是分水嶺The Divide，距離蒂阿瑙約85km，搭車約1小時15分，同樣也有接駁巴士。從皇后鎮前往路特本避難小屋途中，約47km處的小城鎮為格倫諾基Glenorchy（→P.110），有Holiday Park露營區，可以在此地住宿休息。

路特本步道的漫遊

路特本步道的縱走必須使用途中的山間小屋、露營地，以3天2夜的行程最為熱門。想要寄放行李在小鎮旅館再輕裝上路的人，也可以只在山中住一晚，然後由來時路折返。

步道整體規劃得相當齊全，卻是高低落差極大的正統登山步道，因此包含飲水或食物在內的裝備都要準備周全，沒有登山經驗的初學者最好不要輕易嘗試。而與米佛步道相同，也有導覽健行團可供選擇。

關於預約方法與購買住宿券

想要在11月1日～4月30日的夏季期間，以個人健行方式挑戰路特本步道，路線上的3座山間小屋及2處露營地都必須事前預約申請；山間小屋每人每晚大人$102、小孩$51，一座小屋原則上只能連續住宿2晚，至於露營則是每晚大人$32、小孩$16。5月1日～10月31日雖然不需要事先預約，但在出發前要先到DOC遊客中心購買1晚$15～25的山間小屋通行證Hut Pass。不過這時的山間小屋不僅沒有管理員、也沒有瓦斯等設備可用，加上天候狀況不佳，只適合經驗豐富的登山老手。

預約可透過DOC官網申請相當方便，先註冊免費帳號，填寫山間小屋名稱、住宿日期、天數、人數就可以預約；就算沒有註冊帳號也可以查詢山間小屋的空床狀況，使用信用卡就能付款。完成預約之後，健行出發前再到皇后鎮或蒂阿瑙的DOC遊客中心領取山間小屋通行證。

●導覽健行團

與個人健行不同，是住宿在更高級山莊的行程。設置在步道上的2處山莊，座落地點鄰近個人健行的路特本瀑布小屋Routeburn Falls Hut、麥肯基湖小屋Lake Mckenzie Hut，導覽健行團會從皇后鎮出發，下榻在這2個山莊，進行3天2夜

山間小屋的預約申請處
Department of Conservation
FREE 0800-694-732
URL www.doc.govt.nz
E-mail greatwalksbookings@doc.govt.nz
也可以透過以下網站申請。
URL booking.doc.govt.nz

露營地
麥肯基湖Lake Mckenzie與Routeburn Flats 2處小屋的附近，有提供露營地，不過與山間小屋同樣採取事先預約制。

山間小屋的設備
3座山間小屋同樣都在夏季時有管理員常駐，提供烹煮用瓦斯爐、睡覺床墊，因此並不需要攜帶個人爐具及睡墊，但食材、鍋子、餐具、睡袋等就要自備。廚房之外的自來水、沖水馬桶設備也都很齊全。

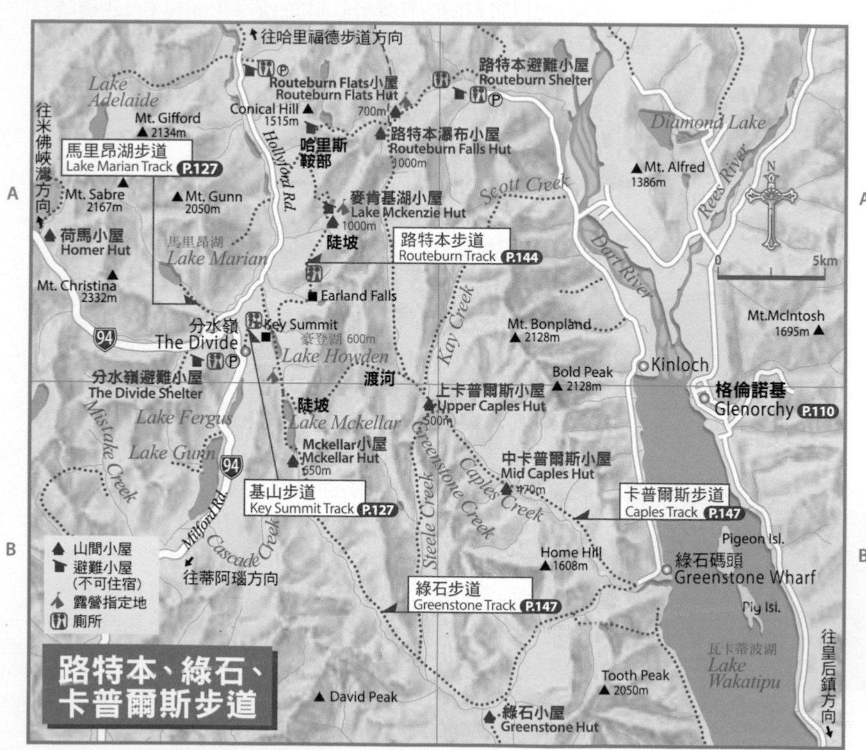

導覽健行團預約申請處
Ultimate Hikes Centre
（→P.141邊欄）

行程建議
本頁所介紹的個人健行行程，是從皇后鎮出發的路線。
蒂阿瑙出發的3天2夜路線
第1天：蒂阿瑙出發～到達分水嶺，住宿麥肯基湖小屋
第2天：住宿路特本瀑布小屋或Routeburn Flats小屋
第3天：路特本避難小屋出發～到達蒂阿瑙
第2天往返於哈里斯鞍部～康尼卡山，也是不錯的選擇。

的健行。導覽健行團的服務時間是從11月中旬～4月上旬，1天40人，費用為大人$1720～、小孩$1295～，住宿有4～6人的團體房及附設衛浴的雙人房可以選擇；至於行程中的交通工具及全部餐飲費用都包含在內。

個人健行的行程

Map P.145

路特本避難小屋→Routeburn Flats小屋

（約7.5km，所需時間1小時30分～2小時30分）

從停車場旁出發，馬上就走過吊橋，而底下的路特本河Route Burn也正是這條步道名稱的由來，而所謂的「burn」，在蘇格蘭語是小河川的意思。沿著擁有豐沛水量的河流順地勢平緩的步道往上走，周圍環繞著山毛櫸森林，是條氣氛清幽而宜人的路線。等到過第2座吊橋之後，馬上整個視野變得豁然開朗，一改原先狹窄的河川景觀，轉變成遼闊的Routeburn Flats平原景致。

起點的路特本避難小屋

Routeburn Flats小屋→路特本瀑布小屋

（約2.3km，所需時間1小時～1小時30分）

經過往Flats小屋的岔路之後，出現稍微陡峭的爬坡路，步道兩旁全是茂密的森林，途中會有一段橫亙在前的舊土石崩落區，可以將遼闊的風景盡收眼底。看到Emily Creek橋時，今天的路程就完成一半；再繼續往上走，路特本瀑布小屋Routeburn Falls Hut就出現在眼前，附近還有一座同名瀑布。

站在路特本瀑布小屋往下看的景色，分布於山間的廣大平原就是Routeburn Flats

路特本瀑布小屋→麥肯基湖小屋

（約11.3km，所需時間4小時30分～6小時）

路特本瀑布小屋附近已經超過森林生長的界限，風景也轉變成為野草與岩石交混的低矮草叢地形，而沿著已經變細的路特本河平緩地往上走，就能看見這條小溪的源頭──哈里斯湖，是座位於海拔1200m的大湖。沿著湖畔繼續往前行，不久就能抵達步道最高點的哈里斯鞍部Harris Saddle，這裡建有一間避難小屋。如果天氣不好，就改登背後的康尼卡山Conical Hill，將大背包放在避難小屋，大約1個半小時就可以往返。站在海拔1515m的山頂可以擁有360度的寬廣視野，甚至還能眺望到遠處的塔斯曼海Tasman Sea。

哈里斯鞍部的避難小屋，背後就是康尼卡山

再度回到主步道上，接著必須穿越面對著哈里福德山谷Hollyford Valley大片斜坡的路線。隔著眼前的山谷，看著被冰河擁抱的群山，走在非常平坦的路段上約1小時，不久就會出現麥肯基湖，以及建於湖畔的小小山屋；從這裡會再次進入森林，並且是陡峭而崎嶇的下坡路段。往下穿越過山毛櫸森林及長滿青苔的美麗「岩石庭園」後，就能抵達麥肯基湖小屋Lake Mckenzie Hut；這座山間小屋的地理位置非常好，前面就是開闊的湖泊，矗立在對面的則是Emily峰（1815m）。

從麥肯基湖畔眺望Emily峰，可以清楚看到被冰河侵蝕的U型山谷

麥肯基湖小屋→豪登湖（約8.6km，所需時間3～4小時）

這段步道大致都屬於平緩的地勢，可以享受寧靜的登山樂趣，中途會遇上高174m的瀑布Earland Falls，下過大雨後會讓瀑布水勢大增，經常得繞路避開。往前步行不久就會抵達曾經有山間小屋的豪登湖Lake Howden。從這裡往南就是邁向卡普爾斯步道、綠石步道（→如下所記）的分歧點，因此也可以徒步到這裡之後折返回到格倫諾基。

豪登湖→分水嶺（約3.4km，所需時間1小時～1小時30分）

從豪登湖出發時的路程雖然相當平緩，但是接下來就會開始爬坡，往上走約15分鐘之後就抵達通向基山Key Summit的分岔點。基山是蒂阿瑙出發1日遊行程中最熱門的景觀點，來回需要約1小時～1小時30分。儘管基山海拔只有919m，展望景觀卻相當迷人，建議不妨將大背包放在分岔點附近再往上爬。

往返基山之後再次回到主步道，在山毛櫸森林中一路下坡，當聽到久違的車聲時，就抵達終點的分水嶺The Divide了。

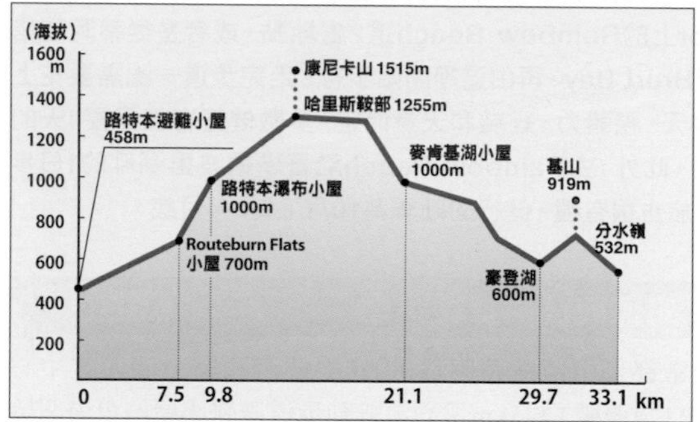

哈里斯鞍部南側的縱走路線，可以一邊欣賞山景一邊前進

從基山看Christina山

卡普爾斯步道／綠石步道

Caples Track/Greenstone Track

Map P.145

這2條步道同樣都是在路特本步道的豪登湖附近分歧，也都是通往瓦卡蒂波湖的路線；因為在地勢上沒有太大的高低落差，無法欣賞到雄偉的山岳景色。大多數登山客會將這2條路線結合，成為環狀的4天行程。

卡普爾斯步道　Caples Track

（約27km，所需時間9小時30分～13小時30分）

途中有2座山間小屋，不過為了攀越Mckellar鞍部，會是連續非常陡峭險峻的上坡路，是適合資深登山者的路線。

綠石步道　Greenstone Track

（約36km，所需時間8小時30分～11小時30分）

與卡普爾斯步道同樣都是自豪登湖附近向南邊往下走，途中不需要越過山嶺，幾乎整條路線都是平緩的下坡路。

卡普爾斯、綠石的山間小屋

每間小屋住宿1晚大人$20、小孩$10，必須事先在DOC國家公園遊客中心購買山間小屋通行證Hut Pass，不是採取預約制，床位為先到先入住。小屋中提供自來水、廁所、煤炭暖爐，但沒有瓦斯，必須要自行攜帶爐具。

只有上卡普爾斯小屋Upper Caples Hut和中卡普爾斯小屋Mid Caples Hut要跟NZ Deerstalkers Association（URL www.southernlakesnzda.org.nz/Huts/）預約。

接駁巴士（→P.144邊欄）

Info & Track

從綠石碼頭可搭乘上述公司的接駁巴士，往來於格倫諾基、皇后鎮之間，單程$39～，健行出發之前記得預約。

其他步道

格倫諾基的區域內還有里斯達特步道Rees/Dart Track，全程需要4～5天時間，步道起點之一是名為Paradise的小村落。

峽灣國家公園

凱普勒步道

Kepler Track

享受偉大景觀約60km的健行路線
圖片提供／©Tourism New Zealand

凱普勒步道是連結聳立在蒂阿瑙湖及其南邊的瑪納波里湖間群山、長約60km的周遊路線。雄偉的冰河、U型山谷與山毛櫸森林等變化豐富的自然美景，以及置身高處的遼闊感，再加上蒂阿瑙出發的便利交通等因素，讓這條步道的人氣居高不下。

步道起點是蒂阿瑙湖畔凱普勒步道避難小屋Kepler Track Shelter的停車場，以及橫亙在連接2座湖泊的懷奧河Waiau River上的Rainbow Reach這2處地點，或者是從蒂阿瑙搭船至Brod Bay，再由這裡開始步行。走完步道一圈需要花上3～4天，視體力、經驗和天氣而定，多數健行客都需要4天的時間。此外，由Rainbow Reach沿著瑪納波里湖畔的1日步行之旅也很有趣。健行的旺季為10月下旬～4月底。

如何前往凱普勒步道

通常都是由距離蒂阿瑙的DOC峽灣國家公園遊客中心（→P.124邊欄）約5km遠的凱普勒步道避難小屋停車場開始走。夏季Tracknet有接駁巴士行駛，從蒂阿瑙前往距離12km的Rainbow Reach也有巴士班次。

凱普勒步道的漫遊

在全長約60km的步道途中，從Brod Bay經過力士摩山Mt. Luxmore，最後抵達Iris Burn小屋的22.8km路段，是必須爬完高低落差累積近1400m的山路後，再馬上陡下1000m的困難行程；而之後35km路程的地勢落差卻僅有約300m，是配速極端迥異的路線。其中最為陡峭的就是懸谷避難小屋至Iris Burn小屋這段路；為了避開這段爬坡路，有很多人會乾脆選擇從凱普勒步道避難小屋停車場出發的逆時針方向路線。這樣一來會變成第1晚下榻力士摩小屋，第2晚則是住宿在Iris Burn小屋的3天2夜行程；或者是再加上Moturau小屋的4天3夜，完成環繞步道一圈的行程。

DOC官網
URL www.doc.govt.nz

主要巴士公司
Tracknet
☎ (03) 249-7777
FREE 0800-483-262
URL tracknet.net
蒂阿瑙～凱普勒步道避難小屋停車場
運 夏季　9:30、14:20出發，1日2班（依預約狀況而定，也會在8:45、15:40出發）
費 單程$9
蒂阿瑙～Rainbow Reach
運 夏季 9:30、14:20出發，1日2班（依預約狀況而定，也會在15:40出發）
費 單程$17

Brod Bay的船
Kepler Water Taxi
運 夏季　8:30、9:30、10:30出發，1日3班
費 $25
船票可以在Tracknet（上面所記），或是在Fiordland Outdoor（→P.140）購買。

步道的起點

凱普勒步道的導覽健行團
Trips & Tramps
☎ (03) 249-7081
URL tripsandtramps.com
費 1日健行團大人$340～、小孩$250～
規劃有許多與噴射飛船組合的1日健行團等，無經驗者也能輕鬆參加的行程。

個人健行的行程

Map P.149

凱普勒步道上設有3座山間小屋，夏季有管理員常駐，並提供瓦斯爐等設備。在10月下旬～4月底的夏季健行旺季採取入山預約制，費用為每人1晚$102；Brod Bay與Iris Burn也可以露營（$32），但夏季容易客滿，最好早點抵達才有營位。

凱普勒步道避難小屋（停車場）→Brod Bay→力士摩小屋（約13.8km，所需時間5～6小時）

沿著蒂阿瑙湖一路北上，到Brod Bay之後就會進入鬱鬱蒼蒼的森林中，步道高度也隨之上升，途中更有機會見到大片的石灰岩峭壁。不久出了森林界限後，視野會突然豁然開朗，晴天時還能將腳下的蒂阿瑙、瑪納波里這2座湖泊看得一清二楚。從這裡開始，步道會沿著平緩而開闊的稜線往上走，約45分鐘就到力士摩小屋Luxmore Hut，站在陽台可以眺望絕佳的蒂阿瑙湖美景；附近還有鐘乳石洞，不妨順道前往欣賞。不過，洞內深達近1km，而且內部相當陰暗，千萬不要隨意走到太深處，會有危險，同時必須攜帶手電筒。

凱普勒步道的山間小屋
冬季使用山間小屋不需要預約，費用為每晚$15～25，露營則為$5。

仰望石灰岩峭壁

凱普勒步道

South Fiord Garnet Bay
往蒂阿瑙岩洞方向↗
Dome Isl.
Hidden Lakes
蒂阿瑙湖
Lake Te Anau
Forward Peak
1361m
懸谷避難小屋
Hanging Valley Shelter
1390m
力士摩小屋
Luxmore Hut
1085m
鐘乳石洞
1472m
力士摩山
Mt. Luxmore
森林界限
陡坡
在狹窄稜線上前行，部分路段有階梯
森林小溪避難小屋
Forest Burn Shelter
1270m
森林界限
眺望蒂阿瑙湖
Brod Bay
Brod Bay Camp
石灰岩峭壁
蒂阿瑙
Te Anau
P.124
船隻
497m
Iris Burn小屋／營地
Iris Burn Hut / Camp
1611m
1628m
1411m
Jackson Peak
1462m
1453m
DOC峽灣國家公園遊客中心
Dock Bay
→往墨斯本、皇后鎮方向
凱普勒步道避難小屋
Kepler Track Shelter
Kepler Mountain
1451m
Rocky Point避難小屋
Rocky Point Shelter
Iris Burn
森林小溪
Forest Burn
Harts Hill
655m
Moturau小屋
Moturau Hut
185m
Rainbow Reach
吊橋
瑪納波里湖
Lake Manapouri
Calm Bay
Shallow Bay
Rona Isl.
Te Anau Rd.
Waiau River
▲ 山間小屋
避難小屋（不可住宿）
露營指定地
0 3km
↙往瑪納波里方向

懸谷避難小屋的景觀也很棒

力士摩小屋→Iris Burn小屋（約14.6km，所需時間5～6小時）

力士摩山Mt. Luxmore的山頂並不在主步道上，得在岩石眾多的斜坡往上走10分鐘左右才能到達。賞完景再回到主步道，經過一段下坡路後就能抵達森林小溪避難小屋；之後就進入狹窄稜線路段，據說是凱普勒步道最精采的部分。雖然走在連續起伏不斷的稜線上並不輕鬆，但站在高處眺望的景觀卻是絕佳，同時繼續往懸谷避難小屋邁進。不過，這段狹窄稜線上毫無遮蔽，遇到風雨較強時，走起來格外辛苦。

不久就會抵達可俯瞰Iris Burn山谷的觀景點，步道也開始朝向森林地帶陡下而去，最後就是在森林中崎嶇山路繞行，一口氣下到Iris Burn小屋。

力士摩小屋能眺望到極美的蒂阿瑙湖

Iris Burn小屋→Moturau小屋（約16.2km，所需時間5～6小時）

離開Iris Burn小屋後，馬上就是越過小山嶺的路段，之後大致就是森林裡的平緩下坡步道，途中的平原還可以看到於1984年發生的山崩痕跡，不久就抵達建於瑪納波里湖畔的Moturau小屋。由小屋往前6.2km處的Rainbow Reach，有前往蒂阿瑙的接駁巴士可以搭乘，因此很多人會選擇在這裡結束3天2夜的健行。不過Moturau這間面湖而建的小山屋，地點相當舒適，不妨考慮在此住宿一晚。

行進在起伏不斷的狹窄稜線上

Moturau小屋→Rainbow Reach→凱普勒步道避難小屋（停車場）（約15.5km，所需時間4～5小時）

沿著懷奧河Waiau River平坦的森林步道，完成步道一圈。由凱普勒步道避難小屋停車場步行至蒂阿瑙市區約50分鐘。

部分稜線設有極陡峭的長階梯

當天來回～住宿一晚的健行

Map P.149

蒂阿瑙出發的短程步道，最值得推薦的就是到力士摩小屋的來回路段，雖然所需時間約8～10小時，可以當天來回，或是在力士摩小屋住宿一晚。當天來回為了節省時間，可以在去程（或回程）從蒂阿瑙乘船至Brod Bay，由此地前往小屋的來回時間約7～9小時。如果還想從小屋繼續攻上力士摩山頂，來回需要1小時。另一條是從Rainbow Reach出發至Moturau小屋的來回路線，單程約6km、來回需要3～4小時。

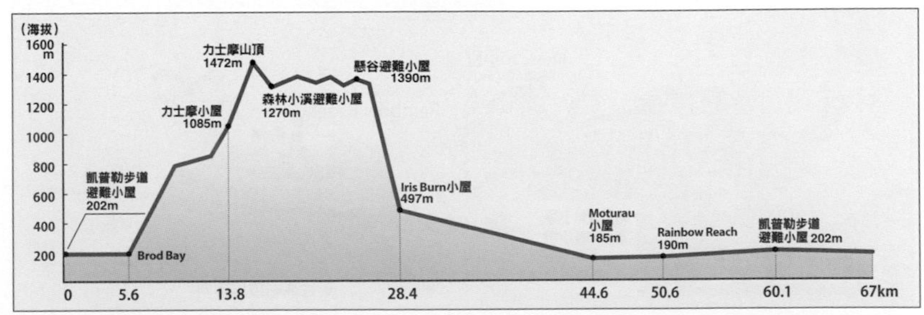

奧瑪魯
Oamaru

人口：1萬3900人
URL waitakinz.com

奧瑪魯位於奧塔哥地區Otago北部、但尼丁Dunedin以北116km處的沿海城市，1870年代為了讓貨船能安全地停泊，於是大肆整修港口，1882年因為開始外銷冷凍肉品，城市便急速成長。此時，奧瑪魯大量興建使用當地頂級石灰岩「奧瑪魯石」的雄偉建築，將出產石材也培育成重要產業；於是紐西蘭各地知名的歷史古蹟建築，全都是採用奧瑪魯石所打造，而四處林立的白色建築物，形成這個城市的壯觀景致。每年11月登場的維多利亞復古嘉年華Victorian Heritage Celebrations更是讓整座城市彷彿時光倒流，回到了19世紀的維多利亞時代。

歷史古蹟建物群聚地區的一角，成為電影、電視拍攝地而聲名大噪

在奧瑪魯市附近還有2處稀有品種企鵝的棲息地，可以輕鬆就近觀察牠們，也是奧瑪魯的魅力之一。

主要活動
Victoria Heritage Celebrations
URL www.vhc.co.nz
時 11/17～21〔'24〕每年11月第3週舉行

在棲息地附近可能會遇上企鵝

如何前往奧瑪魯 Access

InterCity前往但尼丁或因弗卡吉爾方向的長途巴士會經過奧瑪魯，由基督城出發，1日2～3班，所需時間約3小時30分～4小時15分；但尼丁出發為1日2～3班，所需時間約1小時40分。巴士會停靠在伊甸街Eden St.「Lagonda Tea Room」旁的公廁前，車票則可在咖啡館購買。

主要巴士公司(→P.496)
InterCity

長途巴士停靠站
Map P.152-A2
住 Eden st.

遊客中心
Oamaru & Waitaki Visitor Information Centre
Map P.152-B2
住 12 Harbour St.
電 (03) 431-2024
URL waitakinz.com
開 10:00～16:30（依季節變動）
休 無休

主要租車公司
Smash Palace
☎021-501-494
URL www.spo.co.nz

奧瑪魯的 漫遊

城鎮的主要街道就在飯店、銀行林立的泰晤士街Thames St.，這條馬路兩旁歷史古蹟建築林立；至於泰恩街Tyne St.及延伸至港灣地帶的港灣街Humber St.，也有許多建於19世紀後半的優美石灰岩建築。由於城鎮並不大，這兩條街都在可徒步走逛的範圍內。

郊外還有2處企鵝棲息地，以及可以欣賞獨特自然景觀的景點。此外，以科幻類型之一蒸氣龐克Steampunk為主題的藝廊，以及蒸氣龐克風格遊戲設施林立的友好灣遊樂公園Friendly Bay Playground，近幾年成為蒸氣龐克小鎮而受到歡迎。

奧瑪魯公共花園
開白天隨時可以入場

藍企鵝棲息地
住17 Waterfront Rd.
電(03) 433-1195
URL www.penguins.co.nz
開10:00～觀察時間結束為止（結束時間依季節變動）
費自助導覽（白天）
大人$20、小孩$10
夜間之旅
大人$43、小孩$28
交從市中心步行約20分鐘。

奧瑪魯公共花園

Oamaru Public Gardens

Map P.152-A1

位在市區內占地廣達13公頃的美麗公園，於1876年落成，東西向延伸的園內設有玫瑰花園、噴泉、溫室等，相當適合散步閒逛；而且流經園內的溪流上架設多座小橋，其中一座還是以日本日光為靈感而設計的朱紅色橋樑。花園內設置兒童遊樂器材，並有適合野餐的大片草坪，還能欣賞紐西蘭的各色野鳥在花園內任意來去。

奧瑪魯

往蒂瑪魯、基督城方向
Ouse St.
Trent St.
Highfield Mews P.155
Thames St.
Nen St.
Stoke St.
Warren St.
Aln St.
Exe St.
Torridge St.
泰晤士街
Humber St.
港灣街
聖派翠克教堂
麥當勞
Usk St.
Whitestone Cheese P.155
Oamaru Top 10 Holiday Park
長途巴士停靠站
P.152
奧瑪魯公共花園
Oamaru Public Gardens
Reed St.
Ribble St.
Eden St.
奧瑪魯火車站
Countdown（超級市場）
Chelmer St.
Brydone Hotel Oamaru P.155
奧瑪魯歌劇院
Empire Backpackers P.155
Isis St.
北奧塔哥博物館
國民銀行、Forrester藝術館（現為Art Gallery）
Stour St.
Severn St.
Itchen St.
Rother St.
舊郵局
Presense On Harbour P.153
聖公會聖路加堂
Steampunk HQ
Wansbeck St.
往象岩群 P.154
Elephant Rocks、但尼丁方向
歷史古蹟建物群聚地區
Oamaru's Victorian Precinct P.153
Oamaru & Waitaki Visitor Information Centre
The Galley P.155
Mersey St.
Lune St.
Till St.
Greta St.
Hull St.
Arun St.
Wharfe St.
Tees St.
Tyne St.
Esplanade
Friendly Bay
友好灣遊樂公園
Oamaru Backpackers P.155
泰恩街
Perth St.
Test St.
Waterfront Rd.
Avon St.
觀景台 Lookout
Tamar St.
Selwyn St.
藍企鵝棲息地
Blue Penguin Colonies
P.152 燈塔
Roxby Rd.
Kakanui Beach Rd.
Jessop St.
Brinkburn St.
Beach Rd.
Bushy Beach Rd.
北奧塔哥高爾夫球場
0 500m
Cape Wanbrow
P.154 黃眼企鵝棲息地
Yellow Eyed Penguin Colonies
Bushy Beach
往卡卡努伊方向

藍企鵝棲息地

Blue Penguin Colonies

Map P.152-B2

藍企鵝棲息地就座落在市區的南邊（→P.36）。藍企鵝又稱為小藍企鵝，體型僅有30～40cm，是全世界最小的企鵝。在遊客中心內設置超過180個木箱巢穴，到了黃昏時候就可以在觀察站觀賞藍企鵝們返回巢穴的模樣；而在企鵝回巢之前也會有相關的生態說明（英語），遊客還能夠透過架設在木箱巢穴內的攝影機，即時觀察企鵝的模樣。觀察時間依季節而變動，請上官網確認詳情。白天可以不打閃光燈拍照，觀察室則禁止攝影。

藍企鵝回巢是在日落之後

歷史古蹟建物群聚地區
Oamaru's Victorian Precinct

Map P.152-A2

在港灣街Humber St.和泰恩街Tyne St.，保留許多19世紀的維多利亞時代建築，以及多家相連使用古蹟建物作為店面的藝廊與商店。此外，絕對不能錯過收藏蒸氣龐克Steampunk（表現維多利亞時代人們所想像的未來世界，屬於科幻的類型）作品的Steampunk HQ，以廢鐵製造的藝術品、一按鍵盤就會發出各種聲音的管風琴，以及隨著音樂感受旋轉燈光的黑暗房間「The Portal」等獨特展覽齊聚一堂。想要找伴手禮就到泰恩街旁小巷Harbour St.的Presence On Harbour，這家兼營藝廊的小店，蒐羅許多紐西蘭製造的商品。

Steampunk HQ中以廢鐵製造出很講究的藝術品很引人注意

Steampunk HQ
住1 Humber St.
☎027-778-6547
URL www.steampunkoamaru.co.nz
開10:00～16:00
休無休
費大人$10、小孩$2

Presence On Harbour
住1 Hourbour St.
☎027-349-0865
URL presenceonharbour.co.nz
營9:30～17:00
休無休

地區內的公園裡有拍紀念照專用的大相框

Column 奧瑪魯石建造的維多利亞建築

奧瑪魯市區裡由奧瑪魯石建造的歷史古蹟建築林立，並且大多都能以步行方式一一造訪。在遊客中心內有《Historic Oamaru》的導覽手冊可以索取，也可以在waitakinz.com下載。

舊郵局 Map P.152-A1
First Post Office

佇立於泰晤士街Thames St.上格外醒目的郵局，隔壁就是建於1864年的第一代郵局，也是奧瑪魯現存古蹟建築中歷史最悠久的，現在作為「The Last Post」餐廳營業中。

國民銀行 Map P.152-A2
National Bank

國民銀行與正面右手邊的Forrester藝術館（現為Art Gallery），同樣是由來自但尼丁的建築師Robert Lawson所設計；原本是1871年作為奧塔哥銀行的辦公室而建，1875年起被國民銀行收購。

聖公會聖路加堂 Map P.152-A1
St. Luke's Anglican Church

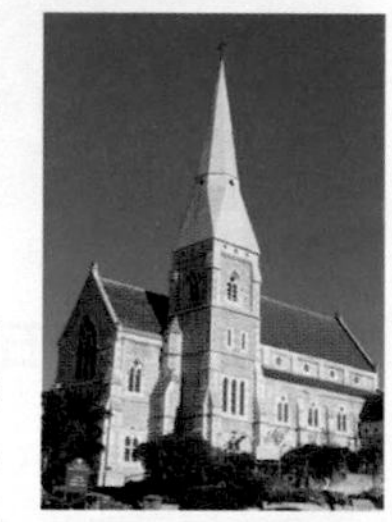

位在泰晤士街的南端，矗立在遊客中心i-SITE斜對面的教堂，1865年開始興建，1922年才成為現在的模樣。令人印象深刻的尖塔高38.7m。

聖派翠克教堂 Map P.152-A1
St. Patrick's Basilica

位於Reed St.，1893年開始動工，完成於1918年的雄偉教堂。雕刻在奧瑪魯石建造天花板上的華麗裝飾，值得一看。

奧瑪魯歌劇院 Map P.152-A1·2
Oamaru Opera House

建於1907年，曾經作為市政府兼劇場使用，目前也舉辦芭蕾舞、電影、音樂會等各種藝術活動。夜晚戶外會打燈照明。

黃眼企鵝棲息地
Yellow Eyed Penguin Colonies

Map P.152-B2

距離奧瑪魯市區約3km處的Bushy Beach，棲息著黃眼企鵝（→P.36）；觀察時間依季節而變動，不過最適合的時機就是在太陽從海面上升起，以及返回巢穴15:00～日落為止。但是，近年來企鵝的數量不斷減少，觀察狀況可能會日益困難。

從海岸邊的步道窺探草叢看看

黃眼企鵝棲息地
開夏季
休冬季
費免費
交距離市中心約3km。
※禁止用閃光燈拍照
※為了保護企鵝，觀光客只能在山崖上的觀察小屋中觀察企鵝；傍晚之後，嚴格禁止靠近海邊。

奧瑪魯郊區的景點

象岩群
Elephant Rocks

Map P.152-A1外

從國道83號線轉進旁邊道路，不久就在開闊的牧草地上突然出現的奇岩怪石群。因為是電影《納尼亞傳奇：獅子‧女巫‧魔衣櫥》的外景拍攝地而一舉成名，彷彿從天而降的巨大岩石景致，令人嘆為觀止。其實這些石灰岩巨石是在超過2400萬年前堆積於海底，成為硬化的石灰，直到300～200萬年前，因為海面上升而跟著隆起於地面，再經過風吹雨淋而侵蝕成現在的奇形怪狀。雖然對外開放參觀，但由於是私有地，千萬不要任意在此露營。

牧場內滾落著巨大的岩石

象岩群
費免費
交距離市中心約48km。沿著國道1號北上，到Pukeuri左轉83號線，往西走，不要過Duntroon前面的橋，看到黃色招牌後左轉。

莫拉奇大圓石海灘
Moeraki Boulders

Map 摺頁地圖①

奧瑪魯往南40km有處被稱為莫拉奇的海岸地區，到處散落著直徑超過1m且重達2公噸左右的特殊球狀岩石。在毛利人的傳說中，這些巨岩是「從沉沒在海底的獨木舟裡所漂出來的食物籃」，但其實是由於自然界裡的化學作用而產生的。沉澱於海底的化石或動物骨骸，會被海中的礦物結晶平均地附著於表面而凝固，經過約6000萬年就形成這般驚人的模樣；而且在地殼變動下，原本位於海底的地方也上升到海平面。

被海浪洗得圓滾滾的岩石

在位於莫拉奇大圓石海灘南邊的莫拉奇半島，有座建於1878年的古老燈塔，附近被列入「卡提奇歷史保護區Katiki Point Historic Reserve」而受到保護；這個區域也是黃眼企鵝（→P.36）和紐西蘭海狗的棲息地，記得試著尋找一下牠們的蹤跡。還有，莫拉奇半島有家人氣餐廳「Fleurs Place」，為紐西蘭著名料理研究家Fleur Sullivan所經營。

莫拉奇大圓石海灘
URL www.moerakiboulders.com
開可隨時參觀
費$1（僅限在穿越捷徑的私人道路時）
交距離市中心約40km。沿著國道1號直行，看到Moeraki Boulders的招牌時左轉，從停車場朝海邊往下走，步行5～10分鐘。

卡提奇歷史保護區
Katiki Point Historic Reserve
交直行莫拉奇半島的Lighthouse Rd.（部分為土石路）。

卡提奇的燈塔

Fleurs Place
住169 Haven St.
電(03) 439-4480
URL fleursplace.com
※目前停業中。

黏土懸崖

Clay Cliffs

Map 摺頁地圖①

位在從奧瑪魯往內陸方向約120km處歐瑪拉瑪Omarama的奇岩群，是數百萬年前由古代冰河所形成的地形，為堆積的黏土質土壤和沙經過侵蝕後變成現在的模樣；如尖塔般的無數岩石朝向天際矗立著，像是迷宮一樣相連的景象最為壯觀。雖然範圍不算太大，但路況不佳，最好穿著運動鞋前往。與奧瑪魯同屬懷塔基地區，不過距離特威澤爾約30分鐘車程，前往奧拉基／庫克山觀光時順便前往比較方便。由於直到入口停車場前都為土石道路，開車時要多加小心。

黏土懸崖
住Henburn Rd., Omarama
URL waitakinz.com/clay-cliffs
開可隨時參觀
費每台車$5投入柵欄的箱子，只收現金
交沿著國道83號前行約100km，到歐瑪拉瑪右轉國道8號，然後左轉Quailburn Rd.，約4km後左轉Henburn Rd.，一路前行直到柵欄。

呈現鋸齒狀奇岩聚集的名勝景點

奧瑪魯的餐廳 Restaurant

Whitestone Cheese

Map P.152-A2

這是間有機起司專賣店附設的咖啡館，人氣附蘇打餅乾的6種起司試吃拼盤$14.5。週一～五10:00舉辦工廠參觀之旅（要預約），大人$35～。

住3 Torridge St. 電(03) 434-0182 FREE 0800-892-433 URL www.whitestonecheese.com 營週一～五9:00～17:00 週六10:00～16:00（依季節變動） 休週日 CC AMV

The Galley

Map P.152-A·B2

咖啡館位於歷史古蹟建物群聚地區的海邊，就在以蒸氣龐克Steampunk為主題的公園旁，建築外觀依蒸氣龐克而設計。可以一邊看海，一邊享用分量十足的漢堡和炸魚薯條。

住1 Esplanade 電(03) 434-0475 營9:00～16:00（依季節變動） 休無休 CC MV

奧瑪魯的住宿 Accommodation

Brydone Hotel Oamaru

Map P.152-A2

建於1881年，使用的建材是奧瑪魯石，非常具有歷史懷舊感。每間客房都有浴缸，飯店內也附設酒吧、餐廳。

住115 Thames St. 電(03) 433-0480 URL brydonehotel.co.nz 費ⓈⒹⓉ$155～ 房數50 CC ADMV

Highfield Mews

Map P.152-A2

位在泰晤士街Thames St.小而美的汽車旅館，18間客房中有16間有浴缸，並備有腳踏車可供租借，還有早餐$15可點，服務周到。

住26 Exe St. 電(03) 434-3437 FREE 0800-843-639 URL www.highfieldmews.co.nz 費ⓈⓉⒹ$140～ 房數18 CC MV

Oamaru Backpackers

Map P.152-B1

由於是使用以電子郵件寄送的密碼來開客房[illegible]鎖的系統，Check-in的時間很有彈性。公共[illegible]蓄按摩椅。

[illegible]es St. South Hill [illegible]021-190-[illegible] URL oamarubackpackers.co.nz [illegible]n$44～ Ⓢ$69～ Ⓓ$89～ [illegible]4～ 房數22床 CC MV

Empire Backpackers

Map P.152-A2

將原本Empire Hotel全面改裝而成的背包客青年旅館，有暖爐的起居廳、各樓層皆有交誼廳和廚房，非常方便。

住13 Thames St. 電(03) 434-3446 URL empirebackpackersoamaru.co.nz 費Dorm$30 ⒹⓉ$75 房數38床 CC MV

[illegible]客房） 廚房（共用） 吹風機（全部客房） 浴缸（全部客房） 游泳池
[illegible]路（部分客房／須付費） 網路（全部客房／免費） 網路（部分客房／免費）

蒂瑪魯

Timaru

基督城

蒂瑪魯

人口：2萬9000人

URL www.southcanterbury.org.nz

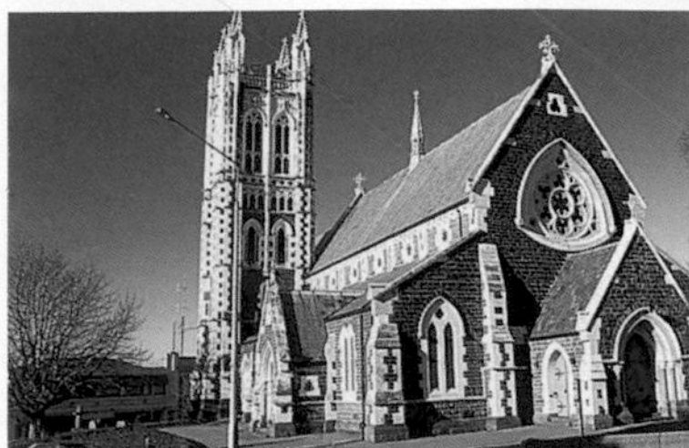

位於市中心的聖瑪麗教堂

座落於基督城與但尼丁的中間，也就是在坎特伯里地區的南端位置，為這裡的第2大城市。地名的由來據說是出自毛利語Te Maru（躲避風雨的避難場所）之意，蒂瑪魯的海況相當穩定，以前毛利人操控獨木舟往來於外海之際，都會將蒂瑪魯當作中途休息站。

進入19世紀之後，因為捕鯨作業而發展成煉取鯨魚油，出口至澳洲的海港城市，當年運送鯨魚油的運輸船之名「卡洛琳號Caroline」，也保留下來成為蒂瑪魯正前方的港灣名稱。

航空公司（→P.496）
紐西蘭航空

Richard Pearse機場
Map P.156外
交 機場到市區距離約8km，交通以計程車為主。

主要計程車公司
Timaru Taxis
電 (03) 688-8899

主要巴士公司（→P.496）
InterCity

如何前往蒂瑪魯 Access

紐西蘭航空有從威靈頓到附近Richard Pearse機場的直飛航班，1日1～2班，所需時間約1小時20分。

InterCity有長途巴士行駛，從基督城出發1日1～2班，所需時間約2小時30～40分；但尼丁出發也是1日1～2班，所需時間約3小時15分～25分；至於皇后鎮沒有直達車，必須在但尼丁轉車。巴士都停靠在火車站前。

i 遊客中心
Timaru Visitor Centre
Map P.156
住 2 George St.
電 (03) 688-4452
URL www.southcanterbury.org.nz
開 週二～五 10:00～16:00
週六 10:00～15:00
休 週日・一

石頭建造的遊客中心

蒂瑪魯的 漫遊

蒂瑪魯的主要街道在史塔佛街Stafford St.，以及在火車站附近交叉的喬治街George St.。史塔佛街以北可以俯瞰整座港灣的地點，被稱為廣場Piazza，有許多氣氛絕佳的好餐廳、咖啡館。

蒂瑪魯
警察局
往Richard Pearse機場、傑拉爾丁 P.157、基督城方向
Anchor Motel & Timaru Backpackers P.157
木造燈塔 Maori Park
卡洛琳灣 Caroline Bay P.157
Evans St.
Selwyn St.
Comfort Hotel Benvenue P.157
Marine Parade
0 500m
Wai-iti Rd.
亞格安泰藝廊 P.157 Aigantighe Art Gallery
Preston St.
Avenue Rd.
Wilson St.
Boat Harbour
廣場
Theodosia St.
Port Loop Rd.
Elizabeth St.
Stafford St.
Sophia St.
火車站
長途巴士停靠站
Church St.
聖瑪麗教堂
George St.
i 遊客中心
Arthur St.
蒂阿納 Te Ana P.157
南坎特伯里博物館 P.157 South Canterbury Museum
往但尼丁方向

古蹟建築櫛比鱗次的市

蒂瑪魯的 景點

蒂阿納
Te Ana

Map P.156

遊客中心內附設的資料館，專門介紹毛利部族之一的Ngai Tahu族的岩石繪畫、傳說及藝術文化等，有約1小時的導覽可以參加。11～4月週二～六的14:00也推出由毛利嚮導帶領，到真正岩石繪畫保存現場的參觀之旅（大人$130、小孩$52，要預約）。

蒂阿納
住2 George St.
電(03) 684-9141
FREE 0800-468-3262
URL www.teana.co.nz
開10:00～15:00
休無休
費大人$22、小孩$11

岩石繪畫就畫在洞穴的頂端

卡洛琳灣
Caroline Bay

Map P.156

從遊客中心步行至海灘約20分鐘，這座面對著海灣的沙灘與周圍寬廣的草地，是蒂瑪魯市民們最愛的休閒場所。每年耶誕節的隔天起為期約2週的卡洛琳灣嘉年華Caroline Bay Carnival也在這裡登場。

卡洛琳灣嘉年華
電(03) 688-0940
URL carolinebay.org.nz
時12/26～1/12〔'24～'25〕

夏季時擠滿戲水泳客的海灘

南坎特伯里博物館
South Canterbury Museum

Map P.156

以淺顯易懂的照片與資料，展示關於蒂瑪魯及周邊區域的歷史，企劃特展及針對兒童的活動等則隨時都會開辦。

南坎特伯里博物館
住Perth St.
電(03) 687-7212
FAX (03) 687-7215
URL museum.timaru.govt.nz
開週二～五 10:00～16:30
週六・日、節日 13:00～16:30
休週一 費免費（歡迎捐款）

亞格安泰藝廊
Aigantighe Art Gallery

Map P.156

收藏有當地畫家Archibald Nicoll、現代派畫家柯林・麥卡宏Colin McCahon等許多紐西蘭著名畫家的作品，館外廣闊的美麗庭園也放置著來自國內外藝術家的雕刻作品。

亞格安泰藝廊
住49 Wai-iti Rd.
電(03) 688-4424
URL www.aigantighe.co.nz
開週二～五 10:00～16:00
週六・日、節日 12:00～16:00
休週一 費免費

傑拉爾丁
Geraldine

Map P.156外

距離蒂瑪魯約30分鐘車程的小城鎮，卻擁有歐拉瑞峽谷Orari Gorge、知名果醬食品廠「Barker's of Geraldine」的直營店及咖啡館、琴酒蒸餾廠Humdinger等許多景點。

傑拉爾丁
URL geraldine.nz
Barker's of Geraldine
URL barkers.co.nz
Humdinger
URL www.humdinger.nz

蒂瑪魯的住宿 Accommodation

Comfort Hotel Benvenue

Map P.156

位於Evans St.的連鎖飯店，所有客房都有迷你酒吧、冷氣及液晶電視等設備完善，也有附陽台的客房。

住16-22 Evans St. 電(03) 688-4049 URL www.benvenuehotel.co.nz
費ⓈⒹⓉ$170～ 房數31 CC AMV

Anchor Motel & Timaru Backpackers

Map P.156

汽車旅館的客房全都附設廚房設備，寬敞而舒適，青年旅館的房間也同樣採取簡樸的設計，乾淨的環境住起來相當愉快，服務櫃台則是兩者共用。步行就可以到附近餐廳。

住42 Evans St. 電(03) 684-5067 FREE 0508-227-654 FAX (03) 684-5706
URL anchormotel.co.nz 費Ⓢ$40～ Ⓓ$60～ 房數20 CC MV

廚房（全部客房） 廚房（部分客房） 廚房（共用） 吹風機（全部客房） 浴缸（全部客房） 游泳池
網路（全部客房／須付費） 網路（部分客房／須付費） 網路（全部客房／免費） 網路（部分客房／免費）

基督城●
★
但尼丁

人口：12萬6255人
URL www.dunedinnz.com

但尼丁
Dunedin

以但尼丁火車站為首的歷史古蹟是市區一大景點

位於南島東南沿岸的但尼丁，是奧塔哥地區的中心城市，這座城市令人印象深刻的特點，就在建造於19世紀末期至20世紀初期的蘇格蘭風格古蹟建築。

1860年代在奧塔哥中央地區發現金礦，而捲起一股淘金熱潮，進而帶動城市急速發展，外來人口大增，而且大多數是來自蘇格蘭的移民。這些移民將自己一手打造的城市稱為Dan Eden（克爾特語意為Eden之城），將自己家鄉蘇格蘭的建築與文化一一重現，因此即使到了今日，每年的蘇格蘭週慶典，仍然熱鬧登場。此外，紐西蘭國歌的作詞者Thomas Bracken就是但尼丁人，而且這裡作家輩出，受到聯合國教科文組織（UNESCO）認證為全創意城市網絡中的文學之城。而且，但尼丁還有全紐西蘭設立的第一所大學——奧塔哥大學，因此也是擁有眾多年輕學子的大學城。來到近郊的奧塔哥半島，則可以觀察黃眼企鵝、信天翁等稀有野生動物。

航空公司（→P.496）
紐西蘭航空
捷星航空

但尼丁國際機場
Map P.164-A1外
電 (03) 486-2879
URL dunedinairport.co.nz
交 從市中心往南約30km，機場～市區之間可搭乘接駁巴士、計程車或租車。

這裡也有來往澳洲的直飛航班

機場接駁巴士
Super Shuttle
FREE 0800-748-885
URL www.supershuttle.co.nz
費 機場←→市中心
1人　$27
2人　$40
3人　$53

主要計程車公司
Dunedin Taxis
電 (03) 477-7777
URL www.dunedintaxis.co.nz
也可以用手機app叫Uber。

主要巴士公司（→P.496）
InterCity
Atomic Travel
Ritchies

長途巴士總站
Map P.160-C2
住 331 Moray Pl.

Catch-A-Bus South
✆ 027-4497-994
URL catchabussouth.co.nz
行駛在南部地區，如但尼丁～因弗卡吉爾之間。

如何前往但尼丁 Access

紐西蘭航空從基督城、奧克蘭、威靈頓都有直飛航班前往但尼丁國際機場Dunedin International Airport，基督城出發1日2～4班，所需時間為1小時5分；奧克蘭有捷星航空的直飛班機，所需時間為1小時50分，雖然班次不多，但搭乘捷星航空可以飛往澳洲。

InterCity等公司都有從南島各大主要城市出發的長途巴士，基督城出發1日2～3班，所需時間約6小時；皇后鎮出發1日1～2班，所需時間約4小時25分。巴士總站在Moray Pl.。

但尼丁的 漫遊

夜晚的八角廣場，燈光照明下的市議會大樓

聖保羅大教堂

但尼丁的街道建設在地勢起伏極具變化的坡地上，市區內有許多斜坡。在郊區還有一條列入金氏世界紀錄全球最陡峭的鮑德溫街Baldwin St.(→P.164)，一定要來親自體驗。

八角廣場　The Octagon

市中心就在名為八角廣場The Octagon的八角形廣場，而環繞在巴士圓環周邊的盡是餐廳、咖啡館，而第一教堂First Church、市議會等主要古蹟建築，以及博物館和美術館，也都是在八角廣場徒步可到的範圍內。不妨悠閒地逛逛這座被譽為「蘇格蘭以外最具蘇格蘭風情的城市」，到底有多麼迷人。

喬治街和王子街　George St. & Princes St.

但尼丁的主要街道是貫穿市區南北的喬治街George St.及王子街Princes St.，是以八角廣場為分界而有不同名稱的大馬路。奧塔哥博物館所在的北部地區，到處都看得到奧塔哥大學的學生身影，充滿濃厚的大學城氛圍；往南則是有著為數眾多的餐廳、商店及銀行，也是辦公大樓林立的熱鬧區域。

觀察野生動物是生態之旅盛行的但尼丁焦點

奧塔哥半島　Otago Peninsula

但尼丁的東邊則是突出於太平洋的半島，為珍貴的野生動物天堂；在這個與都市迥異而保有原始自然環境的地區，有著翅膀長達3m、世界最大的鳥──信天翁，以及黃眼企鵝的棲息地，更有著海豚、紐西蘭海狗等紐西蘭最具代表性的海洋生物以半島為家。想要觀察這些野生動物的身影，通常都是參加在地旅行社所推出的行程。

實用資訊
醫院
Map P.160-B1~2
Dunedin Hospital
住201 Great King St.
☎(03) 474-0999
警察局
Map P.160-C2
Dunedin Central
住25 Great King St.
☎105
主要租車公司
Hertz
機場
☎(03) 477-7385
Avis
機場
☎(03) 486-2780
市區
Map P.160-C1
住97 Moray Place
☎(03) 486-2780
遊客中心 i-SITE
Dunedin Visitor Centre
Map P.160-C1
住50 The Octagon
☎(03) 474-3300
URL www.dunedin.govt.nz/isite
開8:30～17:00
休無休
但尼丁的市區交通
Orbus
FREE 0800-672-8736
URL www.orc.govt.nz/public-transport/dunedin-buses
費現金　$3
Bee Card 大人$2、小孩$1.2

以八角廣場附近Great King St.的Central City Bus Hub為起點，由Ritchies經營的市區巴士Orbus連結市中心與郊區；車資為上車時付現金或刷儲值卡Bee Card。Bee Card 1張$5，儲值(TOP UP)金額為$5～，可以向司機購買，或是在奧塔哥大學內的書店也買得到。

外觀為黃色的Orbus

但尼丁的賭場
Map P.160-D1
住118 High St.
☎(03) 477-4545
URL grandcasino.co.nz
營12:00～24:00
(依季節變動)
休無休

位於Scenic Hotel Southern Cross(→P.170)內的賭場，提供撲克牌、百家樂等紙牌遊戲，還有美式輪盤、吃角子老虎等各種賭博，但未滿20歲不得進入賭場。

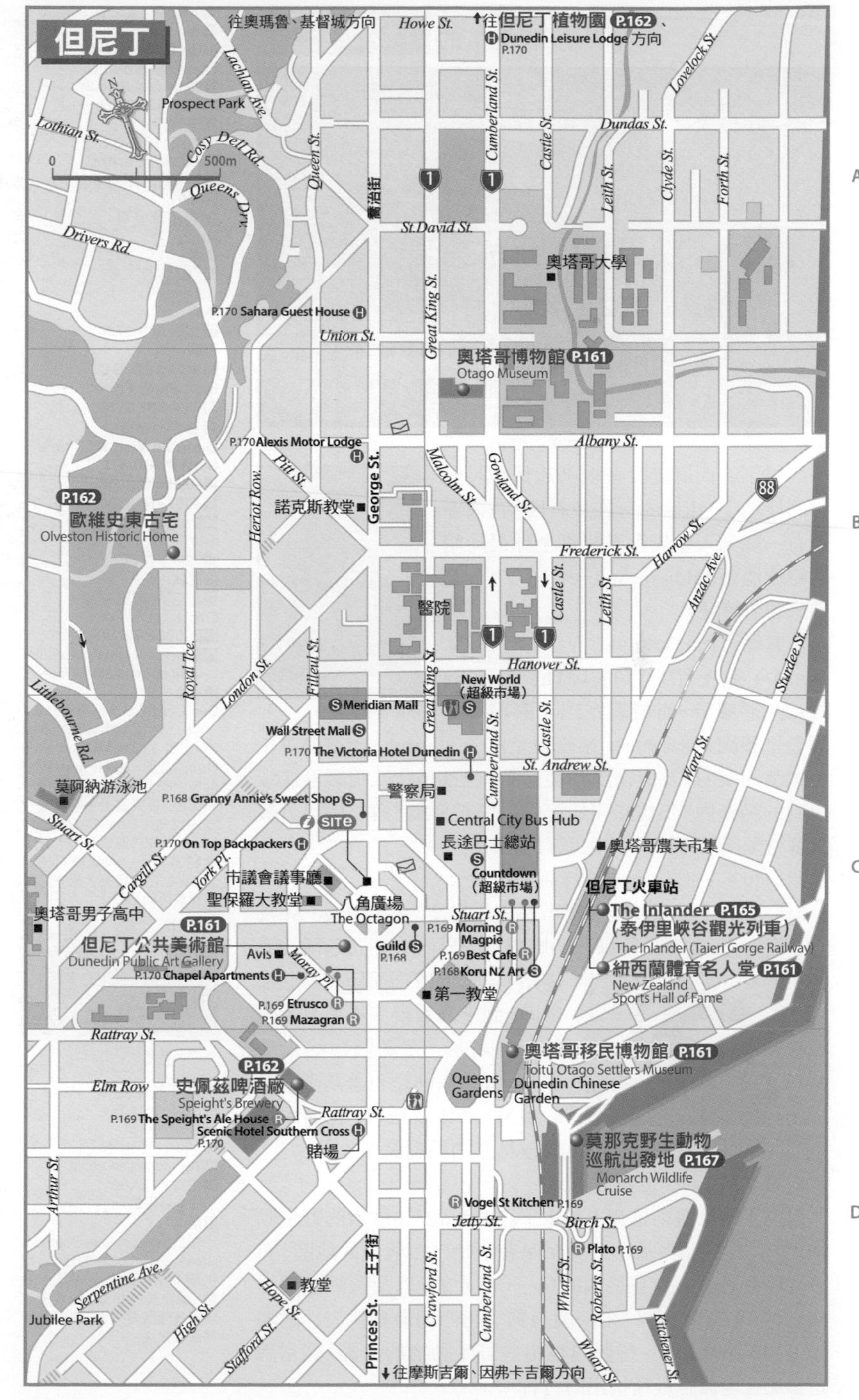
但尼丁
往奧瑪魯、基督城方向
往但尼丁植物園 P.162、
Dunedin Leisure Lodge 方向
P.170
Prospect Park
500m
奧塔哥大學
P.170 Sahara Guest House
奧塔哥博物館 P.161
Otago Museum
P.170 Alexis Motor Lodge
諾克斯教堂
P.162
歐維史東古宅
Olveston Historic Home
醫院
New World
(超級市場)
Meridian Mall
Wall Street Mall
P.170 The Victoria Hotel Dunedin
警察局
莫阿納游泳池
P.168 Granny Annie's Sweet Shop
Central City Bus Hub
長途巴士總站
奧塔哥農夫市集
P.170 On Top Backpackers
Countdown
(超級市場)
市議會議事廳
但尼丁火車站
聖保羅大教堂
八角廣場
The Octagon
The Inlander P.165
(泰伊里峽谷觀光列車)
The Inlander (Taieri Gorge Railway)
奧塔哥男子高中
P.161
但尼丁公共美術館
Dunedin Public Art Gallery
P.169 Morning Magpie
Guild P.168
Avis
P.169 Best Cafe
P.170 Chapel Apartments
P.168 Koru NZ Art
紐西蘭體育名人堂 P.161
New Zealand Sports Hall of Fame
第一教堂
P.169 Etrusco
P.169 Mazagran
奧塔哥移民博物館 P.161
Toitū Otago Settlers Museum
P.162
史佩茲啤酒廠
Speight's Brewery
Queens Gardens
Dunedin Chinese Garden
P.169 The Speight's Ale House
Scenic Hotel Southern Cross
P.170
賭場
莫那克野生動物巡航出發地 P.167
Monarch Wildlife Cruise
Vogel St Kitchen P.169
Plato P.169
教堂
Jubilee Park
往摩斯吉爾、因弗卡吉爾方向
喬治街
王子街
Howe St.
Lachlan Ave.
Lothian St.
Cosy Dell Rd.
Queens Dr.
Drivers Rd.
Queen St.
Cumberland St.
Castle St.
Dundas St.
Lovelock St.
Leith St.
Clyde St.
Forth St.
St.David St.
Great King St.
Union St.
Albany St.
Malcolm St.
Gowland St.
Pitt St.
Heriot Row
George St.
Frederick St.
Harrow St.
Anzac Ave.
Royal Tce.
London St.
Filleul St.
Hanover St.
Littlebourne Rd.
Stuart St.
St. Andrew St.
Ward St.
Sturdee St.
Cargill St.
York Pl.
Moray Pl.
Rattray St.
Elm Row
Arthur St.
Jetty St.
Birch St.
Serpentine Ave.
Hope St.
High St.
Stafford St.
Princes St.
Crawford St.
Wharf St.
Roberts St.
Kitchener St.
A
B
C
D
1
2

但尼丁的景點

奧塔哥移民博物館
Toitū Otago Settlers Museum

Map P.160-D2

展示著起於19世紀中葉的歐洲殖民早期生活狀況、發現金礦後的淘金熱年代，以及到了近代整座城市的轉變等，關於奧塔哥地區的殖民史。

還有像是古早的共乘馬車、市區電車，以及衣服、生活器具、戰後的家電用品，甚至是電腦等，有著各種不同類型的展覽。在玻璃的展示室裡還看得到蒸汽火車，當年為了不用轉換車頭就能順利換方向行駛，特別將兩節蒸汽火車以背對背的方式結合在一起，是擁有珍貴構造的歷史文物。

奧塔哥移民博物館
住31 Queens Garden
電(03) 477-5052
URL www.toituosm.com
開10:00～17:00
休無休
費免費

掛滿初期殖民者照片的房間是館內的焦點

小知識
不可錯過Chinese Garden
參觀完奧塔哥移民博物館之後，別忘了順便去旁邊的中式庭園Chinese Garden（蘭園）逛逛；園內擁有氣派的牌樓、建築及茶館等設施，很適合散步。開園時間為每日10:00～17:00，門票大人$10。
URL www.dunedinchinesegarden.com

奧塔哥博物館
Otago Museum

Map P.160-B2

鄰近奧塔哥大學的大型博物館，館內有介紹毛利傳統文化的Tangata Whenua Gallery，也展示著已經滅絕、不會飛行的巨鳥恐鳥Moa及企鵝等紐西蘭野生動物生態的動物展示廳。而2樓的Tuhura Otago Community Trust Science Centre則飼養展示著約20種蝴蝶的Tuhura Tropical Forest，以及透過電視鏡頭來顯示顯微鏡下世界等體驗展覽，幫助遊客增加對人體、自然科學及宇宙的相關知識。

已經滅絕的巨鳥──恐鳥Moa的骨骼標本

奧塔哥博物館
住419 Great King St.
電(03) 474-7474
URL otagomuseum.nz
開10:00～17:00
休無休
費免費（歡迎捐款）
（Tuhura Otago Community Trust Science Centre大人$15、小孩$10）

但尼丁公共美術館
Dunedin Public Art Gallery

Map P.160-C1

但尼丁公共美術館創建於1884年，是紐西蘭現存最古老也很有內涵的美術館。館內除了展示從19世紀到現代相當廣泛的紐西蘭藝術品之外，也收藏有葛飾北齋等日本的浮世繪作品，並附設有紀念品店。至於咖啡館「Nova」也值得推薦。

但尼丁公共美術館
住30 The Octagon
電(03) 474-3240
URL dunedin.art.museum
開10:00～17:00
休無休
費免費（企劃展另收門票）

隨時都會有企劃展登場

紐西蘭體育名人堂
New Zealand Sports Hall of Fame

Map P.160-C2

位於但尼丁火車站大樓的2樓，堪稱是紐西蘭的「體育殿堂」，除了著名的橄欖球隊黑衫軍之外，展示包括板球、高爾夫等盛行於紐西蘭國內各種體育活動的相關資料。1953年人類首次征服聖母峰Everest，其中成功登頂的英國探險隊隊員艾德蒙・希拉瑞Edmund Hillary，就是來自紐西蘭，在名人堂中也有相關的登頂紀錄可看，非常值回票價。

了解體育名人們的成就

紐西蘭體育名人堂
住Railway Station, Anzac Ave.
電(03) 477-7775
URL nzhalloffame.co.nz
開10:00～15:00
休週一・二
費大人$6、銀髮族・學生$4、小孩$2

史佩茲啤酒廠
Speight's Brewery

Map P.160-D1

可以參觀具有歷史的工廠

可一睹誕生於但尼丁、現今成為紐西蘭代表性在地啤酒品牌史佩茲Speight's的釀酒廠，該品牌以創業於1876年的悠久歷史而自豪。參觀採導覽方式，一邊講解關於史佩茲的歷史，一邊見識最新啤酒廠的製造流程（所需時間約1小時15分）。行程之後的啤酒試飲僅限18歲以上遊客，可以在6種啤酒及3種水果氣泡酒Cider中選擇自己喜歡的飲料，適合愛喝啤酒或水果氣泡酒的遊客。另外還附設有能夠買到史佩茲原創商品的紀念品店。

史佩茲啤酒廠
住200 Rattray St.
電(03) 477-7697
URL www.speights.co.nz
開12:00、14:00、16:00出發
休冬季的週一・二
費大人$30、銀髮族・學生$27
為了確認年齡，報到時要出示護照。

享受試飲的樂趣

歐維史東古宅
Olveston Historic Home

Map P.160-B1

開放參觀的歐維史東古宅，是在19世紀後半至20世紀初期，成功的貿易商富豪大衛・西爾明David Theomin的私人宅邸。他請來倫敦建築師Ernest George設計，1904～1906年間打造的這座建築，擁有詹姆斯一世年代的蘇格蘭建築特色，壯觀華麗的優美外觀最令人印象深刻。室內的每間房間都有華麗的古董家具，陳列著精緻的餐具、繪畫、武器等，當中還有來自日本的古代美術品，不難看出這位紐西蘭大富商當時的驚人財力。必須參加導覽之旅（所需時間約1小時），才能入內參觀整座古宅。

1967年對外開放的豪宅博物館

歐維史東古宅
住42 Royal Tce.
電(03) 477-3320
FAX (03) 479-2094
URL www.olveston.co.nz
開導覽之旅在9:30、10:45、12:00、13:30、14:45、16:00出發（要預約）
休無休
費大人$25、小孩$14
交從八角廣場步行約20分鐘。

也有販賣飾品

但尼丁植物園
Dunedin Botanic Garden

Map P.160-A2外

由東邊的The Upper Garden及西面的The Lower Garden所組成，是紐西蘭歷史最悠久的植物園。廣闊的園區內種植著約6800種植物，特別是在春天會盛開超過3000棵杜鵑花，非常壯觀；在The Lower Garden裡有玫瑰園，以及由姊妹城市北海道小樽市所設計的日本庭園池塘，每到節日就會吸引許多當地民眾來這裡散步、野餐。座落於丘陵上的The Upper Garden，則是因應地形而生的森林公園，而隔著Loverock Ave.的觀景台Bracken's View則能夠飽覽整座城市的街道景致。此外，園內也設有咖啡館與商店。

但尼丁植物園
住36 Opoho Rd.
電(03) 477-4000
URL www.dunedinbotanicgarden.co.nz
開白天可隨時入園（遊客中心、溫室10:00～16:00）
休無休
費免費
交從Central City Bus Hub的D乘車處搭乘Orbus#8往Normanby方向，約15分鐘。

擁有溫室的The Lower Garden

Column 但尼丁的蘇格蘭建築

在淘金熱時由蘇格蘭移民所打造出來的城市但尼丁，如今在市區內隨處遺留著興建於19世紀後半到20世紀初期的蘇格蘭風格教堂、車站及大學等歷史古蹟建築；其中大多數都是在從八角廣場可以步行走逛的範圍內，不妨輕鬆地來趟蘇格蘭建築之旅。

聖保羅大教堂
St. Paul's Cathedral

佇立於八角廣場上的英國國教教堂，於1915～1916年間以新哥德建築樣式興建，建材則是來自於奧瑪魯Oamaru（→P.151）的石灰岩。

市議會 Map P.160-C1
Municipal Chambers

位於八角廣場的北側，緊鄰著聖保羅大教堂而建的議事廳，現在所看到的建築物建於1880年，並在1989年修復而成。

第一教堂 Map P.160-C2
First Church of Otago

擁有新哥德式風格的長老教會教堂，完成於1873年，擁有美麗線條、高達54m的教堂尖塔及玫瑰窗。

但尼丁火車站 Map P.160-C2
Dunedin Railway Station

泰伊里峽谷觀光列車發車的火車站，外型就像是城堡要塞般厚實，建於1903～1906年，除了外觀之外，內部也非常美麗，值得好好參觀欣賞一番。

奧塔哥大學 Map P.160-A2
University of Otago

據說在1869年時開學，是全紐西蘭最早也最有歷史的一所大學；校舍包含鐘塔在內最古老的部分，都是打造於1878年的哥德式建築。座落於校園內的鐘塔，是不可錯過的參觀景點。

奧塔哥男子高中 Map P.160-C1
Otago Boys High School

位於八角廣場西側的斜坡上，落成於1884年的歷史悠久男子高中；大門十分氣派，完全就像是城堡般的建築。雖然無法進入校園內參觀，但外觀也很具欣賞的價值。

諾克斯教堂 Map P.160-B1
Knox Church

建於1876年的哥德式建築教堂，週末時會舉行音樂會，內部有美麗的彩繪玻璃。

如何前往鮑德溫街
從Central City Bus Hub的D乘車處搭乘Orbus#8往Normanby方向，約20分鐘。

鮑德溫街
Baldwin St.

Map P.164-A1

從北路North Rd.轉進住宅區的鮑德溫街，擁有象徵著但尼丁這座城市的陡峭斜坡，長度雖然只有100m，但是實際走過之後，才會被這裡坡度的傾斜程度所驚嚇，最大坡度達35度，成為全世界角度最陡峭的坡道。路旁兩側的住家為了配合地形，緊貼著斜坡而建，經過的車輛更是得猛踩油門才能往上走。造訪時一定要在斜坡上拍張有趣的紀念照。

宛如滑雪場雪道般的坡道就出現在眼前

如何前往信號山丘
從Central City Bus Hub的E乘車處搭乘Orbus#11往Opoho方向，約20分鐘，下車步行約30分。開車的話，從八角廣場約15分鐘。

信號山丘
Signal Hill

Map P.164-A1

占據在信號山丘上的愛丁堡大石

從但尼丁植物園往北約3km的郊區，有座海拔393m的信號山丘，頂端設計成觀景台，可以盡情欣賞綿延於高低起伏地形上的城市街景，也可以一覽奧塔哥灣與延伸半島交織成美麗又複雜的海岸線景色。而設置在觀景台中央的大石頭，則是英國為了紀念統治紐西蘭100週年，特地從遙遠的蘇格蘭愛丁堡運來的。

卡吉爾山與管風琴
Mt. Cargill & Organ Pipe

Map P.164-A1

在山頂豎立著巨大天線的卡吉爾山，周邊規劃成視野絕佳的瞭望點，不僅能俯瞰城市街道景致，還能將附近山坡斜面獨特的岩壁一覽無遺。這個被稱為「管風琴Organ Pipe」的岩石為柱狀節理，是火山熔岩在緩慢冷卻時，因為體積收縮而產生裂縫，才成為現在的模樣。

可以從Cowan Rd.開車到達卡吉爾山頂的觀景台，附近規劃有多條健行步道，適合散步賞景；從步道入口到山頂約要2小時，由山頂繼續往管風琴邁進，需要再步行約30分鐘。

看起來就像是巨大的管風琴

聖科達與聖克萊爾海灘
St. Kilda & St. Clair Beach

Map P.164-A1

從市中心往南約5km處，就是聖科達與聖克萊爾這2座開放游泳的海灘；在聖克萊爾海灘西側還有一座使用海水的溫水游泳池「St. Clair Hot Water Pool」，附近還有時尚的咖啡館與商店，可以享受散步的樂趣。

隧道海灘
Tunnel Beach

Map P.164-A1

位於高聳筆直山崖綿延下的聖克萊爾海灘西岸地帶，穿越過斷崖下的隧道後，就會到達如縮小庭園般的海灘，還有一條從起點至海灘來回約1小時的健行步道。

The Inlander（泰伊里峽谷觀光列車）
The Inlander(Taieri Gorge Railway)

Map P.160-C2

泰伊里峽谷觀光列車在1879年至1990年間，是一條載運過無數乘客的熱門峽谷鐵路，如今則變成行駛在但尼丁～Hindon間的觀光列車，遊客能夠一邊欣賞雄偉的岩石山壁，一邊享受鐵道旅遊的樂趣。而且行駛到景觀絕美的地點時，還會特別停下車來讓大家盡情拍照，完全是觀光列車才會提供的貼心服務。發車時間為但尼丁10:00出發、Hindon 11:20抵達，Hindon 12:30出發、但尼丁13:30抵達。此外還有行駛於但尼丁～Waitati（Map P.164-A1）之間的The Seasider、來回於但尼丁～奧瑪魯的The Victorian，以及傍晚出發欣賞夕陽或夜景的Twilight Train；由於都是僅於夏季（11～4月）每月行駛1班的列車，請事先確認時刻表，並提早預約。

不管左右邊的車窗都能欣賞到風景

如何前往卡吉爾山與管風琴

卡吉爾山的步道入口在Cowan Rd.及Norwood St.兩處，管風琴的步道入口則在Mt. Cargill Rd.，由於2條步道是相連的，從哪個入口開始走都OK；也有停車場，可以開車或搭計程車前往。

小常識

但尼丁的極光

在海洋面積寬廣的南半球，觀測極光較為困難，不過在但尼丁可以看到極光；像是聖科達與聖克萊爾海灘、隧道海灘等，朝南且燈光稀少的地方，能看到紅色的極光。

極光預報網站

URL www.aurora-service.net

St. Clair Hot Salt Water Pool

電 (03) 455-6352

開 週一～五 6:00～19:00
週六・日 7:00～19:00

休 4～9月左右

費 大人$7.4、小孩$3.4

交 從Central City Bus Hub的I乘車處搭乘Orbus#8往St. Clair方向，約20分鐘在終點站下車即是。

聖克萊爾海灘附近高品味的店家林立

隧道海灘

開 自由使用

交 從Central City Bus Hub的H乘車處搭乘Orbus#33往Corstorphine方向，約25分鐘在終點站下車，再徒步約35分鐘就能抵達起點。開車的話，從八角廣場約15分鐘，有停車場。

Dunedin Railways

022-436-9074

URL dunedinrailways.co.nz

費 The Inlander
大人$60、小孩$32
The Seasider
大人$42、小孩$22
The Victorian
大人$79、小孩$49
Twilight Train
大人$42、小孩$22

奧塔哥半島的觀光情報
URL otago-peninsula.co.nz

如何暢遊奧塔哥半島

雖然從但尼丁到奧塔哥半島上的城市Portobello之間有Orbus#18行駛，但要從Portobello前往拉納克城堡、企鵝棲息地，必須走上很長一段路。因此想走遍奧塔哥半島上的景點，最推薦的旅遊方式就是租車，或者是參加在地旅遊團（→P.168）。

拉納克城堡
住 145 Camp Rd. Otago Peninsula
電 (03) 476-1616
URL www.larnachcastle.co.nz
開 10月～3月6日 8:30～17:00
3月7日～9月 9:00～17:00
（僅限在10～3月的夏季期間，花園會開放至19:00）
休 無休
費 大人$39、小孩免費
（僅限庭園、大人$19.5）
交 距離但尼丁市中心約15km。

在優美自然環繞下的拉納克城堡

拉納克城堡
Larnach Castle

Map P.164-A2

城堡內可充分感受到當年富豪的奢華生活

這是紐西蘭唯一的城堡，實際上是19世紀後半以銀行業致富的威廉・拉納克Willilam Larnach的私人宅邸，從1871年動用了數百名工人開始興建，經過3年時間才完成的豪華建築。外觀完全模仿中古世紀的歐洲城堡來建造，內部更是妝飾得華麗無比，讓後世得以窺探這位富豪銀行家的優雅生活面貌；威廉・拉納克更成功進軍政治界，可惜晚年事業失敗，因此不得不放棄這座城堡豪宅。1967年Barker成為城堡的新主人，重新修復荒廢的城堡，並對外開放參觀成為觀光景點，在城堡周邊還有著「Larnach Castle Accomodation」的住宿設施。

信天翁棲息地
Royal Albatross Centre

Map P.164-A2

來認識信天翁的生態

位於奧塔哥半島最前端的海岬──泰亞羅阿角Taiaroa Head，是皇家信天翁Royal Albatross的棲息地，能夠將巢築在離城鎮這麼接近，可說是非常罕見的。過去的棲息地曾一度受到人類、野狗等外來生物的威脅，現在則進行著保護行動，只要參加由國家公園管理員帶領的導覽之旅，就可以詳細觀察到皇家信天翁的生態。不過，9月中旬～11月下旬正當繁殖期之際，就會帶領遊客到與平常不同的地點去觀察，無法保證一定能看到信天翁的蹤跡。

皇家信天翁與短尾信天翁Short-tailed Albatross雖然屬於同類，體型卻大得多，翅膀展開超過3m，在空中移動時幾乎不必揮動翅膀，只要像滑翔機般靠著風的力量來飛行。在棲息地附近設有觀察小屋，可在30～100m的距離內把皇家信天翁看得一清二楚。有趣的是，這些皇家信天翁在空中飛行的姿態華麗優雅，但是返回地面時卻十分笨拙，就像是高速飛行時突然停下般會暴衝落地，走路搖搖擺擺非常笨拙，但也很惹人憐愛。

泰亞羅阿角還留有戰爭時所建造的碉堡，可以親眼一睹1888年設置於地下壕溝中，有事再升起砲座的阿姆斯壯砲。

信天翁棲息地
住 1260 Harington Point Rd.
電 (03) 478-0499
URL www.albatross.org.nz
開 10:15～16:30
導覽之旅從11:00～
（依季節變動）
休 無休
交 距離但尼丁市中心約32km。

皇家信天翁之旅
費 大人$52、小孩$15

要塞之旅
費 大人$26、小孩$10

4～9月才看得到雛鳥，要看飛行姿態最好是在12～3月

企鵝棲息地
Penguin Place

Map P.164-A2

在紐西蘭幾處的企鵝棲息地中，這裡是少數可以在近距離觀察到企鵝的地點。以這個野生黃眼企鵝的棲息地來說，從1984年開始進行設置企鵝的巢箱，以及驅除危害生物等保護行動，完全不接受官方資助，以收取遊客的門票費用作為維持棲息地運作的活動資金。

參加導覽之旅的遊客會先搭車前往海岸的企鵝觀測點，到棲息地附近下車之後，以十多人為一組的小團體跟著嚮導沿參觀路線前進（所需時間約1小時30分，要預約）。為了不對企鵝造成壓力，在棲息地周邊築起迷彩偽裝的觀察小屋，並且以壕溝通道往來，幸運的話就可以透過觀察窗見到距離超近只有幾公尺的可愛企鵝。

可以在近得令人吃驚的距離下觀察企鵝

企鵝棲息地
住45 Pakihau Rd. Harington Point
☎(03) 478-0286
URL penguinplace.co.nz
時4～9月 只在15:45出發
10～3月 11:45、13:15、14:45、16:45出發
※出發時間要確認
休無休
費大人$58、小孩$18
※禁止使用閃光燈拍照

莫那克野生動物巡航
Monarch Wildlife Cruise

Map P.164-A2

是從靠近奧塔哥半島前端的Wellers Rock碼頭出發，所需時間約1小時的海上之旅，可以藉此暢遊在陸地上難以親近的山壁斷崖，能從海上觀察到眾多的野生動物；像是伸展雙翼自在飛翔的皇家信天翁、潛入海中獵捕魚兒的企鵝、鸕鶿的築巢棲息地等，是一趟可以欣賞到眾多動物最自然生動姿態的行程。偶爾還能發現海豚、紐西蘭海狗的蹤影，而在皇家信天翁繁殖季節的9月中旬～11月下旬期間，這趟巡航之旅也可以看到信天翁。

巡航之旅從但尼丁市區附近出發（MAP P.160-D2），分成搭船和車繞行半島的半日遊，以及花上一整天可從海上及陸上豐富體驗的奧塔哥半島套裝之旅。

從海上來欣賞動物們吧

莫那克野生動物巡航
住Wellers Rock Wharf, 813 Harington Point Rd.
☎(03) 477-4276
FREE 0800-666-272
URL www.wildlife.co.nz
時夏季 13:30、15:30、17:00出發
冬季 14:30出發
休無休
費大人$58、小孩$23

普克庫拉藍企鵝棲息地
Blue Penguins Pukekura

Map P.164-A2

在位於信天翁棲息地下方的Pilots Beach保護區，進行觀察日落後從海裡回家企鵝的生態之旅，可以從距離幾公尺的觀察平台見到可愛企鵝的身影，是這裡最大的魅力。

Blue Penguins Pukekura
住1260 Harington Point Rd.
☎(03) 478-0499
URL bluepenguins.co.nz
時夏季19:00以後、冬季18:00以後，依季節變動。
休無休（冬季每週舉辦3～5次）
費大人$45、小孩$25
也可以從但尼丁接送，大人$80、小孩$65。

有時一天可以看到超過100隻企鵝

但尼丁的小旅行 Excursion

奧塔哥半島野生動物之旅

這是但尼丁最具代表性的戶外活動之一，不僅能造訪皇家信天翁中心（→P.166）、企鵝棲息地（→P.167），還能夠周遊野鳥的棲息地，還有機會近距離見識到海鷗、紐西蘭海狗等眾多野生生物。行程內容或觀察地點會依照各家旅行社而有不同。

IS GLOBAL SERVICES 027-372-0942 URL isglobalnz.com 時全年 費大人$140、小孩$80（所需時間約4小時） CC MV

Elm Wildlife Tours (03) 477-4276 FREE 0800-356-563 URL elmwildlifetours.co.nz 時全年 費$130～（所需時間約6小時30分～） CC MV

騎馬

以位於奧塔哥灣北側Deborah灣的Hare Hill牧場為起點，一邊眺望海岸景致，一邊享受騎馬樂趣的活動。BEACH RIDE行程是騎馬在Aramoana海灘散步，還能觀察到海豹或企鵝等野生動物的蹤跡；也有所需時間約2小時的HARBOUR TREK，或是在牧場內上課的RIDING LESSON等行程。

Hare Hill Horse Treks
(03) 472-8496
FREE 0800-437-837
URL www.horseriding-dunedin.co.nz
時全年 費RIDING LESSON$45～（所需時間約1小時）、BEACH RIDE$240（所需時間約3小時） 費MV

但尼丁的購物 Shop

Guild

Map P.160-C1

以但尼丁在地藝術家的作品為主，集合Made in New Zealand的雜貨、服飾及保養品的小店。設計師也會輪班當店員，跟他們談創作也別有一番樂趣。

住145 Stuart St. 027-270-0171
URL www.guilddunedin.co.nz
營週一11:00～14:00、週二·五·六11:00～15:00、週三·四10:00～17:00 休週日 CC MV

Granny Annie's Sweet Shop

Map P.160-C1

地處喬治街George St.的小甜點店，各種袋裝的軟糖與糖果100g $3.5～，手工製作牛奶糖約20種口味$3.95～，以薄荷巧克力及烤布蕾等最受歡迎。

住117 George St. (03) 470-1236 URL www.grannyannies.co.nz 營9:00～18:00、週六·日10:00～18:00 休無休 CC MV

Koru NZ Art

Map P.160-C2

位於但尼丁火車站對面，店內收集了約75名紐西蘭設計師的作品；種類包羅萬象，從$6的卡片到數千元的藝術品都有，以及豐富的綠石飾品。

住2 Castle St.
(03) 477-2138
URL www.korunzart.com
營週一～五10:00～17:00、週六10:30～15:00 休週日 CC MV

S.C. Interiors

Map P.164-A1

在聖克萊爾的家飾店，店內包羅萬象，從生活雜貨、餐具、包包、小飾品、首飾等，全都是極具設計性的商品，很適合挑選伴手禮。嬰兒與兒童用品也很齊全。

住1 Bedford St., St. Clair
(03) 455-7106
URL scinteriors.co.nz
營9:30～16:30
休週六～一 CC MV

Column 但尼丁的街頭藝術

在但尼丁市內約有30件街頭藝術品，包含英國Phlegm、義大利Pixel Pancho等國際知名藝術家的作品，非常值得走逛欣賞。作品多集中在市中心南邊的Vogel St.和Bond St.附近。

URL dunedinstreetart.co.nz

位於Manse St.12號Phlegm的作品

但尼丁的餐廳 Restaurant

Plato

Map P.160-D2

堅持使用在地生產的新鮮食材，以及有機的香草與蔬菜的老字號餐廳，尤其以近海出產的海鮮料理最為豐富。菜單會依季節而改變，前菜$20左右、主菜約$40，奧塔哥中央地區釀造的葡萄酒也很多元，還能享用自製的啤酒。

住2 Birth St.
☎(03) 477-4235
URL www.platocafe.co.nz
營18:00～Late
休週日・一 CC MV

Etrusco

Map P.160-C1

座落於Savoy大樓2樓的餐廳，改裝自歷史建築的店內充滿懷舊氛圍，在這樣的空間裡品嚐披薩、義大利麵等義大利美食；最值得推薦的是添加番茄、鯷魚的煙花女義大利麵Spaghetti alla Puttanesca $21.5～，而16種口味的披薩種類也相當豐富，價格$21.5～。

住8A Moray Pl.
☎(03) 477-3737
URL www.etrusco.co.nz
營17:30～Late
休無休 CC MV

Morning Magpie

Map P.160-C2

被暱稱為Maggies的人氣咖啡館，店內有古董家具和復古遊戲機台，流露懷舊而時尚的氛圍，可以享用雞蛋料理、貝果搭配咖啡，還有以招牌狗John為主角做成的原創商品也非常可愛。

住46 Stuart St. ☎無
URL www.morningmagpie.co.nz
營週一～五7:30～15:00、週六・日8:00～15:00
休無休 CC MV

The Speight's Ale House

Map P.160-D1

釀酒廠在但尼丁的史佩茲啤酒所開設的啤酒餐廳，除了可以品嚐8種不同風味的自家啤酒，餐點選擇也很豐富。因為就附設在釀酒廠內，不妨參加導覽之旅後順道過來。

住200 Rattray St. ☎(03) 471-9050 URL www.thealehouse.co.nz 營週一～四・日11:30～23:00、週五・六11:30～23:30
休無休 CC AMV

Best Cafe

Map P.160-C2

創業於1932年的炸魚薯條老店，招牌魚種是藍鱈和鰈魚（比目魚），而最受歡迎的是能享用花枝、淡菜、牡蠣等多種海鮮的Best Café Old School $55，從3月直到冬季的炸牡蠣也是熱門菜色。

住30 Stuart St. ☎(03)477-8059
URL bestcafe.co.nz
營11:30～14:00、17:00～20:00
休週日 CC MV

Vogel St Kitchen

Map P.160-D2

利用舊倉庫改裝成的咖啡館，無論何時都很暢銷的柴燒披薩$22.9～，早餐則以加入當季水果的穀麥片$13.9最受歡迎，還有班尼迪克蛋$24.9、三明治$18.9等料理，以及無麩質餐點。

住76 Vogel St. ☎(03) 477-3623
URL www.vogelstkitchen.nz
營週一～五7:30～14:30、週六・日8:30～15:00 休無休
CC MV

Mazagran

Map P.160-C1

喜歡咖啡的人一定不能錯過的老牌義式咖啡館，供應由自家烘焙單品豆煮成香味濃郁的義式濃縮咖啡，還有搭配咖啡的蛋糕和塔類，也可以買咖啡豆。

住36 Moray Pl.
☎(03) 477-9959
營週一～五7:00～15:30、週六10:00～14:00
休週日 CC MV

The Esplanade

Map P.164-A1

面對聖克萊爾海灘的景觀義大利料理餐廳，從早餐到晚餐營業一整天，方便遊客用餐。推薦餐點為種類豐富的窯烤披薩和義大利麵各$26～，還有適合配葡萄酒的義式前菜小吃$10～20也有很多選擇。

住2 Esplanade, St. Clair
☎(03) 456-2544
URL www.esplanade.co
營週一～四8:00～21:00、週五～日8:00～21:30 休無休 CC MV

Scenic Hotel Southern Cross

Map P.160-D1

位於市中心的便利飯店，原本是自1883年起經營、深具歷史的Grand Hotel，整修之後成為舒適又設備齊全的新飯店。客房內有咖啡機等設備，館內還有健身房、賭場，可以度過悠閒的休假時光。

住118 High St.
電(03) 477-0752
URL www.scenichotelgroup.co.nz
費ⒹⓉ$179～ 房數178
CC AMV

Dunedin Leisure Lodge

Map P.160-A2外

距離市中心約5分鐘車程，位於但尼丁植物園隔壁，有寬廣的庭園。客房分成標準、高級與行政套房3種類型，都附有陽台或天井。

住30 Duke St.
電(03) 477-5360
URL www.dunedinleisurelodge.nz
費ⒹⓉ$135～
房數76 CC AMV

The Victoria Hotel Dunedin

Map P.160-C2

以交通方便的地理位置與平實的價格為最大賣點，有附設廚房的客房及家庭形式的套房等，幾乎所有房型都有浴缸，還設有洗衣房，以及餐廳、酒吧和健身房。

住137 St. Andrew St.
電(03) 477-0572 FREE 0800-266-336
URL www.victoriahoteldunedin.com
費ⓈⒹⓉ$200～
房數72 CC ADMV

On Top Backpackers

Map P.160-C1

從八角廣場步行只要2分鐘就能到達，櫃台在1樓的夜店Poolbar內，住宿設施則在2樓。夜店營業到深夜會有點吵，但是有保全設施不必擔心外人闖入，還有女性專用的團體房。

住12 Filleul St.
電(03) 477-6121
URL www.ontopbackpackers.co.nz
費Dorm$34～ Ⓢ$73～
ⒹⓉ$93～ 房數95床 CC MV

Alexis Motor Lodge

Map P.160-B1

從八角廣場徒步過來約10分鐘的新穎汽車旅館，附SPA浴缸的客房有9間，而每間客房都有提供電視及DVD播放機，設備非常齊全；廚房裡還有微波爐可以用。客房內全面禁菸。

住475 George St.
電(03) 471-7268 FREE 0800-425-394 URL www.alexismotelaccommodation.co.nz
費ⓈⒹⓉ$145～ 房數18 CC MV

Chapel Apartments

Map P.160-C1

由建於1863年的教堂整修成的飯店，為附設包含洗碗機完整廚房及洗衣機的公寓式客房，最多可以住到7人，設備新穎而舒適。距離八角廣場步行只要幾分鐘，交通非常方便。

住81 Moray Pl.
021-296-4255
URL www.chapelapartments.co.nz
費ⓈⒹⓉ$395～
房數7 CC AMV

Sahara Guest House

Map P.160-A1

區域內共有4棟建築，分別為平價的背包客棧、附廚房的單房式、汽車旅館、包棟的家庭式住宿，櫃檯服務時間很長7:30～21:00，也提供觀光相關的諮詢。

住619 George St. 電(03) 477-6662 FAX (03) 479-2551
URL www.dunedin-accommodation.co.nz 費Ⓢ$80～ⒹⓉ$125～
Motel$130～ 房數28 CC MV

Hotel St. Clair

Map P.164-A1

矗立在聖克萊爾海灘前的設計旅店，大多數客房都為海景房，附寬闊陽台和浴缸的舒適房型也很多；地下室有免費停車場，推薦租車的遊客來住宿。

住24 Esplanade St., St. Clair
電(03) 456-0555
URL hotelstclair.com
費ⓈⒹⓉ$239～
房數26 CC AMV

廚房(全部客房) 廚房(部分客房) 廚房(共用) 吹風機(全部客房) 浴缸(全部客房) 游泳池 網路(全部客房/須付費) 網路(部分客房/須付費) 網路(全部客房/免費) 網路(部分客房/免費)

因弗卡吉爾
Invercargill

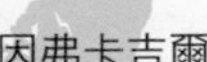

人口：5萬7100人
URL www.invercargillnz.com

座落在紐西蘭南島最南端的城市——因弗卡吉爾，與但尼丁同樣都是由蘇格蘭移民開拓的城鎮，雖然看不到什麼大型建築物，但是市區內到處都能欣賞到以石塊打造、充滿蘇格蘭風格的歷史古蹟建築，當地人也將因弗卡吉爾Invercargill以蘇格蘭方言發音成「因弗卡哥」。

身為前往有南部景觀公路Southern Scenic Route美稱的卡特林斯海岸Catlins Coast，以及斯圖爾特島Stewart Island的門戶所在，因而吸引眾多遊客造訪。此外，郊外布拉夫Bluff出產的牡蠣，還能捕撈到藍鱈等新鮮海產，也讓這裡小有名氣。

市區內到處都能欣賞到歷史古蹟建築

如何前往因弗卡吉爾 Access

搭乘飛機從基督城到因弗卡吉爾機場Invercargill Airport，紐西蘭航空1日5～7班，所需時間約1小時30分；威靈頓則為1日1～2班，所需時間約2小時5分；奧克蘭1日1班，所需時間約2小時。從機場至市中心約4km。

從主要城市有InterCity的長途巴士前往因弗卡吉爾，從基督城出發是1日1班，所需時間約10小時30分，中途經過奧瑪魯、但尼丁、巴爾克盧薩等地。從皇后鎮出發的巴士必須在但尼丁轉車，所需時間約10小時30分。巴士總站在Tuatara Lodge（→P.173）前。

航空公司（→P.496）
紐西蘭航空

因弗卡吉爾機場
Map P.175
☎(03) 218-6920
URL invercargillairport.co.nz
從機場到市中心可搭乘計程車或租車。

主要計程車公司
Blue Star Taxis
☎(03) 217-7777
URL bluestartaxis.co.nz

主要租車公司
AVIS
☎(03) 218-7019
URL www.avis.co.nz
Hertz
☎(03) 218-2837
URL www.hertz.co.nz
RaD Car Hire
☎(03) 214-4820
URL www.radcarhire.co.nz

主要巴士公司（→P.496）
InterCity

金字塔型外觀的南部博物館

因弗卡吉爾的 漫遊

因弗卡吉爾的市中心就在地勢平坦開闊、約1km正方的範圍內，其中泰伊街Tay St.與迪街Dee St.的交叉口，就是整個城市主要機能的集中處。主要的景點大多在市中心，步行或搭乘6條路線的市區巴士Bus Smart就已足夠；至於前往郊外的觀光景點，可以租車或參加在地旅遊團。

泰伊街與迪街的交叉口

因弗卡吉爾的市區交通
Bus Smart
FREE 0800-287-7628
URL www.bussmart.co.nz
■ 週一～五7:20～17:20、週六10:20～16:20每隔30分鐘～1小時1班
休 週日‧節日
費 現金　$3
Bee Card　$2

女王公園
Queens Park

Map P.172-A1~2

女王公園
☎(03) 211-1777
（因弗卡吉爾市公所）
URL icc.govt.nz/parks-and-reserves/queens-park
開自由參觀（依設施而定）

也有可免費參觀的動物公園

女王公園座落於南部博物館後方，面積廣達80公頃的開闊園區內，規劃有玫瑰花園、兒童的遊戲區等設施，還有間小小的Tea Room供遊客稍作休息。而公園的北側則是高爾夫球場。

還有日式庭園

水塔
Water Tower

Map P.172-A2

水塔
住101 Doon St.

外觀以維多利亞風格華麗裝飾的水塔建於1889年，高42.5m，為了能在地勢平坦的市區，將自來水配送到各地而興建。2012年開始由於安全考量，禁止進入塔內。

因弗卡吉爾的地標

E Hayes

E Hayes

Map P.172-A1

在這個DIY居家修繕賣場內，陳列著因2005年電影《超速先生The World's Fastest Indian》而廣為人知，1000cc以下重型機車最快紀錄保持者伯特芒羅Burt Munro的展覽。芒羅出生於因弗卡吉爾的郊區，1967年以改裝過的1920年600cc印地安重機參加在美國舉行的比賽，創下時速308km的世界紀錄。博物館內還擺放著他為了追求速度而多次製作的零件，以及實際騎過的重型機車，很值得一看。館外則豎立著芒羅的銅像，說明他至今仍是這個城市的英雄。

E Hayes
住168 Dee St
電(03) 218-2059
URL www.ehayes.co.nz
開週一～五 8:00～17:30
週六 9:00～16:00
週日 10:00～16:00
費免費

1920年製造的印地安Scout

比爾·理查森交通世界

Bill Richardson Transport World

Map P.172-B2外

收藏超過300台古董車的博物館，尤其是古董卡車的收藏品為世界知名。市中心還有一間古董機車博物館Classic Motorcycle Mecca（MAP P.172-B1）。

比爾·理查森交通世界
住491 Tay St.
電(03) 217-0199
FREE 0800-151-252
URL www.transportworld.co.nz
開10:00～17:00 休無休
費大人$40、小孩$20、銀髮族$35

因弗卡吉爾的餐廳 Restaurant

The Batch Cafe

Map P.172-B2

位於辦公商業區，很受附近上班族歡迎的咖啡館；午餐$20左右，鬆餅、湯品等菜色每天變換，馬芬及布朗尼蛋糕等甜點也很多樣。

住173 Spey St. 電(03)214-6357
URL www.facebook.com/batchcafe
營週一7:00～16:00、週二～五7:00～15:00、週六·日8:00～15:00 休無休 CC ADMV

Bonsai Restaurant

Map P.172-B1

大洋洲最南端的日本料理餐廳，人氣菜色有用新鮮鮭魚做成的握壽司、照燒鮭魚便當$16.9～，推薦餐點為壽司、生魚片、照燒雞肉、天婦羅烏龍麵等，價格從$11～16，十分合理。

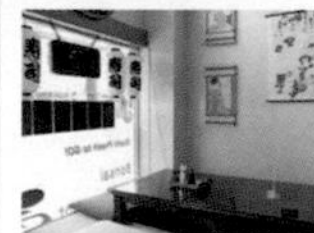

住Shop 7, 25 Don St.
電(03) 218-1292
營11:30～19:00
休週日 CC ADJMV

因弗卡吉爾的住宿 Accommodation

Tower Lodge Motel

Map P.172-A2

靠近水塔的汽車旅館，距離女王公園及市中心也很近，觀光很方便。有適合團體客及附浴缸的客房，雖然大多數房間都有廚房設備，但也有些客房沒有料理用具，訂房時最好還是先確認。

住119 Queens Dr. 電(03)217-6729 FREE 0800-802-180
URL www.towerlodgemotel.co.nz
費ⓈⒹⓉ$125～160
房數17 CC AMV

Tuatara Lodge

Map P.172-B1

位於迪街Dee St.，長途巴士總站就在眼前，地理位置超方便。1樓有提供旅遊諮詢服務並附設咖啡館，也有附衛浴、電視的套房，以及女性專用的團體房。

住30-32 Dee St. 電(03)214-0954 FREE 0800-4882-8272 FAX(03)214-0956 URL tuataralodge.co.nz
費Dorm$40～ Ⓢ$60～ Ⓓ$90～ Ⓣ$75～ 房數128床 CC MV

廚房（全部客房） 廚房（部分客房） 廚房（共用） 吹風機（全部客房） 浴缸（全部客房） 游泳池
網路（全部客房／須付費） 網路（部分客房／須付費） 網路（全部客房／免費） 網路（部分客房／免費）

布拉夫的觀光情報
URL www.bluff.co.nz

如何前往布拉夫
因弗卡吉爾市中心與布拉夫之間，有接駁巴士1日1～4班往返行駛，所需時間約30分鐘，並且可以接駁斯圖爾特島～布拉夫的渡輪。接駁巴士可以在市區各主要景點上下車，因此不妨在預訂車票先行確認。

因弗卡吉爾～布拉夫的接駁巴士
Catch-A-Bus South
☎027-4497-994
URL www.catchabussouth.co.nz
費單程大人$30～50、小孩$20～40

布拉夫海洋博物館
住241 Foreshore Rd.
☎(03) 212-7534
URL www.bluff.co.nz/museum
開週一～五 10:00～16:30
週六・日 12:30～16:30
(依季節變動)
休無休 費大人$5、小孩$1

鯊魚籠潛水
Shark Experience
☎(03) 212-7112
URL www.sharkexperience.co.nz
時12～6月 費$549～

因弗卡吉爾郊外的 景點

布拉夫
Bluff

Map P.174

位於因弗卡吉爾往南約27km，紐西蘭本土最南端的小鎮布拉夫Bluff，可說是因弗卡吉爾的外港，為前往斯圖爾特島的中繼點；也是紐西蘭知名的牡蠣產地，每年在5月下旬舉辦布拉夫牡蠣海鮮嘉年華Bluff Oyster and Seafood Festival（→P.443）。

布拉夫生蠔是高級食材

從南島南端開始，越過庫克海峽Cook Strait，一路通往北島北部的國道1號，在公路的最南端的斯特林角Stirling Point，豎立著從這裡到世界各地主要城市間距離的指示牌，也成為遊客拍紀念照的最佳背景。從斯特林角往北，在Foreshore St.上有著布拉夫海洋博物館Bluff Maritime Museum，可以看到關於過往捕鯨船、布拉夫海港發展史、在地特產布拉夫牡蠣養殖等相關展覽。

喜歡散步的人則不妨來布拉夫山丘Bluff Hill走走，站在山丘頂端可以眺望斯圖爾特島；12～6月則能體驗近距離觀察大白鯊、充滿震撼的鯊魚籠潛水Shark Cage Diving。

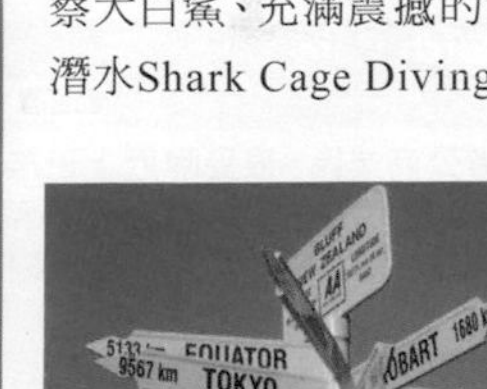

到日本東京的距離約是9567km

卡特林斯海岸
Catlins Coast

Map P.175

因弗卡吉爾向東通往巴爾克盧薩Balclutha約50km長的海岸線，又被稱為卡特林斯海岸，這裡因為遠離主要公路，海岸旁不僅交通流量小而且幾乎沒有人煙，一旁筆直聳立的斷崖與濃密森林，堪稱是紐西蘭最自然簡單的原始風景；現在還以南部景觀公路Southern Scenic Route之名，向遊客宣傳、推廣觀光。

關於此地區的觀光，參加以巴爾克盧薩為據點的Catlins Tours推出的旅遊團較為方便，自在舒適的少人數團，行程調整上也很有彈性。由於這條海岸線有許多土石路段，租車出遊時要特別小心。

i 遊客中心
Catlins Information Centre
住10 Campbell St., Owaka
☎(03) 415-8371
URL catlins.org.nz
開8:30～17:00
休無休
在Owaka的美術館內有遊客中心。

旅遊團旅行社
Catlins Tours
✆021-1217-028
URL www.catlinstours.co.nz
費Sunrise Tour大人$150、小孩$75（所需時間約3～4小時）等行程
※2人成團

卡特林斯海岸的 景點

努蓋特角
Nugget Point

Map P.175

距離Owaka約20km，在這座小海岬前端矗立著一座燈塔，建造於1869年，也是紐西蘭最古老的燈塔之一。洶湧浪濤拍打在高聳直立的斷崖上，還有突出於海上無數的奇岩怪石都令人印象深刻，站在燈塔所在的高台上，可以將向南北延伸的險峻斷崖與海岸線一覽無遺。

努蓋特角附近由於也是象鼻海豹、黃眼企鵝等野生動物的棲息地，而為人所熟知，遊客可以發現腳底下就是成群的海狗，望向大海還會看到正在游泳的海豚。

通往努蓋特角的道路是土石路，要小心駕駛

傑克噴水洞穴
Jack's Blowhole

Map P.175

走進距離海岸線約200m的草原地帶，突然一個直徑數十公尺的巨大坑洞出現在眼前；這個洞穴深達55m，底端就直接通向海洋，是因為海岸邊斷崖下的深邃海蝕洞與這裡相通，當海潮洶湧的漲潮期來臨時，浪花就會直接噴到陸地上來。從傑克灣Jack's Bay的停車場到牧草地，步行大約45分鐘。

大教堂洞窟
Cathedral Caves

Map P.175

在海岸的斷崖上有著高約30m的2座大型洞窟，外觀就如同名稱像一座天然的大教堂。小心翼翼地進入洞穴之後，會發現原來2座洞穴深處是相通的，可以從另一個洞窟走出來，是個令人有點緊張的觀光景點。從停車場往森林方向前行，就會抵達海岸邊，接著面對大海往左手邊斷崖前進，走在沙灘上大約30分鐘就能抵達。

不過，能徒步至大教堂洞窟的機會僅限在退潮前後的2小時，最好是事先確認時間再出發。

傑克噴水洞穴
開全年 休無休 費免費

大教堂洞窟
開7:30～21:00
依潮水漲退而變動
※退潮的2小時前～1小時後。
費大人$10、小孩$2
休6～10月中旬
URL www.cathedralcaves.co.nz

庫力歐灣
Curio Bay
Map P.175
這一帶的海中存在著推算為1億7000萬年前（侏羅紀）的巨木群，現在已經變成化石，在退潮時候就會顯露出來；不僅是同類化石中世界規模最大的，在學術研究上也彌足珍貴。

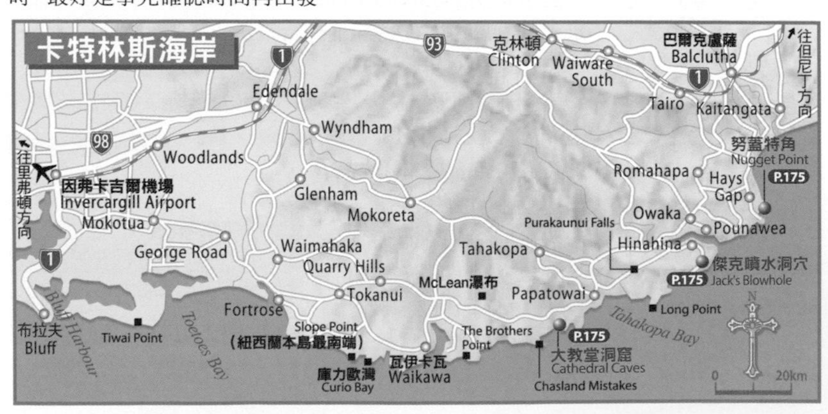

斯圖爾特島

Stewart Island

人口：450人
URL www.stewartisland.co.nz

在天敵極少的島上棲息著眾多卡卡鸚鵡

斯圖爾特島是紐西蘭有人居住島嶼中最南端的一座，從南島最南端的城鎮布拉夫Bluff隔著福沃海峽Foveaux Strait，往西南方約32km的位置。面積約1680km²，毛利族自古將這座島嶼命名為「拉奇歐拉Rakiura」，就是光輝閃耀的天空之意，並定居於島上；在1770年庫克船長探訪過後，就成為歐洲捕鯨業者的航行基地。雖然19世紀後半發現了金、錫礦，卻沒有引來淘金熱潮，讓斯圖爾特島至今仍保留著未經人工開發的豐富原始自然。2002年將全島面積的85%劃定為世界最南端的國家公園。

斯圖爾特島上唯一的城鎮是面對半月灣Halfmoon Bay的奧本Oban，飯店、餐廳等主要設施也都集中在這裡，除了奧本以外的大半座島嶼，都是沒有人煙也沒有道路通行的自然世界。此外，還是為數不多的奇異鳥棲息地之一而聲名大噪，其他還棲息著如卡卡鸚鵡Kaka、威卡秧雞Weka、鴞鸚鵡Kakapo等多種紐西蘭特有鳥類。

如何前往斯圖爾特島 Access

因弗卡吉爾有Stewart Island Flights營運的小飛機，每日3班，所需時間約20分鐘；而配合飛機起降時間，也有機場～市區間的接駁巴士行駛。

至於渡輪則以布拉夫為據點，布拉夫與斯圖爾特島的奧本之間，有Real NZ營運的Stewart Island Experience高速渡輪，每日2～3班次，所需時間約1小時。而且為了配合渡輪時間，在發船前1小時會有從因弗卡吉爾出發，前往布拉夫的接駁巴士。

多艘船隻悠閒停泊著的半月灣

航空公司
Stewart Island Flights
☎(03) 218-9129
URL stewartislandflights.co.nz
運 全年
費 單程大人$140、小孩$95
也推出斯圖爾特島上空的觀光飛行。

渡輪公司
Real NZ Stewart Island Experience
☎(03) 212-7660
FREE 0800-000-511
URL www.realnz.com/en/experiences/ferry-services/stewart-island-ferry-services
運 全年
布拉夫～斯圖爾特島的渡輪
費 單程大人$99、小孩$49
因弗卡吉爾～斯圖爾特島的接駁巴士+渡輪
費 單程大人$129、小孩$64

i 遊客中心
DOC拉奇歐拉國家公園遊客中心
DOC Rakiura National Park Visitor Centre
Map P.177下圖
住 15 Main Rd.
☎(03) 219-0009
e-mail stewartisland@doc.govt.nz
開 1月 8:30～16:00
4～6月 8:30～16:30
7～9月
週一～五 9:00～16:00
週六・日 10:00～14:00
10・11月
週一～五 8:30～16:30
週六・日 9:30～14:30
12月 8:30～17:00
年底年初9:00～16:00
休 不定休

i 遊客中心
Oban Visitor Centre
Map P.177下圖
住 12 Elgin Tce.
☎(03) 219-0056
FREE 0800-000-511
URL www.stewartislandexperience.co.nz
開 依季節變動，需電話洽詢。
休 不定休

斯圖爾特島的 漫遊

島上唯一的城鎮奧本Oban，是渡輪、飛機停靠的地方，當然也是唯一的觀光據點。島上的道路從奧本向外延伸約20km，如果想將腳步延伸至其他地點，只能透過走健行步道這個方法而已。通常，遊客不是參加在地旅遊團，就是挑戰正規的健行步道。

遊客中心就在渡輪碼頭的附近，另外在Main Rd.上還有DOC遊客中心，館內還有島上自然的相關展覽，很值得一看。在奧本這裡也有日用雜貨食品店、咖啡館、郵局等設施，遊客需要的服務一應俱全；因為沒有銀行，兌換外幣必須在登島之前就先處理好，不過主要飯店、商店等都能使用信用卡，超級市場裡也有提款機ATM。市區內的景點極少，但有著視野絕佳的餐廳及住宿設施能夠賞景，周邊還有著步行僅需10分鐘即可抵達的小海灘，以及步行約1小時左右的健行步道等。

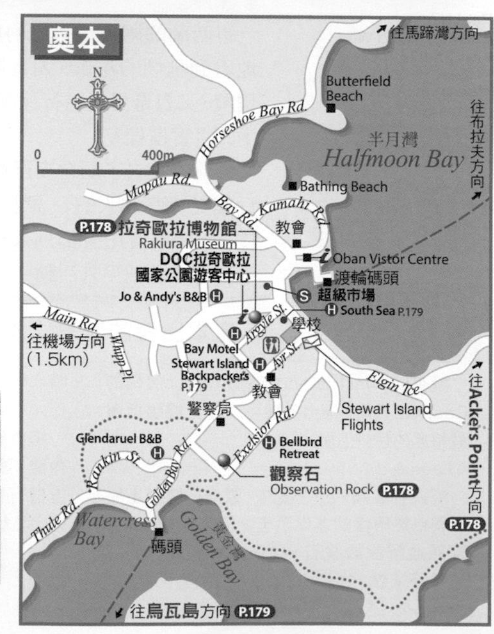

如叢林般的廣闊森林

拉奇歐拉博物館
住11 Main Rd.
電(03) 219-1221
開夏季
週一～五　10:00～16:00
週六·日·節日
10:00～15:00
冬季
10:00～15:00
費大人$10、16歲以下免費
※有紀念品店。

找找看企鵝和奇異鳥的交通標誌

白色的燈塔非常醒目

推出奇異鳥觀察團的旅行社
Ruggedy Range Wilderness Experience
電(03) 219-1066
URL www.ruggedyrange.com
時全年
費2小時導覽之旅
大人$125、小孩$85

Real NZ
Stewart Island Wild Kiwi Encounter
電(03) 219-0056
FREE 0800-000-511
時11～5月
費$199（所需時間約4小時）
※15歲以上才能參加。
即使是夏天，入夜後依舊非常寒冷，記得穿上保暖衣物，攜帶手電筒會方便許多。天氣不佳時會停止出團，而且並不是每天出發，必須事先預約。

拉奇歐拉博物館
Rakiura Museum

Map P.177下圖

玻璃帷幕的時尚博物館，有著可以認識島嶼歷史的許多有趣展覽。斯圖爾特島原本是居住著毛利族原住民，之後捕鯨業者及獵捕海狗的獵人紛紛自歐洲前來，至今在島上依舊保留著當時所遺留的許多相關物品，博物館內就公開展示著這些歷史遺物。

奧本周邊步道
Walking Tracks from Oban

Map P.177下圖

想親身體驗斯圖爾特島原始的大自然，首先就是步行，在奧本周邊就擁有輕鬆可行的健行步道。

觀察石　Observation Rock（來回約30分鐘）

從市區步行約15分鐘，就可以輕鬆登上的觀景台，可以俯視南側的黃金灣Golden Bay到帕特森內灣Paterson Inlet一帶。

Ackers Point（來回約3小時）

從市區沿著海岸步行2.5km後，就能夠抵達燈塔所在的海岬。站在這個面對著外海的地點，可以盡情飽覽飛翔於海洋上的海鷗身影，途中會經過藍企鵝（→P.36）的棲息地，幸運的話就有機會親眼看到牠們。

奇異鳥觀察團
Kiwi Spotting

紐西蘭的國鳥奇異鳥的數量年年減少，因此很難能在野地看到牠們的身影。因為斯圖爾特島是個排除天敵動物的環境，又對奇異鳥進行保護活動，才能夠觀察到牠們在自然中的真實模樣。

導覽之旅為了配合夜行性的奇異鳥生態，而在夜間出發，行程從1晚到4天3夜，選擇相當多樣，包含住宿的行程會將住宿、餐飲費用全都列入，並且可以在嚮導帶領下，體驗步道健行或各種戶外活動。

斯圖爾特島的戶外活動　奧本出發的輕鬆之旅

擁有Stewart Island Experience渡輪的Real NZ公司，推出各種可以充分體驗斯圖爾特島的戶外活動。

Village & Bay Tour

暢遊各名勝、歷史遺跡，還能認識島上歷史與自然環境的迷你巴士之旅。由在地導遊帶領並解說觀察石、拉奇歐拉國家公園紀念碑等景點，1日1～2班次，所需時間約1小時，大人$49、小孩$29。

Ulva Island Explore

搭乘觀光船暢遊深入奧本南部的帕特森內灣，途中還會停靠在烏瓦島，可以下船走走健行步道。1日1班，所需時間約2小時15分，大人$109、小孩$45。

Real NZ（→P.176）

拉奇歐拉國家公園紀念碑
Rakiura National Park Gateway

Map P.177上圖

為了紀念2002年3月設立的拉奇歐拉國家公園，特別在位於Lee Bay的拉奇歐拉步道入口處，豎立一座大鎖鍊造型的紀念碑，靈感源自於毛利族傳說中的航海家Maui，當年在斯圖爾特島下錨並繫上獨木舟。距離奧本單程約5km。

鎖著島的巨大鎖鏈？

烏瓦島
Ulva Island

Map P.177上圖

浮在島上中央位置帕特森內灣Paterson Inlet的烏瓦島，因為阻隔了所有外來動物的進入，而成為野生鳥類的聖地，可以在很近的距離下觀察到如威卡秧雞、卡卡鸚鵡、鐘吸蜜鳥Bellbird、紐西蘭鳩New Zealand Pigeon等野鳥。島上還設有非常完備的健行步道，3小時左右就可以悠閒輕鬆地環島一周。由於沒有定期船班前往烏瓦島，只能仰賴水上計程車，停靠站在黃金灣碼頭，約10分鐘即可抵達。烏瓦島上完全沒有人煙，因此別忘了準備食物和飲水。

前往烏瓦島的水上計程車公司
Aihe Eco Chaters & Water Taxi
☎(03) 219-1066
📱027-478-4433
URL aihe.co.nz
費大人$30～、小孩$20～

Rakiura Chaters & Water Taxi
☎(03) 219-1487
FREE 0800-725-487
URL www.rakiuracharters.co.nz
費大人$25～、小孩$10～

絲毫不怕人的威卡秧雞，嚴格禁止餵食

住山屋挑戰過夜健行
Overnight Trek

Map P.177上圖

在斯圖爾特島上有著規劃良好的健行步道，並且設置著十多處的山間小屋，不論哪一處的設備都相當簡單，一定要自行準備睡袋、鍋爐、餐具、食物等裝備，不適合登山健行的初學者來體驗。出發前務必要到DOC的遊客中心索取詳細情報，也別忘了購買山間小屋通行證Hut Pass。

拉奇歐拉步道　Rakiura Track（3天2夜）

從奧本至帕特森內灣附近的周遊路線，可以步行在山區的森林裡或濱海地帶，親身體驗斯圖爾特島最具代表性的景致。每天的健行距離約12km，標準行程是住宿在威廉港小屋Port William Hut及北灣小屋North Arm Hut的3天2夜。

環行西北　North-West Circuit（9～11天）

暢遊島嶼北半邊、全長125km的路線，需要體力、耐力。若想前往島上最高峰安格冷山Mt. Anglem（海拔980m），中途必須從Christmas Village小屋旁的岔路進入，來回約6小時。

DOC官網
URL www.doc.govt.nz

推出在地旅遊團的旅行社
Rakiura Chaters & Water Taxi
（→請參考上方資訊）
Guided Walk
時全年
費大人$145～、小孩$70～

Ulva's Guilded Walks
📱027-688-1332
URL www.ulva.co.nz
時全年
費半天之旅
大人$145、小孩$70

斯圖爾特島的住宿 Accommodation

South Sea Hotel

Map P.177下圖

面對半月灣而建的老字號飯店，附設有能品嚐美味海鮮料理的餐廳。

住26 Elgin Tce.　☎(03) 219-1059　URL www.stewart-island.co.nz
費ⓈⒹ$90～　房數27　CC MV

Stewart Island Backpackers

Map P.177下圖

附設露營營地的背包客青年旅館，可以免費借吹風機。

住18 Ayr St.　☎(03) 219-1114　URL www.stewartislandbackpackers.co.nz　費Dorm$45～　ⓈⒹⓉ$96～　房數28　CC MV

廚房（全部客房）　廚房（部分客房）　廚房（共用）　吹風機（全部客房）　浴缸（全部客房）　游泳池
網路（全部客房／須付費）　網路（部分客房／須付費）　網路（全部客房／免費）　網路（部分客房／免費）

凱庫拉

Kaikoura

凱庫拉 ★
基督城

人口：3900人
URL www.kaikoura.co.nz

來到凱庫拉，全年隨時都可以欣賞到鯨魚、海豚及海狗等多種海洋生物，對全世界來說，是個相當特別而珍貴的地點。除了有賞鯨團之外，還有各式各樣的大自然探索活動，吸引無數遊客聚集在此。

何以凱庫拉能如此得天獨厚，擁有這麼多的海洋生物呢？原來是因為暖流與寒流在凱庫拉近海交會，形成豐富浮游生物的海域，於是吸引眾多魚群來這裡覓食，進而以魚為食的大型生物或鳥類也跟著聚集。還有另一個原因，凱庫拉的海岸缺乏大陸棚地形，海底陡降到1000m深的海溝，因此造就出豐富的海洋生態。

這座城市的名稱是由毛利語的Kai（吃、食物）與Koura（淡水螯蝦Crayfish：龍蝦的同類）這2個單字組合而成，也就不難想像，淡水螯蝦正是凱庫拉的一大特產，當然還有各種豐富海鮮可以品嚐，也是這個城市的魅力之一。

特產的淡水螯蝦令人食指大動

主要巴士公司（→P.496）
InterCity

鐵路公司（→P.496）
Kiwi Rail

為紐西蘭知名的賞鯨地點

如何前往凱庫拉 Access

連結基督城與皮克頓的國道1號（SH1）曾經因為2016年地震的影響而暫時封閉，不過已在2017年12月開通白天道路，到2018年5月夜間也可以通行；但是仍有某些路段還在修復中，遇上大雨等惡劣氣候就會暫停通行。從基督城前往凱庫拉可以行駛內陸公路的70號。此外，InterCity的長途巴士1日2班，基督城出發，所需時間約2小時50分；巴士停靠站在西區West End的The Fish Tank Lodge前。也可以搭乘鐵路，有沿海岸行駛的太平洋海岸Coastal Pacific號。

太平洋海岸號會停靠的凱庫拉火車站

凱庫拉的市區交通

因為凱庫拉市區相當小，以步行的方式就可以逛完，若是要前往周邊景點或行李多的時候，也有便捷的接駁巴士可以搭乘。

Kaikoura Shuttle
☎（03）319-6166
URL www.kaikourashuttles.co.nz
費 在凱庫拉市區可以當成計程車來使用，車資要洽詢。
2小時之旅$60（2人以上成行，13:30～要預約）
繞行海狗棲息地、法夫之家、南灣South Bay附近。

凱庫拉的 漫遊

凱庫拉的市區就位在半島底部的北側部分，不過範圍並不大。沿著海岸線而延伸的道路稱為西區West End，這條道路往半島尖端前進，名稱會改變成海濱大道The Esplanade，是凱庫拉的主要街道。在突出的半島前端，規劃了凱庫拉半島步道（→P.183）Kaikoura Peninsula Walkway，方便遊客健行賞景。

凱庫拉的景點

賞鯨船
Whale Watching Cruise

Map P.181-A1

能欣賞到體型碩大的抹香鯨賞鯨船，是凱庫拉觀光行程中不分季節的重頭戲，幾乎只要是出海就能看到鯨魚的身影，因而成為觀光客來到凱庫拉不可或缺的戶外活動。進入火車站內的辦公室報名後，就能搭上巴士前往南灣South Bay碼頭，接著就上船出發。在朝外海航行的途中，可以先在船上透過精美的3D影像與詳細解說，認識這一趟出海會航行的路線、海底地形，以及各種海洋生物的生態等資訊；這段期間，船長也會利用與總部的通話及巨大聲納，搜尋鯨魚出沒的位置，並且有效率地往目的地前進。

搭乘雙體船Catamaran出海賞鯨

抹香鯨潛水一次的時間可長達40分鐘，只有需要呼吸換氣時才會浮上海面，體型最長可達18m的巨大身體，在海浪間若隱若現，才剛看到彎曲的背部露出海面，一瞬間就揚起尾巴再度潛進海裡；幸運的話，一趟出海行程中能看見好幾次鯨魚的身影。

除了鯨魚之外，也能觀察到皇家信天翁Royal Albatross等海鳥，而遇上成群結隊的暗色斑紋海豚Dusky Dolphin，以及紐西蘭海狗的機會也很大。但是萬一天候或海況惡劣時，隨時取消出海行程也是常有的事；通常會安排遊客順延到隔天再出海，因此建議最好能多預留一些旅遊時間。

賞鯨船
Whale Watch Kaikoura
住The Whaleway Station
☎(03) 319-6767
FREE 0800-655-121
FAX (03) 319-6545
URL www.whalewatch.co.nz
時全年
運7:15、10:00、10:30、12:45、15:30出發
冬季為1日1～2班（10:00或12:45），請留意。
休無休
費大人$165、小孩$60
（所需時間約3小時30分，其中搭船時間為2小時20分）

游在船頭像是前導般的海豚群

空中賞鯨
從空中也能夠欣賞抹香鯨或海豚群體，搭乘的直升機就在火車站旁邊起降，可以到遊客中心i-SITE報名，只要湊齊最低成行人數就可以出發。

Kaikoura Helicopters
☎(03) 319-6609
URL www.kaikourahelicopters.com
時全年
費$315～（所需時間約30分鐘，3人搭乘時1人的費用）
CC MV

Wings Over Whales
FREE 0800-226-629
URL whales.co.nz
時全年
費大人$190、小孩$95
（所需時間約30分鐘）
CC MV

與海豚共泳
Dolphin Encounter
Map P.181-A2
住96 The Esplanade
☎(03) 319-6777
FREE 0800-733-365
URL www.dolphinencounter.co.nz
時11～4月 8:30、12:30出發
5～9月 10:00出發
10～11月初 8:30出發
休無休
賞海豚之旅
費大人$110、小孩$70
（所需時間約3小時30分）
※未滿3歲不能參加
與海豚共泳之旅
費大人$220、小孩$205
（所需時間約3小時30分）
※未滿8歲不能參加

與海狗共泳
Seal Swim Kaikoura
Map P.181-A1
住58 West End
☎(03) 319-6182
FREE 0800-732-579
URL www.sealswimkaikoura.co.nz
時12～3月
9:30、11:00、12:30、14:00出發（11、4月需要確認）
休5～10月
賞海狗之旅
費大人$60、小孩$40
（所需時間約2小時30分）
與海狗共泳之旅
費大人$120、小孩$80
（所需時間約2小時30分）

信天翁觀察之旅
Albatross Encounter
Map P.181-A2
住96 Esplanade
☎(03) 319-6777
FREE 0800-733-365
URL www.albatrossencounter.co.nz
時11～4月
6:00、9:00、13:00出發
5～10月 10:00出發
休無休
費大人$165、小孩$70
（所需時間約2小時30分）

DOC的官網
URL www.doc.govt.nz

凱庫拉博物館
住96 West End
☎(03) 319-7440
URL kaikoura-museum.co.nz
開10:00～16:00
休無休
費大人$12、小孩$6
交The Fish Tank Lodge出發，步行馬上到達。

與海豚、海狗共泳
Dolphin & Seal Swim

Map P.181-A1、2

能與野生海豚一起游泳，這種如美夢成真般的旅遊行程，人氣總是居高不下。會跟在船邊一同前進或是跳出海面，超友善的暗色斑紋海豚Dusky Dolphin總是成群結隊出現，最多時會出現近500隻的龐大團體。穿上潛水衣、套上呼吸管後跳入海中，立刻就會有好奇心重的可愛海豚靠過來，成功機率較高的最佳季節還是在夏季2～3月，除此之外的季節都必須事先預約。

此外，與同樣可愛的紐西蘭海狗共泳的行程，也是非常獨特的體驗，而且因為地點就在離海岸不遠的淺灘處，不需要乘船出海就可以直接從沙灘入海。

與可愛的海豚一起游泳

信天翁觀察之旅
Albatross Encounter

Map P.181-A2

能在專業的野鳥解說員帶領下搭船出海，以近距離賞鳥，是很有趣的經驗。例如展開大大翅膀、迎風優雅飛翔的皇家信天翁，最讓人印象深刻；還能夠發現丹氏鸕鶿Japanese Cormorant、海燕Storm Petrel、水薙鳥Procellariidae等多種鳥類，也可朝天空拋出食物吸引鳥兒靠近，能從近處觀察野生鳥類，是此行程最大的魅力。觀察之旅一整年都有，不過在5～9月的冬季期間，比較有機會觀賞到數量、種類更多的鳥兒。

悠然自得的信天翁就在眼前

凱庫拉博物館
Kaikoura Museum

Map P.181-A1

關於凱庫拉地區有著包羅萬象各種展覽的凱庫拉博物館，像是950年前移居此地毛利族的傳統與生活，以及從19世紀開始盛行的捕鯨業所使用的魚叉、鯨魚骨，還有歐洲人移民的歷史等展覽內容，都很值得一看。而在本館正後方還有將過去的監獄整個搬過來，以及塞滿各種古老工具的小屋，展覽品非常豐富。

圖書館及市公所都在同一棟建築內

法夫之家
Fyffe House

Map P.181-A2

座落於漁港附近的法夫之家，是以鯨魚骨頭作為地基，也是凱庫拉歷史最古老的建築物。1842年Robert Fyffe在凱庫拉設置Waiopuka捕鯨基地，為了讓分裝鯨魚油入桶的工人能有棲身之所而興建，之後姪子George Fyffe繼承Robert的工作，擴建法夫之家，直到1860年左右才完成今日的面貌。內部的房間經過整理，重現Fyffe那個年代的生活模樣，並開放參觀。

法夫之家
住62 Avoca St.
電(03) 319-5835
開10～4月　10:00～17:00
休5～9月
費大人$10、學生$5、小孩免費

可愛粉紅色的建築

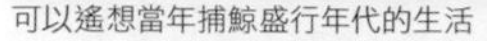
可以遙想當年捕鯨盛行年代的生活

好大的鯨魚骨頭

凱庫拉半島步道
Kaikoura Peninsula Walkway

P.181-A2

海岸線的壯麗風景

沿著凱庫拉半島前端海岸所規劃的步道，一邊眺望著大海與海岸，以及被海浪及海風侵蝕所形成如刀削般矗立的斷崖，一邊享受散步的樂趣。沿岸還有紐西蘭海狗的棲息地，到處都可以看見海狗的蹤跡。從市中心步行前往步道入口的停車場約50分鐘，從這裡開始上坡直到登上觀景台，再繼續前行約1km，就有階梯可以下到海岸邊，不過要小心漲潮或風浪大的日子。在海岸邊可以看到睡到翻肚的海狗及可愛的野鳥，但請保持10m以上的距離，不要觸摸，也別驚擾牠們。步道一路延伸至南灣South Bay旁的道路，繼續前行可以繞回市區，不過有段相當的距離。

步道上的觀景台

從步道看見的海岸景致

在停車場附近遇見海狗

凱庫拉的購物 Shop

Southern Paua & Pacific Jewels

Map P.181-A1

像倉庫般的店裡以鮑魚貝和油漆來吸引客人的目光，這是間製作鮑魚貝工藝品的工作室，販賣自己原創的飾品及生活雜貨；項鍊的墜飾$50左右，牛骨與綠石玉的加工商品種類也很豐富。

住2 Beach Rd.
☎(03) 319-6871
URL southernpaua.co.nz
營9:00～18:00
休週日 CC ADMV

Jade Kiwi

Map P.181-A1

位於主要街道西區West End上，以綠色外觀引人注意的禮品店。店內的所有商品都是紐西蘭製造，從生活雜貨到飾品，項目廣泛而齊全。

住78 West End
☎(03) 319-5060
URL jadekiwi.myshopify.com
營9:00～17:00
休無休 CC AMV

凱庫拉的餐廳 Restaurant

Hiku

Map P.181-A2

以新鮮海產獲得好評的餐廳，能欣賞山海交織美景的陽台和庭院，也是其一大賣點。早餐的淡水螯蝦歐姆蛋$26很受歡迎，還有安格斯牛的戰斧牛排$90等多樣的肉類料理。

住114 Esplanade
☎(03) 975-0920
URL www.hiku.co.nz
營6:00～22:00 休無休 CC MV

The Whaler

Map P.181-A1

可以品嚐豪氣大塊牛排的熱門餐廳，推薦的菜色有附沙拉及薯條的波特丁骨牛排$31.9，前菜則有白酒蒸馬爾堡產的淡菜等$10.9～21，其他像是羊肉、使用自家製作牛肉餅的美味漢堡$26.9，每道料理都分量十足。

住49-51 West End
☎(03) 319-3333
營15:00～Late
URL www.thewhaler.co.nz
休週二 CC AJMV

Why Not Cafe

Map P.181-A1

位於西區一大早就開始營業的咖啡店，早餐和午餐都有提供派、三明治及沙拉，可以在陽台座位放鬆休息。照片的鮭魚班尼迪克蛋$22。

住66 West End
☎(03) 319-6486
營7:00～16:00
休無休 CC MV

Kaikoura Seafood BBQ

Map P.181-A2

由拖車改裝成的攤子，老闆本身是漁夫，新鮮的淡水螯蝦半隻$25～、1隻$50～、炸淡水螯蝦肉$12；每天推薦的新鮮食材都不同，像是烤鮑魚貝、淡菜$11～都是熱門菜色。

住Fyffe Quay ✆027-376-3619
營週一～五10:00～17:00、
週六10:00～15:00
營無休 CC不可

Nin's Bin

Map P.181-A1外

位於凱庫拉北方海邊約20分鐘車程的淡水螯蝦名店，使用露營車為店面，可以用平價享受以永續發展漁業捕獲的新鮮漁貨。

住State Hwy. 1 Rakautara
✆020-486-3474
URL www.ninsbin.co.nz
營週一～五9:00～17:00、
週六‧日9:00～19:00
休無休
CC MV

Coopers Catch

Map P.181-A1

炸魚薯條的人氣店家，當天捕獲的魚種會寫在黑板上，招牌菜色是Standard Fish $5.5，薯條也可以選擇種類及分量$4.5～。其他還有漢堡$8～，內用或外帶皆可。

住9 Westend
FREE 0800-319-6362
URL cooperscatch.co.nz
營10:00～21:00
休無休 CC MV

Kaikoura Holiday Homes Limited

Map P.181-A1

位於市中心的豪華公寓。最大的客房可容納5人，包含2間臥室與衛浴設備；所有客房都附有廚房及海景，餐廳和客廳也都很寬敞舒適。

住78 The Esplanade
電(02)2089-5233
URL www.kaikouraapartments.co.nz
費ⓈⒹⓉ$230～ 房數7 CC MV

The White Morph

Map P.181-A1

3層樓建築的高級汽車旅館，有配備按摩浴缸還能看海的奢華套房，也有適合家庭含2間臥室的房型，所有客房都有廚房設備及陽台，還有附浴缸的房間。

住92-94 The Esplanade
電(03)319-5014 FAX(03)319-5015 URL www.whitemorph.co.nz 費ⓈⒹⓉ$175～
房數31 CC ADJMV

Lobster Inn Motor Lodge

Map P.181-A1

距離凱庫拉市中心往北約1km，客房從雙人房到家庭房共分為4種，也有包含浴缸的房間。就像飯店的名稱一樣，附設的餐廳以美味淡水螯蝦而自豪。還附設露營車使用的營地。

住115 Beach Rd. 電(03)319-5743
FREE 0800-562-783 FAX(03)319-6343
URL www.lobsterinn.co.nz
費ⓈⒹⓉ$150～ 房數24 CC AJMV

Albatross Backpacker Inn

Map P.181-A1

這是間改裝自頗具歷史私人宅邸的背包客青年旅館，寬闊的交誼廳裡備有吉他和烏克麗麗等樂器，環境相當舒適。客房、公共廚房及廁所都打掃得非常乾淨，還有免費的腳踏車可租借。

住1 Torquay St.
✆020-4177-2309
URL albatross-kaikoura.co.nz
費Dorm$28～ ⒹⓉ$74～
房數40床 CC MV

The Lazy Shag Backpackers

Map P.181-A1

擁有超大的花園，讓人可以放鬆休息的青年旅館。男女混合的團體房可容納6～8人，所有客房都是附衛浴設備的套房，還有免費停車場。從市中心步行約5分鐘就能到達。

住37 Beach Rd.
電(03)319-6662
費Ⓢ$75 ⒹⓉ$85
房數54床
CC MV

Fyffe Country Lodge

Map P.181-A1外

距離凱庫拉市區往南約6km，是被牧場包圍充滿寧靜氣息的B&B，運用老舊二手木材，營造出令人安心又穩重的氣氛，可以在充滿典雅氣氛的客房裡放鬆休息。附設的餐廳只在10～4月的晚餐時段營業。

住458 State Hwy. 1
電(03)319-6869 FAX(03)319-6865
URL fyffecountrylodge.com
費ⓈⒹⓉ$395～750
房數6 CC MV

Alpine Pacific Motels & Holiday Park

Map P.181-A1

距離市中心約500m，從客房就能眺望美麗的山景。擁有小屋、雙人房、附廚房的公寓及汽車旅館等多種房型，還有溫水泳池與戶外烤肉空間等設施。

住69 Beach Rd.
電(03)319-6275
URL alpine-pacific.co.nz
費ⓈⒹⓉ$84～
房數24 CC MV

Kaikoura Gateway Motor Lodge

Map P.181-A1

所有客房都附設廚房，其中12間還有按摩浴缸，是受旅客歡迎的舒適汽車旅館。從國道1號旁上階梯、穿過公園，就可以到達市中心。還有付費早餐可供選擇。

住18 Churchill St.
電(03)-319-6070 FREE 0800-226-070 URL www.kaikouragateway.co.nz 費ⓈⒹⓉ$145～
房數20 CC MV

廚房（全部客房） 廚房（部分客房） 廚房（共用） 吹風機（全部客房） 浴缸（全部客房） 游泳池
網路（全部客房／須付費） 網路（部分客房／須付費） 網路（全部客房／免費） 網路（部分客房／免費）

紐西蘭的海中生物

Wildlife in New Zealand

紐西蘭的太平洋沿岸是大型海洋哺乳類動物的寶庫，約有40種的鯨魚與海豚迴游其間，不只是凱庫拉有賞鯨船活動，在南北島各地都有與鯨豚接觸的生態之旅。此外，沿岸地區還有紐西蘭海狗的棲息地，以及企鵝的棲地等豐富的自然生態資源。

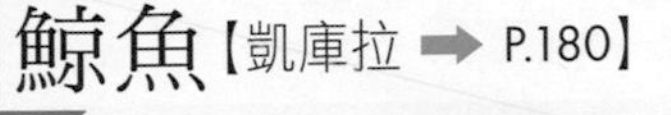

鯨魚【凱庫拉 ➡ P.180】

DATA

體長：雄鯨15～18m、雌鯨11～12m
體重：20～50噸
族群規模：1～100隻

抹香鯨

Sperm Whale

在紐西蘭的近海，約有40種的鯨魚與海豚迴游其間，特別是位於南島東海岸的凱庫拉，受惠於海底地形及海流等獨特環境，因而有極高機率能看到大型齒鯨如抹香鯨，故成為知名的觀光景點。

抹香鯨屬於以花枝等魚貝類為主食的齒鯨之一，平均壽命50～70年，外觀上最大的特色就是有如箱子般的四角型頭部，且擁有占身體全長1／3的巨型大頭。自古以來，因為牠的腸內會分泌出珍貴的香料龍涎香，故中文命名為「抹香鯨」；但是英文名的Sperm指的卻是精液，是因為古人一直深信在這種鯨魚巨大的頭顱內儲存著精液而得名。實際上抹香鯨頭內儲存的當然不是精液，而是一種被稱為鯨腦油的脂肪，在容量方面，大型的成年雄鯨可能高達1900ℓ之多。由於鯨腦油是品質非常精良的機械用油，才讓抹香鯨成為獵捕的目標，曾經被過度捕獲，直到1988年才終於全面禁止捕殺抹香鯨。

現在抹香鯨的總數初估有數十萬頭，以大型鯨魚來說數量相當多，活動範圍廣從南極到北極，包括日本近海、台灣東部海域都能看見抹香鯨的蹤影。

抹香鯨的雌鯨會帶領著鯨魚寶寶群體生活在溫暖海域中，至於成年雄鯨則是為了獲得繁衍下一代的機會而單獨行動，於廣大的範圍裡來回游動生活。雄鯨會在14～20歲離開群體，在凱庫拉能看到的鯨魚，大多數都是屬於這個時期的年輕雄鯨，數量據推測經常維持在60～80隻，而且並不是組成團體，而是各自行動，彼此之間似乎也沒有交流。

為了覓食，抹香鯨會下潛至海裡600～1600m的深度，每一次的潛水時間可長達40分鐘，潛水間隔則是10～12分鐘，這也正是我們得以欣賞到抹香鯨的最佳時機。在等待下一次潛水的期間，抹香鯨幾乎都不會動，而是悠閒地浮在海面上；至於每分鐘3～4次頻率進行的「噴水換氣」，因為聲音很大，即使距離非常遠也依舊清晰可聞。

海豚【阿卡羅阿➡P.74、凱庫拉➡P.180、派西亞➡P.337 等地】

暗色斑紋海豚

Dusky Dolphin

屬於小型體型的海豚，擁有著短而薄的嘴巴，會主動靠近船隻，還經常讓人見識到牠們跳躍出海，或是後空翻的華麗特技。經常在紐西蘭北島最東端的東角East Cape以南海域，發現暗色斑紋海豚的蹤影；雖然總是群體活動，不過在冬季期間（大致是6～11月）會移動至近海地帶，整個群體也會打散，並不容易看到。

瓶鼻海豚

Bottlenose Dolphin

比較容易出現在紐西蘭北部沿岸，這種海豚就和名字一樣，擁有尖尖的鼻子和上揚的嘴巴，有張討人喜歡的臉；加上很親近人類又願意學習把戲，因此成為水族館表演秀中登場的大明星。瓶鼻海豚的體型大小及體色，會依照活動海域或群體而有極大的差異。

真海豚

Common Dolphin

體型比暗色斑紋海豚稍微大一些，以體側有著淺咖啡到黃色的條狀花紋為最大特色。

在紐西蘭主要還是以北島最容易發現，每年2～3月的盛夏時節會南下至凱庫拉海域，並且是以10～30頭的群體與暗色斑紋海豚共同行動。

賀氏海豚

Hector's Dolphin

是海豚當中體型最小的一種，看起來短小圓胖，全世界也僅有在紐西蘭沿岸出沒的稀有種類。由於擁有著大而圓的背鰭，還被暱稱為米老鼠。主要棲息在距離海岸數公里的近海海域，像是凱庫拉、阿卡羅阿灣Akaroa Bay等地都有牠們的蹤跡。

海邊的生物

紐西蘭海狗

New Zealand fur seals

奧塔哥半島➡P.166
凱庫拉➡P.180
西海岸➡P.216

毛利語稱呼牠為kekeno，據說在紐西蘭約有10萬隻，於沿岸各地都有棲息地。公海狗體長2.5m，母海狗則約1.5m。

企鵝 ➡P.36

Penguin

奧瑪魯➡P.151
奧塔哥半島➡P.166
斯圖爾特島➡P.176

在紐西蘭的南島棲息著世界最小的藍企鵝、黃眼企鵝及峽灣冠羽企鵝等3種企鵝。奧瑪魯與奧塔哥半島都有觀察企鵝的觀光景點。

皇家信天翁

Royal Albatross

奧塔哥半島➡P.166

張開翅膀可達3m長的皇家信天翁，在但尼丁郊外的泰亞羅阿角有棲息地，也是世界最大的皇家信天翁繁殖地。除此之外，還有超過10種的信天翁棲息在紐西蘭。

插畫／鴨下速人

布蘭尼姆

Blenheim

布蘭尼姆
基督城●

人口：2萬9280人
URL marlboroughnz.com

盤據在南島東北部的馬爾堡地區Marlborough，是一處凡是熱愛葡萄酒之人都想造訪的紐西蘭最大葡萄酒鄉，並且又以出產白蘇維濃Sauvignon Blanc、夏多內Chardonnay等白酒最為知名。因為這裡有充沛的日照時間與養分豐富的土壤，再加上人們所投注的真摯熱情，才能孕育出最頂級的葡萄美酒。

暢遊酒莊的最佳據點，就是馬爾堡地區的最大城市布蘭尼姆，儘管城市本身沒有特別的觀光景點，但是從布蘭尼姆往西11km到仁威克Renwick之間，就分布超過40家的酒莊。至於每年2月登場的馬爾堡美酒節The Wine Marlborough Festival（→P.443），也是吸引大批人們聚集的焦點。

位於郊外的廣闊葡萄園

航空公司
紐西蘭航空（→P.496）
峽灣航空（→P.230）

馬爾堡機場
Map P.189-A1外
☎(03) 572-8651
URL www.marlboroughairport.co.nz
交 距離布蘭尼姆市中心西方約7km，從機場到市中心可搭乘市巴士#4或計程車、接駁巴士。不過，接駁巴士需要預約。

布蘭尼姆的市區交通
URL www.marlborough.govt.nz/services/bus-services
由Ritchies營運的市巴士有4條路線，從機場到市中心為#4，週二・四・六1日2班；市中心的#1、#2則是週一～六每日行駛。車資只能付現金，單程大人$2～4。

機場接駁巴士公司
Executive Shuttle
☎(03) 578-3136
FREE 0800-777-313
URL www.executiveshuttle.co.nz
Blenheim Shuttles
☎(03) 577-5277
URL blenheimshuttles.co.nz

主要巴士公司（→P.496）
InterCity

鐵路（→P.496）
Kiwi Rail

遊客中心 i-SITE
Blenheim i-SITE Visitor Information Centre
Map P.189-A2
住 8 Sinclair St.
☎(03) 577-8080
URL marlboroughnz.com
開 週一～五 10:00～16:00
週六 10:00～14:00
休 週日

如何前往布蘭尼姆 Access

紐西蘭航空有從奧克蘭、威靈頓飛到馬爾堡機場Marlborough Airport的航班，奧克蘭出發為1日4班，所需時間約1小時25分；峽灣航空Sounds Air則是有來自威靈頓的航班，威靈頓出發1日5～6班，所需時間約30分鐘。

InterCity的長途巴士從基督城出發，前往皮克頓的班次中途會經過布蘭尼姆，1日2班，所需時間約5小時25分。鐵路方面則有Kiwi Rail經營，沿著海岸線從基督城前往皮克頓的太平洋海岸Coastal Pacific號，通常在9月下旬～3月行駛。

布蘭尼姆的漫遊

火車站就在遊客中心i-SITE旁，長途巴士也是從這裡出發，從遊客中心i-SITE步行到市中心的市場街Market St.，大約10分鐘左右；而有著噴泉與戰爭紀念碑鐘塔的公園——西默爾廣場Seymour Square則是市民百姓們的休憩場所，公園正對面還有千禧美術館Millennium Art Gallery。位於市中心的住宿設施很少，汽車旅館及青年旅館多分布在主要道路旁。來到布蘭尼姆，不可或缺的就是酒莊之旅，可以租車依照自己喜好恣意遊逛（開車則禁止試飲），也可以參加在地旅遊團。

布蘭尼姆的 **景點**

馬卡納巧克力工廠

Makana Chocolate Factory

Map P.189-A2外

位於布蘭尼姆郊外的小型巧克力工廠，不使用任何防腐劑與人工色素，完全手工製造，也提供試吃和購買。加入本地生產黑皮諾所作成的松露巧克力（130g $27），是布蘭尼姆的最佳伴手禮。

可以參觀工廠的作業狀況

16.5m高的鐘塔

馬卡納巧克力工廠
住Rapaura Rd. & O'Dwyers Rd.
☎(03) 570-5370
FAX(03) 570-5360
URL makana.co.nz
開9:00～17:30
休無休
交距離布蘭尼姆市中心約10km，沿著國道1號北上，在Spring Creek左轉進入國道62號，再前行約3km看到的左邊建築物便是。

馬爾堡鄉土博物館

Marlborough Museum

Map P.189-A1外

探訪馬爾堡鄉土博物館就可以認識這個地區的歷史，透過許多文件與照片、實際使用過的各種工具，以及多媒體中心播放的影片等，讓人不難想像19世紀中葉歐洲移民時代的生活。

此外，關於馬爾堡地區釀酒產業的介紹也很豐富，像是釀造葡萄酒的歷史、與葡萄害蟲的戰鬥，以及使用過的古老機器等，保存著許多有趣的文物和資料。

來認識馬爾堡地區的歷史吧

馬爾堡鄉土博物館
住Brayshaw Park, 26 Arthur Baker Pl.
☎(03) 578-1712
URL marlboroughmuseum.org.nz
開10:00～16:00
休無休
費大人$10、小孩$5
交距離市中心約3m，從Maxwell Rd.往西南方直行即可到達。

Chateau Marlborough

Map P.189-A1

擁有尖屋頂及紅磚牆壁的可愛飯店，從火車站步行約10分鐘距離。時髦且優雅的館內有游泳池與健身房等設備齊全，所有客房都是特大雙人床，也有附按摩浴缸的豪華套房。

住Cnr. High St. & Henry St.
☎(03) 578-0064
FREE 0800-752-275
URL marlboroughnz.co.nz
費ⓈⒹⓉ$210～
房數80 CC AMV

Blenheim Spa Motor Lodge

Map P.189-A2外

從市中心步行約15分鐘，是比較新穎的汽車旅館，運用典雅配色的家飾品讓室內空間開闊又舒適；部分客房內有按摩浴缸的設備，隔壁就是餐廳，非常方便。

住68 Main St. ☎(03) 577-7230
FREE 0800-334-420
FAX (03) 577-7235 URL blenheimspamotorlodge.co.nz
費ⒹⓉ$160～
房數10 CC AJMV

Ashleigh Court Motel

Map P.189-A2

從市中心步行僅5分鐘，每間客房前面的停車空間相當大，是很適合駕車出遊的汽車旅館；加上還有廚房、電視等設備，戶外還有游泳池，對於需要長期滯留的遊客來說最為適合。提供早餐服務，並有4間客房有按摩浴缸。

住48 Maxwell Rd. ☎(03) 577-7187 FREE 0800-867-829
URL ashleigh-court-motel.co.nz
費ⓈⒹⓉ$180～
房數12 CC MV

Raymar Motor Inn

Map P.189-A1

距離火車站和市中心都只要10分鐘的步行時間，是間很整潔的汽車旅館。所有客房都附有簡易廚房、冰箱及微波爐，而公共的洗衣房與兩個廚房也都設備齊全，並提供接駁巴士服務。

住164 High St.
FREE 0800-361-362
URL www.raymar.co.nz
費ⓈⒹⓉ$120～
房數9 CC MV

Column 從布蘭尼姆出發的酒莊之旅

馬爾堡地區擁有釀造葡萄酒所不可或缺的條件，包含很長的日照時間、劇烈的日夜溫差變化等，目前這裡有超過100家酒莊，成為紐西蘭國產葡萄酒75%產量的一大產地。能在主要產地大口暢飲的有充滿水果香氣的白蘇維濃，以及由栽培許多品種所釀造出來、具有獨特風味的葡萄酒。

有嚮導帶領的酒莊之旅，可以學習感受每種葡萄酒的不同口味與魅力，並享受試飲的樂趣，因此很受遊客歡迎。其中，以布蘭尼姆為活動據點的日本釀酒師木村滋久的行程，為1天限定只帶1組遊客，在參觀自家有機栽培的葡萄園之餘，還能聽到葡萄酒釀造過程的詳細解說，當然也可以試飲。

至於「Wine Tours by Bike」的旅程則是可以租借登山腳踏車及安全帽，依照酒莊地圖按圖索驥，隨意自由地四處探訪；萬一喝多了，沒辦法騎腳踏車回去的話，還有提供派車接送的服務，讓人感覺很安心。

Kimura Cellars
E-mail wine@kimuracellars.com
URL kimuracellars.com
時全年
費$40（2人參加時1人的費用，只有1人則為$60，所需時間為1小時30分。提供接送服務，單程$20）
CC不可

Wine Tours by Bike
☎(03) 572-7954
URL www.winetoursbybike.co.nz
時全年
料$50～（所需時間為6小時）
CC MV

Kimura Cellars的老闆木村滋久、惠美子夫婦

皮克頓

Picton

人口：4790人
URL www.marlboroughnz.com

在深邃海灣最尾端的海港，就是皮克頓所在

座落於南島北部的小海港城市皮克頓，橫渡南北島之間庫克海峽的渡輪就是以此地為據點，為一大海上交通要衝；周邊全列入馬爾堡峽灣海洋公園Marlborough Sounds Maritime Park的範圍，擁有由難以計數的海灣與島嶼所組成的美麗迷人海岸線風景。皮克頓就座落在許多海灣之一的夏洛特女王峽灣Queen Charlotte Sound最尾端，因此站在城市的海濱眺望大海時，會有眼前只是座湖泊的錯覺，而大型遊輪小心翼翼地進入狹窄內灣的景象，也是皮克頓特有的景致。善用這樣充滿變化的海灣地形及平靜海域，所推出的巡航之旅、海洋獨木舟行程，以及沿著海灣健行等的戶外活動，非常豐富多采。

如何前往皮克頓 Access

可利用峽灣航空Sounds Air的小型飛機往來威靈頓（→P.230），從皮克頓機場Picton Airport（Koromiko機場）到市中心約5km，可以搭乘接駁巴士，需要事先預約。

有InterCity從各大主要城市出發的長途巴士，從基督城出發，1日2班，所需時間約5小時55分；布蘭尼姆出發有1～2班，所需時間為25～30分鐘。

尼爾森出發每週5班，所需時間約2小時15分；皮克頓往尼爾森方向的濱海道路又稱為夏洛特女王公路Queen Charlotte Drive，是一條風光明媚且自然景致迷人的景觀路線；可惜InterCity的巴士並不走這條公路，而是行駛經過布蘭尼姆的國道，建議租車旅行的遊客可以選擇這條美麗的公路。還有，布蘭尼姆的市巴士#3從布蘭尼姆前往皮克頓郊外的瓦伊卡瓦Waikawa，週二·四各一班，大人單程$4非常便宜，若時間允許不妨搭乘。

鐵路方面，有行經基督城～凱庫拉～布蘭尼姆，最後抵達皮克頓的太平洋海岸號Coastal Pacific（→P.466）可以搭乘。另外，從皮克頓至北島威靈頓之間橫渡海峽的渡輪，則是由Interislander及Bluebridge 2家公司所經營（→P.230）。

Interislander的渡輪碼頭

南北島間的移動（→P.230）

航空公司
峽灣航空（→P.230）
FREE 0800-505-005（預約）
URL www.soundsair.com
在遊客中心i-SITE斜對面的皮克頓火車站內設有辦事處，並有配合航班時間行駛的接駁巴士（單程$10，要預約）。

辦事處就設在皮克頓火車站內

主要巴士公司（→P.496）
InterCity

長途巴士停靠站
Map P.192-A1
住 Interislander Ferry Terminal

鐵路公司（→P.496）
Kiwi Rail

渡輪公司（→P.230）
Interislander
FREE 0800-802-802
URL www.interislander.co.nz
交 從遊客中心i-SITE步行約4分鐘。

Bluebridge
☎（04）471-6188
FREE 0800-844-844
URL www.bluebridge.co.nz
交 距離遊客中心i-SITE約1km，有接駁巴士配合渡輪時間從遊客中心前出發（要預約）。

港邊有規劃完備的散步步道

遊客中心
Picton i-SITE Visitor Centre
Map P.192-A1
住The Foreshore
☎(03) 520-3113
URL www.marlboroughnz.com
開週一～五　10:00～16:00
　週日　　10:00～14:00
休週六

哈夫洛克的渡輪公司
Marlborough Tour Company
☎(03) 577-9997
FREE 0800-990-800
URL www.marlboroughtour company.co.nz

造訪淡菜養殖場的觀光船

皮克頓的 漫遊

因為是座小城市，即使是觀光客也能迅速熟悉。InterCity的巴士停靠站在Interislander渡輪碼頭的正前方，從布蘭尼姆來的市巴士#3則會在火車站對面的遊客中心i-SITE前停車。

可以眺望大海的倫敦碼頭London Quay附近有多家氣氛良好的餐廳、咖啡館，街道北側是擁有綠茵草地的公園，讓人能夠邊欣賞海景邊休息片刻。城市的主要街道為高街High St.，街上還有購物中心Mariners Mall。

住宿大多數分布在市中心，而往東至瓦伊卡瓦灣的瓦伊卡瓦路Waikawa Rd.沿途也有為數眾多的汽車旅館、Holiday Park露營區。

皮克頓往西約33km的哈夫洛克Havelock，是綠唇貽貝Green mussel（淡菜）的一大產地，夏季可以到馬爾堡峽灣內的淡菜養殖場一遊，剛捕撈上岸的貝類料理搭配白酒超級對味，在渡輪上也能品嚐。

皮克頓

往哈夫洛克、尼爾森、夏洛特女王公路方向
往威靈頓方向
往鮑伯灣方向
Victoria Domain
往瓦伊卡瓦灣方向
觀景台
皮克頓灣 Picton Harbour
渡輪航線
皮克頓的健行步道 P.193
Queen Charlotte Dr.
Lagoon Rd.
Interislander渡輪碼頭
長途巴士停靠站
Queen Charlotte Yacht Club
Lincoln St.
Suffolk St.
皮克頓傳統與捕鯨博物館 P.193 Picton Heritage & Whaling Museum
愛德溫福克斯海洋博物館 P.193 Edwin Fox Maritime Museum
觀光船公司、旅行社聚集處
Memorial Park
Surrey St.
Milton Tce.
Shelly Beach
Bluebridge渡輪碼頭
皮克頓火車站
峽灣航空
倫敦碼頭 London Quay
遊艇碼頭
天橋
Waikawa Rd.
Picton Top10 Holiday Park
P.196 Atlantis Backpackers
Seabreeze Cafe & Bar P.196
DOC Waitohi / Picton Office
The Villa Backpackers Lodge P.196
Escape To Picton P.196
Gateway Motel Picton P.196
Picton Yacht Club P.196
Rutland St.
Newgate St.
Dublin West
Waitohi Domain
Picton Cemetary
Dublin St.
P.196 Picton Village Bakkerij
圖書館
Mariners Mall（購物中心）
Seaview Cres.
Kent St.
York St.
Devon St.
Market St.
Auckland St.
高街 High St.
Wellington St.
Broadway St.
Bruce Rd.
Tirohanga Tracks
Picton School
Taranaki St.
警察局
Otago St.
Buller St.
Wairau Rd.
St. Joseph's School
Oxford St.
往皮克頓（Koromiko）機場、布蘭尼姆、基督城方向
Cotland St.
尼爾森廣場
Whaitohi River
Durham St.
Canterbury St.
0　200　400m

皮克頓的 景點

愛德溫福克斯海洋博物館
Edwin Fox Maritime Museum

Map P.192-A1

目前全世界現存、排名第9大的古老木造帆船愛德溫福克斯號，經過修復之後，就放在這間博物館內展示。這艘船在1853年下水首航，負責從印度加爾各答將紅茶運送到英國倫敦，同時也會載運移民前往紐西蘭新世界；1897年皮克頓成為這艘船的最後停靠港口，由於實在過於老朽破舊，有心保存的人士在1965年僅花10分錢就將整艘船買了下來。目前博物館內也展示著愛德溫福克斯號當時所使用的各項物品。

展示於博物館旁的木造船艦

愛德溫福克斯海洋博物館
住Picton Foreshore
☎(03) 573-6868
URL www.edwinfoxship.nz
開週一～四・六 9:00～15:00
週五・日 9:00～17:00
休無休
費大人$15、小孩$5

皮克頓的健行步道
Walking Tracks in Picton

Map P.192-A2

在維多利亞領地Victoria Domain有超過10條規劃完善的健行步道，往鮑伯灣方向單程30分鐘，往前端的The Snout則為單程40分鐘；也很推薦能將皮克頓一覽無遺的Tirohanga Track（MAP P.192-B2）。

皮克頓的健行步道
URL www.marlborough.govt.nz/recreation/cycling-and-walking
Lower Bob's Bay Track
從設有停車場的Shelly Beach（MAP P.192-A2）到鮑伯灣Bob's Bay約1km。
Tirohanga Tracks
從步道入口到Hilltop View（觀景台）約2km。

從Tirohanga Track眺望皮克頓的美景
© MarlboroughNZ

皮克頓傳統與捕鯨博物館
Picton Heritage & Whaling Museum

Map P.192-A1

展示著過去作為捕鯨基地而繁華一時相關物品的小博物館，還有當年捕鯨船使用過的砲台，關於這座填海造陸而成的城市發展記錄照片，也非常有意思。

皮克頓傳統與捕鯨博物館
住9 London Quay
☎(03) 573-8283
URL www.pictonmuseum-newzealand.com
開10:00～15:00
休無休
費大人$5、學生$3、小孩$1

主要遊輪公司
Maori Eco-Cruise
(03) 573-6901
URL maoriecocruises.nz
時 全年
費 1日巡航之旅$1200（2人）～等
The Cougar Line
(03) 573-7925
FREE 0800-504-090
URL www.cougarline.co.nz
Cruise to Motuara Island
時 10～4月 8:00出發
費 大人$98、小孩$65
Beachcomber Cruises
(03) 573-6175
FREE 0800-624-526
URL www.beachcombercruises.co.nz
The Mail Boat Cruise
時 週一～六13:30出發
費 大人$112、小孩$68
搭乘配送郵件至峽灣內各民宅的船隻。依星期而變動行程。

賞鯨團之旅
(03) 573-8040
URL www.e-ko.nz
Motuara Island Sanctuary & Dolphin Cruise
時 8:00、13:30出發
費 大人$129、小孩$65
Dolphin Swim
時 9:00出發
費 大人$180、小孩$155

從船上欣賞海豚優雅的泳姿

海洋獨木舟之旅公司
Marlborough Sounds Adventure Company
(03) 573-6078
FREE 0800-283-283
URL www.marlboroughsounds.co.nz
Half Day Guide
時 8:30、12:30出發
費 $110
1 Day Guide
時 8:30出發
費 $150

夏洛特女王峽灣巡航
Queen Charlotte Sound Cruises

Map P.193-A2

在馬爾堡峽灣裡以夏洛特女王峽灣擁有眾多深邃且複雜的海灣，成為峽灣步道的據點，也是不少遺世獨立度假飯店的出入口，以及最佳的船舶停靠地點。幾家旅行社推出的海上巡航之旅，會穿越突出於庫克海峽上的傑克森海角Cape Jackson，探訪毛利航海家庫珀的傳說之地Kupe's Footprint，參觀豎立於船灣Ship Cove的庫克船長紀念碑，或是再加上夏洛特女王峽灣步道的短程健行，內容可說是五花八門，各有不同的樂趣。

其中像是Maori Eco-Cruise，就找來世代居住此地的毛利人擔任嚮導，為遊客詳細解說這片土地的歷史及創造天地的神話，1日巡航之旅超過2人就能成團，並包含餐點及飲料費用。也有住宿在船上的Overnight Eco-Cruise可供選擇。

夏洛特女王峽灣賞鯨團
Dolphin Watching in Queen Charlotte Sound

Map P.193-A2

位於峽灣之內的平穩海灣，是瓶鼻海豚、暗色斑紋海豚等多種海豚的棲息地，同時還能發現紐西蘭海狗、企鵝、丹氏鸕鶿等眾多野生動物的蹤影。由Motuara Island Sanctuary & Dolphin Cruise推出的賞鯨團之旅，會登上船灣附近的摩圖阿拉島Motuara Island，一路走到島上的最高點（所需時間約4小時）；運氣夠好的話還會有海豚靠近船隻，一路嬉戲玩耍。

想要與海豚有更多接觸的遊客，一定要參加與海豚共泳之旅，能與可愛無比的暗色斑紋海豚共同游泳的體驗，絕對是無與倫比的特別回憶。遇見海豚的機率因季節、天候而異，但以11～4月的夏季期間機會最大。

夏洛特女王峽灣海洋獨木舟之旅
Sea Kayaking in Queen Charlotte Sound

Map P.193-A2

有著一連串深邃海灣的馬爾堡峽灣地區，因為海浪總是非常平穩，成為適合海洋獨木舟活動的場所；有教練帶領的輕鬆半日行程，也有花上一天時間體驗夏洛特女王峽灣美麗大自然的1日導覽之旅，另外還有2～4天的露營之旅。

可眺望美麗大自然的海洋獨木舟

夏洛特女王峽灣步道

Queen Charlotte Track

Map P.193-A1～2

作為馬爾堡峽灣的一大景觀路線，夏洛特女王峽灣步道是從外海側的船灣Ship Cove通往皮克頓西北方的Anakiwa，全長約74km，由地勢起伏不大的森林小徑與海岸路線所組成，讓人可以同時獲得寧靜海灣與蓊鬱森林美景的健行步道。

走完整條步道需要3～5天時間，騎登山腳踏車的話約2～3天，要先搭船到船灣，再選擇要走1天，還是2～3天的行程；並提供船運送行李到離下個住宿點最近港口的服務（需付費），可以輕裝健行。如果是導覽之旅的話，通常不論從哪裡出發，都會挑選往皮克頓方向的南下路線。DOC除了6處露營地，還有山莊、小木屋、度假飯店等多樣化的住宿選擇。此外，由於步道途中會經過好幾處私人土地，因此必須要購買道路使用證（$12～）。

夏洛特女王峽灣步道的觀光資訊
URL www.qctrack.co.nz

如何搭船前往
Beachcomber Cruises
（→P.194）
The Great Track & Pack Pass
時 5～9月 9:00出發
10～4月 8:00、9:00出發
費 大人$114、小孩$66

1日導覽之旅
Wilderness Guides
☎ (03) 573-5432
FREE 0800-266-266
URL www.wildernessguidesnz.com
1 Day Guided Walk
時 7:30出發
費 大人$395、小孩$185
（所需時間約10小時）
從船灣走到奮進灣Endeavour Inlet的路線，包含水上計程車、午餐、飲料等費用；也有4日、5日行程。

擁有複雜海岸線的景致非常美

皮克頓出發的步道1日遊

船灣 Ship Cove→決心灣 Resolution Bay
（約4.5km，所需時間約2小時）

可以一覽摩圖阿拉島、夏洛特女王峽灣景致。

決心灣 Resolution Bay→奮進灣 Endeavour Inlet
（約10.5km，所需時間約3小時）

地勢小有起伏，適合年輕人或有經驗的登山者。

Te Mahina Saddle→Anakiwa
（約12.5km，所需時間約4小時）

和緩的海岸線沿岸路段，適合銀髮族或沒有經驗的人。

※每年12～2月間，從船灣到Camp Bay區域禁止登山腳踏車進入，請注意。

Column 跟著庫克船長的腳步造訪馬爾堡峽灣

馬爾堡峽灣附近的海洋，與18世紀來到紐西蘭沿岸探險的英國航海家庫克船長（→P.368）有著極深的淵源。庫克船長在1769年10月以第一位歐洲人的身分成功登陸紐西蘭之後，就駕船沿著海岸線進行探索；1770年1月進入馬爾堡海域，庫克船長一行人從這裡穿越南北島之間的海峽，並且以自己的名字命名為庫克海峽Cock Strait。由於這一帶海岸擁有深邃的海灣，成為修補船艦與補給食物的好地點，庫克船長也以當時的女王之名，將其中一個海灣取名為夏洛特女王峽灣，並且在此停泊約3星期之久。這裡的毛利人相當友善，船隊透過以物易物的方式完成食物補給，而奮進灣Endeavour Inlet名稱則是來自奮進號船艦。庫克船長在之後的第2、3趟太平洋航海之旅中，都曾經造訪馬爾堡峽灣，而決心灣Resolution Bay的名稱也是當時的船艦名。對於庫克船長來說，馬爾堡峽灣是他南太平洋航程中相當喜愛的一處據點，因此為了航海而準備齊全的他，不僅將船上的綿羊放養到陸地上（這時候所野放的綿羊，堪稱是紐西蘭最早的綿羊），也嘗試在此種植蔬菜。

皮克頓的餐廳 Restaurant

Seabreeze Cafe & Bar

Map P.192-A1

面對倫敦碼頭而建，坐在陽台座位就能一覽海港景致。法式吐司、鬆餅等早餐餐點$20左右，使用新鮮淡菜及魚類的料理很受歡迎，晚餐預算約$40，至於布蘭尼姆產的葡萄酒也很齊全。

住24 London Quay
電(03) 573-6136
URL www.seabreezecafe.co.nz
營7:00～14:00(夏季～Late)
休無休 CC MV

Picton Village Bakkerij

Map P.192-B1

從一早開店客人就絡繹不絕的超熱門烘焙店，曾獲選為紐西蘭Bakery of The Year，證明為實力派店家。肉派$4.6～、奶油甜甜圈$3.5，還有三明治和包餡的鹹麵包也很暢銷。

住46 Auckland St.
電(03) 573-7082
營週一～六6:00～15:30
休週日、冬季休息2週(要確認)
CC MV

皮克頓的住宿 Accommodation

Bay of Many Coves

Map P.193-A2

從皮克頓搭船約30分鐘可到達，所有客房都能眺望海灣美景，公寓式客房內更完全採用自然素材的設計，十分舒適，而餐廳也相當有人氣。

住Bay of Many Coves, Queen Charlotte Sound 電(03) 579-9771
FREE 0800-579-9771
URL www.bayofmanycoves.co.nz
費ⓈⒹⓉ$1085～
房數11 CC ADJMV

Escape To Picton

Map P.192-A1

位在市中心，地理位置非常方便。客房內裝潢為歐洲傳統風格，都附有浴缸，並提供免費早餐和水果，以及舉辦酒莊周遊之旅。

住33 Wellington St.
電(03) 573-5573
URL www.escapetopicton.com
費ⓈⒹ$350～
房數3 CC AMV

Picton Yacht Club Hotel

Map P.192-B2

座落於可俯瞰整個港灣絕佳地點的飯店，離市中心很近非常便捷。客房內附有迷你酒吧，而且幾乎所有客房都能欣賞海景，可以好好享受一番。

住25 Waikawa Rd.
電(03) 573-7002
URL www.cpghotels.com
費ⓈⒹ$187～
房數48 CC AJMV

Atlantis Backpackers

Map P.192-A1

地點佳，距離市區和港口都很近；客房內部裝潢色彩繽紛，還有免費的飲料與甜點。有附廚房及2間臥室的公寓式客房，很適合小團體的旅客。

住42 London Quay. 電(03) 573-7390 FREE 0800-423-676
URL www.atlantishostel.co.nz
費Dorm$20～ Ⓢ$46～
ⒹⓉ$50～ 房數60床 CC MV

Gateway Motel Picton

Map P.192-A1

位居市中心的汽車旅館，客房類型豐富且附設簡易廚房，Wi-Fi速度快，設備也很齊全，可以舒適度過住宿時光，還提供有可容納6人的家庭套房。

住32 High St. 電(03) 573-6398
FREE 0800-104-104 FAX(03) 573-7892 URL www.gatewaypicton.co.nz 費ⓈⒹⓉ$140～
房數27 CC MV

The Villa Backpackers Lodge

Map P.192-A1

將超過100年前的建築物，改裝成的YHA青年旅館，在中庭裡有BBQ區及可自由使用的SPA泳池。晚餐後有提供甜點的服務(僅限冬季)，還能免費租借腳踏車與釣魚工具。

住34 Auckland St.
電(03) 573-6598
URL www.thevilla.co.nz
費Dorm$25～ Ⓓ$70～
Ⓣ$85～ 房數62床 CC MV

廚房(全部客房) 廚房(部分客房) 廚房(共用) 吹風機(全部客房) 浴缸(全部客房) 游泳池
網路(全部客房／須付費) 網路(部分客房／須付費) 網路(全部客房／免費) 網路(部分客房／免費)

尼爾森
Nelson

尼爾森是位居南島北端的中型城市，發展源起相當早，從1840年代初期於英國成立的紐西蘭公司開始有組織地將移民送往南島進行開墾，便奠定這座城市的基礎。

這個地區也是紐西蘭國內屈指可數的陽光地帶，因而獲得「Sunny Nelson」的稱號，受惠於陽光普照的天氣，周邊盛行種植水果、蔬菜，此外還是擁有個性商店、藝廊的知名藝術之城。

尼爾森附近分布著3座國家公園，分別是亞伯塔斯曼國家公園Abel Tasman National Park（→P.208）、尼爾森湖國家公園Nelson Lakes National Park（→P.202），以及卡胡朗吉國家公園Kahurangi National Park，而作為最佳中繼點的尼爾森也吸引無數的觀光客。

藝廊巡禮也很有趣

人口：5萬2900人
URL www.nelsontasman.nz

航空公司
紐西蘭航空（→P.496）
峽灣航空（→P.230）
Origin航空（→P.230）

尼爾森機場
Map P.199-A1
☎（03）547-3199
URL www.nelsonairport.co.nz
交 距離尼爾森市中心約9km，可搭乘機場～市區間的接駁巴士或計程車，計程車費約$27～。

機場接駁巴士
Super Shuttle
FREE 0800-748-885
URL www.supershuttle.co.nz
費 機場←→市中心
最多11人$58～

主要計程車公司
Nelson City Taxis
☎（03）548-8225
FREE 0800-108-855
URL www.nelsontaxis.co.nz
也可以用手機app叫Uber。

主要巴士公司（→P.496）
InterCity

遊客中心
DOC Nelson Visitor Centre
Map P.198-A1
住 Millers Acre/Taha o te Awa, 79 Trafalgar St.
☎（03）546-9339
開 週一～五 8:30～17:00
週六・日 9:00～16:00
休 無休

尼爾森的市區交通
NBus
URL www.nelson.govt.nz/services/transport/nbus
從尼爾森旅遊中心到市中心及郊外有市巴士8條路線行駛，而週六・日停駛的路線很多。車資依距離分為3區，大人$1.25～1.75；可以付現金，但使用儲值卡Bee Card享有折扣，大人為$1～1.4。

如何前往尼爾森 Access

前往尼爾森機場Nelson Airport，從基督城、奧克蘭及威靈頓都有紐西蘭航空的直飛航班，基督城出發1日5～7班，所需時間約55分鐘；與威靈頓之間還有峽灣航空和Origin航空的班機，1日1～3班，所需時間約45分鐘。

InterCity的長途巴士從基督城出發至布蘭尼姆的轉乘班車每日1班，所需時間約7小時45分；而從福克斯冰河Fox Glacier出發的巴士，每週4班左右，所需時間約10小時45分。巴士停靠站在橋街Bridge St.上的尼爾森旅遊中心（MAP P.198-A・B1）。

巴士停靠站的尼爾森旅遊中心

尼爾森的 漫遊

尼爾森市區的中心地帶，就在大教堂佇立的特拉法加廣場Trafalgar Square，從廣場往北延伸的特拉法加街Trafalgar St.，以及在中段交叉的橋街Bridge St.，則是最熱鬧的街道；而特拉法加街與哈利法克斯街Halifax St.岔路的轉角處，則是DOC的遊客中心。

基督大教堂
Christ Church Cathedral

Map P.198-B1

基督大教堂
住Trafalgar Sq.
電(03) 548-1008
URL nelsoncathedral.nz
開夏季　週一～五·日8:30～19:00　週六8:30～18:00
冬季8:30～18:00
費免費（歡迎捐款）

位於基督城內的大教堂自然是夙負盛名，但是尼爾森的基督大教堂也同樣是整個城市的地標。第一代教堂建於1851年，目前的建築已經是第三代，工程雖然開始於1925年，但中間經歷過近郊的地震、外觀建造爭議，還有資金問題，使得設計圖幾經更動，直到1972年才終於落成。大教堂的內部有部分對外開放參觀，大理石、陸均松製作的家具及精美的彩繪玻璃等，都是欣賞的重點。

大教堂的正門是在高塔對面的南側

從彩繪玻璃流洩而下的光影，營造出奇幻空間

尼爾森

Boat Harbour
往皮克頓、布蘭尼姆、哈夫洛克方向
往Miyazu Park方向
往塔胡納努伊、摩圖伊卡、西港方向
往創造者懷舊公園方向 P.199
Queen Elizabeth Dr.
Neale Park
Sovereign St.
Guppy Park
North Rd.
Atawhai Dr.
Wainui St.
Trafalgar Park
Trafalgar St.
特拉法加街
Kings Gate Motel P.204
Tasman Bay Backpackers P.204
Weka St.
Elliott St.
Cambria St.
Auckland Point School
Trafalgar Centre
Maori Rd.
Haven Rd.
Rutherford Park
Riverlodge Motel Apartments P.204
P.201 Spring+Fern Milton St. 精釀啤酒足跡出發地
Milton St.
Grove St.
Tasman St.
DOC Visiter Centre
Halifax St.
Little Beehive Co-Op P.204
Halifax St. E.
尼爾森旅遊中心（長途巴士停靠站）
Fresh Choice（超級市場）
Hastings St.
New St.
P.203 DeVille
橋街 Bridge St.
Red Art Gallery P.201
Montgomery Sq.
The Indian Café P.203
Jewel Beetle P.204
Hope Alma St.
Collingwood St.
P.199 蘇特美術館 The Suter Art Gallery
Branford Park
消防局
P.204 YHA Nelson
尼爾森市集 P.201 The Nelson Market
警察局
Queens Gardens
Gloucester St.
Montgomery Car Park
Hardy St.
Aromaflex P.204
New Asia Restaurant P.203
Hardy St. E.
P.200 尼爾森鄉土博物館 The Nelson Provincial Museum
Jens Hansen The Ringmaker P.204
Domett St.
Tory St.
Nile St. W.
特拉法加廣場 Trafalgar Sq.
Alton St.
Nile St. E.
Vanguard St.
基督大教堂 P.198 Christ Church Cathedral
Maitai River
Konini St.
Wellinton St.
Rutherford St.
Trafalgar St. S.
Manuka St.
醫院
Mount St.
Locking St.
Bronte St.
0 400m
A B 1 2

蘇特美術館
The Suter Art Gallery

Map P.198-B2

位於離市中心很近的幽靜女王花園內，就是橋街旁那棟瓦片屋頂的小小建築物。展出內容1～2個月更換，主題五花八門，而美術館內的影音館會放映有立體音響效果的電影，也看得到精采的現場表演。

展出國內外藝術家的繪畫與工藝品

美術館內的紀念品店則販售著在地藝術家的作品，而可以眺望花園景致的咖啡館更是人氣超旺。

蘇特美術館
住208 Bridge St.
☎(03) 548-4699
URL thesuter.org.nz
開9:30～16:30
休無休
費免費

還附設美術館紀念品店

創造者懷舊公園
Founders Heritage Park

Map P.199-A2

公園內最吸引人之處，就是將過往街道建築完全複製出來，像是19世紀後半的銀行、商店等建築物林立，還有進駐這些古建築的二手書店、咖啡館，能充分感受時光倒流的懷舊氣息。在建築之外還陳列著過去的巴士、飛機，可以一睹此地產業與技術的發展變化。

公園整年都會舉辦各式各樣吸引大家目光的活動，無論何時到訪都能感受樂趣。

宛如電影布景一樣的懷舊街道

創造者懷舊公園
住87 Atawhai Dr.
☎(03) 548-2649
URL www.founderspark.co.nz
開10:00～16:30
休無休
費大人$11、小孩$5
交從DOC遊客中心步行約15分鐘，或是在尼爾森旅遊中心搭乘NBus #3約5分鐘，入口在Atawhai Dr.上。

尼爾森周邊

塔斯曼灣 Tasman Bay
巨石沙洲 Boulder Bank
往皮克頓、布蘭尼姆、哈夫洛克方向
塔胡納努伊海灘 Tahunanui Beach P.200
尼爾森機場 Nelson Airport
古董車博物館 Classic Car Museum P.201
往Ruby Bay、摩圖伊卡、亞伯塔斯曼國家公園方向
Haulashore Isl.
王子公路瞭望台 Princes Drive Lookout P.200
Boat Shed P.203
Port Nelson
Tahunanui
Annesbrook
Stepneyville
Britannia Heights
Paddy's Knob P.200
Neyland
創造者懷舊公園 Founders Heritage Park P.199
Washington Valley
Toi Toi
Wakatu
觀景台
DOC遊客中心
愛塞爾公園 Isel Park
Maitlands
Stoke
Bishopdale
基督大教堂 Christ Church Cathedral P.198
Miyazu Park
Botanics Sports Field
Enner Glynn
Grampian Reserve
紐西蘭中心點 The Centre of New Zealand P.200
尼爾森鄉土博物館(資料館) Nelson Provincial Museum (Library)
觀景台
Nelson East
The Brook
中心部 P.198

尼爾森鄉土博物館
住270 Trafalgar St.
電(03) 548-9588
URL www.nelsonmuseum.co.nz
開週一～五　10:00～17:00
週六·日·節日
10:00～16:30
費大人$5、小孩$3
（展覽另收門票）

如何前往紐西蘭中心點
從Milton St.上的Botanics Sports Field或Maitai St.的Branford公園都有步道可走，但來回時間都要1小時左右。由於是步行在森林中，因此要穿上舒適好走的衣服、鞋子，當然也別忘了攜帶飲水。

紀念碑所在的觀景台，可以一覽整座城市美景

王子公路瞭望台
Map P.199-A2
交從尼爾森市中心沿著Rocks Rd.往西南方前進，到了Richardson St.後左轉，之後再從Princes Dr.右轉，開車大約5分鐘；或是在尼爾森旅遊中心搭乘NBus #6約7分鐘。

Paddy's Knob
Map P.199-A1
交從尼爾森市中心沿著Rocks Rd.往西南方前進，在Bisley Ave.左轉，然後第一個圓環右轉即可到達；或是在尼爾森旅遊中心搭乘NBus #6約20分鐘。

如何前往塔胡納努伊海灘
從尼爾森旅遊中心搭乘NBus #2約10分鐘在Tahunanui下車。

即使是生活在陽光地帶的尼爾森居民也喜歡這個海灘

尼爾森鄉土博物館
The Nelson Provincial Museum

Map P.198-B1

不僅收藏著當年歐洲移民前來開墾的完整資料，更以照片等物品來詳細介紹亞伯塔斯曼國家公園的成立過程，而館中記錄下19世紀尼爾森模樣的黑白影片《Town Warp》，也讓人深感興趣。此外關於毛利人的工藝品，也設置了簡單的體驗展示區。

除了常態展之外，還有屬於在地藝術家的畫廊

紐西蘭中心點
The Centre of New Zealand

Map P.199-A2

就像澳洲的愛麗斯泉Alice Springs、北海道的富良野、台灣的埔里一樣，世界各地有許多地理中心的知名景點，而紐西蘭的中心點其實就在尼爾森市區，也就是市中心東邊的森林公園Botanical Reserve內。花20～30分鐘爬上小山丘，會發現這裡豎立著中心點指標的紀念碑，還能擁有整座尼爾森市區的開闊視野。

尼爾森觀景台
Lookouts

Map P.199-A1～2

尼爾森市區的濱海地帶是一片稱為巨石沙洲Boulder Bank的綿延沙洲，從市區西側的高地就可以一覽此地的風景，熱門的觀景台為王子公路瞭望台Princes Drive Lookout及Paddy's Knob。位於這片巨石沙洲前方的豪拉休爾島Haulashore Island，島上有著茂密的森林，遠遠望去就像是尼爾森的姊妹市──京都府宮津市著名的「天橋立」美景。2座瞭望台與市中心的距離約5～6分鐘車程，搭乘巴士就能到達。

王子公路瞭望台美景

塔胡納努伊海灘
Tahunanui Beach

Map P.199-A1

從市中心往西約5km的塔胡納努伊海灘（當地人稱為Tahuna），是擁有極長沙灘的風光明媚之地，每當夏季週末時就會湧入來海灘野餐、享受海水浴、挑戰風帆的人們，顯得熱鬧無比；還有迷你高爾夫、專為兒童設立的小型動物園，非常適合闔家造訪。

古董車博物館
Classic Cars Museum

Map P.199-A1

從1908年製造的雷諾Renault AX，到1950年代的Vauxhall、凱旋Triumph、捷豹Jaguar、法拉利Ferrari，將超過150台古董車齊聚一堂的博物館，是喜愛車或古董的遊客絕不能錯過的地方。館內附設提供健康食物的咖啡館，以及時尚藝術雜貨的紀念品店。

古董車博物館
住1Cadillac Way Annesbrook
電(03) 547-4573
URL nelsonclassiccarmuseum.nz
開10:00～16:00
休無休
費大人$19、小孩$8
交從尼爾森旅遊中心搭乘NBus #2，約20分鐘在Annesbrook下車，再步行5分鐘。

陳列著多台貴重的古董車

精釀啤酒足跡
Nelson Craft Beer Trail

Map P.198-A2

尼爾森是製造啤酒不可或缺之物──啤酒花的知名產地，因而盛行製造精釀啤酒，擁有14家在地品牌，有紐西蘭的精釀啤酒之都的稱號。從官網就能下載啤酒廠、商場、啤酒酒吧等地圖，愛喝啤酒的遊客一定要去走一遭。

精釀啤酒足跡
URL www.craftbrewingcapital.co.nz

Column 藝術家齊聚的城市尼爾森

暢遊藝廊、工藝品店

因為氣候溫暖，同時也是水果產地而聞名的尼爾森，在活潑氣氛的影響下，召喚許多藝術家來到這裡，成為名氣響亮的藝術城市。繪畫、玻璃、金工雕刻等包羅萬象的藝術範疇齊聚，除了藝廊之外，有Ori些工藝品店則是結合藝術家的工作室，可以一併參觀製作過程。眾多工作室聚集在尼爾森西方約30km的Ruby Bay（MAP P.199-A1外），不妨參考官網（URL www. Rubycoastarts.co.nz）的地圖走一走；除了約11家工作室為全年開放之外，每年在國王生日（6月第一個週一）的連續假期還會舉辦名為Arts Trail的活動，可以參觀更多的工作室。

這是暢遊工作室的最佳索引

Jewel Beetle（→P.204）的工作情形

Red Art Gallery

Map P.198-B1
住1 Bridge St.　電(03) 548-2170　營週一～五8:30～16:30、週六8:30～15:30、週日9:00～15:00（依季節變動）　休無休　URL redartgallery.com

由Caroline和Sara經營的藝廊，擁有超過30位藝術家所創作的獨特作品，還附設充滿舒適氛圍的咖啡館。

在市集尋找作品

每週六的上午，在蒙哥馬利廣場Montgomery Sq.舉行的尼爾森市集，已經持續超過35年，是有歷史的市集，可以發現在地藝術家的作品。

The Nelson Market
Map P.198-B1　住Montgomery Sq.　電(03)546-6454
URL www.nelsonmarket.co.nz　開週六8:00～13:00

尼爾森湖國家公園
Nelson Lakes National Park

Map P.202

從羅托伊蒂湖畔的步道眺望湖景

尼爾森湖國家公園是從尼爾森驅車前往約1小時30分可到的內陸地方，鄰近南阿爾卑斯山脈北麓外圍，可以欣賞到大約在8000年前冰河後退時所留下的自然遺跡，景觀變化豐富而迷人。中心地區有羅吐魯阿湖Lake Rotoroa及羅托伊蒂湖Lake Rotoiti 2座優美的冰河湖泊，不論是露營、步道健行或水上計程車等戶外活動都非常盛行；附近還有Rainbow Ski Area與Mt. Robert Snow Sports Club 2座滑雪場，冬季時還可體驗滑雪。

國家公園的據點城市是羅托伊蒂湖畔的聖阿爾諾St. Arnaud，另外在羅吐魯阿湖旁也有名為羅吐魯阿Rotoroa的小村落，兩者到尼爾森或周邊城市都有接駁巴士行駛。

為了保留最原始的大自然，國家公園裡觀光專用的各項設施都非常簡便，在具備城市機能的聖阿爾諾就有各種住宿選擇，以及雜貨、食品店；至於羅吐魯阿的住宿選擇則相當兩極，不是專為提供登山客的簡單露營地，就是非常高級的山莊。

國家公園內規劃多條完善的健行步道，從聖阿爾諾出發有輕鬆可行的路線，也有要花上幾天時間暢遊2座湖泊的路線，或是正統的登山健行步道。

遊客中心
DOC尼爾森湖國家公園遊客中心
DOC Rotoiti / Nelson Lakes Visitor Centre
Map P.202
住 View Rd. St. Arnaud
電 (03) 521-1806
開 8:00～16:30
（冬季為9:00～16:00）
休 無休

也能獲得關於天氣的資訊

如何前往尼爾森湖國家公園

距離尼爾森市中心沿著國道6、63號約85km，由尼爾森前往羅托伊蒂湖畔的據點城市聖阿爾諾，有接駁巴士行駛，所需時間約2小時（要預約）；基本上是包車制，即使是單人或少人數搭乘也要付5人的費用。不過也有其他團體接受散客加入能享折扣價格（如下所列），包含亞伯塔斯曼國家公園等周邊地區在內。

接駁巴士公司
Nelson Lakes Shuttles
電 (03) 547-6869
URL www.nelsonlakesshuttles.co.nz
運 需要洽詢
費 尼爾森～聖阿爾諾 單程$50（要預約）

接駁巴士的折扣價格
Trek Express
電 (03) 540-2042
URL www.trekexpress.co.nz/trips.html
在官網上刊載接受散客加入的接駁巴士名單，可以線上預約。

周邊的滑雪場
Rainbow Ski Area
電 (03) 521-1861
URL www.skirainbow.co.nz
距離聖阿爾諾34km，滑雪季節（7～9月，要預約）從聖阿爾諾有接駁巴士行駛。

分裂蘋果岩
Split Apple Rock

Map P.209-B1

位於亞伯塔斯曼國家公園（→P.208）的入口──馬拉霍Marahau與Kaiteriteri中間附近Towers Bay近海約50m的奇岩，就像被刀切成兩半的蘋果般，奇特形狀的花崗岩。

雖然看起來像是由人工外力所切割，卻是自然形成的，應該是在冰河時代，滲入圓球狀岩石裂縫中的水因為結冰而膨脹裂成兩半。在毛利族的傳說裡，則是2位神明因為發生爭執吵架導致分手而裂開。

完全像是人工的裝置藝術品。
©Kaiteriteri Kayak

可以從Towers Bay的海灘眺望這塊石頭，不過划獨木舟能以更近距離欣賞，也更有趣；除了自行租借獨木舟出海划行，參加導覽之旅也是不錯的選擇，或是搭乘遊輪。

參加導覽之旅也很不錯。
©Kaiteriteri Kayak

如何前往分裂蘋果岩
距離尼爾森市中心沿著國道6、63號約60km，過了Riwaka之後轉入Riwaka-Sandy Bay Rd.，前行約10km就是往海灘的小徑入口，步行約15分鐘就能到達海灘。

租借獨木舟公司
Kaiteriteri Kayak
電(03) 527-8383
FREE 0800-252-925
URL seakayak.co.nz
導覽之旅
時全年
費大人$94、小孩$68

遊輪公司
Split Apple Rock Cruises
☎027-261-0031
URL splitapplerockcruise.com
時全年
10:45、12:30、14:30出發
費大人$50、小孩$20

尼爾森的餐廳 Restaurant

DeVille
Map P.198-A1

內部裝潢與庭院都充滿藝術氣息，顧客年齡層廣，庭院空間適合闔家用餐，主要提供健康取向的料理，早餐$14.5～、午餐$19.5～，還有最受歡迎的雞肉和豬肉墨西哥玉米餅Tacos $26.5。

住22 New St. 電(03) 545-6911
URL www.devillecafe.co.nz
營週二～五8:00～15:00、週六・日9:00～15:00
休週一・節日 CC DMV

The Indian Café
Map P.198-B2

由印度老闆所經營的餐廳，咖哩光是雞肉就多達10種，並提供外帶服務。例如味道辣而溫潤的奶油咖哩雞$22.98、咖哩附白飯的午間套餐$11.98，還有素食咖哩$19.98～。

住94 Collingwood St.
電(03) 548-4089 URL www.theindiancafe.co.nz 營週一～五12:00～14:00、17:00～22:00、週六・日17:00～22:00 休無休 CC AMV

New Asia Restaurant
Map P.198-B2

提供如揚州炒飯$17～、餛飩湯$11.4等調味較為清爽的餐點，人氣菜色有糖醋排骨$18.7、黑豆醬油炒牛肉蔬菜$17等。

住279 Hardy St.
電(03) 546-6238
營週一～五11:30～14:30、16:30～22:00、週六・日16:30～21:30
休無休 CC AJMV

Boat Shed
Map P.199-A2

一間突出於水面上的餐廳，窗外能眺望到塔斯曼灣，並品嚐以新鮮海產烹調的地中海美食。主廚推薦套餐之午餐為4道菜$65、晚餐則為6道菜$95～，肉類料理如菲力牛排$40。

住350 Wakefield Quay
電(03) 546-9783
URL www.boatshedcafe.co.nz
營週一～五11:30～Late、週六・日9:00～Late 休無休 CC AMV

Little Beehive Co-Op

Map P.198-B1

由住在尼爾森的Paula和Rachael兩位作家在2014年所開設，店內陳列著在地藝術家的作品，像是包包、首飾、生活雜貨等，以及尼爾森製造的天然保養品。是挑選具原創性伴手禮的好地方。

住123 Bridge St.
☎021-177-4940
URL littlebeehive.shop
營週一～五9:30～17:00、週六9:30～16:00 休週日
CC AMV

Aromaflex

Map P.198-B1

紐西蘭國內第一家香氛精油店，嚴選的有機精油品項豐富，店內有超過100種精油，5ml的小瓶裝$8～。

住280 Trafalgar St.
☎(03) 545-6217
URL aromaflex.co.nz
營週一～五9:00～17:00、週六10:00～15:00 休週日 CC MV

Jens Hansen The Ringmaker

Map P.198-B1

這間珠寶店因為設計出電影《魔戒三部曲》與《哈比人》裡使用的那一枚戒指，因而聲名大噪。電影中The One Ring的複製品黃金材質$199～。

住320 Trafalgar Sq.
☎(03) 548-0640
URL www.jenshansen.com
營週一～五9:00～17:00（夏季～17:30）、週六9:00～14:00、夏季週日10:00～13:00 休週日
CC AJMV

Jewel Beetle

Map P.198-B1

以2名女藝術家的作品為主，專門販售著各式各樣甲蟲造型的繽紛珠寶，其他像是野鳥造型的飾品也都非常可愛，價格為$55～。

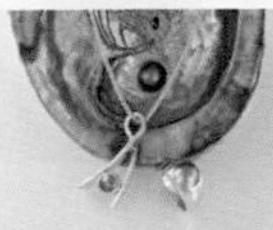

住56 Bridge St. ☎/FAX (03) 548-0487 URL jewelbeetle.co.nz
營週一～五10:00～17:00
休週六・日 CC AMV

Kings Gate Motel

Map P.198-A1

座落於距離市中心步行僅需5分鐘的交通便捷地點，全部客房都有DVD播放機及40吋液晶電視，也可以看Netflix，並有BBQ設備，在夏季時還有溫水游泳池可用。

住21 Trafalgar St. ☎(03) 546-9108 FREE 0800-104-022
URL kingsgatemotel.co.nz
費Ⓓ①$130～
房數11 CC MV

Tasman Bay Backpackers

Map P.198-A2

庭院裡樹木茂密充滿綠意，營造出隱密幽靜的氣氛，不過飯店內相當明亮，內部裝潢也很時尚；每天晚上20:00還會供應手工製作的巧克力布丁，公共的浴室也很整潔方便使用。

住10 Weka St.
☎(03) 548-7950
FREE 0800-222-572
URL www.tasmanbaybackpackers.co.nz 費Dorm$28～
Ⓓ①$78～ 房數65床 CC MV

Riverlodge Motel Apartments

Map P.198-A2

步行至市中心只要5分鐘，以白色為基本色調的客房空間小巧而舒適，以大量新鮮蔬菜與當季水果烹調的早餐$12頗受好評，並有4間客房附設廚房。

住31 Collingwood St. ☎(03) 548-3094 FREE 0800-100-840
URL www.riverlodgenelson.co.nz
費ⓈⒹ①$99～ 房數11 CC MV

YHA Nelson

Map P.198-B1

最大魅力就是不僅位居市中心且平價，廚房及交誼廳很寬敞舒適，並有能打桌球、擲飛鏢的遊戲間，以及三溫暖、BBQ設備等一應俱全。租借腳踏車$25～。

住59 Rutherford St.
☎(03) 545-9988 URL www.accentshostel.nz
費Dorm$24～ Ⓢ$59～
Ⓓ①$75～ 房數32 CC MV

廚房（全部客房） 廚房（部分客房） 廚房（共用） 吹風機（全部客房） 浴缸（全部客房） 游泳池
網路（全部客房／須付費） 網路（部分客房／須付費） 網路（全部客房／免費） 網路（部分客房／免費）

黃金灣

Golden Bay

1642年，荷蘭航海家亞伯塔斯曼Abel Tasman將這裡取名為殺人者海灣Murderer's Bay，一直到1843年於內陸地區發現金礦，才改成黃金灣這個美麗的地名。1850年代曾經一度要將黃金灣的大城市科林伍德Collingwood（舊名是Gibbstown）設為首都，不難想像當年的熱鬧繁華景象，只是沒過多久金礦資源就枯竭殆盡。如今的黃金灣在國家公園的環繞下，成為擁有原始大自然的美麗地區。

如何前往黃金灣 Access

搭乘Golden Bay Coachlines的巴士，從尼爾森前往塔卡卡Takaka，週一・三・五1日1班往返，夏季會增加班次，所需時間約2小時15分。塔卡卡也有機場，Golden Bay Air從威靈頓出發的航班，除了8月之外1日1班；尼爾森出發則為1日2班。

黃金灣的 漫遊

此地區的中心城市是塔卡卡Takaka，有遊客中心、銀行及各種商店。

位於國道60號尾端的城市科林伍德Collingwood，雖然規模比塔卡卡小，但餐廳、超級市場等應有盡有，投宿在這裡也很方便，市區裡的郵局還兼負遊客中心的功能。

南島最北端的科林伍德，是座小而寧靜的城市

主要巴士公司
Golden Bay Coachlines
☎(03) 525-8352
URL www.goldenbaycoachlines.co.nz
運 尼爾森 12:00出發
塔卡卡 9:00出發
（依季節變動）
費 尼爾森～塔卡卡單程大人$45、小孩半價

航空公司
Golden Bay Air
☎(03) 525-8725
FREE 0800-588-885
URL goldenbayair.co.nz
運 威靈頓出發 週一・二・六 9:00、週三～五・日16:30出發（依季節變動），所需時間約1小時10分
尼爾森出發 9:40、15:20出發，所需時間約30分鐘

遊客中心
Golden Bay Visitor Centre
Map P.209-A1
住 Willow St. Takaka
☎(03) 525-9136
URL www.goldenbaynz.co.nz
開 週一～五
10:00～14:00
（依季節變動）
休 週六・日

塔卡卡的遊客中心以綠色外觀為特徵

普普湧泉
Pupu Springs

Map P.205

如何前往普普湧泉
想前往普普湧泉要開車，從塔卡卡市區沿著國道60號往西北方前行，過了塔卡卡河後左轉，再往前3km就是停車場。

能以很近的距離觀察水鳥

正式名稱應該是Te Waikoropupu Springs，不過在地人都暱稱為普普湧泉；這座湧泉每天所湧出的水量不僅是全紐西蘭最多的，水質的透明度也極佳，噴湧而出的清泉與細沙就像是在跳舞般美麗，讓人不由得看到入迷。泉水的源頭來自塔卡卡河，從上游的河床穿越地底而露出的水流，當初為了證明這一點，還特別在夏季塔卡卡河乾枯時進行實驗，將位於上游的水庫洩洪，藉此來測量湧泉的水位變化。

水質清澈見底的普普湧泉

遊客可以在2座大湧泉的周邊步道上散步，如果只看主湧泉的話，來回約30分鐘，2邊都欣賞的話大約45分鐘左右。

再會岬
Farewell Spit

Map P.205

推出再會岬之旅的旅行社
Farewell Spit Eco Tours
TEL (03) 524-8257
FREE 0800-808-257
FAX (03) 524-8939
URL www.farewellspit.com
Farewell Spit Tour
時 全年（依潮汐而定）
費 大人$175、小孩$65（所需時間約6小時30分）

前往再會岬的旅遊團巴士
© www.nelsontasman.nz

這片看起來非常不可思議的獨特沙岬地形，是西海岸的岩石在經年累月的侵蝕下變為流沙，並在海潮的搬運下所堆積而成，長度約35km，平均寬度則為800m。雖然早在17世紀時荷蘭航海家亞伯塔斯曼Abek Tasman就發現這裡，卻是由庫克船長命名，他們在1770年的航海任務中，從這裡準備要離開紐西蘭，因此將這座沙岬賦予「Farewell（再會了，再見！）」的意義。

由於沙岬地勢低矮又長，常常讓不少船隻不察而發生過無數次船難，因此1870年在沙岬的最前端建造一座燈塔；早期的燈塔有專人負責，從1984年全自動化之後就無人駐守，而燈塔周邊的樹木都是以前的燈塔負責人為了讓海上船隻看清楚陸地所在，而努力種植的。再會岬的內灣屬於淺灘，每逢潮汐漲退時水位會出現極大落差，經常傳出有鯨魚群擱淺受困的意外；沙岬前端也是海鳥棲息地，已經觀察到超過90種鳥類在此出現，其中數量最多的是鷸科的水鳥，9～3月會在這裡度過，於南半球的冬季來臨前，就會啟程返回西伯利亞凍原區或阿拉斯加等北方地區。

沙岬的前端建有燈塔

黃金灣退潮挖蛤蜊之旅
從亞伯塔斯曼國家公園到黃金灣一帶的海岸都屬於淺灘，一到退潮時就會裸露出大片沙灘，只要往下挖20～30cm就會發現個頭碩大的蛤蜊，是很有趣的活動。

因為不需要吐沙就能直接煮來吃，味道非常鮮美，雖然沒有數量限制，但請適量不要挖太多。

希菲步道
Heaphy Track

Map P.207

是連接黃金灣與西海岸間的步道，全長78.4km，穿越卡胡朗吉國家公園Kahurangi National Park，沿途林相以山毛櫸森林為主，加上濕原、海岸等不同地形，景觀非常豐富。自古以來，這條路線就是毛利族運送在西海岸開採綠玉翡翠的古道。

健行步道上設有山間小屋及露營地，通常都會走上4～6天；最熱門的行程是從科林伍德出發往西海岸方向前進，這樣的話只要先登上路線最高點的Brown小屋，再突破通往Perry Saddle小屋這段高低落差大的路段，然後就可以輕鬆地走完美麗海岸邊的平坦地段。由於整條步道並沒有太多陡峭爬坡路段，行程本身算是簡單，但因為是屬於距離長的縱走路線，還是要攜帶必要裝備，不可輕忽。

要住宿小屋或露營地需要事先預約，因此在出發前一定要在尼爾森的DOC遊客中心或DOC的官網申請、購買山間小屋通行證Hut Pass。步道東端離科林伍德約28km，西側則是距離卡拉米亞Karamea約15km，都可搭乘巴士或計程車前往；建議搭乘以尼爾森為據點的Trek Express接駁巴士（→P.202邊欄），從尼爾森到東西兩端都有班次，到東端也可以從摩圖伊卡、塔卡卡、懷努伊Wainui、科林伍德搭乘。

DOC的官網
URL www.doc.govt.nz

山間小屋的預約申請
Nelson Visitor Centre
☎(03) 546-8210
URL booking.doc.govt.nz
費 小屋 $56
露營營地 $16
※從希菲小屋到Kohaihai避難小屋間的路線，行前要先確認潮汐情報。

黃金灣的住宿 Accommodation

塔卡卡

Annie's Nirvana Lodge
Map P.209-A1

座落於塔卡卡市區一間充滿居家溫馨氣息的YHA，免費租借腳踏車讓遊客騎到普普湧泉，也有BBQ設備。

住 25 Motupipi St. Takaka ☎(03) 525-8766
URL www.nirvanalodge.co.nz 費 Dorm$30～
Ⓢ$50～ ⒹⓉ$70～ 房數 8 CC MV

Mohua Motels
Map P.209-A1

位於塔卡卡市中心，擁有最新設備的4星級汽車旅館，還可以在寬敞草坪的庭院裡BBQ。

住 22 Willow St. Takaka ☎(03) 525-7222
FREE 0800-664-826 URL mohuamotels.com
費 ⓈⒹ$140～ 房數 20 CC MV

科林伍德

The Innlet
Map P.205

距離科林伍德市區北邊約10km的公寓與小木屋。到海灘只有200m，附近還有步道可以散步。

住 839 Collingwood-Puponga Main Rd. Collingwood
☎(03) 524-8040 📱021-0279-9718 URL www.theinnlet.co.nz 費 Ⓢ$70～ ⒹⓉ$90～ 房數 9 CC MV

Somerset House
Map P.205

位於科林伍德市中心，由日本人經營的旅館，最多可以容納5人；提供免費租借腳踏車、獨木舟服務。

住 12 Gibbs Rd. Collingwood 📱027-618-7779
費 2人$180～
房數 1 CC 不可

廚房（全部客房） 廚房（部分客房） 廚房（共用） 吹風機（全部客房） 浴缸（全部客房） 游泳池
網路（全部客房／須付費） 網路（部分客房／須付費） 網路（全部客房／免費） 網路（部分客房／免費）

亞伯塔斯曼國家公園

Abel Tasman National Park

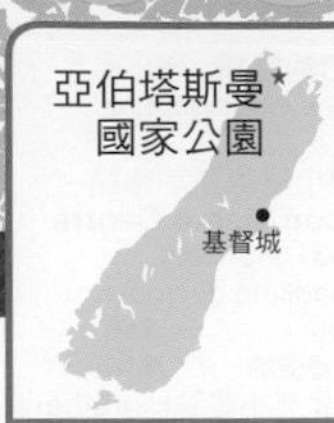

URL www.abeltasman.co.nz

美麗的Te Pukatea灣，大海是有漸層的藍色

靠近南島北端的亞伯塔斯曼國家公園，因為可以在美麗的大海上划獨木舟，或是漫步在沿著海岸線而建、景致絕佳的海岸步道，成為非常熱門的景點。因此雖然亞伯塔斯曼國家公園的面積只有225km²，是紐西蘭國家公園中最小的，卻擁有最多人次造訪；再加上氣候溫暖，幾乎全年都有各式各樣的戶外活動登場，魅力十足。

這座國家公園的名稱，則是來自於1642年首位造訪紐西蘭的歐洲人──荷蘭探險家亞伯塔斯曼Abel Tasman（→P.211）。

如何前往亞伯塔斯曼國家公園 Access

要想從國家公園的據點城市馬拉霍Marahau前往附近的摩圖伊卡Motueka，可以搭乘Golden Bay Coachlines從尼爾森出發前往塔卡卡Takaka的巴士，週一·三·五1日1班往返，所需時間約1小時，夏季會增加班次。其他還有Trek Express等幾家公司從尼爾森前往馬拉霍及國家公園北端懷努伊Wainui的接駁巴士行駛。

亞伯塔斯曼國家公園的漫遊

馬拉霍Marahau這座小村落就是亞伯塔斯曼國家公園的基地，而驅車往南約20分鐘可到達的摩圖伊卡Motueka，則因為有商店、餐廳及住宿等設施，對遊客而言非常便利，也是很適合的據點。

要走完整條海岸步道需要好幾天的時間，如果能善用水上計程車，不但可以暢遊海灘景色，也能體驗部分的健行步道。水上計程車從馬拉霍全年都有行駛，出發時間會配合從尼爾森或摩圖伊卡到達的巴士班次，最好事先預約。

從水上計程車可以近距離觀賞國家公園內饒富變化的地形

主要巴士公司
Scenic NZ Abel Tasman
電 (03) 548-0285（尼爾森）
URL www.scenicnzabeltasman.co.nz
Golden Bay Coachlines
（→P.205）

Trek Express
（→P.202邊欄）

遊客中心 i-SITE
Motueka i-SITE Visitor Centre
Map P.209-B1
住 20 Wallace St. Motueka
電 (03) 528-6543
URL motuekaisite.co.nz
開 週一～五 9:00～16:00
週六·日·節日 9:00～14:00
休 無休
就在摩圖伊卡的市區，從國道60號轉進Wallace St.後即可到達，提供山間小屋通行證的預約及販售。

主要水上計程車公司
Marahau Water Taxis
電/FAX (03) 527-8176
FREE 0800-808-018
URL www.marahauwatertaxis.co.nz

與健行組合使用會更方便

亞伯塔斯曼國家公園的 景點

海洋獨木舟
Sea Kayak

來到亞伯塔斯曼國家公園絕對不能錯過的，就是體驗沿著漂亮海岸線划槳前行的海洋獨木舟，可以感受與大自然融為一體的暢快感。若是參加有教練帶領的行程，會由握槳方法從頭教起，即使是毫無經驗的初學者也不必擔心，過去曾有高齡82歲的銀髮族來參加。雖然是全年都可進行的戶外活動，不過最佳季節為夏天至秋天之間。

千萬別錯過動物們的可愛模樣

海洋獨木舟之旅公司
Marahau Kayaks
☎(03) 527-8176
FREE 0800-529-257
URL www.msk.co.nz
時 全年（部分行程只有10～4月）
費 1日之旅$160～、2日之旅$280～

感受著舒爽海風的同時，努力向前划

大多數的行程都是清早由馬拉霍出發，搭乘水上計程車直達國家公園中央地區後，再展開海洋獨木舟之旅；除了1日之旅之外，也有住宿在露營地或小木屋的2～3日之旅。在東加島海洋保護區Tonga Island的周邊，不僅可以觀察到紐西蘭海狗Fur Seal、或在人煙罕至的沙灘上野餐，也可以加上海岸步道健行，有著各種不同的旅遊方式，不妨依自己的喜好和體力來挑選合適的行程。不過，部分行程的出發日期相當有限，也可以要求到尼爾森或摩圖伊卡接送，在預約行程時請確認。

吸引來自全世界的獨木舟愛好者

DOC的官網
URL www.doc.govt.nz

山間小屋的預約申請
Nelson Visitor Centre
（→P.207邊欄）
費山間小屋 $56
露營地 $24

值得推薦的短程路線
除了主要路線，還有不少可以稍微體驗的短程路線，其中最值得推薦的，就是從水上計程車停靠站安克拉治小屋前的沙灘出發，繞往半島前端Pitt Head約1小時20分的路線，中途還會經過風光明媚的Te Pukatea Bay。

能享受沙灘及森林浴2種樂趣的步道

馬拉霍的遊客中心
亞伯塔斯曼遊客中心
Abel Tasman Centre
Map P.209-B1
住229 Sandy Bay-Marahau Rd.
☎(03) 527-8176
FREE 0800-808-018
URL www.abeltasmancentre.co.nz
開8:00～17:00
（依季節變動）
休無休

亞伯塔斯曼海岸步道

Abel Tasman Coast Track

Map P.209-A1～B1

Great Walk（→P.419）其中之一是從南端的馬拉霍Marahau通往北邊的懷努伊Wainui，全長60km，得花上3～5日才能走完的亞伯塔斯曼海岸步道（→P.419）。由森林與海岸交織成美麗景色的步道非常熱門，加上全程都是平緩易走的路段，而且還可以在途中搭配水上計程車，大家都可以輕鬆嘗試。

這條步道還有另一個特色，就是因為海水潮汐落差極大，部分路段只有在退潮的前後幾個小時才能通行，不過海水浸泡到膝蓋以下，走起來也很舒服；最好還是事先查清楚潮汐時間。

在亞伯塔斯曼海岸步道上一共有4間小屋及18處露營地，必須事先購買山間小屋通行證或露營證；而且不提供爐具，必須自行準備，也可以選擇下榻在Awaroa Lodge（→P.211）。

馬拉霍　Marahau→安克拉治小屋　Anchorage Hut（約12.4km，所需時間約4小時）

安克拉治小屋　Anchorage Hut→巴克灣小屋　Bark Bay Hut（8.4～11.5km，所需時間約3～4小時，依海水潮汐而定）

退潮前後各2小時可以通過Torrent Bay，其他時間就必須走高繞路線（4km），必須多花上1個小時。

巴克灣小屋　Bark Bay Hut→阿瓦羅阿小屋　Awaroa Hut（約13.5km，所需時間約4小時30分）

阿瓦羅阿小屋　Awaroa Hut→Whariwharangi Bay Hut（約16.9km，所需時間約5小時35分）

阿瓦羅阿灣Awaroa Bay僅限在退潮前的1小時30分及開始退潮的2小時內可以通過。

Whariwharangi Hut→懷努伊　Wainui（約5.7km，所需時間約2小時）

亞伯塔斯曼國家公園的戶外活動 Activity

Magical Marine Reserve之旅

從馬拉霍搭乘水上計程車出發，往北方距離約25km的Onetahuti海灘前進，然後換搭獨木舟開始在東加島周圍探索，划著槳的同時，仔細觀察著海狗、藍企鵝的可愛模樣；在海灘享用午餐並小歇片刻，再繼續划獨木舟前往安克拉治，最後搭乘水上計程車返回馬拉霍。

Marahau Sea Kayaks
☎(03) 527-8176
FREE 0800-529-257
URL www.msk.co.nz
時10～4月8:30出發
費1日$260～（年齡限制14歲以上）
CC MV

風箏衝浪

結合駕駛風帆的暢快感受與衝浪刺激躍動的風箏衝浪，就是利用風箏在天空中飛行的力量，自由自在地縱橫海面上；並且有教練仔細地指導並提供全套裝備，可以安心體驗。

Kitescool ☎021-354-837
URL www.kitescool.co.nz 時9～5月
費初學者課程 $170（所需約3小時）
CC MV

亞伯塔斯曼國家公園的住宿 Accommodation

馬拉霍

Ocean View Chalets
Map P.209-B1

從馬拉霍市中心往地勢較高的小山丘步行4分鐘後，就會發現這間能飽覽無敵海景的飯店；每間客房都是獨立建築，屬於休閒的山屋氛圍，並設有房客專用的洗衣房。

住305 Sandy Bay Rd. Marahau 電(03) 527-8232 URL www.accommodationabeltasman.co.nz 費ⓈⒹⓉ$205～ 房數10 CC MV

The Barn
Map P.209-B1

鄰近獨木舟之旅公司，地點非常方便，還有草地遼闊的露營區，可以欣賞美麗的海景。團體房建築是新蓋的，設有方便使用的寬敞公共廚房。

住14 Harvey Rd. Marahau 電(03) 527-8043 URL www.barn.co.nz 費Camp$60～ Dorm$32～ Cabin$105～ 房數32 CC MV

Marahau Beach Camp
Map P.209-B1

附設於亞伯塔斯曼遊客中心內，離海灘只有100m，有著小屋與青年旅館2種選擇，並附設餐廳。

住229 Sandy Bay-Marahau Rd. 電(03) 527-8176 FREE 0800-808-018 URL www.abeltasmancentre.co.nz 費Camp$40～ Dorm$35～ Ⓓ$75～ Cabin$85～ 房數5(Cabin) CC MV

摩圖伊卡

Avalon Manor Motels
Map P.209-B1

從市中心步行5分鐘可抵，全部客房都有天井或陽台，可以享受悠閒時光，並設有旅遊諮詢櫃台可以預約在地旅遊團。部分房間附按摩浴缸。

住314-316 High St. Motueka 電(03) 528-8320 FREE 0800-282-566 URL avalonmotels.co.nz 費ⓈⒹ$135～ 房數16 CC MV

Happy Apple Backpackers
Map P.209-B1

擁有團體房、雙人房、營地、有電營位等各種住宿可供選擇，還有寬闊的庭院、BBQ設備，以及排球場、籃球場、桌球台等設備，適合喜歡運動的房客。

住500 High St. Motueka 電(03) 528-8652 URL www.happyapplebackpackers.co.nz 費Dorm$30～ Ⓢ$79～ Ⓣ$95～ Ⓓ$120～ 房數19 CC MV

海岸步道

Awaroa Lodge
Map P.209-A1

座落於阿瓦羅阿灣的高級山莊，各間客房都是獨立式建築，還有可容納6人入住的家庭套房，附設的餐廳也很不錯。

住11 Awaroa Bay. Motueka 電(03) 528-8758 URL www.awaroalodge.co.nz 費ⒹⓉ$459～ 房數26 CC MV

Column 荷蘭航海家亞伯塔斯曼

亞伯塔斯曼Abel Janszoon Tasman (1603～1659) 是誕生於荷蘭的探險家，為了尋找南方的大陸而出航。首先「發現」的是澳洲的塔斯馬尼亞島Tasmania，之後抵達紐西蘭南島的西海岸，於1642年12月18日在懷努伊附近的海上，放下了2艘帆船的船錨；隔天早上卻發生意外，遭到許多搭乘獨木舟的毛利人突襲，4名船員因此喪生；塔斯曼立刻揚帆離開，並將此地命名為恐怖的「殺人者海灣」，一直到後來才更名為黃金灣。之後塔斯曼沿著北島東海岸繼續北上，並嘗試再度登陸，卻又遭到原住民毛利人的襲擊，最後塔斯曼就沒有再踏上這片土地，而返回荷蘭。塔斯曼將這個國家取名為Staten Landt，之後卻變成音近似荷蘭澤蘭省Zeeland的Novo Zeelandia；但是真正踏上這片土地的歐洲人，卻是遠在127年之後的庫克船長 (→P.368)。

廚房(全部客房) 廚房(部分客房) 廚房(共用) 吹風機(全部客房) 浴缸(全部客房) 游泳池 網路(全部客房／須付費) 網路(部分客房／須付費) 網路(全部客房／免費) 網路(部分客房／免費)

URL www.arthurspass.com

亞瑟隘口國家公園

Arthur's Pass National Park

抵達空氣清新山區國家公園的Tranz Alpine號

橫亙在南島的南阿爾卑斯山脈之中，盤據於北端位置的埡口就是亞瑟隘口，是橫貫南島東西的隘口通道，自古以來就是毛利人為了採掘翡翠綠玉（毛利語Pounamu），前進西海岸時行走的古道。1864年測量師兼土木工程師的亞瑟·杜伯森Arthur Dobson予以開闢拓寬，因而以其名作為地名，雖然於1866年整修成為可通行馬車的道路，卻因為山路太過險峻而成為交通困難的關卡。為了解決交通樞紐的問題，才開始有興建鐵路的構想，以長達8.5km的隧道貫穿山脈的計畫，在當時可說是絕無僅有的浩大工程，而且歷經長達15年才終於在1923年完成，使得亞瑟隘口成為知名的山岳觀光勝地。

在亞瑟隘口國家公園內，海拔2000m以上的山峰中叫得出名號的就有16座，而以作為據點城市的亞瑟隘口村Arthur's Pass Village為出發點的健行步道則有好幾條。只要參加從基督城出發的1日遊行程，就能輕鬆體驗到山林氣息，因而吸引許多遊客造訪。

主要巴士公司(→P.496)
Atomic Travel
運基督城 8:00出發
葛雷茅斯 13:45出發
休週三（依季節變動）
West Coast Shuttle
運基督城 14:00出發
葛雷茅斯 7:00出發

長途巴士停靠站
Map P.213
住85 West Coast Rd.

鐵路公司(→P.496)
Kiwi Rail
運基督城 8:15出發
葛雷茅斯 14:05出發

遊客中心
DOC亞瑟隘口國家公園遊客中心
DOC Arthur's Pass National Park Visitor Centre
Map P.213
住104 West Coast Rd.
☎(03) 318-9211
開8:30～16:30
休無休

展示與登山健行相關的資料

Temple Basin滑雪場
Map P.214-A2
從公路必須走山徑爬坡約1小時30分才能到達山莊及滑雪場，由於無法開車進入，滑雪用具等大型行李要在登山口用物品纜車搬運上山。2棟山莊最多可以住宿120人，設有公共廚房等完善設備。
☎(03) 377-7788
URL www.templebasin.co.nz
費住宿1晚大人$140（不含纜椅券）、$260（含纜椅券）

如何前往亞瑟隘口國家公園 Access

從基督城出發往葛雷茅斯或西港，有Atomic Travel及West Coast Shuttle的巴士行駛，途中會經過亞瑟隘口國家公園，1日1班，所需時間約2小時～3小時15分；從葛雷茅斯出發所需時間則約1小時45分～2小時30分。

鐵路方面，Kiwi Trail行駛於基督城～葛雷茅斯間的Tranz Alpine號是1日1班往返，可以從基督城出發1日遊，所需時間約2小時40分。

亞瑟隘口國家公園的 漫遊

DOC遊客中心是觀光據點亞瑟隘口村Arthur's Pass Village的中心，距離火車站約300m，而長途巴士的停靠站則是在食品雜貨店Arthur's Pass Store前，附近聚集著旅館及餐廳等設施。由於DOC遊客中心提供周邊步道相關的詳細資訊，建議健行出發之前務必先去一趟。

亞瑟隘口國家公園的短程健行

Short Walks in Arthur's Pass National Park

Map P.213、214

以下的健行步道不用花太多時間，只要穿牛仔褲和運動鞋的輕裝就可以出發，從基督城出發當天來回，就足夠體驗了。

惡魔之碗瀑布 Devil's Punchbowl Waterfall（來回約1小時）

豪邁地飛濺著水花的惡魔之碗瀑布

這是一條前往欣賞高達131m、附近最大瀑布的健行路線，出發地點在Arthur's Pass Store往北450m處的停車場，之後就沿著指標前行。約30分鐘就能抵達瀑布下方，途中有幾個比較陡峭的路段，從剛修建好的觀景台上可以欣賞到瀑布奔騰流洩而下的氣勢驚人美景。瀑布底下的水潭周邊則嚴禁進入。

路況不好的部分會鋪設木頭階梯以方便行走

新娘面紗　Bridal Veil（Arthur's Pass Walking Trail）（來回約40分鐘）

與惡魔之碗瀑布的出發地點相同，很適合一起納入健行計畫中。幾乎都是行進於森林間的平坦步道，雖然沿途沒有特別的景點，卻恰好可以悠閒地漫步在寂靜而美麗的森林之中。會擁有「新娘面紗」這麼羅曼蒂克的名稱，就是因為在路線半途會經過一個小湖泊，之後會遇上唯一的陡峭上下坡。從出發地點開始步行，不到1小時就可以走到國道上，步道也就結束。不過走在國道上車多危險，還是原路折返比較安全。

歐蒂拉山谷　Otira Valley（來回約1小時20分～6小時）

從亞瑟隘口村往北7km，越過亞瑟隘口處的停車場就是出發點。沿著歐蒂拉河流經的山谷前進，會走在一片草地、灌木林叢生的林間，雖然沒有太大的上下起伏，不過部分路段並不好走，要小心注意。沿途可以看到由冰河削鑿而成的開闊山谷景致，最後會碰上一座古橋，要想再繼續走下去，就需要正式的登山裝備，冬季可能會發生雪崩的危險。

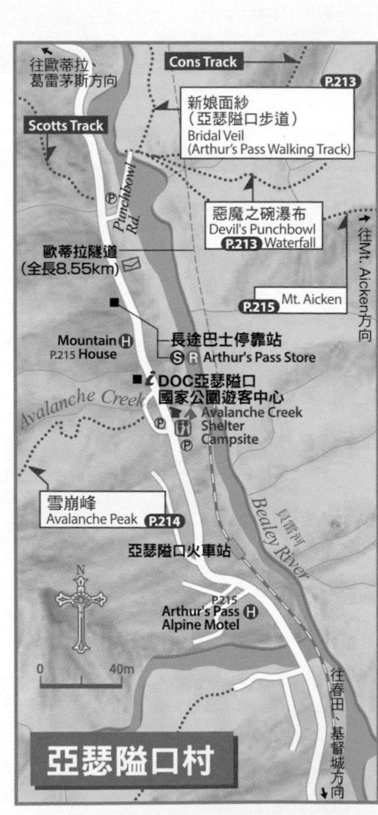

路旁盡是可愛的高山植物

亞瑟隘口國家公園健行步道

Tramping Tracks in Arthur's Pass National Park

Map P.213、214

雪崩峰　Avalanche Peak（來回約6～8小時）

如同Avalanche（山崩、雪崩）這個名稱一樣，山上到處是大型崩塌後破碎而崎嶇不平的狀況，不過只要站上海拔1833m高的山頂，不但可以遠望亞瑟隘口國家公園的主峰Mt. Rolleston（海拔2275m），還可近距離欣賞位於南邊斜坡上的壯闊冰河，無限的山岳景觀美得懾人心魄。儘管因為這樣的美景而備受登山客的喜愛，卻不是初學者能夠輕鬆挑戰的山岳，特別是山頂正下方的稜線，因為步道路線並不明顯，加上又是不穩定的岩石路段，在視線不良或壞天氣時危險性極高。

雪崩峰山頂，要非常留意腳步

出發點在DOC遊客中心的正後方，從一開始就是陡峭的爬坡路段，由於置身於森林中視野並不開闊，但是會發現村落的蹤影愈來愈小，在林木間若隱若現。經過1小時30分左右就可以穿越海拔約1200m的森林界限，從這裡視野也逐漸開展，在腳底下的就是往南北方向延伸的貝雷河Bealey River與深邃山谷；地形也開始是以草叢和岩地為主，而坡度有減緩的趨

亞瑟隘口

↑往歐蒂拉、葛雷茅斯方向
Otira River 歐蒂拉河
73
Upper Deception Hut
歐蒂拉山谷 P.213 Otira Valley
P.215 Temple Basin
Temple Basin 滑雪場 Temple Basin Ski Field P.212
Goat Pass Hut
亞瑟隘口 Arthur's Pass 920m
▲Mt.Temple 1913m
▲Temple Col 1774m
Lake Misery Track
▲Mt. Rolleston 2275m
Twin Creek
Mt. Cassidy ▲1850m
（歐蒂拉隧道）
新娘面紗（亞瑟隘口步道） Bridal Vail(Arthur's Pass Walking Track) P.213
Crow Glacier
Goldney Glacier
貝雷山谷步道 Bealey Valley Track
Mingha Biv
亞瑟隘口國家公園 Arthur's Pass National Park
惡魔之碗瀑布 Devil's Punchbowl Waterfall P.213
▲Mt. Aicken 1858m
Scott's Track
Mt. Aicken P.215
Avalanche Creek
Crow Hut
亞瑟隘口火車站 Arthur's Pass
Mt. O'malley ▲1703m
雪崩峰 ▲1833m Avalanche Peak
i DOC 亞瑟隘口國家公園遊客中心
Crow River
市中心P.213
Mingha River
雪崩峰步道 P.214 Avalanche Peak
Bealey River 貝雷河
73
0 200m
往春田、基督城、The Bealey P.215、Wilderness Lodge Arthur's Pass P.215 方向

勢。在步道上每隔20m就豎立有標示柱，可以依循前進而不怕迷路。抵達山頂的正下方，最後的100m路段是非常狹窄的陡峭岩坡，一定要小心攀爬；然後就是登頂，儘管這裡沒有任何最高點的標示，卻有與期待相同、無比精采的風景。

回程時可沿著原來的路線走，而往北側的Scott's Track下山也很熱門，其實在山頂正下方就能看到兩條步道，相較之下坡度顯得平緩；當然也可以順著走過的熟悉路線往回走，任君挑選。當視野正前方出現惡魔之碗瀑布時再往下走，最後會來到村莊北邊的國道旁，整趟健行行程就結束了。

Temple Basin（來回約3小時）

從村莊往北5km、國道73號上的停車場就是步道起點，在通往滑雪場的林道往上坡走，大約1小時30分後就能到達滑雪俱樂部的山屋，這裡就是折返下山的終點；天氣晴朗時，可以眺望到主峰Mt. Rolleston。也可以繼續朝著登山纜椅終點站的Temple Col前進，但是路線上沒有任何指標，僅限經驗豐富的登山客才能挑戰。

Mt. Aicken（來回約6～8小時）

海拔1858m的Mt. Aicken，是座與雪崩峰隔著村莊遙遙相望的山峰。步道從前往惡魔之碗瀑布的停車場開始，中途會經過當時開鑿隧道工程所使用的舊發電廠。

別忘了填寫入山申請表

想挑戰雪崩峰Avalanche Peak等正式健行步道並住宿山屋的登山客，一定要在出發前將入山申請表送出。必要的注意事項會以E-mail方式寄給登山客，也可以下載網站上的專用表格，將注意事項記下來。詳細內容請參考以下網站。

URL www.adventuresmart.org.nz/outdoors-intentions

亞瑟隘口國家公園的住宿 Accommodation

The Bealey

Map P.214-B2外

從亞瑟隘口沿著國道73號往南前行12km處的幽靜飯店，由於有能容納5人的別墅，也很適合團體旅行者下榻此地，並附設餐廳。

住12858 West Coast Rd.
電(03)318-9277 FAX(03)318-9014
URL thebealeyhotel.co.nz
費Studio $195～ Villa $265～
房數17 CC MV

Arthur's Pass Alpine Motel

Map P.213

這間汽車旅館就在國道73號上，火車站稍微南邊的位置，雖然設備稍嫌老舊，內部卻相當乾淨整潔；所有客房都有衛浴設備，冰箱、微波爐及餐具等廚房設備也很齊全。第一次投宿汽車旅館的遊客也能安心。

住52 Main Rd. State Hwy.73
電(03) 318-9233
FREE 0800-900-401
URL www.apam.co.nz
費ⒹⓉ$120～ 房數9 CC MV

Wilderness Lodge Arthur's Pass

Map P.214-B2外

從亞瑟隘口沿著國道73號往南前行約16km，再轉入Cora Lynn Rd.往南約1km的飯店，房價包含餐飲等全部費用。被豐富的自然所包圍，從客房可以眺望絕美景致，休閒舒適地度過住宿時光。有兩種不同類型的客房可供選擇。

住State Hwy. 73 電(03)318-9246
URL www.wildernesslodge.co.nz
費Ⓢ$625～ ⒹⓉ$515～
房數24 CC MV

Mountain House

Map P.213

座落於村莊中心的背包客青年旅館，提供非常豐富的登山健行相關資訊。團體房附寢具，並提供毛巾租借服務（須付費），客房必須共用衛浴設備。

住84 West Coast Rd.
電(03) 318-9258
URL mountainhouseap.mydirectstay.com 費Dorm$35～
ⓈⒹⓉ$99～ 房數65床 CC MV

廚房（全部客房） 廚房（部分客房） 廚房（共用） 吹風機（全部客房） 浴缸（全部客房） 游泳池
網路（全部客房／須付費） 網路（部分客房／須付費） 網路（全部客房／免費） 網路（部分客房／免費）

西海岸

West Coast

西海岸的觀光情報
URL www.westcoast.co.nz

航空公司（→P.496）
紐西蘭航空

霍基蒂卡機場
Map P.216-B1
☎ (03) 755-6318
URL hokitikaairport.co.nz
交 距離霍基蒂卡長途巴士停靠站約2km，離葛雷茅斯則為38km，可以搭乘計程車或是租車。

主要計程車公司
Greymouth Taxis
☎ (03) 768-7078
URL greymouthtaxis.co.nz

主要巴士公司（→P.496）
InterCity
East West Coach

鐵路公司（→P.496）
Kiwi Rail

南島的西海岸面對著塔斯曼海，一直讓人認為是紐西蘭偏僻地帶的強烈印象，因為這裡有著筆直聳立無盡斷崖的海岸線，加上緊鄰群山使得交通極為不便，無法發展出大型城鎮。不過這片區域也是紐西蘭著名的降雨區，豐沛的雨量孕育出濃密無比的森林，覆蓋著這片大地。

擁有綿延奇岩的普納凱基煎餅岩

這個地區自古以來就是紐西蘭綠玉的產地，這種珍貴的玉石被毛利人稱之為「Pounamu」，被視為擁有神靈寄附而作為隨身的配戴飾品，同時也是武器材料之一。

在歐洲移民進入之後發展的產業，則屬19世紀末期開始的煤礦與金礦開採，像是西港Westport北側始於1878年的煤礦事業，就在1910年代迎來產量高峰期，至今依舊持續開採；至於金礦則是1865年，在葛雷茅斯Greymouth到霍基蒂卡Hokitika一帶被發現，只是埋藏的金礦量並不多，真正因此幸運致富的人少之又少。

如何前往西海岸 Access

紐西蘭航空有航班從基督城飛往霍基蒂卡（→P.221），1日2班，航程為45分鐘。

InterCity的長途巴士在尼爾森～福克斯冰河間行駛，1日1班，在葛雷茅斯轉車，再經過法蘭士・約瑟夫冰河Franz Josef Glacier。East West Coach的巴士則行駛於基督城～西港間，1日1班，經過葛雷茅斯。

至於鐵路方面，可以搭乘由Kiwi Trail營運，從基督城經由亞瑟隘口國家公園行駛至葛雷茅斯的Tranz Alpine號。

西港

Westport

人口：4660人
URL westport.nz

如同地名一般，西港是西海岸少數的海港城鎮之一，規模僅次於葛雷茅斯，一旁有布勒河Buller River流過，過去有運送煤炭的船隻交錯往來於河面上，現在則以載運水泥的船隻為主。儘管煤礦的開採比不上全盛時期，但目前仍繼續著，在西港以北約30km處的Granity附近還有多座煤礦。

可以遠眺塔斯曼海的逆風角

如何前往西港 Access

InterCity行駛於尼爾森～福克斯冰河間的長途巴士會經過西港，1日1班，從尼爾森出發所需時間約3小時40分，葛雷茅斯出發則需要約2小時20分，從福克斯冰河的車程約7小時；所有巴士都會暫時停靠以煎餅岩Pancake Rocks（→P.218）聞名的普納凱基Punakaiki。長途巴士停靠站在帕默斯頓街Palmerston St.的Caltex加油站前，或是在遊客中心i-SITE前。

主要巴士公司（→P.496）
InterCity
East West Coach

長途巴士停靠站
Map P.217-A2
住197 Palmerston St.

熱鬧的帕默斯頓大街

遊客中心 i SITE
Westport i-SITE Visitor Centre
Map P.217-A1
住123 Palmerston St.
電(03) 789-6658
URL westport.nz
開12月16日～3月14日
9:00～17:00
3月15日～12月15日
週一～五 9:00～16:30
週六・日・節日
10:00～16:00
休無休

西港的漫遊

商店或餐廳等設施都集中在與布勒河平行的帕默斯頓街Palmerston St.兩旁，遊客中心i-SITE也在這條街上，與巴士停靠處距離大約3個街區。

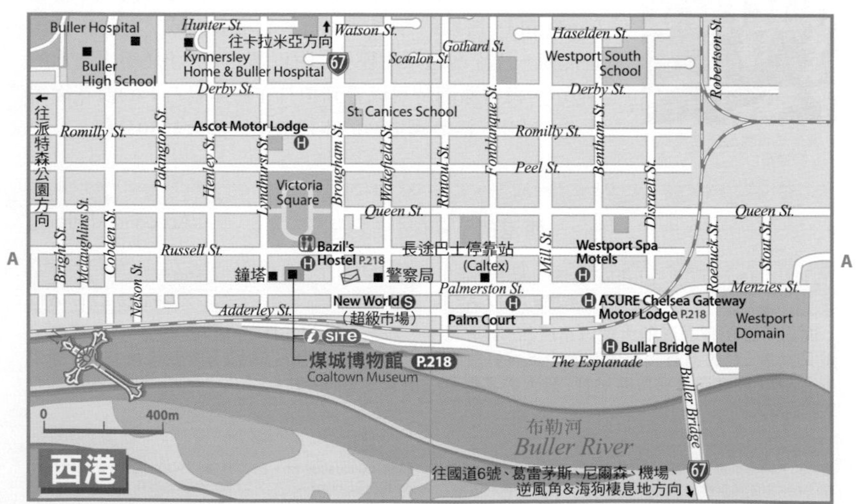

煤城博物館
Coaltown Museum

Map P.217-A1

以煤礦與金礦為主題的博物館，以實體大的模型來展示煤礦開採實景，充滿臨場感。展示廳裡還有台裝載8噸煤炭的大型貨車，是在比西港更內陸地區的Denniston礦山曾經所使用過的，為了呈現將煤炭從海拔600m高的地點運送下來，貨車行駛在最大達47度陡峭斜坡的景象。

煤城博物館
住123 Palmerston St.
☎(03) 789-6658
開12～3月 9:00～17:00
4～11月
週一～五 9:00～16:30
週六・日 10:00～16:00
休無休
費大人$10、小孩$2

Metro／Te Ananui洞穴
Metro/Te Ananui Caves

Map P.216-A1

藍光螢火蟲棲息的洞穴，由Underworld Adventures推出探訪之旅，與洞穴內的黑水漂流組合的套裝行程也很受歡迎。

Underworld Adventures
住7368 State Hwy. 6, Charleston
☎(03) 788-8168
FREE 0800-116-686
URL caverafting.com
時全年
費藍光螢火蟲洞穴探險大人$145、小孩$110
黑水漂流大人$215、小孩$170

逆風角&海狗棲息地
Cape Foulwind & Seal Colony

Map P.216-A1

Cape Foulwind意即「暴風海岬」，是由庫克船長所命名；海角的前端周邊設有漫遊步道（全長約3.4km），在鄰近終點處的紐西蘭海狗棲息地Seal Colony，可站在設於斷崖的平台上好好觀察海狗群的活動。

欣賞波濤洶湧的海岸與海狗棲息地

如何前往逆風角&海狗棲息地
從西港沿著國道67號往西前行，約15km處有座停車場，從這裡步行到燈塔約15分鐘，到海狗棲息地則約1小時。靠近海狗棲息地也有停車場，也可以反方向走。

煎餅岩
Pancake Rocks

Map P.216-A1

座落在與葛雷茅斯Greymouth中間位置的普納凱基Punakaiki，這裡的海岸是由石灰岩堆疊而成，看起來就像是煎餅一片片堆起來的模樣；附近還有噴水孔（噴出海水的洞穴），每當漲潮時可以看到拍打在海岸岩石上的浪花從噴水孔中噴出。沿著國道旁的步道散步一圈大約30分鐘。

如何前往煎餅岩
西港出發沿著國道6號往南約56km，前往葛雷茅斯的長途巴士會在普納凱基停車。

就像是數百塊煎餅堆疊而成的奇特岩石

西港的住宿 Accommodation

ASURE Chelsea Gateway Motor Lodge
Map P.217-A2

面對著主街道而建的大型汽車旅館，客房寬敞又整潔，套房還有陽台與花園可以好好放鬆身心。有6間客房設有按摩浴缸，最大的客房可以容納6人。

住330 Palmerston St. ☎(03)789-6835 FREE 0800-660-033
URL www.chelseagateway.co.nz 費ⓈⒹⓉ$150～ 室數20 CC ADJMV

Bazil's Hostel
Map P.217-A1

離遊客中心i-SITE很近，團體房有公共廚房、淋浴設備、廁所、電視交誼廳等設施，並提供衝浪教學的服務。

住54-56 Russell St. ☎(03)789-6410 URL www.bazils.com 費Dorm$32～ ⒹⓉ$90～ 室數20 CC MV

葛雷茅斯

Greymouth

人口：1萬4200人
URL greydistrict.co.nz

葛雷茅斯雖然規模小，卻是西海岸一帶最大的城鎮，過去在附近有開採金礦，之後則轉變成西海岸這裡的酪農、林業中心，同時也因位處海陸交通要衝而興盛繁榮。

如同地名，葛雷茅斯就座落於格雷河Grey River的河口開闊平地上，不少當地人都會以Grey的簡稱來稱呼這座城鎮；過往毛利人則是將這個「寬廣河口之地」稱作Mawhera，並設置Pa（有著要塞的村落）而定居在此地。

身為河口城鎮的葛雷茅斯，在歷史上曾經歷過無數次的水患，在1988年的5月和9月也連續發生大規模的洪水，為了防止水患因而催生並完成The Great Wall of Greymouth這座大堤防，可以完全保護城鎮的主要部分，在堤防上還設置有漫遊步道。

從堤防上眺望格雷河

如何前往葛雷茅斯 Access

紐西蘭航空有直飛航班（→P.216）從基督城飛往葛雷茅斯郊外的霍基蒂卡（→P.221）。

InterCity尼爾森～福克斯冰河的長途巴士，會經過西港在葛雷茅斯停車；從尼爾森出發所需時間約6小時，西港出發為約2小時15分，從福克斯冰河則為約4小時45分。此外，East West Coach則有從基督城出發，行經亞瑟隘口國家公園，前往西港的巴士，也會在葛雷茅斯停車，所需時間約3小時45分。巴士停靠站在火車站前。

鐵路部分則有由Kiwi Trail營運，從基督城出發，1日1班的Tranz Alpine號可搭乘，8:15從基督城出發，到達葛雷茅斯為13:05。

主要巴士公司（→P.496）
InterCity
East West Coach

鐵路公司(→P.496)
Kiwi Rail

遊客中心 i-SITE
Greymouth i-SITE Visitor Information Centre
Map P.220
住 164 Mackay St.
電 (03) 768-7080
FREE 0800-473-966
URL www.westcoasttravel.co.nz
開 9:00～17:00
休 無休

不論在哪裡都看得到的鐘塔，是觀光時很方便的地標

葛雷茅斯的漫遊

火車站座落於葛雷茅斯市中心北側的馬凱街Mackay St.上，遊客中心i-SITE就在車站裡，InterCity、East West Coach等巴士的停靠站也在火車站前。沿著火車站前的馬路往西走，會發現商店逐漸增加，到了Albert Mall一帶就是最繁華熱鬧的地區。因為市中心沒有什麼景點，租車比較方便。

市區裡規劃有多條漫遊步道，想要輕鬆走逛的話，格雷河堤防上的步道Floodwall Walk最值得推薦。站在突出於外海處的防波堤上，天氣晴朗時可以越過大海眺望南阿爾卑斯山脈，景色非常壯觀迷人。

蒙提斯啤酒釀造廠
住Turamaha St. & Herbert St.
電(03) 768-4149
URL www.monteiths.co.nz
營11:00～21:00
時導覽之旅　16:00出發
休無休
費$35（所需時間45分鐘，要預約）

蒙提斯啤酒釀造廠

Monteith's Brewery

Map P.220

蒙提斯自古以來就是西海岸非常熟悉的啤酒品牌，現在則是紐西蘭全國各地都能喝得到並深受歡迎，而最早的釀酒廠就在葛雷茅斯。在蒙提斯釀造廠裡1天有4次導覽之旅，會解說釀酒廠的歷史及釀酒過程，當然也有試飲服務，試飲3種啤酒$15～。

約有150年歷史的老品牌

仙蒂鎮
住316 Rutherglen Rd. Paroa
電(03) 762-6634
FREE 0800-742-689
URL www.shantytown.co.nz
開9:00～16:00
（依季節變動）
休無休
費大人$38、小孩$19
（淘金體驗$7）
交葛雷茅斯出發沿著國道6號南下約8km，經過Paroa鎮後往內陸前行約3km。

體驗淘金的樂趣

仙蒂鎮

Shanty Town

Map P.216-B1

在葛雷茅斯附近首度發現金礦的存在是在1865年，而仙蒂鎮則是重現當年淘金熱時的城鎮景象，連打鐵舖、銀行、監獄等建築內部都真實地呈現，來到這裡會有走入時光隧道的錯覺。園區內還保留著當年的蒸汽火車，行駛路線來回約需20分鐘，而淘金體驗也非常有趣。

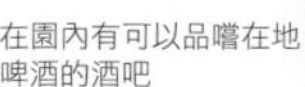

在園內有可以品嚐在地啤酒的酒吧

葛雷茅斯郊外的 景點

霍基蒂卡 Hokitika

Map P.216-B1

霍基蒂卡是從葛雷茅斯往南約40km處的濱海城鎮，流經城市北側的阿拉胡拉河Arahura River流域，則是西海岸一帶綠玉（毛利語稱為Pounamu）的一大產地而享有盛名，過去以銷售綠玉為生的毛利族商人，就是從霍基蒂卡出發前往紐西蘭國內各地經商。在市區裡還有販售綠玉飾品的商店、工作坊，也能夠體驗親自雕琢綠玉的樂趣。此外，往東前行25km有座霍基蒂卡峽谷Hokitika Gorge，以閃耀著綠寶石藍的溪水為最大特色，從橋上眺望的風景極為美麗，走趟步道來回只要15分鐘。

溪水呈現神祕的藍綠色

只要是西海岸的沿海城市全年降雨量都相當多，晴天時可以眺望到被大量雲朵籠罩的奧拉基／庫克山稜線，也盛行許多戶外活動。

霍基蒂卡的觀光情報
URL hokitika.org

如何前往霍基蒂卡
基督城到霍基蒂卡有紐西蘭航空的直飛航班，從葛雷茅斯則可搭乘InterCity系列Great Sights前往福克斯冰河的巴士，在霍基蒂卡停車，所需時間約40分鐘。

遊客中心 i-SITE
Hokitika i-SITE Visitor Information Centre
Map P.216-B1
住 36 Weld St.
電 (03) 755-6166
URL hokitikainfo.co.nz
開 12～2月
週一～五 8:30～18:00
週六・日・節日 9:00～17:00
3～11月
週一～五 8:30～17:00
週六・日・節日 10:00～16:00
休 無休

綠玉雕琢體驗
Bonz 'N' Stonz
住 16 Hamilton St. Hokitika
電 (03) 755-6504
URL www.bonz-n-stonz.co.nz
營 預約制
休 無休
費 $100～（依使用材料而異）

霍基蒂卡峽谷
Map P216-B1外

葛雷茅斯的住宿 Accommodation

Copthorne Hotel Greymouth

Map P.220

鄰近火車站、交通便利，客房內裝充滿沉穩氣氛，有些還能眺望格雷河景觀，並附設有酒吧及餐廳。

住 32 Mawhera Quay
電 (03) 768-5085
URL www.millenniumhotels.com
費 ⓈⒹⓉ$234～
房數 53
CC AMV

Coleraine Suites & Apartments

Map P.220

從市中心步行約20分鐘，位於High St.上的公寓，每間客房擁有2間臥室，最多可以容納5人，內部空間寬敞，並配置有沙發及餐桌。

住 61 High St. 電 (03) 768-0077 FREE 0800-270-077 URL coleraínegreymouth.nz 費 ⓈⒹⓉ$220～ 房數 22 CC AJMV

Duke Hostel

Map P.220

創業於1874年很有歷史的住宿設施，薰衣草紫的外觀十分引人注目，客房內也色彩繽紛。附設洗手台的團體房為女性專用，並供應免費的咖啡、紅茶、早餐的吐司與果醬。

住 27 Guinness St.
📱 021 0237-5428
URL www.duke.co.nz
費 Dorm$29～ Ⓢ$55～ ⒹⓉ$60～ 房數 50床 CC V

Global Village Backpackers

Map P.220

在色彩繽紛的非洲、亞洲藝術品環繞下，室內裝潢非常獨特，而按摩浴缸、三溫暖、健身房等設施也很齊全，還有獨木舟、腳踏車、釣具等可以免費租借。

住 42-54 Cowper St.
電 (03) 768-7272 URL www.globalvillagebackpackers.co.nz
費 Dorm$30～ ⓈⒹⓉ$74～
房數 15 CC MV

廚房（全部客房） 廚房（部分客房） 廚房（共用） 吹風機（全部客房） 浴缸（全部客房） 游泳池
網路（全部客房／須付費） 網路（部分客房／須付費） 網路（全部客房／免費） 網路（部分客房／免費）

西部泰普提尼
國家公園

基督城

URL www.glaciercountry.co.nz

西部泰普提尼國家公園

Westland Tai Poutini National Park

來體驗讓人震撼的冰河健行之旅吧

位於南島西海岸中央的西部泰普提尼國家公園，正是紐西蘭最高峰奧拉基／庫克山西側急速落入海中的地區。在這個溫暖的國度裡，與海岸線直線距離只有10km，卻是擁有冰河的雄偉山脈，變化之大讓人驚訝不已。當地最大景點當然就是法蘭士・約瑟夫及福克斯2座冰河，在奧拉基／庫克山國家公園周邊近140處冰河中，以這2處冰河最容易到達，是任何人都可以輕鬆享受冰河觀光樂趣的魅力景點。搭乘直升機或小飛機的飛行體驗，或是直接行走於冰河上的活動，都是很值得嘗試的。

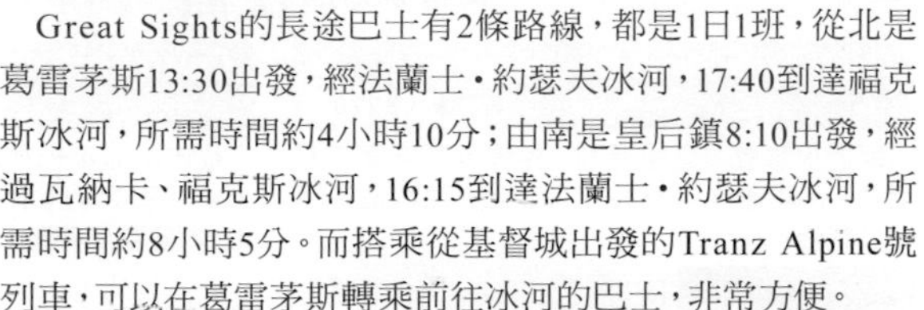

如何前往西部泰普提尼國家公園 Access

主要巴士公司(→P.496)
InterCity
Great Sights

鐵路公司(→P.496)
Kiwi Rail

Great Sights的長途巴士有2條路線，都是1日1班，從北是葛雷茅斯13:30出發，經法蘭士・約瑟夫冰河，17:40到達福克斯冰河，所需時間約4小時10分；由南是皇后鎮8:10出發，經過瓦納卡、福克斯冰河，16:15到達法蘭士・約瑟夫冰河，所需時間約8小時5分。而搭乘從基督城出發的Tranz Alpine號列車，可以在葛雷茅斯轉乘前往冰河的巴士，非常方便。

開車從瓦納卡出發，經過哈斯特隘口Haast Pass越過冰河的兜風路線，則是能欣賞迷人的車窗美景。從瓦納卡往北前行，經過哈威亞湖Lake Hawea、瓦納卡湖Lake Wanaka兩座湖泊之後，就朝著哈斯特隘口而去；以這座海拔564m的隘口為界，由草原轉變成濃密森林的風景也充滿樂趣，不久就會來到海岸邊，一邊欣賞著斷崖綿延不絕的濱海景致，一邊朝北方前進。

由於西部泰普提尼國家公園就位於奧拉基／庫克山國家公園的西側，兩地村落間的直線距離僅僅相隔50km，但是陸地上的最短路線卻是必須經過瓦納卡、哈斯特隘口，而這樣一來距離就變成470km。步行的話，唯一路線是被稱為Copland Track的健行步道，是擁有雪地冰攀技巧的資深登山者才能挑戰的越嶺步道。

前往南阿爾卑斯山脈的兜風途中

西部泰普提尼國家公園的 漫遊

西部泰普提尼國家公園因為擁有法蘭士・約瑟夫冰河Franz Josef Glacier、福克斯冰河Fox Glacier這2座一般觀光客也能造訪的冰河，因而具有高人氣；而兩地最靠近的村落都冠上與冰河相同的名稱，並且村落裡都提供住宿、戶外活動公司等觀光所需的各種服務。就規模上來說，法蘭士・約瑟夫冰河村稍微大一些， DOC遊客中心也設置在此地；福克斯冰河村雖然比較小，機能上卻絲毫不遜色，所能提供的戶外活動內容也幾乎都相同。

最引人矚目的就是搭乘直升機或小飛機的空中遊覽，分為會在冰河的雪原上降落、只有飛行在冰河上空的2種行程，兩者的飛行班次都很頻繁，但如果最低人數不滿2～4人就不會出發，也常有遇上惡劣天候而停飛的狀況。相反地，若在連續壞天氣之後突然放晴，觀光客隨即大量湧入，很快就全部客滿的情況也會發生，因此最好一抵達當地就立刻預約。

另外，還有稱為Heli Hike的直升機健行，就是搭乘直升機從空中享受美景之後降落在冰河上，再跟隨嚮導的帶領在冰河上健行，這種結合空中飛行與冰河健行2種樂趣的行程，也是非常受歡迎的戶外活動。或是參加不搭乘直升機，直接在嚮導帶領下從冰河尾端出發的冰河健行之旅，雖然景觀比起冰河前半部要稍微差一些，但卻可以體驗到親手觸摸冰河的樂趣。

2座冰河的差異

簡單來說，法蘭士・約瑟夫冰河的表面擁有較多的冰河裂隙，感覺較為粗糙；至於福克斯冰河則是平坦部分比較多。但是對於一般人來說，很難辨別出2座冰河之間的差異。

人氣超高的直升機健行

法蘭士・約瑟夫冰河 Franz Josef Glacier

Map P.224

法蘭士・約瑟夫Franz Josef之名，來自於1865年在此地探勘的奧地利地質學家哈斯特Julius von Haast，他以當時的奧地利皇帝之名為冰河命名。作為觀光據點的村落正後方就是宏偉的冰河，充滿了山岳度假村的氣息。

人口大約只有480人的小村落

村落的規模很小，主要街道就是國道，兩旁有著各種旅遊、戶外活動相關公司的辦事處，也林立著餐廳、食品店等店家，至於長途巴士停靠站也在這條路上。

而住宿設施則是聚集在國道東邊與之平行的Cron St.兩旁，DOC西部泰普提尼國家公園遊客中心則是這條路上最醒目的建築，內部還有溫水游泳池及戶外活動公司的辦事處，並提供與周邊健行步道相關的豐富情報，不妨來此收集地圖等資料。

i 遊客中心
DOC西部泰普提尼國家公園遊客中心
DOC Westland Tai Poutini National Park Vistor Centre
Map P.224
住 69 Cron St.
☎ (03) 752-0796
開 11～3月 8:30～18:00
4～10月 8:30～16:45
休 無休

直升機公司
Heli Services NZ Fox & Franz
☎ (03) 752-0793
FREE 0800-800-793
URL www.heliservices.nz
Glacier Helicopters
☎ (03) 752-0755
FREE 0800-800-732
URL www.glacierhelicopters.co.nz
Mountain Helicopters
☎ (03) 751-0045
FREE 0800-369-423
URL mountainhelicopters.co.nz
The Helicopter Line
☎ (03) 752-0767
FREE 0800-807-767
URL www.helicopter.co.nz

法蘭士・約瑟夫冰河的 景點

搭直升機遊法蘭士・約瑟夫冰河
Scenic Flights by Helicopter

Map P.224

在法蘭士・約瑟夫冰河這裡一共有幾家直升機公司提供空中飛行之旅，幾乎所有的路線都會在冰河上降落，不過也有短程飛行是不降落的；但是想要近距離欣賞冰河，建議還是要選擇有降落的行程。多數公司在福克斯冰河也設有辦事處，至於飛行時間則是20分鐘$300左右，各家公司的收費沒有太大差異。

搭乘直升機來趟暢快的觀光飛行

法蘭士・約瑟夫冰河村
往葛雷茅斯方向↑
N
0 100m
Franz Josef Hwy.
6
Wallace St.
Cron St.
Cowan St.
Condon St.
DOC西部泰普提尼國家公園遊客中心
Franz Josef Glacier Guides
Rainforest Retreat P.228
Punga Grove P.228
Bella Vista
Franz Josef Glacier (Douglas Graham Wings)
Glacier Helicopters
Air Safaris
West Coast Wildlife Centre
Fox & Josef Franz Heliservices
Mountain Helicopters
Glow Worm Cottages
長途巴士停靠站
超級市場
加油站
The Helicopter Line
往福克斯冰河、哈斯特方向↓
往 Chateau Backpackers & Motels P.228
YHA Franz Josef Glacier P.228 方向

搭小飛機空中遊覽

Scenic Flights by Plane

飛機在村落往西約8km處的飛行場起降，搭乘小飛機暢遊法蘭士・約瑟夫冰河、福克斯冰河，以及奧拉基／庫克山國家公園，雖然不在冰河上降落，卻能從比直升機更高的位置得到更廣的視野是其魅力所在。

直升機健行&冰攀

Heli-Hike & Ice Climbing

直升機健行Heli Hike就是搭乘直升機降落在冰河的中央部位，並以前半部的冰河為目標，在冰上健行約2小時，由於結合了搭乘直升機與健行的樂趣，因而相當受到遊客喜愛。

此外，也有直升機降落之後，接受專門教練的指導在冰壁上攀爬的冰攀Ice Climbing活動；雖然難度較高，但是初學者（16歲以上）也可以參加，裝備都可以租借。

法蘭士・約瑟夫冰河周邊步道

Walking Tracks around Franz Josef Glacier

Map P.223-A2

法蘭士・約瑟夫冰河步道　Franz Josef Glacier Walk

（來回約1.7km，所需時間約30分鐘）

冰河谷步道終點

從通往法蘭士・約瑟夫冰河尾端處冰河路Glacier Rd.盡頭的停車場開始，進入森林裡的漫遊步道，繼續走到冰河觀景點的短步道。近年來由於地球暖化的影響，冰河已經出現融化的現象，只有參加直升機健行之旅的遊客才能在冰河上健行。在停車場有Glacier Valley Eco Tours推出的導覽之旅，而附近還有座可供眺望冰河的哨兵岩觀景台Sentinel Rock。步道有時也會因為發生雪崩或落石狀況而封閉，出發前最好先跟DOC遊客中心確認路況。

羅伯特角　Roberts Point（來回約11km，所需時間約5小時20分）

同樣是由冰河路進入，距離國道約2km處就是步道的起點，由於路上濕滑的岩石很多，也有相當陡急的路段，下過雨之後要特別小心。

Alex Knob（來回約17.2km，所需時間約8小時）

海拔1303m的高度讓這條步道只適合腳力好、有經驗的登山客，不過從山頂能飽覽冰河全景，還能眺望背面的塔斯曼海。從市區出發來回約8小時，所以最好挑選晴天，準備好飲水、食物、雨具等裝備，提早出發為佳。步道的起點是與羅伯特角相同位置、隔著道路的對面，出發後於森林間步行約1小時就能抵達袋熊湖Lake Wombat，之後再走3個多小時就可以抵達Alex Knob的山頂。

小飛機遊覽公司
Air Safaris
Map P.224
TEL (03) 752-0716
FREE 0800-723-274
URL www.airsafaris.co.nz
費 空中遊覽的Grand Traverse約50分鐘的飛行 大人$425、小孩$325（不是滑雪飛機，所以不會降落雪地）

享受眼前盡是冰河的景致

直升機健行&冰攀
Franz Josef Glacier Guides
Map P.224
TEL (03) 752-0763
FREE 0800-484-337
URL www.franzjosefglacier.com
直升機健行
費 $585（所需時間約4小時）
冰攀
費 $670（所需時間約8小時）

嚮導會邊整理路況邊帶隊前行

冰河路況資訊
URL www.glaciercountry.co.nz

推出導覽之旅的旅行社
Glacier Valley Eco Tours
FREE 0800-925-586
URL glaciervalley.co.nz
費 大人$90、小孩$45
所需時間約3小時，可至旅館接送，要事先預約。另外還推出多種導覽之旅。

哨兵岩距離停車場約10分鐘

直升機公司
Heli Services NZ
Fox & Franz
☎(03) 751-0866
FREE 0800-800-793
URL www.heliservices.nz
Glacier Helicopters
☎(03) 751-0803
FREE 0800-800-732
URL www.glacierhelicopters.co.nz
Mountain Helicopters
☎(03) 751-0045
FREE 0800-369-423
URL mountainhelicopters.co.nz
The Helicopter Line
☎(03) 751-0767
FREE 0800-807-767
URL www.helicopter.co.nz

福克斯冰河

Map P.226

Fox Glacier

小小的福克斯冰河村

福克斯冰河村位於法蘭士·約瑟夫冰河村的西南方約25km處，而地名則是依據1869～1872年間擔任紐西蘭總理的威廉·福克斯William Fox而命名。

這個據點村落的規模比起法蘭士·約瑟夫更小，人口大約280人，就像是「街道旁的聚落」般，福克斯充滿著單純簡樸的氛圍。

長途巴士停靠站座落於村莊中心，同時也是Fox Glacier Guiding的辦事處，負責安排福克斯冰河主要的戶外活動；至於其他直升機公司等觀光旅遊業的辦事處、餐廳或住宿設施也都集中在這條路上。由於福克斯冰河村沒有遊客中心及超級市場，收集資料或購物最好還是去法蘭士·約瑟夫冰河村；至於食物和日用品則可以在Fox Glacier Guiding對面的商店採購。

福克斯冰河的景點

搭直升機空中遊覽

Scenic Flights by Helicopter

Map P.226

福克斯冰河與法蘭士·約瑟夫冰河一樣，也有數家直升機公司提供空中導覽服務，內容、費用大致上都相同，前往福克斯冰河約20分鐘的飛行$300左右，暢遊2座冰河的30分鐘飛行則是$385左右，也有飛到奧拉基／庫克山的行程。

務必要體驗搭直升機降落於冰河的行程

直升機健行
Heli-Hike

冰上並不好走一定要小心

福克斯冰河的直升機健行之旅，由Fox Glacier Guiding所主辦，先在辦事處穿上借來的專用釘鞋，再出發前往位於郊區的直升機飛行場，從空中享受遼闊視野的暢快感後，就會小心地降落在冰河少數的平地上，接著套上簡單的冰爪並拿著登山杖，即可出發健行。遇到不好行走的路段，嚮導會用他手中的冰斧鑿出階梯來；而在跨越冰河行走途中，還會穿越淡藍色的冰雪隧道，也可以窺見深邃的冰河裂隙，感受冒險氣氛的4小時旅程。

除了健行之外，還有使用冰斧及冰爪攀爬冰壁的冰攀Ice Climbing，所需時間為8～9小時。

直升機健行&冰河健行之旅公司
Fox Glacier Guiding
Map P.226
住44 Main Rd. State Hwy. 6
☎(03) 751-0825
FREE 0800-111-600
URL www.foxguides.co.nz
費直升機健行
$599～
冰攀
大人$670

散發藍色光芒的冰河格外夢幻

福克斯冰河周邊步道
Walking Tracks around Fox Glacier

Map P.223-A1

福克斯冰河南側步道　Fox Glacier South Side Walk
（來回約6.4km，所需時間約2小時）

從橫越福克斯河小橋附近的停車場，開始沿著通往冰河尾端的森林林道，一直走到冰河觀景點的健行路線，也可以騎登山腳踏車前往。近年來由於地球暖化的影響，冰河尾端附近因為有崩塌的危險，禁止行走在冰河上，要想在冰河上健行必須參加直升機健行之旅。Glacier Valley Eco Tours有推出導覽之旅，所需時間為3小時30分。

通往福克斯冰河尾端的道路

每天的冰河路況資訊
URL www.glaciercountry.co.nz

推出導覽之旅的旅行社
Glacier Valley Eco Tours
FREE 0800-925-586
URL www.glaciervalley.co.nz
費大人$90、小孩$45

冰磧步道 Moraine Walk **（來回約4km，所需時間約1小時30分）**

與福克斯冰河南側步道相同路徑的短行程，但不能騎登山腳踏車前往。可以觀察到古老的冰磧上植物生長茂密，形成森林的模樣。

馬提森湖步道　Lake Matheson Walk
（約4.4km，1圈約1小時30分）

步道的入口在市區往西約6km處，可以從這裡繞行幽靜的湖泊一圈。值得欣賞的景點當然就是倒映在湖面上的南阿爾卑斯山脈，一定要記得挑選天氣晴朗的日子出發。此外，湖畔的夕陽餘暉也同樣美得驚人，只是回程走在昏暗的步道上，要多加注意安全。

夕陽西下的馬提森湖

法蘭士・約瑟夫冰河

Punga Grove
Map P.224

高級的汽車旅館，座落在一片寬廣幽靜的森林前，客房附有簡易廚房，並有可容納5人的大客房。高級套房則提供按摩浴缸及暖爐等設備。

住40 Cron St.
☎(03) 752-0001
URL www.pungagrove.co.nz
費ⓈⒹⓉ$120～
房數20
CC MV

Rainforest Retreat
Map P.224

位於Cron St.上，擁有各種類型的客房。被熱帶雨林包圍的豪華樹屋裡有廚房、洗衣機等設備齊全，其他也有山莊、木屋、小屋等類型客房及背包客棧。

住46 Cron St.
☎(03) 752-0220
FREE 0800-873-346
URL rainforest.nz
費ⒹⓉ$175～ 房數19 CC ADMV

YHA Franz Josef Glacier
Map P.224

這是一間比較大型的青年旅館，在夏天旅遊旺季時很容易客滿，記得要提早預約。提供寬闊的公共廚房、有暖爐的交誼廳，非常貼心。還有免費的停車場及BBQ設備。

住2-4 Cron St. ✆021-081-10850
URL www.yha.co.nz
費Dorm$38.64～
Ⓢ$78.2～ ⒹⓉ$124.2～
房數103床 CC MV

Chateau Backpackers & Motels
Map P.224外

共用廚房、洗衣間、電視視聽室等設備應有盡有，並且提供周邊旅遊、戶外活動等相關的豐富情報，也有附廚房的汽車旅館式客房，以及可免費使用的SPA游泳池與國際電話。

住8 Cron St. ☎(03) 752-0738
FAX (03) 752-0743
URL www.chateaunz.co.nz
費Dorm$22～ ⒹⓉ$65～
房數43 CC MV

福克斯冰河

Fox Glacier Lodge
Map P.226

活用木頭質感的建築，充滿明亮而舒適的氣氛，幾乎所有客房都備有免費的按摩浴缸，同時也提供租借腳踏車、安排在地旅遊等事宜。也有B&B類型的套房。

住41 Sullivan Rd. ☎(03) 751-0888 FREE 0800-369-800
FAX (03) 751-0026
URL www.foxglacierlodge.com
費ⓈⒹⓉ$175～ 房數6
CC MV

The Westhaven Motel
Map P.226

座落於福克斯冰河村中心區，交通便捷的汽車旅館，提供高水準的服務及設備，寬敞客房內有著簡單而時尚的室內裝潢。

住29 Main Rd. ☎(03)751-0084
FREE 0800-369-452
URL www.thewesthaven.co.nz
費ⓈⒹⓉ$100～
房數23 CC AMV

Ivory Towers Backpackers Lodge
Map P.226

座落在村落中心的青年旅館，由3棟建築物所組成，各自有廚房、淋浴等設備，也提供免費三溫暖及SPA游泳池，讓房客使用。

住33/35 Sullivans Rd.
☎(03) 751-0838
URL ivorytowers.co.nz
費Dorm$29～ Ⓢ$62～ ⒹⓉ$83～ 房數85床 CC MV

Fox Glacier Top10 Holiday Park
Map P.226

從村落中心沿Cook Flat Rd.往西步行約10分鐘，提供露營區、汽車旅館套房等各種不同型態的住宿選擇。不過因為周邊沒有路燈，晚上外出活動要多注意。

住Kerr Rd. ☎(03) 751-0821
FREE 0800-154-366
URL www.fghp.co.nz
費Cabin$65～ Motel$125～
房數33 CC MV

廚房（全部客房） 廚房（部分客房） 廚房（共用） 吹風機（全部客房） 浴缸（全部客房） 游泳池 網路（全部客房／須付費） 網路（部分客房／須付費） 網路（全部客房／免費） 網路（部分客房／免費）

Column 冰河小常識

搭乘直升機在冰河上空俯瞰時，就可以真切地感受到如同文字描述，蜿蜒流動於山谷間的「冰之河」，但是這些冰原本則是降落在高山上累積的雪，經過長年累月後才變成了冰。

耗費漫長光陰流動的冰河

在紐西蘭的南阿爾卑斯山脈，是好幾座山峰連在一起，正下方有著較為平坦的平原部位，而萬年積雪就是囤積於此處，這些又被稱為冰河上層Névé，就是冰河的源頭往下流動至山谷裡。冰河上層在一次次落雪累積的重量擠壓下，排出內部空氣，加上每年夏季產生的融雪雪水、雨水，到了冬季又會再度凍結起來，反覆之下讓雪變成愈來愈堅硬的冰塊；當積雪大致累積到20m的厚度時，已經不復原本的白雪面貌，而是完全的冰層了。伴隨著極為緩慢的流動速度，原本平滑的雪面也因此產生無數裂痕，就是出現於冰河上深邃的冰河裂隙Crevasse。

不論是福克斯冰河還是法蘭士・約瑟夫冰河，兩者的冰河上層厚度最多都高達300m，這些也成為了龐大冰河的重要「原料」供給來源，因為在南阿爾卑斯山脈附近分布的眾多大小冰河中，唯有這2座冰河能夠流至海拔300m的低矮位置，主要原因就在於擁有廣大的冰河上層，以及陡峭險峻的山谷，這兩個得天獨厚的自然條件。

此地的冰河觀察活動從19世紀末期開始，不過現在所看到的冰河尾端位置，比起當年要消融後退了好幾公里，冰河出現像這樣的劇烈變化，與氣候環境有著非常緊密的關連。冰河就像是一條會流動的河流，持續不斷地往前移動，但是當融化的冰層量超過了向前移動的量時，就會導致冰河的尾端出現退縮現象；從這100年間冰河退縮的狀況，不難看出地球暖化所帶來的影響。

不過，冰河的移動並不只是這麼簡單而已，在1960年代冰河再度開始向前推進，尤其是法蘭士・約瑟夫冰河於1965年到1968年之間前進了180m，1966年4月時還曾經觀察到以1日7m破紀錄的速度朝前方移動。

這麼快速的前進運動曾經一度緩和下來，但從1985年又重新動了起來，之後便保持著極快的速度且持續不間斷地前進著。

關於冰河移動的理由，可能是受到之前的冷夏、大雪影響，加上降雨量很多，作為冰河底部「潤滑劑」的水流流量增加等自然因素的關連，但冰河的真正組成結構卻仍然有著許多未解之謎。

關於這些冰河的活動狀態，在法蘭士・約瑟夫冰河的DOC遊客中心內有著詳細的解說展覽。

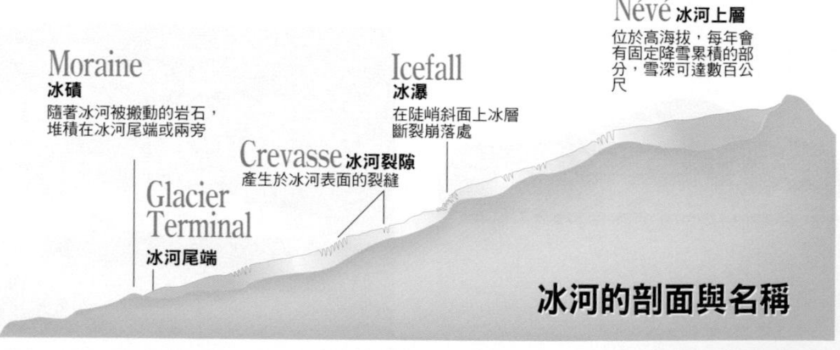

往來南北島

由南北2大島組成的紐西蘭，兩島之間橫亙著庫克海峽，想要穿越海峽順利往來兩地的最佳交通工具，只有飛機與渡輪。

搭乘飛機

峽灣航空Sounds Air及Origin Air的航班往來於庫克海峽兩端，峽灣航空在威靈頓～皮克頓間1日2班往返，另外與布蘭尼姆、尼爾森間也有航班。Origin Air在威靈頓～皮克頓間1日1班往返，從北帕莫斯頓、漢密爾頓也有航班。

峽灣航空
☎(03) 520-3080　FREE 0800-505-005（預約）
URL www.soundsair.com

Origin Air
FREE 0800-380-380　URL originair.co.nz
※威靈頓～皮克頓所需時間約30分鐘

搭乘渡輪

威靈頓～皮克頓之間有Interislander及Bluebridge兩家船公司行駛渡輪，在交通時間上，Interislander和Bluebridge都需要約3小時30分，也都提供隨船運送機車、汽車的服務（預約時提出申請）。

天候惡劣時，兩家船公司會互相幫忙代班進行運輸工作。

渡輪時刻表

Interislander

威靈頓出發	2:00	6:15	8:45	13:00	15:45	20:30
抵達皮克頓	5:30	9:45	12:15	16:30	19:15	24:00
皮克頓出發	7:30	11:00	14:15	18:30	20:35	
抵達威靈頓	11:00	14:30	17:45	22:00	23:59	

Bluebridge

威靈頓出發	2:30	8:15	13:30	20:30
抵達皮克頓	5:45	11:45	17:15	24:00
皮克頓出發	2:30	7:45	14:00	19:15
抵達威靈頓	6:00	11:30	17:30	23:00

※依季節班次會變動，預約時請確認

服務中心

Interislander
FREE 0800-802-802
URL www.interislander.co.nz
費 大人$75～、小孩$38～、腳踏車$20
※上述是更改船班或取消時可退錢的Refundable票價，雖然Saver的票價較為便宜，但不能取消；至於Flexible則是更改時不收手續費，卻不能退票。

Bluebridge
☎(04) 471-6188
FREE 0800-844-844
URL bluebridge.co.nz
費 大人$62～、小孩$29～
※上述是Super Sail的票價，已經預約好的船班在出發1小時之前是可以更改的，但不能退錢；票價便宜的Saver Sail，更改船班要收取$20，但不能取消；Flexi Sail則可以退票及退錢。

Interislander

Bluebridge

如何前往渡輪航運大樓

Interislander

●威靈頓

距離威靈頓火車站約1km（Map P.393-A1），火車站～航運大樓間有免費接駁巴士行駛，所需時間約5分鐘。巴士會在各船班次的50分鐘前從火車站出發。

●皮克頓

從皮克頓火車站步行大約4分鐘（Map P.192-A1），為了讓遊客下渡輪之後可以迅速轉乘長途巴士，巴士停靠站就設在航運大樓前。

Bluebridge

●威靈頓

位於距離威靈頓火車站步行2分鐘左右的Waterloo Quay Terminal（Map P.394-B2）。

●皮克頓

距離皮克頓火車站約1km處（Map P.192-A1），可搭乘從遊客中心i-SITE前出發配合船班的接駁巴士（要預約）。

如何辦理乘船手續

這裡以Interislander的皮克頓／威靈頓船班為例，來介紹辦理乘船手續的方法。反方向基本上也相同。

①在出發前一天之前要先預約

務必要先預約。在各城市的遊客中心、旅行社、Interislander的預約中心及官網都可以預約，告知搭乘日期及時間、前往地點、單程或來回、人數、姓名、有無託運車輛等；在遊客中心、旅行社預約會直接付清費用，網路或電話預約則需要信用卡的卡號及有效期限，預約完成後會給一組訂位代號Reference Number，要記錄保留好。

②在購票櫃台取票

在出發前45分鐘到渡輪航運大樓的購票櫃台，告知訂位代號，領取船票。

在購票櫃台辦理乘船手續

③託運大型行李

到專屬櫃台Baggage Check-in託運大型行李，並領取行李提領證明。

在這裡託運行李，下船後再到行李轉盤領取

④從登船口上船

前往航運大樓的2樓，從指定的登船口上船，2樓設有咖啡餐飲區，可以用餐。天候不佳時會有船班延誤或取消的狀況，可能會由其他公司的船班來代替，要注意館內的廣播。

走過空橋就進入船艙了

●租車時

渡輪航運大樓前有大型租車公司的辦事處，有些租車公司不需要讓車上船，而是在渡輪航運大樓先還車，等到下船之後再重新辦理一次租車手續（→P.470）。

在船上消磨時間的方法（Interislander篇）

在時尚設計風格的船艙內，設有販賣部和咖啡區，可以享受輕食及葡萄酒等飲料，船尾處還有大片落地窗的景觀室，由於這裡的海鳥很多，還能順便賞鳥。船內也有Wi-Fi可以使用。

除了自由席的座位之外，也有提供團體客使用的空間、適合幼兒與家庭的包廂，以及攜帶寵物的包廂等。此外，在Kaitaki、Kaiarahi及Aratere號上還設有付費的酒吧「Premium Lounge」，提供報紙、雜誌，以及隨意飲用的葡萄酒、啤酒、咖啡和紅茶，依據船班行駛的時間，也會供應免費的早餐、午餐與晚餐。費用為每人$80，可以在預約船票時在官網或遊客中心i-SITE購買。

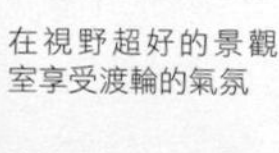
在視野超好的景觀室享受渡輪的氣氛

有各種類型的座位

船內的早餐

馬爾堡峽灣的美麗大海與海岸線

汽車可上船的渡輪©MOOK

北島

North Island

在陶波的胡卡瀑布Huka Falls體驗噴射飛船

北島 INTRODUCTION 簡介

坐擁首都威靈頓，還有紐西蘭最大城市奧克蘭等主要城市的北島，人口數為全國的3/4，每座城市都有與歷史、文化相關的有趣景點，當然也少不了特殊且震撼人心的自然美景，像是火山活動頻仍的東格里羅國家公園、世界知名地熱區的羅托魯瓦與陶波等，絕對不能錯過。

1 奧克蘭 P.238

為紐西蘭最大的城市，也是國際色彩豐富的經濟中心所在，不僅面港而建，海灣內停泊著眾多帆船的景象，贏得帆船之都City of Sails的美稱。城市內多斜坡，只要站在小山丘上就能飽覽整座美麗海港的景色。

2 漢密爾頓 P.287

座落於北島的中央部位，並在紐西蘭最長的懷卡托河流域，是全國人口第4名的城市。以漢密爾頓為中心的懷卡托地區，擁有肥沃的土地，是酪農業興盛的知名地區。

3 懷托摩 P.292

儘管是座小城鎮，但是為了一睹懷托摩洞穴的藍光螢火蟲美景，這裡終年湧進無數的觀光客，而懷托摩洞穴的探險行動也很有趣。

4 羅托魯瓦 P.296

堪稱是北島最具人氣的觀光地點，除了能夠享受溫泉、漫遊地熱景觀之外，更有著羊群自在吃草的壯闊紐西蘭自然景色，以及不少能接觸原住民毛利文化的景點，也可以參加在地旅遊團造訪毛利村落。

5 陶波 P.317

紐西蘭最大湖泊——陶波湖畔的度假勝地，湖上可以從事各種水上運動及遊輪之旅。在郊外地熱區的懷拉基公園則是可以感受大地能量，同時欣賞壯觀景致的自然景點。

6 東格里羅國家公園 P.327

聳立於北島中央的雄偉山脈，全部納入國家公園的保護範圍，再加上毛利人將這塊祖先相傳的聖地捐贈給國家的歷史背景，而成為聯合國教科文組織世界遺產中的複合遺產。在眺望著擁有美麗火山錐造型的魯阿佩胡山Mt. Ruapehu，以及活火山瑙魯赫伊山Mt. Ngauruhoe的同時，還可享受健行之樂。

7 北地 P.335

位於奧克蘭北方，北島最北端綿延的一處狹長地區。紐西蘭最北端的雷恩加海角Cape Reinga、在歷史上締結懷唐伊條約的重要簽署地Waitangi Treaty Grounds、高大貝殼杉Kauri茂盛生長的懷波瓦森林Waipoua Forest等景點盡皆在此。

【主要城市】

派西亞Paihia／凱利凱利Kerikeri／旺加雷Whangarei／凱塔亞Kaitaia／達格維爾Dargaville

8 科羅曼德半島 P.353

與奧克蘭隔著豪拉基灣遙遙相望，半島上保留許多原始自然景觀，並分布無數美麗海灘，以菲蒂昂格為熱鬧的主要地區，就在度假勝地所在的東海岸一帶。

【主要城市】

科羅曼德鎮Coromandel Town／菲蒂昂格＆哈黑Whitianga & Hahei／泰晤士Thames／泰魯瓦＆帕瓦努伊Tairua & Pauanui

9 陶朗加 P.362

擁有全紐西蘭規模最大商業海港的港都，以適合發展海上活動的環境，成為紐西蘭人最喜愛的度假休閒地。與對岸的芒格努伊山之間，藉由港灣大橋銜接兩地交通往來。

10 芒格努伊山 P.362

一望無際的絕美沙灘綿延長達22km，成為深受喜愛的人氣度假勝地，來訪的衝浪客也不在少數。

11 吉斯伯恩 P.366

東部地區最大的城市，因為最靠近國際換日線，能看見「全世界最早的日出」而享有盛名。

12 內皮爾 P.370

日照時間長而穩定的氣候，讓包括內皮爾在內的霍克斯灣Hawke's Bay地區，成為知名的葡萄酒之鄉。漫步在小鎮洋溢著裝飾藝術風格的彩色建築間，別有一番趣味。

13 新普利茅斯 P.378

塔拉納基地區的中心都市，在市區東側聳立著神似富士山的塔拉納基山Mt. Taranaki，以電影《末代武士》的拍攝地而聞名。

14 旺格努伊 P.383

憑藉著旺加努伊河的水上交通而盛極一時，城裡寂靜的老舊街道正敘述著這段繁華的過往歷史。擁有多元而豐富的河上戶外活動。

15 北帕莫斯頓 P.387

威靈頓往北約143km，不僅是馬納瓦圖地區的中心城市，還是座仰賴酪農業而發展的文教都市，擁有如梅西大學Massey University等知名且頗具規模的大學，是座屬於學生的城市。

16 威靈頓 P.390

位於北島的南端，作為紐西蘭的首都，肩負著政治中樞的城市。面對海港而背倚丘陵區，因此市區內斜坡很多，紅色的纜車是市民不可或缺的重要交通工具。

北島的行程規劃→P.446
國內交通→P.459～473

與英國締結懷唐伊條約的重要簽署地就在派西亞近郊

來到熱水海灘，就能在沙灘上直接享受自己挖掘的天然溫泉

一整年都擁有著溫暖氣候的海港都市

來到羅托魯瓦必看的毛利舞蹈秀

奧克蘭的地標──天空塔

向前雄偉奔流的懷卡托河

眺望陶波湖對面、山頂覆蓋著白雪的東格里羅山脈

Taumatawhakatangihangakoauau
otamateaturipukakapikimaunga
horonukupokaiwhenuakitanatahu
（世界最長的地名）

有蜂巢暱稱的國會大廈

許多遊艇停泊在港口

1 Day 港都奧克蘭的散步行程

暢遊與帆船之都City of Sails奧克蘭最匹配的港區風景及對岸的德文港，正因為是紐西蘭的最大城市，熱鬧的皇后街不僅多國美食聚集，還有許多時尚流行店家。

1 迎面吹來的海風好舒服 溫耶德區

Wynyard Quarter

P.251

在市區眾多遊艇停泊的景象感受到「帆船之都City of Sails」的含意，尤其是西側濱水區的熱門景點──溫耶德區，這裡有時尚的餐廳、酒吧及魚市場等餐飲店林立。

有船隻經過就會開啟的活動橋

Pick Up 魚市場

Fish Market

Map P.246-A2

位於溫耶德區的魚市場（Map P.246-A2），有能做成生魚片的各種新鮮魚貝類，並有海鮮餐廳進駐。

喜歡海鮮的遊客不能錯過！

URL www.afm.co.nz
營週一～三11:00～17:00、週四～日11:00～20:00 休無休

Start

1 溫耶德區
2 德文港
3 維多利亞山
4 Devonport Stone Oven Bakery
5 皇后街
6 天空塔
7 Orbit

步行約20分鐘＋渡輪約15分鐘

2 到對岸感受渡輪氣氛 德文港

Devonport

P.260

位於奧克蘭市區的對岸，天晴時候在渡輪上吹海風最是舒服。不妨悠閒地散步在古蹟建築、博物館，以及漂亮的咖啡館間。

主街道的維多利亞路

渡輪是市民經常使用的交通工具

步行約7分鐘

3 德文港的地標 維多利亞山

Mt. Victoria

Map P.260-A2

從渡輪碼頭沿著一路延伸的主街道──維多利亞路前行，就會發現步道，輕鬆往上走約15分鐘便可抵達山頂，將德文港的街道與奧克蘭市區的景致一覽無遺。

山頂上有蘑菇造型的裝置藝術

離市區很近可以輕鬆走

好天氣時可以清楚看到天空塔

步行約5分鐘

Pick Up 奧克蘭具代表性的巧克力店 *Devonport Chocolates*

P.278

手工巧克力店，展示櫃裡陳列著使用嚴選素材製作的高級巧克力$3～，還有季節限定的口味。

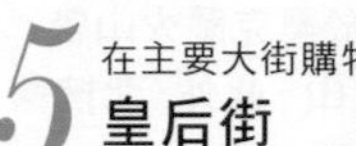

芒果百香果口味

焦糖口味

有奇異鳥圖案的板狀巧克力$13.9

馥列白咖啡口味

4 總是門庭若市的超人氣咖啡館 Devonport Stone Oven Bakery

P.275

玻璃櫃裡總是擺滿各式派和甜點，外帶的顧客也大排長龍，最受歡迎的就是手工做的瑞士薯餅，加上水波蛋、培根及雜糧吐司的套餐Big Breakfast $27，分量十足。

瑞士薯餅是以馬鈴薯做成的瑞士料理

有著三角屋頂的烘焙咖啡館

步行約4分鐘 + 渡輪約15分鐘

5 在主要大街購物 皇后街

Queen St.

Map P.247-A~C3

市中心最熱鬧的街道，在馬路兩旁有Gallery Pacific（→P.277）、Sephora（→P.279）及高級名牌精品等各種店家林立，也別忘了去美食與新購物複合商場的Commercial Bay逛逛（→P.280）。

聚集各種店家的主要大街

步行約8分鐘

6 絕不能錯過展望台上的美景 天空塔

Sky Tower

P.250

矗立於市中心，象徵奧克蘭的天空塔，是完工於1997年的知名觀光景點；不僅擁有絕佳景觀，設有餐廳、酒吧等設施，還能享受高空彈跳（→P.268）等戶外活動。

1從展望台眺望城市街道的景致
2 夜景也很美麗
3 展望台的部分地板竟然是透明玻璃！

Pick Up 蒐羅品質優良的編織服飾 *Great Kiwi Yarns*

P.279

既然來到羊毛大國，想買編織品就到這裡來，可以找到能放洗衣機洗的毛衣等方便清潔又保暖的商品。

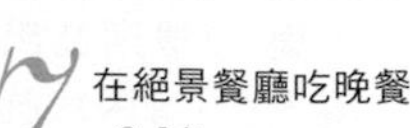

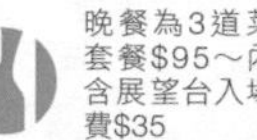

就算是送給重要人物的禮物也買得到

7 在絕景餐廳吃晚餐 Orbit

Map P.246-D1

位於天空塔52樓的旋轉景觀餐廳，在欣賞奧克蘭360°全景風景的同時，還能享用以當地的季節食材烹調的美食佳肴。

晚餐為3道菜套餐$95～內含展望台入場費$35

電 (09) 363-6000 URL www.skycityauckland.co.nz 營 週一～六17:00～21:00、週日11:30～14:00、17:00～21:00 休 無休 CC ADJMV

奧克蘭

Auckland

奧克蘭

人口：166萬人
URL www.aucklandnz.com

駐奧克蘭辦事處（駐奧克蘭台北經濟文化辦事處）
Taipei Economic & Cultural Office in Auckland, New Zealand
Map P.246-D1
住 Level 15, Tower 2, 205 Queen Street
☎ (09) 303-3903
FAX (09) 302-3399
URL www.roc-taiwan.org/nzakl
開 週一～五9:00～12:30、13:30～17:00
休 週六‧日‧節日
領務服務時間
開 週一～五9:00～12:30、13:30～17:00

奧克蘭國際機場
Map P.245-D2
☎ (09) 275-0789
FREE 0800-247-767
URL www.aucklandairport.co.nz

以風帆為造型的奧克蘭國際機場

國際線入境大廳

奧克蘭是紐西蘭具代表性的商業城市

人口約166萬的奧克蘭，全國有1/3的人居住在此地，是紐西蘭經濟與商業的中心，也是最大的城市。

1841年到1865年曾經定都於此地，因此文化設施眾多，而且雖然是國際級大都市，卻保有綠意盎然的景觀及美麗的海灘，也成為奧克蘭的魅力之一。周邊屬於奧克蘭火山帶，擁有伊甸山等約50座火山，但多數為休火山。此外，北擁懷特瑪塔港Waitemata Harbour、南臨馬努考港Manukau Harbour，發展興盛的水上運動也是奧克蘭的一大特色；擁有遊艇及小型船舶的市民人口比例為世界第一，無怪乎能贏得「帆船之都City of Sails」的稱號。漫步在時尚的街道、美麗的大海與蓊綠的公園，為旅遊增添無數樂趣。

如何前往奧克蘭 Access

搭乘飛機抵達

奧克蘭國際機場Auckland International Airport是紐西蘭國內出入境乘客數最多的機場，從台灣直飛奧克蘭，可搭乘紐西蘭航空從桃園國際機場出發的航班（→P.453）。航廈內以帆船之都的主題來設計，現代而時尚，1樓為入境大廳，2樓則為出境大廳。國內線航廈則在距離1km之處（→P.239邊欄）。

奧克蘭國際機場 國際線航廈
Auckland International Airport International Terminal

1樓：入境審查窗口、提領行李處、租車公司、海關、紐西蘭航空國內線轉機櫃台、辦理登機櫃台Ⓐ～Ⓔ、入境出口、入境大廳、機場遊客中心、往2樓、巴士搭車處、電梯、計程車&接駁巴士搭車處、租車搭車處

2樓：休息區 餐廳、免稅店、商店、往國際線登機門、電梯、免稅購物區、海關‧檢疫、往1樓、往1樓(戶外)

從機場到市區

奧克蘭國際機場位於距離市中心以南約22km的曼格里Mangere地區，有多種交通方式可以前往市區，最普遍的還是利用機場巴士SkyDrive Express，從機場可以直達市中心，中途不停車；長途巴士InterCity（→P.496）也行駛相同路線。最便宜的方法，則是搭乘Airport Link或市巴士#38再轉乘火車；車票必須使用儲值卡AT HOP card（→P.243），可以在國內線航廈巴士站的售票機用信用卡買票。行李或人數眾多時，搭乘機場接駁巴士Airport Shuttle或計程車比較方便。

SkyDrive Express

從國際線航廈出發，經由國內線航廈，前往天空塔Sky Tower（→P.250）西側Skycity Travel Centre（→P.240）的機場直達巴士；車票可以在官網選定日期時間、以信用卡付款，或是直接跟司機購買，但都無法使用現金。行李數量和重量沒有限制，至於腳踏車或衝浪板等大型物品，只要能裝入袋子裡就能帶上車。

InterCity

漢密爾頓（→P.287）出發前往奧克蘭的長途巴士，會經過國內線航廈、國際線航廈，再到Skycity巴士總站；可攜帶2件大型行李各25kg。

Airport Link

由市巴士Metro所經營的Airport Link，經過國內線航廈、國際線航廈、Puhinui站，終點為馬努考Manukau站；前往市中心可以在Puhinui站或馬努考站轉乘前往布里托瑪火車站的東線（Eastern Line）列車。也可以搭乘Metro #38在奧尼湖加Onehunga站轉乘前往新市場Newmarket火車站的奧尼湖加線Onehunga Line列車。

機場接駁巴士　Airport Shuttle

只要集合到一定人數的乘客就會發車，類似共乘制的計程車，最好在官網事先預約。

計程車　Taxi

一走出國際線航廈馬上就能看到計程車搭車處，到市中心需要約40分鐘，與台灣一樣是跳表計費，車資大約是$75～90左右。也可以使用手機app叫Uber。

國內線的轉機

國際線航廈與國內線航廈之間的距離約1km，有免費接駁巴士Interterminal Bus往來其間，行駛時間在5:00～23:00，每隔15分鐘發車；若是想步行前往，可以沿著標示前行10分鐘左右，即可到達。搭乘紐西蘭航空的國內線轉機時，可在國際線入境大門旁的國內線轉機櫃台辦理行李登機服務，不過櫃台僅開放到出發時間的1小時前。

國內線航廈的步行路線標示

SkyDrive Express

FREE 0800-759-374
URL www.skydrive.co.nz
運 機場出發5:30～22:30、Skycity出發5:00～22:00，每隔30分鐘發車。
費 單程大人$17、小孩$8、銀髮族$12.5

InterCity

電 (09) 583-5780
URL www.intercity.co.nz
運 1日1～2班
費 單程$10～

Airport Link及Metro #38

運 Airport Link機場出發4:53～翌日1:03、馬努考站出發4:30～24:40，每隔10分鐘發車。
#38機場出發週一～五4:51～24:56、週六・日・節日5:04～23:56，奧尼湖加站出發週一～五4:42～24:14、週六・日・節日4:47～23:59，每隔15～20分鐘發車。
費 AT HOP card　單程大人$5.4、小孩$3.1

Airport Link及Metro #38的站牌

機場接駁巴士
Super Shuttle

電 (09) 522-5100
FREE 0800-748-885
URL www.supershuttle.co.nz
費 機場↔市中心
1人　$45
2人　$55
3人　$65
若要前往機場，只要事先預約就能夠在指定時間與地點上車。

各城市間的主要航班
(→P.460)

主要巴士公司(→P.496)
InterCity
Great Sights
URL www.greatsights.co.nz

InterCity的車票辦事處
Skycity Travel Centre
Map P.246-D1
住 102 Hobson St.
電 (09) 583-5780
URL www.intercity.co.nz
營 週一～四・日 7:00～15:30
週五 7:00～17:30
週六 7:00～14:30
休 無休

布里托瑪火車站
Map P.246-C1～2

布里托瑪火車站

火車站內的遊客中心
Customer Service Centres
電 (09) 366-6400
開 週一～五 6:30～20:00
週六 8:00～19:00
週日 8:00～18:00
休 無休

鐵路公司(→P.496)
Kiwi Rail

Te Huia
FREE 0800-205-305
URL www.tehuiatrain.co.nz
運 週一～五1日2班、週六1日1班。
費 奧克蘭～漢密爾頓單程
現金 單程$30
Bee Card 單程$18

Auckland Transport
電 (09) 366-6400
URL at.govt.nz
費 大人票價(右為AT HOP card)

1區	$4	($2.2)
2區	$6	($3.9)
3區	$8	($5.4)
4區	$10	($6.8)
5區	$11.5	($8)
6區		($9.2)
7區		($10.4)
8區		($11.6)
9區		($12.6)

車站的自動驗票閘門

與國內各地的交通

長途巴士

長途巴士交通網主要是由InterCity Coachlines經營，行駛路線幾乎涵蓋北島各地。以奧克蘭作為起訖點的巴士公司，有前往羅托魯瓦Rotorua、懷托摩Waitomo等在地旅遊路線的Great Sights(如何搭乘長途巴士→P.465)。

InterCity長途巴士的總站在Skycity Travel Centre

巴士總站在天空塔西側霍布森街Hobson St.上的Skycity Travel Centre，從這裡到火車站、渡輪碼頭都在步行範圍之內，要到鬧區的皇后街也可以利用市區循環巴士City Link代步。

長途火車

Auckland的列車

連結市中心與近郊城市間的Auckland Transport火車可以在面對皇后街的布里托瑪火車站Britomart Train Station搭乘，火車站附近就是市區巴士總站，稱為布里托瑪轉運中心Britomart Transport Centre。火車路線共有4條，都以布里托瑪火車站為起點，西線前往Swanson方向，南線往普基科希Pukekohe方向，東線往馬努考Manukau方向，奧尼湖加Onehunga線以新市場Newmarket為起點往奧尼湖加方向。車票在火車站的售票機或售票窗口購買，通過驗票閘門後才能搭車，如果被查到無票乘車的話會罰錢；而用儲值卡AT HOP card搭火車會有折扣，AT HOP card搭乘渡輪和巴士都可以使用，票價則隨區域而變動。從布里托瑪火車站步行約15～20分鐘之處有個Auckland Strand Station，是由Kiwi Rail所經營，往來於奧克蘭～威靈頓之間的長途火車──北部探險號Northern Explorer，以及奧克蘭～漢密爾頓的Te Huia號的停靠站(如何搭乘長距離火車→P.467)。Te Huia號可以使用皇后鎮、但尼丁、羅托魯瓦等10地區通用的儲值卡Bee Card。

布里托瑪火車站的月台

奧克蘭市區交通 Traffic

市區巴士 Link Bus

行駛在奧克蘭市區，以路線單純、票價形式容易理解，讓觀光客也能輕鬆使用的3種市區巴士Link Bus；如果能靈活運用市區巴士，就可以暢遊多數市區景點，而其餘郊外景點則搭乘Metro（→P.242）較為方便。至於車資則使用巴士、渡輪等交通工具通用的儲值卡AT HOP card來支付。

〈市區循環線 City Link〉

以鬧區的皇后街為中心，行駛於市中心的循環巴士，從溫耶德區Wynyard Quarter出發，經布里托瑪火車站、皇后街，最後到達Karangahape Rd.。

〈內環線／外環線 Inner Link/Outer Link〉

從市中心到帕奈爾Parnell、新市場Newmarket之間，路線遍及熱門觀光區的市區巴士，分為綠色的內環線、橘色的外環線，以外觀顏色區分很容易分辨，幾乎所有的觀光區內環線都有到達，不過要造訪奧克蘭大學或郊外時，就以外環線較為便利。不論內外環線都是單一路線分成順時針及逆時針行駛，比起路線複雜的Metro，更容易搭乘是最大特色。

〈塔瑪基線 Tamaki Link〉

從布里托瑪火車站出發，經由凱利達頓南極水族館&海底世界（→P.258）、傳教灣（→P.258）等地，往Glen Innes方向行駛的市區巴士。

關於票價

票價為火車、巴士通用，不過巴士只能使用AT HOP card，而且沒有行駛超過5區卻不轉乘的巴士及火車。使用AT HOP card在離峰時段（週一～五6:00以前、9:00～15:00、18:30以後，週六·日·節日的全天）搭乘，票價會享有9折優惠。

AT HOP card

URL at.govt.nz/bus-train-ferry/at-hop-card/

要通過儲值卡專用的自動驗票閘門，購票方法請參考P.243。

市區循環線

☎ (09) 366-6400
URL at.govt.nz
運 6:00～24:00
間隔7～8分鐘發車。
費 $0.6

擁有醒目豔紅外觀的市區循環線

內環線／外環線

運 6:00～24:00
費 $2.2（內環線）
$2.2～3.9（外環線）
間隔10～15分鐘發車。

塔瑪基線

運 布里托瑪火車站
週一～六 5:30～23:15發車
週日、節日 6:40～23:15發車
每日間隔15分鐘發車，週五及週六會減少班次。
費 $2.2～3.9

奧克蘭市區巴士可到達的主要景點

① 紐西蘭海事博物館 New Zealand Maritime Museum
② 天空塔Sky Tower
③ 維多利亞公園市集Victoria Park Market
④ 龐森比Ponsonby
⑤ 奧蒂亞廣場Aotea Square
⑥ 亞伯特公園Albert Park／奧克蘭美術館Auckland Art Gallery
⑦ 奧克蘭大學The University of Auckland
⑧ 奧克蘭中央公園Auckland Domain
⑨ 奧克蘭戰爭紀念博物館 Auckland War Memorial Museum
⑩ 新市場Newmarket
⑪ 帕奈爾Parnell

Metro
※票價請參考P.240的Auckland Transport

Metro

作為市民的代步工具，從奧克蘭市中心到郊區都有路線分布的巴士，以區域分別為幾家公司所經營，但搭乘方式完全相同。市中心的巴士站牌分布在布里托瑪轉運中心周邊，車資是採取依照距離遠近的分段收費制。

可以拓展行動範圍的Metro

〈搭乘巴士的方法〉

巴士是由前門上車，只能使用AT HOP card支付車資，上車時將卡片碰觸刷卡機。大多數的巴士在停靠各站牌之前，車內會有廣播，並透過電子螢幕顯示目前所在位置，等到靠近目的地時就按下紅色的下車鈴。不論前後門都可以下車，和上車一樣將卡片碰觸刷卡機，也別忘了向司機說聲「Thank you, Driver」表示感謝。

要下車時先按扶桿上的紅色按鈕

搭乘巴士時
看到自己要搭的巴士出現時，要將手向上舉起，讓巴士司機知道有人要搭車；而且若是無人上下車，巴士就會直接過站不停，建議最好提早到站牌候車才不怕錯過。

主要的計程車公司
Auckland Co-Op Taxis
☎(09)300-3000
URL www.cooptaxi.co.nz

自由上下車的探索巴士
FREE 0800-439-756
URL www.explorerbus.co.nz
費24小時券
大人$50、小孩$25
48小時券
大人$60、小孩$30

計程車　Taxi

基本上是沒有辦法隨處招車的，必須在皇后街或海關街Customs St.等大馬路上的計程車招呼站，或是在大飯店前搭車，也可以透過電話和網路叫車。車資是採取跳表制，不過起跳車資則依計程車公司而不同，通常都是$3左右。也可以使用手機app叫Uber。

搭計程車不用付小費

享受雙層巴士的車窗景致

探索巴士　Explorer Bus

是周遊市區內9處主要景點的觀光巴士，可以隨意上下車，2條路線繞行1圈都是1小時。分為24小時券及48小時券2種周遊券，都是從開始搭車的時間起算，還有包含水族館或博物館門票的組合套票可供選擇；周遊券除了官網，也可以跟在天空塔前的工作人員，以及遊客中心i-SITE購買。從市中心海關街Custom St.出發的第1班巴士為9:00、最後1班則是16:00，每隔30分鐘1班車；車內有英文解說的廣播，可以使用Wi-Fi。

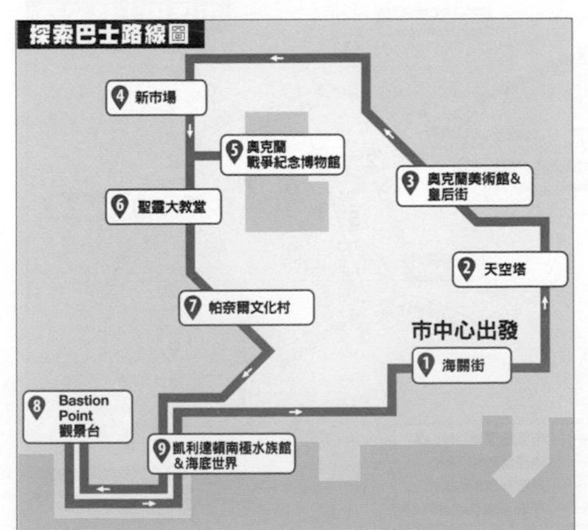

AT HOP card

在市區觀光，擁有1張市區巴士、Metro、火車及渡輪都能通用的儲值卡AT HOP card很方便，不僅不需要準備零錢，還能有折扣；而且，因為搭乘巴士只能用AT HOP card支付車資，要搭巴士就必須購買。火車是依照區段、渡輪是依目的地來決定折扣價格。

使用AT HOP，1天內不限次數搭乘奧克蘭市區內的所有火車、市區巴士都只要$20，並且包含往返德文港（→P.260）、Bayswater、Birkenhead、Northcote Point的渡輪。

搭乘巴士時將AT HOP card碰觸車上專用的刷卡機

也有鑰匙圈形式的卡片

〈AT HOP card的購買方法〉

在布里托瑪火車站內的遊客中心Customer Service Centre或便利商店等地販售，1張$15，其中$5為卡片費，$10為可以使用的車資；餘額不足時再Top Up（儲值）就能繼續使用。

布里托瑪火車站內的Customer Service Centre

〈Top Up（儲值）的方法〉

在Customer Service Centre及部分便利商店都可以Top Up，而在車站和渡輪碼頭使用Top Up機自己儲值最方便。

①在螢幕下方的讀卡處插入AT HOP card。
②畫面切換，顯示卡片餘額，選擇HOP money Top Up。
③選擇Top Up的金額。
④選擇付款方式，有現金（Cash）或信用卡。

若要用現金，螢幕的右上方為硬幣投入口，AT HOP card插入處的右邊為紙鈔放入口。使用信用卡的話，在硬幣投入口的下方插入信用卡，並選擇信用卡選項，輸入卡片密碼。

⑤出現列印收據的畫面，印完收據就完成。

買車票和Top Up兩用的機器

〈AT HOP card的使用方法〉

搭乘巴士時，在前門附近有專用的刷卡機，將卡碰觸機器就會發出「嗶」聲，餘額不足則是「哺哺」聲；下車時不論從前門或後門都要再刷卡1次。上車時刷卡稱為Tag on，下車時則是Tag off；千萬要留意的是，若是忘記Tag on/Tag off的話，就算是無票搭車。

E-Scooter／E-Bike

在奧克蘭市中心很流行租借電動的滑板車和腳踏車，使用手機app就能尋找最近的租借點，掃描QR Code即可租車；費用則依距離及時間長短而異，從$1.65～。主要為Lime和Beam 2家公司經營。

Lime
FREE 0800-467-001
URL www.li.me
Beam
FREE 0800-507-676
URL www.ridebeam.com

方便近距離移動

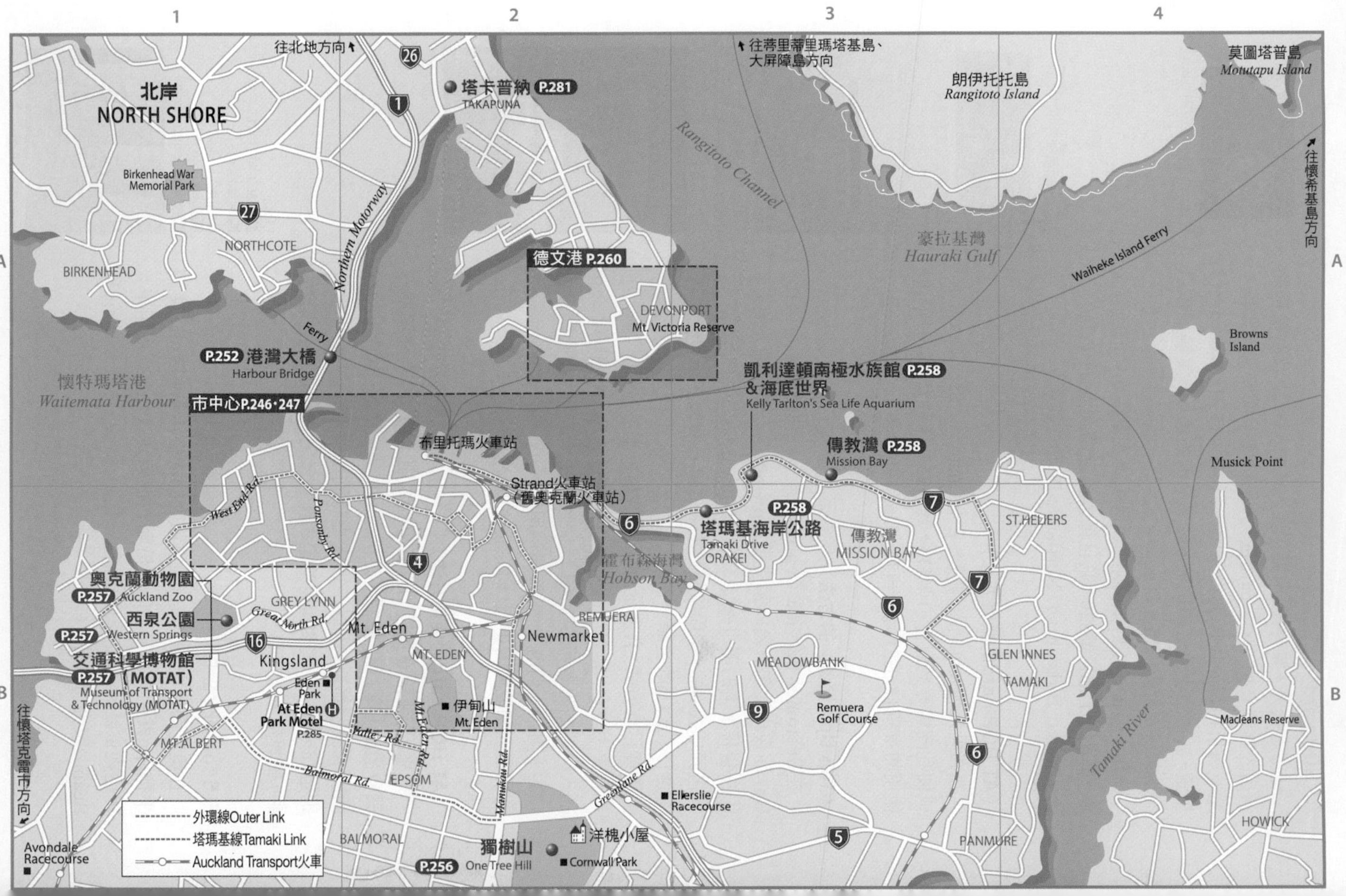

往北地方向
北岸
NORTH SHORE
Birkenhead War Memorial Park
BIRKENHEAD
NORTHCOTE
Northern Motorway
塔卡普納 P.281
TAKAPUNA
Ferry
P.252 港灣大橋
Harbour Bridge
懷特瑪塔港
Waitemata Harbour
市中心P.246・247
德文港 P.260
DEVONPORT
Mt. Victoria Reserve
Rangitoto Channel
往蒂里蒂里瑪塔基島、大屏障島方向
朗伊托托島
Rangitoto Island
莫圖塔普島
Motutapu Island
往懷希基島方向
豪拉基灣
Hauraki Gulf
Waiheke Island Ferry
Browns Island
凱利達頓南極水族館 P.258
&海底世界
Kelly Tarlton's Sea Life Aquarium
傳教灣 P.258
Mission Bay
Musick Point
布里托瑪火車站
Strand火車站
（舊奧克蘭火車站）
West End Rd.
Ponsonby Rd.
P.258
塔瑪基海岸公路
Tamaki Drive
ORAKEI
傳教灣
MISSION BAY
ST.HELIERS
霍布森海灣
Hobson Bay
REMUERA
Newmarket
GLEN INNES
TAMAKI
MEADOWBANK
Remuera Golf Course
Macleans Reserve
Tamaki River
HOWICK
PANMURE
P.257 奧克蘭動物園
Auckland Zoo
P.257 西泉公園
Western Springs
P.257 交通科學博物館（MOTAT）
Museum of Transport & Technology (MOTAT)
GREY LYNN
Great North Rd.
Mt. Eden
Kingsland
MT. EDEN
伊甸山
Mt. Eden
Eden Park
At Eden Park Motel
P.285
Valley Rd.
Mt.Eden Rd.
MT.ALBERT
Balmoral Rd.
EPSOM
Manukau Rd.
Greenlane Rd.
Ellerslie Racecourse
往懷塔克雷市方向
Avondale Racecourse
BALMORAL
洋槐小屋
獨樹山
P.256 One Tree Hill
Cornwall Park
外環線Outer Link
塔瑪基線Tamaki Link
Auckland Transport火車

奧克蘭區域圖

Stardome Observatory
MT. WELLINGTON
SANDRINGHAM
ROYAL OAK
Manukau Rd.
P.281
Sylvia Park
Sylvia Park
Pakuranga Country Clubcourse
PAKURANGA
PENROSE
Mt. Wellington Hwy.
P.281
Dress Smart
Onehunga Bay
ONEHUNGA
Maungakiekie Golf Course
Southern Mwy.
Mangere Inlet
EAST TAMAKI
OTAHUHU
馬努考灣
Manukau Harbour
MANGERE BRIDGE
OTARA
Mckenzie Rd
Kirkbride Rd.
Auckland Airport Kiwi Hotel
P.285
FLATBUSH
South-Western Motorway
Best Western BK's Pioneer Motor Lodge
P.285
Jetpark Auckland P.284
MANGERE EAST
PAPATOETOE
George Bolt Memorial Dr.
Westney Rd.
MANGERE
彩虹樂園
Rainbow's End
蝴蝶溪
Butterfly Creek
P.259
P.259
Tom Pearce Dr.
Great South Rd.
馬努考
MANUKAU
0 2km
N
國內線航廈
國際線航廈
奧克蘭國際機場

C
D
1
2
3
4

奧克蘭市中心

港灣大橋
Harbour Bridge P.252

Point Erin Park
Sails P.271
Westhaven Path P.251

P.251
溫耶德區
Wynyard Quarter
Jellicoe St.
P.236 魚市場
P.272 Baduzzi
Homeland P.272
Daldy St.
Halsey St.
Fanshawe St.

赫恩灣
HERNE BAY

P.276 Fish Smith
P.273 Paris Butter
Jervois Rd.
P.270 Jervois Steak House
Fusion Cafe P.254

維多利亞公園市集
P.252 Victoria Park Market
維多利亞公園
Victoria Park
中央警察局
Beaumont St.
College Hill
Victoria St. W
Avis
Drake St.
Shut The Front Door P.277
Northern Motorway
West End Rd.
Ponsonby Terrace
P.286 The Great Ponsonby Arthotel
Everyday Needs P.254
Franklin Rd.
Cook St.
Union St.
P.275 Little Bird Kitchen
Ponsonby Rd.
Wellington St.

龐森比
PONSONBY

Ponsonby Central P.281
Foxtrot Parlour P.255
Miann P.275
Anglesea St.
Stolen Girlfriends Club P.2
The Garden Party P.255
Icebreaker P.279
Mag Nation P.278
Picton St.
Douglas St.
P.276 S•P•Q•R
Richmond Rd.
Brown St.
P.284 Hotel Fitzroy
P.255 The Poi Room
WE-AR P.280
西部公園
Western Park
Hopetoun St.
Karangahape Rd.

紐西蘭海事博物館
New Zealand Maritime Museum
P.250
Comvita Wellness Lab P.278
渡輪碼頭
渡輪大廈
Fullers
Botswana Butchery P.270
Harbourside Ocean Bar Grill P.271
Island Gelato P.276
DOC
OK Gift Shop P.277
360 Discovery Cruises
Quay St. 碼頭街
Verandahs Parkside Lodge P.286
Satya P.273

高架橋港
Viaduct Harbour P.250
P.272 Oyster & Chop
P.278 Kura Gallery
P.271 Soul Bar & Bistro
Lower Hobson St.
Aotea Gifts Auckland P.277
Lower Albert St.
Commercial Bay P.280
布里托瑪火車站
Trelise Cooper P.279
Tyler St.
The Store P.274
North Western Motorway
Newton Rd.
Grand Harbour Chinese Restaurant P.274
M Social Auckland P.282
伊莉莎白女王廣場
Galway St.
Commerce St.
P.284 The Hotel Britomart
P.274 Espresso Workshop
P.280 T Galleria by DFS Auckland
Customs St. E
Hotel Grand Chancellor P.283 Auckland City
Hobson St.
P.277 Gallery Pacific
Café Hanoi P.273
Fanshawe St.
P.282 JW Marriott Auckland
Mövenpick Hotel Auckland P.283
P.286 Queen Street Backpackers
Giapo P.276
P.279 Great Kiwi Yarns
Auckland Harbour Suites P.285
Fort St.
Nelson St.
P.282 Heritage Auckland
Shortland St.
Hotel DeBrett P.284
P.276 The Shakespeare Hotel & Brewery
Albert St.
macpac
Queen St.
Vulcan Lane
O'Connell St.
Katmandu
Emily Pl.
Eden Cres.
P.276 The Occidental Belgian Beer Cafe
Chancery St.
Ken Yakitori Bar Anzac P.274
Mexican Café P.273
Sephora P.279
Chancery
Dominion Rd.
Skycity Travel Centre (長途巴士總站)
Victoria St. W
Courthouse Lane
High St.
Pulliman Auckland P.282
Bowen Ave.
View Rd.
P.273 Depot
Tony's Lord Nelson Restaurant P.270
皇后街
駐奧克蘭辦事處
Waterloo Quadrant
天空塔
P.250 Sky Tower
All Blacks Experience P.29, P.279
Weta Workshop Unleashed P.25
Princes St.
MASU by Nick Watt P.274
Crowne Plaza Auckland P.283
P.286 Bavaria B&B
Faro Restaurant P.274
亞伯特公園
Albert Park P.251
Valley Rd.
Elliot St.
P.280 Smith & Caughey's
奧克蘭大學
The University of Auckland
Commonsense Organics P.278
i-SITE
SkyCity Hotel P.283
Orbit P.237
Mayoral Dr.
Lorne St.
Kitchener St.
P.251
奧克蘭美術館
Auckland Art Gallery (Toi O Tāmaki)
0 200m

往德文港方向
往懷希基島方向
懷特瑪塔港
Waitemata Harbour
Hilton Auckland P.282
王子碼頭
Princes Wharf
FISH P.272
皇后碼頭
Queens Wharf
高架橋港
Viaduct Harbour
庫克船長碼頭
Captain Cook Wharf
Quay St. 碼頭街
伊莉莎白女王廣場
布里托瑪火車站
Beach Rd.
Countdown P.280
Quay St.
Albert St.
皇后街
Queen St.
Anzac Ave.
Rako Science P.248
Tamaki Dr.
Hertz
天空塔
Sky Tower
Wellesley St.
亞伯特公園
Albert Park
Strand火車站（舊奧克蘭火車站）
Strand
奧克蘭美術館
Auckland Art Gallery(Toi O Tamaki)
左下放大圖
帕奈爾玫瑰花園
Fraser Park
奧蒂亞廣場
奧克蘭大學
The University of Auckland
Grand Millennium Auckland P.283
Garfield St.
Cleveland Rd.
Parnell Rd.
St. Georges Bay Rd.
Gladstone Rd.
Bouno
帕奈爾
Parnell
Sake Bar Tanuki
Mayoral Dr.
Symonds St.
Stanley St.
帕奈爾火車站
P.273 Everest Dine
P.277 The Fantail House
P.285
The Parnell Hotel & Conference Centre
麥雅斯公園
Myers Park
帕奈爾路
City Rd.
Parnell Pines Hotel P.284
Cordis Auckland
奧克蘭中央公園
P.251 Auckland Domain
帕奈爾文化村
P.275 Chocolate Boutique
BK Hostel P.286
St. Stephens Ave.
Mercury
冬季花園
Wintergardens
P.252
Cenopath Rd.
聖靈大教堂
GRAFTON
奧克蘭市立醫院
Auckland City Hospital
奧克蘭戰爭紀念博物館
Auckland War Memorial Museum
P.252
Park Rd.
Maunsell Rd.
Gorilla Kitchen P.275
Southern Motorway
George St.
帕奈爾農夫市集
Parnell Farmers' Markets(Jubilee Building Carpark)
Carlyon Gore Rd.
Newmarket Park
Shore Rd.
EDEN TERRACE
Grafton火車站
Khyber Pass Rd.
百老匯路
伊甸山火車站
Osborne St.
Teed St.
Rialto電影院
Rialto Cinema
美食街
Broadway
新市場火車站
Normandy Rd.
Morrow St.
Westfield Newmarket P.281
Gillies Ave.
Mortimer St.
Shore Rd.
Withiel Thomas Park
Mt. Eden Rd.
P.256
伊甸山
Mt. Eden
伊甸花園
Mountain Rd.
Gillies Ave.
Manukau Rd.
N
0
400m
市區循環線City Link
內環線Inner Link
外環線Outer Link
塔瑪基線Tamaki Link
Auckland Transport火車
3
4
A
B
C
D

天空塔內的
遊客中心 SITE
Auckland Visitor Centre Skycity Atrium
Map P.246-D1
住Cnr.Victoria & Federal St.
電(09) 365-9918
開10:00～15:00
休週二·三

奧克蘭的漫遊

市中心

作為整個紐西蘭經濟中樞命脈所在，市中心不僅高樓大廈林立，各色商店、餐廳及五花八門的娛樂設施聚集，成為全國最大的文化資訊集散地。

熱鬧繁華的皇后街

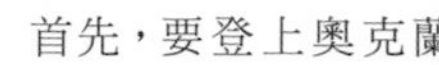

首先，要登上奧克蘭最大的地標──天空塔Sky Tower，飽覽360度毫無遮蔽的城市大全景，從觀景台將奧克蘭的寬闊街道盡收眼底，一覽無遺。

伊莉莎白女王廣場Queen Elizabeth II Square往南延伸的皇后街Queen St.，從紀念品店、餐廳、電影院到銀行，形形色色的商業設施齊聚，是奧克蘭最熱鬧的主要大街；漫步在這條大馬路上，會發現擦身而過的人種膚色之多，更能深刻體會到奧克蘭是具有豐富國際色彩的移民城市。面對皇后街的布里托瑪火車站是市區交通的重要樞紐，在車站正面矗立著於2020年6月開幕的購物商場──Commercial Bay（→P.280）；車站東側則是流行服飾店及餐廳聚集之處，也是熱門的夜生活地點。

至於濱海地區的高架橋港Viaduct Harbour、溫耶德區Wynyard Quarter，港灣裡停泊著豪華遊輪與色彩繽紛的遊艇，可以欣賞到屬於「帆船之都City of Sails」的風景。而包圍在海港邊的則是洗練高雅的餐廳、酒吧，每逢週末夜晚就會看到成群的奧克蘭在地人在這裡狂歡享樂。

市中心周邊～奧克蘭郊區

位於市中心西側的龐森比Ponsonby是可以發現時尚咖啡館與餐廳的區域，搭配上聚集眾多個性小店的維多利亞市集Victoria Park Market，絕對值得到此一遊。還有東西貫穿龐森比與奧克蘭市區南部的Karangahape Rd.（通稱為K Road），是以酒吧和夜店林立而聞名的奧克蘭夜生活街，也可以一窺奧克蘭在地人的夜生活文化。

帕奈爾的街道小店林立而充滿懷舊氛圍

市中心往東大約2.5km，就可以抵達街道氛圍閑靜沉穩的帕奈爾Parnell，主要街道的帕

實用資訊
醫院
Auckland City Hospital
Map P.247-B3
住2 Park Rd. Grafton
電(09)367-0000
警察局
Map P.246-B2
Auckland Central Police Station
住13-15 College Hill, Freemans Bay
電105
租車公司
Hertz
機場（國際線航廈內）
電(09)256-8692
市中心
Map P.247-B3
住154 Victoria St.
電(09)367-6350
Avis
機場（國內線航廈內）
電(09)256-8366
市中心
Map P.246-B2
住206 Victoria St.
電(09)379-2650

奈爾路Parnell Rd.沿途盡是氣氛絕佳的餐廳、生活雜貨鋪及古董小店櫛比鱗次，還有隨處可見的畫廊亦是帕奈爾的一大特色。鑑賞完紐西蘭藝術家的精心傑作之後，不妨坐在露天咖啡座喝杯茶歇歇腳。

沿著帕奈爾路往南前進，路名就會變成百老匯路Broadway，而街道氣氛也從帕奈爾的沉穩舒適搖身一變，成為都會流行商店群聚的新市場Newmarket；百老匯路兩旁商店林立，成為一大流行時尚區。

若想要往郊外走去，距離市中心開車往東6km處的傳教灣Mission Bay是不錯的選擇，這塊區域將精緻漂亮的咖啡館、餐廳、綠意盎然的公園與美麗海灘集於一身，是受到紐西蘭人男女老少共同喜愛的熱門景點。

當然還有從渡輪碼頭搭渡輪約12分鐘，或是駕車越過港灣大橋就能抵達的德文港Devonport，這裡是當初歐洲移民最早定居的地區之一，保留著無數維多利亞風格的建築物；除了可以登上以景觀著名的維多利亞山Mt. Victoria，也可以在洋溢濃厚19世紀氛圍的街道上散步。這一帶還擁有眾多舒適的B&B，非常建議下榻於此地。

在新市場享受購物樂趣

奧克蘭周邊的島嶼

在奧克蘭周邊分布著約50座大小島嶼，其中有搭乘渡輪約40分鐘就能抵達的懷希基島Waiheke Island，以生產高級葡萄酒與眾多藝術家居住而聞名，是相當熱門的度假島嶼；至於蒂里蒂里瑪塔基島Tiri Tiri Matangi Island，則適合花一整天時間來研究瀕臨絕種鳥類等稀有野生動物生態。而參加在地旅遊團造訪擁有豐富大自然的西海岸，也是很受歡迎的行程；至於戶外活動種類更是無比豐富，提供著各式各樣的遊樂方式。

主要活動

Auckland Arts Festival
電(09)309-0101
URL www.aaf.co.nz
時3/6～23〔'25〕(暫定)

Fine Food New Zealand Auckland
電(09)976-8300
URL www.finefoodnz.co.nz
時6/29～7/1〔'24〕

ASB Auckland Marathon
電(09)601-9590
URL aucklandmarathon.co.nz
時11/3〔'24〕

奧克蘭市區之旅
Auckland City Highlights Tour

暢遊濱海地區、傳教灣、奧克蘭中央公園、奧克蘭戰爭紀念博物館、伊甸山等市區主要景點的少人數旅遊團，只提供英文導遊。

Cheeky Kiwi Travel
電(09)390-7380
FREE 0800-252-65
URL www.cheekykiwitravel.com/auckland-city-highlights-tour/
時全年9:00或10:00出發
費4小時大人$99～、小孩$80～
CC MV

Column 郊外的人氣小鎮馬塔卡納

距離奧克蘭北邊約1小時車程的馬塔卡納，是個實踐有機和自然的生活型態的人氣小鎮，每個週六早上都會舉辦農夫市集，新鮮的在地食材與美食齊聚，盛況非凡；還可以探訪附近的白沙海灘、周遊酒莊，都是很有趣的活動。從奧克蘭可以參加Kikorangi(→P.267)等旅行社所推出的旅遊團，比較方便。

馬塔卡納農夫市集
Map P.261-A1
住2 Matakana Valley Rd., Matakana
URL www.matakanavillage.co.nz/market/
時週六8:00～13:00

有機食材與在地美食林立

天空塔
住Cnr. Victoria St. & Federal St.
電(09) 363-6000
FREE 0800-759-2489
URL www.skycityauckland.co.nz
開週一·二
9:30～18:00
週三～日
9:30～20:00
（最後入場為結束營業前30分鐘）
休無休
費大人$35、小孩$18
交可搭乘市區循環線、外環線。
天空之城賭場
營24小時
休無休
※進場須年滿20歲以上，不可穿著短褲、涼鞋等休閒服裝，且賭場內禁止攝影。

新年倒數活動所施放的煙火

天空塔的活動
Sky Jump (→P.268)
Sky Walk
天空塔在距離地面192m的高處，設置了寬1.2m的步道陽台，遊客可以繫上安全繩索，在導遊帶領下體驗驚險又刺激的360度高空漫遊，所需時間約1小時15分。
電(09) 368-1835
FREE 0800-759-925
URL skywalk.co.nz
時全年10:00～17:00共計3～4次（依天候而定）
費大人$160
小孩$120（10～15歲）
CC MV

紐西蘭海事博物館
住Cnr. Quay St. & Hobson St.
電(09) 373-0800
URL www.maritimemuseum.co.nz
開10:00～17:00
（最後入館時間為16:00）
費大人$20、銀髮族·學生$17、小孩$10
交可搭乘市區循環線。
巡航之旅
時週二～日11:30、13:30出發
費大人$53、小孩$27
（包含門票）

天空塔
Sky Tower

Map P.246-D1

328m的天空塔是南半球最高的塔，每年吸引超過75萬觀光客造訪，是奧克蘭代表性的地標。天空塔由上而下設置了3層展望台，站在高186m的主要展望台，不僅可以將整個奧克蘭市區一覽無遺，以透明玻璃打造而成的地板更能直接看穿腳底，帶來臨場感的高空刺激感受。至於更高一層220m處的Sky Deck，則特別設置一整面的落地大玻璃，開闊無邊際的全景視野可達80km遠。在塔內當然也有可以一邊眺望市區景致，一邊享用美食的餐廳、咖啡館與酒吧。

奧克蘭最知名的觀光景點

至於座落在天空塔底下的天空之城Skycity，裡面不但有天空之城賭場Skycity Casino、Skycity Hotel（→P.283）、劇場、餐廳、酒吧等商業娛樂設施，應有盡有。

高架橋港
Viaduct Harbour

Map P.246-C1

要想欣賞到藍天碧海中無數遊艇交錯往來的美景，感受「帆船之都City of Sails」的箇中真義，這裡絕對是第一首選；還有宛如將整座海港圍繞的時尚咖啡館、餐廳、酒吧林立，以及遊輪的停靠處。由於高架橋港曾經是舉辦過風帆最高榮譽獎項美洲盃的比賽舞台，而擁有美洲盃村America's Cup Village的稱號；2021年在奧克蘭舉行的第36屆大會便由紐西蘭第3度贏得冠軍。

港灣內停泊著無數遊艇

紐西蘭海事博物館
New Zealand Maritime Museum

Map P.246-C1

鄰近高架橋港且面海而建的博物館，展示主題從玻里尼西亞人使用過的獨木舟、歐洲人在大航海時代抵達紐西蘭的移民船艦、豪華客輪，到現代海上休閒娛樂的遊艇等，船隻的蒐羅範圍相當廣泛。館方會在每週二～日每天2次，開放歷史古船Ted Ashby號給遊客搭乘，親身體驗當年的巡航之旅。

溫耶德區
Wynyard Quarter

Map P.246-A2

位於高架橋港的西側，可開啟式人行天橋——溫耶德跨海大橋Wynyard Crossing前方的溫耶德區，除了有魚市場Auckland Fish Market及舉辦各式各樣熱鬧活動的多功能公園——Silo Park之外，在倉庫風格的建築內時尚餐飲店家林立，博得當地人的青睞；在延伸到港灣大橋旁邊的木棧道Westhaven Path散步也很不錯。

在海風的吹拂下悠閒散步吧

溫耶德區
☎(09) 336-8820
URL wynyard-quarter.co.nz
Westhaven Path
Map P.246-A2

Westhaven Path

布里托瑪
Britomart

Map P.246-C1～2

鄰近市中心碼頭的布里托瑪火車站周邊，是2011年為了紐西蘭舉行世界杯橄欖球賽才重新開發的區域。街道上舊郵政總局等古蹟建築與現代辦公大樓相容並存，轉運中心、個性咖啡館及小店、精品店、藝廊等各式店家林立，交融出獨特的氛圍。由於火車站位在地下聽不到熱鬧聲響，務必要出站來感受這時尚流行的氣氛。

布里托瑪轉運中心
Britomart Transport Centre
住12 Queen St.
☎(09) 366-6400
布里托瑪集團
URL britomart.org

時髦的店家林立

亞伯特公園／奧克蘭美術館
Albert Park / Auckland Art Gallery (Toi O Tāmaki)

Map P.246-D1～2

公園就位於市中心，大片綠色草地與茂密的大樹、噴泉、色彩豔麗的花鐘相映成趣，在天氣晴朗的日子裡，可以看到許多奧克蘭大學的學生或市民，到公園裡來看書、散步。

綠意盎然的亞伯特公園

位於公園一隅的白色建築物則是奧克蘭美術館，從毛利人的工藝品到國際性的現代藝術，收藏超過1萬5000件藝術作品，是紐西蘭最大的美術館。館內也有免費的藝術導覽之旅。

奧克蘭美術館
住Cnr. Kitchener & Wellesley Sts.
☎(09) 379-1349
URL www.aucklandartgallery.com
開10:00～17:00
休無休
費免費（特別展另外收費）
交可搭乘市區循環線、外環線。
美術館導覽之旅
時預約制
費免費
※最少6人成團，
E-mail gallerytours@aucklandartgallery.com需預約。

展示著各式各樣的作品

奧克蘭中央公園
Auckland Domain

Map P.247-C3

位於可以俯視整座奧克蘭市中心的丘陵上，是占地相當寬廣的大型公園。由於火山活動而形成的火山口，現在則規劃成了圓形劇場；公園內種植著許多稱為耶誕樹的紐西蘭原生種聖誕樹花Pohutukawa，會在12月左右開花。

奧克蘭市內歷史最悠久的公園

奧克蘭中央公園
住Park Rd. Grafton
交可搭乘內環線、外環線。
不時會舉行免費音樂會等戶外活動，相關資訊可以到遊客中心i-SITE詢問。每年耶誕節期間還會舉辦熱鬧的公園耶誕節Coca Cola Christmas in the Park （→P.259）。

奧克蘭戰爭紀念博物館
Auckland War Memorial Museum

Map P.247-C4

博物館1樓是毛利、南太平洋島嶼的歷史收藏，2樓為關於紐西蘭大自然的展出，3樓則是以第一次、第二次世界大戰為主題的相關展覽；館內不僅擁有數量驚人的各式珍藏物品，更是紐西蘭歷史最悠久的博物館。就連日本戰鬥機、原子彈爆炸事件等相關史料都有展出，如果想仔細欣賞館藏需要花上半天時間。

並且推出毛利表演及導覽之旅，可以輕鬆地接觸毛利文化。

聳立於高處、莊嚴穩重的建築物

奧克蘭戰爭紀念博物館
住Auckland Domain Parnell
☎(09) 309-0443
URL www.aucklandmuseum.com
開10:00～17:00、週二10:00～20:30、週六・日・節日9:00～17:00
休無休
費大人$28、小孩$14
交可搭乘內環線、外環線。
館內1日2次於11:00、13:00舉行的High Light之旅，大人$20、小孩$10；毛利表演1日2次於11:45、13:45舉行，大人$30、小孩$15。其他還會推出期間限定的導覽及活動，請在官網確認詳情，也可以在網站預約。

冬季花園
Wintergardens

Map P.247-C3

設置在占地幅員廣闊的奧克蘭中央公園（→P.251）內，從1913年開園以來，就成為奧克蘭市民休閒時最喜歡親近的植物園。花園內共有2大溫室，栽種著無數熱帶植物及紐西蘭的花卉植物，全年隨時都可以欣賞到數十種不同色彩的繽紛花朵綻放。為了在城市裡重現紐西蘭森林的原貌，更栽種多達100種品種的茂密蕨類植物區，絕對不容錯過！是能享受植物樂趣的免費私房景點。花園內還能發現葉子反面為銀白色的紐西蘭象徵植物——銀蕨Silver Fern。

冬季花園
住20 Park Rd. Grafton
開11～3月
週一～六 9:00～17:30
週日 9:00～19:30
4～10月 9:00～16:30
休無休
費免費
交可搭乘內環線、外環線。

開滿色彩鮮豔的美麗花卉

港灣大橋
Harbour Bridge

Map P.246-A2

銜接市中心與北奧克蘭的港灣大橋，全長1020m，高43m，在1959年大橋竣工之後，北邊區域的發展也隨著日益蓬勃起來。完成時的橋面寬度是4線道，後來因為交通量增加而變更為8線道，但近年來上下班時間塞車狀況嚴重，加上對橋樑老舊化的擔憂，雖然出現重建的建議聲浪，而這座美麗的大橋已經成為奧克蘭交通的重要通道，也是城市象徵的地位不會改變。

上下共8線道的汽車專用橋樑

港灣大橋也推出了攀登體驗Bridge Climb及高空彈跳等刺激的活動，不妨來挑戰看看。

港灣大橋活動的主辦公司
AJ Hackett Bungy
☎(09) 360-7748
FREE 0800-462-8649
URL www.bungy.co.nz
CC ADMV
攀登體驗Bridge Climb
→P.268
高空彈跳
時全年
費大人$175、小孩$145（10歲以上）
※在奧克蘭市中心有接駁巴士可搭乘，詳情請洽詢。

維多利亞公園市集
Victoria Park Market

Map P.246-B2

原本是清潔工廠的紅磚建築，聚集紐西蘭各地的藝術品店，以及各國料理餐廳、咖啡館、酒吧等約40家商店的市集。而興建於1905年到1908年才完工的歷史建築，也很受人注目。

維多利亞公園市集
住210-218 Victoria St.
☎(09) 309-6911
URL victoriaparkmarket.co.nz
交可搭乘內環線、外環線。

煙囪成了市集的標誌

帕奈爾&新市場
Parnell & Newmarket

Map P.247-B～D4

有著濃濃懷舊氛圍的帕奈爾文化村

距離奧克蘭市中心往東約1km的帕奈爾路Parnell Rd.，是全奧克蘭歷史最古老的住宅區，看起來卻像是歐洲的某個街角，保存著眾多建於19世紀後半的維多利亞風格建築；而在帕奈爾路上最引人矚目的就是帕奈爾文化村Parnell Village，這些擁有著醒目白牆的建築搖身一變成為精品聚集的複合式購物商場。

漫步在帕奈爾的街道上，很容易被充滿個性的特色小店吸引目光，像是收集在地藝術家作品的畫廊、手工打造的飾品小店等；其他像是可以見識到西洋與毛利文化完美結合的聖靈大教堂Holy Trinity Cathedral，或是與帕奈爾路平行延伸Gladstone Rd.上的帕奈爾玫瑰花園Parnell Rose Gardens等，分布在周邊的精采景點都不容錯過。

帕奈爾再往南走就到了新市場地區，而新市場並不是一座市場，而是從帕奈爾路一直延伸變成百老匯路Broadway後，以這裡為中心發展起來的商業區；這裡的商店密集，尤其是設計師品牌等時尚業店家最為集中，並且以實用性高的休閒服飾樣式齊全為一大特色。

咖啡館與精品店林立的Nuffield St.

新市場地區的中心就是購物商場Westfield Newmarket（→P.281），除了時下最流行的潮牌之外，日用品、生活雜貨、運動用品、化妝品的選擇也相當豐富，還進駐了超級市場及美食街。至於新市場火車站周邊的Nuffield St.，也有不少新穎摩登的小店，漫步欣賞這些店家精心設計的櫥窗，也非常有意思。

帕奈爾
URL www.parnell.net.nz
交 可搭乘內環線、外環線。

聖靈大教堂
Map P.247-C4
住 446 Parnell Rd.
☎ (09) 303-9500
URL www.holy-trinity.org.nz
開 10:00～13:00
休 週五～日

描繪著毛利與動植物的教堂彩繪玻璃，就像是這個國家的歷史

2017年獲得奧克蘭建築獎的玻璃教堂

帕奈爾玫瑰花園
Map P.247-B4
住 85 Gladstone Rd.
☎ (09) 301-0101
開 24小時
休 無休
費 免費

新市場
URL newmarket.co.nz
交 可搭乘內環線、外環線，或是從布里托瑪火車站搭乘南線、西線火車到新市場火車站。

新市場火車站

Column 週末的義大利市集

帕奈爾每個週末登場的義大利市集，位於義大利熟食店Bouno附近，從販賣生鮮食品、剛出爐的佛卡夏麵包和分量十足的肉類料理、義大利麵、披薩等攤販林立，是最適合吃早午餐的地點；或是在這裡採買食材，帶出去野餐也是不錯的主意。就連橄欖油等許多義大利食材也都買得到，也很適合採購伴手禮。

Bouno
Map P.247-B4
住 69 St.Georges Bay Rd.
☎ 022-551-4444
URL parnellmarkets.co.nz
時 週六8:00～13:00

可以試吃義大利火腿和開胃菜

在龐森比周遊咖啡館和小店

龐森比路Ponsonby Rd.兩旁聚集整排優雅洗練的餐廳、商店，
有著「咖啡館激戰區」的稱號，
幾乎是每隔幾公尺就會發現氣氛絕佳咖啡館的蹤影。

龐森比 Ponsonby

在循環市區內的內環線上，有條綿延約1km長的龐森比路，這條大馬路和帕奈爾路Parnell Rd.、高街High St.並列為奧克蘭最流行時尚的3大街，而名聲響亮。

URL iloveponsonby.co.nz
交 可搭乘市區內環線

保存著新哥德式古老建築的街道

位於奧克蘭西側的區域

A 融合東方與西洋 眼睛及舌頭都能享受的創作料理

Fusion Cafe

Map P.246-B2

由越南老闆所經營，除了供應具紐西蘭風味的咖啡館餐點，也能享受亞洲創作料理。熱門菜色有班尼迪克蛋、法式吐司、越式風味三明治的越式法包等，也提供兒童餐。

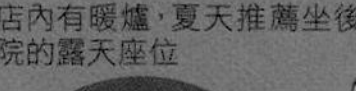

店內有暖爐，夏天推薦坐後院的露天座位

住 32 Jervois Rd.
電 (09) 378-4573
URL www.fusioncafe.co.nz
營 週一～五7:00～15:00、週六‧日8:00～15:00
休 無休　CC MV

由於使用當季食材，經常會更改菜單喲

以肉桂布里歐麵包做成的法式吐司，淋上滿滿的當季水果與法式果漬藍莓醬，並附加椰子優格$24

B 充分展現老闆的品味！ 放眼盡是紐西蘭製的生活雜貨

Everyday Need

Map P.246-B2

在時尚店家林立的龐森比路，特別以好品味而著稱的生活雜貨店。除了講究優雅的設計，更嚴選能長期使用、具永續意識的商品；像是由在地陶藝家所製作的餐具、飾品等，適合為自己選購紀念品。

住 270 Ponsonby Rd. 電 (09) 378-7988
URL www.everyday-needs.com
營 9:30～17:00
休 無休　CC AMV

店內蒐羅優質品味的商品，人也會不自覺地被吸引

1 陳列著餐具、文具和寢具，品項豐富，讓人逛到忘了時間
2 手寫的詳細商品介紹，很有溫度
3 造型特殊的燭台$145
4 可愛的指甲刷$28

C

嶄新甜點在這裡 嚴選食材的人氣咖啡館

Foxtrot Parlour

店裡最有名的是自己用大針筒注入內餡的甜甜圈 Foiyo Doughnuts $6.5

Map P.246-C2

以「提供美味料理的地方就會有開心的笑聲」為座右銘，供應三明治、歐姆蛋等自家製作的早午餐，以及每天早上現烤的麵包、派、法式鹹派與甜點等各種烘焙點心。雖然是咖啡館，卻也提供在地啤酒、蘋果氣泡酒及葡萄酒等酒精飲料。

住Ponsonby Central, 7 Richmond Rd.
☎(09) 378-7268
URL www.foxtrotparlour.co.nz
營7:00～16:00
休無休 CC MV

位於Ponsonby Central（→P.281）內

1 Henhouse Raid $14.5，口感細緻綿密的炒蛋，加上自家製的印度酸辣醬，照片裡還外加酪梨$6
2 週末提供每週更換的多種可愛蛋糕

D

紐西蘭伴手禮大集合 非來不可的生活雜貨店

The Garden Party

Map P.246-C2

以具有紐西蘭風格的主題為主軸，收集價格平實的各種生活雜貨，其中最受歡迎的是畫著野鳥的茶巾Tea Towel $15～；還有在地藝術家手工製作的可愛飾品，以及廚房、嬰兒用品也很齊全。

店裡從保養品到生活雜貨，蒐羅各種知名品牌商品

住130 Ponsonby Rd.
☎(09) 378-7799
URL www.thegardenparty.co.nz 營週一～五10:00～18:00、週六・日10:00～17:00 休無休 CC MV

1 印著扇尾鶲和紐西蘭聖誕樹花的茶巾$15 2 以壓克力切割而成的耳環$54 3 使用有光澤材質做成的小包包$35

Franklin Rd.
Collingwood St.
Anglesea St.
Paget St.
Picton St.
Ponsonby Rd.
Mag Nation Ⓢ
Stolen Girlfriends Club
Icebreaker Ⓢ
WE-AR
Pollen St.
Lincoln St.
S・P・Q・R Ⓡ
Ponsonby Central
Norfolk St.
Douglas St.
Brown St.
Richmond Rd.
Mackelvie St.
C D E

E

發現高質感的生活雜貨 在藝廊裡買東西

The Poi Room

Map P.246-C2

藝廊裡收集超過50名紐西蘭現代設計師的作品，其中有許多以毛利文化為主題的現代風格生活雜貨，很適合找伴手禮。推薦商品為手工製作的首飾$85～及茶巾$25～。

住Shop 10, 130 Ponsonby Rd. ☎(09)378-4364
URL www.thepoiroom.co.nz 營週一～五9:30～17:30、週六9:30～17:00、週日10:00～16:00 休無休 CC ADJMV

有著炸魚薯條花紋的茶巾$25～30

用羊毛做成的夏威夷娃娃$69

裝飾在包包或服裝上的點綴，貓咪別針$120

獨特手工刺繡的壁飾$120，背後附有圓形的掛環

在新世界也有分店

伊甸山
Mt. Eden

Map P.247-D3

遺留在奧克蘭市區多達50餘座的死火山中，伊甸山是其中一座舊火山口所形成的丘陵地，雖然海拔僅有196m，站在山頂卻可以將整座奧克蘭市區與大海一覽無遺，是絕佳的登高望遠所在；火山口遺跡宛如蟻塚般呈倒圓錐形，周圍則設有木棧步道。利用伊甸山東邊斜坡地勢而建的伊甸花園Eden Garden，是座小而美的公園，不僅栽種超過1000棵樹木，被繁花環繞的美麗英式庭園裡，經常吸引在地人來這裡享受在長椅上看書的悠閒時間。

開闊的視野令人身心舒暢

伊甸山
住250 Mt. Eden Rd. Mt.Eden
開夏季 7:00～20:30
冬季 7:00～19:00
伊甸花園
住24 Omana Ave. Epsom
電(09) 638-8395
URL www.edengarden.co.nz
開9:00～16:00
（咖啡館為9:00～15:00）
休週一
費大人$12、小孩免費
交從市中心搭乘Metro #27H、27W約25分鐘，或是外環線。

獨樹山
One Tree Hill

Map P.244-B2

紀念塔高33m

位於肯威爾公園Cornwall Park內，與伊甸山同樣屬於死火山，海拔183m，山頂上豎立著奧克蘭市創立者約翰・羅根・坎貝爾爵士John Logan Campbell為了向原住民毛利人表達敬意而建的紀念塔，成為城市的象徵而廣為人知。獨樹山上到處放養著綿羊與牛群，還保留著全奧克蘭最古老的建築物──洋槐小屋Acacia Cottage。從這裡眺望到的郊外景色絕佳。

肯威爾公園
住Green Lane West Greenlane
電(09) 630-8485
URL cornwallpark.co.nz
開7:00～21:00
（依季節變動）
休無休
交從布里托瑪火車站搭乘東線約15分鐘在Greenlane下車，再步行約15分鐘；也可從市中心搭乘Metro #70H約30分鐘，或是外環線。
洋槐小屋
開7:00～日落
休無休

在奧克蘭市區可以看見放牧的綿羊及牛群

斯達多姆天文台
Stardome Observatory

Map P.245-C2

座落於獨樹山南側斜坡上的天文台，能以360度的超全景欣賞觀測閃亮的星星，還能認識以南十字星為主的南半球星空。夜間的天文台內更有各種天象儀秀登場，節目內容依季節而異，請上官網確認；若天候良好，天象儀秀結束後可以透過大望遠鏡，進行實際的天文觀測。還附設販售以星星為主題各種商品的紀念品店。

可以聽到如何靠著夜星指路來到紐西蘭的毛利傳說

斯達多姆天文台
住670 Manukau Rd. One Tree Hill Domain
電(09) 624-1246
URL www.stardome.org.nz
開週一 9:30～17:00
週二～日 9:30～17:00
18:00～22:30
休無休
費大人$2、小孩$1
（天象儀秀為大人$15、銀髮族・學生・小孩$12）
交從市中心搭乘Metro #30約40分鐘，下車後再步行約6分鐘；或是外環線。

奧克蘭動物園
Auckland Zoo

Map P.244-B1

座落在市中心西南方的奧克蘭動物園，是紐西蘭規模最大的動物園，飼養著多達135種、總數超過1400隻動物，在寬敞的園區內依照動物種類分成多個區域，即使是大人也能樂在其中。除了有常見的大象、長頸鹿、獅子之外，還看得到紐西蘭國鳥奇異鳥，以及被稱為是「活恐龍」的刺背鱷蜥Tuatara等，可以觀察紐西蘭特有種動物的生態。奇異鳥因為屬於夜行性動物，便特意將其活動的小屋布置成日夜顛倒，好讓遊客可以看到這種稀有鳥類活動時的面貌。

悠閒自在散步的長頸鹿

奧克蘭動物園
住99 Motions Rd. Western Springs
☎(09) 360-3805
URL www.aucklandzoo.co.nz
開9:30～17:30
（最後入場時間為1～16:30）
休無休
費大人$24、小孩$13
交從市中心搭乘Metro#18、110、195約20分鐘，下車後再步行約6分鐘。

西泉公園
Western Springs

Map P.244-B1

緊鄰著奧克蘭動物園及交通科學博物館，是一座擁有碧綠如茵草地的廣大公園，在湖泊上還不時有黑天鵝優雅游過水面，在公園裡隨處可見介紹各式鳥禽資料的解說牌，可以體驗賞鳥的樂趣。每逢週末則會吸引家族或情侶來園內野餐，還有盡情從事各種運動的年輕人們，熱鬧得不得了。

西泉公園
住731 Great North Rd. Grey Lynn
交從市中心搭乘Metro#18、134約20分鐘。

最適合來散步或野餐

交通科學博物館（MOTAT）
Museum of Transport & Technology (MOTAT)

Map P.244-B1

舉凡是紐西蘭過去與交通、農業、醫療等主題相關的歷史，諸如車輛、火車、醫療器具、機械等全都依照當時模樣，原封不動地保存在這座交通科學博物館內。像是據說比萊特兄弟還要早成功完成動力飛行的皮爾斯Richard Pearse、全世界第一位完成英國與紐西蘭之間飛行路線的女飛行員Jean Batten等，與這些紐西蘭家喻戶曉英雄相關的珍貴史料、遺物全都收藏於博物館中。園區分為本館及展示軍用機等飛機的Aviation Hall 2個場館，可以搭乘路面電車往來2館之間，也能在奧克蘭動物園前下車。

交通科學博物館
住805 Great North Rd. Western Springs
☎(09) 815-5800
URL www.motat.org.nz
開10:00～16:00
（最後入場時間為15:30）
休無休
費大人$19、小孩$10
交從市中心搭乘Metro#18、134約20分鐘。
路面電車
運10:00～16:00
費免費（包含在博物館門票內）

位於戶外的展示品

Column 海岸到海岸步道

從奧克蘭北方的懷特瑪塔港Waitemata Harbour銜接至南端的馬努考港Manukau Harbour的這條路線，稱為海岸到海岸步道Coast to Coast Walkway。步道的起點就在高架橋港（→P.250），穿越奧克蘭中央公園、伊甸山、獨樹山，最後至奧尼湖加港Onehunga Bay（Map P.245-C2），整段行程約為16km，所需時間4小時～。在遊客中心i-SITE可以索取附有詳細地圖的導覽手冊，當然也可以由南往北走，由南端終點處的奧尼湖加返回布里托瑪火車站，可以搭乘Metro#30，或是奧尼湖加線火車。

跟著黃色箭頭指標走就沒問題

傳教灣
URL www.missionbay.co.nz
交 從市中心搭乘塔瑪基線約15分鐘。

可在海灘沿線的咖啡館，度過悠閒的午後時光

傳教灣
Mission Bay

Map P.244-A3

奧克蘭市中心往東約6km處的傳教灣，不僅高級住宅林立，也是屈指可數的人氣區域，因為這裡有最適合海水浴的沙灘，還可以眺望到不遠處的朗伊托托島Rangitoto Island，所以每到盛夏時節就成為獨木舟、立槳SUP等水上運動的樂園，許多人來此地逐浪嬉戲而顯得熱鬧非凡。沿著海灘延伸的公園也很適合散步，不但非常舒適宜人，更有著不少時尚餐廳、咖啡館，非常推薦在這裡用餐。

漫步於迷人的沙灘上

前往塔瑪基海岸公路
從市中心沿著碼頭街Quay St.往東前行，搭乘塔瑪基線約15分鐘。

塔瑪基海岸公路的活動
Fergs Kayaks
獨木舟、立槳SUP板的租借、獨木舟之旅、練習課程等活動內容應有盡有。
住 12 Tamaki Dr. Orakei
電 (09) 529-2230
URL fergskayaks.co.nz
營 9:00〜17:00
休 無休
獨木舟租借
費 1小時$28〜
朗伊托托島獨木舟之旅
費 6小時$160

塔瑪基海岸公路
Tamaki Drive

Map P.244-B3

塔瑪基海岸公路是建在霍布森海灣Hobson Bay堤防上的道路，從市中心往東邊的海岸延伸，迎著海風漫步，眼前的視野全開，非常舒服而愜意。海面上有遊艇、小艇自在徜徉著，公路上則有著慢跑、騎腳踏車或滑直排輪的人們，還有享受垂釣樂趣的釣客，每個人都以自己的方式享受在塔瑪基海岸公路的時光。沿著公路往前走就能抵達Orakei港，這裡的夕陽與夜景也是絕佳美景。

還能眺望到遠處的朗伊托托島

凱利達頓南極水族館&海底世界
住 23 Tamaki Dr. Orakei
電 (09) 531-5065
FREE 0800-446-725
URL www.kellytarltons.co.nz
開 9:30〜17:00
（最後入場時間為〜16:00）
休 無休
費 大人$32.8、小孩$23.3
（在官網預約可享折扣）
交 從市中心搭乘塔瑪基線約15分鐘。
鯊魚之籠Shark Cage
時 週六・日10:00、11:30
（年底及新年假期每天舉行，要預約）
費 $99

凱利達頓南極水族館&海底世界
Kelly Tarlton's Sea Life Aquarium

Map P.244-A3

位於傳教灣附近濱海位置的熱門水族館，以驚人的大型水槽及貫穿其間長達110m的海底隧道最吸引人，只要站上電動步道就能欣賞到鯊魚、魟魚及無數魚群圍繞身邊，就像是置身於大海之中。館內與南極相關的展覽也很多，還重現南極探險的基地，也能觀察到國王企鵝King Penguin、巴布亞企鵝Gentoo Penguin可愛的模樣。至於潛入水槽內，與鯊魚近距離接觸的鯊魚之籠Shark Cage等活動（須另外付費），則是特別又刺激的挑戰。

可以近距離看到鯊魚

彩虹樂園
Rainbow's End

Map P.245-D4

全紐西蘭唯一擁有正式大型遊樂設施的遊樂園，園區內共有約20種各式各樣驚險又刺激的遊戲，其中最受歡迎的項目就是自由落體Fearfall，會升高至18層樓的高度後停下來，再一口氣以最高時速80km的速度往下衝；還有軌道翻轉扭曲的雲霄飛車Corkscrew Coaster、乘坐推車在金礦中橫衝直闖的淘金探險Gold Rush等，尖叫指數破表的遊戲數都數不完。至於擁有巨蛋造型的180度大螢幕劇場——Spectra，不僅有3D影像還搭配上活動座椅，臨場感堪稱百分百。

刺激指數破表的雲霄飛車

彩虹樂園
住2 Clist Cres. Manukau
電(09) 262-2030
URL rainbowsend.co.nz
開週一～五　10:00～16:00
週六·日·節日　10:00～17:00
休無休
費Super Pass（門票＋自由搭乘）大人$67.99、小孩$57.99
交位於距離市中心東南方約20km的馬努考市Manukau City，從布里托瑪火車站搭乘東線到馬努考Manukau站約40分鐘，下車後再步行約10分鐘。

蝴蝶溪
Butterfly Creek

Map P.245-D2

距離奧克蘭國際機場車程約2分鐘，收集來自亞洲、美國等地的特殊種類蝴蝶，並加以飼養；在Butterfly House溫室中可以欣賞到各種色彩繽紛蝴蝶飛舞的模樣，還有水族館及能與兔子等小動物接觸的區域，適合家庭親子共遊同樂。

蝴蝶溪
住10 Tom Pearce Dr.
電(09) 275-8880
URL www.butterflycreek.co.nz
開週三～五　9:30～16:00
週六·日　9:30～17:00
（依季節而變動）
休週一·二
費大人$29、小孩$16
交從奧克蘭國際機場步行約15分鐘，可搭乘免費接駁巴士，在機場內遊客中心i-SITE預約。

Column 盛夏的耶誕節

位於南半球的紐西蘭，四季與台灣完全顛倒，感受特別明顯的就屬耶誕節了。雖然在市區裡的大街小巷都看得到耶誕樹，還有以耶誕老人為主題的裝飾，但是街上的行人都穿著短袖，日落時間也很晚，可以欣賞燦爛耶誕燈飾的時間也非常短。

不過，儘管是盛夏，還是有熱鬧無比的耶誕節慶典登場，在基督城及奧克蘭2大城市，都會舉辦名為公園耶誕節Coca Cola Christmas in the Park，規模盛大的露天活動；有紐西蘭知名藝人連番演唱耶誕節組曲的音樂會，以及璀璨的煙火大會，讓城市整個陷入狂歡氣氛中。但是，一般紐西蘭人在12月25日這一天，都習慣與家人一起度過耶誕佳節，幾乎所有設施、餐廳及商店都會公休。

夏日夜空中妝點著歡慶耶誕的繽紛煙火

公園耶誕節
URL www.coke.co.nz/christmas-in-the-park
【基督城】
北海格雷公園North Hagley Park (→P.52)
時11/30〔'24〕（暫定）
【奧克蘭】
奧克蘭中央公園Auckland Domain (→P.251)
時12/14〔'24〕（暫定）

前往德文港的渡輪
Fullers
Map P.246-C1
住Pier1 99 Quay St.
☎(09) 367-9111
URL www.fullers.co.nz
運奧克蘭→德文港
週一～四　5:45～23:30
週五　5:45～翌日0:00
週六　6:15～翌日0:00
週日·節日　6:15～22:00
德文港→奧克蘭
週一～四　6:00～23:45
週五　6:00～翌日0:30
週六　6:30～翌日0:30
週日·節日　7:30～22:15
每隔30～45分鐘發船。
費單程
現金　大人$8、小孩$4.5
AT HOP card
大人$5.4、小孩$3.1

德文港博物館
Map P.260-A2
住33A Vauxhall Rd.
☎(09) 445-2661
URL www.devonportmuseum.org.nz
開週二～四　10:00～12:00
週六·日　14:00～16:00
休週一·五
費免費（歡迎捐款）

紐西蘭皇家海軍博物館
Map P.260-A2
住64 King Edward Pde. Tropede Bay
☎(09) 445-5186
URL navymuseum.co.nz
開10:00～17:00
休無休
費$10

德文港
Devonport

P.244-A2~3、P.260

步行約15分鐘就能登上維多利亞山頂

由布里托瑪火車站附近的皇后碼頭Queens Wharf出發，搭乘渡輪只要約12分鐘，就可以抵達對岸的德文港（開車則是需要經由港灣大橋渡海，所需時間約20分鐘）。自古德文港就是歐洲移民落腳紐西蘭的起點，也是保存許多維多利亞風格古典建築的美麗城鎮；來到德文港博物館Devonport Museum及紐西蘭皇家海軍博物館Torpedo Bay Navy Museum可以知曉周遭的歷史故事，加上到處分布著小型B&B，非常推薦下榻於此地體驗悠閒的旅程。作為主要街道的維多利亞路Victoria Rd.，時尚的古董店、餐廳及咖啡館林立。

沿著維多利亞路往北走，就是維多利亞山Mt. Victoria，輕鬆就能登上海拔80.69m的山頂，隔海眺望市中心林立的高樓，以及海上風帆星羅棋布的懷特瑪塔港Waitemata Harbour，景色相當開闊。

而沿著海灣一路往東前進就是通往北角North Head的道路，一路漫步非常舒服，而且從渡輪碼頭步行到北角僅需約15分鐘，等到夏季來臨時，海灘就會擠滿戲水弄潮的人群，非常熱鬧。

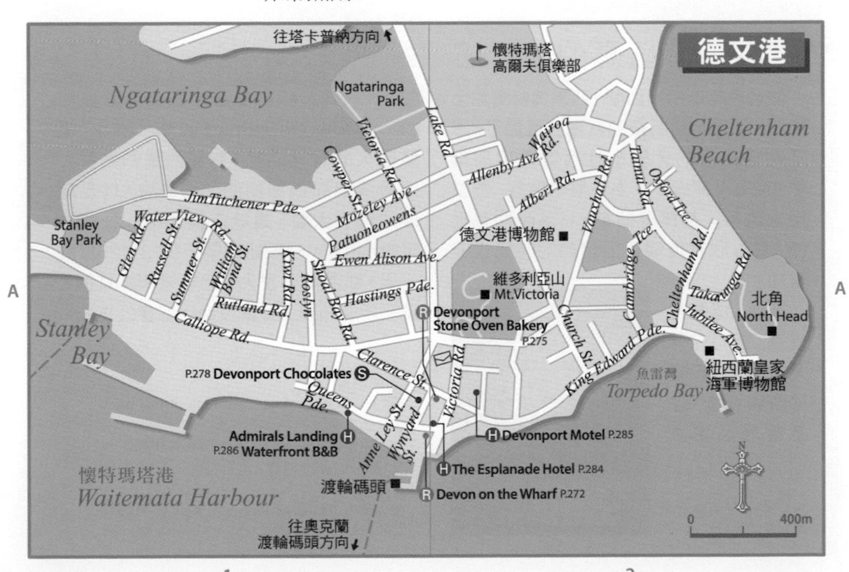

奧克蘭周邊島嶼的 景點

奧克蘭擁有曲折複雜而美麗的海岸線，周邊近海分布著大約50座大小不同的島嶼，這裡所介紹的是從市中心出發可以當天往返的5座島嶼，這些美麗島嶼被生機勃勃的大自然所環繞，可以享受健行、騎腳踏車等戶外活動。距離市區最近的是朗伊托托島（→P.265），搭乘渡輪約25分鐘；而朗伊托托島旁相連的莫圖塔普島（→P.265）也是相同時間；在蒂里蒂里瑪塔基島（→P.262）則能與塔卡黑秧雞、垂耳鴉等只能在紐西蘭看見的珍貴鳥類相遇。至於懷希基島（→P.264）與大屏障島（→P.265）上有住宿設施，如果時間充裕不妨在島上住1晚，讓身心都得到大自然的最佳洗滌。

距離奧克蘭最遠的是大屏障島

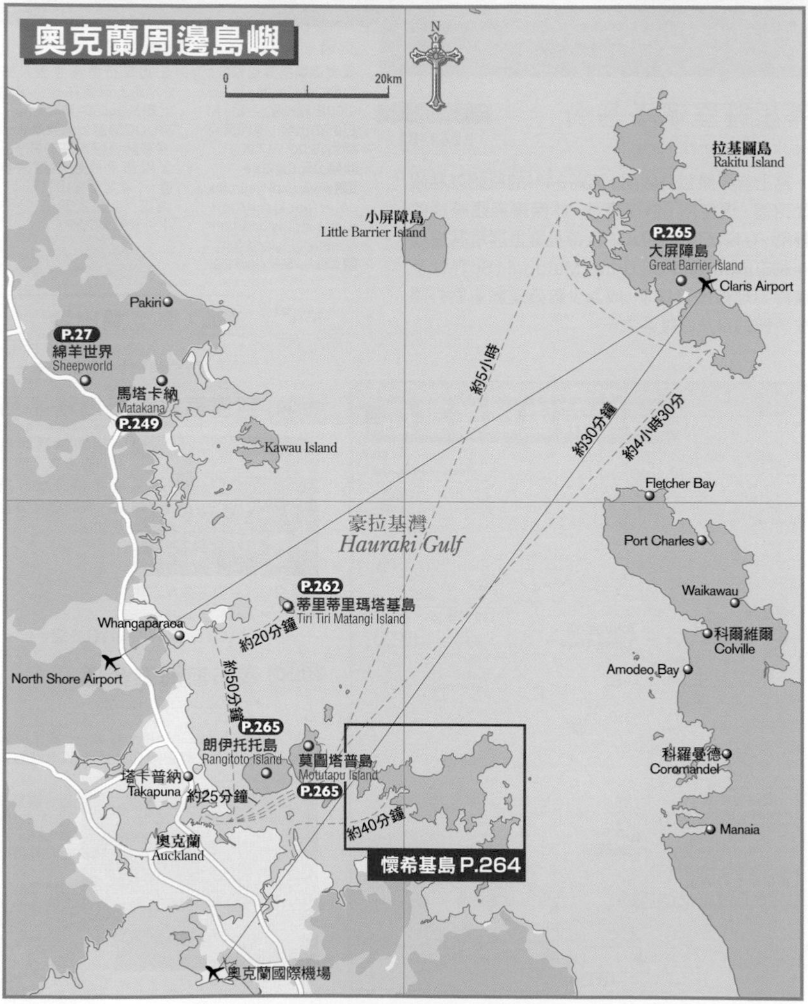

奧克蘭周邊島嶼

0 20km
N
拉基圖島 Rakitu Island
小屏障島 Little Barrier Island
P.265 大屏障島 Great Barrier Island
Claris Airport
Pakiri
P.27 綿羊世界 Sheepworld
馬塔卡納 Matakana P.249
Kawau Island
約5小時
約30分鐘
約4小時30分
Fletcher Bay
豪拉基灣 Hauraki Gulf
Port Charles
Waikawau
P.262 蒂里蒂里瑪塔基島 Tiri Tiri Matangi Island
Whangaparaoa
約20分鐘
科爾維爾 Colville
North Shore Airport
Amodeo Bay
約50分鐘
P.265 朗伊托托島 Rangitoto Island
莫圖塔普島 Motutapu Island P.265
科羅曼德 Coromandel
塔卡普納 Takapuna
約25分鐘
約40分鐘
Manaia
奧克蘭 Auckland
懷希基島 P.264
奧克蘭國際機場
A A
B B
1 2

鳥的樂園

去蒂里蒂里瑪塔基島賞鳥

位於奧克蘭東北方約30km處

蒂里蒂里瑪塔基島上棲息著瀕臨絕種的珍貴鳥類，可以藉此窺見太古時期紐西蘭的面貌。就一邊聽著鳥鳴聲，一邊散步吧。

蒂里蒂里瑪塔基島

Tiritiri Matangi Island

Map P.261-B1

島上曾經開墾為牧場，而將94%的原始森林砍伐殆盡，現在為了恢復森林，並保護瀕臨絕種的野鳥，在自然保育部DOC及蒂里蒂里瑪塔基援助團體Supporters of Tiritiri Matangi（SoTM）不遺餘力地保護管理下，成為少數幾座願意對外開放參觀的自然保護區之一。

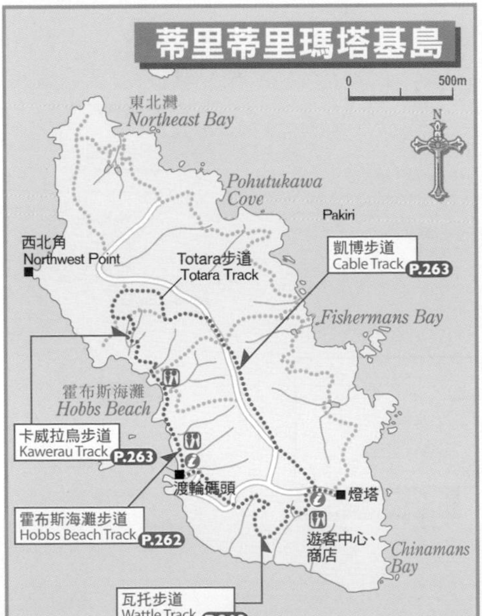

交通

從奧克蘭搭乘渡輪約1小時20分，週三～五9:00出發、週六‧日‧節日8:30出發（返回奧克蘭為16:00～17:20）

渡輪公司Explore

URL www.exploregroup.co.nz/auckland/tiritiri-matangi-island/tiritiri-matangi-island-ferry/

費 來回大人$95、小孩$50

攜帶物品

- 記得自行準備午餐及飲水。島上只有在徒步導覽之旅終點站的燈塔附近，有DOC的辦公室兼商店。
- 穿著舒適好走路的鞋子，全程都是經過整理的步道，不需要穿登山鞋。
- 為應付突然的驟雨，穿防水外套較為方便。

蒂里蒂里瑪塔基島

0 500m N

東北灣 Northeast Bay

Pohutukawa Cove

Pakiri

西北角 Northwest Point

Totara步道 Totara Track

凱博步道 Cable Track P.263

Fishermans Bay

霍布斯海灘 Hobbs Beach

卡威拉鳥步道 Kawerau Track P.263

渡輪碼頭

燈塔

霍布斯海灘步道 Hobbs Beach Track P.262

遊客中心、商店

Chinamans Bay

瓦托步道 Wattle Track P.263

START **9:00 奧克蘭出發**

搭渡輪約1小時20分

10:20 到達蒂里蒂里瑪塔基島

夏季會有大批遊客從奧克蘭到訪

從渡輪碼頭就有3條步道，所以將遊客分成好幾組，展開健行導覽之旅。

所需時間約10分鐘

10:30 霍布斯海灘步道

Hobbs Beach Track

從渡輪碼頭通往島上唯一沙灘──霍布斯海灘的步道，途中會經過幾個為藍企鵝準備的人工巢箱。

藍企鵝屬於夜行性鳥類，白天會待在巢箱裡

輕輕地打開巢箱蓋子看看

所需時間約40分鐘

11:10 卡威拉鳥步道
Kawerau Track

在紐西蘭本島已經絕跡的縫合吸蜜鳥Stitch-bird

從霍布斯海灘稍微爬一點坡，便進入鬱蒼茂密的原始林中，是發現許多紐西蘭聖誕樹花Pohutukawa大樹及稀有鳥類的地方。

島上僅存的原始林

叫聲甜美的鐘吸蜜鳥Bellbird

已瀕臨滅絕的紐西蘭特有種垂耳鴉kokako

所需時間約40分鐘

11:50 凱博步道
Cable Track

由義工所種植的新森林，樹木都還很年輕、比較低矮，鳥一靠近就會發現。

所需時間約2小時

很害羞怕人，會立刻躲起來的塔卡黑秧雞

13:50 燈塔&遊客中心
Lighthouse & Visitor Centre

在遊客中心內也有販賣紀念品

燈塔所在的位置有大片草坪，塔卡黑秧雞Takahe會為了吃草而出現，牠是島上最受歡迎的紐西蘭特有種鳥類。

脖子長著白羽毛的簇胸吸蜜鳥Tui

所需時間約40分鐘

14:30 瓦托步道
Wattle Track

途中設有鳥用的水池，可以坐在長椅上看簇胸吸蜜鳥或鐘吸蜜鳥玩水的模樣。

建議體力好的人不妨來回瓦托步道

GOAL 14:40 回奧克蘭

棲息在蒂里蒂里瑪塔基島上的鳥兒

不僅是紐西蘭特有種，更有只在蒂里蒂里瑪塔基島上才能看到的珍貴鳥兒。

紐西蘭鳩
Kereru

又被稱為紐西蘭鴿，體長約50cm，以寶石綠的美麗羽毛為特徵。

鞍背鴉
Saddleback

因為背上如馬鞍形狀的褐色羽毛而得名，在紐西蘭本島曾經一度絕跡的珍貴鳥類。

白頭刺鶯
Whitehead

只棲息在北島的紐西蘭特有種鳥類，以白色的頭部為特徵，體型小而動作快速。

紐西蘭鴝鶲
New Zealand Robin

棲息於紐西蘭全國的森林深處，以腳長為特徵，好奇心強，常會跟在人後出現。

蕨鶯
Fern bird

不太善於飛行的紐西蘭特有種鳥類，總是藏身於茂密森林中不容易被發現。

Column

參加健行導覽之旅

由義工團體舉辦的健行導覽之旅，以小團體一路聽著島上的歷史、獨有的生態系統、鳥類與植物相關的有趣故事，一邊健行；分為瓦托步道、卡威拉鳥步道、Moana Rua路線3種行程，所需時間為1小時30分～2小時30分，可以在渡輪公司Explore的官網上預約。健行導覽之旅在下午就會結束，到回程渡輪出發前可以自由散步，感受在自然中放鬆身心的時間。

URL www.exploregroup.co.nz/auckland/tiritiri-matangi-island/tiritiri-matangi-island-walking-tracks/

健行導覽之旅 費大人$10、小孩$2.5

懷希基島
Waiheke Island

Map P.264

島上四處可見葡萄園

從市區搭乘渡輪，大約40分鐘就可以抵達這座人口8000多人，且擁有豐富大自然的懷希基島。作為距離奧克蘭不遠的一大度假勝地，旺季時每天能吸引高達3萬名遊客，島上不僅有絕佳的沙灘可做海水浴或野餐，也可以騎乘登山自行車四處暢遊。懷希基島的中心城鎮是歐尼羅亞Oneroa，街上咖啡館與商店林立，而位於東側的小歐尼羅亞Little Oneroa、棕櫚海灘Palm Beach等則是讓人可以放鬆的寂靜場所。

島上有配合渡輪抵達時刻而出發的循環巴士，也可以租車或腳踏車到處遊逛，或是參加由渡輪公司推出的酒莊周遊之旅；如果還想體驗健行、獨木舟等活動，建議最好在懷希基島住上幾晚。

懷希基島的酒莊

懷希基島是單寧酸及色素最豐富，並具有一定酸味的最高等級紅酒卡本內蘇維濃Cabernet Sauvignon，以及同屬高級紅酒但單寧酸較低的梅洛Merlot最佳產地，因而受到矚目，目前島上分布著超過20家酒莊，其中有不少還兼營餐廳或旅館民宿。雖然酒莊大多集中在島嶼西側，但因為幅員遼闊，想暢遊酒莊最好還是搭乘島上巡迴巴士、計程車，或參加周遊之旅。夏季的11～3月各家酒莊都會敞開大門迎接觀光客到訪，可以遍嚐各酒莊的美酒或在餐廳用餐；至於淡季，則是有些酒莊會暫時歇業，最好先上網站查詢清楚。在渡輪碼頭就有酒莊地圖可索取。

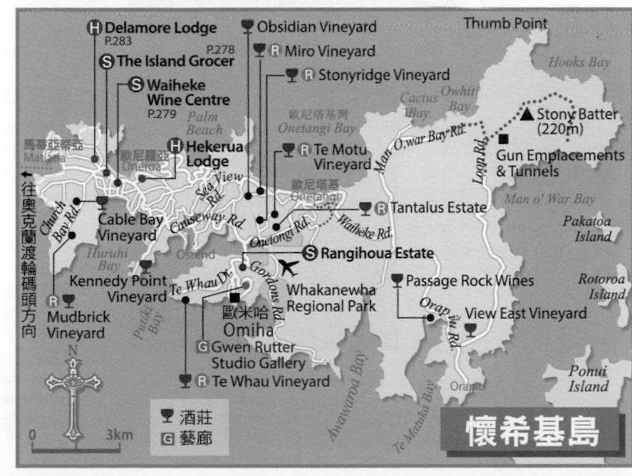

前往懷希基島的渡輪
Fullers (→P.260)
運奧克蘭→懷希基島
週一～六　6:00～23:45
週日　7:00～22:15
懷希基島→奧克蘭
週一～五　6:00～翌日0:30
週六　7:00～翌日0:30
週日　8:00～23:00
每隔30分鐘～1小時30分發船
費來回大人$46、小孩$23

懷希基島的島上巴士
Metro (→P.242)
從渡輪碼頭所在地馬蒂亞蒂亞Matiatia行駛前往歐尼塔基Onetangi共有5條路線。

試飲酒莊自豪的葡萄酒並加以比較

Hop-On Hop-Off Explorer Buse
以馬蒂亞蒂亞Matiatia為起點，巡迴歐尼羅亞Oneroa、酒莊等懷希基島上17個景點、可以自由上下車的觀光巴士。
時週五～日　9:00～19:00
（繞行1周約1小時30分）
費大人$75、小孩$39（（內含渡輪及島上巴士1日券的費用）

上述觀光巴士經過的主要酒莊
Mudbrick Vineyard
URL www.mudbrick.co.nz
Cable Bay Vineyards
URL cablebay.nz
Te Motu Vineyard
URL www.temotu.co.nz
Tantalus Estate
URL tantalus.co.nz
Stonyridge Vineyard
URL www.stonyridge.com

懷希基島的住宿
Hekerua Lodge
住11 Hekerua Rd.
電(09) 372-8990
URL www.hekerualodge.co.nz
費Dorm$40～　Ⓢ$65～
ⒹⓉ$86～
房數27床
CC MV

朗伊托托島
Rangitoto Island

Map P.261-B1

從市區搭乘渡輪約25分鐘就能抵達，是約600年前因火山爆發而形成的年輕火山島，島上規劃了好幾條健行步道，而海拔259m的山頂單程只需要1小時就能夠登上；途中雖然有熔岩露出、不太好走的路段，但絕大部分都是經過整理、狀況良好的步道。從山頂上不僅能一覽奧克蘭的市區風景，還能遠眺科羅曼德半島。島上沒有商店，為了保護環境，規定所有攜帶進去的食物都必須放在密封容器內，而所有的垃圾也必須帶走。雖然這裡沒有任何住宿設施，享受半天的健行就足夠了。

擁有360度視野的山頂觀景台

莫圖塔普島
Motutapu Island

Map P.261-B1

緊鄰在朗伊托托島東側的島嶼，這2座島嶼靠著第二次世界大戰時興建的道路而連接起來，可以用步行方式往來島嶼間；由朗伊托托島的渡輪碼頭步行約6km，所需時間為1小時40分左右。莫圖塔普島上規劃有開闊寬敞的露營區，不過這裡禁止焚燒木材生火，必須使用露營爐具，營區只提供水與廁所而已。造訪朗伊托托島及莫圖塔普島，必須自備飲水和食物。

大屏障島
Great Barrier Island

Map P.261-A2

大屏障島位於豪拉基灣Hauraki Gulf，是距離奧克蘭最遠的島嶼，搭乘渡輪約4小時30分，搭飛機則約30分鐘。過去曾經因為採銀礦及生產貝殼杉而繁榮一時，現在則為人口800人、全島面積60%列入自然保護區，擁有豐富自然生態的島嶼。以衝浪、海洋獨木舟等豐富多樣的戶外活動，位於島中央的森林裡則規劃多條健行路線，從當天來回到具挑戰性路線，有各種行程可供選擇，尤其是穿越濕原與森林，以野溪溫泉為目的地的Hot Spring Track最為熱門；還被認證為暗空保護區，成為知名的天文觀測點。住宿設施則從背包客棧到高級山莊都有，以住在菲茨羅伊港Port Fitzroy或Tryphena交通最為方便。此外，島上有許多野生的麥盧卡樹，也很盛行養蜂，島上製作的蜂蜜很適合當作伴手禮。

Medland Beach擁有美麗的海岸線

前往朗伊托托島的渡輪
Fullers(→P.260)
運奧克蘭→朗伊托托島
週一～五 10:00出發
週六·日 9:15出發
朗伊托托島→奧克蘭
週一～五
12:30、14:30、15:30出發
週六·日
12:30、14:30、16:00出發
※所有班次都經過德文港。
費來回大人$43、小孩$22

如何前往莫圖塔普島
從朗伊托托島的碼頭步行1小時10分左右

前往大屏障島的飛機
Barrier Air
☎(09) 275-9120
FREE 0800-900-600
URL www.barrierair.kiwi
費單程
$99～（所需約30分鐘）

渡輪
Sea Link
☎(09) 300-5900
FREE 0800-732-546
URL sealink.co.nz
費單程
大人$99.5～、小孩$73～
（1週行駛約3～5班）

大屏障島
i遊客中心
Great Barrier Information Centre
住Claris Airport
URL www.greatbarrier.co.nz
開依季節變動
休不定休

島上的交通
週一～六Tryphena到菲茨羅伊港之間有接駁巴士行駛，但是乘客太少時就不會發車，也可以租車或是參加旅遊團。

租車公司
Aotea Car Rentals
FREE 0800-426-832
URL aoteacarrentals.co.nz

接駁巴士
People & Post
運週一～六
Tryphena出發 10:00
菲茨羅伊港出發 11:00
費單程
$25、行李1件$12
☎(09) 429-0474
FREE 0800-426-832
URL www.greatbarrier.co.nz/transport-directory/listing/people-post/

Column 綿羊大國紐西蘭

紐西蘭引以為傲的綿羊目前減少中

提起紐西蘭，就會馬上聯想到綿羊，足以證明這個國家與綿羊的淵源相當深厚，而且每當巴士或汽車遠離都市地區，就愈容易發現成群結隊的綿羊出現在眼前，相信來過紐西蘭的遊客都有過這樣的經驗吧！

關於紐西蘭的綿羊歷史，可以一路回溯至150多年前，英國人來到此地墾荒移民的時代，為了找尋新天地，拓荒的先民們帶來了綿羊，成為紐西蘭綿羊的起源。移民胼手胝足地開墾，將荒蕪的土地變成綠草如茵的牧場，現在占紐西蘭近半數國土的牧草農地，全都是開拓先民們努力的成果。

擁有最高級羊毛的美麗諾羊

不過，近年來綿羊的總數卻日益減少，根據統計，在1982年達到7030萬頭的高峰之後，綿羊總數就開始出現下滑趨勢，依照畜牧業者所公布的數據，目前綿羊總數滑落到只有約2583萬隻。主要原因在於羊毛消費量減少，加上因為歐盟而導致對歐洲出口市場的競爭力降低，最近更有不少牧場開始轉而養殖比綿羊更有利潤的牛或羊駝。儘管如此，依照現在紐西蘭的人口總數來計算，每個人還是可以分配大約5隻綿羊，所以在遊客眼裡，還是覺得到處都看得到綿羊。

綿羊品種以羅姆尼為主

紐西蘭所飼養的綿羊種類，依照各家牧場而有所不同，不過還是以羅姆尼Romney綿羊為主流，不僅羊毛能賣錢，肉也能食用，可說是經濟又實惠的品種。至於可以取得最頂級品質羊毛的美麗諾綿羊，雖然很早就引進紐西蘭，直到19世紀後半都是養殖的主力，但現在卻銳減到不滿綿羊總數的1成；不過近年來，以美麗諾羊毛與袋貂混織而成的針織衣物，因為觸感輕巧柔軟而再度贏得人氣。

此外，在乾燥的紐西蘭很流行使用綿羊油作為護手霜等保濕用品，綿羊油就是用附著在羊毛上的油脂精煉而成，與人類皮膚的油脂相近，保水度高，而且是自然生成，對環境和身體都很友善。

具有高保濕性的綿羊油護手霜

寄宿農莊的珍貴體驗

有不少農家接受遊客到農莊寄宿（→P.479），這樣的活動絕對可以得到畢生難忘的紐西蘭在地體驗。

每年從夏季開始到秋季，是進行剪羊毛Sharing作業的季節，這項工程無法機械化，只能靠人工一隻一隻剪；必須壓制住暴躁想逃脫的綿羊，再用電動羊毛剪來剃毛，是非常耗費體力的工作，不過技巧熟練的人只需要1～2分鐘時間就能把一隻綿羊剪得光溜溜。這些失去厚毛遮蔽的羊群，看起來好像很冷，其實剃完毛之後短時間內就會長出一層厚厚的皮下脂肪。

此外，7～9月則是羊寶寶誕生的旺季，作為食用的羔羊肉都是挑選誕生後不滿一年的小羊，其餘的都是為了剪羊毛會再飼養5～8年左右，但最後還是不免落入成為寵物飼料原料的命運。

舉目所見，全都是綿羊、綿羊、綿羊……

奧克蘭的小旅行

Excursion

要想有效率地好好暢遊奧克蘭近郊的景點，最佳方式就是參加在地旅遊團，像是探訪保留原始大自然的西海岸，或是分布在郊外的酒莊巡禮，大部分的行程只要2人以上參加就能成行，事前先洽詢旅行社。

馬塔卡納酒莊與貝殼杉巨木1日之旅

欣賞位於奧克蘭郊外的貝殼杉巨木，進行約30分鐘的叢林健行以淨化身心；之後前往馬塔卡納，週六還能享受逛市集的樂趣。最後造訪酒莊，在開胃菜拼盤的陪伴下試飲3種葡萄酒，行程非常豐富。

Kikorangi New Zealand
021-157-2347 URL kikoranginz.com 時全年 費$340（包含解說、接送、葡萄酒試飲、簡單餐點） CC ADJMV

奧克蘭市區觀光

快速周遊帆船之都奧克蘭的重要景點之旅，先前往擁有放牧綿羊公園、時尚藝廊及咖啡館的帕奈爾，以及傳教灣、港灣大橋等景點，度過充實的3小時。出發時間為9:00或13:00。

MYDO NEW ZEALAND LTD.
(09) 475-9777 URL www.mydo.co.nz e-mail akl@mydo.co.nz
時全年 費$120（包含解說、接送） CC MV

遊覽飛行

搭乘能降落水面的浮筒水上飛機之觀光飛行，從北岸機場起飛，有繞行朗伊托托島上空的Scenic Fight $219～（所需約45分鐘），以及懷希基島包含餐飲＆葡萄酒試飲的套裝組合行程$499～（所需1日）等，提供奧克蘭市中心的接送服務。

Auckland Seaplanes
(09) 390-1121 URL aucklandseaplanes.com E-mail info@aucklandseaplanes.com 時全年 費費用依參加人數變動 CC AMV

可以拍攝藍光螢火蟲的發現之旅

前往奧克蘭郊外的洞穴看藍光螢火蟲之旅，雖然懷托摩Waitomo（→P.293）的洞穴為禁止攝影，這裡卻允許攜帶單眼相機前往。其他還有去蜂蜜專賣店品嚐麥蘆卡蜂蜜冰淇淋，午餐則在旺加雷享用巧達濃湯，也會造訪貝殼杉巨木。

Kikorangi New Zealand
021-157-2347 URL kikoranginz.com 時全年 費$360（包含解說、接送、午餐、冰淇淋） CC ADJMV

西海岸的叢林＆海灘之旅

探索奧克蘭近郊的原始叢林與西海岸之旅，半天行程每日12:30出發，所需時間約5小時；加上奧克蘭市區觀光的1日行程為每日9:00出發，所需時間約8小時30分。兩種行程都提供接送服務。

Bush & Beach
(09) 837-4130 FREE 0800-423-224
FAX (09) 837-4193 URL www.bushandbeach.co.nz 時全年 費半日之旅$175、1日之旅$255 CC MV

懷托摩＆《哈比人》之旅

從奧克蘭出發，前往懷托摩與電影《哈比人》外景拍攝地而聞名的「哈比村」（→P.23）的1日之旅。包含藍光螢火蟲洞穴Waitomo Cave和哈比村的門票，以及午餐、英文嚮導、飯店接送等費用。

Global Net New Zealand Ltd.
(09) 281-2143
URL www.globalnetnz.com
時全年 費$346
CC MV

奧克蘭的戶外活動

Activity

從在天空塔上高空飛跳的刺激活動，到被海灣包圍的奧克蘭專屬水上運動，能體驗的戶外活動可說是包羅萬象。此外，到郊外去還可以享受與豐富大自然接觸的樂趣。

高空飛跳

從紐西蘭最高的建築物天空塔（→P.250）一躍而下的戶外活動，雖然是穿著安全吊帶在天空塔上以鋼索垂降的狀態跳下，但是從192m的高度、以時速85公里的超高速掉下來，而且是掉落在大樓叢林間，這樣的感覺絕對是夠驚險刺激。

Sky Jump
電(09) 360-7748　FREE 0800-759-925
URL skyjump.co.nz　時全年　費大人$235、小孩$185　CC MV

大橋攀登體驗

在奧克蘭著名地標之一港灣大橋的拱樑處漫步，一邊聽著關於橋樑建築樣式與歷史等解說，所需約1小時30分。最高處距離海平面約65m，可以將浮著無數遊艇的懷特瑪塔港及奧克蘭市街景致，盡收眼底。

AJ Hackett Bungy
電(09) 360-7748　FREE 0800-286-4958　URL www.bungy.co.nz　時全年
費大人$135、小孩$95　與高空彈跳組合$230　CC ADMV

出海賞鯨豚

從高架橋港出發至豪拉基灣的海上之旅，「Whale & Dolphin Safari」行程不僅可以欣賞到真海豚、瓶鼻海豚等中型海豚，某些季節裡還有機會遇到殺人鯨、座頭鯨。出發時間為10:30，所需時間為4小時30分。

Auckland Whale And Dolphin Safari
電(09) 357-6032　FREE 0508-365-744　URL whalewatchingauckland.com
時全年　費大人$165、小孩$109　CC MV

高空滑梯

在距離地面186m天空塔的觀景台上，穿戴著VR頭戴式裝置體驗虛擬實境的遊樂設施；可以一邊眺望奧克蘭的市區風景，一邊從環繞天空塔周圍的滑梯高速滑降下來，經歷那種刺激又恐怖的逼真感受。

SkySlide
電(09) 363-6000　FREE 0800-759-2489　URL skycityauckland.co.nz/sky-tower/skyslide　時全年　費$15（不含觀景台門票）　CC MV

噴射飛船

從高架橋港搭乘噴射飛船出發，鑽過港灣大橋下，往傳教灣方向奔馳，是能享受城市風景並感受高速旋轉的刺激水上活動。會以朗伊托托島為背景拍紀念照，感受大海特有的開闊感，心情超舒服。

Auckland Adventure Jet
電(09) 217-4570　FREE 0800-255-538　URL www.aucklandadventurejet.co.nz　時全年　費大人$98、小孩$58　CC DJMV

Column 無處不是景點的西奧克蘭

探訪美麗的森林與神祕的海灘

從奧克蘭市中心開車往西約1小時，就會來到以綠意豐饒聞名的西奧克蘭，也是以健行及酒莊巡禮為熱門活動的地區。這裡的面積約160km²，擁有懷塔克雷山脈地區公園Waitakere Ranges Regional Park、奧克蘭百年紀念公園Auckland Centennial Memorial Park等森林保護區，可以享受短程健行的樂趣。以前曾經舉辦參觀生長在公園內貝殼杉巨木的健行之旅，近年因為發現貝殼杉枯死的狀況，為了保護森林而設定限制進入的區域，出發前最好先行確認。

退潮時候的Bethells Beach

西海岸擁有許多鐵質含量高的黑沙灘，而散發獨特的氛圍，尤其是浪花拍打沙灘的景象非常迷人，日正當中時則有寬闊的美麗影子，像是被風吹鼓起的布一般。其中特別有名的是電影《鋼琴師和她的情人》的拍攝地卡雷卡雷海灘Karekare Beach，以及衝浪點Piha Beach；至於Muriwai Beach，則是有白腹鰹鳥在突出於海面的巨岩上築巢，每年8月到3月間，會看到岩石上半部被數千隻白腹鰹鳥埋沒的驚人景象。

酒莊巡禮也是樂趣之一

不能忘記的還有酒莊巡禮，西奧克蘭是有名的葡萄酒產地，像是Soljans Estate、古柏斯酒莊Coopers Creek等許多酒莊都有提供試飲及餐飲服務，可以在葡萄園悠閒風景的陪伴下，品味各酒莊

位於Muriwai Beach的白腹鰹鳥棲息地

自豪的1瓶酒。除此之外，西奧克蘭還有為數眾多的藝廊、咖啡館及餐廳等景點，B&B、山莊等住宿設施也很多；雖然從市中心的布里托瑪火車站搭乘西線火車或Metro都可以到達，但想要更有效率地暢遊景點，建議還是參加在地旅遊團較為方便。

附近有各種健行步道

酒莊巡禮
前往西奧克蘭的黑沙灘、白腹鰹鳥棲息地，以及Kumeu地區的酒莊巡禮，所需時間為4小時。
Navi Outdoor Tours NZ
☎(09) 826-0011
URL navi.co.nz　E-mail info@navi.co.nz　時 全年
費 酒莊巡禮$185　CC MV
其他還有Bush&Beach、MYDO等旅行社推出的行程（→P.267）。

照片提供／©Auckland Tourism. Events and Economic Development Ltd.

美食天堂奧克蘭的「肉類料理」vs「海鮮」

身為紐西蘭最大的城市，奧克蘭是美食的激烈戰區，無論是牛肉、羊肉等分量十足的肉類料理，或是四面環海的島國才有的新鮮海產，都能盡情享受。

眺望著海港景致
享受分量十足的肉類料理

Botswana Butchery

MAP P.246-C1

入選為在地雜誌《Metro》奧克蘭50家最佳餐廳名單的實力派餐廳，無論在充滿豪華氛圍的店內，或是吹著舒服海風的露天座位用餐，都能品嚐到使用當季在地食材所烹調的精緻料理。午餐主菜$28～、晚餐主菜$43～，最好先訂位。

住99 Quay St.
電(09) 307-6966
URL www.botswanabutchery.co.nz
營12:00～Late
休無休
CC ADJMV

1使用整隻鴨的 Cambridge Roasted Half Duck $41.95～ 2以安格斯牛肉慢烤而成的 Bone In Ribeye 450g $65 3位於渡輪大廈內的餐廳

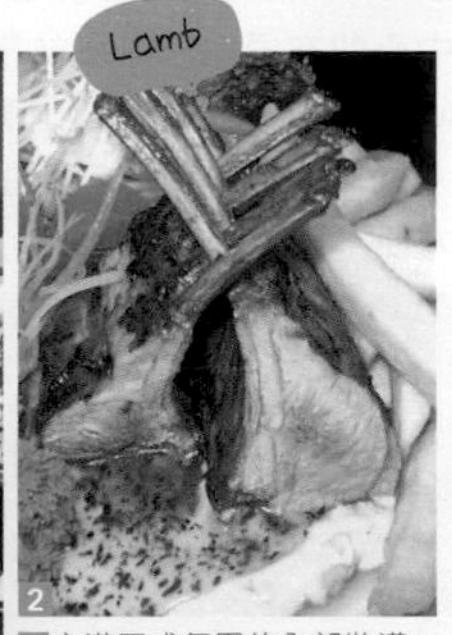

1充滿正式氛圍的內部裝潢，有種拜訪歐洲豪宅的感覺
2人氣料理的Rack of Lamb $44，附沙拉和薯條，分量十足

在有趣的紅磚餐廳裡
飽足於大份量的肉類料理

Tony's Lord Nelson Restaurant

MAP P.246-D1

創業45年的老字號牛排屋，在2層樓、小門面的店內也有私人包廂，流露悠閒而沉穩的氣氛；以沙朗、丁骨、肋眼牛排及羊肉最受歡迎，主菜價格為$40～50。

住37 Victoria St. 電(09)379-4564 URL www.lordnelson.co.nz 營17:00～22:00(只有週五12:00～14:30) 休無休 CC ADJMV

可以品嚐長期熟成肉的牛排專賣店

Jervois Steak House

MAP P.246-B2

以使用最高級的牛肉，在當地頗受好評的牛排屋。使用在紐西蘭國內為數不多的特別鍋爐，以高溫快速燒烤，將肉的肉汁與鮮味凝縮，可以享受到更高層次的美味。推薦料理為安格斯牛排，可以在官網上訂位。

住70 Jervois Rd. 電(09) 376-2049 URL www.jervoissteakhouse.co.nz 營17:30～Late（只有週五12:00～） 休無休 CC AJMV

1紐西蘭產草飼的安格斯牛排180g $44～ 2以紅磚建造的店內，散發典雅舒適氛圍 3料理都在開放式廚房裡烹調

品嚐豐富魚蝦
港灣景觀餐廳

Soul Bar & Bistro

MAP P.246-C1

擁有灑落自然光明亮開放空間的店內及露天座位，可以品嚐到以海鮮為主的紐西蘭料理。前菜$23～、除了海鮮之外，也有如烤羊肋排$52、義大利麵$30～等菜色，也可以只在吧檯享用種類豐富的雞尾酒。

住Viaduct Harbour
☎(09) 356-7249
URL www.soulbar.co.nz
營11:00～Late
休無休
CC ADJMV

1銀魚煎蛋$32是店裡的招牌菜　2點餐後從店內的生蠔吧上菜的生蠔1顆$6～　3以鮮花與植物妝點的露天座位

世界名人都來訪
以豐富新鮮魚蝦而自豪的店

Harbourside Ocean Bar Grill

MAP P.246-C1

以奧克蘭近海漁獲為主，像是鮭魚、蝦、牡蠣、淡菜等種類豐富，再選擇用生魚片、燒烤或油炸等方式烹調。午餐的主菜英式魚派$28.95～很受歡迎，晚餐主菜則為$42.95～。

住99 Quay St.　☎(09) 307-0556
URL www.harbourside.co　營12:00～Late
休無休　CC ADJMV

1產自峽灣的淡水螯蝦時價，烹調方式有蒸煮、燒烤及白醬焗烤　2位於濱海的渡輪大廈內　3店內有吧檯座位

眺望港灣美景
度過優雅的片刻

Sails

MAP P.246-A2

位於南半球最大規模遊艇港Westhaven Marina的高級餐廳，深受喜愛持續約30年的名店，散發吸引人的時尚而優雅氛圍。除了有淡水螯蝦、烏賊、扇貝等海鮮，也有霍克斯灣產的羊肉$44、鴨肉$46等肉類料理。

住103-113 Westhaven Dr.
☎(09) 378-9890
URL sailsrestaurant.co.nz
營18:30～21:30（週四～日午餐12:00～14:00有營業）
休週一・二
CC AMV

1前菜中最受歡迎的檸檬汁醃鯛魚$25　2從大面窗戶眺望的景色讓人十分滿意　3提供豐富種類的雞尾酒　4許多人為此而來的淡水螯蝦時價

奧克蘭的餐廳

Restaurant

在洋溢國際多元風格的大都會奧克蘭，來自世界各國料理的餐廳齊聚一堂，位於濱海地區能欣賞海景大多是海鮮餐廳，而布里托瑪火車站後方的則是氣氛雅致的餐廳及酒吧。

紐西蘭料理

Homeland

Map P.246-A2　市中心

由紐西蘭知名的主廚Peter Gordon所開設的高級餐廳，堅持提供永續性及在地生產的獨特美食，從早餐到晚餐都能享用，主菜價格在$40左右。位於溫耶德區，絕佳的海景位置亦為一大賣點，並設有廚藝教室。

住Pier 21, 11 Westhaven Dr.　☎(09) 869-7555
URL homelandnz.com　營週三・日9:30～15:00、週四～六9:30～Late
休週一・二　CC MV

Baduzzi

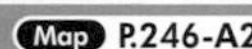

Map P.246-A2　市中心

位於溫耶德區的時尚餐廳，由在倫敦及法國米其林星級餐廳的主廚所經營，可享用現代義大利菜與紐西蘭料理。招牌菜是手工製作的數種西西里島肉丸，尤其是以霍克斯灣的鹿肉丸$24最為推薦。

住North Wharf, Unit 2, Cnr. Jellicoe St. & Fish Ln.
☎(09) 309-9339　URL baduzzi.co.nz
營11:30～Late　休無休　CC MV

Oyster & Chop

Map P.246-C1　市中心

位於高架橋港，能一邊眺望遊艇，一邊享用新鮮的生蠔與牛排的餐廳。從紐西蘭各地進貨約3～4種新鮮牡蠣，除了生食，也推薦酥炸等料理方式；15:00～18:00的Happy Hour，生蠔1顆只要$2，非常超值。

住Market Square, Viaduct Harbour
☎(09) 377-0125　URL oysterandchop.co.nz
營11:30～23:00 (L.O.21:00)　休無休　CC AMV

地中海料理

Devon on the Wharf

Map P.260-A1　德文港

座落於德文港的渡輪碼頭，可以一邊欣賞海景、一邊用餐的休閒餐廳。提供土耳其式的早餐$29、西班牙烤章魚$32、海瓜子義大利寬麵$32等以地中海為發想的多國料理，12:00就能點餐的披薩$16～也很值得推薦，還能享用種類豐富的雞尾酒。

住Devonport Wharf, Queens Pde.　☎(09) 445-7012
URL www.devononthewharf.nz　營週一～四7:00～21:00、週五7:00～21:30、週六8:00～21:30、週日8:00～21:00　休無休　CC AMV

海鮮

Fish

Map P.247-A3　市中心

位於Hilton Auckland (→P.282) 2樓，可以從大落地窗欣賞懷特瑪塔港美景。以紐西蘭產的牡蠣、螃蟹、蝦、淡水螯蝦及鯛魚等新鮮漁獲所烹調的料理而自豪，推薦的前菜為粉漿炸黑金鮑(Blackfoot Paua) $38、庫克山養殖的鮭魚$26。

住Princes Wharf, 147 Quay St.　☎(09) 978-2015　URL www.fishrestaurant.co.nz
營週一・二6:30～10:30，週三・四6:30～10:30、17:30～21:00，週五12:00～14:30、17:30～21:00，週六・日7:00～11:00、12:00～14:30、17:30～21:00　休無休　CC ADJMV

海鮮

Depot

Map P.246-D1 市中心

座落在天空塔底下天空之城Sky City一隅的生蠔吧，提供來自馬爾堡地區、北奧克蘭等紐西蘭各地的新鮮生蠔，價格為1顆$7.5左右；並蒐羅與生蠔搭配的各種國產葡萄酒，1杯$14～29。由於是不接受訂位的熱門店家，用餐時間有可能會排隊等座位。

住86 Federal St. 021-954-132 URL eatatdepot.co.nz
營週二～五8:00～21:30、週六11:00～21:30
休週日・一 CC ADMV

法國料理

Paris Butter

Map P.246-B1 赫恩灣

由曾經在東京及巴黎知名餐廳都有工作經驗的國際主廚Nick Honeyman大展身手的現代法式餐廳，想盡情品嚐他以使用當季的在地食材為主，連擺盤都極美的料理，推薦選擇6道菜的套餐$170～，搭配葡萄酒+$125，最好事先訂位。

住166 Jervois Rd. Herne Bay
(09) 376-5597 URL parisbutter.co.nz
營18:00～23:00 休週日・一 CC AMV

墨西哥料理

Mexican Café

Map P.246-D1 市中心

以充滿活力而且色彩繽紛的內部裝潢，讓人印象深刻的墨西哥餐廳。晚餐的墨西哥捲餅、安吉拉達餅等主菜$25～，還有豐富的酪梨醬、豆子、起司等沾醬，推薦搭配如瑪格麗特等酒類一起享用。週日・平日17:00～18:00及週五・六16:00～17:30為Happy Hour，很超值。

住67 Victoria St. W. (09) 373-2311 URL mexicancafe.co.nz
營週一17:00～22:00、週三・四17:00～21:30、週五11:30～22:30、週六12:00～22:30、週日12:00～21:30 休週二 CC ADJMV

印度料理

Satya

Map P.246-C2 龐森比

深受當地人喜愛超過20年的知名南印度餐廳，推薦的前菜有瑪撒拉香料捲餅$16、脆球餅（如照片）$10；可選擇辣度的咖哩$16～，有雞肉、羔羊肉、山羊肉、海鮮等超過50種口味；也有豐富的蔬食及素食餐點。在奧克蘭市區共有3間店舖。

住17 Great North Rd. (09) 361-3612 URL www.satya.co.nz
營週一～六12:00～13:30、18:00～21:30、週日18:00～21:00
休週日午餐 CC MV

尼泊爾料理

Everest Dine

Map P.247-B4 帕奈爾

2015年開幕的尼泊爾餐廳，老闆20年幾前就在日本經營過餐廳。店內的菜餚已經融合紐西蘭當地的口味，較為溫和；有添加香料的烤羊肉及烤羊肉串$21、印度優格烤雞$22、外型像餃子的Momo$20～。

住193 Parnell Rd. (09) 303-2468
URL www.everestdine.co.nz 營12:00～23:00
休週一 CC MV

越南料理

Café Hanoi

Map P.246-C2 市中心

以倉庫改裝的店內十分新潮，以北越小吃店、攤販提供的大眾料理為主要菜色，餐點分量大可供數人分食而頗受好評，1道菜為$15～40，可以4人分享的4道菜套餐1人$65，還有植物性飲食套餐$60。

住Cnr. Galway St. & Commerce St. (09) 302-3478
URL cafehanoi.co.nz 營週一～五12:00～15:00、17:00～Late，週六12:00～Late，週日17:00～Late 休無休 CC AMV

韓國料理

Faro Restaurant

Map P.246-D1 市中心

在現代而時髦的氛圍中，能以親民的價格品嚐到韓國傳統料理及烤肉，是奧克蘭很受歡迎的餐廳。韓式烤牛小排$41～、招牌的豆腐鍋$20.5，而從沙拉到甜點都吃得到的超值燒肉套餐則為Ara $55、Miru $65，在新世界也有分店。

住5 Lorne St. 電(09) 379-4040 URL faro.co.nz
營週一～四11:30～14:30、17:30～21:30，週五‧六11:30～14:30、17:30～22:30 休週日 CC ADJMV

中華料理

Grand Harbour Chinese Restaurant

Map P.246-C1 市中心

鄰近高架橋港的高級中華餐廳，手藝精湛的主廚是曾經在香港一流飯店掌廚超過20年的老師傅。熱門的午餐時段是提供超過80道菜色的飲茶，至於晚餐則有蒜香蒸大蝦$52、北京烤鴨$85～等菜色，都很值得一嚐，晚餐套餐$60～。午餐及晚餐都要事先訂位。

住Cnr. Pakenham St. & Customs St. W. 電(09) 357-6889
URL grandharbour.co.nz 營週一～五11:00～15:00、17:30～22:00，週六‧日10:30～15:00、17:30～22:00 休無休 CC ADJMV

日本料理

Ken Yakitori Bar Anzac

Map P.246-D2 市中心

成立於1997年的烤雞肉串店，以正統的炭火烤雞肉串為主，也提供啤酒及日本酒等居酒屋料理。烤雞肉2串$6.5～，推薦雞腿肉、雞肉丸等5串組合$19.5，高麗菜免費供應（味噌及美乃滋則為各$3.5），啤酒$10～、燒酒與日本酒為140ml $9.5～。店裡總是充滿熱鬧氣氛。

住55 Anzac Ave. 電(09) 379-6500
URL kenyakitori.co.nz 營18:00～翌日1:00
休週一‧二 CC MV

MASU by Nick Watt

Map P.246-D1 市中心

知名的餐廳經營者Nick Watt開設的爐端燒餐廳，供應豐富的螃蟹、青魽、銀鱈、淡水螯蝦等魚貝類，也能享用壽司及天婦羅，套餐$99～；還有與皇后鎮的酒廠──全黑合作生產的自家品牌日本酒。

住90 Federal St. 電(09) 363-6278 URL www.masu.co.nz
營週二～六17:00～21:00（依季節變動）
休週日‧一 CC ADJMV

咖啡館

Espresso Workshop

Map P.246-C2 市中心

在奧克蘭要喝好咖啡就得到這裡來，可以品嚐到由契作農園直接進貨，生產過程也嚴格把關的單一產區咖啡。原創品牌的咖啡豆「Mr. White」及有機的「Mr. Green」等煮拿鐵也很好喝，派及三明治的種類也很豐富。

住11 Britomart Pl. 電(09) 302-3691 URL www.espressoworkshop.co.nz
營週一7:00～15:00、週二～五7:00～15:30、週六‧日8:00～15:00
休無休 CC AMV

The Store

Map P.246-C2 市中心

位於布里托瑪地區的時髦咖啡館，將外帶與店內使用的餐飲分開，推薦店內烘烤的麵包與糕點，像是添加莓果與馬斯卡彭起司的鬆餅$20、種類豐富的班尼迪克蛋$26等餐點。使用的蔬菜與水果都是公司自己栽種的，菜單也會隨季節更換。

住5B Gore St. 電(09) 575-0500
URL savor.co.nz/the-store
營7:00～14:00 休無休 CC AJMV

Chocolate Boutique

Map P.247-C4 帕奈爾

這是前美國總統柯林頓曾經拜訪過的名店，小小的店裡永遠是人聲鼎沸，擠得水洩不通。推薦店內的熱巧克力$5～、巧克力布朗尼$8.95，還有提拉米蘇和起司蛋糕各為$9.95、法式烤布蕾$10.5等巧克力以外的甜點也很豐富，很適合當作伴手禮。

住1/323 Parnell Rd.　☎(09) 377-8550
URL www.chocolateboutique.co.nz
營週一18:00～21:50、週二～日11:00～21:50　休無休　CC MV

Miann

Map P.246-C2 龐森比

位於Ponsonby Central內的甜點專門店，使用當季水果與自家製作巧克力做成的法式甜點$13～，不僅外觀漂亮，味道也很細緻；還有口味豐富的冰淇淋及雪酪$9～，而可可產地和添加比例不同的巧克力$11～，非常適合當伴手禮。在布里托瑪也有分店。

住136 Ponsonby Rd.　☎021-261-8172
URL mianchocolatefactory.com　營週一9:00～21:00、週二～六12:00～22:00、週日12:00～21:00　休無休　CC AMV

Little Bird Kitchen

Map P.246-B2 龐森比

蔬食及有機食品廠商Little Bird Organics的直營咖啡館，在紅磚外觀的時髦店內，可以品嚐蔬果昔$13～、冷壓果汁$8～、巴西莓果碗$19.5、抹茶鬆餅$24等健康餐點，咖啡$4.5～添加的牛奶也堅持使用植物奶。

住1 Summer St.　☎021-648-4757
URL littlebirdorganics.co.nz　營8:00～16:00
休無休　CC MV

Devonport Stone Oven Bakery

Map P.260-A2 德文港

依照古法烘焙而成的麵包、蛋糕，豐富多樣地陳列在店裡，都是沒有使用任何添加物的健康麵包，早餐及午餐為$12～，蔬食餐點也很豐富。人氣的班乃迪克蛋$21.5～，還有包含蛋、培根、豬肉熱狗等招牌早餐食材組合成的Big Breakfast $26。

住5 Clarence St.　☎(09) 445-3185
營8:00～16:00　休無休　CC MV

Column 植物性飲食增加中！

在健康目標與環境永續意識抬頭的紐西蘭，最近受到矚目的是植物性飲食，像是使用植物為材料製作的食品，以前的外觀和味道都讓人敬謝不敏，最近在品質上卻有很大幅度的進步，出現了與肉相比毫不遜色、以大豆合成的植物肉。

在超市裡也設置了專門的販售區域，選擇商品種類逐漸增加中，也有植物性飲食的餐廳，想不想嘗試看看呢？

奧克蘭的人氣植物性飲食餐廳
Gorilla Kitchen
Map P.247-C3
住159 Symonds St. Eden Terrace　☎022-060-6763
URL www.gorillakitchen.nz　營11:00～21:30
休週一　CC MV

超市的冷藏植物性飲食區，商品種類非常多！

炸魚薯條

Fish Smith

Map P.246-B1　赫恩灣

週末夜晚也大排長龍的人氣店，可以從笛鯛$12、花尾鷹羽鯛(Tarakihi) $9、角仔魚$9.5等選擇喜歡的魚及料理方式(油炸或烤)，也提供價格優惠的今日魚種；還有地瓜薯條、鮮魚玉米餅和魚排漢堡，也很好吃。

住200 Jervois Rd., Herne Bay　☎(09) 376-3763
URL www.facebook.com/fishsmith.co.nz
營12:00～21:00　休週一　CC MV

冰淇淋

Island Gelato

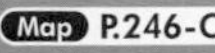
Map P.246-C1　市中心

源自懷希基島的冰淇淋店，以使用當季食材手工製作的新鮮美味而自豪，共有超過70種口味，像是琴酒&葡萄柚&柚子、樹番茄等獨特口味，也很推薦酪梨和奶昔口味。總店在懷希基島，龐森比、新世界也有分店。

住99 Quay St.　☎無　URL www.islandgelato.co.nz
營週一～三7:00～22:30、週四～日7:00～23:00(依季節變動)
休無休　CC MV

Giapo

Map P.246-C2　市中心

以排隊聞名的冰淇淋聖代店，受歡迎的祕密在於冰淇淋、甜筒及配料都是花費心思、很適合拍照上傳社群網站的奢華甜點。使用在地生產有機食材所製作的冰淇淋，每天更換並保持10種口味，除了松露、地瓜及荷蘭芹等，其餘還有許多沒嚐過的獨特口味。

住12 Gore St.　✆021-412-402　URL www.giapo.com
營週三·四14:00～22:00、週五·六14:00～22:30、週日14:00～21:30
休週一·二　CC MV

夜店

The Occidental Belgian Beer Cafe

Map P.246-D1　市中心

蒐羅種類豐富的比利時啤酒，以菠菜、藍紋起司等多種醬料蒸淡菜$27.9～很受歡迎。除了啤酒之外，更網羅了來自馬爾堡、霍克斯灣等紐西蘭各地出產的葡萄酒；至於比利時鬆餅$15.5、比利時巧克力慕斯$13等甜點選擇也相當多。

住6-8 Vulcan Lane　☎(09) 300-6226
URL www.occidentalbar.co.nz
營10:30～Late　休無休　CC AJMV

The Shakespeare Hotel & Brewery

Map P.246-D1　市中心

位於飯店1樓，越過吧台就可以看到啤酒釀造的過程，可說是間相當正統的酒吧，釀造出7種生啤酒，單杯售價$10～；餐點菜單也很多元，如炸魚薯條$24、烤羊膝$31、種類豐富的漢堡$24～等。遇到橄欖球賽當天，店內也會播放球賽實況，氣氛high到最高點。

住61 Albert St.　☎(09) 373-5396
URL shakespeare.nz　營週日～四11:30～22:00、週五·六11:30～22:30
休無休　CC MV

S・P・Q・R

Map P.246-B2　龐森比

在雅緻洗練店家眾多的龐森比，這裡可說是最受到奧克蘭人喜愛的時尚餐廳&酒吧，淡水螯蝦義大利餃、蝦和扇貝義大利麵等種類豐富的義大利麵$21～，義式燉魚$42也很值得推薦。至於午餐時段還供應2道菜$50、3道菜$55～的套餐。

住150 Ponsonby Rd.　☎(09) 360-1710
URL www.spqrnz.co.nz　營12:00～Late
休無休　CC AMV

奧克蘭的購物

Shop

在奧克蘭這一座大都市裡，可說是網羅了各色商店，應有盡有，有充滿個性的紐西蘭在地商品，或是時尚摩登的生活雜貨任君挑選。想要逛街購物的話，最佳選擇就是高街High St.、龐森比Ponsonby及帕奈爾Parnell等地。

紀念品

Aotea Gifts Auckland

Map P.246-C1 市中心

紐西蘭全國共有9家店鋪，是綜合性的紀念品店。限定品牌「Avoca」有健康食品、蜂蜜，而「Kapeka」則是高品質的美麗諾羊毛商品；尤其是麥蘆卡蜂蜜與皮膚保養品的種類豐富，品質方面也有一定水準。有會說中文的店員，非常方便。

住Lower Albert St. 電(09) 379-5022
URL jp.aoteanz.com URL www.aoteanz.com
營10:00～18:00（依季節變動） 休無休 CC AJMV

OK Gift Shop

Map P.246-C1 市中心

由已故日本名人大橋巨泉所創立的禮品店，蒐羅豐富多元的商品，像是餐桌上使用的麥蘆卡蜂蜜$20.8～、高品質的則為250g $60，以及胎盤素美容液$49.9；自製環保袋$9.9則是大量採購伴手禮的好選擇，很受到歡迎。

住131 Quay St. 電(09) 303-1951
URL okgiftshop.co.nz 營10～3月9:00～22:00、4～9月10:00～22:00
休無休 CC ADJMV

Gallery Pacific

Map P.246-C1 市中心

販賣以毛利主題的紐西蘭翡翠（綠玉）、雕刻等飾品，以及寶石、玻璃製品的店家，從1975年起由蛋白石的專家經營這家藝廊，店內就只賣高品質商品，雖然價格不斐，但的確有其價值。

住34 Queen St. 電(09) 308-9231 URL www.gallerypacific.co.nz
營週一～五10:00～17:30、週六10:00～16:30、週日12:00～17:00
休無休 CC ADJMV

雜貨

The Fantail House

Map P.247-B4 帕奈爾

聚集紐西蘭約140位藝術家豐富多樣的工藝品，其中以木頭工藝品最受歡迎，推薦商品為毛利族的木雕品、陸均松製成的杯墊1組8枚$49；紐西蘭特有的木頭商品、綠玉飾品及保養品也很熱門。

住237 Parnell Rd. 電(09) 218-7645 URL www.thefantailhouse.co.nz
營10:00～17:00（依季節變動）
休無休 CC MV

Shut The Front Door

Map P.246-B2 龐森比

收集家飾雜貨、廚房用品、麻製品及文具等繽紛家居用品的生活風格商店，其中最值得推薦的是自家設計的玩偶，讓人放鬆心情的可愛外觀，以及摸起來很舒服的材質，不管送給兒童或大人都很受歡迎。店內也有販賣服裝與首飾，大多是紐西蘭製造的商品。

住275 Ponsonby Rd. 電(09) 376-6244 URL www.shutthefrontdoor.co.nz
營週一～六9:00～17:00、日10:00～16:00
休無休 CC MV

藝品

Kura Gallery

Map P.246-C1 市中心

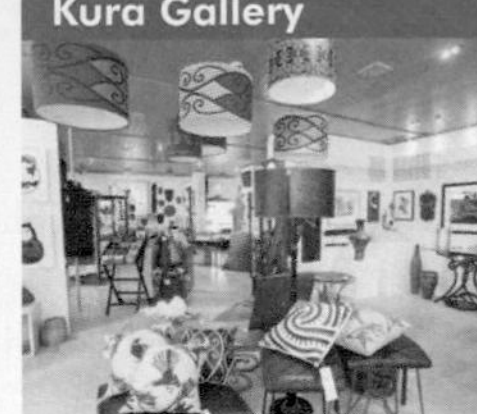

以毛利傳統花紋為主題的作品，以及紐西蘭國內藝術家創作的現代藝術品、設計生活雜貨等商品範圍廣泛的藝品店。以產自南島的綠玉做成的飾品$80～很受歡迎，畫著紐西蘭野鳥圖案的廚房毛巾$20～及抱枕套$60～，也很推薦。

住95A Customs St. West 電(09) 302-1151 URL www.kuragallery.co.nz
營週一～五10:00～17:00、週六11:00～16:00
休日 CC AMV

食材

The Island Grocer

Map P.264 懷希基島

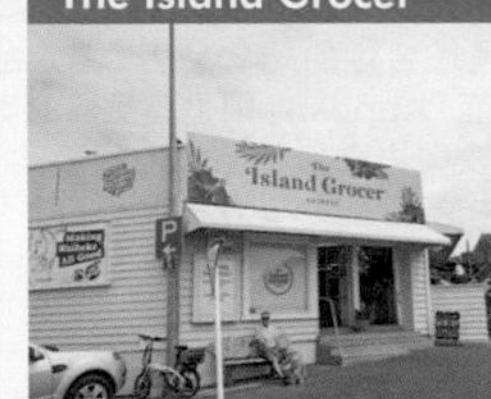

以有機和公平貿易食品為主的商店，除了蔬菜與水果等生鮮食材，蜂蜜、橄欖油、咖啡等島上的特產也很豐富；還有精釀啤酒、懷希基島產葡萄酒等多種酒精飲料。並附設熟食店和咖啡館，供應蔬果昔及輕食。

住110 Ocean View Rd., Oneroa, Waiheke Island 電(09) 372-8866
URL www.theislandgrocer.co.nz 營週一～六8:00～18:30、週日8:00～18:00 休無休 CC MV

麥蘆卡蜂蜜

Comvita Wellness Lab

Map P.246-C1 市中心

麥蘆卡蜂蜜的大品牌Comvita的直營店，除了蜂蜜也販賣添加麥蘆卡蜂蜜的抗菌凝膠；不僅可以購物，還有能試用公司各種商品的體驗活動，所需時間約45分鐘，關於麥蘆卡蜂蜜會有更深的認識。體驗費$20會做為保護蜜蜂活動的資金。

住139 Quay St. 電(09) 358-2523 FREE 0800-504-959
URL www.comvita.co.nz 營9:30～17:30
休週一・二 CC ADJMV

巧克力

Devonport Chocolates

Map P.260-A1 德文港

店內的巧克力都是由隔壁的工作室手工製作的，最受歡迎的Truffle Slices $3～有杏桃、白蘭地薑汁等約10～20種口味，外包裝印刷著紐西蘭鳥類的板狀巧克力最適合當作伴手禮。在市中心的皇后街也有分店。

住17 Wynyard St. 電(09) 445-6001
URL www.devonportchocolates.co.nz
營週一～四9:30～17:30、週五～日9:30～17:00 休無休 CC MV

有機

Commonsense Organics

Map P.246-D2 市中心

1991年成立於威靈頓，在紐西蘭的天然派超市中處於先驅地位，以「Natural & Organics」為主題推動地產地消的觀念，蒐羅許多在地生產的商品。從蔬菜、水果等生鮮食材，到加工食品、保養品、寵物用品及酒類等包羅萬象，很適合挑選伴手禮。

住284 Dominion Rd. 電(09) 973-4133
URL commonsenseorganics.co.nz
營週一～五9:00～19:00、週六・日9:00～18:00 休無休 CC MV

書店

Mag Nation

Map P.246-C2 龐森比

收集雜誌的書店，除了紐西蘭及澳洲，還有來自世界各地的各種領域雜誌，其中又以深受年輕人喜愛的時尚、藝術及文化類型雜誌最受矚目，當然其他類型的雜誌也很豐富。

住63 Ponsonby Rd. 電(09) 376-6933
URL www.magnation.co.nz 營10:00～17:00
休無休 CC AJMV

化妝品

Sephora

Map P.246-D1 市中心

來自法國的美妝百貨，聚集世界最當季的品牌，還有許多台灣未引進的商品及地區限定品，以及自家工廠生產、合作商品；店中央設有全身鏡，可以一邊試用一邊選購適合自己的商品，也可以接受工作人員的建議。在新世界和Sylvia Park都有分店。

住152 Queen St. 電(09) 303-0482
URL www.sephora.nz 營週一～六10:00～18:00、週日10:00～17:00
休無休 CC AJMV

葡萄酒

Waiheke Wine Centre

Map P.264 懷希基島

懷希基島上的葡萄酒專賣店，可以試飲超過32種的葡萄酒，再選購自己喜歡的，是這裡最大的魅力，適合沒時間參加酒莊巡禮的遊客。購買的酒可以直接寄回台灣，也有橄欖油、蜂蜜等特產。

住153 Ocean View Rd., Waiheke Island 電(09) 372-6139
URL waihekewinecentre.com 營週一～四9:30～19:00、週五9:30～20:00、週六10:00～20:00、週日10:00～18:00 休無休 CC MV

運動服飾

All Blacks Experience Store

Map P.246-D1 市中心

黑衫軍All Blacks的體驗設施內的官方商店，從球隊外套、T恤、兒童服飾到小商品一字排開，種類繁多且品項齊全，為全紐西蘭知名。只到店內買東西不需門票，正門入口在Federal St.上。

住88 Federal St. FREE 0800-2665-2239
URL www.experienceallblacks.com
營10:00～17:30 休無休 CC MV

Icebreaker

Map P.246-C2 市中心

以南島生產100%美麗諾羊毛為主要訴求的紐西蘭戶外服飾品牌，強調羊毛中最高等級美麗諾羊毛的保溫及透氣的優點，使用奈米技術製作成防水外套等商品；即使是一般常用的內衣與襪子，洗過多次也無損其機能性，因而頗受好評。

住5/130 Ponsonby Rd. 電(09) 361-3602
URL www.icebreaker.com 營週一～五9:30～17:30、週六・日10:00～17:00
休無休 CC AJMV

流行服飾

Trelise Cooper

Map P.246-C2 市中心

Trelise Cooper這位活躍於國際間的奧克蘭時尚設計師，自然也在家鄉推出直營的精品服飾店，剪裁優雅的洋裝、外套等，每件都洋溢著高雅的氛圍，是當地貴婦名媛熱愛的服飾品牌。在奧克蘭還有帕奈爾分店，位於龐森比的則是過季商品特賣店。

住2 Te Ara Tahuhu Walking St. 電(09) 366-1964
URL trelisecooper.com 營10:00～17:00
休無休 CC AMV

Great Kiwi Yarns

Map P.246-C1 市中心

專門販賣羊毛、羊駝、喀什米爾羊毛等高級針織服飾的店家，像是紐西蘭品牌Untouched World的商品就很豐富，推薦由美麗諾、袋貂、桑蠶絲所混紡的商品，因為皮膚觸感好又輕、溫暖，而頗受好評；襪子$50左右、毛衣約$549，可以代寄回台灣。

住107 Queen St. 電(09) 308-9013
URL www.greatkiwiyarns.co.nz 營10:00～21:00
休無休 CC ADJMV

流行服飾

Stolen Girlfriends Club

Map P.246-C2 龐森比

紐西蘭設計師的品牌，以流行文化及搖滾為靈感所創作的帥氣街頭服飾為主，所有商品都為中性服飾。太陽眼鏡等小東西和首飾都很受歡迎，價格為衣服$139～、飾品$69～。在新世界和威靈頓也有店舖。

住132 Ponsonby Rd. 電(09) 948-1551
URL stolengirlfriendsclub.com 營週一～五9:30～17:30、週六10:00～17:30、週日10:00～16:00 休無休 CC MV

WE-AR

Map P.246-C2 龐森比

只使用有機棉、竹纖維等友善環境的天然纖維做成的瑜珈服飾品牌，材質好，加上簡單且具有個性的設計，最適合平常穿著。雖說以女性服飾為主，但也有為男性設計的款式。事先上官網登錄的瑜珈老師可以享有8折優惠，在懷希基島也有分店。

住122 Ponsonby Rd. 電(09) 378-8140 URL we-ar.com
營週一～五10:00～17:30、週六10:00～17:00、週日11:00～16:00（依季節變動） 休無休 CC MV

免稅店

T Galleria by DFS Auckland

Map P.246-C1 市中心

座落於被列入國家重要古蹟的「海關大廈Customhouse」，這棟文藝復興形式建築內的免稅品店，共有4層樓，1樓有化妝品及BULGARI、CHANEL等高級國際精品名牌，也有多種珠寶與高級手錶等商品。可以在機場取貨。

住Customs St. & Albert St. 電(09) 308-0700 FREE 0800-388-937
URL www.dfs.com/jp/auckland 營11:00～18:00
休週一 CC ADJMV

百貨公司

Smith & Caughey's

Map P.246-D1 市中心

創立於1880年的老字號高級百貨公司，不僅有Kate Sylvester、Karen Walker及Twenty-Seven Names等紐西蘭設計師的時尚服飾名牌，美妝品牌也很齊全，在男士服飾及兒童服飾也相當多樣，每年2月與7月的折扣季可別錯過。在新市場的鬧區百老匯路也有分店。

住253-261 Queen St. FREE 0508-400-500
URL www.smithandcaugheys.co.nz 營週一～六10:00～18:00
週日10:30～17:30 休無休 CC ADJMV

超級市場

Countdown

Map P.247-B3 市中心

在紐西蘭全國都有分店的大型連鎖超市，從生鮮食材到日用品，商品包羅萬象一應俱全，熟食及酒類區品項也很豐富，很適合搜尋伴手禮；還附設有藥局，採購目標為CP值高的超市自有品牌商品。原創環保購物袋$1，也有可以摺疊收成小包的形式。

住76 Quay St. 電(09) 373-5017
URL www.countdown.co.nz 營7:00～22:00
休無休 CC MV

購物中心

Commercial Bay

Map P.246-C1 市中心

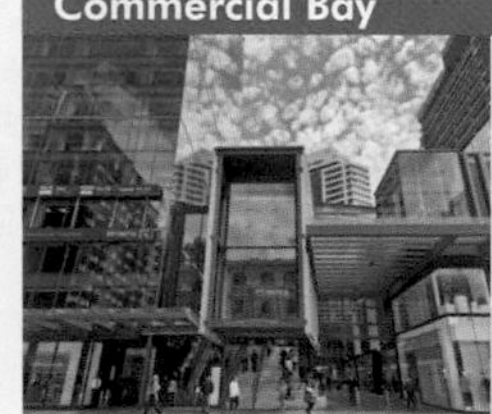

開設於2020年的購物商場，從Kate Spade、Calvin Klein、Tommy Hilfiger等國際服飾品牌，到H&M的快時尚、運動服飾、美妝、生活雜貨、兒童服飾，商品包羅萬象；時尚的美食街、咖啡館、酒吧、甜點店等美食也很豐富。

住7 Queen St. 電無 URL www.commercialbay.co.nz
營週一～三10:00～18:00、週四～六10:00～19:00、週日10:00～17:00，餐廳週一～六7:00～23:30、週日8:00～23:30 休無休 CC 依店家而異

Westfield Newmarket

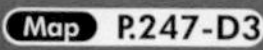

新市場

開設在奧克蘭4處及基督城的購物中心，其中以新市場店的規模最大，從Farmers、David Jones等百貨公司，到高級精品、休閒服飾、美妝、生活雜貨、超市，各種類型的商店林立，美食部分也很豐富。

住Broadway 電(09) 978-9400
URL www.westfield.co.nz 營週一～三・六9:00～19:00、週四・五金9:00～21:00、週日10:00～19:00 休無休 CC依店家而異

Ponsonby Central

Map P.246-C2 龐森比

正如其名是位於龐森比中心地區的複合式商業設施，有各種類型的店家，像是麻製品家飾店、手機配件專賣店、兒童服飾專賣店、塔羅牌&手相占卜店等，順便逛逛服裝的快閃店也很有趣。有不少餐廳和咖啡館，最適合去用餐。

住136 Ponsonby Rd. 電(09) 376-8300
URL www.ponsonbycentral.co.nz
營依店家而異 休無休 CC依店家而異

Sylvia Park

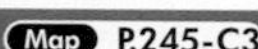

郊外

在布里托瑪火車站搭乘東線約20分鐘抵達Sylvia Park，車站正前方就是全紐西蘭規模最大的購物中心；擁有超過200間流行品牌店舖進駐，另外還有大型超級市場與折扣暢貨中心、美食街，以及有著超大銀幕的電影院等，設備齊全。

住286 Mt. Wellington Hwy. 電(09) 570-3777 URL www.kiwiproperty.com 營購物中心 週六～三9:00～19:00、週四・五9:00～21:00
休無休 CC依店家而異

Dress Smart

郊外

聚集超過100家店舖的大型折扣暢貨中心，除了熱門流行服飾品牌，還有愛迪達、耐吉等多家知名運動品牌，都能以定價的3～7折買到，超划算，館內也有咖啡館與速食店。可以免費租借輪椅及嬰兒車（需要護照），館內停車場能免費停車3小時。

住151 Arthur St. 電(09) 622-2400
URL www.dress-smart.co.nz 營週一～三・五10:00～17:00、週四10:00～19:00、週六・日9:00～18:00 休無休 CC依店家而異

Column 時尚的海邊小鎮塔卡普納

緊鄰德文港（→P.260）北邊的塔卡普納Takapuna，是充滿優雅氛圍的海邊小鎮。主要街道的Lake Rd.、向著海灘延伸的The Strand，以及單行道的Hurstmere Rd.，路上雜貨店、精品店、咖啡館和餐廳林立，很適合散步。

風平浪靜的塔卡普納海灘Takapuna Beach也不能錯過，夏天除了能玩水，還會舉行許多活動；順便逛逛週日上午的市集也很有趣。

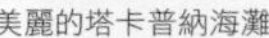

美麗的塔卡普納海灘

面海的塔卡普納海灘咖啡館

塔卡普納 Map P.244-A2
URL www.ilovetakapuna.co.nz
交從德文港搭乘Metro#814，或是從布里托瑪搭乘Metro#NX1在Akoranga下車，再轉乘#814。

奧克蘭的住宿

Accommodation

從位於市中心的高級飯店到輕鬆舒適的背包客青年旅館，有各種住宿選擇；如果喜歡的是具有個性的住宿，就得將腳步往郊區延伸，從各式各樣的B&B中仔細挑選，絕對能依照個人預算以及期望找到合適的下榻地點。

高級飯店

Hilton Auckland

Map P.247-A3 市中心

座落在突出於懷特瑪塔港的王子碼頭，每間客房都擁有著視野遼闊的專屬陽台，能眺望明亮迷人的海洋風景。飯店內還有海鮮餐廳「Fish」及時尚的酒吧「Bellini Bar」，設備完善；設有水底觀景窗的戶外游泳池也很受歡迎。

住Princes Wharf, 147 Quay St. 電(09) 978-2000
URL www.auckland.hilton.com
費ⓈⒹⓉ$468～ 房數187 CC ADJMV

JW Marriott Auckland

Map P.246-C1 市中心

奧克蘭首屈一指的高級飯店，地理位置絕佳，不論是觀光還是購物都極為方便，充滿高級感的客房裝潢與開闊的浴室空間，也讓人沉浸在奢華的氛圍中。飯店內有休閒餐廳「JW Kitchen」，以及行政酒廊與酒吧。

住22-26 Albert St. 電(09) 309-8888
FAX (09) 379-6445 URL www.marriott.com
費ⓈⒹⓉ$303～ 房數286 CC ADJMV

Heritage Auckland

Map P.246-D·C1 市中心

飯店的前身為百貨公司，是棟深具歷史的建築，由充滿穩重踏實氛圍的飯店大樓，以及現代化的塔樓所組成，從客房還能一覽懷特瑪塔港、高架橋港等美景。飯店內戶外泳池、三溫暖、健身房、網球場等設施應有盡有。

住35 Hobson St. 電(09) 379-8553 FREE 0800-368-888
URL heritagehotels.co.nz
費ⓈⒹⓉ$389～ 房數184 CC ADJMV

Pullman Auckland

Map P.246-D2 市中心

座落於亞伯特公園附近的山丘上，從客房可以眺望到海港、公園，以及更遠方的朗伊托托島Rangitoto Island；多數客房內都採用優雅家具營造出歐風氣氛，也有附寬廣陽台的高級套房，並有推出新婚住宿優惠。

住Waterloo Quadrant & Princes St. 電(09) 353-1000
FAX (09) 353-1002 URL pullmanauckland.co.nz
費ⓈⒹⓉ$274～ 房數324 CC ADJMV

M Social Auckland

Map P.246-C1 市中心

當代風格的時尚飯店，所有客房都面對懷特瑪塔港，可以透過落地大窗欣賞港灣海景。餐廳「Beast & Butterflies」以歐式自助餐形式呈現世界各國料理，能一次品嚐過癮。

住196-200 Quay St. 電(09) 377-0349
URL msocial.co.nz 費ⓈⒹⓉ$359～ 房數190
CC ADJMV

● 高級飯店

Mövenpick Hotel Auckland

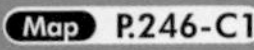
Map P.246-C1 市中心

於2022年5月開幕的紐西蘭第一家Mövenpick飯店。每天15:00都會舉行1小時的巧克力時間Chocolate Hour，可以免費享用各式各樣的巧克力，很受大人與小孩的好評。而客房服務24小時都能點巧克力聖代。

住8 Customs St. 電(09) 377-8920
URL www.movenpick.com 費ⒹⓉ$259～ 房數207
CC ADJMV

Delamore Lodge

Map P.264 懷希基島

享受優雅時光的豪華小屋，與大海融為一體的無邊際泳池很受歡迎。每天傍晚都會供應餐前酒及開胃小菜，由專屬主廚負責料理午餐和晚餐；也設有按摩浴缸、三溫暖及SPA，並提供從渡輪碼頭的免費接送。

住83 Delamore Dr., Oneroa, Waiheke Island 電(09) 372-7372
URL www.delamorelodge.com
費$1334.5～ 房數6 CC AMV

● 中級飯店

SkyCity Hotel

Map P.246-D1 市中心

飯店就座落於市區地標天空塔所在的天空城內，而且緊鄰著長途巴士InterCity的總站，交通相當便利。多數客房都擁有海景視野，另外像是芳療按摩、餐廳、酒吧，甚至是賭場、電影院等設施應有盡有。

住Cnr. Victoria St. & Federal St. 電(09) 363-6000
FREE 0800-759-2489 URL skycityauckland.co.nz
費ⒹⓉ$299～ 房數323 CC ADJMV

Grand Millennium Auckland

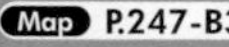
Map P.247-B3 市中心

中庭式的高雅飯店，所有客房空間都挑高，並且設有大片落地窗，眼前就是開闊的市中心街道景致，非常迷人。飯店內除了有熱門的日本料理餐廳「桂」之外，還有其他3間餐廳及行政酒廊。

住71 Mayoral Dr. 電(09) 366-3000
URL millenniumhotels.com
費ⓈⒹⓉ$269～ 房數452 CC ADJMV

Crowne Plaza Auckland

Map P.246-D1 市中心

座落於市中心，不論是觀光購物，還是品嚐美食都極為便利，與購物中心「Atrium on Elliott」也透過走廊銜接起來；還設有健身房，而時尚內裝且色調協調的客房則是受歡迎的祕密。

住128 Albert St. 電(09) 302-1111 FREE 0800-154-181
URL auckland.crowneplaza.com
費ⓈⒹⓉ$225.4～ 房數352 CC ADJMV

Hotel Grand Chancellor Auckland City

Map P.246-C1 市中心

佇立於高架橋港邊的現代化飯店，與住宅大廈的樓層共通，下榻在這裡的感覺，就像是住宿在市中心的奧克蘭在地人一樣。飯店內還有游泳池、健身房、SPA及三溫暖等設施。

住1 Hobson St. 電(09) 356-1000 FREE 0800-275-337
FAX (09) 356-1001 URL grandchancellorhotels.com
費ⓈⒹⓉ$195～ 房數78 CC AJMV

廚房（全部客房） 廚房（部分客房） 廚房（共用） 吹風機（全部客房） 浴缸（全部客房） 游泳池
網路（全部客房／須付費） 網路（部分客房／須付費） 網路（全部客房／免費） 網路（部分客房／免費）

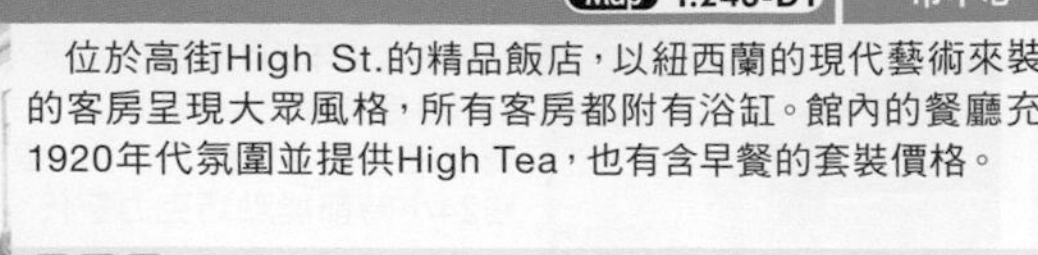

Hotel DeBrett

Map P.246-D1　市中心

位於高街High St.的精品飯店，以紐西蘭的現代藝術來裝潢的客房呈現大眾風格，所有客房都附有浴缸。館內的餐廳充滿1920年代氛圍並提供High Tea，也有含早餐的套裝價格。

住2 High St.　☎(09) 925-9000
URL hoteldebrett.com
費ⓈⒹⓉ$390～　房數 25　CC MV

The Hotel Britomart

Map P.246-C2　市中心

於2020年10月開幕，是紐西蘭第一家獲得環境永續認證5顆綠星的住宿設施，客房內部設計極具風格，使用100%有機棉的寢具等舒適設備齊全。

住29 Galway St.　☎(09) 300-9595
URL thehotelbritomart.com
費ⓈⒹ$390～　房數99　CC ADJMV

Parnell Pines Hotel

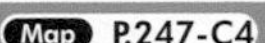

Map P.247-C4　帕奈爾

座落在帕奈爾中心區的飯店，就在帕奈爾文化村對面超方便；客房類型從標準房到容納多人的家庭房一應俱全，並設有房客專用的洗衣設備及連通房。

住320 Parnell Rd.　☎(09) 358-0642　FREE 0800-472-763
URL www.parnell-pines-hotel.nz　費ⓈⓉⒹ$179～
房數16　CC MV

Hotel Fitzroy

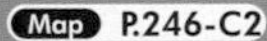

Map P.246-C2　龐森比

為高級精品連鎖飯店Fable品牌系列，全部客房都為雙人加大床King Bed，浴袍、拖鞋、Dyson的吹風機等設備齊全；並在早餐、迷你酒吧、圖書館供應免費的開胃小菜及飲料。步行到Ponsonby Central只要5分鐘。

住43 Richmond Rd.　☎(09) 5581-955
URL www.fablehotelsandresorts.com/hotels/hotel-fitzroy
費 $450～　房數10　CC AJMV

The Esplanade Hotel

Map P.260-A2　德文港

外觀雖然是維持著1903年興建時的模樣，但內部早已經煥然一新，改裝成為舒適高雅的飯店。館內及客房裝潢非常優雅，而且從客房就能夠穿越港灣，一覽對岸的奧克蘭街景，以及眺望維多利亞山。飯店最頂樓則設置成閣樓套房。

住1 Victoria Rd.　☎(09) 445-1291　FAX (09) 445-1999
URL esplanadehotel.co.nz
費ⓈⒹ$129～　房數16　CC AJMV

Jetpark Auckland

Map P.245-D2　郊外

從機場有免費接駁巴士行駛，由於有快速退房的服務，方便搭乘清早航班的房客。游泳池、健身房、兒童遊戲區、餐廳、酒吧等館內設施豐富，並設有寵物友善的客房，以及公寓式的房間。

住63 Westney Rd. Mangere　☎(09) 275-4100　FREE 0800-538-466
URL www.jetparkauckland.co.nz　費ⓈⒹⓉ$212～
房數221　CC AMV

經濟型旅館

Aukland Harbour Suites

Map P.246-C2 市中心

是周圍最為醒目的建築物，屬於公寓式的高樓飯店，從洗衣房到廚房等設備一應俱全，因而吸引許多長期滯留的房客。從高樓層客房的陽台可以一覽天空塔、懷特瑪塔港的美景。大樓正門為自動上鎖式，櫃台則是24小時服務。

住16 Gore St. 電(09) 909-9999 FREE 0800-565-333
URL www.oakshotels.com
費ⒹⓉ$188～ 房數150 CC ADJMV

The Parnell Hotel & Conference Centre

Map P.247-B4 帕奈爾

客房採光非常棒，幾乎所有客房都擁有懷特瑪塔港的極致海景，另外也有附廚房、陽台的高級套房等各種類型的房間，可依照個人的需求來選擇。飯店也有推出新婚住宿優惠。

住10-20 Gladstone Rd. 電(09) 303-3789 FREE 0800-504-466
FAX (09) 377-3309 URL theparnell.co.nz
費ⒹⓉ$170～ 房數101 CC ADJMV

Auckland Airport Kiwi Hotel

Map P.245-C2 郊外

飯店以一隻很大的奇異鳥雕塑作為標誌，位於距離機場約5分鐘車程之處，地理位置佳，提供24小時機場接送服務。飯店內設有酒吧、餐廳及健身房，設施完善，部分客房還附贈免費早餐。

住150 McKenzie Rd. Mangere 電(09) 256-0046 FREE 0800-801-919
FAX (09) 256-0047 URL kiwiairporthotel.co.nz
費ⒹⓉ$89～ 房數52 CC ADJMV

汽車旅館

At Eden Park Motel

Map P.244-B1 伊甸山

距離橄欖球聖地的伊甸公園Eden Park很近，是方便看球賽的別墅型汽車旅館。火車站及巴士站牌就在旅館正對面，附近的餐廳和咖啡館也很多，並附設停車場方便租車遊客住宿（要先預約）。

住36 Sandringham Rd. 電(09) 846-4919 URL www.edenparkmotel.co.nz
FREE 0800-283-336 費Ⓓ$159～
房數10 CC AMV

Devonport Motel

Map P.260-A2 德文港

位於德文港，距離渡輪碼頭、維多利亞路及海灘步行約3分鐘之處，交通十分便利。單床的雙人房空間極為寬敞，窗戶多採光好，並附有窗簾可保有隱私。

住11 Buchanan St. 電(09) 445-1010
URL devonportmotel.co.nz
費Ⓓ$235～ 房數2 CC MV

Best Western BK's Pioneer Motor Lodge

Map P.245-D2 郊外

距離機場約5分鐘車程，地點極便利，適合搭機前一晚入住。設有免費停車場及洗衣設備，櫃台服務與機場接送都是24小時，還有早上的電話叫醒服務。客房寬敞而整潔。

住205 Kirkbride Rd. 電(09) 275-7752 FREE 0800-222-052
FAX (09) 275-7753 URL bkspioneer.com
費ⒹⓉ$144.5～ 房數37 CC AJMV

B&B

The Great Ponsonby Arthotel

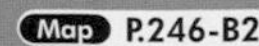

Map P.246-B2 龐森比

將19世紀末期建築改裝而成的奢華B&B，每間客房都掛有在地藝術家的繪畫作品，或以太平洋島嶼的設計來裝飾。早餐可以選擇主菜，也提供歐姆蛋和法式可麗餅；推薦晴天時可在美麗庭院中度過悠閒時光。

住30 Ponsonby Tce. 電(09) 376-5989 FREE 0800-766-792
URL greatpons.co.nz 費ⓈⒹⓉ$260～
房數11 CC MV

Bavaria B&B

Map P.246-D2 伊甸山

位於鄰近伊甸山的B&B，是將超過100年的建築重新改裝，客房雖然有點老舊，但維持得非常整潔。大廳內提供免費的紅茶、咖啡及餅乾，也有微波爐與冰箱方便房客使用。

住83 Valley Rd. 電(09) 638-9641
URL bavariabandbhotel.co.nz
費Ⓢ$150～ ⒹⓉ$205～ 房數11 CC MV

Admirals Landing Waterfront B&B

Map P.260-A1 德文港

從渡輪碼頭步行約2分鐘，洋溢居家溫馨氛圍的B&B，由喜愛旅行的紐西蘭主人溫暖地迎接遊客的到來；還有主人自豪的濱海客房，可以將海港景致及奧克蘭市區一覽無遺。並附有免費早餐。

住11 Queens Pde. 電(09) 445-4394
URL www.admiralslanding.co.nz 費ⓈⓉⒹ$210～
房數2 CC MV

青年旅館

BK Hostel

Map P.247-C3 市中心

地處市中心好位置的青年旅館，前往時髦的龐森比區只要步行約5分鐘，周邊還有食材店、餐廳、酒吧、銀行、郵局等設施，對長期停留的遊客而言十分便利。

住3 Mercury Lane Newton 電(09) 307-0052
URL www.bk-hostel.co.nz 費Dorm$20～ Ⓢ$40～ ⒹⓉ$60～
房數90床 CC MV

Queen Street Backpackers

Map P.246-C1 市中心

吸引很多日本熟客的背包客青年旅館，座落於市中心，距離超級市場、便利商店都很近；旅館內還設有酒吧、撞球台，讓房客們可以輕鬆認識彼此。另外還有女性專用的團體房，公用電視還可以看Netflix。

住4 Fort St. 電(09) 373-3471 FREE 0800-899-772
URL qsb.co.nz 費Dorm$44～ ⓈⒹⓉ$170～
房數157床 CC MV

Verandahs Parkside Lodge

Map P.246-C2 龐森比

以珍貴貝殼杉興建的古蹟民宅改裝而成，從開闊的陽台可以眺望奧克蘭的街道景致及緊鄰的西部公園，景觀絕佳。至於公共廚房、寬敞的會客廳、洗衣房及BBQ等設備也應有盡有。

住6 Hopetoun St. 電(09) 360-4180 URL verandahs.co.nz
費Dorm$49～ Ⓢ$88～ ⒹⓉ$130～ 附浴室的雙人房$154～
房數48床 CC AMV

漢密爾頓

Hamilton

人口:16萬5400人
URL www.visithamilton.co.nz

作為紐西蘭第4大城的漢密爾頓，由發源自陶波湖，最後注入奧克蘭南端懷卡托港的紐西蘭最長河流懷卡托河Waikato River所貫穿，因此即使位處內陸地帶，仍掌控著水上交通要衝而繁榮發展；而且包含漢密爾頓在內的懷卡托地區是一片肥沃平原，成為紐西蘭屈指可數的農業、酪農興盛區。如果從歷史上來看，此地也是毛利原住民部落及1860年代毛利人與英國殖民者之間，爭奪土地主權、衝突頻繁之處。

流過城市中央地區的壯大懷卡托河

如何前往漢密爾頓 Access

從威靈頓、基督城都有直飛航班可以抵達漢密爾頓，而漢密爾頓國際機場Hamilton International Airport則在離市區南邊約14km處，進入市區可以搭乘機場接駁巴士。

至於長途巴士，可搭乘班次多又便捷的InterCity，奧克蘭出發1日9班，所需時間為1小時55分～2小時20分；羅托魯瓦出發1日3～4班，所需時間約1小時30～55分。巴士總站在市中心的轉運中心Transport Centre。

火車則有從奧克蘭出發、BUSIT系列的Te Huia號，週一～五為1日2班、週六1日1班，所需時間約2小時36分；以及Kiwi Rail的北部探險號Northern Explorer，每週3班，所需時間約2小時30分（→P.466）。

漢密爾頓的 漫遊

在花園廣場有免費的Wi-Fi可以使用

漢密爾頓市區以流過中心的懷卡托河為界，分成餐廳、商店集中的西側，以及大部分屬於住宅區的東側。主要街道是維多利亞街Victoria St.，而遍布全市的BUSIT市區巴士，則方便遊客暢遊主要觀光景點。

航空公司（→P.496）
紐西蘭航空

漢密爾頓機場
Map P.288-B2外

機場接駁巴士公司
Flex
URL busit.co.nz/flex
費 機場↔市中心 單程$3
由BUSIT行駛的預約制巴士，必須事先在手機app預約。

主要計程車公司
Hamilton Taxis
☎ (07) 847-7477
FREE 0800-477-477
URL hamiltontaxis.co.nz
也可以透過手機app叫Uber。

主要巴士公司（→P.496）
InterCity

長途巴士總站
Map P.288-A1
住 Bryce St. & Anglesea St.

鐵路公司（→P.496）
Kiwi Rail

Te Huia
URL www.tehuiatrain.co.nz

漢密爾頓火車站
Map P.288-B1
到市中心步行約20分鐘。

遊客中心 i-SITE
Hamilton Visitor Centre
Map P.288-B2
住 ArtsPost Galleries & Shop 120 Victoria St.
☎ (07) 958-5960
URL www.visithamilton.co.nz
開 9:00～17:00
休 無休

漢密爾頓的市區巴士
BUSIT
FREE 0800-205-305
URL busit.co.nz
費 為車資根據距離變動的區域制，以現金或儲值卡Bee Card支付。
現金
$1.5～$15
Bee Card
$0.5～$9

漢密爾頓近郊城鎮Tirau

URL tirauinfo.co.nz

從漢密爾頓沿著國道1號往東南行約50km的Tirau，是個隨處可見鐵皮波浪板藝術品的小鎮；以鐵皮波浪板做成的大型牧羊犬建築是遊客中心i-SITE，隔壁則是綿羊造型外觀的紀念品店，內部還設有時尚的咖啡館，不妨在開車路過時停下來休息片刻。這裡的遊客中心i-SITE也可以報名參加哈比村之旅。

牧羊犬造型的遊客中心i-SITE

漢密爾頓湖（羅托羅瓦湖）

Hamilton Lake (Lake Rotoroa)

Map P.288-B1

漢密爾頓湖在毛利語中又稱為羅托羅瓦湖，意思是「很長的湖」，從市中心步行過來大約30分鐘，不時看得到在湖上駕控遊艇、小船，或是在湖畔打迷你高爾夫的民眾，還隨時會有音樂會、船艇嘉年華登場，是漢密爾頓市民熱愛的休憩場所。沿著湖畔有條路況平坦、約4km長的環湖步道，可以一邊欣賞著湖光水色，一邊享受走路的樂趣。

湖畔是市民最愛的休憩場所

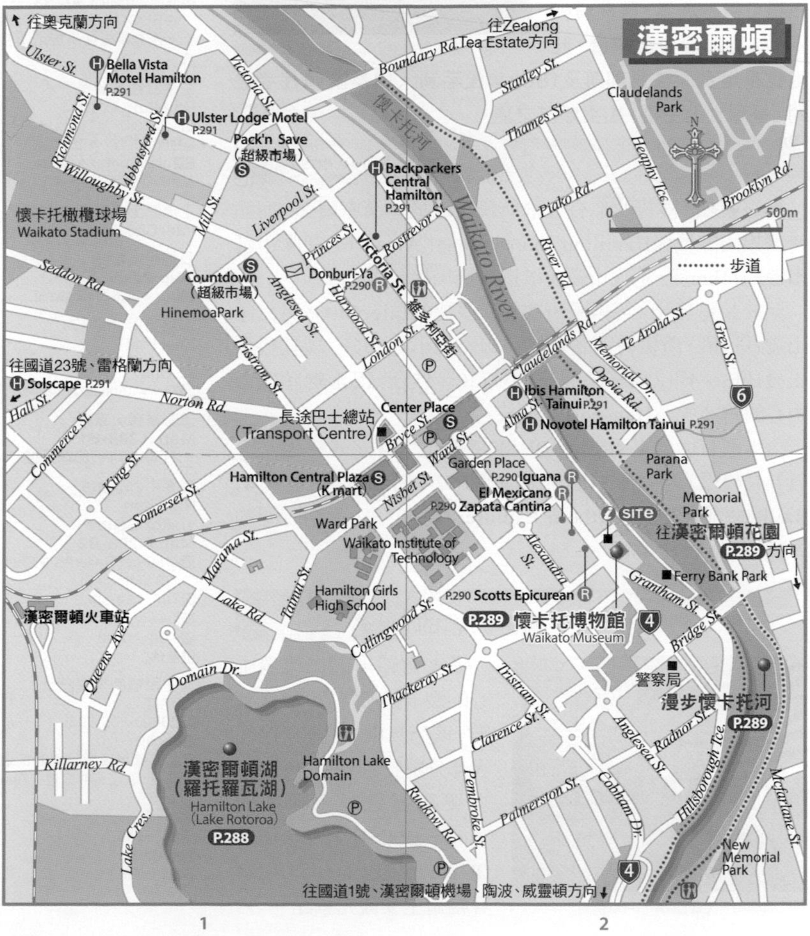

漢密爾頓

往奧克蘭方向
往Zealong Tea Estate方向
Bella Vista Motel Hamilton P.291
Ulster Lodge Motel P.291
Pack'n Save（超級市場）
Backpackers Central Hamilton P.291
懷卡托橄欖球場 Waikato Stadium
Countdown（超級市場）
Donburi-Ya P.290
維多利亞街
HinemoaPark
往國道23號、雷格蘭方向
Solscape P.291
Center Place
長途巴士總站（Transport Centre）
Ibis Hamilton Tainui P.291
Novotel Hamilton Tainui P.291
Garden Place
Iguana P.290
El Mexicano
Zapata Cantina P.290
Hamilton Central Plaza（K mart）
Ward Park
Waikato Institute of Technology
Hamilton Girls High School
Scotts Epicurean P.290
懷卡托博物館 Waikato Museum P.289
往漢密爾頓花園 P.289 方向
Ferry Bank Park
Parana Park
Memorial Park
Claudelands Park
懷卡托河 Waikato River
步道
漢密爾頓火車站
警察局
漫步懷卡托河 P.289
漢密爾頓湖（羅托羅瓦湖）Hamilton Lake (Lake Rotoroa) P.288
Hamilton Lake Domain
New Memorial Park
往國道1號、漢密爾頓機場、陶波、威靈頓方向
Ulster St. Richmond St. Abbotsford St. Willoughby St. Victoria St. Boundary Rd. Stanley St. Thames St. Heaphy Tce. Brooklyn Rd. Piako Rd. River Rd. Liverpool St. Mill St. Princes St. Rostrevor St. Seddon Rd. Anglesea St. Harwood St. London St. Claudelands Rd. Te Aroha St. Memorial Dr. Opoia Rd. Grey St. Tristram St. Norton Rd. Hall St. Commerce St. Alma St. Bryce St. Ward St. King St. Somerset St. Nisbet St. Marama St. Tainui St. Alexandra St. Grantham St. Bridge St. Lake Rd. Collingwood St. Queens Ave. Domain Dr. Thackeray St. Clarence St. Radnor St. Killarney Rd. Lake Cres. Ruakiwi Rd. Pembroke St. Palmerston St. Cobham Dr. Hillsborough Tce. Mcfarlane St.
0 500m

漢密爾頓花園
Hamilton Gardens

Map P.288-B2外

位於懷卡托河畔的漢密爾頓花園，是市區最大的庭園，擁有根據不同主題而興建的香草花園、日本庭園及英式花園等園區，各有其繽紛之美，很適合悠閒地漫步欣賞。

英國的都鐸式花園

漢密爾頓花園
住Cobham Dr.
電(07) 838-6782
URL hamiltongardens.co.nz
開（最後入園時間16:30）、停車場則為6:15～21:00
遊客中心 9:00～17:00
休無休
費免費（園區地圖$2，花園導覽之旅大人$20、小孩$13）
交從市中心沿著環河步道往南步行約30分鐘，也可搭乘BUSIT＃17在公園前的巴士站下車。

漫步懷卡托河
Waikato River Walk

Map P.288-B2

懷卡托河沿岸到處都設置了公園、環河步道，很適合散步或踏青野餐，特別是維多利亞街南端的Ferrybank及對岸的Parana兩座公園，都保留許多自然面貌，非常舒服。另外，還有追悼第一次世界大戰陣亡者的紀念公園Memorial Park。

沿著充滿綠意的步道散步

懷卡托博物館
Waikato Museum

Map P.288-B2

館內關於懷卡托地區的毛利原住民歷史、裝飾品等展覽非常豐富，像是在150多年前的戰役中，曾派上用場的巨大木雕獨木舟Te Winika，船身上的精緻雕工令人讚嘆不已。而緊鄰博物館旁是專門展示在地藝術家作品的「Arts Post」藝廊，還設有博物館紀念品店。

設計新穎的建築

懷卡托博物館
住1 Grantham St.
電(07) 838-6606
URL waikatomuseum.co.nz
開10:00～17:00
休無休
費免費（歡迎捐款，企劃展需收費）

船身有著十分精緻的雕工

Column 《哈比人》的拍攝地哈比村

在紐西蘭的代表電影《哈比人》及《魔戒三部曲》中，哈比人居住村落的拍攝地──哈比村（夏爾Shire），是從漢密爾頓往東約37km的瑪塔瑪塔Matamata，還要再開車30分鐘左右才能到達的亞歷山大牧場。因為附近都是亞歷山大家族的私有地，遊客必須參加Hobbiton Movie Set Tours的行程才能進入參觀。多家旅行社都有推出從奧克蘭出發的行程，若是獨自前往，可以在瑪塔瑪塔的i-SITE或哈比村內的The Shire's Rest（要事先預約）報名參觀行程。

Matamata i SITE
摺頁地圖①
住45 Broadway
電(07) 888-7260
營9:00～15:00
休無休
URL matamatanz.co.nz

瑪塔瑪塔的i-SITE

Hobbiton Movie Set Tours
住501 Buckland Rd.
電(07) 888-1505 URL www.hobbitontours.com
時8:30～165:30每隔30分鐘（依季節變動），行程所需時間約2小時，附飲料。 休無休
瑪塔瑪塔、The Shire's Rest出發
費大人$89～、9～16歲$44～ 也有附午餐行程或附晚餐的Evening Banquet Tour。
漢密爾頓出發
Plantinum Transfer and Tours
URL ptt.nz/hobbiton-tour-package
費大人$245、小孩$155

漢密爾頓的戶外活動 Excursion

Kiwi Balloon

趁著天還沒亮就出發前往羅托羅瓦湖畔的Innes Common，體驗約1小時的空中散步；朝陽灑落在懷卡托河及附近廣大的牧場，還能將充滿綠意的漢密爾頓盡收眼底，是趟有著舒暢感受的旅程。降落後可享用香檳與輕食，為這個特別的早晨留下紀念，行程所需時間為4小時左右。

Kiwi Balloon
電(07) 843-8538 ✆021-912-679 URL www.kiwiballooncompany.co.nz
時9～7月 費大人$400、小孩$320 CC MV

Zealong Tea Estate

前往位於漢密爾頓郊外、約12分鐘車程的茶園，以有機栽培方式，在這片未經農藥汙染土壤所種植的茶葉，被稱為「世界上最純淨的茶」。園區內有可以眺望茶園風景的餐廳及商店，除了用餐和購物，還能在擺設著雕刻作品的庭園裡散步，而午餐及High Tea也很受歡迎。

Zealong Tea Estate 電(07)854-0988 URL zealong.com 住495 Gordonton Rd. 時10:00～16:30（依季節或天候而變動） 休無休 費High Tea $68～ CC AJMV

懷卡托河巡航之旅

從漢密爾頓郊外的Cambridge小鎮出發的懷卡托河巡航之旅，在船上可以欣賞棲息於河岸的鳥類、瀑布，以及Cambridge峽谷的美麗景色，充滿輕鬆氛圍。也推出以高速在河上奔馳、360度旋轉，驚險的噴射飛船（大人$121、小孩$55）之旅。

Camjet
✆027-7758-193
URL www.camjet.co.nz
時全年（所需約1小時）
費大人$121、小孩$55
CC AMV

漢密爾頓的餐廳 Restaurant

Iguana

Map P.288-B2

這是一間氣氛絕佳的寬敞酒吧＆餐廳，最值得推薦的就是可供多人分享的拼盤$38.5，以及種類豐富的披薩（L尺寸$30）等菜色，官網上還依星期推出特價餐點，又以週二的甜點日最受歡迎。

住203 Victoria St. 電(07)834-2280 URL iguana.co.nz
營11:30～Late
休無休 CC AMV

Donburi-Ya

Map P.288-A1

由居住在紐西蘭約25年的日本人所經營的日本料理店，除了炸雞排丼$18.5、照燒鮭魚丼$20.5，也可品嚐烏龍麵和壽司；還有日本酒與日本啤酒，而以豬骨及雞骨熬煮湯頭的正統拉麵也很值得推薦。

住789 Victoria St.
電(07) 838-3933
營10:00～14:30
休週六・日
CC MV

Scotts Epicurean

Map P.288-B2

位於維多利亞街上、非常受到在地人喜愛的咖啡館，不僅是改建自超過100年歷史的建築物，天花板上還有美麗的雕刻。三明治、甜點等菜單上的餐點相當豐富多樣，且頗受好評，午餐$14～28、蛋糕$6.5～也很好吃。

住181 Victoria St. ✆027-839-6688 URL scottsepicurean.co.nz
營週一～五7:00～14:30
週六・日8:00～15:00
休無休 CC MV

El Mexicano Zapata Cantina

Map P.288-B2

有著繽紛多彩內裝的墨西哥餐廳，可以品嚐Tapas $17～、恩潘納達$18、墨西哥捲餅$17等菜色，充分享受正統滋味，頗受好評；還提供瑪格麗特等多種酒精飲料。

住211 Victoria St.
電(07) 210-0769
URL elmexicanozapata.com
營週二～日17:00～21:00
休週一 CC MV

Novotel Hamilton Tainui

Map P.288-A2

座落於市中心，加上離巴士總站不遠的絕佳地點，並擁有面對懷卡托河的舒適宜人環境，是很熱門的飯店。有些客房擁有河畔景觀，在預約時不妨提出要求，並附設餐廳與酒吧。

住7 Alma St. ☎(07) 838-1366
FAX (07) 838-1367
URL www.accorhotels.com
費ⓈⒹⓉ$265～
房數177
CC ADJMV

Ibis Hamilton Tainui

Map P.288-A2

沿著懷卡托河而建，是間擁有美麗夜景的市區飯店，飯店內設有可品嚐紐西蘭料理的餐廳與酒吧，適合想悠閒度假的遊客。

住18 Alma St. ☎(07)859-9200
FAX (07) 859-9201
URL ibis.accorhotels.com
費ⓈⒹⓉ$217～
房數126
CC ADJMV

Ulster Lodge Motel

Map P.288-A1

打掃得一塵不染的客房內部非常整潔，有4間客房附有按摩浴缸，預約住房時不妨提出要求。一旁還附設販賣食品及日用雜貨的小商店，想買點小東西時非常方便。

住211 Ulster St.
☎(07) 839-0374
URL ulsterlodge.co.nz
費ⒹⓉ$150～
房數17 CC AMV

Bella Vista Motel Hamilton

Map P.288-A1

由友善主人經營的汽車旅館，客房類型多元，從寬敞大套房到附Spa的小套房都有，庭院裡還有烤肉區。

住1 Richmond St.
☎(07) 838-1234
URL www.bellavistahamilton.co.nz
費ⓈⒹⓉ$188～
房數18 CC ADJMV

Backpackers Central Hamilton

Map P.288-A1

位於市中心，客房內很整潔舒適，團體房也有可上鎖的寄物櫃，不必擔心貴重物品會遺失，並備有免費的早餐、咖啡和紅茶。還有前往奧克蘭、雷格蘭、羅托魯瓦及哈比村的付費接駁巴士。

住846 Victoria St. ☎(07)839-1928
URL www.backpackerscentral.co.nz
費Dorm $38～ Ⓢ$94～
ⒹⓉ$89～ Family Room $185～
房數41 CC MV

Solscape

Map P.288-A1外

位於漢密爾頓郊外雷格蘭的生態旅館&青年旅館，有露營區及使用舊火車車廂的團體房等，各式各樣的住宿設施；並附設瑜珈教室、衝浪學校，也提供按摩服務。位於小山丘上，從寬廣的花園可以眺望大海是最大的魅力。

住611 Wainui Rd., Raglan
✆027-825-8268
URL solscape.co.nz
費Camp$26～ Dorm$43～
ⓈⒹ$111～
房數14
CC MV

Column 時髦的衝浪小鎮雷格蘭

位於漢密爾頓西邊約50km的雷格蘭Raglan，是個濱海的小城鎮，卻也是相當受歡迎的海灘度假勝地，尤其是以吸引專業玩家聚集而知名的衝浪地點。衝浪高手的活動地點在市中心往西8～9km處的瑪努灣Manu Bay及鯨灣Whale Bay；適合初學者及戲水遊客的則是靠近市區的主要海灘。小鎮市區也充滿時尚氛圍，散步也很不錯。

Raglan
折頁地圖①
URL raglan.net.nz

擁有長長左手浪的瑪努灣

可以報名衝浪課程（→P.425）

北島
漢密爾頓Hamilton
戶外活動／餐廳／住宿

廚房（全部客房） 廚房（部分客房） 廚房（共用） 吹風機（全部客房） 浴缸（全部客房） 游泳池
網路（全部客房／須付費） 網路（部分客房／須付費） 網路（全部客房／免費） 網路（部分客房／免費）

懷托摩

Waitomo

人口：9490人
URL www.waikatonz.com/destinations/waitomo-caves-and-surrounds

吉卜力動畫的原型
懷托摩的藍光螢火蟲洞穴，在紐西蘭的觀光景點中特別受歡迎，據說是吉卜力動畫《天空之城》中飛行石的原型，請近距離欣賞那種在黑暗中發出的夢幻亮光。

主要巴士公司（→P.496）
InterCity
Great Sights

從奧克蘭出發的旅行社
GreatSights
造訪哈比村及懷托摩螢火蟲洞穴的1日遊，從奧克蘭市區的飯店或Skycity的巴士總站出發，含門票及午餐。
☎(09) 583-5790
FREE 0800-744-487
URL www.greatsights.co.nz
哈比村&懷托摩的1日遊
時 奧克蘭6:15～7:15出發（所需時間為12小時）
費 大人$349、小孩$173

藍光螢火蟲以垂下的黏液來發光

懷托摩地區最重要的觀光景點，就是一年可以吸引超過25萬名觀光客造訪的懷托摩螢火蟲洞穴Waitomo Cave（又名為Glowworm Caves），附近還有阿拉努依岩洞Aranui Cave及魯阿庫里岩洞Ruakuri Cave，在部分洞穴內可以發現會發出神祕藍色光芒的螢火蟲。藍光螢火蟲是一種棲息於紐西蘭的珍貴物種，雖然在全國各地都可以看得到其蹤影，但是這裡的藍光螢火蟲數量最多，能將整個大岩洞頂擠得滿滿的；為了親眼目睹這無與倫比的美景，而造訪此地的遊客絡繹不絕。

1887年，毛利酋長Tane Tinorau與英國測量師Fred Mace首度進入藍光螢火蟲洞穴內進行探索，之後經過無數次的探勘，酋長Tane Tinorau終於正式對外開放這座洞穴。1906年洞穴所有權曾一度移轉給政府保管，直到1989年才將洞穴及周邊土地歸還給當初所有者的子孫，現在也仍然由他們進行管理與經營。

如何前往懷托摩 Access

從奧克蘭前往北帕莫斯頓的InterCity長途巴士會中途停靠懷托摩，每週5班，從奧克蘭出發約需3小時40分，從北帕莫斯頓則約需1小時15分；奧克蘭為9:15出發，12:40抵達懷托摩，從北帕莫斯頓前往奧克蘭的巴士則在16:05到達懷托摩，稍微趕一點就可以當日往返。巴士停靠站在遊客中心i-SITE前，距離懷托摩螢火蟲洞穴步行約10分鐘，也可以搭乘接駁巴士（要預約）。

至於懷托摩螢火蟲洞穴1日之旅，搭乘Great Sights的觀光巴士最為方便。從奧克蘭出發1日1班，推出哈比村與懷托摩組合的觀光之旅；也可以從羅托魯瓦出發，停留哈比村與懷托摩，再前往奧克蘭的行程。

懷托摩的漫遊

觀光的起點也就是遊客中心i-SITE，並附設懷托摩洞穴探索博物館（→P.294），關於周邊的戶外活動或交通資訊、地圖等都能在這裡取得；旁邊還有小商店與咖啡館，雖然商品種類不多，卻能在這裡購買到所需的生活用品。

可以看得到藍光螢火蟲的懷托摩螢火蟲洞穴入口，就位於此地往西上坡步行10分鐘之處，如果是搭乘觀光巴士就會直接行駛到入口處。

這個地區還有阿拉努依岩洞及魯阿庫里岩洞，在洞窟內登場的黑水漂流Black Water Rafting（→P.294）等戶外活動很驚險刺激，而到周邊的廣大原始森林健行也是一大樂趣。

遊客中心 i SITE
Waitomo Caves Visitor Information Centre
Map P.293
住 21 Waitomo Village Rd.
電 (07) 878-7640
URL www.waitomocaves.com
開 9:30～15:30
休 無休

遊客中心i-SITE

懷托摩的景點

懷托摩螢火蟲洞穴
Waitomo Cave

Map P.293

在懷托摩的3大洞穴當中，吸引最多觀光客造訪的就是懷托摩螢火蟲洞穴（又稱為Glowworm Caves），欣賞藍光螢火蟲（Glowworm）之旅更是懷托摩觀光的主要焦點。

在嚮導的帶領下，一邊欣賞經過歲月所形成的美麗鐘乳石洞，一邊前進，中途會搭上小船正式出發去觀察藍光螢火蟲。猶如一整片星空般布滿頭頂，閃爍著神祕夢幻藍白色光芒的螢火蟲，形成的美景緊緊擄獲所有遊客的心。

行程所需時間約45分鐘，洞穴內無法讓遊客單獨進入，必須參加旅遊團才能入內參觀。由於藍光螢火蟲是非常脆弱的生物，因此請勿用手觸摸或在洞穴裡抽菸，同時也禁止拍照。萬一下過大雨後，因為洞穴內部水位上漲而無法使用小船，遊客就只能夠站在入口處窺探洞穴內部。

神祕的藍光螢火蟲之光宛如滿天星斗

懷托摩螢火蟲洞穴
住 39 Waitomo Village Rd.
FREE 0800-456-922
URL www.waitomo.com
時 9:00～17:00
（導覽之旅為10:00～15:30）
（每隔30分鐘出發）
休 無休
費 大人$61、$28
※與阿拉努依岩洞、魯阿庫里岩洞的共通門票大人$94～98、小孩$40～44。

懷托摩螢火蟲洞穴的入口

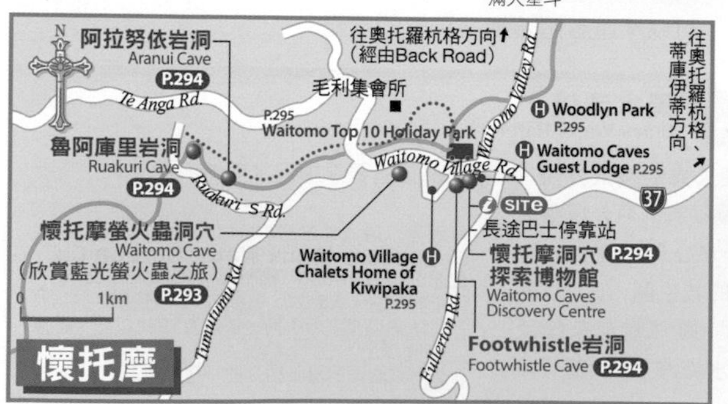

懷托摩周邊的健行步道

洞穴周邊遍布充滿珍貴植物的廣大原始森林，在森林中或河畔都規劃有完善的健行步道（Map上的紅色點線），可以享受輕鬆散步的樂趣。

懷托摩周邊的餐廳
Waitomo Homestead
Map P.292
住 584 Main South Rd.
電 (07) 873-7397
營 8:00～16:00
（夏季會延長時間）
休 無休
CC MV

在國道3號上有供應歐式自助餐的餐廳，也是Great Sights等長途巴士的停靠站。

阿拉努依岩洞
(07) 878-8228
FREE 0800-456-922
URL www.waitomo.com
時 週五～日11:00、13:30出發（依季節變動）
休 週一～四（依季節變動）
費 大人$61、小孩$28

魯阿庫里岩洞
(07)878-8228
FREE 0800-456-922
URL www.waitomo.com
時 夏季 9:00～最晚16:30出發
冬季11:00～最晚15:30出發
（依季節變動）
休 無休 費 大人$87、小孩$33

Footwhistle岩洞
(07) 878-6577
FREE 0800-228-338
URL www.caveworld.co.nz
時 9:00～14:00（依日期變動）
※2人以上成行，也有傍晚出發的日落之旅。
休 不定休
費 大人$64、小孩$39

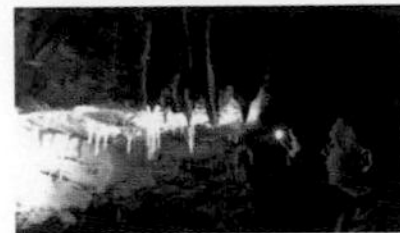

嚮導幫忙打光，充當攝影助理

使用稱為胡椒樹的卡瓦葉泡的紅茶

懷托摩洞穴探索博物館
(07) 878-7640
URL www.waitomocaves.com
開 9:30～15:30 休 無休
費 博物館大人$5、小孩免費

博物館也設有商店

阿拉努依岩洞&魯阿庫里岩洞

Aranui Cave & Ruakuri Cave

Map P.293

阿拉努依岩洞距離懷托摩螢火蟲洞穴約3km，雖然沒有藍光螢火蟲，但是擁有散發著粉紅、白、淺咖啡等各式各樣光澤的美麗鐘乳石及石筍，只有參加導覽才能夠入內參觀，所需時間為1小時左右。

充滿夢幻氣氛的魯阿庫里岩洞

比阿拉努依岩洞更遠的魯阿庫里岩洞，洞內可以拍照，也推出有專業攝影師帶隊的導覽之旅；在藍光螢火蟲棲息的洞穴內，花上約1小時30分參觀的行程，可以探索神祕的鐘乳石世界。

Footwhistle岩洞

Footwhistle Cave

Map P.293

在懷托摩洞穴探索博物館旁設有售票處，然後搭乘接駁巴士前往岩洞，在洞內一邊聽在地嚮導的解說，一邊走在地底長達3km的鐘乳石洞；頭頂上有藍光螢火蟲垂下的黏液，還能近距離欣賞夢幻的光亮，是這裡最大的魅力。只要不用閃光燈，洞內開放拍照；途中還有巨大恐鳥Moa的化石，以及岩洞名稱由來的腳形岩石等景觀。在導覽之遊的尾聲，可以享用毛利人傳統具自然療效的卡瓦葉KAWAKAWA茶，行程所需約1小時15分。

藍光螢火蟲的光就像手可以摸到一般

懷托摩洞穴探索博物館

Waitomo Caves Discovery Centro

Map P.293

附設在遊客中心i-SITE的博物館，展出包括藍光螢火蟲在內的洞穴生物、鐘乳石洞的形成、1886年被發現後的洞穴探險等相關事物。博物館內也有與狹窄岩洞一模一樣的模型，可以讓遊客體驗鑽進洞裡的感覺。

懷托摩的戶外活動

黑水漂流

Black Water Rafting

重現19世紀藍光螢火蟲的洞穴探險，「黑水漂流」是紐西蘭獨有的戶外探險活動，只要穿好潛水衣，戴上附頭燈的安全帽，攜帶以輪胎製成的救生圈，就可以朝洞穴內的河流前進了。雖然看起來像泛舟，但並不是被湍急水流沖下，大部分時間都是隨著平緩河水前進。

舉辦黑水漂流之旅的旅行社
Legendary Black Water Rafting Co.
FREE 0800-924-866 URL www.waitomo.co.nz
時 全年 費 大人$170、小孩$130 CC MV
（所需時間約3小時，必須為12歲以上、體重45kg以上）
※也有與岩洞內滑索組合的行程。

Te Tiro Accommodation

Map P.292

位於距離懷托摩市中心約15分鐘車程之處的B&B，有2棟開拓時期風格的小屋，都附廚房設備且為4人房；園區內還設有備舒適床鋪的豪華帳篷1座，也能入住4人。矗立於高處，展望極佳。

住970 Te Anga Rd. 027-379-2356 URL www.waitomocavesnz.com 費Cabin$200～、Glamping $300～ 房數3 CC不可

Woodlyn Park

Map P.293

能享有與眾不同住宿體驗的汽車旅館，所有客房都是改裝自1950年代的火車車廂，或是曾在越南服役過的軍機，光從外觀絕對無法想像這裡竟是住宿設施。櫃台區有免費網路可供使用，園區內的伍德萊公園Woodlyn Park還能欣賞到紐西蘭文化表演。

住1177 Waitomo Valley Rd.
(07) 878-6666
URL www.woodlynpark.co.nz
費Ⓓ$200～
房數10 CC MV

Waitomo Caves Guest Lodge

Map P.293

客房採取各自獨立的小木屋風格，還有電視、茶具組等完善設備，以及擁有絕佳景觀的餐廳，並貼心地提供簡單的大陸式早餐。

住7 Waitomo Village Rd.
(07) 878-7641 URL waitomo-caves-guest-lodge.business.site
費ⓈⒹⓉ$150～ 房數8 CC MV

Waitomo Village Chalets Home of Kiwipaka

Map P.293

位於遊客中心i-SITE的徒步範圍內，廚房或淋浴間等公共空間非常寬敞整潔。

住Access Rd. (07) 878-3395 027-850-6582
URL waitomokiwipaka.co.nz 費ⓈⒹⓉ$143～
室數117床 CC MV

Waitomo Top 10 Holiday Park

Map P.293

汽車旅館內每間客房都附設廚房、廁所、淋浴間及電視，小屋房客則是使用公共設施。

住12 Waitomo Village Rd.
FREE 0508-498-666
URL www.waitomopark.co.nz 料Camp$27～ Cabin$126～ Motel$174～ 房數18 CC MV

Column 藍光螢火蟲不可思議的生態

紐西蘭的藍光螢火蟲（Glowworm，學名為Arachnocampa Luminosa）是類似蚊蠅類雙翅目昆蟲的幼蟲，與台灣的螢火蟲是完全不同的物種。牠們棲息的環境極為特殊，必須生活在洞穴或森林等潮濕的環境裡，才不會讓身體變乾，還必須有凹凸不平的牆面，好讓牠們垂下捕餌的黏膩絲線，同時還得是小蟲子等食物喜歡聚集的河川附近，不能是會吹亂捕蟲絲線的風口處，以及是光源陰暗好讓本身發光的場所等，生存條件可說是缺一不可。

藍光螢火蟲的生存週期，從卵到孵化需要3週時間，幼蟲期是6～9個月，變成蟲蛹則為2週，但是成蟲的壽命卻只有2～3天；幼蟲體型會從2mm慢慢地成長至火柴棒大小，並且以多條縱橫垂吊絲線組成如網狀的巢穴，等待獵物上門。由於直線上有黏液，獵物一旦沾上，藍光螢火蟲就會沿著橫線移動至獵物旁，吸取獵物的體液維生，聽起來讓人有點毛骨悚然；而那美麗的藍色光芒，就是為誘引獵物上門而散發的。不久後自蟲蛹脫殼，蛻變成比蚊子體型大一些的成蟲，而在羽化成蟲之前，雌蛹會發出更明亮的光，據說這樣是為了吸引提早一步羽化的雄蟲可以尋找到伴侶。

這就是幼蟲的模樣

人口：7萬7300人
URL www.rotoruanz.com

羅托魯瓦

Rotorua

羅托魯瓦是位居北島中央地區的知名觀光城市，正如同毛利語地名之意「第2個湖泊」，美麗的羅托魯瓦湖在北島是規模僅次於陶波湖的第2大湖。

在羅托魯瓦湖畔悠閒度日的人們

從羅托魯瓦到陶波這個區域也是世界上少見的大地熱區，形成羅托魯瓦湖等多個火山湖，以及蒂普亞的波胡圖間歇泉Pohutu Geyser等地貌複雜又獨特的壯觀美景。吸引無數愛好溫泉的遊客前來，到水療中心、溫泉設施或礦物游泳池進行身心的休憩與療養。城市裡不僅隨處可見白色的溫泉煙霧，還飄散著溫泉鄉特有的硫磺氣味。

此外，羅托魯瓦自古以來就居住著眾多毛利原住民，又是聲勢規模最強大的蒂阿拉瓦族Te Arawa中心地，因此保存著極為完整的傳統文化。來到座落於羅托魯瓦郊外的毛利文化村，就有機會可以接觸毛利人的日常生活及傳統文化。

如何前往羅托魯瓦 Access

搭乘飛機抵達

可搭乘紐西蘭航空從主要城市出發的國內線航班，從奧克蘭出發1日1～2班，所需時間約40分鐘；威靈頓為1日2～3班，所需時間約1小時10分；基督城則是1日1～3班，所需時間約1小時45分。羅托魯瓦機場Rotorua Airport距離市中心約8km，從機場可搭乘由Bay Bus行駛的市區循環巴士Cityride路線10，約20分鐘抵達市區；也可以搭乘Super Shuttle的機場接駁巴士或計程車，或是租車。

與國內各地的交通

有InterCity、Great Sights的長途巴士行駛，從奧克蘭出發1日4～5班，所需時間為4小時9分～7小時39分；由威靈頓經過北帕莫斯頓Palmerston North、陶波Taupo，1日4～5班，所需時間約7小時20分～12小時45分，長途巴士停靠站在遊客中心i-SITE前。

羅托魯瓦機場
Map P.297-A1
住 State Hwy. 30
☎ (07) 345-8800
URL www.rotorua-airport.co.nz

Bay Bus
機場線（路線10）
運 機場→市中心
週一～六　6:50～17:53
週日　7:53～16:53
市中心→機場
週一～六　7:05～18:05
週日　7:35～16:35
週一～六每隔30分鐘發車，週日則是每隔1小時發車。
費 現金
大人$2.8、小孩$1.7
Bee Card
大人$2.24、小孩$1.34

機場接駁巴士公司
Super Shuttle
FREE 0800-748-885
URL www.supershuttle.co.nz
費 機場↔市中心
最多11人$93

主要的計程車公司
Rotorua Taxis
☎ (07) 348-1111
FREE 0800-500-000
URL www.rotoruataxis.co.nz
也可以使用手機app叫Uber。

主要巴士公司（→P.496）
InterCity
Great Sights

Great Sights的旅遊團
Great Sights有從奧克蘭出發，前往羅托魯瓦途中順遊觀光景點的旅遊巴士，有瑪塔瑪塔的哈比村、懷托摩螢火蟲洞穴等行程，兼具觀光與交通是最大的優點；團費還包含觀光景點的門票及午餐等費用，並可以到飯店接送。
URL www.greatsights.co.nz

羅托魯瓦的市區交通 Traffic

羅托魯瓦的景點分布範圍很廣，雖然市中心的景點靠步行就足夠，建議沒有開車的遊客搭乘Cityride。Cityride有1～12號（沒有2號）共11條路線，連結市區與郊外；搭車處在遊客中心i-SITE前，但不是在長途巴士停靠站的芬頓街Fenton St.，而是位於Arawa St.上的巴士站（Map P.299-B2）。使用儲值卡Bee Card支付車資可享折扣比較划算。

至於郊外的景點有幾種組合，參加從羅托魯瓦出發的在地旅遊團也是方法之一，Japan Tourist Services的半日之旅可以走訪3～4個景點，13:30左右回到市區（→P.308邊欄）。若是人數較多的團體或家庭則不妨以包車形式，向觀光接駁巴士公司提出私人旅遊團的需求。

公共巴士行經景點			
Cityride	路線1	空中纜車	P.306
		愛哥頓牧場	P.307
	3	華卡雷瓦雷瓦紅杉森林	P.304
	11	蒂普亞／蒂華卡雷瓦雷瓦地熱谷	P.304

羅托魯瓦的市區交通
Bay Bus
FREE 0800-422-9287
URL www.baybus.co.nz
運 6:40～18:50大約每隔30分鐘～1小時發車。
費 現金
單程　大人$2.8
小孩$1.7
Bee Card
單程　大人$2.24
小孩$1.34
Bee Card在車上購買（$5），再儲值$5～就能使用。

羅托魯瓦的接駁巴士與旅行社
Ready 2 Roll Shuttles
☎021-258-9887
URL ready2roll.co.nz

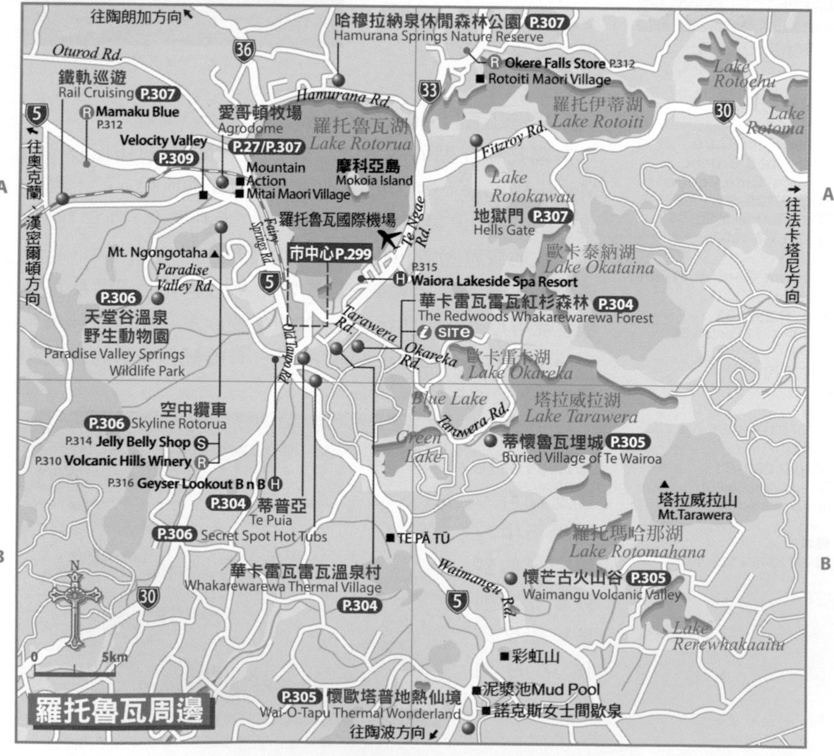

北島
羅托魯瓦Rotorua
交通

遊客中心 i-SITE
Tourism Rotorua
Map P.299-B2
住1167 Fenton St.
☎(07) 348-5179
FREE0800-474-830
URL www.rotoruanz.com
開8:30～17:00
休無休

遊客中心i-SITE前有免費的足湯（夏季限定）

Redwoods i-SITE Visitor Centre
Map P.297-A1
住Titokorangi Dr.
☎(07) 350-0110
開夏季 9:30～22:30
冬季 9:30～21:30
休無休

圖塔內卡街的美食街

實用資訊
醫院
Lakes PrimeCare Accident & Urgent Medical Care Centre
Map P.299-B1
住1165 Tutanekai St.
☎(07) 348-1000
警察局
Rotorua Central Police Station
Map P.299-B2
住1190-1214 Fenton St.
☎105
租車公司
Hertz
機場
☎(07) 348-4081
市中心
Map P.299-C1
住1233 Amohau St.
☎(07) 348-4081
Avis
機場
☎(07) 345-7133

羅托魯瓦的 漫遊

芬頓街Fenton St.和圖塔內卡街Tutanekai St.

羅托魯瓦的市中心就在以芬頓街Fenton St.上遊客中心i-SITE為圓心的半徑500m範圍內，因此基本上靠步行就可以走遍景點；由於棋盤式的街道規劃完善，應該不會迷路。主要的長途巴士、在地旅遊團，以及連結市區與郊外的Bay Bus都會停靠在遊客中心i-SITE附近，館內還附設匯兌處及紀念品店。

市區裡的主要街道就是芬頓街及餐廳、商店林立的圖塔內卡街Tutanekai St.，世界各國料理的餐廳、咖啡館都集中在這2條路上，想品嚐美食就來這裡。

可以輕鬆享受溫泉的樂趣，也是羅托魯瓦的魅力之一，這裡的溫泉設備應有盡有，像是曾入選為美國旅遊雜誌世界10大SPA的玻里尼西亞水療溫泉中心Polynesian Spa（→P.301），甚至有不少汽車旅館及B&B也有提供溫泉相關設施。

紅磚白牆的美麗建築，營業時間內可以寄放行李$5

奧西尼姆茲毛利文化村　Ohinemutu Maori Village

在羅托魯瓦湖畔的奧西尼姆茲毛利文化村Ohinemutu Maori Village（→P.300），則可以一窺此地所保存的毛利文化；至於毛利歌舞表演與Hangi料理（毛利美食）晚宴，除了參加在地旅遊團造訪時有機會欣賞及品嚐，在市區中、高級飯店的晚宴秀也能體驗。羅托魯瓦湖也是水上運動及直升機之旅等戶外活動盛行之處，如果想要欣賞原始的地熱景色或特殊的自然體驗，就要前往郊外，有震撼力十足的景觀和綿羊秀，樂趣無窮。

從可眺望湖景的羅托魯瓦湖畔，經過市中心往南延伸到芬頓街，則是旅館聚集林立的地點。

蒂普亞的礦泥泉「青蛙池」，因泥漿滾動的彈跳飛濺貌而得名

奧西尼姆茲毛利文化 P.300
Ohinemutu Maori Village
羅托魯瓦湖
Lake Rotorua
P.300
往奧克蘭方向
Mataiawhea St.
Village Green
觀光船搭乘處
Lake Rd.
Memorial Dr.
Lakeland Health醫院
Rangiuru St.
P.300
戰爭紀念公園
War Memorial Park
伊莉莎白女王醫院
P.312 Lady Janes Ice Cream Parlour
Novotel Rotorua Lakeside P.315
美食街
Whakaue St.
P.312 Brew
Ambrosia P.310
Mac's Steak House P.310
Indian Star P.311
Lime P.311
Ambassador Thermal Motel
P.316 Regent of Rotorua
P.310 Craft Bar & Kitchen
Tutanekai St.
Fenton St.
Pukaki St.
Hinemaru St.
市政花園
Government Gardens
P.301
P.300
庫伊勞公園
Kuirau Park
P.311 The Thai Restaurant
Pukeroa St.
P.316 Rotorua Citizens Club
Arawa St.
Queens Dr.
Base Rotorua
圖塔內卡街
Bay Bus搭車處
醫院
P.312 Pig & Whistle
SITE
長途巴士停靠站
P.315 Prince's Gate Boutique Hotel
Duke's Bar & Retaurant P.310
羅托魯瓦博物館
Ranolf St.
Haupapa St.
P.313 Three Tikis Souvenirs
P.314 Simply Different
Gold Star Bakery P.312
Mountain Jade
The Blue Baths
夜市
警察局
Pukuatua St.
Portico P.313
大和 P.311
P.301
玻里尼西亞水療溫泉中心
Polynesian Spa
Queens Dr.
Hobbiton Movie Set Store
Backdoor P.314
Hinemoa St.
AJ's Emporium P.313
Sulphur City Soapery P.313
芬頓街
Kathmandu P.314
Millennium Hotel Rotorua P.315
Eruera St.
Mountain Jade P.313
Sudima Hotel Lake Rotorua P.316
Hertz
Amohau St.
Caltex（加油站）
McDonald's
Pak'n Save（超級市場）
Amohau St.
Rotorua Central Shopping Centre（購物中心）
Te Ngae Rd.
Victoria St.
Terume Hot Spring Resort P.316
Victoria Lodge
Countdown（超級市場）
Ranolf St.
Raihi St.
Herewini St.
Union St.
Eason St.
Toko St.
Fenton St.
Ti St.
Malfroy Rd.
Gateway International Motel
0 200m
Seddon St.
阿拉瓦公園
Arawa Park
往
Disitnction Rotorua Hotel & Conferens Centre P.315
Arawa Park Hotel Rotorua P.316
Arikikapakapa, the home of Rotorua Golf P.314 方向
往羅托魯瓦機場、地獄門、藍湖方向
羅托魯瓦市中心
A
B
C
D
1
2

羅托魯瓦湖與戰爭紀念公園

Lake Rotorua, War Memorial Park

Map P.299-A1～2

夕陽時分的浪漫氣氛

座落在市區東北邊的羅托魯瓦湖，環湖1周約40km，是僅次於陶波湖的北島第2大湖。湖畔有遼闊寬廣的碧茵綠地，最適合散步及野餐，草地上還有兒童遊樂區，設置各種遊樂設施，總是吸引家長帶著小孩來玩耍。而且到了假日還會有市集登場。

面對羅托魯瓦湖的戰爭紀念公園，是市民休憩的好去處

庫伊勞公園
住Kuirau St.
費免費

庫伊勞公園

Kuirau Park

Map P.299-B1

走在園內北側的溫泉池上方

公園內有規劃完善的健行步道

位於羅托魯瓦市中心西邊、占地寬廣的庫伊勞公園，是個可以看到地熱活動的地點，如果無法前往蒂普亞或懷歐塔普地熱仙境，不妨來這裡感受羅托魯瓦的溫泉氣氛。園內有廣大的溫泉池、泥漿溫泉，以及伴隨著硫磺味四處可見的白煙冒出，還有適合放鬆休息的足湯。

此外，公園於每週六6:00～13:00會舉辦大型市集，有40～50家小攤販賣蔬菜、工藝品及飾品，總是吸引大批人潮聚集。不過，一到夜晚公園裡人煙稀少，為了安全最好避免靠近此區域。

享受足湯的樂趣

奧西尼姆茲毛利文化村
URL www.stfaithsrotorua.co.nz（教堂）
住Tunohopu St. Ohinemutu.
開全年無休（教堂為週一～六10:00～12:00對外開放，週日9:00及13:00進行彌撒）
費免費（歡迎捐款）

奧西尼姆茲毛利文化村

Ohinemutu Maori Village

Map P.299-A1

村裡各處都有溫泉池和間歇泉

位於市區北側、從遊客中心i-SITE步行約10分鐘之處，是實際有居民居住的毛利部落，白天會對觀光客開放參觀。村裡有毛利人的傳統住所、集會所Marae、墓地，以及聖公會聖費斯教堂St. Faith's Anglican Church等建築。聖公會聖費斯教堂隸屬於基督教，內部裝飾卻滿是毛利雕刻藝術，窗戶還描繪著穿著毛利服飾的耶穌基督，從教堂內往外看，就像是耶穌走在羅托魯瓦湖面上一般，有種不可思議的感覺。

這棟建築物代表毛利人接受歐洲移民文化，象徵著2大文化融合

教堂內的美麗窗戶引人注目

市政花園
Government Gardens

Map P.299-B2

在1890年代，由Camille Malfroy下令打造的優雅美麗花園，有著毛利圖騰雕刻的大門是最醒目的標記（在玻里尼西亞水療溫泉中心一側也有入口）。

至於園內的羅托魯瓦博物館Rotorua Museum，則是1908年紐西蘭政府為發展觀光業的最早投資計畫，模仿歐洲的溫泉設施而興建的古蹟建築。館內可以一睹當年的浴場、獨特的治療方式等歷史，地下室則是能參觀以前泥巴浴的流程，都很有趣。其他像是羅托魯瓦的火山與溫泉、將毛利族的傳說融入與歐洲人關係發展等歷史的紀錄片、1886年塔拉威拉火山Mt. Tarawera大爆發的景象等，都是值得一看的內容，博物館內也有導覽之旅。此外，屋頂上還設有觀景台，可以將羅托魯瓦湖與美麗庭園景致，盡收眼底。

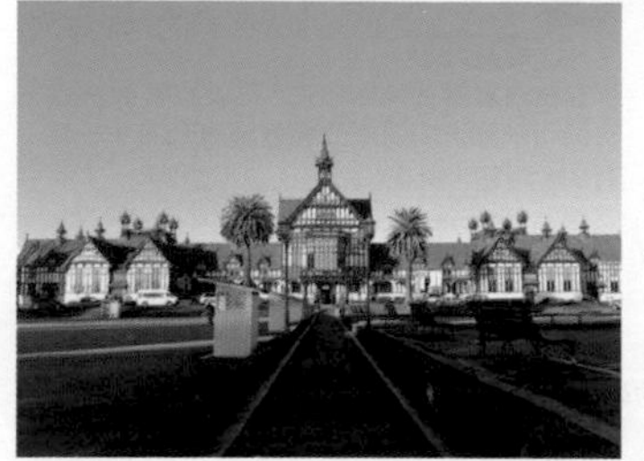
曾經是溫泉療養中心的羅托魯瓦博物館

在羅托魯瓦博物館前方，是1933～1982年曾經營業過的療養設施The Blue Baths，現在則作為舉行結婚儀式等活動的會場。

市政花園的大門

羅托魯瓦博物館
住Oruawhata Dr.
Governmment Gardens
☎(07) 350-1814
URL www.rotoruamuseum.co.nz
※因為耐震工程而休館中，預定於2025年底重新開放。

The Blue Baths
URL www.bluebaths.co.nz

The Blue Baths的美麗外觀

玻里尼西亞水療溫泉中心
Polynesian Spa

Map P.299-C2

座落於羅托魯瓦湖畔的知名溫泉休閒設施，引入硫磺、鹼性離子等不同的溫泉，館內規劃有家庭溫泉及個人湯屋，也有僅限成人使用的溫泉池Pavillion Pools；因為營業到晚上，推薦可以一邊泡溫泉、一邊眺望星空。並有提供毛巾、泳衣等租借服務（各$5），可上鎖的寄物櫃（$5）。

一邊眺望羅托魯瓦湖，一邊盡情放鬆身心

至於SPA療程項目也非常豐富多樣，其中最受歡迎的，是使用羅托魯瓦溫泉泥作全身裹敷的Aix Mud Wrap（1小時$179～）、組合香草全身潔淨去角質及美容療程的Nellie Tier Body Polish & Mini Facial（1小時$179～）等；由於療程費用包含湖畔溫泉湯屋的門票，預約之後就可以早點來這裡放鬆身心，非常划算。

玻里尼西亞水療溫泉中心
住1000 Hinemoa St.
☎(07) 348-1328
URL www.polynesianspa.co.nz
營9:00～23:00
（最後入場時間為22:15）
SPA療程為10:00～19:00
休無休
Pavillion Pools
費$33.95～
家庭溫泉
費大人$22.95～
小孩$9.95～
個人湯屋
費大人$24.95～
小孩$9.95～
湖畔溫泉湯屋
費$49.95～
CC ADMV

還有提供健康餐點的咖啡館及商店

1日巡迴景點之旅

羅托魯瓦與陶波的暢遊行程

從羅托魯瓦到陶波之間分布著充滿震撼力的觀光景點，不過想自行前往並不容易，可以因應要求的客製化旅遊比較方便。

溫泉噴出最高可達20m

1天限定1次！看人工噴泉

1 諾克斯女士間歇泉

Lady Knox Geyser 
→P.305

位於懷歐塔普地熱仙境內，距離約1.5km處的間歇泉，1天登場1次的噴發秀是放入肥皂所造成的人工間歇泉噴湧而出。

在紐西蘭最大的地熱區散步

2 懷歐塔普地熱仙境

Wai-O-Tapu Thermal Wonderland 
→P.305

在占地寬廣的地熱區內，可以欣賞到由自然界的化學物質所造成的各色溫泉池及火山口，有3條路線，所需時間為30分鐘～1小時15分。

因為硫磺等天然物質所造成的變色

到處都有注意熱水的告示牌！

黃綠色的魔鬼澡堂 Devil's Bath

咕嚕咕嚕煮沸的香檳池The Champagne pool

名為惡魔之家Devil's Home的大火山口

懷歐塔普／陶波／胡卡瀑布觀光

- 9:30 START 飯店出發
- 🚗 約30分鐘
- 10:15 1 諾克斯女士間歇泉
- 🚗 約3分鐘
- 10:45 2 懷歐塔普地熱仙境
- 🚗 約4分鐘
- 12:00 3 泥漿池
- 🚗 約40分鐘
- 12:45 4 午餐&陶波觀光
- 🚗 約5分鐘
- 13:45 5 胡卡蜂蜜農莊
- 🚗 約5分鐘
- 14:45 6 胡卡瀑布
- 🚗 約1小時
- 16:00 GOAL 到達飯店

煮沸的大泥漿溫泉

3 泥漿池
Mud Pools →P.305

雖然是在地熱區常見的泥漿溫泉，但是因為泥漿池的規模很大而聞名；泥漿宛如生物般活動著從池裡噴出的模樣，讓人百看不厭。

位於懷歐塔普地熱仙境內，距離約1.7km處

陶波的自由午餐時間！

選家湖畔餐廳用餐，還是趁著好天氣，買個派或三明治到湖邊賞景兼野餐，都很不錯。

Waterside Restaurant & Bar →P.325

午餐菜單中的牛排$20～

➡能欣賞陶波湖景致的露天座位

眺望陶波湖的悠閒城鎮

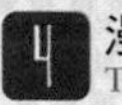

4 漫步陶波
Taupo →P.317

位於紐西蘭最大湖泊旁的城鎮，在遊客中心i-SITE周邊的馬路上有餐廳及商店，湖畔則有可欣賞湖景的咖啡館。

陶波湖的觀光船所停靠的碼頭

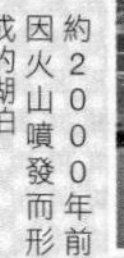

約2000年前因火山噴發而形成的湖泊

蜂蜜工房採購去

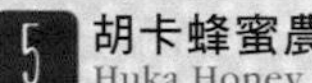

5 胡卡蜂蜜農莊
Huka Honey Hive →P.321

是家販賣使用產自紐西蘭的蜂蜜所製造的保養品、肥皂、葡萄酒及威士忌等各種豐富多元產品的蜂蜜專賣店，還提供多種蜂蜜試吃，並且展示蜂巢。

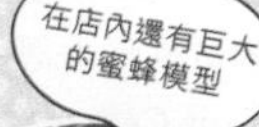

店內擺滿各式蜂蜜

紐西蘭最熱門的瀑布

6 胡卡瀑布
Huka Falls →P.321

紐西蘭數一數二的熱門自然觀光景點，是陶波湖的水源，流經狹窄河川的溪水氣勢磅礴，每秒流量可高達22萬公升，呈現薄荷藍的水流從瀑布頂端落下的景象更是令人震撼。

氣勢磅礴的水流由瀑布落下

從橋上就能眺望瀑布美景

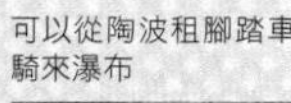

可以從陶波租腳踏車騎來瀑布

參加這個旅遊團

Japan Tourist Services
（→P.308）

這個旅遊團是將參加遊客想去的景點組合而成的，前往的景點可以更動，也有舉辦羅托魯瓦的半日遊行程。

時 全年
費 大人$285、小孩$180（包含懷歐塔普地熱仙境的門票）
CC 不可

蒂普亞
Te Puia

Map

蒂普亞是以傳承毛利文化為目的，創建於華卡雷瓦雷瓦地熱區的文化中心，佔地廣闊的園區內有各種設施，像是創立於1967年的紐西蘭毛利美術工藝學校New Zealand Maori Arts & Crafts Institute，將製作工藝品的過程開放給遊客參觀；這間學校只招收毛利男性入學，修業時間為3年，1學年約5名學生。

偶爾會噴發至30m高的波胡圖間歇泉

這裡還有一次噴發出的溫泉量為世界第一的波胡圖間歇泉Pohutu Geyser，並可以近距離觀看超具震撼力的噴發景象；以及飼養著紐西蘭國鳥的奇異鳥保護中心Kiwi Conservation Centre，可看景點非常多，夜間也有附晚餐的行程可以參加。

華卡雷瓦雷瓦溫泉村
Whakarewarewa Thermal Village

Map P.297-A1

從市中心沿著芬頓街往南約3km處，有座修復完成的毛利村——華卡雷瓦雷瓦溫泉村，提供欣賞毛利歌舞表演，以及華卡雷瓦雷瓦地熱區的健行等活動，可以充分體驗毛利文化。

華卡雷瓦雷瓦紅杉森林
The Redwoods Whakarewarewa Forest

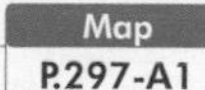
Map P.297-A1

Redwood就是紅杉，在園內有巨大高聳的加州紅杉，以及最高可生長至20m的蕨類植物，並且能夠觀察到紐西蘭特有種鳥類等獨特森林的生態。遊客可以從30分鐘的步道之旅開始，另外也有越野自行車、騎馬等享受森林樂趣的不同行程。

至於紅杉樹頂步道Redwood Treewalk，則是行走在樹木間懸掛吊橋上的活動，最高處離地面約12m。

能夠享有愉悅森林浴的寂靜森林

蒂普亞
住Hemo Rd.
☎(07) 348-9047
URL tepuia.com
開9:00～16:00（夜間行程為16:00～22:00）
休無休　交距離遊客中心i-SITE約3km，可搭乘Bay Bus路線11。
導覽之旅
時9:00～16:00（每隔30分鐘～1小時出發，最晚15:00出發，所需時間約90分鐘）
費大人$75、小孩$37.5
導覽之旅&毛利秀
時10:00、12:15出發
費大人$100、小孩$52.5
Night Experience
時晚餐&毛利秀17:30、20:15出發（所需時間約2小時30分），Geyser by Night週四～日20:45（所需時間約2小時15分）
費晚餐&毛利秀
大人$146、小孩96.5
Geyser by Night
大人$75、小孩37.5

華卡雷瓦雷瓦溫泉村
住17 Tryon St.
☎(07) 349-3463
URL www.whakarewarewa.com
開9:00～16:00（毛利秀為11:15）
休無休
費大人$30～、小孩$15～（包含毛利秀，導覽之旅大人+$10、小孩+$2）
交距離遊客中心i-SITE約3km。

華卡雷瓦雷瓦紅杉森林
住Long Mile Rd.
☎(07) 350-0110
URL redwoods.co.nz
開5:30～Late　遊客中心（→P.298）為夏季9:30～22:30、冬季9:30～21:30
休無休　費免費
交距離遊客中心i-SITE約6km，可搭乘Bay Bus路線3。

紅杉樹頂步道
✆027-536-1010
URL www.treewalk.co.nz
營9:00～22:30（依季節變動）　休無休
費大人$37、小孩$22

步道全長700m，需時約40分鐘

蒂懷魯瓦埋城

Buried Village of Te Wairoa

Map P.297-B2

塔拉威拉火山Mt. Tarawera在1886年的大噴發，造成超過150人不幸喪生，在蒂懷魯瓦埋城內就展示著當時遭到火山灰、岩石與泥漿掩埋，之後挖掘而出的村落遺跡，園區內的博物館則保存著當年的各種生活用品。還有由曾居住在村落裡的毛利族後代子孫帶領大家參觀的導覽之旅。

懷芒古火山谷

Waimangu Volcanic Valley

Map P.297-B2

1886年塔拉威拉火山的噴發，使得原本美麗的丘陵地貌變成了荒涼的地熱區，並形成7個火山口，成為現在的景象。在園區內規劃有1.5km～4.5km的多條步道路線，可以欣賞到總是冒著蒸騰熱氣的煎鍋湖Frying Pan Lake、蕩漾著神祕牛奶藍色澤的地獄口火口湖Inferno Crater Lake等獨特的景觀。抵達終點的羅托瑪哈那湖Lake Rotomahana需要走上約2小時，也能夠搭乘觀光船周遊湖面。

世界最大的間歇泉就位於地獄口火口湖

懷歐塔普地熱仙境

Wai-O-Tapu Thermal Wonderland

Map P.297-B2

懷歐塔普地熱仙境被指定為景觀保護區，是這附近熱水循環期規模最大的地熱活動區，也是紐西蘭最色彩繽紛的地熱區，因為泉水中含有硫磺、氧化鐵、砷等化學物質，變化出淺黃、紅銅、綠色等美麗的天然色彩，讓人看了不由得嘖嘖稱奇。還有被賦予各種名稱的火山口，像是「惡魔的墨水瓶」、「彩虹火山口」等，除了湧出含有碳酸氣泡的最大溫泉「香檳池」之外，還有因為含砷而出現不可思議色彩的「惡魔的澡堂」、混合多種礦物而有各種色彩的「畫家調色板」、名實相符的「新娘面紗瀑布」等，都是必看的景點。此外，距離1.7km處的泥漿池Mud Pool，以及位於1.5km外、由人工打造的間歇泉──諾克斯女士間歇泉Lady Knox Geyser，也是知名景點。每天上午10:15在諾克斯女士間歇泉投下肥皂，就可以欣賞到高達10～20m、氣勢驚人的溫泉噴湧景象。

會湧出碳酸氣泡的「香檳池」

蒂懷魯瓦埋城
住1180 Tarawera Rd.
電/FAX(07) 362-8287
URL www.buriedvillage.co.nz
開10～2月
9:00～16:00
3～9月
9:00～最後入場15:45
休週一・二
費大人$30、小孩$10
交距離遊客中心i-SITE約17km。

復原後的毛利人房舍

懷芒古火山谷
住587 Waimangu Rd.
電(07) 366-6137
FAX(07) 366-6607
URL www.waimangu.co.nz
開8:30～17:00(最後入場～15:30)(依季節變動)
休無休
交距離遊客中心i-SITE約25km，沿著國道5號往南前行約19km，再左轉Waimangu Rd.續行約6km。從羅托魯瓦有附接送的行程。

Walking & Hiking
費大人$44、小孩$15

觀光船
費大人$47、小孩$15

徒步之旅＋觀光船
費大人$89、小孩$30

Round Trip
組合懷芒古火山谷、塔拉威拉湖觀光船、參觀蒂懷魯瓦埋城的1日遊，包含從羅托魯瓦市中心的接送服務及午餐，所需時間約7小時30分。
費大人$245、小孩$165

懷歐塔普地熱仙境
住201 Waiottapu Loop Rd.
電(07) 366-6333
URL www.waiotapu.co.nz
開8:30～16:30
(最後入場～15:00)
休週三・四
(依季節變動)
費大人$32.5、小孩$11
交距離遊客中心i-SITE約30km。

惡魔的澡堂

天堂谷溫泉野生動物園

Paradise Valley Springs Wildlife Park

Map P.297-A1

是紐西蘭的野生動物保護區，可以觀察到棲息於森林裡的鱒魚、鳥類等動物生態，還有機會能接觸綿羊、沙袋鼠Wallaby、庫內庫內豬KuneKune Pig等飼養在園區內的紐西蘭動物，而且每天都能親眼目睹動物餵食秀，14:30為獅子、15:00則是啄羊鸚鵡與袋貂。園區內還有一處富含礦物質的湧泉。

氣勢驚人的獅子英姿

天堂谷溫泉野生動物園
住467 Paradise Valley Rd.
電(07) 348-9667
URL www.paradisev.co.nz
開8:00～日落（最後入場～17:00）
休無休
費大人$34、小孩$17
交從遊客中心i-SITE轉進國道5號，進入Paradise Valley Rd.往西行約18km。

空中纜車

Skyline Rotorua

Map P.297-A1

搭乘纜車登上農哥塔哈山Mt. Ngongotaha，前往可眺望羅托魯瓦周邊及城市街景的觀景點，在海拔487m的終點區有提供歐式自助餐的景觀餐廳「Stratosfare Restaurant」，可以品嚐各種料理。至於戶外活動，有可以眺望湖景的健行路線、從山坡滑下刺激破表的斜坡滑板車Luge、像鐘擺一樣往下盪的天空鞦韆Sky Swing及空中溜索Zipline等，種類相當豐富。

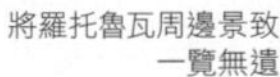
將羅托魯瓦周邊景致一覽無遺

空中纜車
住178 Fairy Springs Rd.
電(07) 347-0027
URL www.skyline.co.nz
纜車
運9:00～22:00（依季節變動）
費大人$37、小孩$24
斜坡滑板車
時9:00～17:00（依季節變動）
費纜車+斜坡滑板車1次 大人$52、小孩$34
交距離遊客中心i-SITE約4.5km，可搭乘Bay Bus路線1。

斜坡滑板車驚險指數百分百！

夏季也有夜間滑板車

Secret Spot Hot Tubs

Map P.297-A1

位於華卡雷瓦雷瓦蓊鬱森林中的溫泉設施，可以讓家人或朋友6人一起用喜瑪拉雅雪松製成的大木桶泡湯45分鐘，在綠意包圍下，對身心都有很棒的療癒效果。園區附設的咖啡吧除了提供輕食之外，還能品嚐分量十足的漢堡，而且一邊泡足湯、一邊享用餐點或飲料。由於距離登山腳踏車路線很近，很適合騎完車之後順便去泡湯，也提供毛巾與泳裝的租借服務。

被森林浴及溫泉療癒的片刻
© Graeme Murray

可以享受足湯的咖啡吧
© Graeme Murray

Secret Spot Hot Tubs
住13/33 Waipa State Mill Rd.
電(07) 348-4442
FREE 0800-737-768
URL secretspot.nz
營9:00～22:00
休無休
費大人$39～、小孩$14～

鐵軌巡遊
Rail Cruising

Map P.297-A1

廢棄舊鐵道再利用的獨特活動，行程從羅托魯瓦近郊的村落Mamaku出發，4人座的油電車自動行駛在舊鐵道上，往返約20km，所需時間為1小時30分。從車窗可以欣賞寬廣而美麗的田園風景，即使不是鐵道迷也能享受箇中樂趣。

愛哥頓牧場
Agrodome

Map P.297-A1

位於羅托魯瓦湖西岸的廣大土地，是有牧場、綿羊秀設施，以及體驗戶外活動的區域。綿羊秀就是在舞台上進行剪羊毛等表演（所需時間約1小時），若事先提出要求，還有機會體驗幫小羊餵奶、擠牛奶等活動，牧羊犬的示範表演更是不能錯過；牧場也推出體驗之旅，像是餵食綿羊、鹿、羊駝等動物，或是在果園與橄欖園中散步、品嚐新鮮的奇異果汁及蜂蜜，所需時間約1小時。

除了知名的美麗諾之外，還有其他19種綿羊會登場

哈穆拉納泉休閒森林公園
Hamurana Springs Nature Reserve

Map P.297-A1

從市街地驅車約20分鐘，就能抵達這處不能錯過的祕密景點，位於羅托魯瓦湖北側，擁有豐富地下水湧出，而且是透明度極高的泉水。原本這裡屬於當地毛利人的私有地，由DOC自然保護部管理，並規劃整理出輕鬆好走的步道。從停車場度過小橋進入園內之後，有3條路線可供選擇，最為推薦的是漫步在紅杉森林間20分鐘的行程，在50m高的巨木間穿梭，一路上都沉浸在神聖的氣氛中，直到抵達泉水處。

地獄門
Hells Gate

Map P.297-A2

在這片面積超過20公頃的廣大地熱區裡，分布著眾多被稱為「惡魔溫泉」的洶湧沸騰泥池，可以沿著健行步道一一參觀（所需時間約1小時，有導覽之旅）。

位於地熱區內的溫泉中心，據說是以前毛利人戰爭後用來療傷的溫泉，將從園內挖採出來、充滿礦物成分的天然火山泥，使用在泥漿浴池及硫磺溫泉，並提供泳衣租借的服務。不妨試試用手將滑膩的火山泥塗抹在身上的感覺，洗個泥漿浴吧？

含有豐富礦物質的泥漿浴池

鐵軌巡遊
住11 Kaponga St.
FREE 0800-724-574
URL railcruising.com
時11:00、13:00出發（夏季15:00也有班次）
費大人$76、小孩$38（依人數而異）
交距離遊客中心i-SITE約20km。

行駛在斜坡路段十分有趣

愛哥頓牧場
住141 Western Rd.
☎(07) 357-1050
URL www.agrodome.co.nz
開9:00～17:00 休無休
交距離遊客中心i-SITE約10km，可搭乘Bay Bus路線1。
費大人$39、小孩$20
綿羊秀
時9:30、11:00、14:30
牧場體驗之旅
時10:40、12:10、13:30、15:40

哈穆拉納泉休閒森林公園
住773 Hamurana Rd.
FREE 0800-426-8726
URL hamurana.co.nz
開9:00～16:00（最後入場為1小時前）
休週一～三（依季節變動）
費大人$18、小孩$8
交距離遊客中心i-SITE約17km。

地獄門
住351 State Hwy. 30, Tikitere
☎(07) 345-3151
URL www.hellsgate.co.nz
開10:00～18:00（依季節變動）
休無休
費健行步道
大人$42、小孩$21
健行步道+硫磺溫泉
大人$65、小孩$32.5
健行步道+泥漿浴池+硫磺溫泉
大人$105、小孩$52.5
泥漿浴池+硫磺溫泉
大人$85、小孩$42.5
硫磺溫泉
大人$35、小孩$17.5
毛巾和泳衣租借各$5
交距離遊客中心i-SITE約16km，預約時就能安排免費市區接送的服務。

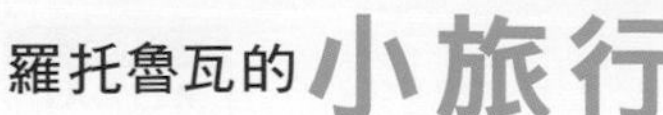

羅托魯瓦的小旅行

Excursion

在能有許多機會接觸毛利文化的羅托魯瓦，毛利表演是絕對不容錯過的重點。此外，以羅托魯瓦湖、地熱區為目標的飛行導覽或巡航之旅等活動，種類多到令人眼花撩亂，而延伸到郊外的電影拍攝地的行程也很值得推薦。

羅托魯瓦半日遊

由在地嚮導帶隊，暢遊蒂普亞、愛哥頓牧場、庫伊勞公園、華卡雷瓦雷瓦紅杉森林等3～4個主要景點，所需時間約4小時。其他還有能量景點之旅，以及懷歐塔普、陶波之旅（→P.302）。

Japan Tourist Services
(07) 346-2021 URL rotoruaguidejp.com E-mail rotoruainfojts@gmail.com 時全年 費大人$195～、小孩$120～ CC不可

羅托瑪哈那湖的獨木舟之旅

在冒著蒸騰熱氣的羅托瑪哈那湖上划獨木舟，一邊眺望著地熱區特有的奇特景觀，一邊體驗水上散步的樂趣；出發雖然從懷芒古火山谷（→P.305），卻可以到羅托魯瓦接送。從獨木舟到可以觀察藍光螢火蟲的傍晚之旅等，推出各種有趣的行程。

Kayak Rotorua
022-427-9136 URL www.kayakrotorua.com 時全年 夏季9:00、13:30出發、冬季12:45出發 費大人$130、小孩$65 CC MV

塔拉威拉山飛機＆嚮導健行

在羅托魯瓦湖畔出發的直升機之旅，搭乘直升機將欣賞羅托魯瓦美景與到達塔拉威拉山頂一次完成，1886年大噴發所形成的火山口是活動中最精采的一幕，而在山頂降落之後還能體驗嚮導健行。也有將懷芒古火山谷和塔拉威拉瀑布組合的行程。

Volcanic Air
(07) 348-9984 URL www.volcanicair.co.nz
時全年 費大人$535、小孩$401.25（所需時間約40分鐘） CC MV

《魔戒三部曲》拍攝地巡禮

前往距離羅托魯瓦約54km，保留著電影場景的瑪塔瑪塔Matamata（→P.23、289）牧場參觀，同時聽導遊詳細的解說。在電影中哈比人聚集的酒館「綠龍酒店」享用午餐，14:15左右回到羅托魯瓦的半日遊；從羅托魯瓦7:45～8:00出發，提供市中心飯店的接送服務。

Great Sights
(09) 583-5790 FREE 0800-744-487 URL www.greatsights.co.nz
時全年 費大人$169、小孩$99 CC MV

TE PĀ TŪ

重現原住民毛利族生活的村落，可以欣賞具震撼力的毛利歌舞秀，所需時間約4小時，還能享用傳統Hangi料理的晚餐。雖然距離市中心有些遠，但提供到市中心集合地點的接送服務（預定17:15集合，21:30回到市區）。可以在官網上預約行程。

TE PĀ TŪ
07-349-2999 URL te-pa-tu.com
時全年 費大人$250、小孩$105 CC MV

羅托魯瓦的戶外活動

Activity

充滿生機的羅托魯瓦大自然就在眼前，當然要挑戰一下各式各樣新奇的戶外活動！就算是位在郊外的主要景點，也有不少附設簡單有趣的戶外活動體驗，可別輕易錯過。

激流泛舟

即使在激流泛舟盛行的羅托魯瓦周邊，凱圖納河Kaituna River順流而下仍是熱門的招牌路線；包含從7m高傾洩而下的超驚險瀑布，還有超過10處的急流區，並流經綠色峽谷間，屬於變化多端的路線，最適合挑戰激流泛舟。加上講習時間，全程需要約2小時30分，要記得攜帶泳衣與毛巾，也有獨木舟探險行程。

Kaituna Cascades
027-276-5457 FREE 0800-524-8862 URL kaitunacascades.co.nz
時 全年 費 凱圖納河$115（13歲以上） CC MV

Swoop

在郊外的冒險樂園──Velocity Valley（Map P.297-A1）可以體驗到，從40m高度快速搖擺的超刺激戶外活動，最多可以3人一起體驗（3人合計體重為270kg以下）。其他還有極限自由落體、Freestyle Airbag極限單車等各種豐富的活動項目。

Velocity Valley
住 1335 Paradise Valley Rd. 電 (07) 357-4747 FREE 0800-949-888
URL velocityvalley.co.nz 時 全年 費 1人$55（身高超過1m才能參加） CC AMV

樹冠層滑降之旅

起源於生態旅遊的一項戶外活動，在羅托魯瓦的原始森林中，穿著安全吊帶在連結大樹間的鋼索上以滑軌滑行。一團不超過10人並有專業教練帶隊，初學者也能放心參加，感受眼前寬廣的森林，享受速度帶來的刺激與爽快感。所需時間約3小時。

Rotorua Canopy Tours
電 (07) 343-1001 FREE 0800-226-679 URL canopytours.co.nz
時 全年 費 大人$169、小孩$139 CC MV

空氣滾球

發明自紐西蘭的新遊戲──空氣滾球Zorb，就是進入透明的大圓球裡滾下斜坡。分為穿泳衣進入球中，讓水在球裡翻滾的H²OGO，或是穿著一般衣服體驗的DRYGO 2種玩法，絕對會是畢生難忘的刺激體驗。

ZORB Rotorua
電 (07) 343-7676
FREE 0800-646-768
URL zorb.com 時 全年
費 各$40～ CC MV

水橇滑行

穿上水母衣、靴子、救生衣、安全帽及蛙鞋，再將上半身趴在塑膠製的浮板上順著激流而下的活動；因為有教練跟在一旁指導，就算是沒經驗的人也能玩得很愉快。提供飯店接送服務，需要自備泳衣與毛巾。

Kaitiaki Adventures
電 (07) 357-2236
FREE 0800-338-736
URL www.kaitiaki.co.nz 時 全年
費 凱圖納河$135（13歲以上） CC MV

4WD叢林越野

自己駕駛4輪傳動車，在森林裡越野穿梭，有時爬坡、有時下坡，時而穿過狹窄道路，時而陷入泥沼，十分刺激。若是不會駕駛者可以由嚮導開車，也能體驗速度感與驚險刺激。

OFF ROAD NZ
電 (07) 332-5748
URL www.offroadnz.co.nz 時 全年
費 大人$114～、小孩$42～ CC DMV

羅托魯瓦的餐廳

Restaurant

餐廳大多數都集中在市中心，尤其是在圖塔內卡街Tutanekai St.上。身為觀光城市，羅托魯瓦不僅有以羊肉、牛排為主的紐西蘭料理，從歐洲、亞洲到中東等，能品嚐到世界各國美食。

紐西蘭料理

Ambrosia

Map P.299-B1 市中心

以白色為裝潢基調的餐廳內用畫作裝飾，充滿時尚的氣氛，可以享受以豐富的當季食材烹調的紐西蘭料理。午餐主菜包含燻雞肉$18、炸魚薯條$26等菜色$16.5～，晚餐則為$30左右。最推薦17:00～19:00的3道菜特別套餐$29.99，超級划算。

住Lake End 1096 Tutanekai St. 電(07) 348-3985
URL www.ambrosiarotorua.co.nz
營11:30～Late 休無休 CC AMV

Craft Bar & Kitchen

 Map P.299-B1 市中心

位於圖塔內卡街上、氣氛輕鬆的餐廳，招牌菜色是任選喜歡的海鮮、羊肉或鹿肉，放在石板上燒烤的石燒料理$12.9～42.9，很受在地客人的歡迎。而店內的葡萄酒及海鮮都是紐西蘭生產的，炸魚薯條$27.9。

住1115 Tutanekai St. 電(07) 347-2700
URL www.cbk.nz 營9:00～Late
休無休 CC ADJMV

Duke's Bar & Restaurant

Map P.299-B2 市中心

高級飯店（→P.315）的主要餐廳，是獲得紐西蘭餐廳大獎的實力派，可以盡情享用知名主廚Digraj Singh烹調的細緻美食，尤其是招牌的牛肉、羊肉等肉類料理。午餐時間每日都提供優雅的High Tea $22～，High Tea與晚餐都要預約。

住1057 Arawa St. 電(07) 348-1179 FREE 0800-500-705
URL www.princesgate.co.nz/dine 營7:00～10:00、High Tea 12:00～14:00、16:00～20:00（最後預約） 休無休 CC AJMV

葡萄酒吧

Volcanic Hills Winery

Map P.297-A1 郊外

位於空中纜車站的酒莊，設有品酒室，可以試喝3～5種葡萄酒$13～；食物菜單上有數種以起司、德國香腸、沾醬等下酒菜組合成的拼盤。在欣賞大片窗戶外的羅托魯瓦遼闊美景之餘，還能品嚐好酒。

住176 Fairy Springs Rd. 電(07) 282-2018
URL www.volcanichills.co.nz 營11:00～18:00
休無休 CC MV

牛排

Mac's Steak

Map P.299-B1 市中心

得獎無數的熱門餐廳，絕不使用冷凍肉，在嚴格的品質管理下，所提供的每道肉類料理都很美味；價錢會隨著季節而變動，紐西蘭產的肋眼菲力牛排約$38.9。午餐為$8.9～22.9、晚餐則為$40左右，也有海鮮料理和豐富的葡萄酒。

住1110 Tutanekai St. 電(07) 347-9270 URL macssteakhouse.co.nz
營週一～五11:30～14:30、17:00～Late 週六‧日10:00～Late
休無休 CC ADJMV

印度料理

Indian Star

Map P.299-B1 市中心

獲獎資歷無數且為在地一大熱門餐廳，能品嚐到正宗的印度料理，而殷勤親切的待客態度也深獲好評。有超過34種各式咖哩，價格為$14.5～22.9，如果不知道該從哪裡下手，不妨嘗試看看套餐，至於辣度也能夠任君選擇。外帶享有10%折扣。

住1118 Tutanekai St. 電(07) 343-6222 URL indianstar.co.nz
營週一～四11:30～14:00、17:00～21:30、週五～日11:30～14:00、17:00～22:00 休無休 CC ADJMV

泰國料理

The Thai Restaurant

Map P.299-B1 市中心

如果想品嚐正統泰國菜，一定要來這家餐廳，內部以五彩繽紛的陽傘與紙製飾品作為裝飾，呈現出獨特的品味。最受歡迎的菜色是泰式酸辣湯$15.5～30.5，以及味道濃醇的綠咖哩$27.5～等，都是餐廳的招牌料理，午餐為$13.5～20.5，並提供外帶服務。照片為腰果雞肉$13.5。

住1141 Tutanekai St. 電(07) 348-6677
URL thethairestaurant.co.nz 營12:00～14:30、17:00～Late
休週四 CC ADJMV

日本料理

大和 Yamato Japanese Restaurant

Map P.299-B2 市中心

入夜後就會點起紅燈籠的和風餐廳，分為吧台座位與桌子席位的內部空間，讓人感覺就像是置身日本般。使用來自陶朗加的鮮魚製成的握壽司$6～，另外還有生魚片、丼飯、烏龍麵等菜餚，選項豐富；可挑選4樣小菜的午餐餐盒$21，也相當受歡迎，還能品嚐日本酒。

住1123 Pukuatua St. 電(07) 348-1938 URL www.yamatojapaneserestaurantrotorua.com 營週二～六12:00～14:00、18:00～21:00L.O. 休週一・日・節日（5～6月之間有約2週的公休日） CC ADJMV

咖啡館

Lime

Map P.299-B2 市中心

明亮的餐廳內，利用黑白雙色的室內家具妝點出時尚氛圍，曾經得過Best Cafe大獎，午餐時段及週末總是人潮不斷。所有的餐點都堅持手工製作，放置在點心櫃中的可愛手工蛋糕$5.5～，到15:00還能點餐的午餐$23～28，種類十分豐富。

住1096 Whakaue St. 電(07) 350-2033
URL www.limecafe.co.nz 營7:30～15:30
休無休 CC AMV（$30以上能使用）

Column 週四晚上來去夜市

不知該選哪家餐廳時，最好的選擇就是去夜市。每週四晚上在圖塔內卡街上（Map P.299-B1）登場，聚集包含派、肉類料理、甜點等許多攤販，不僅可以少量品嚐各種喜歡的食物，還有販售蔬菜、水果、手作肥皂，以及首飾、工藝品等豐富商品，不妨慢慢散步在攤販間，搜尋適合的伴手禮。

此外，週六・日在羅托魯瓦各地都有市集活動，週六早上在庫伊勞公園（→P.300）有慈善愛心市集，週日早上則在Village Green（Map P.299-A1）舉行市集，兩地都吸引眾多人潮。

很受在地人歡迎的市集

咖啡館

Mamaku Blue

Map P.297-A1　郊外

由位於羅托魯瓦近郊Mamaku村的藍莓農場所附設的咖啡館，供應蔬果昔、果汁、馬芬、可麗餅等使用藍莓的豐富餐點；至於甜點以外的正餐，如鹿肉&藍莓派$17.5也有多樣選擇。最受歡迎的是放上大量藍莓的鬆餅$15～，也有商店可以購物。

住311 Maraeroa Rd., Mamaku　電(07) 332-5840
URL www.mamakublue.co.nz　營9:00～17:00
休無休　CC MV

Okere Falls Store

Map P.297-A2　郊外

在知名泛舟地點Okere瀑布旁的生態友善咖啡館&啤酒園，以1950年代的鄉村小店為雛型而開設的可愛懷舊店家，供應許多無麩質、蔬食等健康餐點；還有種類豐富的精釀啤酒，包含9種生啤酒，以及200種以上的罐裝和瓶裝啤酒。至於早餐與午餐則為$20左右。

住757A State Hwy. 33, Okere Falls　電(07) 362-4944
URL okerefallsstore.co.nz　營週一～四7:00～16:00、週五・六7:00～20:00（依季節變動）　休無休　CC MV

派

Gold Star Bakery

Map P.299-B1・2　市中心

擁有Pie Award大獎冠軍的殊榮，是羅托魯瓦最熱門的烘焙店，店內隨時供應約30種不同口味的派，濃郁的香味讓人食指大動。除了曾經得過獎的培根蛋派$4.9、甜羊肉咖哩派$5.5等招牌口味，還有像是傳統毛利料理Hangi中不可或缺的地瓜與豬肉派等幾種特殊口味。三明治種類也很多，愈接近關門時間選擇愈少，想吃就要趁早來。

住1114 Haupapa St.　電(07) 347-9919
營週一～五7:30～15:45、週六8:00～14:30
休週日　CC MV

冰淇淋

Lady Janes Ice Cream Parlour

Map P.299-B1　市中心

擁有蜂蜜&奇異果、斐濟果Feijoa、太妃波奇Hokey Pokey等約50種口味的冰淇淋，還有可以選擇紙杯或鬆餅甜筒的霜淇淋聖代$6.2～12.2、奶昔$6.9～8.9等也很吸引人。單球甜筒$4.2～。

住1092 Tutanekai St.　電(07) 347-9340
營週日～二10:00～18:00、週三～六10:00～Late
休無休　CC MV

夜店

Pig & Whistle

Map P.299-B1　市中心

酒吧的古典建築前身是建於1940年的警察局，店內收集了大量國內外的酒類，包含紐西蘭的Emersons及韓國的Max等12種生啤酒$10～，其中風味香醇的黑啤酒與烤得焦香酥脆的肋排$33.7～，口味最合。而在週五・六的夜晚還有樂團的現場演奏。

住Cnr. Haupapa St. & Tutanekai St.　電(07) 347-3025
URL pigandwhistle.co.nz　營11:30～22:00
休無休　CC ADMV

Brew

Map P.299-B1　市中心

除了羅托魯瓦的在地啤酒品牌Croucher，還有Tuatara及Cassels & Sons'等蒐羅自紐西蘭全國各地的許多在地啤酒，最為推薦的是可以品嚐任選4種類小杯啤酒的Tasting Rack $18。至於披薩、牛排等餐點種類也很豐富，店內烘焙的咖啡與甜點也很美味，頗受好評。

住1103 Tutanekai St.　電(07) 346-0976
URL www.brewpub.co.nz　營週二～四16:00～Late、週五～日12:00～Late
休週一　CC AMV

羅托魯瓦的購物

Shop

對毛利傳統文化已經深入生活的羅托魯瓦而言，這裡自然有著毛利人以傳統工法手工雕刻而成的各種木雕及綠玉、骨雕等工藝品，也是最受歡迎的伴手禮。還有綿羊相關商品，以及使用火山溫泉泥製成的身體保養品也相當熱門。

紀念品

Mountain Jade

Map P.299-C2 市中心

主要都是使用產自於紐西蘭的軟玉Nephrite或硬玉Jadeit等綠玉，在店內的工作室加工製作成精美飾品，有以毛利傳統圖騰設計的鍊墜、戒指及裝飾品等，商品種類非常豐富。並開設參觀工匠在工作室內作業情況的導覽之旅，所需時間約30分鐘，參加費$35（在官網上預約）。

住1288 Fenton St. 電(07) 349-1828
URL www.mountainjade.co.nz
營9:00～17:00 休無休 CC ADJMV

Three Tikis Souvenirs

Map P.299-B1 市中心

從美麗諾羊毛和袋貂的混紡製品，到T恤、綠玉飾品、鑰匙圈、綿羊玩偶，蒐羅各式各樣紀念品的商店。位於圖塔內卡街，交通非常方便，在夜市開張的週四晚上會延長營業時間。

住1193 Tutanekai St. 電(07) 348-9020
營9:00～18:00 休無休
CC ADJMV

雜貨

Sulphur City Soapery

Map P.299-C1 市中心

如同店名「硫磺小鎮的肥皂工廠」，店內販賣的都是手工製作的天然肥皂、沐浴＆美體商品，種類豐富且陳列整齊；色彩繽紛又芳香的肥皂1個$8、4個$30，非常划算，1箱$10裝到滿的融蠟塊也很值得推薦，也有水晶及熔岩石的飾品。

住1/1252 Tutanekai St. 022-671-2899

URL www.sulphurcitysoapery.co.nz
營週一～五9:00～17:00、週六・日10:00～15:00 休無休 CC AMV

AJ's Emporium

Map P.299-C1 市中心

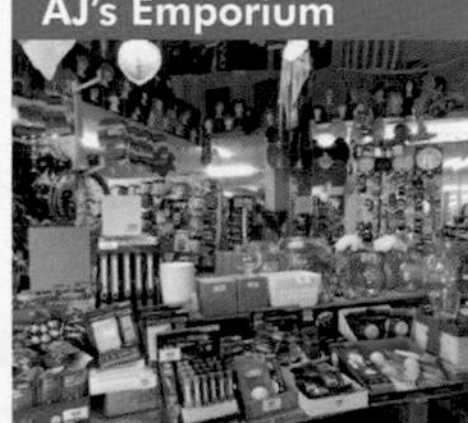

從文具、廚房用品等日用雜貨、變裝用的假髮、釣魚道具，到休閒、手工藝用品，無所不有的商店，卻可以從雜亂無序的陳列中感受尋寶的樂趣。不僅可以窺見當地人的生活，也能找尋有趣的紀念品，一定要去逛逛看。

住1264 Hinemoa St. 電(07) 350-2476
營週一～五8:30～17:00、週六9:00～16:00、週日10:00～16:00
休無休 CC MV

Portico

Map P.299-B1 市中心

裱框兼賣生活雜貨的商店，像是紐西蘭的地圖、古老藝術海報，以及美麗諾羊毛的襪子$32等都是熱賣商品；還有在地藝術家的商品，如木製品、飾品（胸針、耳環、項鍊）、竹盤等，在在顯露出老闆選物的品味。

住1155 Pukuatua St. 電(07) 347-8169
URL www.facebook.com/PorticoGallery
營週一～五9:30～17:00 休週六・日 CC AMV

雜貨

Simply Different

Map P.299-B1 市中心

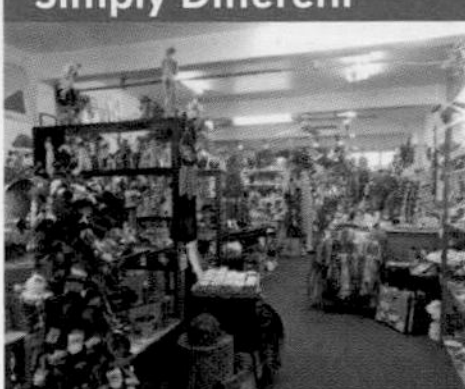

不僅有紐西蘭在地製造的商品，更有來自歐洲等世界各國別具魅力的眾多商品，琳瑯滿目地陳列在空間不大的店內；包括廚房用品、手繪陶器、生活雜貨、蠟燭、肥皂、飾品、披肩等，都是有著好品味的物品。也提供禮物包裝的服務。

住1199 Tutanekai St. 電(07) 347-0960
營週一～五9:00～17:00、週六10:00～16:00
休週日 CC AMV

甜點

Jelly Belly Shop

Map P.297-A1 郊外

位於空中纜車終點站內的雷根糖專賣店，店內的一整面牆壁用100種雷根糖做成七彩裝飾，是用果汁及蜂蠟等材料做成的軟糖，10g $1。還有以1萬7000顆雷根糖拼成的蒙娜麗莎畫像，以及2萬5000顆做成的動畫超級英雄Captain Gravity的立體雕像，絕對不能錯過。

住178 Fairy Springs Rd. Skyline Rotorua內 電(07) 347-0027
URL www.skyline.co.nz
營9:00～17:00 休無休 CC MV

運動用品

Backdoor

Map P.299-C1 市中心

在紐西蘭全國共有19家分店的衝浪與滑板店，羅托魯瓦店則擁有豐富的滑板商品，塞滿店內的滑板數量也很驚人；蒐羅知名品牌，並有專業知識豐富的店員為顧客推薦商品及提供意見，還有繽紛的街頭流行服飾。

住1243 Tutanekai St. 電(07) 348-7460
URL www.backdoor.co.nz 營週一～六9:00～17:30、週日10:00～16:30
休無休 CC ADJMV

戶外用品

Kathmandu

Map P.299-C1 市中心

在紐西蘭開設超過40家分店的戶外用品專賣店，寬闊的空間裡販售著帳篷、睡袋等正統登山用具，以及休閒針織服飾等，商品種類相當多元。至於保暖效果絕佳的美麗諾材質的外套等選擇也很豐富。一年裡都會舉辦多次特價折扣活動。

住1266 Tutanekai St. 電(07) 349-2534 URL www.kathmandu.co.nz
營週一～五9:00～17:30、週六9:00～17:00、週日10:00～16:00
休無休 CC AMV

Column 參觀Rotorua Golf Club

成立於1906年的Rotorua Golf Club，是紐西蘭歷史第3悠久的高爾夫球場。果嶺旁就有溫泉湧出、地面及水池裡則冒出陣陣熱氣，都是地熱區特有的景象，也成為這裡的特色；據說由於地熱活動的緣故，還讓果嶺地形逐漸產生變化。此外，傳達球場歷史的俱樂部會館，內部咖啡館則是內行人才知道的美食景點。場內還擁有3間臥室、可以住上6人的小木屋，高爾夫的愛好者不妨來住住看；房價為2人1晚$200～，附全套廚房及洗衣設備，還能BBQ，適合長期停留的遊客。馬路對面就是蒂普亞，除了打高爾夫之外，也可以體驗足式高爾夫。

Arikikapakapa, the home of Rotorua Golf
Map P.299-D2外
住399 Fenton St. 電(07) 348-4051
URL arikikapakapagolfrotorua.co.nz
費果嶺費$95 租借高爾夫球具$35
高爾夫球車$50 CC MV

羅托魯瓦的住宿

Accommodation

青年旅館集中在市中心，從芬頓街往南延伸及華卡雷瓦雷瓦地熱區周邊則是汽車旅館較多，還有可享受湖景及毛利表演的大型飯店、附溫泉的B&B等，好好享受具羅托魯瓦特色的停留時光。

高級飯店

Millennium Hotel Rotorua

Map P.299-C2 市中心

座落於羅托魯瓦湖畔，玻里尼西亞水療溫泉中心就在前面，可以欣賞湖景的客房，房價會稍微貴一些。館內除了有餐廳、酒吧之外，SPA、健身房等設施應有盡有，還有附早餐的房價。

住1270 Hinemaru St. 電(07) 347-1234 FAX(07) 348-1234
URL www.millenniumhotels.com 費ⓈⒹⓉ$179～
房數227 CC AMV

Prince's Gate Boutique Hotel

Map P.299-B2 市中心

使用建於1897年歷史建築的飯店，由於1901年當時的英國皇太子喬治5世夫妻下榻而得名。客房內的家具都很古典，散發優雅的氛圍，並有得過獎的餐廳(→P.310)。

住1057 Arawa St. 電(07) 348-1179 FREE 0800-500-705
URL www.princesgate.co.nz 費ⓈⒹⓉ $193～
房數52 CC AJMV

Distinction Rotorua Hotel & Conference Centre

Map P.299-D2外 郊外

是間極為優雅且讓人印象深刻的4星級飯店，因為座落在華卡雷瓦雷瓦地熱區附近，安靜的環境能讓人放鬆並好好享受，部分客房還附設陽台。飯店內有能享用High Tea的餐廳與串燒吧，還有毛利表演的晚餐秀。

住390 Fenton St. 電(07) 349-5200 FREE 0800-654-789
URL www.distinctionhotelsrotorua.co.nz
費ⓈⒹⓉ$169～ 房數133 CC MV

Waiora Lakeside Spa Resort

Map P.297-A1 郊外

從市中心搭車約7分鐘，就能抵達位於羅托魯瓦湖畔的SPA度假飯店。從2009年開幕以來，榮獲無數次最佳SPA飯店，有提供專業療程的SPA，並附設餐廳，很適合在這裡悠閒地享受住宿時光。

住77 Robinson Ave. 電(07) 343-5100
FAX(07) 343-5150 URL www.waioraresort.co.nz
費ⒹⓉ$159～ 房數30 CC AMV

中級飯店

Novotel Rotorua Lakeside

Map P.299-B1 市中心

矗立在戰爭紀念公園旁的現代化飯店，眼前就是開闊的羅托魯瓦湖，距離遊湖乘船處也很近，而且就面對著圖塔內卡街，外出用餐非常方便。館內SPA及三溫暖設施一應俱全，每天晚上還會有毛利晚餐秀「Matariki」登場。

住Lake End Tutanekai St. 電(07) 346-3888 FAX(07) 347-1888
URL www.novotel.com 費ⒹⓉ$179～
房數199 CC ADMV

中級飯店

Sudima Hotel Lake Rotorua

Map P.299-C2 市中心

鄰近羅托魯瓦湖及玻里尼西亞水療溫泉中心，環境超好的飯店，到市中心只需要步行幾分鐘，相當方便；有部分客房是直接面對湖泊，但多數客房都能夠看到湖景。飯店範圍內有溫泉，設有小小的SPA，餐廳每晚都有毛利音樂會登場。

住1000 Eruera St. 電(07) 348-1174 FREE 0800-783-462
FAX(07) 346-0238 URL www.sudimahotels.com
費ⓈⒹⓉ$127～ 房數247 CC ADJMV

Regent of Rotorua

Map P.299-B1 市中心

座落在從市中心步行數分鐘的便利地點，以黑、白及綠色為基調的設計風格為特徵。飯店內有餐廳、酒吧、溫水游泳池、室內的礦泉溫水泳池和健身房等設施，並且所有客房內都附微波爐，設備非常齊全。

住1191 Pukaki St. 電(07) 348-4079
URL regentrotorua.co.nz
費ⓈⒹⓉ$158～ 房數35 CC ADJMV

Arawa Park Hotel Rotorua

Map P.299-D2外 郊外

座落於芬頓街，從市中心步行15分鐘就能到達，飯店內餐廳、酒吧及健身房等設施齊全，尤其是位於館內中央的「Atrium Restaurant」更是相當受歡迎。90間豪華客房內都附有SPA及陽台。

住272 Fenton St. 電(07) 349-0099
URL rydges.com 費ⓈⒹⓉ$169～
房數135 CC ADJMV

汽車旅館

Terume Hot Spring Resort

Map P.299-D1 市中心

主人為一對中國夫婦，旅館內擁有流動硫磺泉、日本風格的露天岩石風呂，為男女交替時段使用，可以裸身入浴，而關了燈在星空下泡湯最是享受。有提供長期停留的遊客住宿折扣。

住88 Ranolf St. 電(07) 347-9499 FAX(07) 347-9498
URL terumeresort.co.nz 費ⓈⒹⓉ$170～
房數12 CC MV

B&B

Geyser Lookout BnB

Map P.297-A1 郊外

從陽台就能看見華卡雷瓦雷瓦森林與間歇泉的B&B，擅長料理的主人做的早餐$20頗受好評，還能預約3道菜＋葡萄酒的晚餐，並有BBQ設備及溫泉池。連住3晚以上就能享有15%的折扣優惠，而＋$35就能攜帶寵物同住。

住17 Kerswell Terrace, Tihiotonga 027-552-2044
URL www.geyserlookout.co.nz 費ⓈⒹⓉ$150～300
房數3 CC MV

青年旅館

Rotorua Citizens Club

Map P.299-B1 市中心

位於市區與羅托魯瓦湖之間，地理位置極佳，價格合理，且內部裝潢散發清潔感，非常舒適。飯店1樓的酒吧及餐廳，是在地人聚會用餐的熱門地點，總是人聲鼎沸。住宿時加入NZ俱樂部會員的話，在全紐西蘭的加盟飯店或餐廳消費都能享有優惠（1年內有效）。

住1146 Rangiuru St. 電(07) 348-3066 URL www.rotoruacitizensclub.co.nz
CC MV 費Dorm $35～ ⓈⓉⒹ $95～ 房數15、團體房2間

廚房（全部客房） 廚房（部分客房） 廚房（共用） 吹風機（全部客房） 浴缸（全部客房） 游泳池
網路（全部客房／須付費） 網路（部分客房／須付費） 網路（全部客房／免費） 網路（部分客房／免費）

陶波

Taupo

人口：3萬7203人
URL www.greatlaketaupo.com

面積約616km²的陶波湖Lake Taupo，位於北島的中央地區，是紐西蘭最大的湖泊，而座落於東北側湖岸的城市就是陶波。由於火山噴發而誕生的這座淡水湖，在原住民毛利人的傳說中是北島的心臟。在陶波湖不僅各種水上活動盛行，釣鱒魚也是熱門活動。

陶波至羅托魯瓦一帶都屬於地熱區，分布著許多間歇泉及溫泉，是受惠於溫泉與湖泊的知名度假城市，近郊的懷拉基觀光公園Wairakei Park還利用地熱來發電，以及開設養殖場。到了冬季，也吸引絡繹不絕的人潮湧向瓦卡帕帕滑雪場Whakapapa Ski Field。

紐西蘭最大的湖泊，天氣晴朗時可以看到魯阿佩胡山。

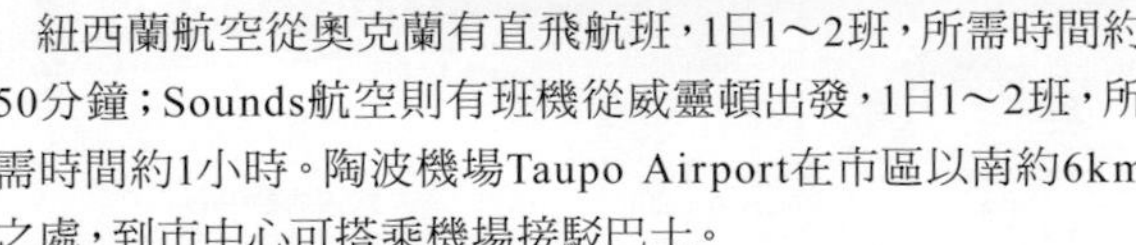

如何前往陶波 Access

紐西蘭航空從奧克蘭有直飛航班，1日1～2班，所需時間約50分鐘；Sounds航空則有班機從威靈頓出發，1日1～2班，所需時間約1小時。陶波機場Taupo Airport在市區以南約6km之處，到市中心可搭乘機場接駁巴士。

而往來於奧克蘭～威靈頓間的InterCity長途巴士也會經過陶波，從奧克蘭出發1日3班，所需時間約4小時50分～5小時15分；威靈頓出發也是1日3班，所需時間約6小時19分～7小時10分。巴士停靠站在陶波遊客中心前。

航空公司（→P.496）
紐西蘭航空
Sounds航空
URL www.soundsair.com

陶波機場
Map P.320-B2
☎(07) 378-7771
URL taupoairport.co.nz

機場接駁巴士公司
Great Lake Taxis
☎(07) 377-8990
URL www.greatlaketaxis.co.nz

主要巴士公司（→P.496）
InterCity

i 遊客中心
Taupo Customer & Visitor Centre
Map P.318-B1
住 30 Tongariro St.
☎(07) 376-0027
FREE 0800-525-382
URL www.lovetaupo.com
開 週一～五　9:00～16:30
週六・日　10:00～13:00
休 無休

陶波遊客中心

陶波的 漫遊

陶波遊客中心周邊是市中心，東格里羅街Tongariro St.是主要街道，而與之交會的霍羅馬坦基街Horomatangi St.、修修街Heuheu St.附近則林立著餐廳和商店；在市中心活動可以利用步行，但是觀光景點幾乎都在外圍，租車行動會比較方便。至於住宿地點則聚集在湖畔，尤其是面湖的湖街Lake Terrace上汽車旅館林立，要享受美麗的湖景，就必須付出較高的房價；想找便宜的住宿，修修街附近比較有機會。

陶波的市區交通

雖然市區裡有Taupo Connector的巴士1條路線，行駛郊外的5條路線巴士，但因為班次少不方便；至於車資則是使用現金或儲值卡Bee Card。在陶波附近觀光還是必須租車或搭計程車。

Taupo Connector
FREE 0800-205-305
URL www.busit.co.nz/regional-services/taupo-connector
料 現金　$4～
Bee Card　$2～

陶波湖博物館
Taupo Museum

Map P.318-B1

陶波湖博物館
住4 Story Pl.
☎(07) 376-0414
URL www.taupodc.govt.nz
開10:00～16:30
休無休
費大人$5、銀髮族・學生$3小孩免費

Marae（集會所）有著精緻的雕刻裝飾，內部也有展示

介紹關於城市歷史、鱒魚養殖產業的資料，以及火山的構造等，而最引人注目的是現在仍然以陶波為主要居住地的毛利族中Tuwharetoa族的展覽；其中有一艘以紐西蘭羅漢松製作成的獨木舟，重達1.2噸，為此地區規模最大、也最為貴重的獨木舟。還有以毛利藝術形式呈現的庭園Ora Garden，也很值得一看。

有關地熱區的解說

AC溫泉
A.C. Baths

Map P.318-A2

AC溫泉
住26 A.C.Baths Ave.
☎(07) 376-0350
URL www.taupodc.govt.nz
營6:00～21:00
休無休
費大人$9.5～、銀髮族$5.5～、小孩$4.5～
交距離市中心約3km。

位於距離陶波市區約5分鐘車程、陶波活動中心Taupo Events Centre內的溫泉設施，擁有很寬敞的游泳池，以及獨立湯屋、三溫暖、滑水道（$7）等設備完善，可以玩上一整天。

吸引不少攜家帶眷的遊客

陶波市中心

往羅托魯瓦、奧克蘭方向
往火山活動中心、懷拉基觀光公園方向
往胡卡瀑布方向
往阿拉蒂亞蒂亞激流方向
往刺槐灣方向
Owen Delany Park
觀景台
懷拉基觀光公園景觀步道
地熱溫泉公園 Spa Thermal Park P.319
陶波高空彈跳 Taupo Bungy
陶波活動中心 AC溫泉 A.C. Baths P.318
陶哈拉高爾夫球場 Tauhara Golf Course
Cemetary
YHA Taupo, Finlay Jack's P.326
Pak'n Save（超級市場）
腳踏車出租店
陶波遊客中心
Haka Lodge Taupo P.326
P.325 Waterside Restaurant & Bar
P.325 Pitch Sportsbar
P.325 Replete Cafe
Dixie Brown's P.325
Ascot Motor Inn P.326
The Brantry Eatery P.325
迷你高爾夫
陶波湖巡航（乘船處）P.319 Lake Taupo Cruises
陶波博物館 P.318 Taupo Museum
Lake Bistro P.325
P.326 Tui Oaks Motor Inn
P.326 Gables Lakefront Motel
VU Thermal Lodge P.326
溫泉海灘
皇冠公園 Crown Park
陶波湖 Lake Taupo
東格里羅街 Tongariro St.
湖街 Lake Terrace
Huka Falls Rd.
Spa Rd.
Centennial Drive
County Ave.
Kaharangi St.
Robinson Rd.
Waikato River
Pois Rd.
Acasia Bay Rd.
Woodward St.
Norman Smith St.
Rickit St.
Huka St.
Rawhiti St.
Tongo St.
Pihanga St.
Ruapehu St.
Rangatira St.
Tauhara Rd.
Scannell St.
Laughton St.
Tuwharetoa St.
Kaimanawa St.
Tamamutu St.
Horomatangi St.
Heuheu St.
Roberts St.
Wheretia St.
Rifle Range Rd.
Hatepe Ave.
Koha St.
Tamatea Rd.
Hinekura Ave.
Hinemoa Ave.
Taharepa Rd.
Terrace St.
Matai St.
Miro St.
Crown Rd.
Whakaipo St.
Taupo View Rd.
Gillies Rd.
Henry Hill Rd.
Tui St.
Huia St.
Mere Rd.
Pitono Rd.
Ngamotu Rd.
Pataka Rd.
Ngauruhoe St.
Kurupae St.
0 1km

陶波湖巡航
Lake Taupo Cruises

Map P.318-B1

這是一趟可以細細品味波光瀲豔陶波湖的遊湖行程，搭乘處在船舶港Boat Harbour（Map P.318-B1）；其中最受歡迎的是可以一邊享受湖上遊覽，一邊眺望在Mine Bay南端岩壁上毛利雕刻的路線，因為這些雕刻非得從船上才能欣賞到。除了觀光船之外，也可以搭乘帆船去看毛利雕刻。遊湖行程所需時間為1小時30分～2小時30分。

享受一趟悠閒的巡航之旅

主要船舶公司
Chris Jolly Outdoors
☎(07) 378-0623
FREE 0800-252-628
URL chrisjolly.co.nz
Scenic Cruise
費 大人$45、銀髮族$40、小孩$20
Taupo Sailing Adventures
✆022-697-1586
URL www.tauposailingadventures.co.nz
Morning Escape
費 大人$59、小孩$49

停滿遊艇的碼頭

享受溫泉的注意事項
泡溫泉時，千萬不要把臉浸到水裡，因為溫泉水從鼻子進入頭部有可能造成腦膜炎，嚴重恐怕會致命。還有隨身物品也要妥善保管，以免遺失或遭竊。

地熱溫泉公園
Spa Thermal Park

Map P.318-A2

從Spa Rd.轉進County Ave.就會看到公園的入口，這裡有一條沿著懷卡托河走到胡卡瀑布（→P.321）的步道，單程約1km，可以享受散步的樂趣；沿途有雄偉奔流的河川、斷崖等，滿眼盡是美麗的景致。步行開始約10分鐘之處有條小橋，橋下有溫泉湧出，是免費的野溪溫泉，因而吸引許多遊客聚集；設有更衣間、廁所、行動咖啡等，十分方便，但是建議貴重物品還是隨身攜帶，比較安全。

體力好的遊客，不妨從東格里羅街Tongariro St.開始，沿著河邊的步道散步，走到陶波高空彈跳Taupo Bungy（→P.324）約30分鐘。

不少步行的遊客是以溫泉為目的地

橋下有溫度適中的泡湯點

陶波德布雷茲水療度假村
Taupo Debretts Spa Resort

Map P.320-B2

往內皮爾方向沿著國道5號前行，位於左邊轉彎處的一間水療度假村，從接待處左邊的斜坡往下走，會看到被森林圍繞的游泳池及門票販售處。除了擁有滑水道的大游泳池之外，還有數間可以選擇泉溫38～42℃的獨立湯屋，很受觀光客的歡迎；至於按摩、芳療療程也相當豐富，建議可以放鬆心情度過一整天。

使用溫泉水的戶外游泳池

陶波德布雷茲水療度假村
住 76 Hwy. 5
☎(07) 378-8559
URL www.taupodebretts.co.nz
營 8:30～21:30（依設施而異） 休 無休
費 大人$24、小孩$13、滑水道$6
交 距離市中心約4km。

滑水道出口的設計很特殊

懷拉基觀光公園

Wairakei Tourist Park

陶波周邊的觀光巴士
Great Lake Explorer
從遊客中心前每隔1小時出發，巡迴胡卡瀑布（→P.321）、月世界火山口（→P.321）等觀光景點的接駁巴士，1日自由上下車。
☎(07)377-8990
URL www.greatlaketaxis.co.nz
費$30

Wairakei Tourist Park
URL www.wairakeitouristpark.co.nz

從陶波市區往北的懷卡托河下游一帶又被稱為懷拉基觀光公園，是陶波觀光的重點區域，不僅有著名的胡卡瀑布Huka Falls、阿拉蒂亞蒂亞激流Aratiatia Rapids，更因為是紐西蘭屈指可數的地熱區，與火山活動相關的景點也非常多。像是利用地熱，啟用於1958年、紐西蘭最老的發電廠──懷拉基地熱發電廠Wairakei Geothermal Power Station，就是知名的世界第2座地熱發電廠。周邊的各景點都以線狀方式串連，動線很容易規劃，沒有租車的遊客可以參加在地旅遊團（→P.325），或是沿著河畔的步道慢慢遊逛。

胡卡瀑布
Huka Falls

Map P.320-A2

胡卡瀑布可說是全紐西蘭遊客最多的自然觀光景點，Huka是毛利語地名「huka-nui」的縮寫，原來的意思是「巨大的水泡、飛濺水花」。瀑布的源頭是陶波湖，流經狹窄峽谷的澄清懷卡托河水，到這裡從高處一洩而下，變成帶有薄荷藍的白色泡沫，壯觀的美景令人折服。儘管瀑布高度不過10m出頭，但最大水量卻高達每秒22萬公升，而發出的轟然水聲與速度感，讓人感受到可怕的震撼力。

胡卡瀑布強而有力的景觀非看不可！

胡卡瀑布
URL hukafalls.com
開 停車場
夏季 8:00～18:30
冬季 8:00～17:30
費 廁所要50¢
交 距離陶波市中心大約4.8km，在遊客中心前搭乘BUSIT #38，週一～五1日2班車，週一・三・四9:35、13:30出發，週二・五7:00、12:15出發；回程從懷拉基週一・三・四10:00、13:55出發，週二・五7:25、12:40出發。

從橋上眺望瀑布的遊客

月世界火山口
Craters of the Moon

Map P.320-A2

正如其名就像月球的表面般，是一片荒涼而廣闊的地熱區，沿著規劃的步道自由前行，不時能欣賞到熱氣煙霧從地面竄出，還有從泥漿裡沸騰噴發的溫泉等景象；這裡是陶波周邊地熱區中活動最活躍的地點之一，還看得到幾年前火山噴發所遺留下的大洞。從停車場慢慢走，1小時左右就能逛完一圈。步道禁止騎腳踏車。

從大地不斷噴發熱氣的廣闊震撼景致

月世界火山口
✆027-6564-684
URL cratersofthemoon.co.nz
開 9:30～17:00（最後入場16:00）
休 無休
費 大人$10、小孩$5
交 距離陶波市中心約5km、胡卡瀑布3km，單程步行約45分鐘。

步行時順便觀察沿途生長在地熱區的植物

胡卡蜂蜜農莊
Huka Honey Hive

Map P.320-A2

販賣紐西蘭產蜂蜜，以及蜂蜜製成的肥皂、奶油等各式各樣周邊產品。種類豐富的蜂蜜、蜂蜜酒提供免費試吃服務，可以尋找自己喜歡的口味；另外也可以隔著玻璃櫃欣賞蜂巢，或是透過影片認識蜜蜂的生活。附設的咖啡館中也販賣紐西蘭人氣品牌Kapiti的各種蜂蜜冰淇淋。

可以試吃熱門的麥蘆卡蜂蜜

胡卡蜂蜜農莊
住 65 Karetoto Rd.
☎（07）374-8553
URL www.hukahoneyhive.com
營 9:00～17:00
休 無休
交 距離陶波市中心約5km、胡卡瀑布2km，單程步行約30分鐘。

添加蜂蜜的各種保養品是熱銷商品

胡卡養蝦園
Huka Prawn Park

Map P.320-A2

胡卡養蝦園
住Karetoto Rd.
電(07) 374-8474
URL hukaprawnpark.co.nz
開週五～一　9:30～15:00
（依季節變動）
休週二～四
導覽之旅
費大人$27.5、小孩$15
（包含活動）
胡卡養蝦園餐廳
營週五～二9:00～16:00
休週三．四
交距離陶波市中心約8km、胡卡瀑布3.6km，步行約45分鐘。

餐廳提供美味的鮮蝦料理

利用地熱產生的溫水來養殖草蝦，運作方式較為特別的養殖場。蝦子屬於馬來西亞原生種，在這裡從產卵開始，到飼養、出貨全部一手包辦；參加導覽之旅，可以參觀養殖場內部、體驗餵食小蝦，還有水上腳踏船、立槳SUP等豐富活動，十分有趣。並附設餐廳，可以一邊眺望懷卡托河美景，一邊品嚐各式美味鮮蝦料理。附辣醬等調味料的清蒸蝦0.5kg $58.9是人氣菜色。

有屋頂的養蝦場

附設有商品專賣店

懷拉基階地
Wairakei Terraces

Map P.320-A2

懷拉基階地
電(07) 378-0913
URL wairakeiterraces.co.nz
開10～3月　8:00～21:00
4～9月　8:00～20:30
（週四只到19:00）
咖啡館　9:00～16:30
休無休
漫遊步道門票
費大人$15、小孩$7.5
毛利文化體驗
費大人$110、小孩$55
溫泉游泳池
費大人$25
（14歲以上才能入場）
SPA療程
費熱石按摩30分鐘$100～、運動按摩30分鐘$90～等
交距離陶波市中心約7.5km。

以人工的方式，重現1886年因塔拉威拉山火山Mt. Tarawera噴發而消失的河階地形景致，行走在漫遊步道上，一路可以欣賞到泥漿溫泉、足湯及間歇泉等溫泉景觀。園區內有4個溫度不同的溫泉游泳池，只要14歲以上、穿著泳衣就能入場，溫泉富含矽（二氧化矽）、鈉、鎂、鈣等礦物質，對於消除疲勞、美肌具有極佳效果。附設的SPA提供熱石按摩及運動按摩等療程服務（要預約），並有供應三明治、甜點、咖啡、酒精飲料的咖啡館。

令人驚嘆的河階地形美景

懷拉基地熱谷
Wairakei Natural Thermal Valley

Map P.320-A1

行走在設置於大自然的木棧道上，可以更貼近懷拉基地熱區的美景，走完一圈約30分鐘的步道，沿途盡是地底噴湧而出的溫泉，以及將岩石泥土染成粉紅或灰色，並不斷冒著滾滾氣泡的景象；而且每個景觀都有著「魔王庭園」、「女巫的大爐子」等特別的名稱。園內有幾處山壁快要崩落的危險地形，還是要多加小心；還有可以和羊駝、雞接觸的動物公園。

能夠近距離觀察溫泉噴發的景象

懷拉基地熱谷
電(07) 374-8004
URL www.wairakeitouristpark.co.nz
開9:00～16:00左右
休無休
費大人$12、小孩$6
露營場
大人$30～35
(依人數變動)
交距離陶波市中心約10km。

奧拉基科拉可洞穴與地熱公園
Orakei Korako Cave & Thermal Park

Map P.320-A2外

這裡是全紐西蘭規模最大的地熱區，Orakei Korako毛利語之意是「崇拜場所」，意味著這裡是可以感受到大自然之神祕與偉大的地點。遊客搭乘小船橫渡碧綠湖泊，進入蒸氣繚繞的地熱區，會對眼前呈現黃白兩色的河階景觀讚嘆不已。這片河階地形受到二氧化矽的影響，在白色裸露岩石上有橘色的泥水流過，不時冒出氣泡的滾滾泥漿池及矽土，形成宛如冰河般的階地，以及有潺潺溫泉水灌注的洞穴等多處景點。園區內設有完善的木棧道可供行走，約1個小時就能夠走完一圈，在小船停靠處有露天咖啡座，可以悠閒地欣賞美麗湖景，也很不錯。

呈現橘紅與棕色的岩石非常美

奧拉基科拉可洞穴與地熱公園
住494 Orakei Korako Rd.
電(07) 378-3131
URL www.orakeikorako.co.nz
開8:00～16:00
(最後小船的出發時間)
休無休
費大人$45、小孩$19
交距離陶波市中心約36km。

看起來就像冰河一般的矽土階地

阿拉蒂亞蒂亞激流
Aratiatia Rapids

Map P.320-A2

沿著懷卡托河畔的懷拉基觀光公園，最北端的景點就是阿拉蒂亞蒂亞水庫，在每天10:00、12:00、14:00（夏季會增加16:00時段）會打開水庫的閘門洩洪，原本只是洩出少量水流，讓溪流水位逐漸上升，最後成了氣勢奔騰的激流注入懷卡托河，成為眾多觀光客指名的人氣景點。一般多是在水庫上方的道路欣賞，但沿著河旁的步道走10分鐘，還有另一處觀景台能看到洩洪景致。

每秒放流高達9萬公升的水量

前往懷拉基觀光公園的步道

從市區的邊緣（陶波高空彈跳的前方）開始，一直到阿拉蒂亞蒂亞水庫為止，沿著懷卡托河的右岸規劃有步道，中途還可以繞去胡卡瀑布等景點，來回需要約4小時的行程。但是不論是來回還是單程，光靠徒步觀光還是有點辛苦，如果在市中心的體育用品店或青年旅館租借登山腳踏車，就可以讓行程輕鬆一些；不過因為是山路，上下坡比較多，要多加注意。除了懷卡托河沿岸的步道之外，網羅整個陶波地區的漫遊地圖，可至陶波遊客中心索取。

陶波的戶外活動

高空彈跳

陶波是整個北島高空彈跳最盛行的地區，從距離閃耀著粼粼綠波的懷卡托河面47m的高空，站在跳台上一躍而下；由於景觀實在太美麗，參觀人群可說是絡繹不絕。不過想體驗這種快感是有條件的，必須在10歲以上，體重超過35kg。

Taupo Bungy
電(07) 376-5682 FREE 0800-888-408 URL www.taupobungy.co.nz
時全年 營週一～五9:30～16:00、週六・日9:30～17:00 休無休
費單人$185～、教練同行$370～（要預約） CC ADJMV

挑戰一桿進洞

只要能夠一桿將小白球打進位於陶波湖上果嶺的球洞，就可以獲得1萬美金的獎金！到果嶺間的距離是102m，可以1球$3來挑戰，15球為$25，30球則是$35。失去準頭掉落在湖內的高爾夫球，會由潛水夫負責下水收集撿拾。

Hole in One Challenge
電(07) 378-8117
URL www.holein1.co.nz 時全年
營9:00～17:00（依季節、天候變動）
休惡劣天氣停業 CC MV

噴射飛船

有搭乘快艇靠近胡卡瀑布的胡卡瀑布噴射飛船Hukafalls Jet，也有在阿拉蒂亞蒂亞水庫乘著每秒放流高達9萬公升的洩洪，刺激無比的激流噴射飛船Rapids Jet。不論是氣勢驚人的瀑布，還是湍急的河流震撼景致，加上快艇獨有的急速轉彎、360度迴轉，都讓人回味無窮，所需時間為30分鐘。也可以和泛舟等活動組合，能享受優惠價格。

Hukafalls Jet 電(07) 374-8572 FREE 0800-485-253
URL www.hukafallsjet.com 時全年 費大人$129、小孩$89 CC ADJMV
Rapids Jet 電(07) 374-8066 FREE 0800-727-437
URL rapidsjet.com 時全年 費大人$129、小孩$75 CC MV

高空跳傘

在紐西蘭各地都能體驗高空跳傘，但是陶波可說是最著名的體驗景點，從1萬2000英尺或1萬5000英尺的高空，享受大約40秒～1分鐘的飛行快感；雖然時間相當短暫，卻能夠從上空俯視整座陶波湖、東格里羅國家公園的遼闊美景，非常的暢快淋漓。不過因為容易受到天候影響，建議行程寬鬆時再來體驗。

Taupo Tandem Skydiving
電(07) 377-0428 FREE 0800-826-336
URL www.taupotandemskydiving.com
時全年 費9000英尺$199～ 1萬2000英尺$279～ 1萬5000英尺$359～ 1萬8500英尺$399～
CC MV

飛蠅釣魚

以釣鱒魚活動著稱的陶波周邊，自然也有著眾多教授飛蠅釣法的嚮導，同時又能享受溪流沿岸的美景，是非常推薦的戶外活動。在陶波周邊飛蠅釣魚的主要地點在東格里羅河，基地就在距離陶波約50km的城鎮圖朗基Turangi，而在陶波專用的釣魚證（→P.429）需要另外付費購買。

Chris Jolly Outdoors
→P.319
時全年 料$890～1710
CC MV
Fly Fishing Ninja
✆022-034-2007 URL www.flyfishingninja.com 時全年 費半日$500、1日$750
CC ADMV

直升機或水上飛機的觀光飛行

搭乘直升機或水上飛機，從空中的方式來暢遊懷拉基觀光公園或陶波湖，從10～30分鐘的輕鬆路線，到繞行東格里羅國家公園約1小時的路線，行程選擇非常多樣。

Taupo's Floatplane 電(07) 378-7500 URL www.tauposfloatplane.co.nz 時全年（能否成行受天氣所影響）
費大人$125～、小孩$62.5～ CC MV
Inflite Taupo 電(07) 377-8805 FREE 0800-435-488
URL www.inflitexperiences.co.nz 時全年 費需洽詢 CC MV

Waterside Restaurant & Bar

Map P.318-B1

座落於可眺望陶波湖之處，餐廳內設有沙發區及暖爐，擁有溫馨的居家氣氛。燉豬肋排$36、千層麵$19（僅限午餐）、起司蛋糕$16等各種餐點都有。

住3 Tongariro St.
☎(07) 378-6894
URL waterside.co.nz
營11:00～22:00
休無休 CC AMV

The Brantry Eatery

Map P.318-B1

利用歷史超過65年宅邸所開設的餐廳，供應以牛肉、羊肉、海鮮等國產食材烹調的紐西蘭料理，頗受好評，套餐$80～。

住45 Rifle Range Rd.
☎(07) 378-0484
URL brantryeatery.co.nz
營週二～日17:30～20:30
休週一 CC AJMV

Dixie Brown's

Map P.318-B1

位於陶波湖畔，早餐推薦班尼迪克蛋$22～，午餐及晚餐有漢堡$27.9～、三明治$13.5（僅限午餐）、披薩$25.9～（午餐$19.5～）及鮮魚料理。特別受歡迎的餐點則是牛排$41與甜點的香蕉船$17.5。

住38 Roberts St.
☎(07) 378-8444
URL www.dixiebrowns.co.nz
營6:00～22:00
休無休 CC AMV

Replete Cafe

Map P.318-B1

位於修修街上，氣氛非常迷人的咖啡館，餐點以義大利麵與三明治為主，早餐$9～23.5，午餐$12～21。還附設販售廚房雜貨的商店。

住45 Heuheu St.
☎(07) 377-3011
URL replete.co.nz
營8:00～16:00
休週三 CC MV

Pitch Sportsbar

Map P.318-B1

空間相當寬敞的運動酒吧，可以下注賭橄欖球或賽馬等比賽。供應紐西蘭國產啤酒約15種，餐點則有蘇格蘭菲力牛排350g$26、Steak N Ale Special $20等選擇豐富，週六晚上還可欣賞現場演奏。

住38-40 Tuwharetoa St.
☎(07) 378-3552
營週一～六10:00～翌日3:00、週日11:00～22:00
休無休 CC MV

Lake Bistro

Map P.318-B1

位於Suncourt飯店內的休閒餐廳，從早餐營業到晚餐，既是有好吃麵包的咖啡館，也是酒吧。晚餐供應蘇格蘭菲力牛排$42、燒烤豬五花肉$46.5等豐富肉類料理。

住14 Northcroft St.
☎(07) 378-8265
URL suncourt.nz/lake-bistro
營週二～六7:00～Late、週日7:00～15:00 休週一 CC MV

陶波的小旅行

前往懷拉基觀光公園之旅

Paradise Tours公司推出的懷拉基觀光公園之旅，暢遊包括陶波湖、陶波碼頭、胡卡瀑布、月世界火山口、胡卡蜂蜜農莊、阿拉蒂亞蒂亞激流等約3小時30分的行程，每天10:00出發，包含飯店接送服務。此外，嚮導理查是消防隊員退休的在地陶波人，對陶波附近非常熟悉，包含攝影景點，很受好評。旅遊行程可以配合要求而變更，預約時不妨談談。

Paradise Tours
☎(07) 378-9955 ✆027-490-4944
URL paradisetours.co.nz 時全年
費陶波周邊觀光之旅
大人$109、小孩$50
CC MV

Hilton Lake Taupo

Map P.320-B2

距離機場約15分鐘車程，前往市中心也很方便，可以欣賞陶波湖及東格里羅群峰的景致。改裝自19世紀興建的飯店，分為Heritage Wing及Mountain Wing，並設有高級餐廳「Bistro Lago」。

住80-100 Napier Rd. 電(07) 376-2301 URL www.laketaupo.hilton.com 費Ⓓ Ⓣ$274～ 房數113 CC ADJMV 電(03) 6864-1633

Ascot Motor Inn

Map P.318-B1

從市中心步行約7分鐘，座落於安靜住宅區內的汽車旅館，提供接送服務十分方便。開闊的客房營造出讓人放鬆的氣氛，多數客房附有浴缸，步行到咖啡館或餐廳只要幾分鐘。

住70 Rifle Range Rd. 電(07) 377-2474 FREE 0800-800-670 FAX (07) 377-2475 URL www.ascotattaupo.co.nz 費Ⓢ Ⓓ Ⓣ$160～ Family Room$240～ 房數15 CC AJMV

Tui Oaks Motor Inn

Map P.318-B1

面對陶波湖而建，漫遊市區非常方便，超過半數的客房都能夠眺望到陶波湖的美景，還有BBQ設備。

住84-86 Lake Tce.
電(07) 378-8305
URL www.tuioaks.co.nz
費Ⓢ Ⓓ Ⓣ$169～
房數18 CC AMV

VU Thermal Lodge

Map P.318-B2

從市中心步行約15分鐘，因為引進溫泉，不論是SPA泳池、獨立湯屋，或是許多附按摩浴缸的客房，都是吸引人的地方；10歲以上才能住宿，還能使用40～42℃的溫泉浴池，所有客房都有空調設備。

住2 Taharepa Rd.
電(07) 378-9020
URL www.thermal-lodge.co.nz
費Ⓢ Ⓓ Ⓣ$199～
房數17
CC JMV

Gables Lakefront Motel

Map P.318-B1

一間面對陶波湖、設計新潮的汽車旅館，客房從1間臥室到3間臥室都有，而齊全的廚房設備是最大特徵，對家庭與團體遊客而言相當方便。也有附按摩浴缸的客房。

住130 Lake Tce.
電(07) 378-8030
URL gableslakefrontmotel.co.nz
費Ⓢ Ⓓ Ⓣ$223～ Family Room $328～ 房數15 CC AMV

Boulevard Waters Motel

Map P.320-B2

距離市中心約3km，位於陶波湖畔的漂亮汽車旅館，所有客房都有廚房和按摩浴缸，還可以免費租借腳踏車；大多數房間附陽台，以及能看超過50台頻道的衛星電視。至於隔壁能欣賞湖景的咖啡館也很不錯。

住215 Lake Terrace 電(07) 377-3395 FREE 0800-541-541
URL boulevardwaters.co.nz
費Ⓢ$189～ Ⓓ Ⓣ$259～
房數10 CC ADMV

YHA Taupo, Finlay Jack's

Map P.318-A1

團體房為稱作Podroom的形式，附捲簾的上下舖床位，適合在意隱私的遊客。公共空間很乾淨，提供吹風機租借，還可以預約戶外活動。

住20 Taniwha St. 電(07) 378-9292 URL finlayjacks.co.nz
費Dorm $47～、Pod $49～、Ⓢ$70～、Ⓓ Ⓣ$100～
房數60床 CC MV

Haka Lodge Taupo

Map P.318-B1

在奧克蘭和皇后鎮都有分店的連鎖青年旅館，公共空間很乾淨，團體房的床位附有隔簾，戶外還設有露台及BBQ設備。貴重物品可以寄放在櫃台的保險箱。

住56 Kaimanawa St.
電(07) 377-0068
URL hakalodges.com/taupo
費Dorm $40～、Ⓢ Ⓓ Ⓣ$105～
房數120床 CC MV

廚房(全部客房) 廚房(部分客房) 廚房(共用) 吹風機(全部客房) 浴缸(全部客房) 游泳池
網路(全部客房／須付費) 網路(部分客房／須付費) 網路(全部客房／免費) 網路(部分客房／免費)

世界遺產

東格里羅國家公園

Tongariro National Park

URL www.tongariro.org.nz
URL www.nationalpark.co.nz

壯闊東格里羅國家公園的3大連峰，從左至右分別是東格里羅、瑙魯赫伊及魯阿佩胡山

座落於北島中央地區的東格里羅國家公園，成立於1887年是紐西蘭歷史最悠久的國家公園，每年能吸引約100萬名觀光客造訪。以北島最高峰的魯阿佩胡山Mt. Ruapehu（海拔2797m）為首，瑙魯赫伊山Mt. Ngauruhoe（海拔2287m）、東格里羅山Mt. Tongariro（海拔1967m）等群山聳立，自古以來就被毛利人視為聖地，當時的毛利族酋長蒂修修圖基諾四世Horonuku Te Heuheu Tukino Ⅳ為了防止歐洲移民的濫墾，捐獻這塊土地要求由政府來管理；如今加上周邊所屬區域，總計有超過7萬公頃的土地都劃入國家公園的範圍內。東格里羅國家公園之所以能夠被聯合國教科文組織列入世界遺產，是因為它不僅擁有由火山運動形成的珍貴自然奇景，還有歷史與文化上的非凡意義，認同其雙重的存在價值。

國家公園位於火山活動頻繁的地帶上，地表難以形成森林，反而是誕生了火山口、火山湖等獨特的自然景觀，可以享受這般山岳風景的東格里羅山健行Tongariro Alpine Crossing（→P.330）行程，是紐西蘭很具代表性的觀光路線。此外，這樣荒涼奇異的火山景致也正好成為電影《魔戒三部曲》及《哈比人》的拍攝地。

園區主峰的魯阿佩胡山還是擁有哇卡帕帕Whakapapa與圖羅亞Turoa 2大滑雪場的滑雪勝地。

如何前往東格里羅國家公園 Access

觀光據點是位於東格里羅國家公園中心地區的哇卡帕帕村莊Whakapapa Village，魯阿佩胡山就矗立在眼前，周遭設有多條健行步道可以暢遊整座公園。而在國家公園火車站National Park Station周圍、圖朗基Turangi及陶波（→P.317）也有據點，奧克蘭～北帕莫斯頓的InterCity長途巴士，會停靠歐哈庫尼Ohakuni（→P.333），到國家公園火車站所需時間約6小時10分，歐哈庫尼則約6小時40分；從威靈頓出發，必須在北帕莫斯頓轉車，所需時間約6小時。各為每週5班

在DOC東格里羅國家公園遊客中心內，設立著毛利族酋長的半身雕像

主要巴士公司（→P.496）
InterCity

鐵路公司（→P.496）
Kiwi Rail

前往哇卡帕帕村莊的巴士
Tongariro Crossing Shuttle
☎07-892-2870
📱027-257-4323
URL tongarirocrossingshuttles.co.nz
國家公園火車站～哇卡帕帕村莊
費 單程$25（要預約）

前往東格里羅山健行的巴士
→P.330

行駛在國家公園的北部探險號

（依季節變動），巴士停靠站在國家公園火車站前。

鐵路最靠近的車站是國家公園火車站National Park Station，由Kiwi Rail經營的北部探險號Northern Explorer，週一、四、六從奧克蘭發車，週三、五、日從威靈頓發車，兩地都是1日1班（→P.468）。從車站也有前往東格里羅山健行的巴士可搭乘。

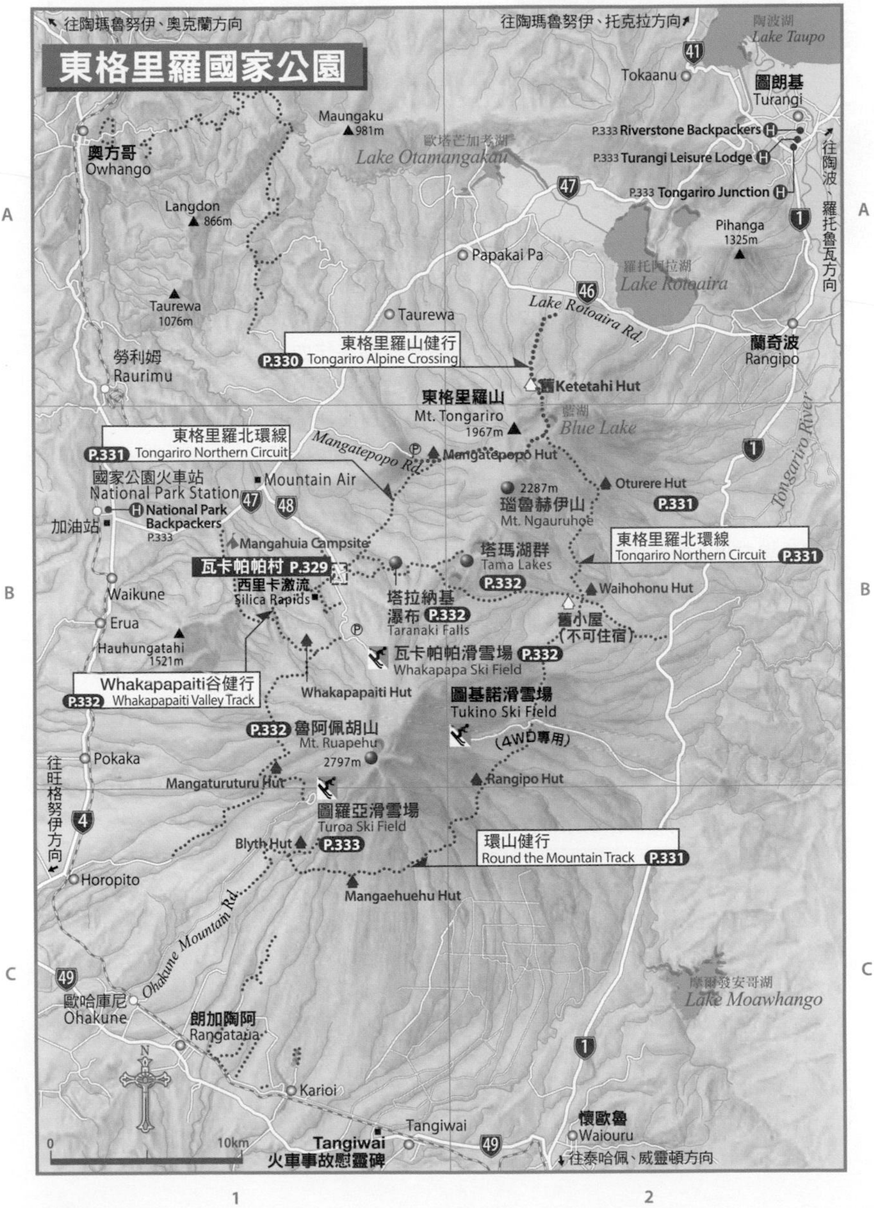

東格里羅國家公園

往陶瑪魯努伊、奧克蘭方向
往陶瑪魯努伊、托克拉方向
陶波湖 Lake Taupo
Tokaanu
圖朗基 Turangi
P.333 Riverstone Backpackers
P.333 Turangi Leisure Lodge
P.333 Tongariro Junction
往陶波、羅托魯瓦方向
奧方哥 Owhango
Maungaku 981m
歐塔芒加考湖 Lake Otamangakau
Langdon 866m
Pihanga 1325m
Papakai Pa
羅托阿拉湖 Lake Rotoaira
Taurewa 1076m
Taurewa
Lake Rotoaira Rd.
東格里羅山健行 P.330 Tongariro Alpine Crossing
勞利姆 Raurimu
蘭奇波 Rangipo
Ketetahi Hut
東格里羅山 Mt. Tongariro 1967m
藍湖 Blue Lake
東格里羅北環線 P.331 Tongariro Northern Circuit
Mangatepopo Rd.
Mangatepopo Hut
Tongariro River
國家公園火車站 National Park Station
Mountain Air
Oturere Hut
P.331
2287m 瑙魯赫伊山 Mt. Ngauruhoe
加油站
National Park Backpackers P.333
Mangahuia Campsite
塔瑪湖群 Tama Lakes P.332
東格里羅北環線 Tongariro Northern Circuit P.331
瓦卡帕帕村 P.329
西里卡激流 Silica Rapids
Waikune
Waihohonu Hut
Erua
塔拉納基瀑布 P.332 Taranaki Falls
舊小屋（不可住宿）
Hauhungatahi 1521m
瓦卡帕帕滑雪場 P.332 Whakapapa Ski Field
Whakapapaiti谷健行 P.332 Whakapapaiti Valley Track
Whakapapaiti Hut
圖基諾滑雪場 Tukino Ski Field
P.332 魯阿佩胡山 Mt. Ruapehu 2797m
（4WD專用）
Pokaka
往旺格努伊方向
Mangaturuturu Hut
Rangipo Hut
圖羅亞滑雪場 Turoa Ski Field
Blyth Hut P.333
環山健行 Round the Mountain Track P.331
Horopito
Mangaehuehu Hut
Ohakune Mountain Rd.
摩爾發安哥湖 Lake Moawhango
歐哈庫尼 Ohakune
朗加陶阿 Rangataua
Karioi
懷歐魯 Waiouru
Tangiwai
Tangiwai 火車事故慰靈碑
往泰哈佩、威靈頓方向
0 10km

東格里羅國家公園的　漫遊

觀光的據點城鎮是瓦卡帕帕村，DOC東格里羅國家公園遊客中心及住宿設施都集中在這裡；從通過國家公園西側的國道47號轉進分岔的48號之後，沿著廣大的山麓地帶往斜坡而上，就會看到DOC東格里羅國家公園遊客中心。既然是山岳國家公園，主要的戶外活動當然就是健行，遊客中心提供周邊健行及登山相關的各種資料，從輕鬆簡單的步道，到需要花上好幾天時間繞行東格里羅一周的正統健行，都有包含地圖在內的介紹手冊，方便遊客索取。在遊客中心裡還看得到國家公園全區的立體模型、地圖，可以對附近的地形有初步認識，並提供住宿情報，以及販售山間小屋通行證Hut Pass、禦寒裝備等。

抵達後首先要拜訪的遊客中心

由於村莊座落在海拔1157m的高山上，因此即使是夏季也需要穿長袖刷毛衫或防風外套等衣物，保暖裝備是必需品。

至於在瓦卡帕帕村的用餐選擇並不多，只有像Skotel Alpine Resort（→P.333）內的餐廳而已，而飯店餐廳的價格偏高；Whakapapa Holiday Park的商店裡則有雜貨、食品，還有提供三明治等輕食。

前往瓦卡帕帕滑雪場（→P.332）要從村莊朝山區再往上坡前行6km才能抵達，在滑雪季節有接駁巴士行駛。東格里羅國家公園在冬季（大約是7～10月左右）會湧入大批滑雪客，尤其是行程遇上週末時，最好提早預訂住宿。

聳立在瓦卡帕帕村後的魯阿佩胡山

遊客中心
DOC東格里羅國家公園遊客中心
Tongariro National Park Visitor Centre
Map P.329
☎(07) 892-3729
URL www.doc.govt.nz/tongarirovisitorcentre
開 8:00～16:30
休 無休

瓦卡帕帕村的商店
Whakapapa Holiday Park Store
Map P.329
住 State Hwy. 48, Whakapapa Village
☎(07) 892-3897
URL whakapapa.net.nz
營 8:00～18:00
休 無休
CC MV

瓦卡帕帕村內唯一的商店，販賣水、果汁、速食包、餅乾糖果等食品，因為休息時間很早，如果有需要採購的物品，最好提早來。在距離16km外的國家公園火車站附近也有超市。

東格里羅山健行

Tongariro Alpine Crossing

Map P.328-A～B2

由Mangatepopo Hut方向出發去東格里羅山健行

東格里羅山健行是可以當天來回的路線，因而非常熱門，包括紐西蘭國內及來自海外的遊客，一年會吸引約8萬人造訪此地；在夏季（10～5月）週末的尖峰時段，1天會有多達500～600位觀光客來體驗這條健行步道。屬於單向縱走的東格里羅山健行，沿途景觀會隨著海拔改變，可以欣賞自然風景的豐富變化，這樣的景致享受也正是受歡迎的原因。

交通方式

在夏季為了服務眾多來體驗健行的觀光客，會有許多當天來回的交通巴士行駛，可以善加利用。巴士會從瓦卡帕帕村、國家公園火車站周邊、圖朗基及陶波等地的飯店出發，行駛到Mangatepopo Hut附近的步道入口，而在步道終點處Ketetahi的停車場，則是有回程巴士在這裡等待。

不論從哪個地點出發，發車時間都是在清晨，尤其是陶波出發的巴士是在5:00～7:00，圖朗基出發則在5:30～9:30；回程的發車時間雖然依巴士公司而有所不同，不過大致都會在15:00～17:00之間，因此記得一定要在時間之前抵達步道終點處的停車場。

萬一走到半路想放棄的話，可以打電話請巴士公司派車到步道入口處的停車場接人，因為在終點處會確認所有乘客是否到齊，趕不上回程發車時間的人，必須提早以電話通知巴士公司，或是委託同車遊客代為轉達。搭乘巴士最晚必須在出發前一天預約。

東格里羅山健行是縱走於山岳地區的步道，即使在夏天也要有充分的登山裝備，加上天氣變化極大，必須準備好能應變所有天候的衣物（出發前的裝備→P.417）。

萬一遇上壞天氣時，最好中止行程不要勉強登山，由於接駁巴士除了非常惡劣的天氣之外都會行駛，若擔心天氣狀況，不妨在出發前一天到遊客中心詢問。

行程路線

行程全長約19km，從Mangatepop的停車場出發後，沿著河川旁的開闊草地前進，可以將右前方的瑙魯赫伊山Mt. Ngauruhoe看得一清二楚，當接近河流源頭時，地勢也跟著變成陡峭斜坡，必須翻過岩石眾多的顛簸道路前往南火山口

東格里羅山健行
URL www.tongarirocrossing.org.nz

前往東格里羅山健行（Mangatepopo）的巴士
Tongariro Expeditions
☎(07) 377-0435
FREE 0800-828-763
URL www.tongariroexpeditions.com
費 單程
Ketetahi停車場出發$45
來回 圖朗基出發$100
陶波出發$120

Summit Shuttles
✆021-784-202
URL www.summitshuttles.co.nz
費 來回 國家公園火車站出發
大人$55、小孩$30

攜帶物品一覽表
①充足的食物、水
②雨衣
③防風外套
④習慣的登山鞋
⑤羊毛或PP纖維的上衣
⑥羊毛帽
⑦手套
⑧防曬乳液
⑨簡單的急救用品
⑩地圖、指北針
⑪行動電話
※冬季時還要準備冰斧、冰爪、綁腿等裝備。

小心停車竊案
不只是東格里羅國家公園，在紐西蘭人煙稀少的地區經常發生汽車竊盜案件，為了防止宵小覬覦，請盡量避免將車輛長時間停放在Mangatepopo、Ketetahi停車場，而且停車時絕對不要把貴重物品放在車內。

健行的旺季
一般而言，10～5月是最適合健行的季節，不過全年都可以走，冬季也有嚮導之旅會成行。但是，冬季氣溫會降到0℃以下，發生下雪及強風等惡劣天候狀況，建議若無完整裝備與豐富的登山經驗，最好不要輕易嘗試。

South Crater；如果要攀登瑙魯赫伊山，得往右邊岔路走。

橫越平坦的南火山口後又是陡急的爬坡路段，向冒著陣陣白煙的紅火山口Red Crater邁進，翻過之後就是健行步道的最高點──紅火山口，視野非常開闊；繼續往前則是通往東格里羅山頂的岔路（來回約2小時）。步道接著朝向中央火山口Central Crater的平緩下坡路段，出現在腳下的是翡翠湖Emerald Lake；下切之後回頭看，可以欣賞到紅火山口與瑙魯赫伊山並列的景象，是火山地帶專屬的特有景致。如果再稍微往回爬一段，能近距離欣賞到附近火口湖中規模最大的藍湖Blue Lake，這些美麗湖泊正是這條健行步道最大的景點。

通過最高點後就能欣賞到的翡翠湖，令人非常感動

走過陡峭下坡路段且通過舊Ketetahi Hut之後，隨著地勢的下降，周圍風景中的綠意也開始增加；經過Ketetahi Springs（雖然是溫泉，但因為屬於私人土地，遊客無法進入），再走完最後的陡坡，就能抵達步道終點。

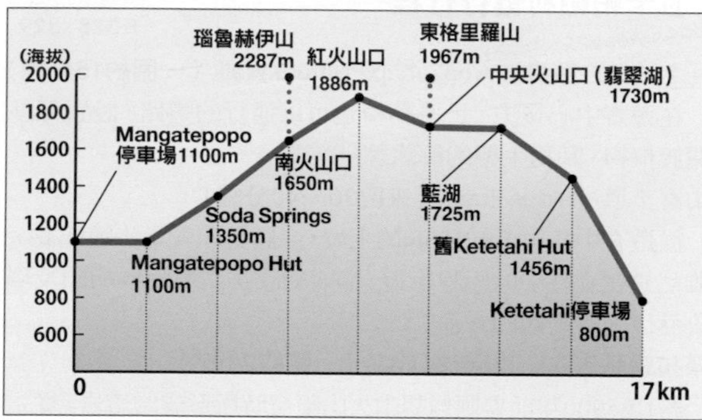

攀登瑙魯赫伊山

Mt. Ngauruhoe Climb

Map P.328-B2

瑙魯赫伊山據推算是在大約2500年前形成的山脈，是東格里羅三山當中最年輕的，擁有類似日本富士山的圓錐狀美麗型態。可以搭配東格里羅山健行路線攀登，到達海拔2287m的山頂時，無論是北側的藍湖、南邊的塔瑪湖群Tama Lakes及魯阿佩胡山，還有遠在西方的塔拉納基山Mt. Taranaki都能一覽無遺。從南火山口出發，來回需要3小時，而且布滿沙礫與岩石的陡峭斜坡，走起來相當辛苦；要注意沿途沒有任何路線標示，還要當心落石。從Mangatepopo到瑙魯赫伊山頂的來回行程需要6～7小時，不過若是搭乘巴士，時間上不太足夠，必須自行駕車或在Mangatepopo Hut住宿一晚。至於要想從瓦卡帕帕村當天來回，則完全不可能。

使用山間小屋

東格里羅山健行的步道上，只有Mangatepopo Hut 1座山間小屋，旺季時住宿1晚$28，其餘時間則是$15，可透過DOC官網預約訂位。夏季期間（10月下旬～4月）會有瓦斯爐可供使用，至於床位則是先到者先使用。Ketetahi Hut則受到火山噴發的影響，無法住宿。

遼闊如月球表面的風景

其他健行步道

下面介紹2條必須下榻在山間小屋，走上好幾天的熱門長程健行步道。至於有關步道的簡介、山間小屋通行證Hut Pass，則可在遊客中心索取及購買。

東格里羅北環線
Tongariro Northern Circuit
Map P.328-B1～2

DOC認定的Great Walk路線之一，沿著瑙魯赫伊山周邊繞行一圈，中間會經過Mangatepopo、Waihohonu、Oturere等山間小屋，要3～4天才能走完整條步道。

環山健行
Round the Mountain Track
Map P.328-C1

環繞整座魯阿佩胡山走一大圈，完成需要4～6天。

攀爬魯阿佩胡山

Mt. Ruapehu Climb

Map P.328-B1

站在魯阿佩胡山頂，眼前遼闊巨大的火山口讓人有「遠離地球」的感受

魯阿佩胡山海拔2797m，搭乘纜車Sky Waka Gondola就能抵達海拔2020m之處，只要天氣夠好，就可以見識到壯觀又開闊的高山美景。由夏季纜椅的終點站往山頂邁進，來回約5小時，必須準備防寒衣物、食物及地圖等裝備；而且整段行程都是難走的岩石沙礫地形，也沒有任何指標，想挑戰這段山頂路線，必須是體力很好且經驗豐富的登山客。不過，也有嚮導帶領的登山團，沒有經驗的遊客不妨參加這個行程。

在魯阿佩胡山頂附近還殘留著1995、1996年火山噴發時的泥漿遺跡，而且山頂有個直徑接近1km的巨大火山口，簡直就像是月球表面般的景觀。

瓦卡帕帕村健行行程

Whakapapa Walks

Map P.328、329

瓦卡帕帕自然步道Whakapapa Nature Walk（一圈約15分鐘）

在遊客中心後方，是連輪椅也可以通行的道路，設置眾多關於植物、動物生態的解說牌。

山脊步道　Ridge Track（來回30～40分鐘）

從遊客中心再走約150m的上坡，商店對面就是步道起點。雖然是在森林中的短程步道，卻能夠欣賞到魯阿佩胡山及瑙魯赫伊山的壯觀山景。

塔拉納基瀑布　Taranaki Falls（一圈約2小時）

約1萬5000年前魯阿佩胡山火山噴發時所形成的熔岩，從這裡流洩而下的塔拉納基瀑布壯觀無比，也讓這條前往瀑布的步道人氣十足；尤其是在下雨後的隔天，因為水量變多而更具震撼力。從瓦卡帕帕村出發有2條路線，最後會在瀑布附近會合，靠山側的Upper Track路線是行進於寬廣的草原地區，而地勢較低的Lower Track路線，則是步行於舒適涼爽的溪流沿岸。

瓦卡帕帕滑雪場

Whakapapa Ski Field

Map P.328-B1

座落於魯阿佩胡山東北面斜坡上的滑雪場，擁有紐西蘭國內前幾名的開闊滑雪面積，海拔標高落差更達到675m之多；至於雪場是以適合初、中等級滑雪者的平緩・中級坡面為主，是很受到家族遊客好評的滑雪場，並擁有超過65條變化豐富的滑雪道路線。雪季時可從瓦卡帕帕村搭乘Mountain Shuttle接駁巴士。

前往魯阿佩胡山中段的纜車
The Sky Waka Gondola
電 (07) 808-6151
URL www.mtruapehu.com
運 12月中旬～4月下旬
9:00～16:00
（末班為15:30出發）
費 來回大人$49、青少年（5～17歲）$25、小孩免費
纜車搭乘處在瓦卡帕帕滑雪場的廣場附近。

Whakapapaiti谷健行步道
Whakapapaiti Valley Track
Map P.328-B1
從瓦卡帕帕村出發，經過Whakapapaiti河、Whakapapaiti小屋，再繞回村莊的路線，來回要4～5小時。

登山健行的注意事項
右邊所介紹的健行步道都是穿著運動鞋就可輕鬆成行的路線，不過距離較長的步道還是需要準備防寒衣物、水及食物，出發前也別忘了到DOC東格里羅國家公園遊客中心確認天氣與步道的最新狀況。村莊周邊的路線簡介在DOC官網就能下載。

從20m高落下、氣勢驚人的塔拉納基瀑布

從塔拉納基瀑布出發的周邊步道
塔瑪湖群
Tama Lakes
Map P.328-B2
繞行位於魯阿佩胡山與瑙魯赫伊山中間的2座火口湖，來回約17km的路線，需要時間約為5～6小時。

瓦卡帕帕滑雪場
電 (07) 808-6151
URL www.mtruapehu.com/whakapapa
營 6月下旬～10月中旬的
9:00～16:00（依天候變動）
8～9月的週六有夜間營業
（16:30～19:30）
費 纜椅1日券
平日
大人$84、小孩$54
週六・日
大人$129、小孩$99

圖羅亞滑雪場
Turoa Ski Field

Map P.328-B·C1

位於魯阿佩胡山西南邊斜坡的圖羅亞滑雪場，以擁有寬達2km的寬闊滑雪區為最大特色，而且是整個大洋洲距離最長的滑雪道，雪質也總是維持在最佳狀態；此外，站在滑雪道頂端俯瞰的景致，還有由滑雪場仰望魯阿佩胡山的稜線線條，更是絕無僅有的美麗。前往滑雪場的據點城鎮是距離約18km外的小城鎮歐哈庫尼Ohakune。

從圖羅亞滑雪場能眺望到非常棒的魯阿佩胡山景色

圖羅亞滑雪場
電(06) 808-6151
URL www.mtruapehu.com/turoa
營6月下旬～10月中旬的9:00～16:00（依天候變動）8～9月的週六有夜間營業（16:30～19:30）
費纜椅1日券
平日
大人$74、小孩$49
週六·日
大人$129、小孩$84

東格里羅國家公園的住宿 Accommodation

瓦卡帕帕村

Skotel Alpine Resort

Map P.329

除了有舒適的飯店大樓，也有背包客棧型態的青年旅館；飯店部分客房附有浴缸，公共廚房及淋浴間都很乾淨又方便使用。附設有按摩浴缸（預約制，30分鐘1人$5）、健身房、餐廳及酒吧。

住Whakapapa Village, Mt. Ruapehu 電(07) 892-3719 FREE 0800-756-835 URL www.skotel.co.nz 費飯店大樓 ⓈⒹ$140～ Cabin$295～ 青年旅館 ⓈⒹⓉ$85～ 房數48 CC MV

Whakapapa Holiday Park

Map P.329

提供露營區、小木屋及山莊等住宿方式，洗衣、BBQ設備也很齊全，不過沒有供應床單與毯子，必須自行準備，但在預約訂房時提出要求就會幫忙準備（免費）。附設有商店（→P.329邊欄）。

住Whakapapa Village, Mt. Ruapefu 電(07) 892-3897 FAX(07) 892-3026 URL whakapapa.net.nz 費Camp$21～ Dorm$30～ Cabin/Lodge$76～ 房數Lodge32床 Cabin5 CC MV

國家公園火車站周邊

National Park Backpackers

Map P.328-B1

附設商店非常方便，多數客房都有衛浴設備，附設的攀岩區（$15）非房客也能使用，還提供預約巴士及在地旅遊團的服務。

住4 Findlay St. National Park 電/FAX(07) 892-2870 URL www.npbp.co.nz 費Dorm$28～ ⓈⒹⓉ$70～ Camp$20（只有夏季） 房數24 CC MV

圖朗基

Turangi Leisure Lodge

Map P.328-A2

座落位置對來東格里羅觀光，以及釣魚的遊客都很方便，所有客房都是附廚房的公寓形式，可容納4～6人，非常適合團體遊客；至於BBQ及SPA游泳池等設施也很齊全。連住2晚以上還能享有8折優惠。

住Ngawaka Pl. Turangi 電(07) 386-8988 URL www.turangileisurelodge.co.nz 費ⓈⒹⓉ$145～ 房數38 CC MV

Tongariro Junction

Map P.328-A2

從圖朗基的遊客中心i-SITE步行約5分鐘可到，擁有從露營地到山莊、汽車旅館各種不同類型的客房，內部陳設雖然簡單卻很乾淨。

住25 Ohuanga Rd. Turangi 電(07) 386-7492 URL www.tongarirojunction.co.nz 費Camp$38～ Lodge$80～ Motel$155～ 房數44 CC MV

Riverstone Backpackers

Map P.328-A2

位於圖朗基的整潔背包客棧並頗受好評，建築物被綠意所圍繞，庭園寬廣且陽台還設有吊床。提供前往東格里羅山健行的接駁巴士服務，以及其他戶外活動、旅遊團的預約服務。

住222 Te Rangitautahanga Rd. ✆027-2298-572 URL www.riverstonebackpackers.com 費Dorm$45～ ⓈⓉ$80～ Ⓓ$98～ 房數18 CC AMV

廚房（全部客房） 廚房（部分客房） 廚房（共用） 吹風機（全部客房） 浴缸（全部客房） 游泳池
網路（全部客房／須付費） 網路（部分客房／須付費） 網路（全部客房／免費） 網路（部分客房／免費）

Column 紐西蘭的火山區

貫穿北島的陶波火山區

在紐西蘭旅行時，會發現北島與南島的湖泊形狀完全不同吧！相較於北島有許多因為火山噴發而產生的圓形湖泊，南島則是由於冰河侵蝕，形成眾多容易溢出湖水的複雜形狀湖泊。以座落於北島、全紐西蘭最大湖泊的陶波湖Lake Taupo，與南島蒂阿瑙湖Lake Te Anau來做比較，其間差異便能一目了然。

位於東格里羅Tongariro東北方約50km的陶波湖，是因為西元186年發生的火山大噴發所形成，推估是地球上曾經出現過的火山噴發中規模最大的一次，在當時的羅馬及中國古書中都記載著「白天時分太陽變得昏暗，看見詭異的火紅夕陽」，從這些文字敘述中不難發現，這場火山爆發的影響有多麼可怕。

正如同這些圓形湖泊所顯示，來到北島可以看見許多火山，也代表紐西蘭這個國家正好位於太平洋板塊與澳洲板塊交互重疊的地方，也是鄰近這個板塊邊緣的北島，會出現如此多火山的原因。特別是擁有東格里羅國家公園的北島中央地區，至今依舊是火山活動頻繁發生的區域，又被稱為陶波火山區。

這塊陶波火山區起於東格里羅國家公園內的魯阿佩胡山Mt.Ruapehu、瑙魯赫伊山Mt. Ngauruhoe與東格里羅山Mt. Tongariro這3座活火山，再經過陶波Taupo、羅托魯瓦Rotorua，以及曾於1886年大噴發的塔拉威拉山Mt. Tarawera，最後結束於豐盛灣Bay of Plenty的白島White Island一帶。魯阿佩胡山曾在1995、1996和2007年噴發過，2012年東格里羅山也曾噴發，至今火山活動仍舊非常頻繁。

善用地熱與火山悲劇

陶波與羅托魯瓦不僅擁有火山地區特有的景色，也因為善用火山活動所產生的地熱而聞名，同時更是名氣響亮的溫泉勝地，吸引無數的遊客前來。而陶波的懷拉基地熱發電廠Wairakei Geothermal Power Station也很有名，以地熱驅動蒸汽渦輪來發電，提供紐西蘭國內電力消費量的5%之多。

但是，火山所帶來的不只是大自然的恩賜，也有悲劇因此產生。聳立在羅托魯瓦近郊的塔拉威拉山，於1886年火山噴發之際，廣達8000公頃的土地全數遭到滾燙的熔岩流與火山灰所掩埋，並且奪走了153條性命。

而1953年的耶誕夜，則爆發紐西蘭歷史上最嚴重的火車交通事故，在東格里羅附近的Tangiwai，被堆積在火口湖邊的泥沙溢流而下，造成驚人的土石流，沖走了鐵路橋樑，更不幸的是幾分鐘後經過的列車就這樣墜落山谷，造成151名乘客喪生。事後究其原因，原來是1945年魯阿佩胡山噴發時所形成的火口湖在此時潰堤，造成大量的火山灰、岩石及冰雪如洩洪般往山底下奔流，最終釀成悲劇。

北島可欣賞的火山活動遺跡

除此之外，在北島的許多地區，還是可以找到從過去到現在的火山活動痕跡，像是座落於新普利茅斯New Plymouth近郊，形似富士山而有著完整圓錐形狀的塔拉納基山Mt. Taranaki（又名艾格蒙特山Mt. Egmont），這座山現在的形狀據推算是在2萬年前發生的火山活動所造成，最後一次噴發是在1775年。

距離東格里羅國家公園東北約200km的豐盛灣，看得到至今仍不斷冒著白煙的火山島──白島，這座位於法卡塔尼Whakatane外海約50km處的島嶼，屬於私人土地，有搭乘直升機或船隻登島的導覽之旅，也有透過觀光飛行的方式，從上空飽覽火山口真面目的行程。另外，在奧克蘭市區也分布著大約60處的小型火山口遺跡（如伊甸山Mt. Eden與獨樹山One Tree Hill等都很知名），而首都威靈頓所面對的港灣，也有噴發過的巨大火山口遺跡。在紐西蘭北島各地，都能找到火山所帶來的影響。

北地

Northland

奧克蘭以北一直到北島最北端的雷恩加海角Cape Reinga，這塊狹窄而細長的區域被稱為北地Northland；而面對著南太平洋這一側，由蜿蜒多變化的海岸線，以及144座大小島嶼所組成的島嶼灣Bay of Islands地區，因為全年氣候溫暖而成為著名的度假勝地。

伸展於懷波瓦森林中的貝殼杉巨木

除了前往有渡輪停靠的碼頭，也是觀光據點中最為熱鬧的派西亞Paihia遊逛，也能到最北端的遠北區Far North綿延約100km的沙灘上駕車兜風，或是在沙丘上體驗熱門的滑沙活動。面對著塔斯曼海Tasman Sea的西海岸，又被稱為貝殼杉海岸Kauri Coast，擁有一大片蓊鬱茂密的亞熱帶植物森林；其中的懷波瓦森林Waipoua Forest裡，如參天般高聳的貝殼杉巨木就是最大焦點。

相傳遠在超過1000年前，毛利人的祖先從故鄉夏威基島划著獨木舟渡海而來，最先抵達的陸地就是遠北區；在這樣充滿毛利文化色彩的地方，自然不難理解此處的地名都是來自令人印象深刻的毛利語。此外，像是1840年毛利人與英國女王簽署協議的懷唐伊Waitangi等地，在歷史上占有舉足輕重地位的景點也非常多，堪稱是紐西蘭建國之地。

如何前往北地 Access

從奧克蘭來到北地門戶所在的旺加雷Whangarei，距離約158km，InterCity的長途巴士會行經各個城市（詳細請參考各城市的交通介紹）。若想前往北地北端的遠北區，就要搭乘巴士或飛機到凱塔亞Kaitaia，再參加在地旅遊團或租車；而前往貝殼杉海岸起點城市達格維爾Dargaville的直達巴士，目前則停駛中，必須參加從奧克蘭或北地各地出發的在地旅遊團，或者租車前往。

北地的觀光情報
URL www.northlandnz.com

主要巴士公司（→P.496）
InterCity

海洋獨木舟等海上活動盛行
© David Kirkland

如何周遊北地

想搭乘巴士周遊北地，首先要從奧克蘭出發，經旺加雷沿著東海岸北上，再到派西亞或凱利凱利Kerikeri參加前往遠北區的旅遊團；回程時可以挑選沿著西海岸南下的路線，當然也能將行程反過來走。很多旅行社推出2～4天的島嶼灣與遠北區周遊之旅，若是只想體驗派西亞出發的半日巡航之旅，還有當天來回的1日遊行程可供選擇。

奧克蘭出發的旅程
Bay Of Islands Day Tour From Auckland

6:15從奧克蘭出發，在派西亞參加岩中洞巡航之旅，之後前往懷唐伊條約簽署地Waitangi Treaty Grounds參觀，回到奧克蘭為19:15左右。
Auckland Scenic Tours
☎021-403-325
URL www.aucklandscenictours.co.nz
費 大人$375、8～15歲$230、4～7歲$159、3歲以下$95

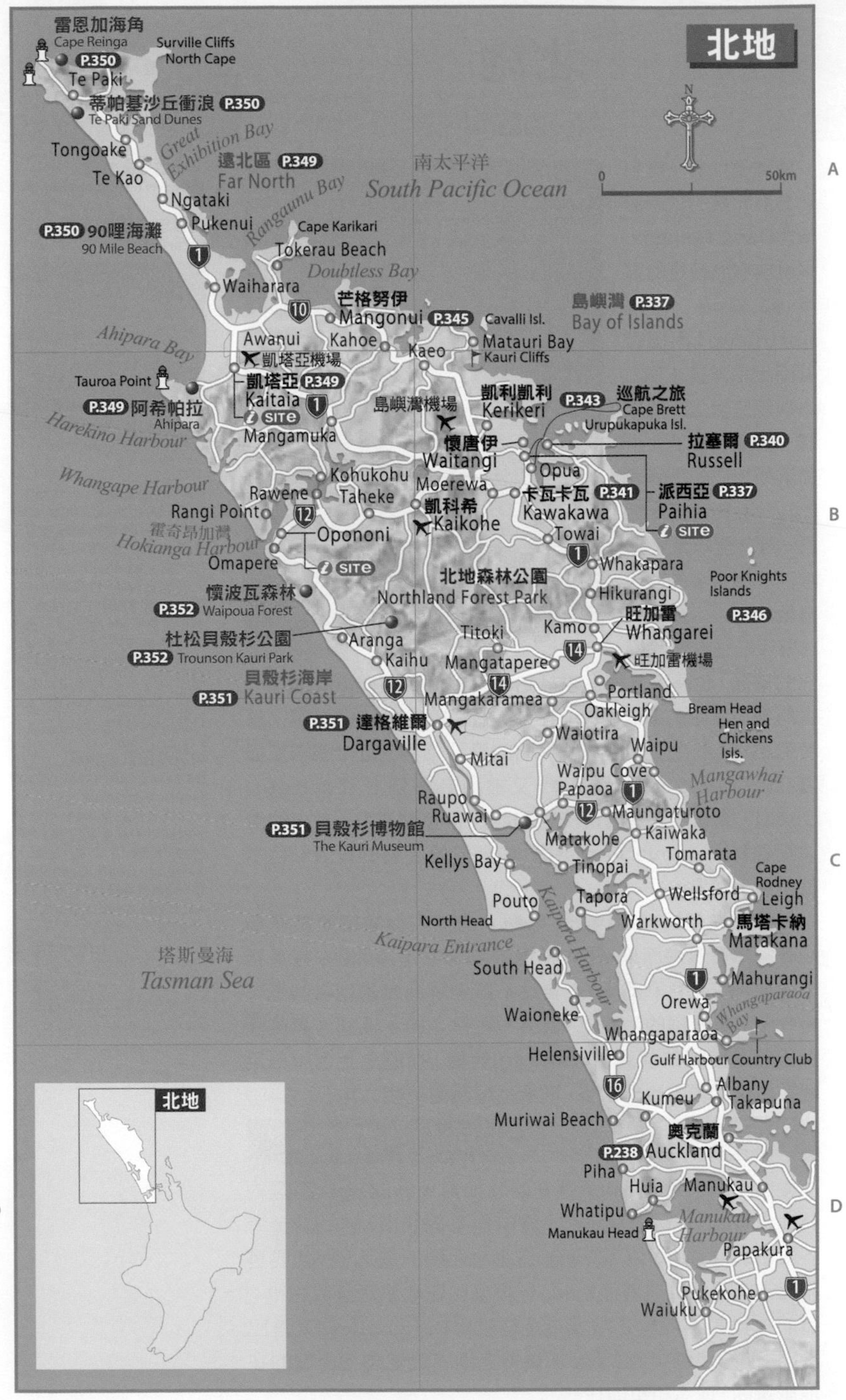
北地
雷恩加海角
Cape Reinga
P.350
Surville Cliffs
North Cape
Te Paki
蒂帕基沙丘衝浪 P.350
Te Paki Sand Dunes
Tongoake
Great Exhibition Bay
Te Kao
遠北區 P.349
Far North
南太平洋
South Pacific Ocean
Ngataki
Rangaunu Bay
Pukenui
P.350 90哩海灘
90 Mile Beach
Cape Karikari
Tokerau Beach
Doubtless Bay
Waiharara
芒格努伊
Mangonui P.345
Cavalli Isl.
島嶼灣 P.337
Bay of Islands
Awanui
Kahoe
Kaeo
Matauri Bay
Kauri Cliffs
Ahipara Bay
凱塔亞機場
Tauroa Point
凱塔亞 P.349
Kaitaia
P.349 阿希帕拉
Ahipara
Harekino Harbour
Mangamuka
島嶼灣機場
凱利凱利
Kerikeri
P.343
巡航之旅
Cape Brett
Urupukapuka Isl.
懷唐伊
Waitangi
拉塞爾 P.340
Russell
Opua
Whangape Harbour
Kohukohu
Rawene
Taheke
Moerewa
凱科希
Kaikohe
卡瓦卡瓦 P.341
Kawakawa
派西亞 P.337
Paihia
Rangi Point
霍奇昂加灣
Hokianga Harbour
Opononi
Omapere
Towai
Whakapara
北地森林公園
Northland Forest Park
懷波瓦森林
P.352 Waipoua Forest
Hikurangi
Poor Knights Islands
P.346
杜松貝殼杉公園
P.352 Trounson Kauri Park
Aranga
Kaihu
Titoki
Kamo
旺加雷
Whangarei
旺加雷機場
Mangatapere
貝殼杉海岸
P.351 Kauri Coast
Mangakaramea
Portland
Oakleigh
Bream Head
Hen and Chickens Isls.
P.351 達格維爾
Dargaville
Waiotira
Waipu
Mitai
Waipu Cove
Papaoa
Mangawhai Harbour
Raupo
Ruawai
Maungaturoto
P.351 貝殼杉博物館
The Kauri Museum
Matakohe
Kaiwaka
Tomarata
Kellys Bay
Tinopai
Cape Rodney
Pouto
Tapora
Wellsford
Leigh
North Head
Warkworth
馬塔卡納
Matakana
Kaipara Entrance
Kaipara Harbour
塔斯曼海
Tasman Sea
South Head
Mahurangi
Orewa
Whangaparaoa Bay
Waioneke
Whangaparaoa
Helensville
Gulf Harbour Country Club
Albany
Kumeu
Takapuna
Muriwai Beach
奧克蘭
P.238 Auckland
Piha
Huia
Manukau
Whatipu
Manukau Head
Manukau Harbour
Papakura
Pukekohe
Waiuku
N
0
50km
A
B
C
D
1
2
北地

北地

派西亞

Paihia

人口：1710人
URL paihia.co.nz

派西亞地名的由來，是將毛利語中「很好」之意的pai，加上英語「這裡」的here組合而成，藉以傳達出「這裡是個好地方」的寓意；派西亞也是整個北地最有度假氛圍的島嶼灣Bay of Islands地區中心城市，是可以體驗繽紛多樣海上活動的好據點。此外，沿著海岸往北約2km處，便是國立懷唐伊自然保護區，在懷唐伊條約簽署地Waitangi Treaty Grounds還成立設施，分別從毛利人及英國殖民者的不同角度，來敘述當年條約締結的歷史。

夏天會擠滿玩水的人潮

如何前往派西亞 Access

可搭乘紐西蘭航空從奧克蘭出發的直飛班機，1日2～5班，所需時間約50分鐘；島嶼灣機場Bay of Islands Airport位在凱利凱利Kerikeri的西邊，距離派西亞約25km。

或是從奧克蘭搭乘InterCity的長途巴士，1日3班，所需時間為3小時50分～4小時15分；從旺加雷出發也是1日3班，所需時間為1小時10～20分，巴士停靠站在派西亞碼頭的廣場前。

派西亞的 漫遊

這個熱鬧度假勝地的市中心，就在海邊的主要街道馬斯登路Marsden Rd.，道路兩旁有著櫛比鱗次的旅館及餐廳，一到週末假日更是擠滿觀光客，喧鬧直到夜深；尤其是夏季的週末，每家旅館都呈現客滿狀態，最好提早預訂。而住宿選擇除了高級飯店之外，也有經濟型青年旅館等眾多選擇，可以依照個人的預算來做安排；紀念品店及其他商店則集中在遊客中心i-SITE往西延伸的威廉斯路Williams Rd.。市中心觀光可以用步行，從市中心步行到往北約2km的懷唐伊條約簽署地，大約30分鐘，租腳踏車騎去也是不錯的主意。

派西亞碼頭Paihia Wharf則是許多遊輪停靠地，遊客中心i-SITE、旅行社的辦事處都聚集在碼頭入口處的建築物裡，各種戶外活動除了可以找這些旅行社辦事處之外，遊客中心i-SITE也能夠報名。

航空公司（→P.496）
紐西蘭航空

島嶼灣機場
Map P.336-B2
住 218 Wiroa Rd. Kerikeri
電 (09) 407-6133
URL www.bayofislandsairport.co.nz

從機場到派西亞的交通
接駁巴士為包車制，最多11人（要預約）。
Super Shuttle
FREE 0800-748-885
URL www.supershuttle.co.nz
費 機場←→市中心
最多11人$100

主要巴士公司（→P.496）
InterCity
URL www.intercity.co.nz

長途巴士停靠站
Map P.338-B1
住 Maritime Building, Paihia Wharf

遊客中心 i-SITE
Bay of Islands Visitor Centre
Map P.338-B1
住 The Wharf, 101 Marsden Rd.
電 (09) 402-7345
URL www.northlandnz.com
開 8:30～17:00
（依季節變動）
休 無休

位於碼頭的i-SITE

主要巡航之旅公司
Fullers Great Sights Bay of Islands
☎(09) 402-7421
FREE 0800-653-339
URL www.dolphincruises.co.nz
Hole in the Rock Dolphin Cruise
時 9～5月　每日
派西亞8:30、14:00出發
拉塞爾8:40、14:10出發
6～8月
週二·四·六·日·節日
派西亞10:00出發
拉塞爾10:10出發
費 大人$145、小孩$72.5
The Cream Trip
時 10～5月
週二·四·六·日·節日
派西亞10:00出發
拉塞爾10:10出發
費 大人$195、小孩$97.5
R. Tucker Thompson Full Day Sail
時 11～4月　10:00出發
費 大人$159、小孩$79.5
Sundowner Sail
時 11～4月　週三·五·日·節日
16:00出發
費 大人$67.5、小孩$33.75

島嶼灣巡航
Cruises in Bay of Islands

Map P.338-B1

岩中洞／海豚巡航
Hole in the Rock ／Dolphin Cruise

乘坐大型雙體船出海巡航，與海豚做近距離接觸。附近海域全年都能發現海豚的蹤影，偶爾還能看到鯨魚或殺人鯨露面，而海豚種類又以瓶鼻海豚及真海豚最為常見。派西亞近海同時也是海豚生兒育女的場所，每年11～4月還有機會欣賞到極為可愛的海豚寶寶。

此外，還會繞行於派西亞周圍海域，前往烏魯普卡普卡島Urupukapuka Island、聳立筆直岩壁上的布雷特海角Cape Brett的燈塔、驚人大石洞的岩中洞等景點。

浮現於海面的岩中洞

奶油船之旅
Cream Trip

搭乘專門負責在Te Ti Bay內各島嶼發送包裹的快遞船隻「奶油船」的觀光旅程，每當船隻在靠近配送地點時就會鳴起汽笛，並從甲板上將收件人的包裹拋投到碼頭上，這樣的工作景象已經持續有80年之久。而奶油船也會經過前面所說的布雷特海角及岩中洞。

R. Tucker Thompson

由Fullers Great Sights遊輪公司推出、從拉塞爾Russel出發的傳統大型帆船「R. Tucker Thompson號」航程，以超過百年歷史的美國雙桅縱帆船為範本所打造，充滿航行樂趣；分為需要6小時的Full Day Sail，以及日落時的Sundown Sail 2種行程。

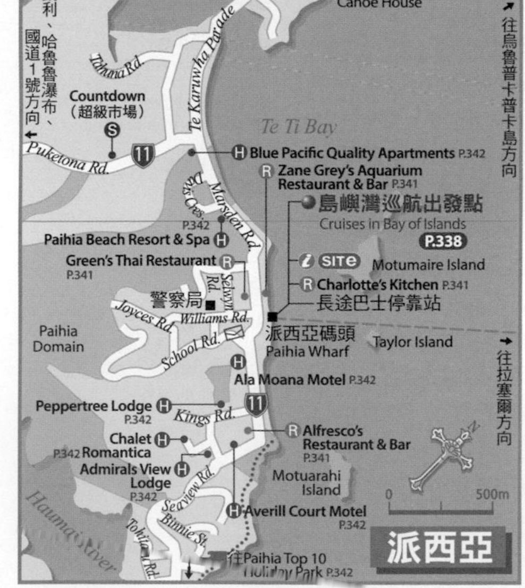

參加Full Day Sail還能享用BBQ午餐

懷唐伊條約簽署地
Waitangi Treaty Grounds

Map P.338-A1

1840年英國人與毛利人所簽訂的條約，就是以這裡的地名稱為「懷唐伊條約」，條約內容是毛利人承認英國的統治權，讓紐西蘭正式成為英國的殖民地。要造訪懷唐伊自然保護區內的景點，必須先到入口處的遊客中心購買門票，然後進入一旁的博物館，再穿過兩旁長著茂密蕨類植物的步道來到條約紀念館，而矗立在更後方的建築物則是毛利人的集會所。在迎風飄揚的3面國旗下，是廣闊無邊際的青青草地與蔚藍大海，走完步道就是擺放著毛利族大型戰鬥獨木舟的獨木舟船屋。參觀完所有景點需要半天時間。

紐西蘭現在的國旗與殖民時期製作的首面國旗，雙雙飄揚在空中

懷唐伊博物館　Museum of Waitangi
開幕於2016年的博物館，展示著懷唐伊條約的文件複製品等，與這段歷史相關的珍貴資料。

條約紀念館　Treaty House
建於1833年，原本作為英國公使James Busby的官邸，現在則是紐西蘭歷史最悠久的民宅，而能眺望到大海的前庭，正是實際上條約簽訂的地點；1932年屋主將土地及建築物捐贈給國家，便成為歷史古蹟。在紀念館內部展示著Busby一家人生活的歷史，以及派西亞、凱利凱利和周圍群島當時生活樣貌的照片等資料。

毛利集會所　Meeting House
毛利族人召開集會的場地，不論是樑柱還是屋頂，都裝飾著強而有力的獨特雕刻；由於這裡是毛利人認為祖先靈魂聚集的神聖之地，因此在白天進入稍顯昏暗的集會所時，必須脫鞋。夜晚則搖身一變成為毛利歌舞秀的會場，可以一邊認識毛利傳統文化，一邊欣賞精采的表演。

獨木舟船屋　Canoe House
展示著長約35m，可乘坐80人的大型戰鬥獨木舟，在2月6日國定假日的懷唐伊日當天，可以看到獨木舟出海航行的模樣，為慶典的一大焦點。獨木舟船屋與毛利集會所都是1940年為了紀念懷唐伊條約締結100週年而建造的。

令人驚嘆的巨大獨木舟

Explorer NZ
FREE 0800-397-567
URL www.exploregroup.co.nz
CC AMV
Discover the Bay (Hole in the Rock & Dolphin Watching)
時 9～5月
派西亞8:30、14:00出發
拉塞爾8:40、14:10出發
6～8月
週二・四・六・日・節日
派西亞　10:00出發
拉塞爾　10:10出發
費 大人$145、小孩$72.5

懷唐伊條約簽署地
住 1 Tau Henare Dr.
☎ (09) 402-7437
FREE 0800-9248-2644
URL www.waitangi.org.nz
開 12月下旬～1月 9:00～18:00
2～12月下旬 9:00～17:00
休 無休
費 大人$60、小孩免費（包含紀念館門票、導覽之旅、毛利歌舞秀）
導覽之旅
時 12月下旬～1月　10:00～16:30每隔30分鐘出發
2月　10:00、11:00、12:00、13:00、14:00、15:00、15:30出發
3～12月下旬　10:00、12:00、14:00、15:30出發
毛利歌舞秀
時 12月下旬～1月
11:00、12:00、13:00
14:30、15:30、16:30
2月　11:00、12:00、13:00、15:00
3～12月下旬
11:00、13:00、15:00
交 從派西亞市中心搭計程車約5分鐘，或是沿著海岸步行約30分鐘。

氣氛滿點的毛利歌舞秀

Hangi料理＆音樂會
時 12～1月的週三・日及2月中旬～月底的週二・四18:00～（要預約），包含從派西亞的飯店接送。
費 大人$120
小孩$55（5～18歲）

拉塞爾

Russell

從派西亞搭乘渡輪約15分鐘就能抵達對岸的拉塞爾，毛利語則是命名為「甜美的企鵝」的科羅拉瑞卡Kororareka，在1800年代前半是以捕鯨船的基地而繁榮，1840年簽訂懷唐伊條約後，距離約8km的歐奇阿托Okiato改名拉塞爾，並且成為紐西蘭最早的首都所在；卻因為整座城市於1842年的一場大火中燒毀殆盡，而將科羅拉瑞卡改名成為拉塞爾。毛利原住民與歐洲移民曾在這座城市發生過無數次的衝突，而擁有非常複雜的歷史過往，同時也擁有紐西蘭最早獲得酒類販售許可執照的酒吧The Duke of Marlborough Hotel、現存最古老教堂等，歷史古蹟也是處處可見。觀光景點多數集中在渡輪碼頭前，都是步行就可以旅遊的範圍。

擁有眾多歷史建築的小城鎮

拉塞爾的景點

龐帕里爾屋

Pompallier

Map P.340

建造於1841年的獨棟雙層木造房屋，當年法國傳教士François Pompallier為了宣揚教義而引進印刷技術，並且在這裡首次將毛利語以活字印刷成紙本。遊客可以在導遊的解說帶領下，仔細學習當年書本的製作過程。

陳列著可愛生活雜貨的博物館商店

拉塞爾博物館

Russell Museum

Map P.340

主要是展示1769年航行於周邊海域的庫克船長相關史料，而當年他所率領的奮進號1/5縮小模型也很有看頭。

基督教會

Christ Church

Map P.340

基督教會是在1836年由歐洲移民一手建造，是目前紐西蘭歷史最古老的教堂，這裡也曾經是毛利人與移民們抗爭的舞台之一，週日的禮拜對外開放。

拉塞爾的觀光情報
URL russellnz.co.nz

如何前往拉塞爾
派西亞～拉塞爾間有渡輪行駛，船票可在兩地碼頭購買。
運 10～5月 7:00～22:30
6～9月 7:00～21:30
費 來回大人$14、小孩$6.5
約30分鐘1班。

Northland Ferries
FREE 0800-222-979
URL northlandferries.co.nz

前往拉塞爾的旅遊團
Fullers Great Sights Bay of Islands（→P.338）

Russell Mini Tour
時 全年10:00～15:00每隔1小時出發（12:00除外）
費 大人$35、小孩$17.5

The Duke of Marlborough Hotel
住 35 The Strand
☎ (09) 403-7829
URL www.theduke.co.nz

龐帕里爾屋
住 5 The Strand
☎ (09) 403-9015
URL www.visitheritage.co.nz
開 10:00～17:00（French Coffee House為夏季9:00～15:30）
休 無休
費 大人$10～29.5、小孩免費

拉塞爾博物館
住 2 York St.
☎ (09) 403-7701
URL russellmuseum.org.nz
開 10:00～16:00
（最後入館15:45）
休 無休
費 大人$12、小孩免費

基督教會
住 1 Church St.
開 日10:30～12:00
休 週一～六
費 歡迎捐款

拉塞爾（地圖）

Russell Top10 Holiday Park
旗桿山歷史保護區 Flagstaff Hill Historic Reserve
Triton Suites Motel
The Commodore's Lodge
Duke of Marlborough Hotel
渡輪碼頭
（僅限退潮時可行走）
科羅拉瑞卡灣 Kororareka Bay
往派西亞方向↓
基督教會 Christ Church P.340
龐帕里爾屋 Pompallier P.340
拉塞爾博物館 Russell Museum P.340
Tahapuke Bay
Matauwhi Bay
往歐奇阿托港方向→
Russell Heights St. / Oneroa Rd. / Pomare St. / James St. / Long Beach Rd. / Flagstaff Rd. / Wellington St. / Church St. / York St. / The Strand / Gould St. / Brind St. / Robertson Rd. / Matauwhi Rd. / Florance Ave. / Hope Ave.
0 250m

Zane Grey's Aquarium Restaurant & Bar

Map P.338-B1

這棟位於派西亞碼頭上的六角形建築，過去原本是水族館，可以品嚐到由歐洲知名餐廳的主廚所料理，自島嶼灣捕撈上岸的生蠔$35～、淡菜$17～等新鮮海產的美味。

住69 Marsden Rd.
電(09) 402-6220
URL zanegreys.co.nz
營週一～五9:00～Late、週六・日8:30～Late 休無休 CC MV

Charlotte's Kitchen

Map P.338-B1

位在派西亞碼頭的水岸餐廳，供應新鮮的魚料理$46、蘇格蘭菲力牛排$48及種類豐富的披薩$27～等菜色，分量也足夠。每週三・五・六還有現場音樂表演。

住69 Marsden Rd.
電(09) 402-8296
URL www.charlotteskitchen.co.nz
營週日～四11:30～21:30、週五・六11:30～Late 休無休 CC MV

Alfresco's Restaurant & Bar

Map P.338-B1

在當地也很受歡迎的海景時尚餐廳，主菜料理$28～，招牌餐點的海鮮拼盤$85是以無麩質方式烹調的大分量，當然也有蔬食料理。早餐$12～、午餐$24～，經濟實惠。

住6 Marsden Rd.
電(09) 402-6797
URL www.alfrescosrestaurantpaihia.com 營8:00～21:00
休無休 CC AMV

Green's Thai Restaurant

Map P.338-B1

能以合理價格享受正統泰式料理的餐廳，人氣菜色有鐵板牛肉$28.5、自選食材炒腰果$28.5～、泰式炒河粉$22.5～、蜜汁鴨$32.5等；隔壁是同個老闆的印度料理店，在拉塞爾也有分店。

住78 Marsden Rd.
電(09) 402-5555 URL www.greensnz.com/paihia-thai
營11:30～14:00、16:30～22:00
休無休 CC MV

Column 打響卡瓦卡瓦小鎮名號的公廁

卡瓦卡瓦Kawakawa（Map P.336-B2）是位於派西亞與旺加雷之間的小城鎮，當地有間由世界知名建築師漢德瓦薩（百水先生）Friedensreich Hundertwasser所設計的公廁。誕生於維也納的百水先生，熱愛運用曲線來營造出別具個性的造型，在日本東京赤坂也有他設計的「21世紀鐘塔」。

熱愛大自然的百水先生，選擇在卡瓦卡瓦度過晚年生活，在城鎮的邀請下，他呼應當地「活的財產」的口號而設計出這間公廁，磁磚是由當地高中生製作，磚塊則來自於已經拆解建築物的二手建材。

利用玻璃空瓶做成的美麗窗戶

雖然百水先生一向是以拒絕設計請求而著稱，但對於這個如同第2故鄉卡瓦卡瓦的請託，卻是很快就答應了，實際上小鎮是希望他重新設計整個城鎮，但礙於預算，最後只完成了這間公廁，也因為如此，讓卡瓦卡瓦小鎮成為觀光客絡繹不絕的知名景點。公廁就座落於主要街道的正中央，當然是免費使用。2020年10月以他的作品為靈感的新設施Hundertwasser Memorial Park開幕，館內設有付費的淋浴間及圖書館等設備，也能為手機充電。

Hundertwasser Memorial Park

色彩繽紛的廁所

Ala Moana Motel

Map P.338-B1

位在派西亞碼頭旁邊，是間濱海的汽車旅館。所有客房都附廚房，還有提供BBQ場地與洗衣等設備。

住52 Marsden Rd.
電(09) 402-7745
URL www.alamoanamotel.co.nz
費ⒹⓉ$139～
房數9 CC MV

Admirals View Lodge

Map P.338-B1

屬於較新穎的汽車旅館，是棟以白色為主軸並營造出明快度假氣氛的建築。由於地點位在緩坡的中間，2樓的客房可以擁有一整片的無敵海景，部分客房內還附設按摩浴缸。提供付費早餐的服務。

住2 MacMurray Rd. 電(09) 402-6236 FREE 0800-247-234
URL www.admiralsviewlodge.co.nz
費ⒹⓉ$129～ 房數11
CC ADJMV

Chalet Romantica

Map P.338-B1

位於陡峭斜坡頂端，由瑞士夫妻經營、洋溢可愛氛圍的B&B，所有客房都有陽台，可以一覽大海美景，有3間客房備有廚房設施；還擁有可做日光浴的室內游泳池及SPA，非常豪華。冬季暫停營業。

住6 Bedggod Close
022-411-3935
URL www.chaletromantica.co.nz
費ⒹⓉ$450～
房數4 CC MV

Blue Pacific Quality Apartments

Map P.338-A1

擁有1～3間臥室的高級公寓，距離市中心約1km、懷唐伊高爾夫俱樂部約3km，前往周圍設施交通都很方便。除了液晶電視（附數位電視），還附設廚房（附冰箱）、微波爐、洗碗機等設備，並有5間客房備有按摩浴缸。

住166 Marsden Rd.
電(09) 402-0011
FREE 0800-86-2665 URL www.bluepacific.co.nz 費ⒹⓉ$270
房數10 CC ADJMV

Averill Court Motel

Map P.338-B1

步行到海灘只要1分鐘，到市區也很方便的絕佳地理位置。客房內空間寬敞而明亮，電視、廚房、冰箱及餐桌等設備一應俱全，室外還有游泳池及按摩浴缸、BBQ場地。

住62 Seaview Rd. 電(09) 402-7716 FREE 0800-801-333
URL www.averillcourtmotel.co.nz
費Ⓓ$75～ Ⓣ$90～
房數18 CC MV

Peppertree Lodge

Map P.338-B1

座落在離沙灘約80m，離巴士停靠站約380m的交通便捷之處。除了有能享受BBQ樂趣的開闊戶外休閒區，附近的網球場也可以免費使用，並提供預約旅遊和戶外活動的服務。

住15 Kings Rd. 電(09) 402-6122 FREE 0800-473-7737
URL peppertree.co.nz
費Dorm$30～ ⒹⓉ$99～
房數17 CC MV

Paihia Beach Resort & Spa

Map P.338-A1

面海充滿優雅氛圍的度假飯店，所有客房都能欣賞海景且附按摩浴缸；館內還有正統的高級餐廳、酒吧，以及擁有各種療程的SPA。也有公寓式的客房類型。

住130 Marsden Rd. 電(09) 4020-111 FREE 0800-870-111
URL www.paihiabeach.co.nz
費ⓈⒹ$284.65～
房數21 CC MV

Paihia Top 10 Holiday Park

Map P.338-B1外

正對海灘的露營區，有帳篷營地、露營車用營地、小屋3種住宿類型可供選擇，公共廚房十分寬敞，游泳池、BBQ區、電視室、自助洗衣等設備也很齊全，並有租借獨木舟（須付費）的服務。

住1290 Paihia Rd.
電(09) 402-7678
URL www.paihiatop10.co.nz
費Camp$40～ Cabin$60～
房數14 CC MV

廚房（全部客房） 廚房（部分客房） 廚房（共用） 吹風機（全部客房） 浴缸（全部客房） 游泳池 網路（全部客房／須付費） 網路（部分客房／須付費） 網路（全部客房／免費） 網路（部分客房／免費）

凱利凱利

Kerikeri

人口：7520人
URL kerikeri.co.nz

凱利凱利是島嶼灣地區中沿著內陸河川而興起的城市，有時也會被規劃為遠北區。在歐洲殖民的初期，傳教士Samuel Marsden使用馬與鋤頭來耕田，看到這景象的毛利少年興奮地連續大喊「Keri」，也就是「挖掘」的意思，之後就直接拿來當成地名。

擁有溫暖的氣候，再加上凱利凱利河的豐富水源，這裡也成為奇異果、橘子及檸檬等果園聚集的知名地區。雖然城市氛圍相當樸實，但古蹟建築、藝術家工作室等悠閒的景致則相當多。

面對凱利凱利河而建的石屋（正前方）與傳教屋（後方）

如何前往凱利凱利 Access

飛機方面，有紐西蘭航空從奧克蘭出發的直飛班機，1日2～5班，所需時間約50分鐘，島嶼灣機場Bay of Islands Airport位於凱利凱利以西約6km之處。

InterCity的長途巴士從奧克蘭出發1日3班，所需時間為4小時30～40分；旺加雷出發則是1日2～3班，所需時間約1小時40～50分。

航空公司（→P.496）
紐西蘭航空

島嶼灣機場
（→P.337）

從機場到凱利凱利的交通
接駁巴士為包車制，最多11人（要預約）。
Super Shuttle
FREE 0800-748-885
URL www.supershuttle.co.nz
費 最多11人$69

主要巴士公司（→P.496）
InterCity

長途巴士停靠站
Map P.343
住 9 Cobham Rd.

凱利凱利的漫遊

景點集中在凱利凱利路Kerikeri Rd.與凱利凱利河交叉的橋樑周邊，從長途巴士停靠站附近步行到石屋約20分鐘，但多為上坡路有點辛苦，而藝術家工作室及巧克力工廠等景點則分散在各處；由於沒有大眾交通工具，建議租車出遊。沿著河畔所設、來回約要3小時的健行步道，途中會經過名為仙女池Fairy Pool的野餐區，以及美麗的彩虹瀑布。

石屋＆傳教屋
住246 Kerikeri Rd.
電(09) 407-9236
URL visitheritage.co.nz
開10:00～17:00
休無休

石屋（1樓）
費免費

傳教屋的庭園（無導覽）
費大人$10

石屋2樓藝廊＋傳教屋導覽之旅
費大人$20、小孩免費
時夏季の10:30～16:00

Honey House Café（1樓）
營週二～日9:00～15:00（12月中旬～2月中旬為每日營業）
休週一（遇節日則營業）

所有陳設都保持當時的原樣

石屋
Stone Store

Map P.343

穿著毛利傳統短裙Piu Piu的店員

座落在凱利凱利河的橋墩旁，建造於1835年，是紐西蘭最古老的石頭建築。1樓開設重現當年歐洲殖民時期的商店，販售自英國進口的陶器、布料、糖果等物品，連店員的制服也複製當時的傳教士或毛利服裝，讓人有走進時光隧道的錯覺。至於2樓則是展示過去曾使用過的各種工具，以及有關傳教士與毛利人的開拓歷史等資料。

傳教屋
Mission House

Map P.343

屋前的庭園是從殖民時代就整理好的

緊鄰著石屋而建的白色2層樓木造建築，落成於1882年，是紐西蘭現存最古老的歐式建築物；由於傳教士坎普Kemp一家人曾經住在這裡，也有「坎普之家Kemp House」的別稱。屋內如家具、寢具、餐具等，所有細節都原封不動地保留下來；而為了保護建築內部，避免任何損傷，必須脫鞋才能進入室內。

Te Ahurea
住1 Landing Rd.
電(09) 407-6454
URL teahurea.co.nz
開12～3月　10:00～17:00
4～11月　週二～日 10:00～16:00
導覽之旅
11:00、14:00出發
休4～11月的週一
費大人$10、小孩$5

導覽之旅（所需約40分鐘）
大人$20、小孩$10

Te Ahurea

Map P.343

位於從石屋、傳教屋過橋來到對岸之處，是將距今大約200年前曾真實存在的毛利村，在1969年時重新復原，可以藉此了解毛利人的住居、食物儲藏庫等生活景象。

必須要彎腰才能進去的小小玄關

Rainbow Falls
住Rainbow Falls Rd.
開24小時
費免費

有機會看見彩虹！
© David Kirkland

彩虹瀑布
Rainbow Falls

Map P.343

落差達27m的美麗瀑布，從石屋走步道約需1小時，而附近設有停車場，時間不夠的遊客可以開車過來；停車場距離瀑布約400m，輪椅和嬰兒車都能進入。瀑布充滿清涼感，正如其名在上午經常出現彩虹；瀑布下方的水池可以游泳，但大雨過後要先確認水質狀況。

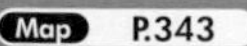

凱利凱利的餐廳 Restaurant

The Plough & Feather
Map P.343

英式的餐酒館，將傳統酒館料理如鯛魚、安格斯牛肉、燒烤豬五花肉等，添加北地精髓，前菜$16～、主菜$32～。

住215 Kerikeri Rd.
☎(09) 407-8479
URL ploughandfeather.co.nz
營週三～一12:00～Late
休週二 CC MV

The Black Olive
Map P.343

位於凱利凱利路上的義大利與紐西蘭料理餐廳，在選擇豐富的菜單中，最受歡迎的還是披薩$14～34，約10種口味，也提供外帶。

住308 Kerikeri Rd.
☎(09) 407-9693
URL www.theblackolive.net
營週二～六16:00～23:45
休週日・一 CC MV

凱利凱利的住宿 Accommodation

Avalon Resort
Map P.343

充滿綠意，占地廣達7英畝的汽車旅館，客房分為獨棟木屋及單間套房2種類型，以亞熱帶為設計主題，還設有戶外游泳池。

住340A Kerikeri Rd.
☎(09) 407-1201 URL book-directonline.com/properties/AvalonResortDirect 費ⒹⓉ$140～ 房數8 CC ADJMV

Stone Store Lodge
Map P.343

位於石屋附近的時尚B&B，以石窯現烤的披薩晚餐1人$35（4名～），以及戶外按摩浴池$38都深受好評（要預約）。

住201 Kerikeri Rd.
☎(09) 407-6693
URL www.stonestorelodge.co.nz
費Ⓢ$190～ ⒹⓉ$198～
房數3 CC ADJMV

Kerikeri Court Motel
Map P.343

所有客房都附廚房及陽台，並有游泳池，可以悠閒度過時光。附設的咖啡館可以享用咖啡及現烤的麵包，為一大魅力。

住93 Kerikeri Rd. ☎(09) 407-8867 FREE 0800-5374-5374
URL kerikericourtmotel.co.nz
費ⓈⒹⓉ$185～
房數15 CC AMV

Woodlands
Map P.343

座落在大馬路往巷內的位置，周圍是一片原始林，部分客房還擁有私人陽台，共用衛浴的客房住宿一晚$100～。

住126 Kerikeri Rd.
☎(09) 407-3947
URL woodlandskerikeri.co.nz
費ⓈⒹ$100～
房數20 CC MV

Column 小巧海灘度假村Doubtless Bay

雖然沒有大眾交通工具，若租車遊客想走遠一點，不妨前往凱利凱利北邊約60km的Doubtless Bay；樸實而寂靜的海灘度假村聚集在約70km處，如圓弧狀的海岸線景觀很吸引人，海外的觀光客還不多，能感受私房景點的樂趣。在中心城鎮芒格努伊Mangonui有紐西蘭知名的炸魚薯條店；而生長在溫暖氣候，為紐西蘭第一家商業栽培的咖啡豆的Ikarus Coffee，也不能錯過。

超熱門的炸魚薯條店

香味濃郁的紐西蘭產咖啡豆

Doubtless Bay
Map. P.336-A1
URL www.doubtlessbay.co.nz

Mangonui Fish Shop
住137 Waterfront Rd. Mangonui
費10:00～19:00 營無休
URL www.mangonuifishshop.com

Ikarus Coffee
URL www.ikaruscoffee.co.nz

旺加雷

Whangarei

從奧克蘭沿著國道1號北上約160km之處，不僅是北地最大的城市，更受惠於絕佳天然海港的優勢，成為漁業與產業的中心城市。擁有火力發電廠、石油煉油廠的城市灣Town Basin，每到盛夏時節，港灣內就擠滿來自世界各國、為躲避南太平洋上颶風威脅的帆船和遊艇；附近海域也是名聞遐邇的潛水勝地，可說是一處能夠享受各種海上運動的好據點。

停泊在城市灣內的無數遊艇

旺加雷

奧克蘭

人口：9萬960人

URL whangareinz.com

航空公司（→P.496）
紐西蘭航空

旺加雷機場
Map P.336-B2
URL whangareiairport.co.nz

機場～市區之間搭計程車比較方便，不過也有市區巴士Citylink（→P.347）#2可以搭乘（週日・節日停駛）。

主要巴士公司（→P.496）
InterCity
URL www.intercity.co.nz

長途巴士總站
Map P.346-A2
住91 Dent st.

Whangarei Art Museum
住91 Dent St.
☎(09) 430-4240
URL whangareiartmuseum.co.nz 開10:00～16:00
休無休 費免費

如何前往旺加雷

Access

紐西蘭航空從奧克蘭有直飛航班，每日4～5班，所需時間約40分鐘，從旺加雷機場Whangarei Airport到市中心約7km。也可以搭乘InterCity的長途巴士，從奧克蘭出發1日2～3班，所需時間2小時40分～55分，巴士停靠站在Dent St.的Whangarei Art Museum前。

往島嶼灣方向
往旺加雷瀑布 P.347
往帕瑞哈卡山方向 P.347
Vinetown
Rugby Park
Whangarei Aquatic Center
Lupton Lodge P.348方向
Mackesys Bush
往帕瑞哈卡山觀景台方向
Coronation Scenic Reserve
Split Bar & Restaurant P.348
Distinction Whangarei P.348
城市灣 P.347 Town Basin
The Quay Kitchen P.348
Woodhill
圖書館
北方廣場文化中心
PAK'n SAVE（超級市場）
購物商場
Reyburn House
巴士總站
長途巴士停靠站
Riverside
Whangarei Art Museum
Clapham鐘錶博物館
Claphams National Clock Museum
旺加雷火車站
Cheviot Park Motor Lodge P.348
Whangarei Central Holiday Park P.348
Jubilee Park
往旺加雷機場方向
Morningside School
Morningside Park
Okara Park
Te Matau A Pohe
往達格維爾、博物館&奇異鳥園與歷史公園方向 P.348
Tarewa Park
Anzac Park
Morningside
往奧克蘭方向
旺加雷
500m

旺加雷的 漫遊

由於景點分布範圍廣闊，駕車漫遊是最方便的方式；雖然可以搭乘市區巴士，但班次不多，有些路線在週日還會停駛。遊客中心i-SITE則位於遠離市中心的Tarewa公園內。

旺加雷的 景點

城市灣
Town Basin

Map P.346-A2

在市中心附近，被哈提亞河Hatea River的遊艇港所環繞的區域，而「Basin」指的就是船塢。面對著無數收帆的帆船與遊艇，以及有著露天座位的時尚餐廳、酒吧，還有旅遊中心、雜貨店等店家林立。而設置巨大日晷的廣場上，看得到Clapham鐘錶博物館Claphams National Clock Museum，館內收藏來自世界各國約1300個新舊時鐘，依照主題一一陳列，遊客可以在館員的解說下，欣賞這些有獨特機關的掛鐘及優雅的音樂盒時鐘，指針仍在滴答聲中移動的模樣。

海鮮餐廳聚集的濱海地區

旺加雷瀑布
Whangarei Falls

Map P.346-A2外

座落在市中心往北約5km處Tikipunga地區的瀑布，高低落差達26m，景觀既壯觀又充滿震撼。瀑布周邊規劃成公園，設有完整的步道及野餐區。

完善的步道一路規劃至瀑布

帕瑞哈卡山
Mt. Parihaka

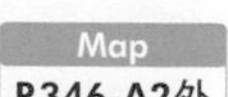
Map P.346-A2外

站在這座海拔241m的觀景點，可以將旺加雷的市區景觀一覽無遺，遊客要徒步登上豎立著戰爭紀念碑的帕瑞哈卡山頂，得由城市灣對岸的Dundas Rd.沿著步道一路往上走；開車則是沿著Memorial Dr.往前行，可以抵達通往山頂石階前的停車場。不過要注意的是，這裡天黑之後的治安並不佳。

聳立天際的戰爭紀念碑

遊客中心 i-SITE
Whangarei Visitor Centre
Map P.346-B1
住 92 Otaika Rd.
☎ (09) 438-1079
URL whangareinz.com
開 9:00～16:30
休 無休

旺加雷的交通
Citylink Whangarei
☎ (09) 438-7142
URL citylinkwhangarei.co.nz
費 現金
大人$2、小孩$1
開 週一～六
市區內看得到以綠色車身為標誌的Citylink Whangarei，巴士總站就在Rose St.（Map P.346-A1），有前往旺加雷北邊的Tikipunga方向、經過歷史公園往Maunu方向等7條路線，行駛時間為平日6:00～18:30左右，週六會減少班次。車資可以付現金或使用儲值卡Bee Card。

Clapham鐘錶博物館
住 Dent St. Quayside Town Basin
☎ (09) 438-3993
URL claphamsclocks.com
開 9:00～17:00 休 無休
費 大人$10、銀髮族・學生$8、小孩$4

收藏中最古老的時鐘製作於1720年

如何前往旺加雷瀑布
搭乘前往Tikipunga方向的Citylink#3。

帕瑞哈卡山
住 Memorial Dr.

博物館&奇異鳥園與歷史公園
住500 State Hwy. 14, Maunu
☎(09) 438-9630
URL kiwinorth.co.nz
開10:00～16:00
休無休
費大人$20、銀髮族·學生$15、小孩$5
交搭乘前往Maunu方向的Citylink#6。

博物館&奇異鳥園與歷史公園

Museum & Kiwi House Heritage Park

Map P.346-B1外

在25公頃的廣大範圍內，有隔著玻璃就能欣賞到奇異鳥活動的奇異鳥園，以及建於1886年的古蹟建築Homestead；還能見到曾在開拓年代使用過的蒸汽火車，而橫越鐵軌登上山丘，就是擁有毛利族相關展覽，以及歐洲移民抵達時船隻的超大模型等豐富紐西蘭相關史料的博物館。

旺加雷的餐廳 Restaurant

The Quay Kitchen

Map P.346-A2

位於哈提亞河畔，擁有絕佳位置的餐廳，以自家栽培的蔬菜及嚴選進貨來源的肉類、海鮮而自豪；價格合理的早午餐$12～，北地的菲力牛肉$40等菜色很受歡迎。

住31 Quayside
☎(09) 430-2628
URL www.thequaykitchen.co.nz
營9:00～23:00(依季節變動)
休無休 CC MV

Split Bar & Restaurant

Map P.346-A1

由兄弟所經營的餐廳，可以品嚐到海鮮及羊肉等使用在地食材所烹調的料理。價格合理的午餐$16～，晚餐主菜則為$27～，而分量十足的套餐$46～也很受歡迎。還有戶外的酒吧能享受紐西蘭產的葡萄酒。

住15 Rathbone St. ☎(09) 438-0999
URL splitrestaurant.co.nz
營11:00～Late 休週日 CC AJMV

旺加雷的住宿 Accommodation

Distinction Whangarei

Map P.346-A2

就在與城市灣隔著哈提亞河的對岸位置，要前往旺加雷瀑布、帕瑞哈卡山等觀光景點都很方便。幾乎每間客房都有浴缸，冰箱、電視、冷氣、咖啡機等設備也很完善。

住9 Riverside Dr.
☎(09) 430-4080
URL www.distinctionhotelswhangarei.co.nz 費ⓈⒹⓉ$170～
房數115 CC AJMV

Whangarei Central Holiday Park

Map P.346-B1

從市中心步行約10分鐘就能抵達的露營區，從簡單的小屋到附廚房的公寓式房間都有，價錢也很合理；還有帳篷營地，可以露營。晚上會將大門鎖上，很安全。

住34 Tarewa Rd. ☎(09) 438-6600 FREE 0800-580-581
URL www.whangareicentral.co.nz
費Camp$19～ Motel$138～ Cabin$115～ 房數19 CC MV

Lupton Lodge

Map P.346-A2外

鄰近旺加雷瀑布的豪華B&B，原本是建於1896年當地仕紳的宅邸，已列入旺加雷地區的歷史古蹟建築。早餐的歐姆蛋及馬芬蛋糕很受歡迎。

住555 Ngunguru Rd. Glenbervie
☎(09) 437-2989
URL luptonlodge.co.nz
費Ⓢ$175～ ⒹⓉ$225～
房數5 CC ADJMV

Cheviot Park Motor Lodge

Map P.346-B1

位於國道1號上、擁有整潔外觀的汽車旅館。客房內部寬敞，沙發、餐桌等設備齊全，廚房還有微波爐，很適合長期停留的遊客。還可以加點早餐。

住1 Cheviot St.
☎(09) 438-2341
URL cheviot-park.co.nz
費Motel$175～ 房數17
CC AJMV

廚房(全部客房) 廚房(部分客房) 廚房(共用) 吹風機(全部客房) 浴缸(全部客房) 游泳池 網路(全部客房/須付費) 網路(部分客房/須付費) 網路(全部客房/免費) 網路(部分客房/免費)

遠北區

Far North

在北地的北端部分有一塊形狀更加狹長的半島，從陸地這端的小鎮凱塔亞Kaitaia到最北邊的雷恩加海角Cape Reinga就稱為遠北區。想要前往紐西蘭國土的最北境，必須沿著國道1號一路北上，隨著路旁的民宅變少，眼前景色也轉變成樹木稀少的丘陵地，果真有來到天涯海角的感覺。

雷恩加海角有座小小的白色燈塔

如何前往遠北區 Access

前往遠北區的起點城市為凱塔亞，Barrier Air從奧克蘭出發的直飛航班，1日1～2班，所需時間約1小時5分，凱塔亞機場Kaitaia Airport座落在市區以北約7km處。

也可搭乘InterCity的長途巴士，從奧克蘭出發沒有直達車，必須在凱利凱利Kerikeri轉車，每週4班，包含轉車的所需時間約6小時40分，凱塔亞的長途巴士停靠站在遊客中心i-SITE前。由於班次很少，市巴士Far North Link也行駛於芒格努伊Mangonui（→P.345）～凱塔亞、凱塔亞～阿希帕拉之間，只有在週二·三·四才會在凱塔亞市區行駛。此外，要由貝殼杉海岸前往凱塔亞，因為中途隔著霍奇昂加灣Hokianga Harbour必須從東邊繞道，不過有渡輪Hokianga Ferry往來於港灣旁的拉威尼Rawene與科胡科胡KohuKohu，搭乘渡輪可以節省約1小時30分的交通時間。

遠北區的景點

阿希帕拉 Ahipara

Map P.336-B1

位於遠北區西側、居民約1000人的小鎮，紐西蘭知名的熱門衝浪聖地Shipwreck Bay就在小鎮的西端；此外，還能體驗在沙灘上騎馬或四輪沙灘車。

知名的衝浪地點Shipwreck Bay

航空公司（→P.496）
紐西蘭航空

Barrier Air
☎(09) 275-9120
FREE 0800-900-600
URL www.barrierair.kiwi

凱塔亞機場
Map P.336-B1
住 Quarry Rd.
從機場到凱塔亞可搭計程車。

主要計程車公司
Kaitaia Taxis Services
FREE 0800-829-4582
027-829-4582

主要巴士公司（→P.496）
InterCity

長途巴士停靠站
住 Cnr. Matthews Ave & South Rd. Kaitaia

遊客中心 i-SITE
Far North Visitor Centre
Map P.336-B1
住 Te Ahu Cnr. Matthews Ave. & South Rd. Kaitaia
☎(09) 408-9450
URL www.kaitaianz.co.nz/i-site
開 週一～五 8:30～17:00
週六 8:30～13:00
休 週日

Hokianga Ferry
FREE 0800-222-979
URL northlandferries.co.nz/hokianga-ferry
運 拉威尼出發
週一～五 7:00～19:30
週六·日 7:30～19:30
每隔30分鐘～1小時出發，所需時間約15分鐘。
費 單程$1
汽車1台單程$20～

Far North Link
☎(09) 408-1092
URL buslink.co.nz

如何前往阿希帕拉
從凱塔亞沿著Twin Coast Discovery Hwy.往西行約14km，Far North Link的巴士只在週三行駛往返各1班，凱塔亞出發13:00、阿希帕拉出發9:20。

凱塔亞的觀光資訊
URL www.kaitaia.co.nz

90哩海灘
90 Mile Beach

Map P.336-A1

從阿希帕拉往北綿延不斷的廣大海灘，也是此地的知名景點。雖然實際上的距離只有64英里（約100km），但這片面對著塔斯曼海Tasman Sea的長沙灘也兼作公路之用，奔馳在浪花拍打沙灘上的巴士之旅也非常有名（租車禁止行駛）。行程從派西亞或凱利凱利等地出發，許多旅遊團都會順道停留雷恩加海角。

巴士快速奔馳於浪花之間

蒂帕基沙丘
Te Paki Sand Dunes

Map P.336-A1

在前往雷恩加海角的途中會經過一片巨大沙丘，就在90哩海灘往半島方向的內陸側。蒂帕基沙丘高度超過15公尺，爬到頂端可不是件輕鬆的事，大概要花上10分鐘，而站在頂端可以一覽蔚藍大海與無盡沙丘的雄偉美景。而用滑沙板或船型雪橇從沙丘上順陡峭斜坡俯衝而下的滑沙，則是熱門活動，在凱塔亞的遊客中心i-SITE就有提供滑沙板的租借服務。剛開始最好還是先在小斜坡練習。

建議初學者先挑戰船型雪橇

雷恩加海角
Cape Reinga

Map P.336-A1

位於紐西蘭北端的雷恩加海角，是整個遠北區的觀光重點；雷恩加為毛利語「出發的場所」之意，也就是死者靈魂出發的神聖地點。在海角最前端海拔156m的高台上，有一座小小的白色燈塔，以及註記著從此地前往世界各國主要城市方位與距離的標示。眺望著前方一望無際的大海時，還能夠親眼見識到太平洋及塔斯曼海兩股海流衝撞激盪出的浪花。

值得一提的是，真正的紐西蘭國土最北端是距離雷恩加海角往東約30km的Surville Cliffs，不過因為道路險峻，一般人很難進入。

矗立在海角前端的燈塔

遠北區的在地旅遊團
GreatSights Cape Reinga and Ninety Mile Beach
FREE 0800-653-339
URL www.dolphincruises.co.nz
時 全年
10～5月　每日
派西亞7:00、
凱利凱利7:50出發
6～8月　週一·三·五·六
派西亞7:00、
凱利凱利7:50出發
費 大人$165、小孩$82.5
經由90哩海灘、蒂帕基沙丘前往雷恩加海角觀光的旅遊團，包含蒂帕基沙丘的滑沙及午餐；事先要求的話，也可以在芒格努伊、凱塔亞接送，所需時間約12小時。

如何前往雷恩加海角
距離凱塔亞約110km，沒有大眾交通工具，必須參加在地旅遊團或租車前往；只要沿著國道1號一路北上，應該不會迷路，前往海角入口的指標出現之後，再往前行就是停車場。由於途中沒有加油站，出發前最好加滿油。

凱塔亞的住宿
Beachcomber Lodge & Backpacker
矗立於凱塔亞醒目街道上的青年旅館。
住 235 Commerce St.
電 (09) 408-1275
URL www.beachcomberlodge.com
費 Dorm$35～　ⒹⓉ$100～
房數 16
CC MV

阿希帕拉的住宿
Ahipara Holiday Park
可以步行前往90哩海灘的好地點，提供露營、小屋、汽車旅館等各種住宿選擇。
住 168 Takahe Rd.
電 (09) 409-4864
URL ahiparaholidaypark.co.nz
費 Camp$24～ Dorm$40～
Cabin$80～ Ⓓ$110～
房數 18
CC MV

北地

貝殼杉海岸

Kauri Coast

懷波瓦森林的Tane Mahuta是全紐西蘭樹圍最粗的貝殼杉巨木

狹窄而曲折的國道12號，沿著面對塔斯曼海的北地西海岸而行，這裡沒有大城市，作為觀光據點的是小鎮達格維爾Dargaville；附近也被稱為貝殼杉海岸，絕大部分都是紐西蘭北島特有樹種——貝殼杉的森林保護區。過去這裡曾是更為濃蔭茂密的貝殼杉森林，但在19世紀開拓時代遭到歐洲移民的濫墾，有大半面積的林地因此消失；幸好還有幾棵樹齡超過2000年，圓周達10公尺以上的珍貴貝殼杉巨木得以倖存，與周邊樹齡尚淺的小樹共同繼續成長著。想要深入認識貝殼杉及相關歷史，絕對不能錯過這裡。

貝殼杉海岸的觀光資訊
URL kauricoast.co.nz

主要巴士公司
Te Wai Ora Coachlines
URL www.tewaioracoachlines.com

遊客中心 SITE
Hokianga Visitor Centre
Map P.336-B1
住 29 Hokianga Harbour Dr. Opononi
電 (09) 405-8869
URL www.northlandnz.com/visit
開 8:30～17:00
休 無休

如何前往貝殼杉海岸 Access

前往貝殼杉海岸的觀光入口城市達格維爾，雖然從旺加雷（→P.346）有Te Wai Ora Coachlines的巴士直達，但目前停駛中；沒有其他的大眾交通工具，而景點分布範圍很廣，建議最好還是租車或是參加從奧克蘭出發的在地旅遊團。住宿設施則大多位於面對霍奇昂加灣的Opononi和Omapere。

奧克蘭出發
前往貝殼杉海岸的在地旅遊團
Navi Outdoor Tours NZ
電 (09) 838-2361
URL navi.co.nz
貝殼杉的森林──懷波瓦森林
從奧克蘭8:00出發，所需時間為10小時。
時 全年
費 大人$345、小孩半價（包含飯店接送、野餐午餐及導遊），2人以上成行。

貝殼杉海岸的景點

貝殼杉博物館
The Kauri Museum

Map P.336-C2

位於小鎮馬塔克赫Matakohe的貝殼杉博物館，是能夠完整認識貝殼杉，內容非常豐富的博物館。

館內空間非常寬敞，以數個展覽區來詳細解說，包含巨大貝殼杉實物的展示、以貝殼杉製作的精緻家具，以及模擬重現採伐方式與搬運的模樣等，非常用心；而由樹汁凝結而成的貝殼杉樹脂（琥珀），更是擺滿整個房間。

世界最大的貝殼杉木板，長度為22m

貝殼杉博物館
住 5 Church Rd. Matakohe
電 (09) 431-7417
URL www.kau.nz
開 9:00～17:00
休 無休
費 大人$25、銀髮族‧學生$21、小孩$8
交 由達格維爾出發，經由Ruawai約45km處接國道12號續行4km，即可到達。

前往杜松貝殼杉公園
從達格維爾沿國道12號前行約30km，右轉山路續行約8km之處。在露營地前方設有環狀步道。

懷波瓦森林的夜間之旅
在毛利人嚮導的導覽下，傍晚出發的旅遊團，一邊聽著與土地相關的神話和歷史，一邊享受在夢幻的夜晚森林中漫步的體驗。從Omapere出發。
Waipoua Forest Twilight Encounter Maori Cultural Eco Night Tour
☎(09) 4058-207
✆021-705-515
URL www.footprintswaipoua.co.nz
時 全年
10～3月　18:00出發
4～10月　17:00出發
費 大人$105、小孩$45
（所需時間約4時間）

杜松貝殼杉公園
Trounson Kauri Park

Map P.336-B1

位於達格維爾西北、懷波瓦森林東南方的國家自然保護區，走完一圈約40分鐘的健行步道，除了樹齡超過1000年的貝殼杉之外，還能看到數棵貝殼杉巨木的真面目。這裡同時也是野鳥保護區，國寶奇異鳥就棲息其間。

懷波瓦森林
Waipoua Forest

Map P.336-B1

貝殼杉海岸內幾個能見到貝殼杉的景點中，最受矚目的就是懷波瓦森林；從國道12號旁的停車場沿著木棧道走入森林，就能看到令人震撼的貝殼杉矗立眼前。其中Tane Mahuta是全紐西蘭最大的貝殼杉巨木，樹圍13.77m、樹高51.2m，與日本屋久島的屋久杉結為姊妹樹；Te Matua Ngahere則是第2大，樹圍16.1m、樹高29.9m，樹齡超過2000年。至於4棵貝殼杉同時生長於一地的四姊妹Four Sisters，以及排行第7大的亞卡斯Yakas，目前為了保護而禁止靠近。

毛利語為「森林之神」之意的Te Matua Ngahere

Column 北地巨木貝殼杉

紐西蘭貝殼杉Kauri與生長在南太平洋一帶的非律賓貝殼杉都屬於南洋杉科，但是紐西蘭貝殼杉卻只在紐西蘭北部的北地Northland及科羅曼德半島Coromandel Peninsula才看得到，是全世界最大型的巨木；過去曾經擁有許多樹齡超過4000年，遠比這個國家有人類居住的歷史更久遠的神木。貝殼杉粗壯的樹幹宛如要衝上天際一般地筆直矗立，讓人印象深刻；其實年輕的貝殼杉樹幹會長出無數樹枝，隨著樹身成長而自然掉落，只剩下頂端的枝葉茂密生長，才能夠吸收滿滿的陽光。

長得如此粗壯的貝殼杉樹木，一直以來就是絕佳的木材，像是古代的毛利族人就是以巨大的貝殼杉，雕鑿成戰鬥用的大型獨木舟；但是開始遭到大量砍伐，卻是因歐洲移民的進入而盛行。在19世紀期間，作為造船、建築，甚至是家具等多樣用途，不斷地砍伐貝殼杉，甚至是砍光整片森林以開闢牧場；到了20世紀初期，大多數的貝殼杉森林已經消失不見。

直到1940年代才終於將貝殼杉的砍伐列入許可制，但此時殘留下來的貝殼杉森林面積，僅僅不過是原本的百分之幾而已，而北地的貝殼杉森林是好不容易才保留下來的珍貴場所。

科羅曼德半島

Coromandel Peninsula

綿延約400km的海岸線

與奧克蘭東部隔著豪拉基灣Hauraki Gulf相望的科羅曼德半島，大部分的土地被森林所覆蓋，是讓人想像紐西蘭遠古面貌的豐富自然之地。有約1/3面積被規劃為森林保護區，是至今還能近距離一睹日益稀少貝殼杉巨木的地區。

以貫穿半島中央的科羅曼德山脈為界，東西兩側的景致氛圍可說是完全不同。19世紀後半因颳起淘金熱而大紅大紫的科羅曼德鎮Coromandel Town及泰晤士Thames位處的西海岸屬於多山地帶，最大特色就是保有過去繁盛年代的寧靜街道。

而由無盡蜿蜒的海岸線與美麗白沙灘組成的東海岸，則因常年陽光普照成為風光明媚的度假勝地，特別是以菲蒂昂格Whitianga為重心的水星灣Mercury Bay一帶，從奧克蘭僅需約3小時車程的輕鬆距離，是紐西蘭屈指可數的知名度假勝地。

如何前往科羅曼德半島 Access

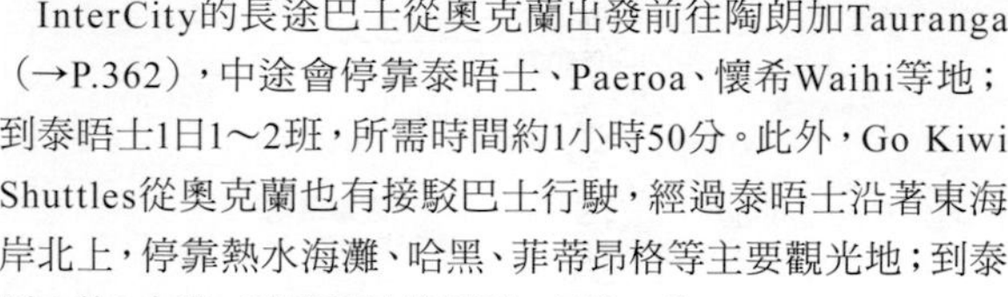

InterCity的長途巴士從奧克蘭出發前往陶朗加Tauranga（→P.362），中途會停靠泰晤士、Paeroa、懷希Waihi等地；到泰晤士1日1～2班，所需時間約1小時50分。此外，Go Kiwi Shuttles從奧克蘭也有接駁巴士行駛，經過泰晤士沿著東海岸北上，停靠熱水海灘、哈黑、菲蒂昂格等主要觀光地；到泰晤士約2小時，到菲蒂昂格則需4小時30分。

至於渡輪方面，則有Fullers 360的渡輪往來於奧克蘭與科羅曼德鎮之間，所需時間約2小時。（目前停航中）

科羅曼德半島的 漫遊

科羅曼德半島的觀光據點城鎮，有西海岸的泰晤士、北邊的科羅曼德鎮，以及東海岸的菲蒂昂格，都是位於海邊且充滿度假氛圍的地區，自然也擁有許多汽車旅館、青年旅館等多樣的

科羅曼德半島的觀光資訊
URL www.thecoromandel.com

主要巴士公司（→P.496）
InterCity

奧克蘭～科羅曼德半島的接駁巴士
Go Kiwi Shuttles
☎ (07) 866-0336
FREE 0800-446-549
URL www.go-kiwi.co.nz
運 全年
奧克蘭市區 13:15出發
奧克蘭國際機場 14:00出發
費 單程
到泰晤士$63～
到泰魯瓦$71～
到菲蒂昂格$78～
到哈黑$91～
到熱水海灘$91～
也有到飯店接送Door to Door的價格。

渡輪公司
Fullers 360
☎ (09) 367-9111
URL www.fullers.co.nz

泰晤士近郊的景點
尖峰步道
Pinnacles Walk
Map P.354-B2
URL www.thecoromandel.com/explore/kauaeranga-kauri-trail

以岩石堅硬粗糙尖峰山的山頂為目標的健行步道，單程約6km、來回需要約6小時，可以當天往返；不過在途中的山間小屋Pinnacles Hut（1晚$25，要預約）住上一晚，隔天在山頂看日出的行程非常熱門。從泰晤士前往登山口Kauaeranga Valley Rd.的停車場可以開車（所需時間約20分鐘），在停車場的8km處設有DOC遊客中心，不妨進去索取健行資料。

山間小屋的預約申請處
DOC
URL bookings.doc.govt.nz
i 遊客中心
DOC Kauaeranga Visitor Centre
Map P.354-B2
住 995c Kauaeranga Valley Rd.
☎ (07) 867-9080

菲蒂昂格是深受紐西蘭人喜愛的度假地

住宿設施。而在這塊未經人工雕琢，隨處可見原始自然的地區，能夠享受在森林及沙灘上漫步的樂趣，如果嘗試盛行於水星灣的海上活動，還可以從海上欣賞由複雜海岸線所造就的景觀美。由於科羅曼德半島上大眾交通的班次很少，有計畫周遊多個景點的遊客，最好還是租車出遊較為方便；不過部分區域因為路況不佳而禁止進入，要特別注意（→P.470）。

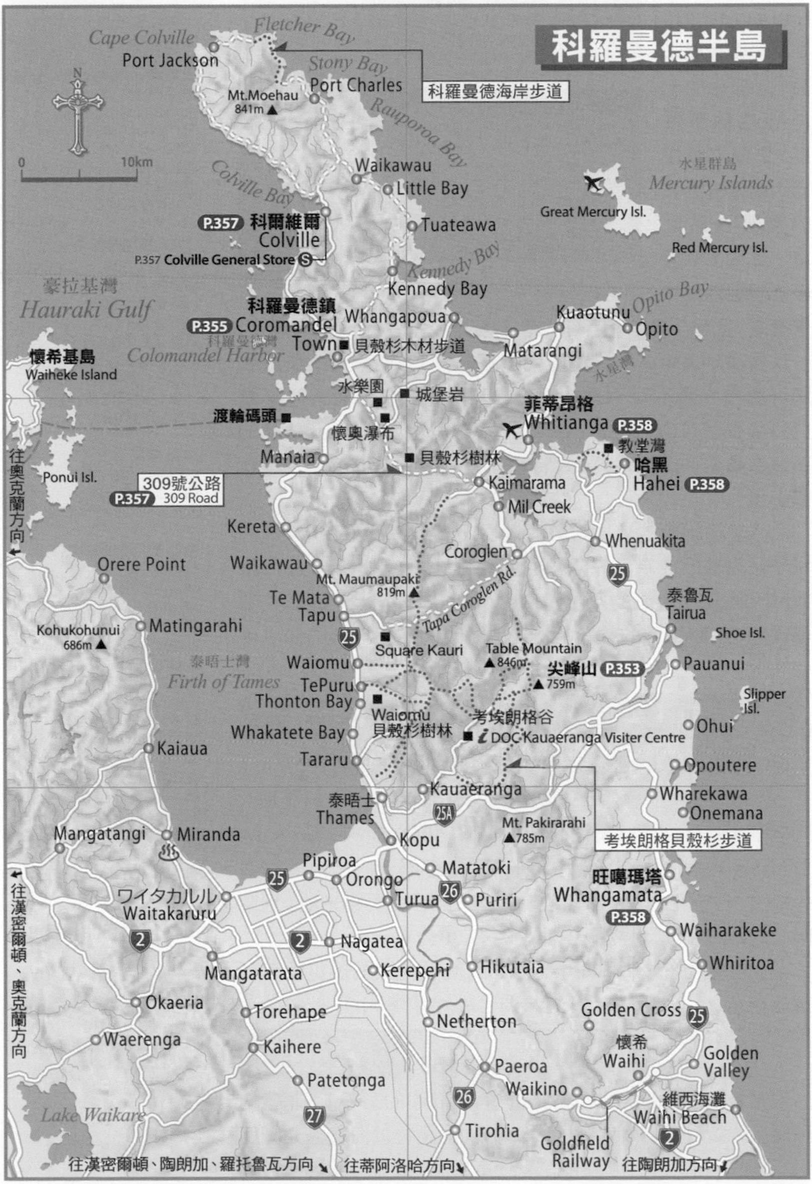

科羅曼德半島

Cape Colville
Fletcher Bay
Port Jackson
Stony Bay
Port Charles
科羅曼德海岸步道
Mt.Moehau 841m
0 10km
Rauporoa Bay
Waikawau
Little Bay
Colville Bay
水星群島
Mercury Islands
Great Mercury Isl.
P.357 科爾維爾 Colville
Tuateawa
P.357 Colville General Store
Red Mercury Isl.
Kennedy Bay
Kennedy Bay
豪拉基灣
Hauraki Gulf
科羅曼德鎮
P.355 Coromandel Town
Whangapoua
Kuaotunu
Opito Bay
Opito
科羅曼德灣
Colomandel Harbor
貝殼杉木材步道
Matarangi
水星灣
懷希基島
Waiheke Island
水樂園
城堡岩
菲蒂昂格
Whitianga P.358
渡輪碼頭
懷奧瀑布
教堂灣
Manaia
貝殼杉樹林
哈黑
Hahei P.358
309號公路
P.357 309 Road
Ponui Isl.
Kaimarama
Mil Creek
往奧克蘭方向
Kereta
Whenuakita
Coroglen
Orere Point
Waikawau
Mt. Maumaupaki 819m
Te Mata
Tapu Coroglen Rd.
泰魯瓦
Tairua
Tapu
Shoe Isl.
Kohukohunui 686m
Matingarahi
Square Kauri
Table Mountain 846m
泰晤士灣
Firth of Tames
Waiomu
尖峰山 P.353 759m
Pauanui
TePuru
Thonton Bay
Slipper Isl.
Waiomu 貝殼杉樹林
考埃朗格谷
Whakatete Bay
DOC Kauaeranga Visiter Centre
Ohui
Kaiaua
Tararu
Opoutere
Kauaeranga
Wharekawa
泰晤士
Thames
Onemana
Mt. Pakirarahi 785m
考埃朗格貝殼杉步道
Mangatangi
Miranda
Kopu
Pipiroa
Matatoki
往漢密爾頓、奧克蘭方向
Orongo
旺噶瑪塔
Whangamata P.358
ワイタカルル
Waitakaruru
Turua
Puriri
Nagatea
Waiharakeke
Mangatarata
Kerepehi
Hikutaia
Whiritoa
Okaeria
Torehape
Golden Cross
Netherton
Waerenga
Kaihere
懷希
Waihi
Golden Valley
Paeroa
Patetonga
Waikino
維西海灘
Waihi Beach
Lake Waikare
Tirohia
Goldfield Railway
往漢密爾頓、陶朗加、羅托魯瓦方向
往蒂阿洛哈方向
往陶朗加方向

科羅曼德鎮

Coromandel Town

人口：1760人
URL www.thecoromandel.com

主要巴士公司(→P.496)
InterCity

鎮名是來自歐洲貨輪「H.M.S.科羅曼德號」，於1820年為尋找可作為船帆桅桿使用的貝殼杉而停泊入港。這裡也曾是昔日因淘金熱而繁盛過的城鎮，1852年從事木材加工業的男子Charles Ring，在流經小鎮北部的卡潘加河Kapanga Stream附近發現金礦，從此就從紐西蘭各地湧入人群，並以現今的卡潘加路Kapanga Rd.為中心發展出教堂、學校及銀行等設施；至今這些古蹟建築依然保留著原來的樣貌，街道景致無處不洋溢歷史風情。此外，科羅曼德鎮也吸引眾多藝術家駐足，並以此為據點，成為頗負盛名的「藝術之鎮」。

科羅曼德鎮位於風景秀麗的科羅曼德港灣

遊客中心
Coromandel Town Information Centre
Map P.356-B1
住 74 Kapanga Rd.
☎ (07) 866-8598
URL www.coromandeltown.co.nz
開 10:00～15:00
休 無休

如何前往科羅曼德鎮 Access

從泰晤士沿著國道25號北上約55km，因為道路沿著彎曲海岸線前行，相當考驗開車技術，但出現眼前的是接連不斷的小海灣，也成為風光明媚的知名兜風路線。

科羅曼德鎮的漫遊

市中心侷限於卡潘加路Kapanga Rd.周邊的小區域內，遊客中心、咖啡館及商店等都集中在這條路上，走逛一圈不用10分鐘。但是若將腳步延伸至郊外，就分布著許多藝術家工作坊、藝廊，還有美麗的沙灘、庭園等景點。

每年10月的第1和第2個週末，會舉辦名為Coromandel Open Studios Art Tour的藝術活動，居住在科羅曼德鎮周邊約40位藝術家，會對外開放各自的工作室，還可以參觀他們的創作過程，也能現場購買作品。包括繪畫、雕刻、陶瓷器等藝術項目及各種風格，參觀地圖可以在官網下載。

可愛的建築物

Coromandel Open Studios Art Tour
URL www.coromandelartstour.co.nz

科羅曼德鎮的景點

科羅曼德礦業歷史博物館

School of Mines & Historical Museum

Map P.356-B1

佇立於小鎮東北邊Rings Rd.上的小博物館，展出以貝殼杉砍伐、搬運為經濟主軸的1800年代初期，以及在1870年代達到顛峰的淘金年代無數珍貴歷史照片，來敘述小鎮經歷

科羅曼德礦業歷史博物館
住 841 Rings Rd.
☎ 021-160-2351
開 耶誕節～復活節 13:00～16:00
復活節～勞動節（10月下旬）
週六・日 13:00～16:00
休 復活節～勞動節的週一～五
費 大人$5、小孩免費

過的變遷故事；像是砍伐貝殼杉巨木專用的大型電鋸、曾在挖掘金礦時派上用場的古老工具等，非常值得一看。

展示許多淘金熱年代的照片

溪谷觀光小火車
住380 Driving Creek Rd.
FREE 0800-327-245
URL drivingcreek.nz
時 火車為9:45～16:30之間1日4～10班，空中滑索為8:00～17:00之間1日出發2～9次，陶藝教室則僅限於夏季。（依季節變動）
休 無休
費 火車之旅
大人$39、小孩$19
空中滑索
大人$137、小孩$97
陶藝教室$57

溪谷觀光小火車
Driving Creek Railway

Map P.356-A1

溪谷觀光小火車是科羅曼德鎮最著名也最熱門的活動，是條鐵軌寬度僅有38cm的迷你鐵路。原本是土地所有者、也是陶藝家的Barry Brickell，為了將陶藝用的陶土、木柴運送到工作室，親手打造的小火車及鐵道。於1975年開始建設的鐵軌路線慢慢延伸，現在全長已達6km；開往海拔165m的觀景台——艾菲爾鐵塔Eyeful Tower前，會經過隧道、鐵橋，並於蕨類植物叢生的森林間穿梭前行。園區內還能體驗空中滑索與陶藝教室。

科羅曼德鎮
往科爾維爾方向
艾菲爾鐵塔
溪谷觀光小火車 P.356
Driving Creek Railway
Driving Creek Rd.
Colville Rd.
Buffalo Rd.
Lillis Ln.
Rings Rd.
Whangarahi Stream
Coromandel Golf Club
Taumatawahine Stream
Oxford Tce.
P.355 科羅曼德礦業歷史博物館
School of Mines & Historical Museum
Edward St.
Watt St.
Pagitt St.
Victoria St.
教堂
Coromandel Court Motel
警察局
卡潘加路
Hauraki Rd.
Kapanga Rd.
Coromandel Area School
Karaka Stream
往菲蒂昂格方向
加油站
Anchor Lodge Motel
Coromandel Information Centre
Wharf Rd.
加油站
消防隊
Tiki Rd.
Whangapoua Rd.
25
Coromandel Harbour
往309號公路 P.357、泰晤士方向
A
B
1

會穿越3座隧道、多座鐵橋的熱門小火車

309號公路

309 Road

Map P.354-B1～2

由科羅曼德鎮往東南方約3km，與國道25號分岔前往內陸地區的309號公路，是充滿原始自然景點的路線，也是前往水星灣地區的捷徑；雖然幾乎都是沒有鋪柏油的泥土路，沿途卻分布著不少吸引人願意繞路造訪的迷人景點。

水樂園　The Waterworks

從與國道25號的分岔點再前行4.7km之處，就是適合闔家光臨的主題樂園。雖然名為樂園，其實是在廣闊的庭園內設置許多以「水」為主題的手工遊樂設施，像是只靠水力驅動的大時鐘、會演奏歌曲的水之音樂盒等，隨處可見充滿創意與童心的作品。還有專為兒童設計的遊樂場、可免費使用的BBQ區，以及咖啡館。

城堡岩　Castle Rock

座落於森林間，宛如城堡般聳立的城堡岩，由於是科羅曼德半島上最能欣賞到絕美景致的地點而知名。過了水樂園後左轉，再前行2.6km就能夠抵達山腳下；走到山頂需要約2小時的健行步道，有不少陡坡路段，特別是靠近山頂附近非常陡峭難行，在下雨過後或強風時，都要格外注意安全。

懷奧瀑布　Waiau Falls

從國道25號的分岔點再走7km，在左側會發現一處極小的停車空間，沿著從這裡出發的步道再走一會兒，就會出現如階梯流洩而下的美麗瀑布；瀑布高度約10m，不過指標並不容易辨認，要多留意。

貝殼杉樹林　The Kauri Grove

從前往懷奧瀑布的入口再走約1km，就會進入設置在貝殼杉森林中的小徑，除了著名的連體貝殼杉Siamese Kauri，小徑旁的貝殼杉巨木高聳參天，也設有可以眺望貝殼杉群生林全景的觀景台。完善的步道是由DOC所管理，步行一周需要約30分鐘。

大棵的貝殼杉幾乎都被砍伐殆盡，所剩無幾

科爾維爾以北

Upper Area from Colville

Map P.354-A1

位於科羅曼德鎮以北約25km的科爾維爾Colville，是半島最北邊的城鎮，不過小鎮上只有一間集日用雜貨、食品、加油站及咖啡館等多功能於一身的知名商店「Colville General Store」。從科爾維爾出發至半島最北邊的海灣——弗雷謝灣Fletcher Bay為止，都是沒有鋪設柏油的泥土路；再前往鄰近的石灣Stony Bay，距離約7km，設有完善的科羅曼德海岸步道Coromandel Coastal Walkway。

水樂園
住471 The 309 Rd.
☎(07) 866-7191
URL thewaterworks.co.nz
開5～9月　週五～一 10:00～16:00
10～4月　10:00～18:00
休5～9月的週二～四
費大人$28、銀髮族・學生・小孩$23

309號公路與城堡岩

夏季時會有人在水潭內游泳的懷奧瀑布

2棵併成1棵的連體貝殼杉

有家族樹Family Tree之稱的群生貝殼杉

科爾維爾以北的旅遊團
Hike & Bike Coromandel
☎027-337-7996
FREE 0800-287-432
URL www.hikeandbike.co.nz
時全年
費大人$140～、小孩$80～
提供從科爾維爾或科羅曼德鎮到健行步道的接送服務。

菲蒂昂格&哈黑

Whitianga & Hahei

奧克蘭
菲蒂昂格&哈黑

人口：6420人
（菲蒂昂格）
URL www.whitianga.co.nz

在科羅曼德半島的東側，有著綿延複雜海岸線的區域稱為水星灣Mercury Bay，是半島上特別熱鬧活潑的觀光區，也是獨木舟、潛水等海上活動的一大勝地。水星灣的名字來自於1769年造訪此地的庫克船長，因為他在這裡觀測到水星而命名。

觀光據點是菲蒂昂格小鎮，在聳立著高大椰子樹的海灘旁，旅館及餐廳林立，充滿度假氣氛。

在大自然中輕鬆享受戶外活動，也是水星灣的一大魅力

如何前往菲蒂昂格&哈黑 Access

從奧克蘭到菲蒂昂格約190km，Go Kiwi Shuttles有從奧克蘭往返菲蒂昂格的長途巴士，1日1班，長途巴士的停靠站在遊客中心i-SITE前。與科羅曼德鎮的距離則約45km，開車的話可以沿橫貫半島的309公路來到東海岸，不過公路中途有些路段沒有鋪設柏油。

菲蒂昂格&哈黑的 漫遊

作為觀光據點的菲蒂昂格，儘管規模不大，卻是全年都洋溢著歡樂度假氣氛的小鎮。從菲蒂昂格碼頭Whitianga Wharf往北，一直到水牛海灘Buffalo Beach附近，路旁汽車旅館等住宿設施林立；而商店、銀行及公家機關則集中在鬧區的亞伯特街Albert St.一帶。前往菲蒂昂格碼頭的對岸可以搭乘5分鐘的渡輪，但是鎮上沒有巴士等大眾交通工具，要去哈黑方向的景點，最好是租車或參加在地旅遊團。

哈黑是距離菲蒂昂格東方約35km的寧靜度假地，在穿越小鎮中心的哈黑海灘路Hahei Beach Rd.兩旁，分布著小型B&B與青年旅館；而位於道路盡頭是哈黑海灘，從海灘徒步1小時左右就能抵達通往教堂灣的健行步道，教堂灣因為拍攝電影《納尼亞傳奇》而聞名。至於熱水海灘則距離哈黑海灘約7km。

Go Kiwi Shuttles
（→P.353）
運 奧克蘭 13:15出發
泰晤士 15:15出發
哈黑 17:00抵達
菲蒂昂格 17:15抵達
費 奧克蘭～哈黑 $91～
奧克蘭～菲蒂昂格 $78～

遊客中心 i-SITE
Whitianga i-SITE Visitor Information Centre
Map P.359-A1
住 66 Albert St.
☎ (07) 866-5555
URL www.thecoromandel.com
開 週一～五 9:00～17:00
週六 9:00～16:00
週日 9:00～13:00
（依季節變動）
休 無休

主要的計程車公司
Whitianga Tours & Taxi
📱 (021) 155-5558
URL www.coromandel-nature-tours.com
運 週一・二9:00～15:00、
週三・五9:00～21:00、
週四9:00～22:00、
週六16:00～翌日1:00、
週日要洽詢
休 不定休（通常為週一或週日）
使用手機app TaxiCaller叫車很方便，並以事先登記的信用卡來付車資。此外也推出前往科羅曼德半島的旅遊團。

可愛的海灘小鎮
旺噶瑪塔
Map P.354-C2
URL www.whangamatainfocentre.co.nz
從菲蒂昂格沿國道25號往南行約75km處的旺噶瑪塔，是個有著悠閒氛圍的海灘小鎮。旺噶瑪塔的海灘以著名衝浪地點為人所熟知，而划獨木舟前往近海的鳥類保護區（通稱Donut Island）也很有趣。

菲蒂昂格的 景點

渡輪碼頭
Ferry Landing

Map P.359-A1

位於菲蒂昂格碼頭的對岸，在目視距離看得到的渡輪碼頭就是這個區域的地名，兩岸相隔只有100m，但若是走陸路要繞一大圈，於是民眾最佳的代步工具，就是頻繁往來於兩地間的渡輪。在渡輪碼頭旁還有座建造於1837年，全大洋洲最古老的石造碼頭。

水星灣博物館
Mercury Bay Museum

Map P.359-A1

在菲蒂昂格碼頭對面，創立於1979年的博物館，每年造訪人數超過6000人，在周邊的博物館中是最有人氣的。館內展示著1840年遭遇船難，之後成為水牛海灘名稱由來的「H.M.S. Buffalo」貨輪照片，以及相傳為毛利人的祖先——航海家Kupe在西元800年踏上這塊土地以來的各種珍貴展覽。

得以一窺小鎮歷史的博物館

菲蒂昂格岩
Whitianga Rock

Map P.359-A1

菲蒂昂格岩是過去居住於此地的毛利人，當作要塞Pa的場所，也是紐西蘭國內為數眾多的要塞遺跡中，歷史最為久遠的一座。要登上視野遼闊的山頂，可以從豎立著告示牌的山腳下步道開始走，約8分鐘可到達；順著山路往上走，視野也跟著開闊起來，最後就能俯瞰綿延於海灘旁的菲蒂昂格城鎮景致。

走在由昔日毛利族人所挖鑿的岩石階梯上

渡輪公司
Whitianga Ferries Ltd.
☎021-269-1136
URL whitiangaferry.co.nz
運7:30～22:55
（依季節變動）
休無休
費單程大人$5.5、小孩$3.5
來回大人$8、小孩$3
每隔10～15分鐘一班。

往來於菲蒂昂格與哈黑間的渡輪

水星灣博物館
住11A The Esplanade, Whitianga
☎(07) 866-0730
URL mercurybaymuseum.co.nz
開10:00～15:00
（最後入館時間14:15）
（依季節變動）
休週日
費大人$10、小孩免費

如何前往菲蒂昂格岩
從渡輪碼頭的停車場旁開始上山，只要跟著標誌走就不會迷路，不過要小心地面濕滑。從渡輪碼頭步行到小海灣Back Bay約2分鐘。

從樹林間往菲蒂昂格方向眺望

菲蒂昂格的推薦景點
The Lost Spring
Map P.359-A1

這是位在菲蒂昂格市中心的溫泉游泳池。溫泉是老闆自己花費約20年時間，才從地下644m處挖掘到的，泉溫38～40℃，水池打造得極富野趣，卻能感受非常奢華的度假村氛圍，還設有餐廳、SPA等設施。

住121A Cook Dr.
電(07) 866-0456
URL www.thelostspring.co.nz
營週五・六9:30～21:00
（最後入場時間19:00）
週日～四9:30～19:00
（最後入場時間17:00）
（依季節變動）
休無休
費2小時$60～、
4小時$100～
（入場須年滿14歲）

溫泉游泳池的入口

如何前往教堂灣

開車的話，在步道入口的Grabge Rd.有收費停車場，不過10月1日～4月1日為紓解交通壅塞會關閉，必須把車停在哈黑遊客中心停車場，再搭乘Go Kiwi Shuttles的接駁巴士前往步道入口。步道整修得十分好走，到教堂灣約40分鐘。

Cathedral Cove Park &Ride
Map P.359-A2

住90/94 Hahei Beach Road
URL www.cathedralcoveparkandride.co.nz
運9:00～18:00
費來回大人$7、小孩$4

若要穿過隧道再往前行，要小心海浪

莎士比亞懸崖
Shakespeare Cliff

Map P.359-A1

面向大海的右邊是寂寞灣Lonely Bay，左邊則是能眺望麻紡廠灣Flaxmill Bay的莎士比亞懸崖，是一塊突出於海上的白色斷崖，因為看起來神似莎士比亞的側臉而得名。從停車場沿著斜坡往上走，就會抵達能一覽水星灣柔和曲線海岸線的懸崖最前端，這裡還豎立著庫克船長觀察到水星的紀念石碑。

右後方即為庫克海灘

哈黑的景點

教堂灣
Cathedral Cove

Map P.359-A2

位在哈黑以北，歷經長年海浪侵蝕而形成的複雜地形。斷崖上設有完善的步道，可以一邊眺望拍打海灘的浪花及海上的小島，一邊享受散步的樂趣。而走下一段長階梯後就到達教堂海灘，蔚藍大海與矗立其間的白色奇岩怪石，加上呈現粉紅櫻貝貝殼的沙灘，是景觀絕美的景點。海灘左邊隧道狀的岩石就是教堂灣，而穿過隧道那邊則是一片小沙灘。

海灘與教堂灣

哈黑海灘
Hahei Beach

Map P.359-A2

座落於海洋保護區域前端位置的哈黑海灘，是一處享受海水浴及各種水上活動的最佳地點，深受當地民眾的喜愛。綿延約1.5km長的美麗海岸線，最適合早晚時分來散步，而呈現淡粉紅色且閃閃發光的沙灘，是因為在白色細沙中混合著大量櫻貝的碎片。由於靠近海灘而繁榮的哈黑小鎮，也是海洋獨木舟、遊艇等，海灣內各種水上活動的重要據點。

擁有著平緩海岸線的哈黑海灘

熱水海灘
Hot Water Beach

Map P.359-A2外

從哈黑南下約7km處的熱水海灘，因為只要挖掘沙灘就會湧出天然溫泉而聞名，不過要享受這個天然溫泉卻有時間限制，必須在退潮前後的1～2小時左右；因此造訪海灘之前，不妨先到菲蒂昂格的遊客中心i-SITE確認退潮時間。挖掘沙子的鏟子可向海灘入口處的商店租借，在海灘上設有簡單但能更換衣物的廁所及沖洗處。因為這裡是衝浪點，海潮非常洶湧，下海游泳時要注意安全。周邊有3處停車場，Pye Pl.的主停車場要收費。

可以同時享受海水與天然溫泉

熱水海灘的商店與餐廳
Hotties
住 29 Pye Pl.
☎ (07) 866-3006
營 10～6月　10:00～22:00
休 7～9月
租借鏟子
費 $10

一邊欣賞海景、一邊用餐是很特別的經驗

菲蒂昂格&哈黑的小旅行 Excursion

海灣巡航之旅

由友善的船員負責導覽，溫馨的海灣巡航之旅。搭上可乘坐8～9人的橡膠艇，前往鳥類築巢地的Motueka島或噴水孔等地，暢遊私房景點的自然之旅，能夠盡情享受被指定為海洋保護區的水星灣地區。所需時間約1小時。

Hahei Explorer
☎ (07) 866-3910　FREE 0800-268-386
URL haheiexplorer.co.nz
時 全年
費 Hahei Explorer Tour 大人$115、小孩$70
CC MV

教堂灣水上計程車之旅

哈黑～教堂灣約10分鐘的船程，搭乘水上計程車進行約30分鐘的行程。哈黑的出發地點為哈黑海灘前的主停車場，費用在船上以現金或信用卡支付。適合沒時間又想去教堂灣的遊客。

Cathedral Cove Water Taxi
027-919-0563
URL www.cathedralcovewatertaxi.co.nz
時 全年　開船時間依天氣等因素而變動
費 單程大人$20、小孩$15
CC MV

教堂灣&島嶼探險

搭乘全長8.5m的船舶，探訪完教堂灣、海洋保護區內的各島嶼之後，再到哈黑與熱水海灘之間充滿特色的海岸沿線景點參觀。8:00、11:00、14:00出發，所需時間約2小時，可至遊客中心i-SITE報名。

Sea Cave Adventures
FREE 0800-806-060
URL www.seacaveadventures.co.nz
時 全年
費 大人$110、小孩$65

CC MV

菲蒂昂格&哈黑的戶外活動 Activity

海洋獨木舟

分布著眾多小島、因海浪侵蝕而形成的奇岩怪石，充滿特色的水星灣附近最適合划海洋獨木舟去探險；在經驗豐富的教練帶領下，即使是初次接觸的人也能放心體驗。從哈黑海灘出發，暢遊附近多座島嶼再前往教堂灣，在終點還可以享用熱飲及餅乾，所需時間約3小時。

Cathedral Cove Kayak
☎ (07) 866-3877　FREE 0800-529-258
URL www.kayaktours.co.nz　時 全年　費 大人$145～、小孩$95～　CC MV

陶朗加&芒格努伊山

Tauranga & Mount Maunganui

人口：15萬8300人
URL www.tauranga.govt.nz

航空公司（→P.496）
紐西蘭航空

陶朗加機場
Map P.363-A1
☎(07) 575-2456
URL airport.tauranga.govt.nz
交 從機場到市中心約5km，可搭乘計程車、接駁巴士，或是租車。

主要巴士公司（→P.496）
InterCity

主要的計程車公司
Tauranga Mount Taxis
FREE 0800-829-477
URL www.taurangataxis.co.nz
也可以使用手機app叫Uber。

前往芒格努伊山的交通
Bayhopper
FREE 0800-422-9287
URL www.baybus.co.nz
運
6:00多～20:00多
費 現金大人$3.4 小孩 $2
1日券大人$7.8
Bee Card
大人$2.72
小孩$1.6

陶朗加的
遊客中心 i-SITE
Tauranga i-SITE
Map P.363-B1
住 103 The Strand
☎(07) 578-8103
URL www.bayofplentynz.com
開 9:00～17:00
休 週日・節日

提供豐盛灣整體的旅遊資訊

從奧克蘭往東南方大約204km，位於北島東海岸的這個區域又被稱為豐盛灣Bay of Plenty，是紐西蘭人心目中最熱門的度假勝地。豐盛灣自古以來就是毛利人划行獨木舟的海上交通中繼站，一直到1769年第一位從歐洲造訪的探險家詹姆斯・庫克James Cook，賦予此地「豐饒之灣」的地名而沿用至今。全年氣候溫暖，更擁有與海豚共泳等豐富的水上活動可供體驗。

陶朗加濱海的主要街道

此外，由於土壤的肥沃而成為孕育紐西蘭最具代表性水果──奇異果的最佳產地，全國產量有80%來自豐盛灣。而此地區的最大城市陶朗加，毛利語為「被海水環繞，可停靠獨木舟的安全場所」之意，作為全紐西蘭規模最大的天然海港，無數貿易商船頻繁往來，至今依舊充滿活力。

位於陶朗加對岸，透過港灣大橋銜接的芒格努伊山，是塊有著沙灘妝點、細長半島形狀的陸地，並在最前端聳立著毛奧火山Mauao（芒格努伊山）的美麗城市；不少退休的人會在此地興建宅邸或別墅，成為紐西蘭人最嚮往的地方。至於東北邊的帕帕摩亞海灘Papamoa Beach綿延超過20km，是紐西蘭最長的海灘。

如何前往陶朗加&芒格努伊山 Access

紐西蘭航空有從奧克蘭至陶朗加機場Tauranga Airport的直飛班機，1日4～6班，所需時間約35分鐘；威靈頓出發1日2～3班，所需時間約1小時15分；基督城出發1日3～4班，所需時間約1小時50分。機場距離陶朗加市中心約5km。

InterCity的長途巴士從各大城市往來陶朗加，奧克蘭～陶朗加1日3～4班，所需時間約4小時；漢密爾頓～陶朗加1日3～4班，所需時間約2小時；威靈頓～陶朗加則是1日1班，所需時間約10小時45分；還有經過陶波的班次。而各大城市到芒格努伊山並無直達巴士，必須在陶朗加轉乘市區的巡迴巴士Bay Bus所營運的Bayhopper。

陶朗加&芒格努伊山的 漫遊

陶朗加與芒格努伊山之間的交通，全仰賴竣工於1988年的港灣大橋Harbour Bridge才變得方便，就算是不開車也有市區巴士Bayhopper＃2、＃5往返於陶朗加市中心及芒格努伊山腳下的鹽水溫泉池（→P.364）。

陶朗加的市區街道位於狹長半島內，主要街道是沿海的德文港路Devonport Rd.，而與其交會的The Strand、碼頭街Wharf St.周邊也是餐廳、商店集中之處。想要享受海灘樂趣，就要過橋去芒格努伊山。

芒格努伊山市區的主要街道是由毛奧火山Mauao山腳下延伸的芒格努伊路Maunganui Rd.，尤其是靠近毛奧更顯得熱鬧，度假飯店、餐廳、衝浪店等設施林立。芒格努伊山的最大魅力，就是與大海、沙灘的超近距離，住宿選擇也集中在山邊及濱海大道Marine Pde.，夏季及週末一定要提早預約訂房。

毛奧火山是小鎮的象徵

Bayhopper（→P.362）
以現金或儲值卡Bee Card支付。
〈Bee Card〉的購買方法
可以向司機購買，1張$5，儲值（TOP UP）金額為$5～。
URL beecard.co.nz

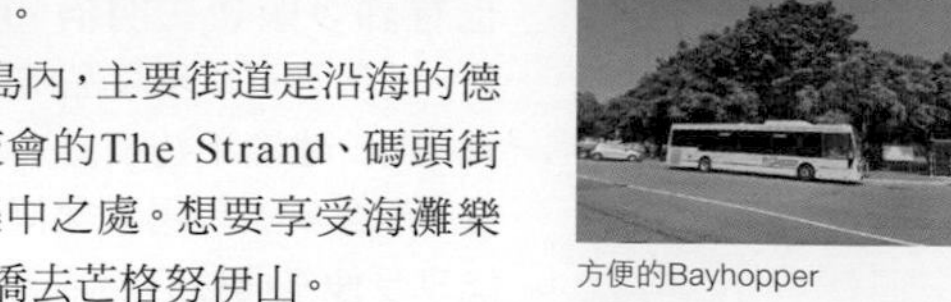
方便的Bayhopper

歷史村
住 17 Ave. West
☎ (07) 571-3700
URL www.historicvillage.co.nz
開 村莊 7:30～22:00
商店／咖啡館
依店家而異。
休 村莊無休、商店／咖啡屋則依店家而異
費 免費
交 從陶朗加市中心搭乘Bayhopper＃59約10分鐘，＃55也可以到達。

陶朗加的 景點

歷史村
Historic Village

Map P.363-B1

歷史村將19世紀殖民時代建造於陶朗加的銀行、牙科診所、住家等建築，完整搬遷或重新修復，成為可愛的迷你村莊。每棟建築都是慈善商店，陳列販售袋貂製品、羊毛衣、木頭雕刻、飾品等手作商品；平日雖稍嫌安靜，但一到週末，遊客人潮湧入店內，好不熱鬧。

殖民時代的木造建築，洋溢著復古氛圍

陶朗加農夫市集
住Tauranga Primary School, 31 Fifth Ave.
URL tgafarmersmarket.org.nz
時週六　7:45～12:00

在陶朗加小學的校園裡舉辦

陶朗加農夫市集
Tauranga Farmers Market

Map P.363-B1

擁有21年歷史的農夫市集，除了陳列在地生產的有機蔬菜與水果，還有蜂蜜、橄欖油、咖啡豆等豐富的美食伴手禮，也有許多販賣三明治、可麗餅、漢堡等可以現場品嚐的美食攤販，建議不妨順便來吃早餐。還會舉辦現場音樂演奏，能享受像祭典般的熱鬧氛圍。

雖然規模小卻聚集精選的賣家

榆樹傳教屋
住15 Mission St.
電(07) 577-9772
URL www.theelms.org.nz
開10:00～16:00
休無休
費大人$15、小孩$7.5（包含館內的導覽之旅）

被樹木環繞的小小建築

榆樹傳教屋
The Elms Te Papa

Map P.363-A1

1838年第一批來到這塊土地的西方人，為了永久居住而建造的英國傳教士住所，傳教屋完成於1847年，在毛利戰爭中也作為接收傷病患者的醫療設施。

芒格努伊山的景點

如何前往毛奧
從陶朗加市中心搭乘Bayhopper#5，約20分鐘；或從芒格努伊山市中心搭乘#5、#21。

如何前往帕帕摩亞海灘
從陶朗加市中心搭乘Bayhopper#2B、#2W，約50分鐘；或由芒格努伊山市中心搭乘#20、#21。

毛奧（芒格努伊山）
Mauao (Mount Maunganui)

Map P.363-A1

擁有「The Mount」暱稱，也是芒格努伊山這個城鎮最有名氣的景點。海拔232m的毛奧山是突出於海面的圓錐形山岳，因為周邊為平坦地形，順著輕鬆好走的健行步道，不需要特殊裝備就能登山，過去也曾被毛利人當作城堡要塞。徒步至山頂需要約30分鐘，也有沿著海岸線一圈約45分鐘的路線；而山頂360度的全景開闊視野，令人嘆為觀止。

主海灘與帕帕摩亞海灘
Main Beach & Papamoa Beach

Map P.363-A1、P.363-A1外

位於市區東北邊的主海灘，因為靠近外海使海浪較為強勁，吸引眾多衝浪客前來逐浪；而遠離毛奧的帕帕摩亞海灘，相較之下遊人少，氣氛更加悠閒。至於在市區反方向的Pilot Bay，因為屬於內海又有淺灘，很適合玩水。離主海灘不遠的莫圖里基島Moturiki Island，步行約10分鐘即可到達，在海浪較大時，可以看到海水從岩縫間噴發而出的噴水孔景觀。

鹽水溫泉池
住9 Adams Ave.
電(07) 577-8551
URL mounthotpools.co.nz
營週一～六　7:00～22:00
　週日・節日　8:00～22:00
休無休
費大人$20～、小孩・銀髮族$13.5～
交從陶朗加市中心搭乘Bayhopper#5，約20分鐘；或從芒格努伊山市中心搭乘#5、#21。

健行完之後的溫泉浴，格外舒暢

鹽水溫泉池
Mount Hot Pools

Map P.363-A1

鹽水溫泉池是將海水過濾後，利用地底溫泉加熱而成的戶外溫水游泳池。因位於毛奧山腳下，最適合在健行過後來放鬆身心，並設有個人池，也提供按摩服務。

陶朗加＆芒格努伊山的小旅行 Excursion

與野生海豚相遇之旅

搭乘小船接近野生的海豚群，再下海與牠們一起游泳，在乘船途中還有機會發現藍企鵝及紐西蘭海狗的蹤影。並提供潛水衣、呼吸管等裝備的租借服務。

Dolphin Seafaris
(07) 577-0105 FREE 0800-326-8747
URL www.nzdolphin.com
時 11～5月 費 大人$139、小孩$99
CC MV

陶朗加＆芒格努伊山的戶外活動 Activity

Tandem高空跳傘

從小飛機一躍而出，再利用降落傘降落於海灘上，全程都有教練陪同、很安全的Tandem高空跳傘。跳傘高度有1萬2000或1萬5000英尺可以選擇，收費也會因此不同。飛翔在空中時可以將魯阿佩胡山Mt. Ruapehu、白島White Island等景致一覽無遺。

Skydive Tauranga
(07) 574-8533
URL www.skydivetauranga.com 時 全年
費 1萬2000英尺$379～
1萬5000英尺$479～
CC MV

衝浪

提供初學者角度圓、危險性低且容易使用的衝浪板，並附帶簡單易懂的教學課程；初學者課程每天11:00～、13:30～，所需時間為2小時。也提供潛水衣等設備的租借服務。

Hibiscus Surf Lessons & Hires
(07) 575-3792
URL surfschool.co.nz 時 全年
費 初學者課程$79～、私人課程$159～
CC MV

陶朗加＆芒格努伊山的住宿 Accommodation

芒格努伊山

Beachside B&B

Map P.363-A1

從交誼廳可以飽覽大海美景的B&B，擁有3種類型的客房，各間客房都有專屬淋浴間，還有親切主人Jim與Lorraine的熱情招待。距離市中心約3km，提供免費的機場或巴士站接送。

住 21B Oceanbeach Rd.
(07) 574-0960
URL www.beachsidebnb.co.nz
費 Ⓢ$105～ Ⓓ$125～
房數 3 CC MV

Tasman Holiday Park

Map P.363-A1外

設置於帕帕摩亞海灘上的Holiday Park，從露營區到可欣賞海景的別墅，有各種住宿方式，客房與公共衛浴都很整潔。距離市區大約10km。

住 535 Papamoa Beach Rd. FREE 0800-232-243 URL tasmanholidayparks.com/nz
費 Camp$50～ Cabin$99～ Unit$149～ Villa$199～
房數 45 CC MV

陶朗加

Trinity Wharf

Map P.363-A1

面對陶朗加灣，從海邊客房看出去的景色格外美麗。飯店內還設有義大利餐廳，一邊欣賞陶朗加灣景致，一邊享用早餐或晚餐都超棒。

住 51 Dive Crescent, Tauranga
(07) 577-8700
URL www.trinitywharf.co.nz
費 ⓈⓉⒹ $260～
房數 123 CC ADJMV

Up in the Starts

Map P.363-B1外

由親切的夫婦與可愛的玩具貴賓狗經營的B&B，位於高處，從客廳就能欣賞陶朗加的景色，公共浴室還有浴缸。周圍是寧靜的住宅區，非常悠閒。

住 34 Galaxy Pl.
027-438-1557
費 ⓈⒹ$134～
房數 2
CC 不可

廚房（全部客房） 廚房（部分客房） 廚房（共用） 吹風機（全部客房） 浴缸（全部客房） 游泳池
網路（全部客房／須付費） 網路（部分客房／須付費） 網路（全部客房／免費） 網路（部分客房／免費）

人口：3萬6100人
URL gdc.govt.nz

吉斯伯恩

Gisborne

北島的東海岸，猶如半島般突出之處稱為東部地區Eastland，擁有複雜蜿蜒的海岸線及悠然自得的風景。吉斯伯恩是東部地區規模最大的城市，也是紐西蘭最東邊的城市，還是能看見「全世界最早日出」的城市（其實在太平洋上有其他島嶼國家更靠近國際換日線）。而受惠於豐富的日照，這裡也以優質葡萄酒的產地而聞名；還有接連不斷的精采大浪，也成為熱門的衝浪地點。

擁有溫暖氣候的濱海城市

1769年10月，英國探險家詹姆斯・庫克James Cook以第一位歐洲人的身分踏上吉斯伯恩的陸地，卻因為與毛利人的溝通不良，而無法獲得期望的飲水及食物補給，於是被取名為貧窮灣Poverty Bay，並一直沿用至今。

如何前往吉斯伯恩 Access

紐西蘭航空有直飛班機從各主要城市飛往吉斯伯恩機場Gisborne Airport，奧克蘭出發1日3～5班，所需時間約1小時；威靈頓則是1日1～3班，所需時間約1小時5分。機場在距離市區西方約5km之處。

長途巴士則有InterCity從奧克蘭出發的直達車，1日1班，所需時間約9小時15分；威靈頓出發的班次中途會經過內皮爾，1日1班，所需時間約9小時35分。巴士停靠站在遊客中心i-SITE前。

吉斯伯恩的漫遊

格萊斯頓路Gladstone Rd.是非常熱鬧的主街道，與其交叉的皮爾街Peel St.周邊是餐廳、商店的聚集區；沿著格萊斯頓路的市區西北邊，則有許多汽車旅館林立，而面對貧窮灣的懷卡奈海灘Waikanae Beach附近，分布著Holiday Park及汽車旅館。

此外，在市區也分布著詹姆斯・庫克的紀念碑等，與歷史相關的景點（→P.368），可在遊客中心i-SITE索取「A Historic Walk」，散步時按圖索驥別有一番趣味。

航空公司（→P.496）
紐西蘭航空

吉斯伯恩機場
Map P.367-A1外
住 Aerodrome Rd.
☎ (06) 867-1608
URL www.eastland.nz
從機場到市中心可搭乘計程車。

主要的計程車公司
Gisborne Taxis
☎ (06) 867-2222
FREE 0800-468-294

主要巴士公司（→P.496）
InterCity

遊客中心 i-SITE
Gisborne Visitor Centre
Map P.367-A1
住 209 Grey St.
☎ (06) 868-6139
FAX (06) 868-6138
URL tairawhitigisborne.co.nz
開 9:00～17:00
休 無休

東部地區內部的交通
有接駁巴士行駛於吉斯伯恩沿海岸線北上到Hicks Bay之間，從遊客中心i-SITE前出發，要預約。
Cooks Passenger Courier Services
✆ 021-371-364
運 週一～五　13:15出發（依季節變動）
休 週日

矗立在高台上的庫克登陸紀念碑

泰拉懷提博物館
Tairawhiti Museum

Map P.367-A2

佇立於塔魯赫魯河Taruheru River河畔的博物館，館內舉凡這個地區的地理、毛利文化、歐洲移民史等都有相關介紹，另外像是英國探險家詹姆斯・庫克James Cook造訪吉斯伯恩的展覽專區也很豐富。在博物館後方，則展示著由1912年於吉斯伯恩外海沉沒的大型郵輪Star of Canada所打撈上岸的艦橋等古物；至於博物館前庭也公開展示1872年開拓時代的居住房舍Wyllie Cottage。

泰拉懷提博物館
住 Kelvin Rise, Stout St.
電 (06) 867-3832
URL www.tairawhitimuseum.org.nz
開 週一～六 10:00～16:00
週日 13:30～16:00
休 無休
費 大人$5、小孩免費（12歲以下）

展出遺留濃厚毛利文化色彩的城市歷史

吉斯伯恩葡萄酒中心
Gisborne Wine Centre

Map P.367-B2

有「紐西蘭的夏多內Chardonnay首都」的美稱，是紐西蘭國內知名葡萄酒產地的東部地區，在吉斯伯恩周邊就有16家酒莊，而中心則是以酒莊的價格來販售地區生產的葡萄酒。因為附設餐廳，可以在品嚐比較後再購買。

吉斯伯恩葡萄酒中心
住 Shed 3, 50 Esplanade St.
電 (06) 867-4085
URL gisbornewinecentre.co.nz
營 週二～六 15:00～21:00
（依季節變動）
休 週日・一

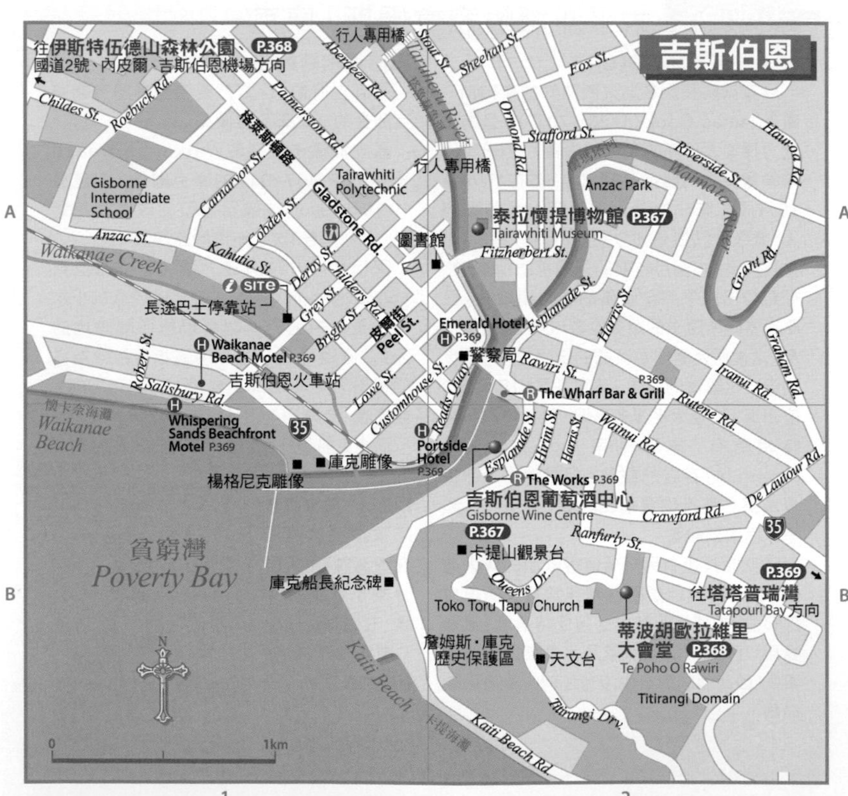

蒂波胡歐拉維里大會堂
住Queens Dr.
開參觀內部要預約，可以在遊客中心i-SITE預約。
費免費

伊斯特伍德山森林公園
住2392 Wharekopae Rd. RD2, Ngatapa
☎(06) 863-9003
FAX(06) 863-9093
URL eastwoodhill.org.nz
開8:30～16:30
休無休
費大人$15、小孩$2
交從吉斯伯恩市中心沿著國道2號往南行，進入Wharekopae Rd.再往前行約23km。

Rere Rock Slide，附近的Rere瀑布不能錯過
© BackpackGuide.NZ

蒂波胡歐拉維里大會堂
Te Poho O Rawiri

Map P.367-B2

位在卡提山Kaiti Hill的北側，是毛利人的集會所Marae，建於1930年，也是紐西蘭規模最大的；附近還有一間小小的毛利教堂Toko Toru Tapu Church。

可欣賞到充滿藝術性的雕刻

伊斯特伍德山森林公園
Eastwoodhill Arboretum

Map P.367-A1外

距離吉斯伯恩約30分鐘車程，從北美、歐洲橡樹到紐西蘭原生樹種，種植多達4000種各式品種的樹木、灌木及蕨類植物的遼闊公園；園內的植物種類之豐富與占地之廣為世界知名，四季都有不同的迷人面貌。夏季不妨把旅遊行程延伸到附近的Rere Rock Slide，擁有全長60m的天然滑水道，趴在滑板上滑下來是最熱門的活動。

Column 太平洋探險家詹姆斯·庫克

偉大航海家的卓越功績

以庫克船長之名為人所熟知的詹姆斯·庫克James Cook（1728～79年），是竭盡全力探索太平洋的英國航海家。1768年他率領奮進號帆船從英國出發，並在1769年10月成為第一位踏上紐西蘭土地的歐洲人，登陸地點就是如今的吉斯伯恩海岸，之後耗費長達6個月時間的仔細探訪調查，終於製作出幾乎完全正確的紐西蘭地圖；而庫克當時所賦予的眾多地名，也一直沿用至今，之後紐西蘭成為英國的殖民地，開始步向近代化國家的歷史。庫克花了10年時間3度出海，調查太平洋各島嶼，最後推翻了當時相信有「未知的南方大陸Terra Australis」存在的說法。但是他本人卻在夏威夷島進行物資補給之際，與原住民起爭執而遭到殺害。

庫克船長還有另一項值得歌頌的偉大功績，就是有效地預防當時非常嚴重的壞血病發生，他要求船艙內必須保持清潔，透過食用以醋醃漬的高麗菜及水果來攝取維生素C，因此他的隊員中沒有任何人罹患過壞血病。

與庫克相關的紀念碑

來到吉斯伯恩，當然要造訪多座有關庫克船長的紀念碑及雕像。

矗立於懷卡奈海灘Waikanae Beach（Map P.367-B1）的庫克雕像，興建於1999年，以地球儀為造型的球狀底座背面，還刻劃著3次大航海的路線圖。

同樣在懷卡奈海灘上還有著楊格尼克Young Nick的雕像，這位年僅12歲的小水手正是在船上第一個發現紐西蘭陸地的人，這座雕像就是他以手遙指著以他為名的楊格尼克角Young Nick's Head方向，並高喊「有陸地！」的模樣。

而庫克船長一行人真正登陸的地點是在卡提海灘Kaiti Beach，據推測當時奮進號就停泊在海灣內，眾人再分乘小艇踏上陸地，在這裡也同樣立有紀念碑（Map P.367-B1）。

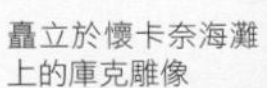
矗立於懷卡奈海灘上的庫克雕像

塔塔普瑞灣
Tatapouri Bay

Map P.367-B2外

距離吉斯伯恩約15分鐘車程的塔塔普瑞灣，推出觀察野生魟魚的旅遊團，在聽嚮導解說土地歷史及毛利神話的同時，進入退潮時的珊瑚礁，好奇心旺盛的魟魚就會靠近；可以近距離觀察魟魚，還能餵食。

與魟魚近距離接觸的珍貴經驗

塔塔普瑞灣
住532 Whangara Rd., State Hwy. 35
電(06) 868-5153
URL www.divetatapouri.com
時全年（要預約）
費珊瑚礁生態之旅大人$60、小孩$20（所需時間約1小時）

吉斯伯恩的餐廳 Restaurant

The Wharf Bar & Grill
Map P.367-A2

面對港灣，好天氣時在戶外座位用餐超舒服，供應海鮮、肉類料理、義大利麵、漢堡等豐富餐點，主菜為$21.5～，還有未滿13歲小朋友的兒童餐。

住60 The Esplanade
電(06) 281-0035
URL wharfbar.co.nz
營週二～五11:00～21:00、週六10:00～21:00、週日10:00～15:00
休週一 CC MV

The Works
Map P.367-B2

以面對著內灣的古蹟建築作為餐廳，提供連餐點盛盤都很優雅的紐西蘭料理。晚餐的主菜料理為$40左右，除了夏多內，還蒐羅許多搭配料理的在地葡萄酒。

住41 Esplanade St.
電(06) 868-9699
FAX (06) 868-9897
URL www.theworksgisborne.co.nz
營10:00～Late
休無休 CC MV

吉斯伯恩的住宿 Accommodation

Emerald Hotel
Map P.367-A2

座落在市中心，用餐及買東西都很方便的地理位置。客房設計雖然簡單卻充滿高級感，還有附設專用陽台的河景客房，其他像是SPA、餐廳等設備應有盡有。

住13 Gladstone Rd. 電(06) 868-8055 FREE 0800-363-7253 FAX (06) 868-8066 URL emeraldhotel.co.nz 費ⒹⓉ$199～ 房數49 CC ADMV

Portside Hotel
Map P.367-B1

座落於可眺望貧窮灣的寧靜地點，超過半數的客房享有港灣景色，從單人房到擁有開闊起居間及廚房的套房、2間臥室的閣樓等，房型選擇極多，也設有健身房、游泳池，而飯店接待大廳更是洋溢著奢華氛圍。

住2 Reads Quay 電(06) 869-1000 FREE 0800-767-874 URL www.heritagehotels.co.nz/hotels/portside-hotel-gisborne 費ⓈⒹⓉ$180～650 房數56 CC AJMV

Whispering Sands Beachfront Motel
Map P.367-A·B1

所有客房都面對海灘，2樓的客房附有陽台，1樓就能直接從房間走到海灘。每間客房都有冰箱、廚房及電視等設備，非常適合長期停留的旅客。

住22 Salisbury Rd. 電(06) 867-1319 FREE 0800-405-030 FAX (06)867-6747 URL www.whisperingsands.co.nz 費ⒹⓉ$230～330 房數14 CC ADJMV

Waikanae Beach Motel
Map P.367-A1

位於汽車旅館林立的Salisbury Rd.，步行到懷卡奈海灘只要1分鐘。內裝簡單的客房讓人心情安穩，若是事先提出需求，也能提供培根蛋等早餐$10～。

住19 Salisbury Rd. 電(06)868-4139 FREE 0800-924-526 FAX (06)868-4137 URL www.waikanaebeachmotel.co.nz 費ⓈⒹⓉ$109～304 房數15 CC ADJMV

廚房（全部客房） 廚房（部分客房） 廚房（共用） 吹風機（全部客房） 浴缸（全部客房） 游泳池
網路（全部客房／須付費） 網路（部分客房／須付費） 網路（全部客房／免費） 網路（部分客房／免費）

內皮爾

Napier

街頭林立著裝飾藝術風格的建築物

沿著美麗海岸而開發的內皮爾，是洋溢著自由明快氣氛的城市，尤其是裝飾藝術風格的建築物林立，獨特的美感很吸引人。因為這個地區於1931年2月3日發生大地震，整座城市遭遇毀滅性的破壞，後來決定以當時最流行的裝飾藝術建築風格來重新再造內皮爾，才有今天「裝飾藝術的首都」的美稱；並於每年2月舉辦「裝飾藝術週末Art Deco Weekend」，街頭都是1920～30年代服飾裝扮的人群，好不熱鬧。此外，內皮爾不僅是全世界木材、羊毛、食品的裝運港口，還是日本造紙業重要的紙漿供應基地，有以其為名的面紙商品。而以內皮爾為中心的東海岸霍克斯灣Hawke' s Bay地區，則是紐西蘭首屈一指的高級葡萄酒產地，隨處是景色優美動人的葡萄園，千萬別錯過造訪眾多酒莊的品酒之旅。

如何前往內皮爾 Access

紐西蘭航空有從各主要城市出發的直飛班機，奧克蘭1日7～10班，所需時間約1小時；威靈頓1日3～5班，所需時間約1小時；基督城1日3～4班，所需時間約1小時30分。最近的霍克斯灣機場Hawkes BayAirport位於市區以北約7km處。

長途巴士則有InterCity行駛，包含經過的班次，奧克蘭出發1日2班，所需時間7小時30分～8小時20分；威靈頓1日2～3班，所需時間6小時～8小時30分。

內皮爾的漫遊

市中心就在愛默森街Emerson St.，以這條路為中心，眾多美輪美奐的裝飾藝術風格建築林立，還有沿著海岸延伸、風光明媚的濱海大道Marine Pde.，都非常適合散步。而進行重劃再開發的Ahuriri地區，則有許多時尚餐廳。租車或參加在地旅遊團在周遊景點上很方便，不過也可以搭乘行駛於市中心及郊外、有8條路線的市巴士Go Bay Bus，在內皮爾市區的Dalton St.（Map P.372-B1）發車。

奧克蘭
內皮爾

人口：6萬5000人
URL www.hawkesbaynz.com

航空公司（→P.496）
紐西蘭航空

霍克斯灣機場
Map P.371-A2外
☎(06) 834-0742
URL hawkesbay-airport.co.nz
從機場到市中心可搭乘機場接駁巴士或計程車。

機場接駁巴士公司
Super Shuttle
FREE 0800-748-885
URL www.supershuttle.co.nz
費 機場↔市中心
1人 $23
2人 $29
3人 $35

主要的計程車公司
Hawkes' s Bay Combined Taxis
☎(06) 835-7777
FREE 0800-627-437
URL hawkesbaytaxis.nz
也可以使用手機app叫Uber

主要巴士公司（→P.496）
InterCity

長途巴士停靠站
Map P.372-A1
住 12 Carlyle St.

遊客中心 i-SITE
Napier i-SITE
Map P.372-A1
住 100 Marine Pde.
☎(06) 834-1911
FREE 0800-847-488
FAX (06) 835-7219
URL www.napiernz.com
開 9:00～17:00
（依季節變動）
休 無休

Go Bay Bus
☎(06) 835-9200
URL www.gobay.co.nz
運 週一～五6:00多～18:00多、週六8:00多～17:00多
休 週日
費 車資為依距離而變動的分區收費制，使用現金或儲值卡Bee Card支付。
現金 $1～1.5
Bee Card $0.5～1

漫步裝飾藝術之都

Art Deco Walk

由於1931年的大地震，造成市區建築毀壞，重建之際，許多建築都採用當時最流行的裝飾藝術風格，讓內皮爾又有裝飾藝術之都的稱號。想要漫遊市區，可以在遊客中心i-SITE索取免費地圖，也可以參加由裝飾藝術信託協會The Art Deco Trust所推出的導覽之旅。在裝飾藝術商店The Art Deco Shop（Map P.372-A1）內，則販售與裝飾藝術相關的商品及書籍。

另外在每年2月的第3個週末，還會舉行裝飾藝術嘉年華，有爵士音樂會、古董車遊行等節目，讓市區熱鬧不已，許多民眾還會穿著1920～1930年代的服飾裝扮來參加活動。而這段時間的住宿一定要提早訂房。

看完簡介影片後再來進行實地徒步之旅

裝飾藝術之旅
裝飾藝術信託協會
電(06) 835-0022
FREE 0800-427-833
URL www.artdeconapier.com
清晨徒步之旅
時裝飾藝術商店前10:00出發（所需時間約1小時30分）
費大人$29.5、小孩$5
午後徒步之旅
時裝飾藝術商店前14:00出發（夏季所需時間約2小時20分、冬季所需時間約1小時30分）
費大人$31.5、小孩$5
傍晚徒步之旅
時裝飾藝術商店前16:30出發（僅限夏季，所需時間約2小時）
費大人$30.1、小孩$5

裝飾藝術商店
Map P.372-A1
住7 Tennyson St.
電(06) 835-0022
營夏季9:00～17:00
冬季9:30～14:30
休無休

內皮爾區域圖

往霍克斯灣機場、陶波、吉斯伯恩方向
內皮爾灣
Port of Napier
Navigate Seaside Hotel & Apartments P.377
布拉夫山丘
Bluff Hill
P.373
AHURIRI
舊國家菸草公司
P.372 內皮爾市中心
Marine Parade
Puketitiri Rd.
Park Island Recreation Ground
P.375
明聖莊園
Mission Estate Winery
Mission Estate Winery Restaurant P.376
Church Rd.
Taradale Rd.
TARADALE
教堂路酒莊
Church Road Winery
P.375
Puketapu Rd.
Anderson Park
Art Deco on Corbett 1930's Design P.377
Riverbend Rd.
Willowbank Ave.
Napier Hastings Expressway
AWATOTO
Ballina Motel P.377
Meeanee Rd.
Papakura Domain
Links Rd.
P.375
Silky Oak巧克力工廠
The Silky Oak Chocolate Company
往哈斯丁方向
往擄人岬 P.374、
阿拉塔基蜂蜜遊客中心 P.375 方向

紐西蘭國家水族館

National Aquarium of New Zealand

Map P.372-B1

紐西蘭國家水族館
住Marine Pde.
電(06) 834-1404
URL www.nationalaquarium.co.nz
開9:00～17:00
（最後入場時間～16:30）
休無休
費大人$25、小孩$12.5
企鵝餵食秀
時9:30、13:30、15:30
潛水員表演魚兒餵食秀
時14:00
Little Penguins Close Encounter
時13:00
費$140（要預約）

除了有各種魚類之外，還看得到刺背鱷蜥Tuatara、奇異鳥等紐西蘭特有動物的水族館。館內最大的焦點，就是設置在深達3m的大水槽內、全長50m的玻璃隧道，走在電動步道上可以欣賞大鯊魚或魟魚從頭上游過的樣子，以及潛水員進入水槽中表演魚兒餵食秀，還推出可以近距離接觸及餵食可愛企鵝的Little Penguins Close Encounter活動。

可以用各種角度觀察魚兒

霍克斯灣博物館&劇院&美術館

Museum, Theatre, Gallery Hawke's Bay

Map P.372-A1

霍克斯灣博物館&劇院&美術館
住1 Tennyson st.
電(06) 835-7781
URL www.mtghawkesbay.com
開9:30～17:00
休無休
費免費

是結合博物館、劇院及美術館的複合設施，館內蒐羅毛利族的裝飾品、在地藝術家的作品、近代的工業設計等包羅萬象的展覽品。而有關1931年2月3日大地震的珍貴紀錄影片，更是非看不可。還附設劇院。

鄰近遊客中心i SITE，交通便利

內皮爾市中心

P.377 Scenic Hotel Te Pania
P.373 海洋水療中心 Ocean Spa
P.372 霍克斯灣博物館&劇院&美術館 Museum, Theatre, Gallery, Hawke's Bay
P.372 帕尼亞雕像 Pania of the Reef
P.371 The Art Deco Shop
舊每日電訊報社
Sound Shell & Colonade
Tiffen Park
P.376 Café Tennyson + Bistro
Criterion Art Deco Backpackers
i SITE
Art Deco Masonic Hotel P.374
Globe P.376
Public Trust Building
Napia City Bike Hire & Tours P.373
愛默森街 Emerson St.
舊中央飯店
長途巴士停靠站
Clive Square
ASB銀行
T&G大樓
Quest Napier P.377
P.376 Pacifica
巴士總站
Motel de la Mer P.377
內皮爾火車站
P.377 Pebble Beach Motor Inn
P.372 紐西蘭國家水族館 National Aquarium of New Zealand
Shakespeare Rd.
Milton Rd.
Tennyson St.
Dickens St.
Dalton St.
Station St.
Vautier St.
Hastings St.
Bower St.
Munroe St.
Marine Pde.
濱海大道
0 200m

帕尼亞雕像

Pania of the Reef

Map P.372-A1

矗立在市中心的濱海大道旁，脖子掛著毛利傳統項鍊的少女帕尼亞雕像。這是源自於悲傷的毛利愛情傳說，作為海洋子民的少女帕尼亞，愛上毛利青年Karitoki，共同居住於陸地；經過一段時間後，趁著丈夫出門參加長期戰役之際，帕尼亞暫時回到大海。但是要再到陸地去時，被海王發現且大為震怒，把她變成了岩石平台，再也無法到陸地與愛人見面。

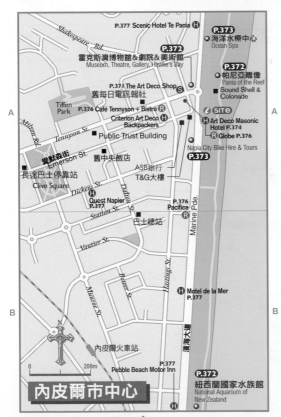

佇立在濱海大道旁公園的帕尼亞雕像

霍克斯灣單車道
Hawke's Bay Trails

Map P.372-A1

內皮爾周邊規劃有超過200km的單車道，包括36～47km的酒莊周遊路線，以及前往擄人岬（→P.374）的濱海路線等，不但設施完善，而且能將霍克斯灣的海岸景觀及景點都走透透。記載著腳踏車租借地點、途中可供休息的咖啡館、公共廁所等資訊的路線圖，在遊客中心i SITE官網可以免費下載，也有手機app。

也有單車的旅遊行程

Hawkes's Bay Trails
URL www.hbtrails.nz

Napier City Bike Hire & Tours
住 117 Marine Pde.
✆ 027-8959-595
FREE 0800-245-344
URL www.bikehirenapier.co.nz
開 10:00～17:00（依季節變動）
費 租腳踏車1小時$20～
CC MV

平坦好騎的路段很多

海洋水療中心
Ocean Spa

Map P.372-A1

位在濱海大道上的SPA設施，擁有2座大型戶外休閒戲水池，以及25m的游泳池等，可以家庭親子同樂；還有蒸氣浴、三溫暖等設備，適合想悠閒放鬆的遊客。

可以一邊眺望大海

海洋水療中心
住 42 Marine Pde.
☎ (06) 835-8553
URL www.oceanspanapier.co.nz
營 週一～六 6:00～22:00
週日・節日 8:00～22:00
休 無休
費 大人$10.7、小孩$8

從市中心步行過去很方便

布拉夫山丘
Bluff Hill

Map P.371-A2

盤據在市區北邊，是絕佳的登高瞭望地點，站在山頂能將腳下的內皮爾港、霍克斯灣的細長海岸，以及蔚藍大海遠端的擄人岬Cape Kidnappers（→P.374）一眼覽盡，尤其在晴朗的日子更是美不勝收。

而座落於山頂附近，有一些由當年英國移民所建造的木頭房舍，多數僥倖躲過地震災害，不難想像在這場天災發生前，內皮爾曾經擁有過的街道風情。

由布拉夫山丘俯瞰內皮爾港

如何前往布拉夫山丘
徒步的話，可由濱海大道北邊轉進Coote Rd.，再右轉Thompson Rd.，然後沿著指標一路直走約30分鐘；路程後半段是陡峭的斜坡，還會有穿越森林的步道。日落之後前往觀景台的大門就會關閉，請留意時間。

Napier Prison Tours
住 55 Coote Rd.
☎ (06) 835-9933
URL www.napierprison.com
開 9:00～17:00
費 大人$30、小孩$15
位於布拉夫山丘的舊監獄，推出自助語音導覽之旅，可以租借地圖，參觀內部的獨居房和其他牢房。還能手持犯人編號拍半身檔案照，超受遊客歡迎。

擄人岬

Cape Kidnappers

Map P.371-B2外

從濱海大道就能眺望到的擄人岬，是距離內皮爾市區南邊約30km的一處海岬，因為是塘鵝的繁殖地而列為保護區。想要欣賞塘鵝蹤影的最佳季節，從11月上旬鳥寶寶誕生季至2月下旬的幼鳥養育期，7月到10月間則是築巢期而禁止進入，要特別注意。

塘鵝的棲息地就在擄人岬的正前方，以及從海岬前端休息點再步行20分鐘之處，或從道路終點處的Clifton再往前行約8km的沙灘上，單程步行約2小時也能夠看到塘鵝。不過，Clifton到棲息地的這段路程僅限在退潮時行走，一定要到遊客中心i-SITE確認漲潮時刻，或是洽詢適當的出發時間。

Column 裝飾藝術之都內皮爾

在遭逢大地震的災難之後，在居民齊心協力下重新建立的內皮爾，很適合漫步在街上，欣賞一棟棟的美麗新建築。

T&G大樓 Map P.372-A1

T&G Building

興建於1935年，有美麗的銅製圓頂及鐘樓。當時是為禁酒者設計保險公司的大樓，現在則是作為餐廳及飯店使用。

舊國家菸草公司 Map P.371-A2

National Tabacco Company Building

距離市中心有點遠，步行約需要30分鐘，但建築內部的裝飾非常典雅美麗。

ASB銀行 Map P.372-A1

ASB Bank

建築完成於1932年，以前是紐西蘭銀行所屬，現在則是ASB銀行內皮爾分行，外觀巧妙地融合毛利圖騰與裝飾藝術風格，內部也不能錯過。

舊中央飯店 Map P.372-A1

The Former Hotel Central

位於愛默森街上，是內皮爾規模最大的裝飾藝術風格建築，現在內部有許多店鋪進駐。

裝飾藝術共濟會飯店 Map P.372-A1

Art Deco Masonic Hotel

建於1932年，飯店到現在仍然持續經營中（→P.377），摩登時尚的外觀令人印象深刻，而充滿特殊品味的接待大廳內，還保留著許多當年的家具。

舊每日電訊報社 Map P.372-A1

The Daily Telegraph Building

過去每日電訊報的辦公室，是一棟典型裝飾藝術設計的建築物。

明聖莊園與教堂路酒莊
Mission Estate Winery & Church Road Winery

Map P.371-A1～B1

在霍克斯灣地區分布著超過70家酒莊，其中以明聖莊園Mission Estate Winery特別有名。1851年由法國傳教士所創立，為紐西蘭最古老的酒莊，釀造出來的葡萄酒獲獎無數，設有品酒室可供試飲（須付費），而從庭園可眺望葡萄園遼闊景致的餐廳（→P.376），也頗受好評。此外，往南邊約600m，則是排名第2古老的酒莊──教堂路酒莊Church Road Winery，園內推出酒莊之旅，可以一邊聽工作人員的解說，一邊參觀釀造廠、葡萄園、熟成酒窖及地下室的葡萄酒博物館等設施。

明聖莊園的建築是原本的神學院

Silky Oak巧克力工廠
The Silky Oak Chocolate Company

Map P.371-B1

學習關於巧克力的有趣知識

這是間將比利時進口的原料加工製造成巧克力的工廠，旁邊還設有南半球唯一的巧克力博物館，介紹著巧克力的相關歷史；至於附設商店內當然販售著琳瑯滿目的各種巧克力，相鄰的咖啡館則可供遊客休息。最值得推薦的是在香濃熱巧克力上撒了辣椒粉的Hot Chocolate Extreme with Chilli，1杯$7。

阿拉塔基蜂蜜遊客中心
Arataki Honey Visitor Centre

Map P.371-B2外

阿拉塔基是紐西蘭市場占有率最高的蜂蜜品牌，生產地就在霍克斯灣地區，在市中心以南22km處設有遊客中心。在中心內除了展示著蜜蜂生態、花的種類及生產過程等資訊，還可以在實際的蜂巢中尋找蜂王、透過顯微鏡觀察蜜蠟，學習養蜂的知識。此外，準備約10種口味蜂蜜供遊客試吃的區域最受歡迎，當然也附設商店販售自家商品。

可品嚐麥蘆卡、幸運草等各種口味的蜂蜜

明聖莊園
住198 Church Rd.,Taradale
☎(06) 845-9353
URL missionestate.co.nz
開週一～六 9:00～17:00
週日 10:00～16:30
休無休
交搭乘市區巴士Go Bay Bus #13，約30分鐘可到達。
試飲
費$15（可試飲6種葡萄酒，包含工作人員的解說，每團2～12人）
$10（可自行試飲4種葡萄酒，每團1～6人）並附贈明聖莊園特製的酒杯。

教堂路酒莊
住150 Church Rd.,Taradale
☎(06) 833-8225
URL www.church-road.co.nz
開週四～一10:30～16:30
休週二・三
交搭乘市區巴士Go Bay Bus #13，約30分鐘可到達。
酒莊&博物館之旅
費$10～（含試飲）

Silky Oak巧克力工廠
住1131 Links Rd.,Hastings
☎(06) 845-0908
URL silkyoakchocs.co.nz
開週一～四 9:00～17:00
週五～日 10:00～16:00
（博物館與咖啡館營業到16:00，冬季則營業到15:00）
休節日
交搭乘市區巴士Go Bay Bus #12，約30分鐘可到達。
博物館
費大人$8.5、小孩$5

阿拉塔基蜂蜜遊客中心
住66 Arataki Rd., Havelock North
☎(06) 877-7300
URL aratakihoneyhb.co.nz
開9:00～17:00
休無休
費免費
交搭乘市區巴士Go Bay Bus #10或#11到Havelock North，轉乘#21在Arataki Rd.下車，再步行約7分鐘。

創業於1944年的老品牌

內皮爾的小旅行 Excursion

霍克斯灣酒莊之旅

來到紐西蘭一大葡萄酒產地霍克斯灣，酒莊之旅是熱門活動之一，每家酒莊的所需時間約40分鐘。不只是葡萄酒莊，也會順道造訪在地精釀啤酒及起司工房。

Bay Tours & Charters
電(06) 845-2736 FREE 0800-868-742 URL www.baytours.co.nz
時全年 費1～4人的私人之旅1小時$150、4～16人的團體之旅1小時$200（最短都為3小時） CC MV

內皮爾在地之旅

騎著腳踏車，在嚮導的帶領下暢遊內皮爾的景點；參觀裝飾藝術建築林立的街道、美麗海岸區的Ahuriri，以及街道藝術等，騎乘距離約12km。也有電動腳踏車$40～可供租借。

FISHBIKE
住26 Marine Pde. 電(06) 833-6979
FREE 0800-131-600 URL fishbike.co.nz 時全年（10:30出發，之後時間需洽詢）
費$76、電動腳踏車（18歲以上）$105 CC MV

葡萄酒與啤酒之旅

推出拜訪參觀霍克斯灣的知名葡萄酒莊，以及精釀啤酒屋、蘋果氣泡酒Cider釀造廠、精品酒莊、老牌酒莊、琴酒廠，並進行試飲4種類的旅遊行程，可以自行選擇組合地點，所需時間約4小時30分～6小時。

Hawkes Bay Scenic Tours
住2 Neeve Pl. 電(06) 844-5693 URL www.hbscenictours.co.nz
時全年（12:00出發，冬季會暫停出團約1週）
費$150～ CC MV

內皮爾的餐廳 Restaurant

Pacifica Map P.372-B1

獲獎無數的時尚餐廳，以在霍克斯灣捕撈上岸的新鮮魚貝海產，烹調成的無國籍料理而自豪；5道餐點的套餐$95，葡萄酒單也很豐富。因為店內座位不多，最好先預約訂位。

住209 Marine Pde.
電(06) 833-6335
URL pacificarestaurant.co.nz
營週三～六18:00～23:00 （依季節變動） 休週日～二 CC ADMV

Café Tennyson + Bistro Map P.372-A1

店內裝潢為裝飾藝術風的時尚咖啡館，奧拉基鮭魚班尼迪克蛋$22.9很受歡迎，使用有機咖啡和紅茶。

住28 Tennyson St.
電(06) 835-1490
URL www.cafe-tennyson.com
營7:00～15:30
休無休 CC MV

Mission Estate Winery Restaurant Map P.371-A1

酒莊（→P.375）附設的餐廳，以羊肉或鹿肉為主菜的料理，都很適合搭配葡萄酒。主菜的預算為午餐$32～、晚餐$39～，也供應套餐。

住198 Church Rd. 電(06) 845-9354 FAX (06) 844-6023
URL missionestate.co.nz
開11:30～14:15、17:30～Late
休無休 CC MV

Globe Map P.372-A1

飯店內的多國籍料理餐廳，分量十足的早餐$9～，午餐則以多人分享為主，1道菜$11～26。

住Tennyson St. & Marine Pde.
電(06) 835-0013
URL globerestaurant.co.nz
營7:00～14:00
休無休 CC MV

Scenic Hotel Te Pania

Map P.372-A1

沿著濱海大道打造成圓弧造型，外觀為玻璃帷幕的現代化高級飯店。每間客房都有空調，幾乎所有客房都能眺望霍克斯灣。

住45 Marine Pde.
☎(06) 833-7733
FREE 0800-696-963
URL www.scenichotelgroup.co.nz
費ⓈⒹⓉ$213～
房數109 CC ADJMV

Pebble Beach Motor Inn

Map P.372-B1

靠近國立水族館的時髦汽車旅館，套房附有按摩浴缸，標準客房也使用加大雙人床，十分舒適；從客房陽台就能欣賞海景，很有度假氣氛。

住445 Marine Pde. ☎(06) 835-7496 FREE 0800-723-224
FAX (06) 835-2409
URL pebblebeach.co.nz
費ⓈⒹⓉ$229～ Family Unit $249～ 房數25 CC ADMV

Art Deco Masonic Hotel

Map P.372-A1

緊鄰著遊客中心i-SITE而建，是棟擁有裝飾藝術風格的飯店（→P.374），每間客房有著不同的室內裝潢風格，卻都充滿時尚氛圍；公共的陽台相當寬敞舒適，並且附設有餐廳及愛爾蘭酒吧。

住Tennyson St. & Marine Pde.
☎(06) 835-8689
URL masonic.co.nz
費ⓈⒹⓉ$179～1299
房數43 CC AMV

Ballina Motel

Map P.371-B1

位於酒莊所在的區域，洋溢奢華氣氛的汽車旅館。距離市中心約10分鐘車程，對備品與寢具都很講究，可以舒適度過住宿時光。老闆對周圍的觀光景點很熟悉，不妨向其求教請益，並備有高速Wi-Fi。

住393 Gloucester St. ☎(06) 845-0648 FREE 0508-225-542
URL www.ballinamotel.co.nz
費ⒹⓉ$195～ 房數16
CC ADJMV

Navigate Seaside Hotel & Apartments

Map P.371-A2

位於Ahuriri地區的新飯店，客房空間寬敞，擁有最新設備；1樓為中庭，2樓以上則附設可欣賞海景的陽台，周圍還有咖啡館及藝廊。

住50 Waghorne St. ☎(06) 831-0077 FAX (06) 831-0079
URL navigatenapier.co.nz
費ⒹⓉ$239～
房數28 CC AMV

Art Deco on Corbett 1930's Design

Map P.371-A2

擁有裝飾藝術風格室內裝潢的優雅2間臥室公寓，主人非常親切，並有設置花園桌椅的可愛庭院，可以容納4人。

住12 Corbett Pl.
✆021-239-4156
URL www.facebook.com/artdecoonconbett
費$170～ 房數1 CC 不可

Motel de la Mer

Map P.372-B1

每間客房都有風格迥異的奢華內裝，空間開闊舒適，且大多附設按摩浴缸，還有可眺望海景陽台的客房，也有家庭房及無障礙空間客房。

住321 Marine Pde.
☎(06) 835-7001
FREE 0800-335-263
FAX (06) 835-7002
URL www.moteldelamer.co.nz
費ⒹⓉ$185.25～ 房數11 CC MV

Quest Napier

Map P.372-A1

公寓形式的飯店，從附有簡易廚房的套房，到可以容納5人的2間臥室房，擁有各種客房形式。周圍就有超市、餐廳，非常方便。

住176 Dickens St.
☎(06) 833-5325
URL www.questapartments.co.nz
費ⓈⒹ$199～
房數50 CC AMV

廚房（全部客房） 廚房（部分客房） 廚房（共用） 吹風機（全部客房） 浴缸（全部客房） 游泳池
網路（全部客房／須付費） 網路（部分客房／須付費） 網路（全部客房／免費） 網路（部分客房／免費）

新普利茅斯

New Plymouth

奧克蘭

新普利茅斯

人口：8萬679人
URL www.newplymouthnz.com

航空公司（→P.496）
紐西蘭航空

新普利茅斯機場
Map P.379-A2外
電 (06) 759-6594
URL www.nplairport.co.nz
從機場到市中心可搭乘機場接駁巴士。

機場接駁巴士公司
Scott's Airport Shuttle
電 (06) 769-5974
FREE 0800-373-001
URL www.npairportshuttle.co.nz

主要巴士公司（→P.496）
InterCity

長途巴士停靠站
Map P.379-A1
住 19 Ariki St.

遊客中心 i-SITE
New Plymouth i-SITE
Map P.379-A1
住 Puke Ariki, 65 St. Aubyn St.
電 (06) 759-0897
FREE 0800-639-759
URL pukeariki.com/isite
開 10:00～17:00
休 無休

長達45m的風之杖，會隨著風向而移動

走在濱海步道上，享受令人愉悅的溫柔陽光

新普利茅斯位在北島西南部，一塊突出於塔斯曼海的半島上，受到地形的影響，附近好幾處地點全年都湧起極高的浪潮，因而成為衝浪好手、風帆運動者憧憬的聖地。不僅如此，新普利茅斯也是許多專業重型機車騎士的基地，因而聞名全世界。

在市區南邊則聳立著北島的第2高峰塔拉納基山Mt. Taranaki（又稱為艾格蒙特山Mt. Egmont），是一座形似日本富士山的美麗山峰，深受登山及滑雪客的喜愛，周邊還規劃為艾格蒙特國家公園。塔拉納基附近更因為是好萊塢影星湯姆・克魯斯Tom Cruise主演電影《末代武士》的拍攝地，而大受矚目。

新普利茅斯除了是這個地區的中心都市，同時也是紐西蘭發展能源的重要地點。

如何前往新普利茅斯 Access

紐西蘭航空有直飛航班前往新普利茅斯機場New Plymouth Airport，從奧克蘭出發1日6～9班，所需時間約50分鐘；從威靈頓則是1日1～4班，所需時間約55分鐘。機場位於距離市中心以東約12km處。

也可搭乘InterCity的長途巴士，奧克蘭出發1日1～2班，所需時間約6小時20分；威靈頓出發也是1日1～2班，所需時間約6小時40分～7小時。巴士停靠站在市中心的旅遊中心Travel Centre前。

新普利茅斯的漫遊

城市的地標是矗立在海邊的風之杖Wind Wand，遊客中心i-SITE就位於一旁的普基阿里基內，提供有關市區觀光及塔拉納基山登山等資訊。而周邊餐廳與購物中心林立，海邊則有規劃完善的步道；至於汽車旅館則聚集在國道45號上，還有多家超級市場。在市中心活動可以靠步行，不過租車的話會更方便。

普基阿里基
Puke Ariki

Map P.379-A1

結合博物館、圖書館及遊客中心i-SITE 3種功能於一身的複合設施，由2棟以天橋相連的建築物所組成。

北翼大樓內展示著關於塔拉納基山的形成過程、奇異鳥等野生動物相關知識，以及絕跡的夢幻之鳥——恐鳥Moa的骨頭標本之外，還有介紹毛利文化的藝廊。在南翼大樓則入駐著研究中心、圖書館，收藏著豐富的地區資料，並附設咖啡館。

陳列著許多值得一看的展覽品

普基阿里基
住1 Ariki St.
電(06) 759-6060
URL pukeariki.com
開10:00～17:00
休無休
費免費

普利阿里基在毛利語是「酋長山」的意思

里奇蒙石屋
Richmond Cottage

Map P.379-A1

佇立在普基阿里基旁的石屋，是開墾移民里奇蒙一家於1853年，在海濱處以石塊堆疊蓋起的住家。1962年為了將石屋完整搬遷到這裡，特別將每塊石頭標上編號後才拆除，然後再依照原樣重新組合，作業十分繁複費時。

里奇蒙石屋
住2-6 Ariki St.
開週六・日 11:00～15:30
休週一～五
費免費
※目前臨時休館中

內部重現當年的生活景象

新普利茅斯

游泳池
P.382 Millennium Hotel New Plymouth Waterfront
P.382 Salt
i-SITE
普基阿里基 P.379 Puke Ariki
里奇蒙石屋 P.379 Richmond Cottage
風之杖Wind Wand
旅遊中心（長途巴士停靠站）
往塔拉納基溫泉水療中心 P.380 方向
醫院
戈維特布魯斯特美術館 Govett Brewster Art Gallery P.380
往45號衝浪公路 P.381 方向
Centre City（購物中心）
Portofino Restaurant P.382
鐘塔
Distinction New Plymouth Hotel P.382
Brougham Heights Motel P.382
Pak'n Save（超級市場）
塔拉納基聖瑪莉大教堂 The Taranaki Cathedral Church of St. Mary P.380
P.382 Ducks & Drakes
往新普利茅斯機場、漢密爾頓、奧克蘭方向
P.382 Northgate Motorlodge
瑪斯蘭山丘 Marsland Hill P.380
噴泉
普克庫拉公園 Pukekura Park P.380
池塘
New Plymouth Boys High School
橄欖球公園 Rugby Park
Egmont Eco Leisure Park P.382
戶外劇場
布魯克蘭動物園 Brooklands Zoo P.380
往布魯克蘭公園方向
往塔拉納基山、旺格努伊方向 P.381
Hine St. / St. Aubyn St. / Queen St. / Egmont St. / Ariki St. / Buller St. / Molesworth St. / Hobson St. / Devon St. West / Powderham St. / Vivian St. / Courtenay St. / Leach St. / Lemon St. / Pendarves St. / Gilbert St. / Gover St. / Robe St. / Brougham St. / Cutfield Rd. / Morley St. / Barrett St. / Wallace Pl. / Maratahu St. / Mill Rd. / Carrington St. / Victoria Rd. / Rogan St. / Coronation Ave. / Clawton St. / Frankley Rd. / Glenpark Ave. / Holsworthy St. / Timandra St. / Tokomaru St.
0 200m

普克庫拉公園
URL www.pukekura.org.nz
開 24時間
夏季（停車場）6:00～20:30
冬季（停車場）6:00～18:00
休 無休

布魯克蘭動物園
☎ (06) 759-6060
開 9:30～16:00
休 無休
費 免費

戈維特布魯斯特美術館
住 42 Queen St.
☎ (06) 759-6060
URL govettbrewster.com
開 10:00～17:00
休 無休
費 大人$15
在濱海步道上，有由連恩·萊Len Lye設計的藝術作品風之杖Wind Wand，而收集這位藝術家作品的Len Lye Centre則緊鄰在美術館旁。

瑪斯蘭山丘的天文台
開 僅限週二夜晚開放
夏季 20:30～22:00
冬季 19:30～21:00
（依天候改變）
費 大人$6、小孩$4

塔拉納基聖瑪莉大教堂
住 37 Vivian St.
☎ (06) 758-3111
URL taranakicathedral.org.nz
開 週一～六 8:30～18:00
週日 7:30～20:30
休 無休
費 免費
※目前大教堂正在進行整修而暫停開放。

教堂內的祭壇

塔拉納基溫泉水療中心
住 8 Bonithon Ave.
☎ (06) 759-1666
URL www.thermalspa.co.nz
營 週二～五 10:00～20:00
週六·日 12:00～20:00
休 週一
費 依設施而異。

普克庫拉公園&布魯克蘭動物園
Pukekura Park & Brooklands Zoo

Map P.379-B2

落成於1876年的普克庫拉公園，是將原本不毛的沼澤地經人工開闢而成，經過約140年的歲月後，現在完全看不出任何人為雕鑿痕跡，公園內的自然風景宜人。而普克庫拉公園的後面則連接著布魯克蘭公園。

除了有能划小船的池塘之外，還有綻放著杜鵑花和秋海棠的美麗庭園，是在地民眾非常喜歡的休憩場所，而戶外劇場更不時會上演音樂會及歌劇等活動。此外，公園內還有飼養著狐Meerkat等動物的布魯克蘭動物園Brooklands Zoo，也很值得一遊。

不妨花半天時間在這裡悠閒放空

戈維特布魯斯特美術館
Govett Brewster Art Gallery

Map P.379-A1

是紐西蘭相當罕見，僅收藏現代藝術品的美術館，因此儘管規模極小，卻展示著紐西蘭、澳洲、美國等環太平洋各國藝術家的精湛作品，非常有看頭。

嶄新外觀很吸睛

瑪斯蘭山丘
Marsland Hill

Map P.379-B1

佇立在山丘上的紀念碑

瑪斯蘭山丘原本是毛利人的要塞所在，從Robe St.登上這座和緩山丘，天氣晴朗時可以一覽塔斯曼海與塔拉納基山的全景，一旁還有座鐘樓及天文台。

塔拉納基聖瑪莉大教堂
The Taranaki Cathedral Church of St. Mary

Map P.379-A1

落成於1846年，是全紐西蘭最古老的石頭教堂，雖然幾經修整，但是面對馬路的牆壁一直保持著原樣。每週二的早上7:30～10:00，教堂附設的Hatherley Hall或大門廣場會舉行社區咖啡館活動，成為當地民眾交流的場所。

塔拉納基溫泉水療中心
Taranaki Thermal Spa

Map P.379-A1外

靠近市中心，是輕鬆就能到達的溫泉設施，能享受到歷經2萬9000年歲月才從地層下噴湧而出的高純度溫泉。除了泡湯之外，按摩、敷臉等美容療程選擇也非常豐富，可以挑選最適合自己的組合。因為旅途而疲憊的身心，在這裡可以獲得全面療癒。

45號衝浪公路

Surf Highway 45

Map P.379-A1外

沿著半島西海岸綿延超過105km的45號衝浪公路，分布著Back Beach、Fitzroy Beach、Stent Rd.等數之不盡的絕佳衝浪點，觀光客可以到遊客中心i-SITE，索取刊載公路周邊咖啡館、旅館及海灘資訊的地圖。

塔拉納基山

Mt. Taranaki

Map P.379-B2外

擁有與日本富士山神似美麗身影的塔拉納基山（又名艾格蒙特山Mt. Egmont），海拔2518m，由於屬於獨立山峰，山頂景致開闊、展望絕佳，夏季期間總會吸引大批登山客前來，而熱鬧非凡。山區設有總長超過300km的健行步道，從10分鐘左右就能走完，到要花上好幾天時間環繞山區的路線都有，選擇很多。

其中最具代表性的步道，就是從北艾格蒙特North Egmont出發的塔拉納基山主峰步道Mt. Taranaki Summit Track，而距離新普利茅斯市區約30km，位於海拔936m處的DOC遊客中心，是出發前一定要來收集步道最新資訊的地方。從這裡出發到山頂，來回需要8～10小時，由於附近有山間小屋，前一晚先下榻於此，隔天一早再出發也是一種選擇。這條路線上有險峻的岩壁地形，以及留有殘雪的溪谷等路況，尤其是視線不佳時會有迷路的危險；而且因為海拔高、氣溫低，天氣又容易起變化，一定要有周全的裝備才能上山。無論是多麼炎熱的夏日，也不能穿T恤和短褲等輕裝就出發，絕對不能輕忽大自然的嚴酷；而沒有登山經驗者絕對不能嘗試獨自挑戰。

遊客中心
DOC艾格蒙特國家公園遊客中心
North Egmont Visitor Centre
住2879 Egmont Rd.
☎(06) 756-0990
開11～3月 8:00～16:30
4～10月 8:30～16:00
休無休

至北艾格蒙特的接送服務
Taranaki Tours
FREE 0274-885-087
URL taranakitours.com
費來回$75
超過2人搭乘的話，1人$50，從新普利茅斯到遊客中心需要30分鐘。

沐浴在朝陽中的塔拉納基山

新普利茅斯的戶外活動　搭直升機觀光飛行

想要盡情享受山海皆美的新普利茅斯自然景致，建議一定要來趟直升機的觀光飛行，從直升機上眺望西海岸線及塔拉納基山，可說是叫人無法言喻的美景。

因為是在被雪覆蓋的山頂繞行一圈的路線，可以欣賞到各種角度呈現不同面貌的山岳姿態，所需時間為45分鐘～（飛行時間則為25分鐘～）。

BECK
☎(06) 764-7073
URL www.heli.co.nz
時全年（惡劣天候取消）
費塔拉納基山$365～

從空中眺望海岸線

新普利茅斯的餐廳 Restaurant

Salt
Map P.379-A1

位於Millennium Hotel New Plymouth Waterfront的2樓，可以眺望海景的時尚餐廳，還有氣氛絕佳的露天陽台座位。以湯、三明治為主的午餐$10～45，晚餐則有藍鱈、鮭魚等鮮魚料理，以及牛排等肉類為$35～。

住1 Egmont St. 電(06)769-5304
URL www.millenniumhotels.com
營週一～三 7:00～21:30
週四～日 7:30～21:30
休無休 CC ADJMV

Portofino Restaurant
Map P.379-A2

在奧克蘭及威靈頓都有分店，可以品嚐到正統美味且深受好評的義大利餐廳。值得推薦的是窯烤披薩，撒上蝦仁、燻鮭魚的海鮮披薩$27.5，義大利麵則為$22.5～28.5，葡萄酒單選擇也很豐富。

住14 Gill St.
電(06)757-8686
URL www.portofino.co.nz
營17:00～Late 休週日
CC ADMV

新普利茅斯的住宿 Accommodation

Millennium Hotel New Plymouth Waterfront
Map P.379-A1

緊鄰在普基阿里基、遊客中心i-SITE旁，擁有便利交通的飯店，幾乎所有客房都能眺望塔斯曼海，景觀絕佳。飯店還附設有餐廳與酒吧。

住1 Egmont St.
電(06)769-5301
URL www.millenniumhotels.com
費ⓈⒹⓉ$199～
房數42 CC ADJMV

Ducks & Drakes
Map P.379-A2

這間旅館位於市中心，離普克庫拉公園很近，是由興建於1920年代的2層樓主屋，以及稍微有些距離的小屋所組成。有完善的 BBQ區、三溫暖及洗衣設備，而超級市場也在步行可及的範圍內。

住48 Lemon St. 電(06)758-0404
URL ducksanddrakes.co.nz
費Dorm$32～36 Ⓢ$68～
ⒹⓉ$90～
房數50床 CC MV

Distinction New Plymouth Hotel
Map P.379-A1

以黑白雙色營造出時尚氣氛的客房，幾乎全都附有按摩浴缸，而且都有冷氣、熨斗、衛星電視、迷你酒吧等設備，應有盡有，飯店內還設有健身房。

住42 Powderham St.
電(06)758-7495
URL www.distinctionhotelsnewplymouth.co.nz 費ⓈⒹⓉ$121～
房數60 CC ADJMV

Northgate Motorlodge
Map P.379-A2外

前往市中心很方便，周邊也有超級市場及餐廳等設施，地理位置極佳。有著時尚內裝的客房，每間都附有廚房；館內則有SPA游泳池與BBQ區，以及公寓型的客房。

住16 Northgate 電(06)758-5324 FREE 0800-668-357
URL www.northgatemotorlodge.co.nz 費ⓈⒹ$130～ Ⓣ139～
房數23 CC MV

Brougham Heights Motel
Map P.379-A1

白牆配上紅磚色的屋頂，是非常顯眼又漂亮的汽車旅館。幾乎所有客房都有按摩浴缸的設備，而各種不同目的與設計的套房都很寬敞又舒適，並提供24小時免費使用的洗衣設備。

住54 Brougham St. 電(06)757-9954
FREE 0800-107-008 URL www.broughamheights.co.nz 費Studio$165～
Apartment$190～ 房數34 CC MV

Egmont Eco Leisure Park
Map P.379-B1

距離市中心大約1.5km，位於被森林包圍的7公頃開闊林地內，是非常舒適的青年旅館，還附設有BBQ等設備；對於想享受大自然的人而言，可說是最棒的環境。

住12 Clawton St. 電(06)753-5720 URL www.egmont.co.nz
費Dorm$30～ ⓈⒹⓉ$75～
房數100床 CC MV

廚房(全部客房) 廚房(部分客房) 廚房(共用) 吹風機(全部客房) 浴缸(全部客房) 游泳池
網路(全部客房／須付費) 網路(部分客房／須付費) 網路(全部客房／免費) 網路(部分客房／免費)

旺格努伊

Wanganui

維持著昔日榮盛風華的街道

人口：4萬8100人
URL www.wanganuionline.com

位於北島西海岸南部的旺格努伊地區，有著東格里羅山脈的水源，也就是最後注入塔斯曼海的旺加努伊河，這條河流的可航行流域是全紐西蘭最長的，儘管河水流速穩定，卻依舊擁有多達239處的急流；而且流域被森林所圍繞，規劃為旺加努伊國家公園，可以划獨木舟、挑戰噴射飛船或激流泛舟，以及搭乘蒸汽船等，體驗旺加努伊河的方法很多，千萬別錯過這些精采的戶外活動。

過去因為交通而繁榮發展的旺格努伊，城市街道至今依舊保留著當年優美而古典的建築。

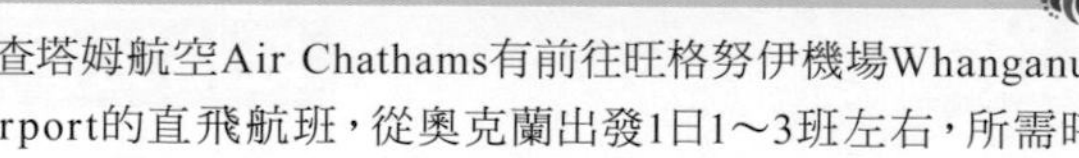

如何前往旺格努伊 Access

查塔姆航空Air Chathams有前往旺格努伊機場Whanganui Airport的直飛航班，從奧克蘭出發1日1～3班左右，所需時間約1小時。機場在市中心南方約7km之處。

長途巴士則有InterCity的直達車從各大城市出發，奧克蘭1日1班，所需時間約8小時25分；從威靈頓1日1～3班，所需時間3小時40分～4小時25分；新普利茅斯出發則是需要2小時30分，1日1～2班。巴士停靠站在市中心的旅遊中心Travel Centre。

旺格努伊的 漫遊

作為主要街道的維多利亞大道Victoria Ave.，保留著許多古老石造建築，餐廳與商店櫛比鱗次；以石板鋪成的路面搭配上瓦斯燈，充滿懷舊風情的街道最適合散步。

城市的中心部分位於旺加努伊河Whanganui River的西岸地區，而維多利亞大道的左右兩側各有一座公園，其中女王公園Queen's Park是博物館等文化設施聚集的區域；至於過橋東側的杜瑞山丘，則是眺望市區風景的最佳地點。

旺格努伊與旺加努伊
城市名為毛利語「很大的港」、「很大的海灣」之意，只是城市名為「旺格努伊Wanganui」，但河川與國家公園卻稱為「旺加努伊Whanganui」，讓人感到混亂，但其實兩者原本的意思相同；因為在當地毛利人的方言中，會將「Whanga」發音成「Wanga」，所以才會有2種名稱同時存在。

航空公司
查塔姆航空
FREE 0800-580-127
URL www.airchathams.co.nz

旺格努伊機場
Map P.384-B2外
URL www.whanganuiairport.co.nz
從機場到市中心可搭乘計程車。

主要的計程車公司
Blue Bubble Taxi
FREE 0800-228-294
URL www.bluebubbletaxi.co.nz

主要巴士公司(→P.496)
InterCity

長途巴士停靠站
Map P.384-B2
住 156 Ridgeway St.

遊客中心 i-SITE
Whanganui Visitor Information Centre
Map P.384-B2
住 31 Taupo Quay
FREE 0800-926-426
URL www.visitwhanganui.nz
開 週一～五 9:00～17:00
週六・日 9:00～16:00
休 無休

從旅遊中心步行約10分鐘就能抵達遊客中心i-SITE

旺加努伊河航行之旅
搭船遊覽旺加努伊河的航行之旅非常受歡迎，有多家船公司，都必須集合到一定人數才會發船。只要在出發前1天，到遊客中心i-SITE申請報名即可，詳情請見P.385。

旺加努伊河的雄偉景致

旺加努伊河
Whanganui River

Map P.384-A1~B2

悠然流經旺格努伊市區，全長290km、為紐西蘭第3長的旺加努伊河，自古以來就是進入內陸地帶的重要運輸路線，毛利人則靠著划行獨木舟往來這條流域；即使是歐洲移民進駐之後，其重要的水路交通地位依舊不變，到19世紀末還有外輪蒸汽船通行，1900年代則有「紐西蘭的萊茵河」之稱。1908年奧克蘭與威靈頓之間的定期火車開始行駛之後，水上交通卻變得更加繁忙，一直到後來火車、公路交通愈來愈完善便捷，水上運輸的重要性才日益減少，交通往來的蒸汽船也在1950年代後半銷聲匿跡。

Waimari河船中心
Waimarie Centre

Map P.384-A2

Waimari河船中心
住 1A Taupo Quay
電 (06) 347-1863
FREE 0800-783-2637
URL waimarie.co.nz
開 10～4月 9:30～13:30（依季節變動）
休 週二、5～9月
費 免費（歡迎捐款）

展出從19世紀持續至1950年代，旺加努伊河水上交通歷史相關資料的展覽館。館內除了有往來於河川上的船舶相關展覽，更以解說文字及照片來介紹；而曾經在1952年沉沒過的外輪蒸汽船Waimarie號，則提供回溯至旺加努伊河上游13km處，來回約2小時的航行之旅（→P.385）。

建於旺加努伊河畔

旺加努伊地區博物館

Whanganui Regional Museum

Map P.384-B2

位於女王公園內，以與恐鳥Moa相關的收藏而聞名世界，並展出僅存5顆恐鳥的其中之一。1樓主要是以旺格努伊地區毛利人相關的展覽，2樓則是以歐洲殖民史及自然科學為主題。

在博物館後方的山丘上，還有收藏繪畫、雕刻等豐富藝術作品的薩基特美術館Sarjeant Gallery。

旺加努伊地區博物館
住Queens Park, Watt St.
☎(06) 349-1110
URL wrm.org.nz
開10:00～16:30
休無休
費免費（歡迎捐款）

薩基特美術館
住38 Taupo Quay
☎(06) 349-0506
URL sarjeant.org.nz
開10:30～16:30
休無休
費免費（歡迎捐款）
目前美術館為了整修暫停開放，預定於2024年中重新開幕。（**MAP P.384-B2**）。

薩基特美術館

莫托亞公園

Moutoa Garden

Map P.384-A2

莫托亞公園是因為1995年2月一起原住民土地權糾紛而出名的場所。當時毛利人群起抗議，認為1840年代來到旺格努伊的歐洲移民非法接收土地，並發動集體占據公園；最後威靈頓高等法院判出「接收屬於合法」的判決，透過長時間的協商，毛利人才終於願意離開公園，結束這場長達2個半月的抗議行動。

旺格努伊的 戶外活動

噴射飛船之旅

被低海拔原始林所覆蓋的旺加努伊國家公園，保留著未經人為開發的大自然，噴射飛船之旅是從距離旺格努伊約120km的皮皮里基Pipiriki出發，一路到芒格普魯瓦Mangapurua為止，沿著旺加努伊河往上回溯，欣賞到四周壯闊又精采的原始森林美景。再從芒格普魯瓦沿步道步行約40分鐘，前往絕路橋Bridge to Nowhere。

Whanganui River Adventures
☎/FAX (06) 385-3246　FREE 0800-862-743
URL www.whanganuiriveradventures.com
時全年（冬季為包船）　費絕路橋　大人$165、小孩$80（所需時間4小時～4小時30分）　CC MV

蒸汽船巡航之旅

1899年製造的外輪蒸汽船Waimarie號，曾經活躍於旺加努伊河上，是非常重要的交通工具，經過整修後於2000年重新展開任務。在約2小時的航行中，能夠充分體驗到懷舊的旅遊情緒。由Waimari河船中心推出行程。

Waimarie Centre（→P.384）
☎(06) 347-1863　FREE 0800-783-2637
URL waimarie.co.nz
時11:00出發（週六14:00也有班次）
費Daily Cruise　大人$49、小孩$19
休週二、5～9月　CC MV

紀念塔
FREE 0800-92-6426
開 8:00～18:00
休 無休
杜瑞山丘電梯
FREE 0800-92-6426
開 週一～五　8:00～18:00
週六・日　10:00～17:00
休 無休
費 單程$2

杜瑞山丘
Durie Hill

Map P.384-B2

從維多利亞大道走過旺格努伊城市橋City Bridge之後，位在河川東岸的丘陵就是杜瑞山丘。山頂上建有一座悼念陣亡者英靈的紀念塔Memorial Tower，只要爬上191格階梯來到塔頂的觀景台，就能夠將旺格努伊市區、旺加努伊河、塔斯曼海一覽無遺，在天氣晴朗時，甚至還可以眺望到塔拉納基山Mt. Taranaki、魯阿佩胡山脈Mt. Ruapehu等高山。

要登上杜瑞山丘頂可搭乘電梯，是1919年為山丘上住宅區的居民而建造，是南半球唯一設置在山腹內的電梯，非常特別。以手動開關的木製電梯門、緩慢的上升速度等，都讓人深刻感受到其歷史。高66m，需要搭乘1分鐘的這座電梯，也是沿著山丘底部筆直延伸達205m狹長隧道的終點，讓第一次造訪的遊客總是看傻了眼。

聳立於山丘上的紀念塔

從紀念塔眺望的迷人景色

旺格努伊的住宿　Accommodation

Aotea Motor Lodge
Map P.384-B1

位於主要街道的豪華汽車旅館，所有客房都備有按摩浴缸、液晶電視及冷氣的完善設備，超級市場與餐廳也在步行範圍內，非常便利。講究睡眠品質而選用的床墊及床單，非常舒適而頗受好評。

住 390 Victoria Ave.　☎ (06) 345-0303　FAX (06) 345-1088
URL www.aoteamotorlodge.co.nz
費 ⓈⒹⓉ$185～
房數 28　CC AMV

Riverview Motel
Map P.384-A2

位於河畔，徒步到市中心需要7～8分鐘，櫃台接待為來自愛爾蘭的活潑女生。套房裡都有電視等完善設備，也很整潔，最適合長期滯留的旅客。

住 14 Somme Pde.　☎ (06) 345-2888　FREE 0800-102-001
FAX (06) 345-2843
URL www.wanganuimotels.co.nz
費 ⓈⒹ$99～160　房數 15　CC MV

Braemar House
Map P.384-A1

分成B&B及背包客棧2種房型，有陽台的B&B客房內裝為維多利亞風格，充滿可愛的氛圍，起居室與浴室也都非常乾淨整潔。

住 2 Plymouth St.　☎ (06) 348-2301　URL braemarhouse.co.nz
費 背包客棧　Dorm $30～
Ⓢ$60～　Ⓣ$80～
B&B　Ⓢ$90～　ⒹⓉ$110～
房數 22床+8房　CC MV

Browns Boutique B&B
Map P.384-B1

由建於1910年的時尚住宅而改建，只有2間客房的安靜B&B，其中1間附浴缸。有歐姆蛋、可麗餅、自製什錦果麥的早餐很豐富，可以在日照良好的庭院裡悠閒放鬆。

住 34 College St.　✆ 027-3082-495
URL brownsboutiquebnb.co.nz
費 Ⓢ$200～　Ⓓ$230～
房數 2　CC MV

廚房（全部客房）　廚房（部分客房）　廚房（共用）　吹風機（全部客房）　浴缸（全部客房）　游泳池　網路（全部客房／須付費）　網路（部分客房／須付費）　網路（全部客房／免費）　網路（部分客房／免費）

北帕莫斯頓

Palmerston North

位於市中心的廣場

作為北島南部馬納瓦圖地區中心城市的北帕莫斯頓，當地人習慣暱稱為「Palmy」，附近是馬納瓦圖河Manawatu River流域灌溉出來的肥沃平原，自古以來就是以酪農業而興盛發展的城市。

北帕莫斯頓有一所在1927年原本以農業大學為宗旨而創立的梅西大學Massey University，現在雖然已經變成綜合大學，但在農業相關研究上還是很有名；而在大學周邊仍然有其他國立研究機構，北帕莫斯頓堪稱是紐西蘭國家基礎產業，也就是農業、酪農業的一大研究基地。雖然不是個擁有許多觀光景點的城市，卻是氣氛活潑的文教大城，提供悠閒而愉快的旅行經驗。

人口：9萬500人
URL www.manawatunz.co.nz

 如何前往北帕莫斯頓  Access

北帕莫斯頓國際機場Palmerston North Airport位於距離市中心約6km之處，有紐西蘭航空來自國內各城市的直飛班機，奧克蘭出發1日7～11班，所需時間約1小時10分；基督城出發則是1日4班，所需時間約1小時15分。從機場前往市區可搭乘機場接駁巴士。

長途巴士則有InterCity從各地出發的直達車，奧克蘭1日2～6班，所需時間約9小時～10小時5分；羅托魯瓦1日3～6班，所需時間5小時25分，也有經過陶波的班次；威靈頓1日1～9班，所需時間約2小時10～20分。巴士停靠站在市中心的廣場The Square。

鐵路方面，往來於奧克蘭與威靈頓之間的北部探險號Northern Explorer，中途會停靠北帕莫斯頓，另外還有從威靈頓出發的Capital Connection號可搭乘。火車站距離市中心約2.5km。

航空公司(→P.496)
紐西蘭航空

北帕莫斯頓國際機場
Map P.388-A2外

機場接駁巴士公司
Super Shuttle
☎(09) 522-5100
FREE 0800-748-885
URL www.supershuttle.co.nz
費 機場↔市區中心
1人 $21
2人 $26
3人 $31

主要巴士公司(→P.496)
InterCity

長途巴士停靠站
Map P.388-B1
住 The Square

鐵路公司(→P.496)
Kiwi Rail

北帕莫斯頓火車站
Map P.388-A1外
住 Mathew Ave.

北帕莫斯頓的 漫遊

市中心就在稱為廣場The Square的寬廣綠地，遊客中心i-SITE就設置在廣場內，提供北帕莫斯頓及馬納瓦圖地區的所有觀光資訊。主街Main St.穿過廣場往東西延伸，與北邊的百老匯大道Broadway Ave.同樣屬於購物區。

遊客中心 i-SITE
i-SITE Palmerston North
Map P.388-B1
住 The Square
☎(06) 350-1922
FREE 0800-626-292
URL www.manawatunz.co.nz
開 週一～五 9:00～17:00
週六・日 9:00～14:00
休 無休

關於觀光事宜請來這裡詢問

北帕莫斯頓的 景點

蒂瑪納瓦
住326 Main St.
☎(06) 355-5000
URL www.temanawa.co.nz
開10:00～17:00
休無休
費免費

布滿毛利雕刻的紅色鋼琴是可以演奏的

紐西蘭橄欖球博物館
住326 Main St.
☎(06) 358-6947
URL rugbymuseum.co.nz
開10:00～16:00
休無休
費大人$15、小孩$6

橄欖球迷絕對不能錯過

蒂瑪納瓦

Te Manawa

Map P.388-B1

從廣場步行3分鐘左右就能到達的蒂瑪納瓦，是集博物館、美術館於一身的複合文化設施，其中的博物館，展示著介紹北帕莫斯頓及馬納瓦圖地區歷史與文化的資料，非常值得一看；館內還附設「紐西蘭橄欖球博物館」。至於美術館則是以在地藝術家的作品為主，搭配國內外的藝術品展覽，還會經常推出各種特別展，即使經常造訪也不會覺得無聊。

令人印象深刻的藝術品很吸睛

紐西蘭橄欖球博物館

New Zealand Rugby Museum

Map P.388-B1

北帕莫斯頓是紐西蘭橄欖球之父查爾斯．蒙羅Charles Monro，居住了45年的地方，而這座紐西蘭唯一的橄欖球博物館，除了有紐西蘭國家代表隊黑衫軍的主題之外，也有紐西蘭橄欖球歷史的相關展覽，以及球衣、紀念球等極具意義的物品，對橄欖球迷來說絕對不虛此行。

維多利亞河濱花園
Victoria Esplanade Gardens

Map P.388-B1外

從市中心步行約20分鐘的廣大綠地，有椰子行道樹、玫瑰花園、種植各種植物的溫室、兒童專用的迷你鐵路及游泳池等設施；而沿著馬納瓦圖河畔更規劃了步道，非常適合散步賞景，因此每到週末，就會看見許多當地居民到公園來運動休閒。而座落於椰子行道樹旁的咖啡館，氣氛也很宜人，不妨來此享受午餐或下午茶。

占地寬廣且充滿綠意的公園，景色十分宜人

維多利亞散步花園
住Manawaroa St. Fitzherbert Ave. & Park Rd.
開4～9月 9:00～18:00
10～3月 9:00～21:00
休無休
費免費

香草花園
The Herb Farm

Map P.388-A2外

很適合推薦給熱愛天然商品者的農場，園內有香草花園、販售各式草本植物身體保養品的店鋪、氣氛絕佳的咖啡館等。在遊客中心i-SITE也能夠購買到肥皂、乳液等部分商品。

香草花園
住86 Grove Rd. RD10
☎(06) 326-8633
FAX(06) 326-9650
URL www.herbfarm.co.nz
開10:00～16:30
休無休
費免費
園內可以散步（所需時間約20分鐘），並有針對兒童的工作室及現場演奏活動。
交距離市中心約16km，沿著Kelvin Grove Rd.北上，到盡頭處的Ashhurst Rd.右轉，再繼續前行2km後左轉Grove Rd.，再往前1.5km的左手邊即是。

北帕莫斯頓的住宿 Accommodation

Rose City Motel
Map P.388-B1

獲得qualmark（→P.479）4顆星認證的優質汽車旅館，距離市中心步行只要3分鐘。設有免費的DVD圖書館、SPA泳池等完善設備與服務，大部分的客房都備有浴缸。

住120-122 Fitzherbert Ave.
☎(06) 356-5388
FREE 0508-356-538
URL rosecitymotel.co.nz
費Ⓓ①$155～
房數26 CC MV

Primrose Manor
Map P.388-A1

所有客房都很整潔，而公共交誼廳及廚房設備也很齊全，是很舒服的旅館；房間內裝也很可愛，即使女性獨自投宿也能安心。專用衛浴設備齊全，也有DVD播放機及洗衣房等設施。

住123 Grey St.
☎027-465-4054
URL www.primrosemanor.co.nz
費ⓈⒹ①$160
房數2 CC不可

Coachman
Map P.388-B1

位在市區、洋溢著殖民風格的飯店&汽車旅館，多數客房都附有浴缸，電視、咖啡機等設備也很齊全，還有戶外游泳池及健身房。

住140 Fitzherbert Ave.
☎(06) 356-5065
URL www.distinctionhotelscoachman.co.nz
費Ⓓ①$125～ Motel $120～
房數72 CC ADMV

Column 一年只開放2天的向日葵花田

位於北帕莫斯頓郊外，內行人都知道的拍照景點，只在每年2月對外開放2天，如果行程配合得上一定要來看看。

Mangamaire Sunflower Field
Map P.388-B1外
住239 Tutaekara Rd. Pahiatua ☎非公開
URL www.sunflowerfield.co.nz 費大人$8、小孩免費 交距離市中心約35km。

廚房（全部客房） 廚房（部分客房） 廚房（共用） 吹風機（全部客房） 浴缸（全部客房） 游泳池
網路（全部客房／須付費） 網路（部分客房／須付費） 網路（全部客房／免費） 網路（部分客房／免費）

威靈頓

Wellington

人口：54萬2000人
URL www.wellingtonnz.com

駐紐西蘭代表處
（駐紐西蘭台北經濟文化代表處）
Taipei Economic and Cultural Office in New Zealand
Map P.394-C1
住 Level 23, 100 Willis Street, Majestic Centre,
電 (04) 473-6474
FAX (04) 499-1458
URL www.roc-taiwan.org/nz/
開 週一～五9:00～17:00
休 週六・日・節日
領務受理時間
開 週一～五 9:00～12:30
13:30～17:00
休 週六・日・節日

威靈頓是知名的咖啡城市（→P.404）

航空公司
澳洲航空（→P.459）
紐西蘭航空、
捷星航空（→P.496）
峽灣航空（→P.230）

威靈頓國際機場
Map P.393-C～D2
電 (04) 385-5100
URL www.wellingtonairport.co.nz

機場裡有乘著巨大老鷹的甘道夫

從女王碼頭眺望蘭姆頓港

紐西蘭的首都威靈頓，是全世界最南端的國家首都，城市歷史相當古老，當年專門負責運送英國移民的紐西蘭公司New Zealand Company成立後，威靈頓就成為最早的移民城市，等到1860年代初期於奧塔哥地區Otago、西海岸West Coast等地陸續挖掘到金礦之後，南島湧現淘金熱，於是在1865年，決定將首都從奧克蘭搬遷到離南島較近，而且幾乎是位於整個國家中央位置的威靈頓。

由於整座城市被海港所環繞，不時從海峽吹來強勁海風，讓威靈頓有「風城Windy Wellington」的稱號。而且不僅是海外貿易的中心，同時也是通往南島皮克頓Picton的重要交通據點。

在市區內聚集著國會殿堂、大企業高樓，更不乏大學、博物館、美術館、劇院等建築林立，可說是集政治、藝術及文化於一身的重要都市；特別是這裡的劇院、電影院水準極高，也讓威靈頓成為紐西蘭人熱愛的文化之城，近年來更因為電影產業而受到國際的注目。

如何前往威靈頓 Access

搭飛機抵達

從台灣到威靈頓沒有直飛航班，但可以在澳洲的雪梨、墨爾本轉搭澳洲航空及紐西蘭航空的航班前往威靈頓，從雪梨約3小時15分；紐西蘭航空、捷星航空、峽灣航空則有從紐西蘭各主要城市的直飛班機。機場1樓是入境大廳，2樓是出境大廳。

從機場到市區

威靈頓國際機場Wellington International Airport座落在市中心往東南方約8km處的朗哥塔Rongotai地區，進入市區的交通方式以搭乘市巴士的Airport Express Bus最為便宜又方便，當然也可以利用共乘的機場接駁巴士，都在機場的入境處附近搭乘。

Airport Express Bus

連結機場與火車站的市巴士，配合飛機航班及火車的發車時間，每隔10～20分鐘發車，車內設有大型行李放置架、USB插座、Wi-Fi，十分方便；車資可以用現金、儲值卡Snapper Card、信用卡在上車時支付。此外，雖然市巴士#2可以前往市區，但停靠站是在距離機場步行約7分鐘的Hobart St.。

機場接駁巴士　Airport Shuttle

只要集合到一定的乘客人數就會發車，由Super Shuttle經營的共乘制巴士，從機場到市區不用事先預約就可直接前往目的地，但是因為乘客們的目的地不同，可能會多花一點時間。建議用電話或官方網站事先預約。

計程車　Taxi

從機場搭乘到市中心的車資約$40～50，所需時間20分鐘，幾乎都可以使用信用卡付款，也可以使用手機app叫Uber。

與國內各地的交通

長途巴士

長途巴士InterCity會行駛於各主要城市之間（長途巴士的搭乘方式→P.465），而InterCity的巴士總站就在威靈頓火車站10號月台旁，也有夜車班次。

長途列車

有由Kiwi Rail經營，往來於奧克蘭與威靈頓的北部探險號Northern Explorer；從奧克蘭的Strand火車站為週一、四、六7:45出發，威靈頓則是週二、五、日的7:55發車，所需時間約10小時55分。還有從北帕莫斯頓出發的Capital Connection，所需時間約2小時5分（長途列車的搭乘方式→P.467）。威靈頓火車站跟巴士總站相連，從這裡可以搭乘市區巴士到各地。

此外，在威靈頓火車站還有連結市區與Wairarapa等郊區的地方火車，由Metlink所經營。

威靈頓火車站是陸路交通的一大樞紐

Airport Express Bus
FREE 0800-801-700
URL www.metlink.org.nz/getting-started/airport-express
運 機場→火車站
週一～五　5:30～22:50
週六　5:30～22:44
週日　7:00～22:49
火車站→機場
週一～五　5:20～20:00
週六　4:53～19:00
週日　4:53～20:21
費 現金・信用卡
單程大人$9.5、小孩$5
Snapper Card
單程大人$7.51、小孩$3.76

機場接駁巴士
Super Shuttle
FREE 0800-748-885
URL www.supershuttle.co.nz
費 機場↔市中心
1人　$18
2人　$24
3人　$30

24小時行駛，深夜抵達也很方便

主要巴士公司（→P.496）
InterCity
奧克蘭出發
運 1日2班
所需時間11小時15～30分
羅托魯瓦出發
運 1日2班（直達車）
所需時間7小時20分～8小時55分
陶波出發
運 1日2～3班
所需時間6小時～7小時5分

長途巴士總站
Map P.394-B2
住 Railway Station

鐵路公司（→P.496）
Kiwi Rail
威靈頓火車站
Map P.394-B2
住 Bunny St. & Thorndon Quay

威靈頓火車站內

Metlink
FREE 0800-801-700
URL www.metlink.org.nz

渡輪公司(→P.230)
Interislander
Map P.393-A1
Bluebridge
Map P.394-B2

Metlink
☎(04) 387-8700
URL www.metlink.org.nz
運6:00～23:00左右(依路線變動)
費1區(單程)
現金 $2.5
Snapper Card $1.71
使用Snapper Card在30分鐘之內轉乘免費，離峰時段(7:00以前、9:00～15:00、18:30以後，以及週六・日、節日)則為半價。可以在機場1樓的Whisbone、威靈頓火車站、遊客中心i-SITE等地購買。

Snapper Card在纜車與渡輪也能使用

纜車總站就在蘭姆頓碼頭路後方，請以招牌作為路標

主要的計程車公司
Kiwi Cabs
☎(04) 389-9999
Hutt & City Taxis
☎(04) 570-0057
Wellington Combined Taxi
☎(04) 384-4444

主要巴士路線
#1
#2
#3
#7
#21
#22
#AX(Airport Express Bus)

渡輪

與南島的皮克頓間，有橫渡庫克海峽Cook Strait的渡輪(往來南北島→P.230)，Interislander航程約3小時30分，1日行駛6班；Bluebridge也是約3小時30分，1日2～4班。Interislander的碼頭位於市中心北方約2km處，有免費接駁巴士往來於威靈頓火車站10號月台；Bluebridge的碼頭則在威靈頓火車站附近。

威靈頓的市區交通 Traffic

Metlink

熟悉活用之後就很方便的市巴士

是以與威靈頓火車站相連的巴士總站為起點，由Metlink公司經營的市巴士，幾乎所有巴士都會行經主要街道，也能夠前往郊外的景點，只要善加利用就可以拓展觀光範圍。車資是採取分區收費制，市中心區域為大人$2.5，除了現金之外，也可以使用通用於巴士、地方火車、渡輪及部分計程車的儲值卡Snapper Card。

纜車　The Wellington Cable Car

擁有大紅車身的纜車，同時也是威靈頓最有名氣的交通工具(→P.398)，每隔10分鐘就從市中心的蘭姆頓碼頭路出發，一路行駛至山丘上的住宅區凱爾本Kelburn，是當地市民經常使用的代步工具。

計程車　Taxi

與台灣同樣是採用跳表制，必須在主要飯店、威靈頓火車站的計程車招呼站搭車。車資的起跳價依公司而異，不過多為$3.5左右。可以使用手機app叫車很方便。

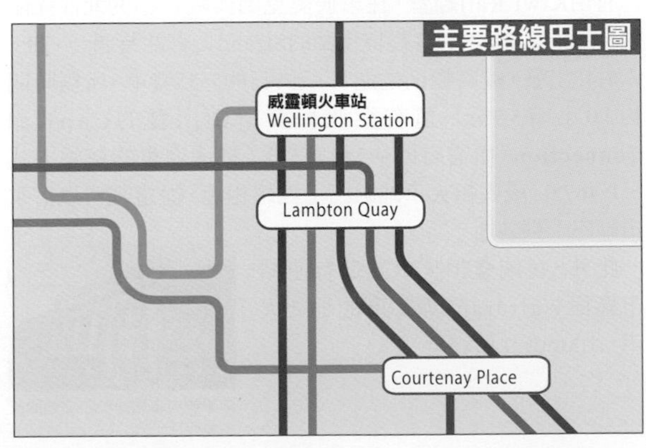

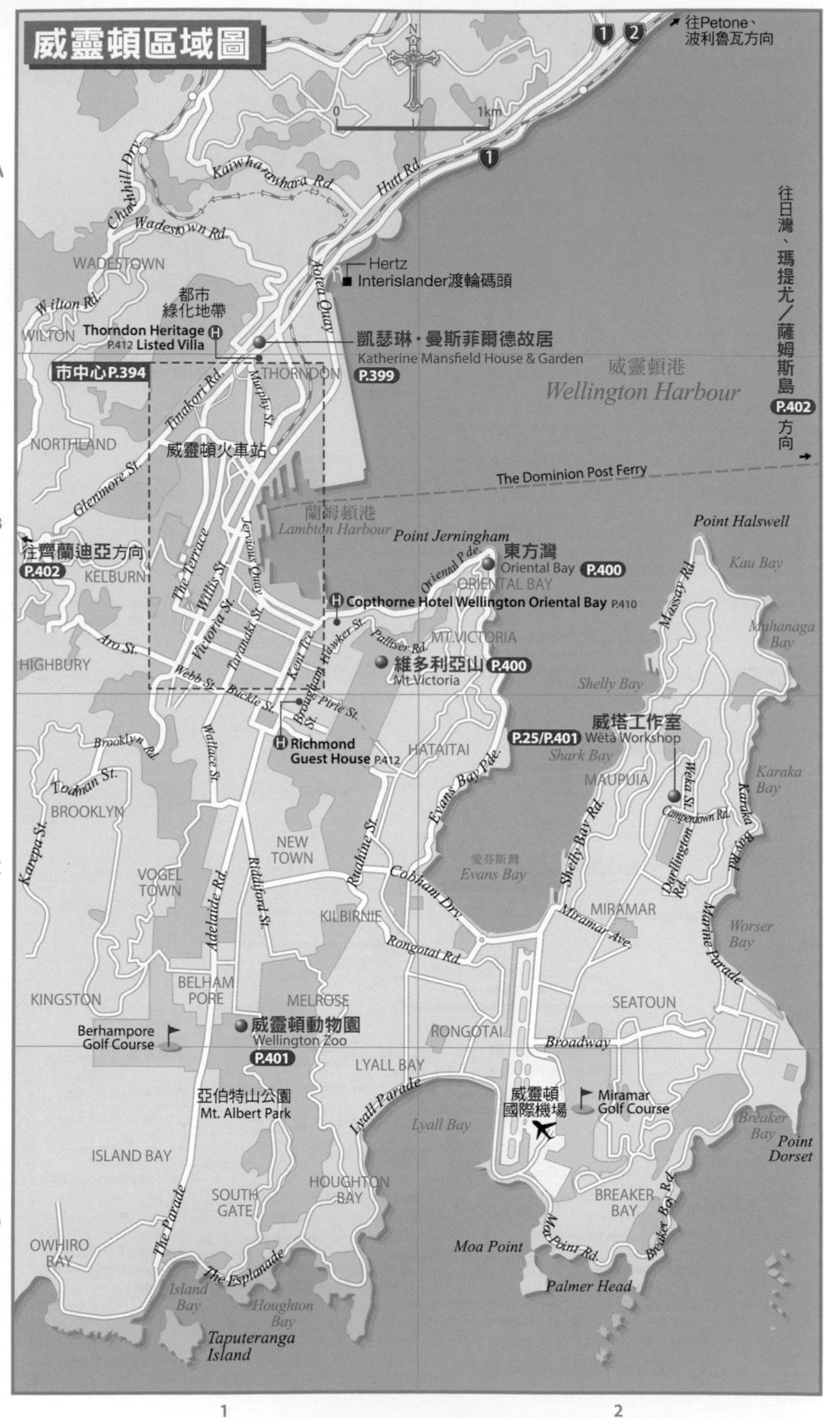

威靈頓區域圖
往Petone、
波利魯瓦方向
1km
Kaiwharawhara Rd.
Hutt Rd.
Churchill Dr.
Wadestown Rd.
WADESTOWN
Aotea Quay
Hertz
Interislander渡輪碼頭
Wilton Rd.
都市
綠化地帶
WILTON
Thorndon Heritage
P.412 Listed Villa
凱瑟琳・曼斯菲爾德故居
Katherine Mansfield House & Garden
P.399
市中心P.394
THORNDON
威靈頓港
Wellington Harbour
往日灣、瑪提尤／薩姆斯島
P.402
方向
Tinakori Rd.
Murphy St.
NORTHLAND
威靈頓火車站
The Dominion Post Ferry
Glenmore St.
蘭姆頓港
Lambton Harbour
Point Jerningham
Point Halswell
往齊蘭迪亞方向
P.402
KELBURN
The Terrace
Willis St.
Jervois Quay
東方灣
Oriental Bay
P.400
ORIENTAL BAY
Oriental P.de.
Kau Bay
Massay Rd.
Copthorne Hotel Wellington Oriental Bay P.410
Victoria St.
Taranaki St.
Kent Tce.
Hawker St.
Palliser Rd.
MT.VICTORIA
Mahanaga Bay
Aro St.
HIGHBURY
維多利亞山
P.400
Mt.Victoria
Webb St.
Buckle St.
Brougham St.
Pirie St.
Shelly Bay
威塔工作室
P.25/P.401
Wētā Workshop
Richmond
Guest House P.412
HATAITAI
Shark Bay
Brooklyn Rd.
Todman St.
Wallace St.
Evans Bay Pde.
MAUPUIA
Weka St.
Karaka Bay
BROOKLYN
Camperdown Rd.
Karaka Bay Rd.
Karepa St.
NEW TOWN
Ruahine St.
愛芬斯灣
Evans Bay
Shelly Bay Rd.
Darlington Rd.
VOGEL TOWN
Adelaide Rd.
Riddiford St.
Cobham Drv.
MIRAMAR
Miramar Ave.
KILBIRNIE
Marine Parade
Worser Bay
Rongotai Rd.
BELHAM PORE
KINGSTON
MELROSE
SEATOUN
Berhampore Golf Course
威靈頓動物園
Wellington Zoo
P.401
RONGOTAI
Broadway
LYALL BAY
亞伯特山公園
Mt. Albert Park
Lyall Parade
威靈頓國際機場
Miramar Golf Course
Lyall Bay
Breaker Bay
Point Dorset
ISLAND BAY
SOUTH GATE
HOUGHTON BAY
BREAKER BAY
The Parade
Breaker Bay Rd.
OWHIRO BAY
Moa Point
Moa Point Rd.
The Esplanade
Palmer Head
Island Bay
Houghton Bay
Taputeranga Island

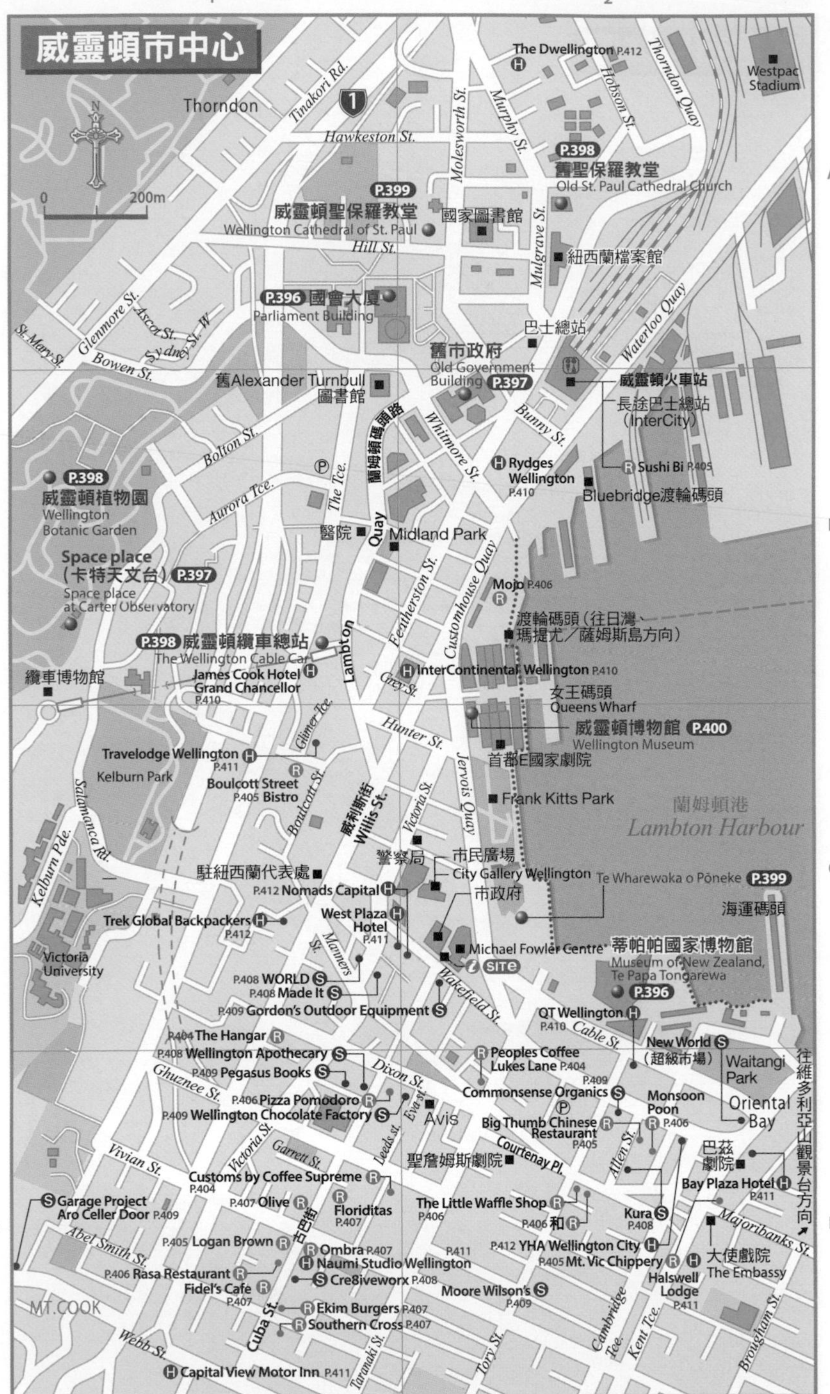
威靈頓市中心
Thorndon
Hawkeston St.
P.399
威靈頓聖保羅教堂
Wellington Cathedral of St. Paul
國家圖書館
P.398
舊聖保羅教堂
Old St. Paul Cathedral Church
The Dwellington P.412
Westpac Stadium
紐西蘭檔案館
P.396 國會大廈
Parliament Building
巴士總站
舊市政府
Old Government Building P.397
舊Alexander Turnbull圖書館
威靈頓火車站
長途巴士總站（InterCity）
Sushi Bi P.405
Rydges Wellington P.410
Bluebridge渡輪碼頭
P.398
威靈頓植物園
Wellington Botanic Garden
Space place（卡特天文台）P.397
Space place at Carter Observatory
醫院
Midland Park
Mojo P.406
渡輪碼頭（往日灣、瑪提尤／薩姆斯島方向）
P.398 威靈頓纜車總站
The Wellington Cable Car
纜車博物館
James Cook Hotel Grand Chancellor P.410
InterContinental Wellington P.410
女王碼頭
Queens Wharf
威靈頓博物館 P.400
Wellington Museum
首都E國家劇院
Travelodge Wellington P.411
Kelburn Park
Boulcott Street Bistro P.405
Frank Kitts Park
蘭姆頓港
Lambton Harbour
威利斯街 Willis St.
警察局
市民廣場
City Gallery Wellington
駐紐西蘭代表處
P.412 Nomads Capital
市政府
Te Wharewaka o Pōneke P.399
海運碼頭
Trek Global Backpackers P.412
West Plaza Hotel P.411
Michael Fowler Centre
蒂帕帕國家博物館
Museum of New Zealand, Te Papa Tongarewa
P.396
Victoria University
P.408 WORLD
P.408 Made It
P.409 Gordon's Outdoor Equipment
QT Wellington P.410
P.404 The Hangar
P.408 Wellington Apothecary
Peoples Coffee Lukes Lane P.404
New World（超級市場）
Waitangi Park
P.409 Pegasus Books
Commonsense Organics P.409
P.406 Pizza Pomodoro
P.409 Wellington Chocolate Factory
Avis
Big Thumb Chinese Restaurant P.405
Monsoon Poon P.406
Oriental Bay
聖詹姆斯劇院
巴茲劇院
Customs by Coffee Supreme P.404
Bay Plaza Hotel P.411
Garage Project Aro Celler Door P.409
P.407 Olive
Floriditas P.407
The Little Waffle Shop P.406
P.406 和
Kura P.408
P.405 Logan Brown
Ombra P.407
P.412 YHA Wellington City
大使戲院 The Embassy
P.406 Rasa Restaurant
Naumi Studio Wellington P.411
P.405 Mt. Vic Chippery
Halswell Lodge P.411
Fidel's Cafe P.407
Cre8iveworx P.408
Moore Wilson's P.409
MT.COOK
Ekim Burgers P.407
Southern Cross P.407
Capital View Motor Inn P.411
往維多利亞山觀景台方向
古巴街 Cuba St.
蘭姆頓碼頭路 Lambton Quay

威靈頓的 漫遊

面對港口的政治經濟中心

餐廳林立的Courtenay Place

威靈頓市中心是以環繞著港口而發展，直徑2km左右的範圍，穿越最熱鬧的區域只需要步行20分鐘，用徒步方式就足以暢遊威靈頓的景點。

搭乘火車或巴士抵達威靈頓火車站之後，就會看到附近座落著國會大廈Parliament Building、舊市政府Old Government Building等，具有國家首都特色的歷史古蹟建築；走到海岸再沿著港邊往南，就會抵達海濱區的女王碼頭Queen's Wharf，這裡有數間時髦的咖啡館與餐廳，能夠充分享受這座海洋城市特有的氛圍。

從女王碼頭往內陸方向走，就是蜿蜒曲折的蘭姆頓碼頭路Lambton Quay，附近是商務人士匆忙來去的政府機關、商業金融街，也有不少洋溢著都會氣氛的咖啡館及餐廳。

由蘭姆頓碼頭路繼續往南行進入威利斯街Willis St.，到達市民廣場Civic Square，這裡是被遊客中心i-SITE、圖書館、市政府、美術館所包圍的廣場。

漫步繁華的市中心

至於從市民廣場延伸的古巴街Cuba St.，是年輕人聚集的熱鬧學生大街，部分路段規劃為行人徒步區；而附近平行的小巷弄Eva St.及Leeds St.則有許多個性小店，千萬別錯過。

週末及夜晚最為繁華熱鬧的街道則是Courtenay Place，不僅各國美食餐廳、酒吧林立，還有很多美食街，絕對不怕找不到地方用餐。

腳步延伸到市區東南邊

市區東南方則有被稱為東方大道Oriental Pde.、氣氛絕佳的濱海道路，以及可眺望整座威靈頓市區景觀的維多利亞山Mt. Victoria。此外，由於身為威靈頓人的電影導演彼得·傑克森Peter Robert Jackson所執導的電影《魔戒三部曲》，在國際影壇大放異彩，使得這裡的電影產業開始蓬勃發展，擁有「威萊塢Wellywood」的稱號。而位於靠近機場Miramar地區的「威塔工作室Weta Workshop」(→P.401)，能一窺電影幕後製作的現場狀況，有來自世界各地的電影粉絲來此朝聖。

矗立著圖書館、美術館等建築的市民廣場

遊客中心 i SITE
Wellington Visitor Centre
Map P.394-C2
住 111 Wakefield St.
☎ (04) 802-4860
URL www.wellingtonnz.com
開 週一～五 8:30～17:00
週六・日 9:00～17:00
節日 9:00～16:00
休 無休

實用資訊
醫院
City Medical Centre
Map P.394-B1
住 Level 2 190 Lambton Quay
☎ (04) 471-2161
警察
Wellinton Central Police Station
Map P.394-C2
住 41 Victoria St.
☎ 105

租車
Hertz
機場
☎ (04) 388-7070
Interislander渡輪碼頭
☎ (04) 384-3809
Avis
機場
☎ (04) 802-1088
市中心 (25 Dixon St.)
☎ (04) 801-8108

主要活動
New Zealand International Film Festival
URL www.nziff.co.nz
時 7/31～9/4〔'24〕
Montana World of Wearable Art Awards Show
發源自南島尼爾森的藝術活動，為穿著藝術作品的發表秀。
FREE 0800-496-974
URL www.worldofwearableart.com
時 9/26～10/13〔'24〕

威靈頓市區漫步之旅
Walk Wellington
每天10:00從遊客中心i-SITE前出發、約2小時的市區漫步之旅，可以在嚮導的解說及帶領下，暢遊市民中心、港邊及蘭姆頓碼頭路周邊的景點。而在12～3月的週一・三・五17:00會加開一場1.5小時的傍晚漫步之旅。
URL www.walkwellington.org.nz
E-mail information@walkwellington.org.nz
時 全年
費 大人$20
CC MV

蒂帕帕國家博物館

Museum of New Zealand, Te Papa Tongarewa

Map P.394-C2

落成於1998年的蒂帕帕國家博物館，是紐西蘭唯一的國家博物館，也是威靈頓不容錯過的文化景點。共有6層樓的博物館，依照樓層規劃不同的展覽主題，內容涵蓋地理、歷史及毛利文化等，展覽內容非常豐富，大人兒童都能同樂，最好安排半天以上的時間來仔細參觀。

特別值得注意的是2樓的「Te Taiao / Nature」展示區，約1400m²的空間裡規劃了「Unique NZ」、「Active Land」、「Nest」、「Guardians」4個區域，展出1200件物品，像是過去棲息於紐西蘭的最大鳥類恐鳥的蛋、大王酸漿魷的標本，以及能實際感受地震模擬體驗的「The Earthquake House」等，有趣的設施很多。

至於毛利文化的展示則在4樓的「Mana Whenua」，裝飾著現代風毛利雕刻的集會所Marae，很值得一看；此外，4、5樓的藝廊「Toi Art」推出各種企劃展覽。館內還附設有氣氛優雅的咖啡館，以及能眺望海景的餐廳，在大門左側的Museum Shop則很適合尋找品味獨具的紀念品。

值得花上1～2小時仔細欣賞的「Te Taiao / Nature」

蒂帕帕國家博物館
住55 Cable St.
☎(04) 381-7000
URL www.tepapa.govt.nz
開10:00～18:00
休無休
費免費（歡迎捐款）
※部分企劃展要付費。
Introducing Te Papa Tour
時10:15、11:00、12:00、13:00、14:00、15:00出發（依季節變動）
費大人$20、小孩$10（所需時間約1小時）

與城市氛圍融合的建築外觀

彩色現代風的毛利集會所「Rongomaraeroa」

國會大廈

Parliament Building

Map P.394-A1~2

國會大廈是首都威靈頓的一大象徵建築，距離威靈頓火車站很近，附近更被擁有草地及綠樹的廣場所圍繞，建有一整排的國會大樓，沒有任何柵欄阻隔，顯得非常開闊。面對建築左手邊的Exective Wing，並不是國會議員議事的殿堂，而是內閣成員的辦公大樓，因為擁有如蜂巢般的獨特外觀，在整個國會大廈建築群中顯得格外醒目，因此在紐西蘭將國會暱稱為「蜂巢Beehive」。至於在右手邊的建築，就是國會大廈。

在國會大廈內有舉辦免費的導覽之旅，有興趣的人不妨來參加，由於有人數限制，最好先在官網或電話預約報名，必須在出發時間的15分鐘前集合。

國會大廈
住Molesworth St.
訪客中心
☎(04) 817-9503
URL www.parliament.nz
開9:30～16:30
導覽之旅（約1小時）
開10:00～15:00の每小時出發（依日期變動）
費免費
也有專門針對國會大廈的建築及藝術收藏、需時1小時30分的藝術之旅，每個月舉辦1次。

威靈頓是紐西蘭的政治中心

舊市政府

Old Government Building

Map P.394-B2

作為全紐西蘭最大的一座木造建築，外觀純白的舊市政府興建於1876年，直到1990年為止的115年間都是市政府所在地；並在1996年耗費約2500萬美金，大規模進行修建復原作業。雖然僅有1、2樓的部分區域對外開放參觀，卻能夠親眼見識到這棟古老建築的內部，以及有關構造及建築的種種展示。目前則作為名校維多利亞大學的法學所校舍。

因為是模仿磚石建築，猛一看不會發現竟是木造而成

舊市政府
住55 Lambton Quay
電(04) 472-4341
URL visitheritage.co.nz/visit/wellington/old-government-buildings
開週一～五　9:00～16:30
　週六　10:00～16:00
休週日　費免費
導覽之旅
時1～3月的週六11:00～14:00
　隨時出發
費$15

入夜後也很美麗的舊市政府

Space place（卡特天文台）

Space place at Carter Observatory

Map P.394-B1

巨大的Thomas Cooke天文望遠鏡

座落於威靈頓植物園內，是紐西蘭規模最大的天文觀測設施，擁有多座天文望遠鏡，也開放給民眾參觀。

在好天氣的週二·五·六晚上，可以使用天文望遠鏡來觀察夜晚的星空，舉辦觀測活動從日落後的1小時開始，必須事先確認並預約。

但即使遇上天候不佳，還是可以透過天文台內的天象儀，見識到南十字星等屬於南半球的星空。

Space place
住40 Salamanca Rd. Kelburn
電(04) 910-3140
URL museumswellington.org.nz
開週一·三·四·日10:00～17:00
　週二·五·六　10:00～23:00
　（最後入館時間為休館的30分鐘前）
休無休
費大人$14、銀髮族·學生$12、小孩$9
交從纜車終點站再步行2分鐘，或從市中心搭乘市巴士#2約20分鐘，在Botanic Garden下車後再步行約10分鐘。

體驗南半球的天文觀測

Column 來逛週末市集

每週日早上在蒂帕帕國家博物館（Map P.394-C2）旁廣場舉辦的Harbourside Market，除了販賣新鮮的蔬菜、水果，還有直接向漁船進貨的魚店，以及街頭藝人與各種攤販都會聚集在這裡，逛起來十分有趣。

至於1個月舉辦1～2次的Artisan Craft Market，則是聚集當地藝術家的作品及飾品、生活雜貨等，開設在威靈頓及周邊5個地點，中心會場為Te Wharewaka o Poneke的功能中心。

Harbourside Market的模樣

Harbourside Market
URL harboursidemarket.co.nz
時夏季　週日7:30～14:00　冬季　週日7:30～13:00

Artisan Craft Market
URL artisancraftmarket.co.nz
時指定月的最後一個週六10:00～16:00

威靈頓植物園
Wellington Botanic Garden

Map P.394-B1

在纜車終點站下車後，從纜車博物館旁就能走進威靈頓植物園。這座面積廣達25公頃的園區內，擁有受國家保護的原始林、秋海棠屋、綻放超過300種品種玫瑰的Norwood玫瑰園，以及水鳥喜歡聚集的水池等設施，依照季節而有不同美景變化的植物園，走逛其間十分有趣。從纜車終點站到市區步行大約30分鐘，建議可以一邊欣賞周邊景致，一邊悠閒漫步下山。

天氣好的時候可以來散步

威靈頓纜車
The Wellington Cable Car

Map P.394-B1

於1902年開通，堪稱是威靈頓最有名的交通工具；搭乘地點在蘭姆頓碼頭路上，

5分鐘就能將陡峭斜坡上的住宅區凱爾本Kelburn與市中心連結，是市民經常使用的代步工具。每隔10分鐘發車，擁有大紅車身，行駛於威靈頓市區的纜車，可從車內一覽城市的街道風貌而受到觀光客的喜愛；雖然在晴朗日子裡，眺望蔚藍大海與城市交織的鮮明美景非常迷人，不過黃昏日落時分，家家戶戶點起燈火的景致也同樣美麗。

在終點站裡，還有展示老舊纜車的纜車博物館Cable Car Museum，並販售一些紀念品。

大紅色的纜車極受觀光客喜愛

舊聖保羅教堂
Old St. Paul Cathedral Church

Map P.394-A2

舊聖保羅教堂是建於1866年的純白色木造教堂，內部從拱型的天花板樑柱、設置於牆上的彩繪玻璃到祭壇，都瀰漫著簡單而溫馨的氣氛。平日的白天還會舉辦管風琴、長笛音樂會，同時也是很受歡迎的結婚場地。

像是出現在童話故事裡的可愛外觀

威靈頓植物園
住101 Glenmore St.
電(04) 499-1400
URL wellingtongardens.nz
開從日出到日落
休無休　費免費
交入口在Glenmore St.、Salamanca Rd.、Upland Rd.，位於纜車終點站附近。或是由市中心搭乘市巴士#2、#21，約15分鐘。
遊客中心
開週一～五　9:00～16:00
週六・日・節日 10:00～15:00
秋海棠屋
開9:00～16:00
咖啡館
營8:30～16:00
休無休

威靈頓纜車
住280 Lambton Quay
電(04) 472-2199
URL www.wellingtoncablecar.co.nz
運週一～四　7:30～20:00
週五　7:30～21:00
週六　8:30～21:00
週日・節日　8:30～19:00
費大人單程$6、來回$11、學生・小孩單程$3、來回$5.5

纜車博物館
Map P.394-B1
住1A Upland Rd.
電(04) 475-3578
URL museumswellington.org.nz/cable-car-museum/
開10:00～17:00
休無休　費免費
交纜車終點站旁。

纜車博物館

舊聖保羅教堂
住34 Mulgrave St.
電(04) 473-6722
URL visitheritage.co.nz/visit/wellington/old-st-pauls
開10:00～16:00　休無休
費歡迎捐款（導覽之旅的細節要詢問）
交從威靈頓火車站步行4分鐘。

拱型的天花板非常精緻

凱瑟琳·曼斯菲爾德故居
Katherine Mansfield House & Garden

Map P.393-A1

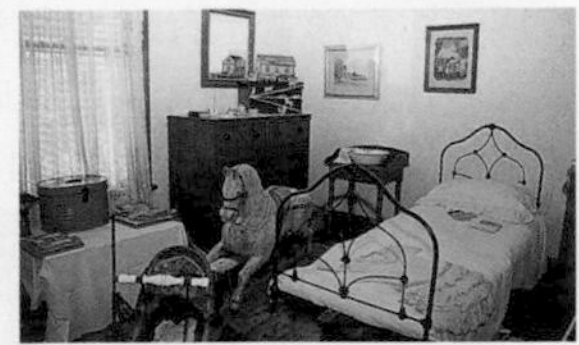
19世紀末上流階層的住宅，在建築學上擁有重要的地位

全世界知名的短篇小說家之一，也是紐西蘭最有名氣的作家凱瑟琳·曼斯菲爾德的故居；她在1888年10月14日誕生於這棟房子裡，直到14歲以前都在紐西蘭接受教育，19歲時搭船去英國，到1923年34歲過世為止，留下超過100篇文學作品。儘管有許多創作都屬虛構，但依舊能發現以這棟故居為原型的地方，特別是《前奏曲》及《生日》這2篇作品，讓讀者對這棟房屋有熟悉的感覺。這棟故居完全是以當地特產紐西蘭陸均松所建造，簡樸的造型也是當時典型的上流社會都市住宅。

威靈頓聖保羅教堂
Wellington Cathedral of St. Paul

Map P.394-A2

現在的建築是1998年重建的

靠近國會大廈的威靈頓聖保羅教堂，可看之處在內部精緻的裝璜，像是直達天花板的大片彩繪玻璃，以及由3531根管子所組成的管風琴；除此之外，在教堂最後面還有由紐西蘭陸均松所打造，氣氛質樸的禮拜堂The Lady Chapel。經常舉行聖歌隊的合唱，請上官網確認演出時間，還附設紀念品店。

Te Wharewaka o Poneke
Te Wharewaka o Pōneke

Map P.394-C2

可以體驗毛利文化的設施，舉辦如搭乘毛利傳統的獨木舟Waka，划著槳從海上眺望威靈頓街道的Waka之旅，以及與嚮導一同漫步在街道，聽著有關毛利歷史及傳說的漫步之旅；也有兩項組合的套裝價格。Waka之旅為8人、漫步之旅則為2人成行。

Te Wharewaka o Poneke建築前立有庫佩Kupe的銅像
© WellingtonNZ

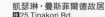

凱瑟琳·曼斯菲爾德故居
住 25 Tinakori Rd.
電 (04) 473-7268
URL www.katherinemansfield.com
開 週二～日 10:00～16:00
休 週一
費 大人$10、小孩免費
交 從市中心搭乘市巴士#1、#24、#83約10分鐘，在Thorndon Quay at Motorway下車。

在Midland Park的凱瑟琳·曼斯菲爾德雕像

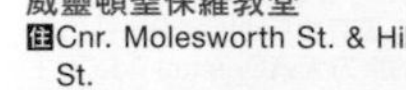

威靈頓聖保羅教堂
住 Cnr. Molesworth St. & Hill St.
電 (04) 472-0286
URL wellingtoncathedral.org.nz
開 週一 9:00～17:00
週二～五·日 8:00～17:00
週六 10:00～17:00
(依季節變動)
休 無休

基督的馬賽克畫

Te Wharewaka o Poneke
住 Level 1, 2 Taranaki St., Taranaki Wharf
電 (04) 801-7227
URL wharewakatours.maori.nz
時 全年(依天氣而變動)
Waka之旅9:00～12:00隨時出發
漫步之旅10:00～13:00隨時出發
費 Waka之旅1小時$55、2小時$105
漫步之旅1小時$30、2小時$40
Waka&毛利文化漫步之旅3小時$140

威靈頓博物館
住Queens Wharf, 3 Jervois Quay
(04) 472-8904
URL museumswellington.org.nz/wellington-museum/
開10:00～17:00
休無休
費免費

1樓有博物館紀念品店

威靈頓博物館
Wellington Museum

Map P.394-C2

展覽與海洋主題有關的博物館，原本是1890年代，女王碼頭還是威靈頓港的中樞所在時，作為海關保稅倉庫之用的珍貴歷史古蹟建築；目前館內重現當年的倉庫模樣，1樓的大型螢幕將1900年代的威靈頓以實物大小投射出來，而3樓專門介紹威靈頓毛利族傳說的Holographic劇院秀，也很受歡迎。

位於女王碼頭一隅

如何前往維多利亞山
在Courtenay Place的巴士站搭乘由市中心出發的市巴士#20，約15分鐘下車。開車或步行都是從Kent Tce.沿著Majoribanks St.而上，跟著「Mt. Victoria」或「Look Out」的指標，繼續朝Hawker St.、Palliser Rd. 前行。回程時還有由Palliser Rd.往沿海的東方大道Oriental Pde.而下的道路。

維多利亞山
Mt. Victoria

Map P.393-B1

位於市中心東南方、海拔196m的維多利亞山，山頂上設有觀景台，可以將整個威靈頓市區景致看個清楚，而且更加能體會威靈頓是開展於海濱的城市。驅車上山雖然方便，但途中設有步道，健行上山也是不錯的選擇，從東方大道徒步至觀景台大約需要45分鐘。璀璨夜景也很美麗，但山上夜路太黑，請避免獨自一人步行上山。

從維多利亞山眺望的景致

如何前往東方灣
從市中心搭乘市巴士#14、#24約10分鐘。

綿延於海灘旁的東方大道

東方灣
Oriental Bay

Map P.393-B2

位於市區東南方的濱海地區，被稱為東方灣，而朝東延伸的濱海公路——東方大道Oriental Parade兩旁種滿松樹，總能看到絡繹不絕的當地居民，在這裡享受慢跑或滑輪樂趣。對於觀光客來說，最值得推薦的就是一邊散步一邊享受海風吹拂，累了就到附近的咖啡館或餐廳小憩片刻。海邊還有名為Carter Fountain的噴泉，在週一～五的7:30～9:00、12:00～14:00、16:30～18:00、19:30～22:30（週五～23:00），以及週六・日的8:30～16:30、19:00～23:00都會有噴水表演，晚上則會有燈光照明，非常美麗。

每逢夏季來戲水的人潮絡繹不絕

威塔工作室
Weta Workshop

Map P.393-C2

位於Miramar地區的威塔工作室，是電影《魔戒三部曲》、《哈比人》，以及2017年上映的《攻殼機動隊Ghost in the Shell》中負責特殊效果與道具製作的「威塔Weta」工作室所經營的複合設施。除了販售由工作室所製作電影作品中的商品及模型，還放映30分鐘關於電影製作幕後祕辛的影片；對於想深入了解電影世界的遊客，建議不妨參加包括欣賞影片、參觀道具製作現場的1小時30分付費之旅。還有能體驗製作小道具的活動，包含從遊客中心i-SITE前接送服務的價格，以及咖啡館午餐的套裝行程。

巨大的食人妖在入口等待遊客到來

展示藝妓機器人面具的製作過程

販售著原創商品的商店

威塔工作室
住Camperdown Rd. & 1 Weka St. Miramar
☎(04) 909-4035
URL www.wetaworkshop.com
營9:00～17:30
休無休
費免費
交搭乘市巴士＃2或＃8約30分鐘，在Darlington Rd.下車後，步行約4分鐘。

Weta Workshop Experience
時9:30～16:00間每30分鐘舉行（所需時間約1小時30分）
費大人$50～、小孩$26～（包含從遊客中心i-SITE前的接送為大人$89～、小孩$55～）

Creative Workshop
時週五·六·日11:45、13:45、15:15（舉辦時間依內容、季節改變，所需時間約1小時）
費大人$49～、小孩$39～（12歲以上才能參加）

周邊商品也很豐富

威靈頓動物園
Wellington Zoo

Map P.393-C1

威靈頓動物園是全紐西蘭最古老的動物園，在圓頂的曙光區裡聚集多種夜行性動物，而長達25m的陰暗通道中，飼養著奇異鳥等瀕臨絕種的珍稀動物；由於空間非常陰暗，要等眼睛適應之後再仔細找尋牠們的蹤跡。園內還有每日導覽解說，別忘了先確認入口處板子上所標註的時間。

可愛的小貓熊

威靈頓動物園
住200 Daniell St. Newtown
☎(04) 381-6755
URL wellingtonzoo.com
開9:30～17:00（最後入場為～16:15）
休無休
費大人$27、小孩$12
交從市中心搭乘市巴士＃23約20分鐘，下車後步行馬上到達。

齊蘭迪亞

Zealandia

Map P.393-B1外

齊蘭迪亞是重新種植原始林，以保護瀕危鳥類的美麗保護區（前Karori野鳥保護區），在占地大約2.25km²的廣大再生林裡，設有總長超過30km的步道，遊客可以一邊看著繪有鳥類圖鑑的導覽地圖，一邊散步，體驗賞鳥的樂趣。另外，在保護區內還分布著19世紀開採金礦的遺跡、水庫等歷史景點；而在夜間也推出約2小時30分鐘，可看到奇異鳥、刺背鱷蜥的夜間之旅等多種行程。

除了賞鳥之外，展覽室內還可認識鳥類生態

瑪提尤／薩姆斯島

Matiu / Somes Island

Map P.393-B2外

從女王碼頭搭渡輪約20分鐘，就能到達位於港外的瑪提尤Matiu／薩姆斯島Somes Island，昔日曾是毛利族的要塞，殖民時代成為監獄及家畜檢疫所，現在則被劃入自然保護區受到管理。島上有一條距離很長的步道，可以眺望大海對面的威靈頓市街景色，此外也能觀察野鳥、蝗科昆蟲Weta及海狗，或是體驗健行的樂趣。因為島上沒有任何商店，請自備食物及飲水前往。

East by West的渡輪

馬丁堡

Martinborough

Map 折頁地圖①

距離威靈頓市中心約80km，位於Wairarapa地區的葡萄酒鄉，馬丁堡雖然是人口2000人左右的小鎮，卻聚集超過20家的酒莊，幾乎以步行或騎腳踏車就能到達；可以參加有嚮導的酒莊之旅，或是租腳踏車前往。每年11月還會舉行Toast Martinborough的葡萄酒節。

可以租腳踏車前往酒莊　© WellingtonNZ

齊蘭迪亞
住53 Waiapu Rd. Karori
☎(04) 920-9213
URL www.visitzealandia.com
開9:00～17:00
（最後入場時間～16:00）
休無休
費大人$24、小孩$10
（展覽＋步道）
交從遊客中心i-SITE、纜車終點站搭乘免費接駁巴士（9:30～14:30）。

夜間之旅
時全年
費大人$95、小孩$47.5
（12歲以上才能參加）

如何前往瑪提尤／薩姆斯島
前往瑪提尤／薩姆斯島可以從女王碼頭搭乘East by West的渡輪，所需時間為20分鐘。

East by West
☎(04) 499-1282
URL eastbywest.co.nz
運女王碼頭出發
週一～五9:15、10:45、12:15出發
週六・日9:15、11:15、13:15出發
瑪提尤／薩姆斯島出發
週一～五12:05、13:35、15:30出發
週六・日12:25、14:25、16:15出發
費大人來回$12.5、小孩$6.5

在島南側的岩礁「Shag Rock」可以看到海狗及鵜鶘的蹤跡

馬丁堡
URL www.martinborough-village.co.nz
交從威靈頓火車站搭乘Wairarapa線火車，約1小時在Featherston站下車，再轉乘市巴士#200約20分鐘。

Toast Martinborough
URL www.toastmartinborough.co.nz
時2024年停辦，2025年日期未定
費$95（包含7家酒莊會場的門票、會場循環巴士、紀念酒杯）

威靈頓的小旅行 Excursion

馬丁堡酒莊之旅

可以欣賞哈特谷Hutt Valley的景色，並造訪葡萄酒知名產地馬丁堡的旅遊；除了能前往3家酒莊試飲，還會去起司專賣店。從遊客中心i-SITE前出發，可以前往市中心的飯店接送，所需時間約5小時。

Zozo Travel Ltd.
✆022-134-5152
URL www.zozotravel.co.nz/martinborough-wine-tour
時 全年，威靈頓10:00出發
費 $150 CC MV

精釀啤酒之旅

拜訪4家精選自威靈頓各地的精釀啤酒，享受試飲的半日之旅；除了市中心的知名廠商，也會去位於郊外哈特谷Hutt Valley內行人才知道的品牌。出發時間為11:00或16:00，2人以上成行。

Zozo Travel Ltd.
✆022-134-5152 URL www.zozotravel.co.nz/taste-buds-tour-petone-1
時 全年、週三～日 費 $150 CC MV

威靈頓的戶外活動 Activity

騎腳踏車

在充滿大自然的威靈頓規劃有多條登山越野車道，遊客不妨租輛腳踏車來體驗一番。有一般的觀光路線，也有充滿挑戰的路線，會依照個人程度提供建議的導覽服務也相當豐富。

Mud Cycles
住 424 Karori Rd. 電 (04) 476-4961
URL www.mudcycles.co.nz 時 全年 費 半日$40～、1日$70～（租車） CC ADMV

體能運動

距離市中心約20分鐘車程，位於卡皮蒂海岸南端的小港口Porirua，體驗在樹林間鋼索上行走或滑降等刺激的挑戰活動。依難易度分為7種路線，參加者身高必須超過140公分。

Adrenalin Forest Wellington
住 Okowai Rd. Porirua 電 (04) 237-8553
URL www.adrenalin-forest.co.nz 時 全年
費 大人$47、小孩$32～40 CC MV

Column 威靈頓劇場林立

威靈頓以劇院數量多而聞名，每天都有各種表演及現場演奏登場。可以在門票預約公司「Ticketek」的官網預訂票券，再用信用卡付帳。至於遊客中心，有機會能買到當日公演節目的便宜票，別忘了來碰碰運氣！

Ticketek
URL premier.ticketek.co.nz

聖詹姆斯劇院 Map P.394-D2
St. James Theatre

住 77/87 Courtenay Pl. 電 (04) 801-4231
URL venueswellington.com

建於1912年，是座擁有歷史的劇院，登場的表演有芭蕾舞、歌劇、戲劇等古典作品。

首都E國家劇院 Map P.394-C2
Capital E's National Theatre

住 4 Queens Wharf 電 (04) 913-3740
URL www.capitale.org.nz

主要以讓兒童、家庭可一同欣賞的現代表演居多。

巴茲劇院 Map P.394-D2
Bats

住 1 Kent Tce. 電 (04) 802-4176
URL bats.co.nz

可以欣賞喜劇等戲劇演出的小劇院，吸引許多在地藝人在這裡登台表演。

世界知名的咖啡之城威靈頓

在咖啡文化興盛的威靈頓，據說「轉角就有咖啡館」，還入選為美國CNN「世界的咖啡城市」的第8名。咖啡館除了聚集在古巴街Cuba St.周邊，海邊及郊外也有不少漂亮的咖啡館！

氣氛滿點的塞風壺！

Peoples Coffee Lukes Lane

Map P.394-D2

有機與公平交易的咖啡烘焙商，由哥倫比亞、瓜地馬拉、衣索比亞等地的契約農家進口最高級的咖啡豆，進行烘焙；除了供應義式咖啡，也有手沖咖啡。店內以簡約單純的裝潢為風格。

住40 Taranaki St.　電無
URL peoplescoffee.co.nz
營7:30～15:00　休無休
CC MV

1供應蔬菜多多的吐司等健康餐點　2在極簡裝潢的店內享受咖啡　3方便漫步市區時稍作休息的地理位置

1店內大量使用混凝土與木頭，散發工業風
2馥列白咖啡$5.5～
3馬克杯最適合當伴手禮

誕生冠軍咖啡師的名店

The Hangar

Map P.394-C1

紐西蘭咖啡品牌Flight Coffee的直營店，催生紐西蘭的冠軍咖啡師，可以品味高品質的咖啡。不妨品嚐使用不同豆子沖出的馥列白咖啡，並比較口感滋味。

住119 Dixon St.　電（04）830-0909
URL www.hangarcafe.co.nz　營週一～五7:00～15:00、週六・日8:00～15:00　休無休　CC MV

人氣沸騰的Supreme旗艦店

Customs by Coffee Supreme

Map P.394-D1

從1992年創業的小咖啡店到成為烘焙公司，源自威靈頓的咖啡品牌，街頭風格的商標與商品都很引人注目，2017年還在東京開設分店。咖啡豆種類豐富，可以購買。

住39 Ghuznee St.　電（04）385-2129
URL www.coffeesupreme.com　營週一～五7:30～15:00、週六・日8:30～15:00　休無休　CC MV

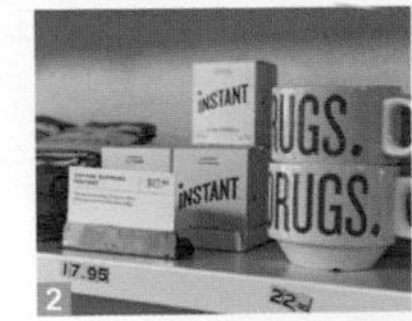

1來店的客人年齡層廣　2新商品的即溶咖啡與馬克杯　3馥列白咖啡$4.5～

威靈頓的餐廳

Restaurant

女王碼頭、東方大道的咖啡館以能眺望海景而自豪，Courtenay Place則是有眾多能品嚐異國特色美食的餐廳，而要找深夜還營業的酒吧，就要去熱鬧一整夜的古巴街。

紐西蘭料理

Logan Brown

Map P.394-D1 市中心

這是威靈頓最出名也是獲獎無數的高級餐廳，使用1920年代的建築，內部裝潢極盡優雅，卻又讓人非常放鬆的愉快餐廳。17:00～的小酒館菜單$89，是有前菜、主菜、甜點，加上麵包與咖啡的超值內容。

住192 Cuba St. 電(04) 886-1985
URL www.loganbrown.co.nz 營週三～日17:00～21:00
休週一‧二 CC ADJMV

Boulcott Street Bistro

Map P.394-C1 市中心

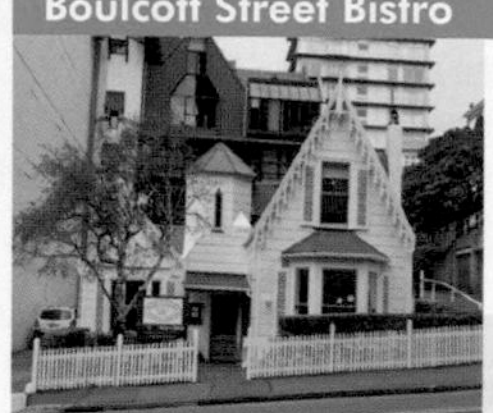

巧妙地運用法國料理的烹調手法，來製作紐西蘭菜色的餐廳。將興建於1870年代後半的民宅重新裝潢，不論是用餐空間還是服務、氣氛都很優雅舒適；無論羊肉、鹿肉等肉類料理都深受好評，3道菜的套餐$90也很受歡迎。

住99 Boulcott St. 電(04) 499-4199 URL boulcottstreetbistro.co.nz
營週一～五12:00～14:30、17:30～22:00、週六17:30～22:00
休週日 CC AMV

海鮮

Mt. Vic Chippery

Map P.394-D2 市中心

位於大使戲院附近的熱門炸魚薯條店，不僅可以品嚐到剛捕獲、剛炸好的魚排，老闆還會用容易理解的方式解說製作流程，還備有薯條及沾醬的樣品，方便遊客點餐。因為分量很大，要小心買太多。照片中是魚排漢堡$16。

住5 Majoribanks St. 電(04) 382-8713
URL www.thechippery.co.nz 營週二～四16:00～20:00、週五～日12:00～20:00 休週一 CC DJMV

中華料理・飲茶

Big Thumb Chinese Restaurant

Map P.394-D2 市中心

主廚為香港人，以午餐時段的飲茶最熱門，點心1盤$8～，共有約70種類可供選擇；以推車販售剛出爐的餐點，可以挑選自己喜歡的，像是蝦餃、煎餃、春捲、粽子、芝麻球等，都是廚房剛做好的，熱騰騰超好吃。晚餐則是採單點制，菜色也很豐富。

住9 Allen St. 電(04) 384-4878 URL www.bigthumbchineserestaurant.co.nz 營週三～一11:00～14:30、17:00～Late 休週二 CC AMV

日本料理

Sushi Bi

Map P.394-B2 市中心

外帶壽司店，所有商品在16:00以後都半價，因此總是大排長龍。壽司卷1塊$1.2～1.8、豆皮壽司和握壽司$2～2.2，種類多到令人目不暇給；食材品質佳很受好評，至於2019年有野生企鵝潛入店內一事也廣為流傳。在Woodward Street也有分店。

住Wellington Railway Station, 2 Bunny St. 電(04) 471-1007
URL www.sushibi.co.nz 營週一～五9:30～18:00
休週六‧日 CC MV

日本料理

和 Kazu

Map P.394-D2 市中心

在威靈頓有3家分店的烤雞肉串店，Courtenay Place店位於2樓，有居家的親切氣氛。各式烤雞肉串約有20種，推薦菜色為有雞腿肉、培根捲鮮蝦等多道料理的Master Combo $18，拉麵則為$18～，還有種類豐富的日本啤酒及日本酒。備有吧台座位及餐桌座位。

住Level1 43 Cortenay Pl. 電(04) 802-4868 URL www.fpcnz.co.nz/stores/kazu-yakitori-sake-bar-wellington 營週二～四11:30～15:00、17:00～22:30、週五11:30～15:00、17:00～23:00、週六11:30～23:00、週日11:30～22:30 休週一 CC ADJMV

東南亞料理

Monsoon Poon

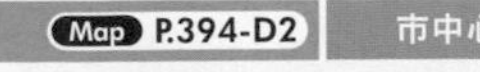

Map P.394-D2 市中心

店內放置著佛像，裝潢極為特殊的餐廳，而寬敞的開放式廚房，更是讓人感覺非常輕鬆舒適。提供馬來西亞、泰國、越南、印度等各式各樣的東南亞料理，越式生春捲$14、印度式咖哩羊肉$28等都很值得一試，各種雞尾酒則為$14～17。照片中為黃咖哩$26。

住12 Blair St. 電(04) 803-3555
URL www.monsoonpoon.co.nz
營週一～五12:00～Late、週六・日17:00～Late 休無休 CC AMV

Rasa Restaurant

Map P.394-D1 市中心

供應南印度與馬來西亞料理的熱門餐廳，馬來西亞的叻沙麵有海鮮、雞肉、素食等口味$16～，用薄麵皮將食料捲起來的南印度料理多薩Dosa $15～，有羊肉、雞肉、各種香料混合的瑪撒拉Masala共3種口味，還有咖哩也值得品嚐。

住200 Cuba St. 電(04) 384-7088 URL www.rasa.co.nz
營12:00～14:00、17:30～23:00 休週二 CC MV

披薩

Pizza Pomodoro

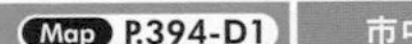

Map P.394-D1 市中心

由拿波里披薩協會所認證的人氣披薩店，是間位於巷弄內的小店，店內僅有2張桌子，每逢週末就大排長龍。共有23種口味的披薩，基本醬料為番茄、白醬及大蒜，最受歡迎的則是瑪格麗特$20、瑪麗娜拉$17，而Fantasista則是醬料及材料都自選的原創披薩$16～。

住13 Leeds St. 電(04) 381-2929 URL www.pizzapomodoro.co.nz
營12:00～21:00 休週日・一 CC MV

鬆餅

The Little Waffle Shop

Map P.394-D2 市中心

只提供外帶的鬆餅店，小小的店面有著令人印象深刻的藍色窗戶。共有11種口味的鬆餅，每種都是$9，點餐後才現做，不但香味四溢，口感也很鬆軟。最受歡迎的口味是用自家製的白巧克力醬及Oreo餅乾、鮮奶油為配料的Cookie & Cream，還有每週更換口味的鬆餅。

住53 Courtenay Pl. 電無 URL www.thelittlewaffleshop.com
營週日・一・二・四17:00～22:00、週三・五・六17:00～24:00
休無休 CC ADJMV

咖啡館

Mojo

Map P.394-B2 市中心

發源於威靈頓，在奧克蘭也有分店的咖啡館。在威靈頓市區有17家分店，其中靠近渡輪碼頭的烘焙所可以參觀，不僅是咖啡香醇，同時店內氣氛也很時尚迷人。並備有輕食，也可以外帶，還販售自家烘焙的咖啡豆。

住33 Customhouse Quay 電(04) 473-6662 URL mojo.coffee
營週一～五7:00～16:00、週六・日8:30～15:00
休無休 CC ADJMV

Floriditas

Map P.394-D1 市中心

以歐式風格的家具裝潢令人印象深刻的咖啡館兼餐廳，使用在地生產的當季蔬菜烹調出豐富餐點，早餐和午餐$10～28、晚餐主菜$35～、頗受好評的義大利麵$25～。必須透過e-mail訂位bookings@ floriditas.co.nz。

住161 Cuba St.　電無　URL floriditas.co.nz
營7:00～16:00、17:00～Late
休無休　CC ADJMV

Southern Cross

Map P.394-D1 市中心

以流行時髦的內裝及口味大受好評，總是擠滿在地客的咖啡店兼酒吧，店內還設有兒童遊樂區，家庭親子顧客很多。對食材有所堅持，素食、蔬食及無麩質料理也很豐富，在菜單上加註記號方便點餐時能一目了然。

住39 Abel Smith St.　電(04) 384-9085
URL thesoutherncross.co.nz　營週二～五11:00～Late、週六‧日10:00～Late　休週一　CC AMV

Ombra

Map P.394-D1 市中心

使用1922年興建的古老建築作為營業空間的咖啡館兼餐廳，陽光從2面大落地窗灑落店內，感覺十分舒服。餐點以義大利料理為主，陳列著可頌、喬巴達、水煮蛋與鮭魚及起司等，還有鹿肉和羊肉的小肉丸$16～18等小盤料理，以及小披薩$16～18也很受歡迎。

住199 Cuba St.　電(04) 385-3229　URL ombra.co.nz
營週一‧二16:00～Late、週三～日12:00～Late
休無休　CC MV

Olive

Map P.394-D1 市中心

位於咖啡館及商店林立古巴街上的人氣店，擁有鄉村風格的內裝及綠意豐饒的中庭，就像是自家一般的咖啡館。不僅提供種類豐富的咖啡及甜點，還有以地中海料理為基礎的餐點與葡萄酒，都極受好評。夜晚則變成時尚的餐廳酒吧。

住170 Cuba St.　電(04) 802-5266　URL www.oliverestaurant.co.nz
營週二～四10:30～Late、週五9:00～Late、週六8:30～Late、週日8:30～14:30　休週一　CC MV

Fidel's Cafe

Map P.394-D1 市中心

以古巴革命家卡斯楚Fidel Castro為主題的知名咖啡館，走1950年代古巴風格的店內，大量採用原色卻給人沉穩氛圍的空間，午餐時間總是客滿很受歡迎。使用Havana公司的咖啡豆，重烘焙口味濃醇。

住234 Cuba St.　電(04) 801-6868　URL www.fidelscafe.com
營週一～四8:00～15:00、週五8:00～Late、週六9:00～Late、週日9:00～15:00　休無休　CC JMV

Ekim Burgers

Map P.394-D1 市中心

位於古巴街與Abel Smith街交岔口，以拖車經營的漢堡店，從中午就播放大音量的音樂，就算在聚集眾多個性店家的古巴街上也很醒目。供應23種口味的漢堡$7～，每種都分量十足，店內備有桌椅可內用。照片中為培根及酪梨醬的Beefy Pete漢堡$10。

住257 Cuba St.　電無　營週日～四11:30～22:00、週五‧六11:00～24:00　休無休　CC MV

威靈頓的購物

Shop

作為國家首都，可供購物逛街的店家多得令人眼花撩亂，尤其是在蘭姆頓碼頭路Lambton Quay兩旁林立著多家購物中心，最合適挑選衣服及鞋子，還有也別忘了順便逛逛成為地標的老牌百貨公司。另外畫廊眾多也是威靈頓的一大特色。

家飾品

Kura

Map P.394-D2 市中心

集紐西蘭的現代藝術、設計於一店，Kura的店名是毛利語的「珍貴之物」的意思，店內每件商品都是以大自然或毛利人的傳統為靈感，充滿紐西蘭特色的藝術品，還蒐羅許多陶器、玻璃製品、飾品等，種類非常豐富多樣。而以鐵與漂流木組合成的作品也很受歡迎。

住19 Allen St. 電(04) 802-4934
URL kuragallery.co.nz 營週一～五10:00～18:00、週六・日11:00～16:00
休無休 CC AJMV

雜貨

Made It

Map P.394-C1 市中心

位於個性商店林立的維多利亞街上的小生活雜貨店，所有商品都是由紐西蘭設計師手工製作的，從洋裝、布做的小東西、器皿到文具，陳列著琳琅滿目的各式雜貨。而以紐西蘭鳥類為主題的商品、造型簡單的飾品，以及明信片等種類都很豐富，很適合當作伴手禮。

住103 Victoria St. 電(04) 472-7442
URL madeitnz.co.nz 營週一～五10:00～17:30、週六10:00～17:00、週日11:00～16:00 休無休 CC MV

Cre8iveworx

Map P.394-D1 市中心

堅持紐西蘭製作的禮品店，蒐羅家飾、餐具、飾品、文具等種類多元的生活雜貨，而衣服、鞋子、包包等流行商品也很豐富；許多商品都只有1件，適合尋找好品味的紀念品。也販售Karen Walker、Kate Sylvester等名牌商品。

住217 Cuba St. 電(04) 384-2212
URL www.cre8iveworx.co.nz
營週一～六10:00～18:00、週日10:00～17:00 休無休 CC MV

化妝品・時尚

WORLD

Map P.394-C1 市中心

具有35年歷史的紐西蘭高級品牌「World」的店鋪，以設計簡單卻優雅的豐富商品為特色；此外也販售來自歐洲、澳洲的美妝品，還有創業於1643年、連法國國王路易14都愛用、世界最古老蠟燭品牌CIRE TRUDON的精油蠟燭，這裡也找得到。

住102 Victoria St. 電(04) 472-1595
URL www.worldbrand.co.nz 營週一～五10:00～18:00、週六10:00～17:00、週日11:00～16:00 休無休 CC ADMV

Wellington Apothecary

Map P.394-D1 市中心

使用毛利香草的自製皮膚保養品及藥草天然保養品的專賣店，附設診所，提供植物按摩、阿育吠陀等療程服務，並推出學習香氛、香草茶調和方法的課程。

住110A Cuba St. 電(04) 801-8777
URL www.wellingtonapothecary.co.nz
營週一～六10:00～17:00、週日11:00～16:00 休無休 CC AMV

食品

Moore Wilson's

Map P.394-D2 市中心

以威靈頓為中心，擁有4家分店的超級市場，原本是以外食產業為主的批發商，現在店內則蒐羅針對職人喜好的優質食材。店內也有試飲及試吃的服務，以散發百貨公司美食街的氣氛為一大魅力，而威靈頓的在地咖啡與巧克力師傅的商品也很豐富，還有葡萄酒賣場更是不容錯過。

住93 Tory St. 電(04) 384-9906 URL moorewilsons.co.nz
營週一～五7:30～18:30、週六7:30～18:00、週日8:30～18:00
休無休 CC MV

巧克力

Wellington Chocolate Factory

Map P.394-D2 市中心

以流行與藝術的包裝引人注意的巧克力店，標榜從買可可豆到製造都在自家工廠完成的Bean to Bar，也有店內導覽之旅及巧克力DIY體驗活動。人氣的板狀巧克力$10～，買越多越划算。並附設能享用熱巧克力的咖啡館。

住5 Eva St. 電(04) 385-7555
URL www.wcf.co.nz 營週二～日10:00～16:00 休週一
CC MV

有機

Commonsense Organics

Map P.394-D2 市中心

從蒂帕帕國家博物館步行約10分鐘，這家超級市場堪稱是威靈頓周邊有機商店的先驅者；倉庫風格的開闊店內，陳列著有機農法栽種出來的新鮮蔬菜，以及來自世界各國的多種豆類、糙米及奇亞籽等，提供非常豐富的商品選擇。

住147 Tory St. 電(04) 384-3314
URL commonsenseorganics.co.nz
營週一～五8:00～19:00、週六・日9:00～18:00 休無休 CC AMV

書店

Pegasus Books

Map P.394-D1 市中心

位於古巴街旁小巷弄的舊書店，門口展示著「今日的詩」，店內四處都有來自世界各地的裝飾品，洋溢著歡樂氣氛。從攝影集、小說、世界各國文學、實用書、雜誌及哲學書等，種類多元而豐富，還有LGBTQ相關書籍的特區。

住Left Bank, Cuba St. 電(04) 384-4733
URL pegasusbooksnz.com 營週一～四・六10:00～20:00、週五10:00～22:00、週日10:00～18:00 休無休 CC MV

啤酒

Garage Project Aro Cellar Door

Map P.394-D1 市中心

發源自威靈頓的精釀啤酒品牌Garage Project的直營店，附設工廠，新鮮剛做好的生啤酒經常有8種，能從水龍頭直接裝入瓶內購買，當然也可以試飲。而T恤、鴨舌帽、啤酒杯自家商品則是人氣紀念品。

住68/70 Aro St. 電無
URL garageproject.co.nz 營週日・一12:00～19:00、週二～四12:00～20:00、週五12:00～21:00、週六11:00～21:00 休無休 CC MV

戶外用品

Gordon's Outdoor Equipment

Map P.394-C2 市中心

1937年於威靈頓創業的老牌戶外用品店，不僅販售Icebreaker等紐西蘭品牌，也有North Face、Marmot、Vaude及Keen等世界知名品牌，凡是登山、攀岩、露營，當然還有滑雪的相關商品都很多元豐富。還有許多特賣商品，令人欣喜。

住Cnr. Cuba St. & Wakefield St. 電(04) 499-8894
營週一～五10:00～18:00、週六・日10:00～17:00
休無休 CC ADJMV

威靈頓的住宿

Accommodation

只要是在市中心，不論要做什麼都很方便，不過比起威靈頓火車站附近，從蘭姆頓碼頭路以南至Courtenay Place附近，反而在餐飲選擇及購物上更加方便。若是入住大樓型飯店的高樓層客房，則是可以眺望威靈頓港的美景。

高級飯店

InterContinental Wellington

Map P.394-B2 市中心

座落在市區正中央，不論是觀光或商務都是最便利的地點。眼前是開闊的海港，尤其是高樓層客房的視野更好，而舒適寬敞的房間則是各項機能齊備，有線電視、沐浴備品等應有盡有，也提供健身房、SPA服務，可以擁有一趟愉快放鬆的住宿體驗。

住2 Grey St. 電(04) 472-2722
URL www.ihg.com 費ⒹⓉ$276～ 房數236
CC ADJMV

QT Wellington

Map P.394-D2 市中心

外表看起來完全不像飯店的全黑建築，卻從外觀、接待大廳及走廊都洋溢著藝術氛圍；客房擁有能一覽威靈頓港和市街的景致，部分房間還附有陽台及浴缸，並提供週末折扣房價。附設的餐廳「Hippopotamus」也相當特別。

住90 Cable St. 電(04) 802-8900 FREE 0800-994-335
URL www.qthotelsandresorts.com 費ⓈⒹ$259～ Ⓣ$359～
房數180 CC ADMV

中級飯店

Rydges Wellington

Map P.394-B2 市中心

位於威靈頓火車站附近，交通方便的飯店，客房內除了迷你酒吧、衛星電視，還有微波爐、烤麵包機及咖啡機等設備，極具機能性，還有附陽台的房間。附設的時尚餐廳「Portlander Bar & Grill」也很受歡迎。

住75 Featherston St. 電(04) 499-8686
URL www.rydges.com 費ⓈⒹⓉ$219～
房數280 CC ADJMV

James Cook Hotel Grand Chancellor

Map P.394-B1 市中心

距離纜車站很近，位於用餐與購物都很便捷的蘭姆頓碼頭路周邊，不過對開車的遊客來說較不方便進入。客房以白色為基調，使用清爽舒適的室內裝潢；飯店附設的SPA曾經獲得世界Luxury SPA大獎的紐西蘭第一名，為成績輝煌的實力派。

住147 The Tce. 電(04) 499-9500 FREE 0800-275-337
FAX (04) 499-9500 URL www.grandchancellorhotel.com
費ⓈⒹ$202～、Ⓣ$150～ 房數268 CC ADMV

Copthorne Hotel Wellington Oriental Bay

Map P.393-B1 市區周邊

面對東方灣的時尚飯店，擁有頂級套房等4種形式的客房，全部都附有陽台；還能享受在餐廳或雞尾酒吧邊看夜景，邊品嚐使用當季食材烹調的料理，或是種類豐富的雞尾酒的樂趣。

住100 Oriental Parade,Oriental Bay 電(04) 385-0279
URL www.millenniumhotels.com 費ⓈⒹⓉ$249～
房數118 CC ADJMV

中級飯店

Bay Plaza Hotel

Map P.394-D2 市中心

座落於東方大道上，只要走幾步路就能到達沙灘，充滿度假飯店的氣氛。客房雖然簡單，卻相當清爽舒適且機能齊全，飯店正前方還有家大型超級市場，周邊也有許多餐廳，外出用餐時相當方便。

住40 Oriental Pde. 電(04) 385-7799 FREE 0800-857-799
FAX(04) 385-7436 URL bayplaza.co.nz
費ⓈⒹⓉ$155～ 房數76 CC ADMV

West Plaza Hotel

Map P.394-C1 市中心

位於遊客中心i-SITE旁的商務型飯店，客房內的床單與沙發採用同色系布料，看起來非常簡單素雅。1樓設有餐廳與酒吧，不是住宿房客也能使用。依據不同季節，在週末會推出折扣優惠。

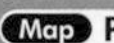

住110 Wakefield St. 電(04) 473-1440
FREE 0800-731-444 URL westplaza.co.nz
費ⓈⒹ$160～、Ⓣ$165～ 房數102 CC ADJMV

經濟型飯店

Naumi Studio Wellington

Map P.394-D1 市中心

座落在古巴街上，利用建於20世紀初期的建築物，很有懷舊氣氛的飯店。以現代方式整修過的客房，有電視、茶具組等完善設備，可以度過舒適的度假時光。並附設健身房及SPA服務，還有專屬停車場。

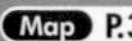

住213 Cuba St. 電(04) 913-1800
FREE 0800-888-5999 URL naumihotels.com
費ⓈⒹⓉ$99～ 房數115 CC ADJMV

Travelodge Wellington

Map P.394-C1 市中心

在蘭姆頓碼頭路及Glimer Tce.各有一個出入口，每間客房都有液晶電視、迷你冰箱、微波爐、熱水壺等完善設備，而高樓層客房的視野更是迷人，也可以選擇含自助餐式的早餐。停車場費用1晚$28。

住2-6 Gilmer Tce. 電(04) 499-9911 FREE 0800-101-100
FAX(04) 499-9912 URL www.travelodge.com.au
費ⒹⓉ$175～ 房數132 CC ADMV

汽車旅館

Halswell Lodge

Map P.394-D2 市中心

位在Courtenay Place的外圍，不僅交通便捷且環境較為安靜。客房種類相當多，有飯店式、提供廚房及餐廳的汽車旅館套房，還有改裝自1920年代住宅的小木屋，而汽車旅館與小木屋的部分客房附SPA設備，並提供公用洗衣房。

住21 Kent Tce. 電(04) 385-0196
URL www.halswell.co.nz 費Motel$120～ Lodge$120～
房數36 CC MV

Capital View Motor Inn

Map P.394-D1 市中心

從市中心徒步約10分鐘，是矗立於小山丘上6層樓建築的汽車旅館，每間套房採光都很良好，視野也很棒。客房設計相當舒適，適合長期停留，並有可容納5人的閣樓（$400～）。步行範圍內有多家咖啡館，十分方便。

住12 Thompson St. 電(04) 385-0515 FREE 0800-438-505
URL www.capitalview.nz 費ⒹⓉ$130～260
房數21 CC JMV

廚房（全部客房） 廚房（部分客房） 廚房（共用） 吹風機（全部客房） 浴缸（全部客房） 游泳池
網路（全部客房／須付費） 網路（部分客房／須付費） 網路（全部客房／免費） 網路（部分客房／免費）

B&B

Thorndon Heritage Listed Villa

Map P.393-B1　市中心

從國會大廈步行約12分鐘幽靜住宅區內的B&B，備有臥室、客廳、附浴缸的浴室等設施，還有親切的員工提供觀光相關建議。客房內有加大雙人床及沙發床，可以容納3人。適合晚上喜愛安靜的遊客。

住100 Hobson St.　電無
URL thorndon-heritage-listed-villa.wellingtonnzhotels.com
費ⓈⒹ＄288～　房數1　CC不可

Richmond Guest House

Map P.393-C1　市區周邊

從Courtenay Place步行約10分鐘，位於維多利亞山地區、擁有安靜環境的B&B，由建於1881年的建築改裝而成，態度親切的主人營造出愉快的居家氣氛。客房非常整潔，全都附有淋浴設備，還提供公共廚房及用餐區。

住116 Brougham St.　電(04)939-4567
URL www.richmondguesthouse.co.nz
費Ⓢ$115～　ⒹⓉ$130～　房數10　CC MV

青年旅館

YHA Wellington City

Map P.394-D2　市中心

大型超級市場就在對面，離Courtenay Place也很近，交通十分便捷。公共廚房與客廳各有2處，接待櫃台的營業時間為8:00～17:00，免費Wi-Fi 1日為5G。

住292 Wakefield St.　021-223-5341
URL www.yha.co.nz　費Dorm$52.25～　Ⓢ$124.45～
ⒹⓉ$152.95～　房數320床　CC MV

Trek Global Backpackers

Map P394-C1　市中心

位在所有觀光景點都在步行範圍的交通便利之處，浴室、客廳等公共空間都很清潔而舒適，3層樓的館內共有5個廚房，非常方便。還設置有任天堂的遊戲機Wii、手足球等遊戲器材的遊戲室，也提供租借吹風機的服務。

住9 O'Reily Ave.　電(04)471-3480　FREE 0800-868-735
URL trekglobalbackpackers.nz　費Dorm$31～　Ⓢ$75～
Ⓓ$110～　Ⓣ$140～　房數169床　CC MV

The Dwellington

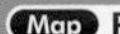

Map P.394-A2　市中心

可以體驗居住在當地獨棟房屋的時尚青年旅館，有團體房及個人房，每天早上7:00～10:00供應玉米片、吐司等免費早餐。並設有能收看Netflix的視聽室。

住8 Halswell St.　電(04)550-9373　URL www.thedwellington.co.nz
費Dorm $47～　Ⓓ$130～　Ⓣ$130
房數13　CC MV

Nomads Capital

Map P.394-C2　市中心

位於遊客中心i-SITE附近，地理位置非常方便，團體房、單人房及廚房等公共空間都整理得非常乾淨，並設置有旅遊諮詢櫃台，接待櫃台則是24小時都有服務人員，還有每晚17:30～18:30的免費零食供應時間。至於電梯則是必須插入鑰匙才能啟動。

住118-120 Wakefield St.　電(04)978-7800　FREE 0800-100-066
URL nomadsworld.com　費Dorm$27～　ⒹⓉ$100～
房數181床　CC AMV

戶外活動
Activity

划著橡膠獨木舟在格倫諾基的達特河順流而下

徹底玩遍！

紐西蘭的戶外活動

富有美麗豐富大自然的紐西蘭，是全世界首屈一指的戶外活動大國，在此重點介紹經典戶外活動與稍微超出常理想像的活動，從陸上、海上、天空中盡情地享受大自然吧。

圖片提供／© AJ Hackett Bungy

朝地面俯衝來個倒栽蔥！

高空彈跳

皇后鎮　陶波

AJ Hackett Bungy ➡P.113 / Taupo Bungy ➡P.324

身上僅綁著繩索從高處一躍而下，真正是不怕死的挑戰，而且在高空彈跳的發明國度裡，還多了「發源地的高空彈跳」、「夜景高空彈跳」等各式各樣的玩法。

驚險度	★★★★★
再來一次	★★★
精采度	★★★★

圖片提供／© AJ Hackett Bungy

有懼高症的人要小心囉！

空中漫步

奧克蘭

Sky Walk ➡P.250

沿著離地面192m高的天空塔邊緣行走，絕對是令人嚇破膽的一大挑戰，不過只要習慣了以後，就能享受周邊360度毫無遮蔽的奧克蘭街道景致。

驚險度	★★★★★
再來一次	★★★
精采度	★★★★★

奧克蘭

跳進奧克蘭的天空吧

高空跳塔

Sky Jump ➡P.268

從天空塔往高樓大廈林立的奧克蘭街頭往下跳，穿著牢靠的安全裝備，宛如飛翔在空中一般的暢快感受，應該會讓人忘記跳下時的瞬間恐懼吧！

驚險度	★★★★★
再來一次	★
精采度	★★★★★

令人超興奮的大翻滾

空氣滾球

ZORB Rotorua ➡P.309

驚險度 ★★★
再來一次 ★★★
精采度 ★★★

羅托魯瓦

坐進巨大透明的圓球中，順著陡峭斜坡翻滾而下，可說是非常獨特的戶外活動，其中最推薦的是球中注水的濕玩方式Zydro。

用身體感覺時速130km快感

Swoop

Velocity Valley ➡P.309

羅托魯瓦

將整個人套進厚重的吊袋中，從背後拉至離地面40m的高度之後，突然放開讓人在空中左右大擺盪，最高時速可達130km！

驚險度 ★★★ 再來一次 ★★★
精采度 ★★★★★

皇后鎮

驚嚇指數破表的空中盪鞦韆

峽谷懸盪

Shotover Canyon Swing ➡P.113

從距離休特佛河Shotover River 109m的上空，以150km時速落下的同時，也在峽谷之間左右擺盪，不過更厲害一點的玩法是直接坐著椅子往下摔。

驚險度 ★★★★
再來一次 ★★★
精采度 ★★★★

皇后鎮　羅托魯瓦

在樹木之間移動，宛如泰山一般

高空飛索

Ziptrek Ecotours ➡P.113 / Rotorua Canopy Tours ➡P.309

從俯瞰著湖水的高台出發，透過綁在樹木與樹木間的鋼索來滑行，在感受到刺激驚險氛圍的同時，也絕對會被眼前遼闊的美景所感動。

驚險度 ★
再來一次 ★★★
精采度 ★★★

掌控風勢在空中飛舞

空中懸浮

Velocity Valley ➡P.309

羅托魯瓦

以專門的出風口，讓人可以飄浮在離地4m的空中，是充滿樂趣的一項挑戰，但要是如果不能有效地掌握風勢，可是會很華麗地趴摔落地！

驚險度 ★★
再來一次 ★★★
精采度 ★★★★★

最佳季節
10月上旬～4月下旬

漫步享樂於富饒的大自然中

Tramping

健行

在大自然環抱中漫步健行的感覺很好

在紐西蘭，最受歡迎的全民運動就是健行。所有的登山步道都規劃得盡善盡美，許多路線比起正式的「登山」還要輕鬆愉快，一定要來體驗看看。

所謂健行

在紐西蘭所謂的健行Tramping，是從英文「一步一步而走的旅行」之意衍生而來，包含了登山、遠足、旅行跋涉等綜合含意。一聽到登山2個字，恐怕有不少人會因此退避三舍，但健行並不是只為了登上山頂而埋頭苦幹的運動，而是在大自然之間漫步，享受四周景觀及整趟行程樂趣的休閒活動。健行堪稱是紐西蘭最為親民的國民運動，不論是家族出遊、年輕情侶還是退休後的夫妻，健行愛好者的年齡層可說是非常的廣。

紐西蘭的山野林間滿是美麗林木、動植物及精彩的自然景觀，還演化出奇異鳥Kiwi、塔卡黑秧雞Takahe等外型非常特殊的生物。能夠在這樣保有著原始大自然的環境裡，體驗「走路」的樂趣，再適合也不過了。

紐西蘭完善的健行規劃

大多數主要的健行步道，幾乎都是由自然保育部（DOC＝Department of Conservation）來管理，山間小屋Hut、步道指標等相關設備規劃都很完善，而且在紐西蘭沒有毒蛇，也沒有熊等大型猛獸；因此在健行途中聽到草叢中傳出窸窣聲響也不用害怕，有可能只是碰到不會飛行的威卡秧雞Weka這類紐西蘭特有鳥類，在紐西蘭健行不必提心吊膽，而是令人興奮不已。在這樣獨特生態體系孕育出的大自然，不論是沒有經驗的遊客或老練的健行客，都是能夠安心徒步的絕佳環境。

健行的模式

健行大致可以分成個人健行，或是有嚮導帶領的2大模式，個人健行因為責任全由自己負責，因此費用上也較為低廉，不過在裝備的準備、天氣資訊的收集、山間小屋及交通工具的安排，全都要自己處理。相較之下，有嚮導帶領的健行之旅，就會有專門的旅行社幫忙安排好這些瑣事，而且沿途還能聆聽相關歷史、動植物的解說，非常豐富有趣；儘管花費相對較高，但要是考慮到可能發生的突發事件，對於沒有經驗的旅客來說，還是比較安心的。

注意事項方面，有嚮導帶領的健行之旅必須要提早預約；在旺季期間，常常到了當地後才發現行程已經額滿，最好能夠在出發前半年就先預約報名。此外，有些熱門路線個人也難以預約。

投宿在山間小屋

只要不是當天來回的健行行程，通常都會需要投宿在DOC經營的山間小屋。山間小屋一共分成5個等級，費用從免費～$54，像是Great Walk Hut就會提供有床墊的床位、煤炭爐、廁所、飲水區等簡單設備，夏季期間還會有管理人員入駐。基本上都很乾淨舒適，不過最好還是事先確認要投宿的山間小屋設備及規模；至於有嚮導帶領的健行之旅，則是會下榻在設備更完備的小木屋。

出發之前必須要到當地的DOC遊客中心，購買山間小屋通行證Hut Pass，另外有些山間小屋規定全年不限季節都要事先預約，部分則是限定夏季要提早預約，可利用電話、e-mail聯絡，或者是透過DOC官網（→P.418）直接線上預約。

在山間小屋裡與來自不同國家、年齡，但志同道合的人一起分享健行的見聞，絕對會是讓人難以忘懷的愉快回憶。

健行季節

位於南半球的紐西蘭，通常以10月上旬到4月下旬的夏季，是健行的最佳季節，許多接駁前往健行步道的交通工具，也只在夏季期間行駛；其中又以12～3月的旺季期間，預約可說是困難重重。過了健行季節後，在海拔較高的地區可能開始出現積雪，也需要格外注意，而且每年的氣象狀況都不同，出發前千萬別忘了更新最新情報資訊。

出發前的裝備

接下來就以夏季出發的一般健行裝備為基準，來簡單說明所需的裝備與服裝，不過要注意的是，如果要前往冰河地帶則另當別論。

▶當天來回的健行

食物、水、禦寒衣物及雨衣是最基本的裝備，山區不論是天候或氣溫都容易急遽變化，一定要做好溫差的應變措施，雨衣也能夠當成禦寒衣物使用。

接著是服裝，絕對記得要避免穿著平常的衣服上山健行，一旦遇到下雨淋濕了，就會產生衣服不容易乾、變重、行動困難一連串問題，因此要避免吸水性強的棉質衣物，而聚丙烯布料或羊毛的襯衫、長褲不僅快乾，且具有保溫性，是最佳的選擇。夏季時雖然短褲也不錯，但是別忘了塗抹防沙蠅的防蚊劑（→P.127），另外像是垃圾袋、墨鏡、防曬乳液、帽子都是必需品。

▶山間小屋住宿1晚以上

下面介紹的是除了當天來回的裝備之外，還要額外攜帶的物品。紐西蘭有許多專門的戶外用品店，因此也可以只從台灣攜帶慣用的物品。至於食品方面，因為紐西蘭對境外攜入的物品有非常嚴格的管制，最好到當地再行採購。

服裝	比當天來回需要準備得更加周全，還要再多增加刷毛、羊毛的薄上衣、內衣及襪子等，而身上穿的衣物也要多準備一套以備替換。雨具方面，可當作防寒衣物使用的上下分開型透氣防水素材（Gore-tex布料等）最佳。
裝備	睡袋、頭燈、背架內藏式登山背包、地圖、料理工具、燃料、火柴、小刀、餐具、水壺、洗臉用具、健行用登山靴、涼鞋（住宿山間小屋時，不弄髒屋內）、相機、簡單急救物品。
食物	在紐西蘭的超級市場裡，可以買得到專門為登山健行設計的冷凍乾燥食品，以攜帶垃圾量少、重量輕、高熱量、能存放、烹調簡單的食物為佳，像是米、義大利麵、扎實的歐式麵包、義大利香腸、起司、水果乾、乾燥蔬菜、粉末狀果汁，還有做為行動糧的餅乾糖果等。

健行的禮儀與注意事項

紐西蘭是對保護自然環境不遺餘力的國家，為了將這個國家所擁有的美好大自然永遠流傳，讓大家都能欣賞體驗到，制定了非常詳細的相關規定，而造訪此地的健行客也都嚴格遵守。雖然都是非常基本的注意事項，也就是因為能夠守住這些理所當然的常識，才讓紐西蘭的自然不受到任何人為破壞，成為大家今日口中的健行天堂。出發之前一定要詳讀清楚，並絕對遵守下列注意事項。

- 不任意採摘植物，也不餵食鳥類或動物。
- 因為有可能會傷害到珍貴植物，絕對不走在健行步道之外。
- 垃圾要全部帶下山。煙蒂、衛生紙等嚴禁隨手亂丟。
- 只在山間小屋如廁，如果實在忍不住，一定要選擇遠離步道或飲水區的場所，挖土掩埋之後要恢復原樣，不留下任何痕跡。
- 注意不要污染河川或湖泊，禁止使用清潔劑。
- 水一定要煮沸超過3分鐘才能飲用。
- 徹底遵守山間小屋的規定，髒鞋子或濕衣服必須在入口處脫下，不攜帶進屋內。此外，小屋內禁煙，用餐有一定的地方，在寢室內晚上不發出吵雜聲響。如果預定要一大早出發，請到外面打包行李。
- 只在指定區域內露營。露營也與山間小屋相同，要事先向DOC遊客中心購買使用券。
- 用火一定要小心謹慎。基本上禁止燒柴火，只能使用爐子。

安全地享受健行樂趣

「健行是一種不需要特別技術的運動」，雖然前面這樣介紹過，還是需要基本程度的知識、裝備及體力，儘管毫無經驗的人也可以輕鬆體驗，但是千萬別忘了也有可能會發生危險。

與一般觀光活動不同的，就是必須認知健行這項運動，因為身處於自然環境中，不論遇到大小事都是個人的責任，因此如果在知識、技術面有不足之處，就得在事前的資訊準備上多下一點功夫來彌補，特別是登山健行經驗較少的人，最重要的就是充分了解個人能力並挑選合適的路線，絕對避免單獨行動。如果沒有同伴，可以在住宿地點尋找有經驗的登山客同行。超過1晚的登山健行，有必須到DOC遊客中心報備上山與下山時間的規定，一定要遵守。

此外，在紐西蘭參加在地旅遊團或戶外活動時，若發生事故，主辦的旅行社沒有習慣支付任何慰問金，因此為了預防萬一，記得一定要投保海外旅行保險（→P.451）。依照健行所準備的裝備內容，有時會無法成為保險的投保對象，這點也需要多加注意。

在地情報資訊
請至DOC遊客中心

出發健行之際，不可或缺的就是DOC遊客中心。在健行路線上的主要據點城鎮一定有DOC遊客中心，包括導覽書籍、路線圖、景點，以及介紹周邊自然環境、動植物的手冊等，所有必要的資訊都有提供。出發前一定要來這裡一趟，查明最新的氣象狀況及步道路線的資訊等。

此外，DOC遊客中心也販售山間小屋通行證Hut Pass，出發前一定要記得購買；還有住宿1晚以上的健行活動，一定要向DOC遊客中心報備路線與日期，健行結束後也有必須知會一聲的義務。

URL www.doc.govt.nz

紐西蘭的 健行路線導覽

Tramping Route Guide

在為數眾多的健行路線中，DOC特別挑選出景觀優美且步行環境完善，足以代表紐西蘭的10大健行路線——The Great Walk。接下來就以The Great Walk為主，介紹幾條值得一訪的路線。

南島

奧拉基／庫克山國家公園

Aoraki/Mount Cook National Park →P.84

在擁有國內最高峰的國家公園內，從當天來回的輕鬆路線到行家的挑戰路線，選擇相當豐富。不過奧拉基／庫克山的登頂路線，僅限經驗豐富的登山客挑戰。

米佛步道

Milford Track →P.140

堪稱是「世界最棒的健行步道」，也是全球健行客最為嚮往的路線，雖然在隘口附近是陡峭的爬坡路，但多數都是行走於山谷間的平緩道路。夏季入山有人數限制，因此一定要提早預約，為4天3夜的行程。

路特本步道

Routeburn Track →P.144

銜接峽灣國家公園與阿斯匹林山Mt. Aspiring國家公園，3天2夜的健行路線。蓊鬱青翠的山毛櫸森林，搭配上清澈的溪流、湖泊，充滿變化的山岳景致是最大的魅力所在。

凱普勒步道

Kepler Track →P.148

從據點城市蒂阿瑙只要步行就能抵達，是位於峽灣國家公園內的健行路線。冰河所形成的地形與雄偉山脈美景，成為這條健行步道獨一無二的景致。

亞伯塔斯曼海岸步道

Abel Tasman Coast Track →P.210

全年間吸引最多造訪人次的人氣路線，與其他健行步道最大的不同，在於擁有蔚藍澄淨的大海、濃密綠意的原始森林，可以同時享受漫遊在森林與大海的2種樂趣。

亞瑟隘口國家公園

Arthur's Pass National Park →P.212

因為鄰近基督城能當日來回，因此吸引眾多遊客造訪，不僅路線眾多且等級也是應有盡有，但還是以適合中高等級健行客的路線為主，其中最值得推薦的是山岳景致優美的雪崩峰Avalanche Peak路線（→P.214）。

北島

東格里羅山健走

Tongariro Alpine Crossing →P.330

從東格里羅北環線中挑選出一段，花費一天時間的縱走路線。冒著蒸騰煙霧的活火山、極盡荒涼的大地、宛如月球表面的火山口等，可以看得到別處所沒有的奇特壯觀景致。

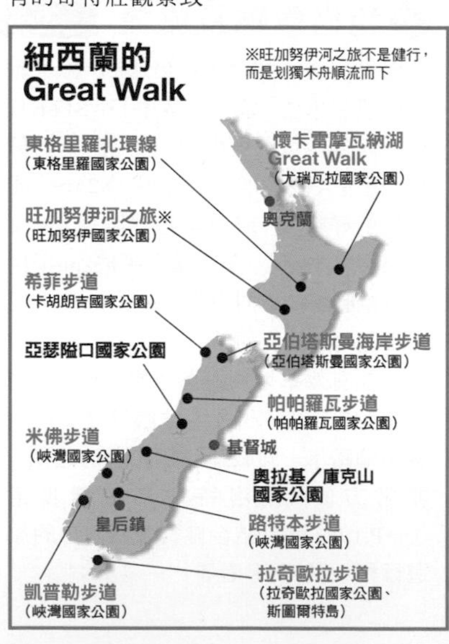

最佳季節
10～4月

在雄偉景色中
逆風而行
Cycling

腳踏車

羅托魯瓦有完善的登山腳踏車行程
© Joel McDowell

與健行並稱為紐西蘭國民戶外活動的腳踏車，在全國各地都有規劃完善的單車道，也推出旅遊行程；像是挑戰困難路線，或是一邊欣賞風景、一邊悠哉騎車，可以依照自己的步調享受騎車的樂趣。

充滿魅力的完善單車道

腳踏車是項不分年齡，從小孩到大人都能體驗，而且對家庭最有人氣的戶外活動；也就是說，幾乎看不到一般的買菜車，而是以登山車和公路車為主流。近年來為了減緩塞車狀況，鼓勵作為市中心通勤、通學的交通工具，電動腳踏車也開始普及。

全國各地設置腳踏車專用的紐西蘭單車道New Zealand Cycle Trail，特別從中嚴選23條路線稱為Great Ride，有需要花費5～6天才能騎完的路線，也有對一般人較為困難的難路線，可以選擇適合自己程度的來騎。在登山腳踏車盛行的羅托魯瓦，就有在專門場地體驗刺激的騎車方式。

此外，紐西蘭禁止在步道上騎腳踏車，而且必須戴安全帽，請多加注意。

租借車輛及旅遊

提供完善的腳踏車租借服務，除了旅行社或租車店，還有遊客中心i-SITE及住宿設施也可以租車；依照腳踏車的種類，租金大概是半天（4小時）$25～。如果要騎好幾天，或是騎越野路線，還要借條備胎才安心。奧克蘭有手機app提供租借電動腳踏車的服務（→P.243），方便在市區的短程交通。

若要有效率地周遊各景點，參加有嚮導解說的旅遊最好；而且旅行社會把遊客和腳踏車一同載運到單車道的起點，非常方便。夏洛特女王峽灣步道（→P.195）就有結合健行及獨木舟的旅遊行程，不妨參考看看。

紐西蘭單車道的資訊

New Zealand Cycle Trails

URL www.nzcycletrail.com

夏洛特女王峽灣步道的在地之旅

Marlborough Sounds Adventure Company→P.194

在蒂卡波湖畔悠閒騎車

最佳季節
6月下旬～10月中旬

急速奔馳在
粉雪上的快感！

Ski & Snowboard

滑雪&滑雪板

以群山為背景的暢快滑雪

在遍布整座山的廣大滑雪場，享受一回頂級的雪質吧！或者也可以搭乘直升機，來到粉雪及沒人破壞過的區域，體驗一趟特別的直升機滑雪行。

紐西蘭的滑雪場就是不一樣！

紐西蘭滑雪場的最大特色，就是滑雪道所帶來的寬闊感受，因為許多滑雪場的海拔位置比較高，在滑雪道上幾乎看不見任何樹木，加上幾乎整座山都可用壓雪車壓出順暢的滑雪道，也讓人感受格外不同。如果站在靠近山頂的滑雪道最高處，還能夠欣賞到無與倫比的眺望景致，不妨趁出發之前以山巒為背景拍一張紀念照。

滑雪道的長度則與日本或其他國家差不多，也有比一般大型滑雪場更長一些的滑雪道，每到週末或學校寒暑假季節，滑雪場與纜椅搭乘處就會湧現滑雪人潮。滑雪場的雪質、雪量雖然會因為季節、天氣及地點而有所影響，但是在旺季期間，大致上都屬於高品質而穩定的狀況。

基本上滑雪在紐西蘭屬於責任自負的運動，但對於沒有滑雪經驗的初學者，還是會在緩坡上設置拖牽索道或魔毯Magic Carpet（電動運送帶），而且在附近隨時有工作人員待命，萬一有人摔跤會立刻前往協助，讓人能放膽去挑戰。由於大多數的滑雪場都擁有幾近平面的超級和緩斜坡，讓初學者可以慢慢從零開始練習；而且滑雪&滑雪板學校都有經驗豐富的講師，不妨參加相關課程來學習。另外像是容易有山風的場所會設置T-bar纜車，而規模較大的滑雪場，還會設置4人座高速纜椅直達滑雪道頂端，設備非常完善。

租借裝備

每家滑雪場都提供滑雪裝備租借服務，除了滑雪&滑雪板器材，另外像是雪鞋、衣服、滑雪杖等，即使是玩家也會滿意的裝備。而在滑雪場之外，如果要租用最新款式或特定品牌的話，市區裡的相關用品店會有更豐富的選擇。在租借裝備時，可在店家所準備的表格中填寫個人身高、體重、腳的尺寸，工作人員就能幫忙調整滑雪板固定器、雪鞋的大小，至於滑雪板或雪鞋的等級則分為初學者（Beginner）、中級者（Middle-class／Standard）、高級者（Expert）；而除了租借全套裝備，也可以只租滑雪板，如果是多日的租借，經常還會附帶提供纜車、接駁巴士車票的優惠套裝組合。不過在護目鏡、墨鏡、帽子、手套等配件比較少提供租借，而在滑雪場內的商店購買，選擇並不多，建議最好自行準備，或者是在市區購買。

滑雪時要注意！

在紐西蘭的滑雪場，一大原則就是一切責任都要自己負責，不會在禁止滑雪區設置柵欄，巡邏於各滑雪道的工作人員也不會提醒，雖然許多在地的滑雪客或雪板玩家經常進入未經整理的地區，但不要輕忽大意而隨便挑戰高危險區。紐西蘭的滑雪道範圍都相當寬廣，沒有樹木阻隔，因而難以察覺自己的滑雪速度，常因為超速而導致受傷；所以在滑雪道交會處或纜車搭乘處附近看到「SLOW」的看板時，一定要記得減慢速度。在這些場所若不減速，很容易引起意外，會有巡邏人員在附近監視，如果遊客不予理會繼續高速滑行，第一次會以口頭警告，第二次就直接沒收滑雪證。另外要提醒的是，滑雪場雖然幅員遼闊，但是纜椅搭乘處則經常人滿為患，而近年來在滑雪場非常風行的滑雪樂園，就傳出許多受傷或跌倒意外。因此不僅要考慮到自己的滑雪能力，更不要忘了戴上安全帽及使用護具。

從纜椅俯瞰，更能感受到整座滑雪場的廣大

萬一受傷了

如果是無法自行走動的傷勢，可向巡邏於滑雪道的工作人員求助，或是找纜椅工作人員幫忙，萬一附近沒有朋友或工作人員時，可以大力揮手或舞動滑雪杖引起周遭遊客注意；如果勉強移動的話，可能導致其他滑雪客的碰撞，反而更加危險，即使是摔跤後沒有外傷卻還是噁心想吐時，有可能是腦內出血。在滑雪場內一定會設有專業醫療團隊進駐的醫療中心，一旦覺得有任何身體不適，千萬不要忍耐，應該立即前往接受診斷。

治療時需要出示海外旅遊保險（→P.451）影本或正本，因此滑雪時記得要攜帶。

直升機滑雪＆滑雪板怎麼玩？

搭乘直升機或小飛機，到未經過人工整理的自然雪地，體驗以壯闊的山脈為背景，在粉雪上滑行的飄浮感，就是直升機滑雪＆滑雪板的樂趣；而且與滑雪場完全不同，有如漂浮在天空中的獨特感覺，很容易讓人一試就上癮。在紐西蘭的最高峰奧拉基／庫克山地區，可以嘗試滑行於海拔超過3000m群山峻嶺間的刺激暢快；還有皇后鎮以北的哈里斯山Harris Mountain或位於瓦卡蒂波湖西側的南部湖區Southern Lakes等地也都非常有名。

直升機滑雪＆滑雪板需要一定的滑雪經驗，基本上必須能在陡峭坡面上控制速度，也就是具有中上水準的程度。比起滑雪，雪板接觸雪地的面積較多，因此在雪的助力之下，滑行速度也會更快。雙板的滑雪者，不妨嘗試使用寬度較大，專門用來挑戰粉雪的「胖滑雪板Fat Ski」，而且也能租借得到，不需要自己事先準備。

到奧拉基／庫克山國家公園玩直升機滑雪

Mount Cook Heliski→P.88邊欄

紐西蘭的 主要滑雪場簡介

Ski Field Guide

南島

哈特山滑雪場

Mt. Hutt Ski Area →P.60

從基督城或麥斯文Methven可以當天來回的滑雪場，滑雪道就設置在哈特山的斜坡上，以6月上旬～10月上旬的漫長滑雪季為特色。路線規劃非常平均，從初學者到玩家等級都有。

三錐山滑雪場

Treble Cone Ski Field →P.95

以中上等級的滑雪道居多，據點城市為瓦納卡Wanaka。由於滑雪場周圍被山群所環繞，因此較不受強風等壞天候影響，這裡的滑雪客會比雪板客要來得多一些。

卡卓那高山度假村

Cardrona Alpine Resort →P.95

利用卡卓那山東邊斜坡而設置的滑雪場，有許多適合初學者體驗的緩、中型斜坡路線，在整個滑雪季當中雪質都很穩定。據點城市在瓦納卡。

皇冠峰滑雪場

Coronet Peak Ski Field →P.111

從皇后鎮驅車過來不用30分鐘，由各種不同等級的滑雪道組成，除了一般路線之外，還有各種不同項目的滑雪樂園，以及南島滑雪場中唯一的夜間設備。

卓越山滑雪場

The Remarkables Ski Field →P.111

以皇后鎮為據點城市的大型滑雪場，不只有初學者使用的和緩斜坡或迂迴滑雪道，在滑雪場的頂端部位，更有著讓人嘆為觀止的陡峭斜坡，選擇可說是非常豐富。而最大的特色就是供中、高等級滑雪客挑戰的Homeward Bound雪道。

北島

瓦卡帕帕滑雪場

Whakapapa Ski Field →P.332

位於魯阿佩胡山Mt. Ruapehu的東北斜坡，以擁有全紐西蘭最大滑雪面積而自豪的滑雪場，也引進製雪機；與圖羅亞滑雪場座落在相同的海拔高度，雪質非常好，據點城市則是瓦卡帕帕村Whakapapa Village。

圖羅亞滑雪場

Turoa Ski Field →P.333

位居魯阿佩胡山西南斜坡的滑雪場，海拔1600～2300m堪稱是全大洋洲最高的滑雪場，以品質良好的乾雪，每年吸引眾多滑雪&滑雪板玩家前來。滑雪道則以適合中級者的斜坡為主，據點城市是距離滑雪場約17km的歐哈庫尼Ohakune。

各滑雪場的據點城市大多都有租借裝備的商店

最佳季節
10～4月

如在水面滑行般
划槳前進

Canoe & Kayak

獨木舟&小艇

像和清澈水流嬉戲一般，自己操控著手上的船槳，是小艇的最大樂趣

多數在地紐西蘭人都會擁有自己專屬的小艇，是日常的休閒活動。與紐西蘭有著深厚關連的獨木舟&小艇，是運用全身來體會大自然的戶外運動。

紐西蘭人都愛獨木舟&小艇

四周被海洋環繞，擁有眾多河川湖泊的紐西蘭，獨木舟&小艇的人氣也非同小可。能夠體驗在雄偉的大自然裡，與透明度極高的流水融為一體的快感，絕不容錯過。

不過在悠閒玩獨木舟印象的背後，流經叢山峻嶺的河流都非常湍急，初學者想要立刻挑戰獨木舟順流而下，一路上困難重重；但對真正的紐西蘭人（Kiwi）來說，順著水花四濺的激流而下或是衝下瀑布，刺激的獨木舟活動才是享受。對於初學者來說，最保險的就是蜿蜒於北島西邊的旺加努伊河Whanganui River（→P.384），可以在享受綠意豐盛的自然景觀之際，一邊悠哉地順流而下。

北島旺格努伊的在地之旅

Bridge To Nowhere Whanganui River Lodge

TEL (06)385-4622 FREE 0800-480-308
URL www.bridgetonowhere.co.nz CC MV

在澄藍大海上挑戰海洋獨木舟吧

即使初學者也能輕鬆挑戰的紐西蘭戶外活動，就是穩定性高又靈巧的海洋獨木舟，若是參加有嚮導帶領的旅遊團，從船槳的拿法到如何划水都會細心教導，還會依照當天的狀況安排合適的路線，更能安全地體驗。

從北島的島嶼灣Bay of Islands地區開始，至南島的斯圖爾特島Stewart Island為止，紐西蘭全國各地都有獨木舟旅遊公司，但是又以南島的亞伯塔斯曼國家公園Abel Tasman National Park名聲最響亮，推出結合露營或健行等多樣組合之旅，讓行程更加豐富有趣。許多陸地上難以探索之處，都可以划著獨木舟挺進，還能從不同於船隻的高度欣賞風景，是獨木舟才有的體驗。而且與馬達動力小船不同的是，行進緩慢而安靜，不太會驚動到野生動物，不僅會有海鳥靠近，更不時會有遇見海豚、紐西蘭海狗、企鵝等的驚喜，樂趣非常多。

南島米佛峽灣的戶外活動

Cruise Milford→P.136

南島神奇峽灣的戶外活動

Doubtful Sound Kayak and Cruise→P.139

南島皮克頓出發的在地之旅

Marlborough Sounds Adventure Company→P.194

南島亞伯塔斯曼國家公園的在地之旅

Marahau Kayaks→P.209

北島哈黑的戶外活動

Cathedral Cove Kayak→P.361

最佳季節
10～4月

想在海中漫遊！
感受波浪！

Scuba Diving&Surfing

潛水&衝浪

紐西蘭的大海裡魚群豐富

雖然還沒有太大的知名度，但紐西蘭已經是吸引全世界潛水客、衝浪愛好者目光的焦點，以海洋公園為首，擁有超過25座海洋保護區，在無處可比擬的豐富精采大自然間體驗衝浪或潛水，一定很有趣。

潛水的魅力在於精采的海底景觀

在紐西蘭的周圍，分布著數以百計的潛水景點。

以南島為例，像是海岸線彎曲複雜的馬爾堡峽灣、潛水時可遇見海豚或紐西蘭海狗的凱庫拉等，都是絕佳潛水地點，至於峽灣國家公園周邊海域，因為有來自山脈的豐沛雨水灌注，形成海面約有10m高淡水層的特殊環境，不僅能欣賞到群生的黑珊瑚，更有機會發現深海生物，而成為人氣的潛水景點。

座落於北島北地東海岸的普爾納茨群島海洋保護區Poor Knights Islands Marine Reserve，被法國海洋學家雅克庫斯托Jacques-Yves Cousteau譽為「世界10大潛水地點」，而島嶼灣周邊也是絕佳的潛水景點。另外還能到超過100年前沉船處潛水探險的大屏障島Great Barrier Island，或是於海中洞穴與黃吻姬鯛來個面對面零距離接觸的白島White Island等，也都是潛水好所在。

紐西蘭的部分海域會開放潛水獵捕，在感受完美麗的大海之後，上岸品嚐最新鮮的魚或貝類，可說是全新的潛水體驗。

前往普爾納茨群島海洋保護區的在地之旅

Dive! Tutukaka

FREE 0800-288-882
URL diving.co.nz CC MV

不為人知的南半球衝浪天堂

紐西蘭的一大特色，就是擁有狹長而極為複雜的海岸線，加上來自太平洋的熱帶性低氣壓與塔斯曼海側南極海氣流的影響，不僅孕育出終年不絕的浪潮，而且是極富變化性的絕佳大浪，難怪有許多衝浪愛好者總是讚不絕口：「這裡的浪是世界級的！」。

在數百處的衝浪景點裡，特別是北島西海岸的雷格蘭Raglan（→P.291），為國內數一數二的人氣衝浪勝地，每當從南邊而起的超級大浪（因低氣壓等而產生的大浪）到來之際，就會吸引海內外無數衝浪客逐浪而至。其他的衝浪據點還有北島的奧克蘭、新普利茅斯、吉斯伯恩，南島的基督城、但尼丁、西港也都相當出名。

即使是夏季，紐西蘭的海水溫度還是偏低，最好挑選短袖長褲的連身潛水衣，而且水溫愈往南邊愈低，最好能有全副潛水裝備（長袖、長褲、靴子、手套）。

雷格蘭的衝浪學校

Raglan Surf School

☎ (07) 825-7327
URL raglansurfingschool.co.nz CC MV

最佳季節
全年

在船上度過優雅時光 並與野生動物接觸

Cruise

巡航之旅

能以平實價格享受的午餐巡航之旅，或是浪漫日落時分之旅等各種行程內容五花八門

想盡情暢遊美麗的大海、湖泊或河川時，來趟遊輪巡航之旅如何？不僅能怡然自得地跟隨波浪擺動，輕鬆自在地度過時光，還能遇見海鳥、鯨魚、海豚等各式各樣眾多的野生動物，成為巡航之旅的最大魅力。

種類豐富的巡航之旅，可自由選擇

從北島到南島各地都推出巡航之旅，內容從1小時左右的輕鬆之旅，到需要花上一整天時間，甚至是必須住宿在船上，旅遊行程包羅萬象。而船隻種類也很多元，有過去居民接駁代步或運送物資的交通船轉型，也有經過重新整修而成的復古外輪蒸汽船，讓水上旅遊更加樂趣十足。

南島的巡航之旅，又以米佛峽灣Milford Sound的行程為觀光焦點，被冰河削鑿而成的峽灣地形，美得讓人幾乎忘了呼吸，濃烈深藍的水色、途中的瀑布、筆直斷崖、茂密的原生林、直聳向天的群山等，精采的景點數也數不完。

此外，皇后鎮的厄恩斯洛號古董蒸汽船TSS Earnslaw號蒸汽船也很有人氣，航行於風光明媚的瓦卡蒂波湖Lake Wakatipu，而且在瓦爾特峰Walter Peak上岸後，還可以參加農莊之旅並享受BBQ樂趣。而船艙內則是能看到如同昔日燃燒煤炭作為船隻動力的情形，非常有意思。

北島的島嶼灣地帶，則以岩中洞Hole in the Rock為中心的巡航之旅最受歡迎，不僅可以從巨大岩洞中穿梭而過，還能夠造訪海灣內144座島嶼中最大的烏魯普卡普卡島Urupukapuka Island。

所有的巡航之旅，都是只要有空位就能參加，不過夏季人潮眾多，還是必須事先預約。

南島皇后鎮出發的在地之旅

Real NZ →P.105

南島蒂阿瑙出發的在地之旅

Cruise Te Anau →P.128

南島米佛峽灣的在地之旅

Real NZ, Southern Discoveries, Mitre Peak Cruises, Jucy Cruize →P.133

南島神奇峽灣的在地之旅

Real NZ, Doubtful Sound Kayak and Cruise →P.139

南島皮克頓出發的在地之旅

Maori Eco Cruises, The Cougar Line, Beachcomber Cruises →P.195

北島奧克蘭出發的戶外活動

Auckland Harbour Sailing

☎(09)359-5987
FREE 0800-397-567
URL exploregroup.co.nz
CC ADMV

北島陶波出發的在地之旅

Chris Jolly Outdoors →P.319

北島派西亞出發的在地之旅

Fullers Great Sights Bay of Islands, Explorer NZ →P.338

北島哈黑出發的戶外活動

Hahei Explorer →P.361

大海是珍貴野生動物的寶庫

以觀察動物為主題的環保巡航之旅也相當盛行，像是在南島的凱庫拉Kaikoura或奧塔哥半島Otago Peninsula一帶，有機會遇上鯨魚、海豚、紐西蘭海狗、藍企鵝、皇家信天翁等各式各樣的野生動物。

南島但尼丁出發的在地之旅

Monarch Wildlife Cruise→P.167

南島凱庫拉出發的在地之旅

Dolphin Encounter, Seal Swim Kaikoura, Albatross Encounter→P.182

遇見雄偉的大鯨魚

在紐西蘭的近海一共棲息著約40種鯨魚（→P.186），毛利語將鯨魚稱為「Paraoa」，而有「鯨魚海灣」之意的「Whangaparaoa」地名，直到今日在北島仍然有好幾處繼續沿用著，不難看出從古時候就經常發現鯨魚的蹤影。進入19世紀，開始出現以捕鯨為目的的歐洲移民，這也是日後紐西蘭成為英國殖民地的一大要因。

現在已經禁止獵殺鯨魚，由出海賞鯨取而代之成為熱門活動，南島的凱庫拉因為經常能見到體長11～18m的巨大抹香鯨而出名，雖然沒有海上跳躍之類的華麗演出，但是在波浪間噴氣的模樣，以及潛水時上揚的鯨魚尾巴等動作，都讓人著迷。

抹香鯨潛水的一瞬間

南島凱庫拉出發的在地之旅

Whale Watch Kaikoura→P.181

和可愛無法擋的海豚共泳

總是會跟隨在船隻旁，或是表演出精湛跳躍動作的可愛海豚，有總是成群結隊出游的暗色斑紋海豚Dusky Dolphin，也有僅在紐西蘭才看得到的小小賀氏海豚Hector's Dolphin，以及瓶鼻海豚Bottlenose Dolphin、真海豚Common Dolphin等種類（→P.187）。除了站在船上看海豚，穿上潛水衣和呼吸管下海與牠們一起游泳，更是有趣，因為好奇心旺盛的海豚們只要發現有人游過來，一定會馬上靠近。

但是有時因為天候狀況而很難發現海豚蹤影，甚至因為氣候太惡劣而無法出海，建議最好多預留一些時間，才能夠享受到與海豚共泳的樂趣。另外，還有一點要留意的，就是紐西蘭的海水水溫相當低。

非常友善的暗色斑紋海豚，總是會靠近船邊

最佳季節
11～4月

感受「釣魚大國」的實力！

Fishing

釣魚

在寬廣的大自然間釣魚，心胸也跟著開闊起來

在海上釣大型魚，在淡水就釣鱒魚……紐西蘭可是名震全世界的「釣魚大國」，就是在堅持守護大自然的豐富國度裡，才能夠完整充分體驗釣魚的樂趣。

在紐西蘭釣魚

紐西蘭不論是海洋、河川還是湖泊，都保留著未經人工破壞的原始大自然，棲息其間的魚群種類也豐富地驚人，而且另一大特色，則是肥美的大魚非常多。

在這樣的國家釣魚，以出海豪邁地深海拖釣（目標是旗魚、鮪魚及黃尾鰤）與在淡水湖、溪流釣鱒魚最有人氣。

熱門的釣鱒魚是什麼？

河川或湖泊最流行的就是釣虹鱒及褐鱒，其實這些鱒魚原本並不是棲息於紐西蘭的品種，而是19世紀末由來自英國與北美的移民引入，再經過世代繁衍而來的。南島與北島都能釣到鱒魚，不過南島以褐鱒居多，北島則是棲息較多的虹鱒。

釣魚方式雖然以飛蠅釣Fly Fishing最出名，但還是有人使用路亞Lure來釣鱒魚（Spinning就是指假餌釣魚）；至於餌釣因為僅限在少數水域，屬於少數派。如果想從台灣攜帶釣具前往的話，因為當地為了保護生態系統而有非常嚴格的限制，必須特別注意。

值得信賴的釣魚嚮導

在紐西蘭釣魚，雇用一位嚮導才是上上之策，因為不僅可以帶人到釣魚場地，並且還能幫忙準備各種證件、安排午餐與釣魚工具等，讓體驗狀況完善；嚮導也會根據遊客的技術水準及釣魚方式來做安排，提高釣到大魚的機率。

至於釣魚嚮導的雇用方式，除了直接聯絡之外，也可以透過當地的釣具店或遊客中心介紹；而海釣因為必須包租船隻，一定要事先預約才行，若擔心溝通不良或嫌麻煩的話，參加釣魚之旅是最方便的方式。

最佳季節

海釣的最佳季節在每年的11～4月左右，若想將目標放在大型真鯛的話，在產卵期的12～1月最為合適。

釣鱒魚則依照釣魚方式及個人感受的不同，而有不一樣的最佳季節，但河川與湖泊為了防止人們濫捕，設有禁漁期（5月～9月底左右，北島則是從7月左右～），但這項禁令並非全面性的，因此幾乎全年都還是可以釣魚，像是陶波湖Lake Taupo、羅托魯瓦湖Lake Rotorua附近，全年都能享受釣鱒魚的樂趣。

絕佳的釣魚地點

▶海釣

北島的東北海域以釣大魚出名，像是以島嶼灣地區Bay of Islands、圖圖卡卡Tutukaka等地為據點，出海瞄準劍旗魚、紅肉旗魚、鮪魚、鯊魚等深海拖釣很具人氣；而島嶼灣地區更因為地形豐富多變，成為魚群最愛的棲息地帶，像是活動於海底的黃尾鰤、大石狗公等都是目標魚種。西海岸則是以黃尾鰤為主，但像是鯛魚、條紋竹筴魚等，則是幾乎全國的海灣內或島嶼周邊都能夠釣到，其中又以真鯛屬於可輕鬆上鉤的魚種而很受歡迎。

順帶一提，紐西蘭的魚體型都很大，深海拖釣上鉤的魚大得驚人，即使是海岸邊釣上來的黃尾鰤、真鯛或條紋竹筴魚，也都是大到可以在台灣釣魚紀錄中記上一筆的體型。

▶河釣・湖釣

在南島有馬陶拉河Mataura River、摩圖伊卡河Motueka River、克盧薩河Clutha River等，而北島則以東格里羅河Tongariro River最有代表性；還有陶波湖、羅托魯瓦湖及馬納瓦圖河Manawatu River、Ruakaturi河等也都是知名的釣魚地點。

此外，鮭魚的迴游季節則是在1～3月，南島的拉凱亞河Rakaia River、朗基塔塔河Rangitata River、懷馬卡里里河Waimakariri River都會湧進成群肥美碩大的鮭魚群，令人嘆為觀止。

釣魚時的注意事項

▶海釣

各地對於釣起的魚體型、數量，都有相關的漁獲規定，並且釣到的魚也嚴禁買賣，不論是罰則或罰金都會嚴格執行，必須切實遵守規定。如果是自行準備釣具的話，釣鉤還是日本製的品質較好，不妨先準備好。通常可以釣上岸的魚隻大小，真鯛為90g左右，黃尾鰤則是必須有200～400g。另外要提醒的是，紐西蘭紫外線很強，帽子、防曬乳液、太陽眼鏡都是必須品。

▶河釣・湖釣

在河川或湖泊釣魚時需要專門的釣魚證，分為全釣魚季中有效、24小時有效等種類，價格則依各地區而有所不同，可至當地的遊客中心、釣具店、官網（URL fishandgame.org.nz）購買。此外，依據管轄區域的不同，有更加詳細的釣魚規定，像在陶波還需要有一張當地證，如果要進入國家公園、私人林地時要特別申請「Forest Permit」的入林許可證等。

可以在漁場帶走的魚獲大小、數量等也都有明確的規定，一旦被發現違規，釣魚使用的所有工具將會全數沒收。置身紐西蘭這片稱為理想釣魚天堂的大自然裡，千萬不要忘記遵守嚴格的規定，以及每一位釣客自身應盡的責任。

南島瓦納卡出發的在地之旅

Aspiring Fly Fishing→P.96

南島皇后鎮出發的在地之旅

River Talk Guiding New Zealand

☎027-347-4045　URL rivertalkguiding.co.nz

CC AMV

北島陶波出發的戶外活動

Chris Jolly Outdoors, Fly Fishing Ninja→P.324

How Exciting!

最佳季節
全年

腎上腺素飆升！來到發源地的挑戰

Bungy Jump 高空彈跳

發源於紐西蘭的戶外活動很多，但沒有比它更特別的，玩過之後甚至會改變人生觀？！

現在已經成為紐西蘭代表性戶外活動的高空彈跳，不少觀光客更是為了挑戰這項活動而造訪紐西蘭；還發展出夜間飛行，或是加上降落傘等各種進化版的高空彈跳。

高空彈跳的發源地──紐西蘭

據說高空彈跳最早源起於萬那杜共和國、新喀里多尼亞群島的成人儀式，而紐西蘭企業家A. J. Hackett從中獲得靈感，在1980年代選擇在皇后鎮近郊地區的卡瓦魯河Kawarau River，開始這項驚險刺激的挑戰；到了今天，高空彈跳儼然成為紐西蘭最具代表性的戶外活動，無數人為其魅力所折服。

高空彈跳非常簡單，就是將生命之繩的彈性橡膠繩索綁住雙腳，然後縱身往下跳；儘管是將數條橡膠繩捻成一股直徑約2.5cm的強化繩索，卻需要鼓足勇氣的驚人一躍！正因為簡單，恐怖、驚險、暢快等複雜的感情更為倍增，讓高空彈跳成為獨一無二的終極挑戰。

體驗五花八門的高空彈跳

想要體驗高空彈跳的人，可以到南島的皇后鎮，或是北島的奧克蘭、羅托魯瓦、陶波等地，而且在紐西蘭，所謂的高空彈跳玩法可是千變萬化。

例如在南島的皇后鎮，可以從紐西蘭最高的134m處縱身一躍，或是夜晚時從峽谷中央的纜車一躍而下，還有站在卡瓦魯橋Kawarau Bridge往河面跳等，不只地點五花八門，就連跳下的高度都有所不同。

而北島的陶波則是從47m的高度，跳向擁有澄澈美麗溪水的懷卡托河Waikato River；奧克蘭是站在192m高的天空塔Sky Tower頂端飽覽美景之餘，再縱身往下跳入高樓叢林間，是絕無僅有的特殊體驗。在奧克蘭還能從40m高的港灣大橋Harbour Bridge玩高空彈跳。

放膽往下跳的瞬間，工作人員也會幫忙拍攝影片或照片，甚至還能印成T恤等商品讓遊客選購，成為證明自己勇氣的最佳紀念與回憶。

南島皇后鎮出發的戶外活動
AJ Hackett Bungy→P.113

北島奧克蘭出發的戶外活動
Sky Jump→P.268

北島羅托魯瓦出發的戶外活動
Velocity Valley→P.309

北島陶波出發的戶外活動
Taupo Bungy→P.324

最佳季節 9～12月

靠著一己之力 在驚險激流中前進的感動

Rafting

激流泛舟

與南島朗基塔塔河湍急水流拚搏的激流泛舟

想要體驗紐西蘭大自然的活力，激流泛舟絕對是最合適的戶外活動。聽從嚮導的指揮划動船槳，大家齊心協力克服急流難關，這種成就感與感動，是其他戶外活動所不能比擬的。

順激流而下！紐西蘭的泛舟

所謂的Rafting直譯成中文就是「船筏漂流」，過去人們會將山裡砍下的樹木綑綁成木筏，放進河裡順流而下，運送到平地存放；這樣順急流而下的體驗，便進化成現在的激流泛舟。

激流泛舟是由嚮導帶領，合6～8人之力一起划動船槳，在激盪的四濺水花中，有時要避開大岩石，一路上可說是非常驚險刺激的運動。或許有人會擔心第一次玩，會不會很危險？其實遊客的安全絕對是激流泛舟的第一原則，不僅會依照天候及水位調整行程難易度，首次挑戰的遊客還要接受基礎練習才能下水；而且還幫遊客準備了安全帽、救生衣、潛水衣等全套裝備，還有課程教導萬一落水時應該如何保護自己，所以可以放心來挑戰。但是無論如何，激流泛舟依舊是具有危險性的運動，而且與台灣不同，事故責任歸屬全得自行負責；因此不僅要仔細聽清楚嚮導的解說，遇到不清楚的地方時一定要開口發問。

同時，為了避免最糟的情況發生，絕對要記得投保海外旅遊保險（→P.451）。

激流泛舟的最佳季節為9～12月左右，行程費用通常分為數小時體驗或半天行程$115～，或是包含多天住宿的多日行程$499～。至於泛舟的必要裝備都可以租借得到，並沒有需要特別準備的物品，不過因為太陽出乎意外的強烈，絕對別忘了防曬乳、太陽眼鏡等防紫外線的裝備。

哪裡能體驗激流泛舟？

紐西蘭全國各地都有激流泛舟，不過以南島坎特伯里區的朗基塔塔河Rangitata River，堪稱是首屈一指的人氣地點，不僅能驚險萬分地穿越朗基塔塔峽谷，還可從10m高的瀑布沖落，刺激指數絕對破表。至於在皇后鎮的近郊，充滿地勢變化的休特佛河Shotover River、卡瓦魯河Kawarau River等地，也有推出激流泛舟的體驗行程。

北島則是以陶波、羅托魯瓦周邊最為盛行，其中人氣最旺的地點就是凱圖納河Kaituna River，小艇從高達7m的歐卡雷瀑布Okere Falls倒栽蔥落下，最是刺激。

南島基督城出發的在地戶外活動

Hidden Valleys→P.62

北島羅托魯瓦出發的戶外活動

Kaituna Cascades→P.309

驚險刺激 How Exciting!

最佳季節
10～4月

奔馳穿梭於雄偉自然間！
刺激滿點的戶外活動

Jet Boat

噴射飛船

如飛翔般穿越過宏偉的美麗峽谷

豪邁的轉彎帶起四濺的水花，以高達80km的高速奔馳穿梭，如此刺激的戶外運動就是噴射飛船。心跳加快的同時，卻又意外地爽快舒暢！來到紐西蘭，務必要體驗一次。

紐西蘭發明的戶外活動

噴射飛船是由紐西蘭人C.W.F. Hamilton在1957年所發明的活動，主要是利用裝設於船身的引擎渦輪汲水，由船尾噴射出去而獲得推進動力，最早是為了針對坎特伯里地區常見的低淺河川特別設計的船隻，但時速達80km的迅猛速度，且能飛馳於僅有10cm的淺灘，讓人驚艷不已。將這樣的交通工具搖身一變成為刺激又驚險的遊樂道具，果然是擅長戶外活動的紐西蘭人才有的創意。

噴射飛船雖然刺激，卻是不分年齡、體力，全年都能玩的戶外活動，因而魅力滿滿（但部分行程會對兒童有年齡、身高上的限制）。只要坐上座位、緊握欄杆，接下來就是盡情感受腎上腺素飆升的興奮。船艇以非常驚人的速度，快速穿梭於大自然美景間，以為就要撞上岸邊山壁時，竟在離河岸邊幾公分距離處閃過，還來個大轉彎！看到這裡已經熱血沸騰的人，一定要來實際體驗。

掌控噴射飛船的駕駛，個個都是身經百戰，在無數訓練下選出來的箇中好手，而且對河川的大小事更是瞭如指掌，在安全上絕對無虞。

盡情體驗噴射飛船

想玩噴射飛船，南島最出名的地點是皇后鎮、西港、坎特伯里地區，又以西港附近的布勒河Buller River，以及皇后鎮近郊處的休特佛河、卡瓦魯河和格倫諾基Glenorchy的達特河Dart River，為體驗噴射飛船的最佳地點。

至於北島則是以朗基泰基河Rangitaiki River、旺加努伊河Whanganui River及懷卡托河Waikato River為主，其中又以懷卡托河順流而下的行程最熱門，坐在船上將可以近距離欣賞每秒有270噸驚人水量落下的胡卡瀑布Huka Falls，以及擁有白練水流注入的水潭，都壯觀震撼得令人無法言語。而經驗老道駕駛的360度大迴轉也是行程一大亮點，如果想要更上一層的刺激感，配合水庫洩洪時間出發的激流噴射快艇Rapids Jet，絕對能夠大大滿足。

南島瓦納卡出發的戶外活動

Lakeland Adventures→P.96

南島皇后鎮出發的戶外活動

KJet→P.113

北島陶波出發的戶外活動

Hukafalls Jet, Rapids Jet→P.324

驚險刺激 How Exciting!

最佳季節
全年

像鳥兒一樣 遨翔於湛藍天空
Paraglider&Skydiving
飛行傘&高空跳傘

奔跑下山丘的同時，也會緩緩被拉上天空的飛行傘

想要一個人獨占，紐西蘭開闊的大自然和藍得發亮的天空……能夠擁有這樣獨一無二感受的戶外活動，非飛行傘與高空跳傘莫屬，彷彿像是自由的鳥兒般，飛舞在浩瀚無邊的天空中！

以飛行傘飛舞於空中，無與倫比的開闊感

所謂的飛行傘Paraglider，是結合滑翔翼Hang Glider與降落傘Parachute的活動，也稱作Parapenting，原本是登山家把降落傘改良而成，作為方便下山的工具，而開始的戶外運動。

單人飛行需要執照與一定的經驗，若是雙人飛行Tandem Flight（由教練帶領的雙人飛行）的話，即使是初學者也可以輕鬆體驗，首次挑戰的遊客需要接受簡單的講習，再由經驗豐富的教練陪同飛行；在15～30分鐘的飛行時間裡，眼前遼闊無比的大自然美景絕對是奪人心魄。而且因為沒有使用引擎動力，以自然的速度在空中飛行而別具魅力，耳邊能聽到的僅有呼嘯的風聲，還有機會與鳥兒一同飛翔。

南島的皇后鎮、瓦納卡、基督城都是飛行傘運動盛行的城市，尤其是在皇后鎮，從纜車所在的山丘往下跳就是瓦卡蒂波湖，對面更是卓越山脈The Remarkables等超過2000m等級的群山，視野開闊又迷人。至於飛行傘的資深玩家，則推薦前往擁有許多最適合飛行地點及上升溫暖氣流的奧塔哥中央地區。

南島皇后鎮出發的戶外活動
GForce Paragliding→P.113

可同時體驗到刺激與漂浮雙重感受的空中跳傘

一開始的30秒，是以時速約200km的驚人速度下墜！等到降落傘張開之後，就可以輕鬆地眺望空中景致，享受空中散步的樂趣，這就是空中跳傘。這是紐西蘭主要的戶外運動之一，只要是有教練陪同的雙人飛行，即使是初學者也可以安心體驗，費用會依照高度而變動，通常9000英尺（約2700m）$299～左右。

只要放膽跳出去，前所未有的感動正等著你

南島則是以皇后鎮、基督城、瓦納卡最盛行，北島則在陶波、羅托魯瓦等地可以體驗。

南島皇后鎮出發的戶外活動
NZONE Skydive→P.113

輕鬆悠閒

Feeling Relaxed...

最佳季節
全年

與馬兒一同漫步於大自然裡

Horse Riding

騎馬

騎馬在大自然裡散步！是最暢快的度假方式

在遼闊的大自然裡，騎在馬背上帥氣地自在漫步，這是多麼舒服的景象；只要來在紐西蘭騎馬，已經成為暢遊大自然美景的一種方式，即使無經驗者也能輕鬆體驗的高人氣戶外運動。

紐西蘭自由的騎馬風格

提到騎馬體驗，不少人腦中浮現的是在圍起來的場地內，騎在有工作人員拉著韁繩的馬兒身上吧？

不過在紐西蘭的騎馬，是真正在高原、山岳地帶、海岸等美麗的大自然裡，與馬兒一起前行漫遊；如果說一邊漫步、一邊享受大自然是健行，那麼有馬兒相伴的體驗方式便是騎馬。由於行程會安排有經驗者與初次體驗者一同出發，完全不用擔心，而且會傳授最簡單的控馬技術，接著就全靠自己與馬兒間的接觸來培養感情。騎馬時穿著的馬靴可以自行準備，也有出租服務。

只要是紐西蘭的主要城市，幾乎都有推出騎馬之旅，可以按照個人程度、預算來挑選行程，從初體驗的半日遊到有住宿的騎馬之旅，內容非常多樣，費用大概1小時$80～、1日之旅$390～。

有什麼騎馬樂趣？

騎馬之旅不是一句話就能說完，行程內容非常豐富，像是在南島皇后鎮最受歡迎的，就是騎馬參觀完牧場之後，出發暢遊南阿爾卑斯群山之旅；或是沿著冰河削鑿而成的峽谷行進，橫渡水流湍急的利斯河Rees River，充滿冒險犯難精神的格倫諾基Glenorchy騎馬之旅也一樣充滿樂趣。而北島奧克蘭西海岸的muriwai海灘，則是推出騎著馬漫步於浪花拍打的黑沙灘上，並前往森林地帶散步的行程。

此外，紐西蘭的特有體驗就是農莊之旅，遊客可以在農莊住宿，體驗農家生活，像是騎馬、照顧牲口家畜、幫忙採收農作物等，是包含騎馬在內的特殊旅遊行程。

馬是非常聰明的動物，而且都有各自的個性，就像旅途上遇見的朋友一般，離別時一定會充滿依依不捨之情。

南島基督城出發的戶外活動

Rubicon Valley Horse Treks→P.62

南島格倫諾基出發的在地之旅

High Country Horsess

(03)442-9915

URL www.highcountryhorses.nz CC MV

北島奧克蘭出發的在地之旅

Muriwai Beach Horse Treks

(09)871-0249

URL muriwaibeachhorsetreks.co.nz CC MV

Feeling Relaxed...

最佳季節
全年

在優美的環境裡
來場無與倫比的揮桿

Golf
高爾夫

宏偉絕倫的景色感動人心

紐西蘭擁有超過400座的高爾夫球場，相較於總人口數，這樣的比例可說是居於全世界之冠，因此從讓民眾下班後來揮桿放鬆一下的休閒高爾夫球場，到可舉辦國際大賽的世界級高爾夫球場，各種類型應有盡有。

到紐西蘭打小白球

高爾夫運動開始進入紐西蘭，是在開拓時期的1860年代，由蘇格蘭移民所帶來的，發展至今已經建立超過400座高爾夫球場，據說全年大約打了500萬回合。

大多數球場都沒有桿弟隨行，屬於必須自己拖著球袋前進的英國式高爾夫，因此像是開球之後的填土、填平沙坑、果嶺上小白球的標註等，都要自己來，而攜帶填土用的沙袋也成為義務行為。通常都是採取中途不休息的18洞打法，而打完一回合大概需要3小時30分。

在紐西蘭打球非常便宜，公眾球場$20～，私人球場則為$150左右～。公眾球場並不需要事先預約，想到就可以馬上成行，而且還能夠穿著T恤、牛仔褲和球鞋上場，非常輕鬆自在。夏季是從清晨5:30開放到晚間21:00左右，如果是打算租全套服務，更是兩手空空就可以出發。

想要體驗優雅打球，就要到知名高球場

Clearwater ●基督城

Map P.46-A2 外

PGA大賽也會使用的紐西蘭首屈一指場地，相較之下設備較新穎，並且附設游泳池、SPA飯店等，很有度假區的風格。

住 40a Clearwater Ave. Christchurch
電 (03) 360-2146 FAX (03) 360-2134
URL www.clearwatergolf.co.nz CC ADJMV

Millbrook Resort ●皇后鎮

Map P.108-A2

這是南島具代表性、有名且具備住宿設施的球場，球場內的球道相當狹窄，加上還有沙灘般的沙坑、湖泊，挑戰難度極高。(→P.122)

Gulf Harbour Country Club ●北地

Map P.336-C2

舉辦過1998年的世界盃，以整理得非常美麗的球道、海岸線自然起伏地形所營造出的困難球道而自豪。

住 180 Gulf Harbour Dr. Gulf Harbour Whangaparaoa 電 (09) 428-1380 URL www.gulfharbourcountryclub.co.nz CC ADJMV

Kauri Cliffs ●北地

Map P.336-B2

不僅擁有國內No.1的呼聲，球場更是巧妙運用沿著海岸線的和緩地形而設，開闊又宏偉的視野是最大的魅力。球場還附設有頂級莊園，吸引各種不同等級的小白球愛好者到來。

住 139 Tepene Tablelands Rd. Matauri Bay, Northland
電 (09) 407-0060
URL kauricliffs.com CC AMV

Paraparaumu Beach Golf Club ●威靈頓

摺頁地圖①

設立於1929年頗有歷史的球場，過去曾被美國《高爾夫雜誌》評為紐西蘭最棒高爾夫球場，以有海風吹拂與高低起伏的眾多球道為最大特色。

住 376 Kapiti Rd. Paraparaumu Beach, Paraparamu
電 (04) 902-8200
URL www.paraparaumubeachgolfclub.co.nz CC MV

輕鬆悠閒

Feeling Relaxed...

最佳季節
全年

無論冰河或火山地區都能暢行無阻

盡情欣賞 紐西蘭特有美景

Scenic Flight & Hot Air Balloon

空中遊覽&熱氣球

冰河、火山及雄偉美麗的山脈，充滿豐富多樣自然景色而深具魅力的紐西蘭，想要親眼一一欣賞這片大自然，從空中眺望就是最佳答案；在地面上完全無法想像，不妨嘗試俯視這雄偉的景色吧。

南島以冰河觀光、北島以欣賞火山風景最受歡迎

南島的人氣行程有從空中暢遊奧拉基／庫克山國家公園、西部泰普提尼國家公園的法蘭士·約瑟夫冰河Franz Josef Glacier和福克斯冰河Fox Glacier、米佛峽灣等，從飛機上可以一窺巨大冰河的裂縫，一覽南阿爾卑斯的雄偉山景。

至於凱庫拉的空中遊覽行程還多了賞鯨的選項。

北島的懷卡托、豐盛灣一帶，以欣賞分布於羅托魯瓦周邊的眾多火山湖、1886年大噴發的塔拉威拉山Mt. Tarawera、活火山的白島White Island等由火山造成的特有自然美景而著名，還有搭乘直升機降落於火山口的行程。其餘也有加上參觀農場、造訪酒莊等多種組合的行程。

南島奧拉基／庫克山國家公園出發的戶外活動

Mt Cook Ski Planes and Helicopters, The Helicopter Line→P.89

南島西部泰普提尼國家公園出發的戶外活動

Heli Services NZ Fox & Franz, Glacier Helicoptersほか→P.224, 226

南島米佛峽灣出發的戶外活動

Milford Sound Seanic Flights→P.136

南島凱庫拉出發的在地之旅

Kaikoura Helicopters, Wings Over Whales→P.181

北島羅托魯瓦出發的戶外活動

Volcanic Air→P.308

北島陶波出發的戶外活動

Taupo's Floatplane, Inflite Taupo→P.324

搭熱氣球充分享受優雅的空中散步

遨翔於空中的戶外活動中，對想感受浪漫氣氛的遊客，最值得推薦的就是熱氣球。行程必須在大氣層最為穩定的黎明時分出發，需要花上4小時左右。南島的基督城、北島的漢密爾頓是絕佳的熱氣球地點，基督城以雄偉的南阿爾卑斯山脈為背景，欣賞如拼布般繽紛的坎特伯里平原，視野十分壯觀；漢密爾頓則是每年都會舉辦熱氣球節。

南島基督城出發的戶外活動

Ballooning Canterbury→P.62

北島漢密爾頓出發的戶外活動

Kiwi Balloon→P.290

最佳季節
全年

以空中遊覽和健行飽覽閃耀的冰河景致

Heli Hike

直升機健行

Fox Glacier Guiding的直升機健行

想要盡情欣賞紐西蘭的冰河，最適合的活動就是直升機健行。搭乘直升機從空中眺望冰河景色之後，還能漫步於冰河，雙腳踩踏在冰河上的驚喜與感動，是無與倫比的珍貴體驗。

直升機健行的概要與注意事項

直升機健行是南島熱門的戶外活動，行程包含刺激的直升機飛行與冰河健行，由於能一次體驗到飛行與健行，尤其是冰河健行，因此人氣超高。全程所需時間一般為3～4小時，其中包含2～3小時的冰河健行，在搭乘直升機欣賞景色之後，便會降落在冰河上開始健行。漫步於由冰形成的洞窟、冰谷之間感受探險樂趣的同時，一定會對冰河清澈透亮的藍深深著迷；嚮導會在健行沿途以冰鎬鑿出立足點，可以安心行走。此外，冬天也有推出直升機滑雪之旅，可以享受動感十足的滑雪樂趣（→P.88邊欄、422）。

旅遊團多為2～4人

冰河健行的裝備可以租借，許多行程的費用包含裝備租借，另外很多公司會有8～10歲以上的年齡限制，有小孩同行的遊客請多加留意。行程可能因天候因素而取消，記得事先向旅行社確認清楚。

在南島參加直升機健行

在南島有為數眾多的冰河，若想搭乘直升機在冰河上健行，推薦到法蘭士・約瑟夫冰河和福克斯冰河，當地的旅行社、住宿設施都很完善，最為便利。

至於奧拉基／庫克山國家公園的塔斯曼冰河Tasman Glacier也有推出直升機健行之旅，在瓦納卡則能一口氣飛到1000～2000m，體驗絕佳景色中的健行。

南島西部泰普提尼國家公園的戶外活動

Franz Josef Glacier Guides→P.225

Glacier Helicopters→P.226

The Helicopter Line→P.226

Fox Glacier Guiding→P.227

南島奧拉基／庫克山國家公園的戶外活動

Southern Alps Guiding

027-434-2277 URL www.mtcook.com

Glentanner Park Centre

(03)435-1855 FREE 0800-453-682

URL www.glentanner.co.nz

南島瓦納卡的戶外活動

Eco Wanaka Adventures

(03)443-2869 FREE 0800-926-326

URL www.ecowanaka.co.nz

攀登冰河©MOOK

旅行準備與技術

旅行準備

旅行技術

旅行情報收集

在出發之前，若想獲得任何與紐西蘭相關的資訊，最好利用的就是紐西蘭旅遊局，旅遊局官方網站上提供許多情報，建議可以先來查詢。到達紐西蘭之後，則可仰賴各地的遊客中心。

紐西蘭旅遊局
URL www.newzealand.com

紐西蘭簽證申請中心
住 臺北市信義區松仁路97號（第二交易廣場）7樓A室
電 (02) 7752-4745
e-mail info.nztw@vfshelpline.com
URL www.vfsglobal.com/Newzealand/taiwan/Chinese/
開 申請受理與領取護照時間 週一～五8:00～15:00
休 週六·日·節日

紐西蘭商工辦事處
住 台北市信義區松智路1號9樓
電 (02) 2720-5228
FAX (02) 2720-5255
e-mail nzcio.tpe@msa.hinet.net
URL nzcio.com
開 週一～四9:00～12:30、13:30～17:00 週五9:00～12:30
休 週六·日·節日

遊客中心i-SITE是觀光時的強力後盾

紐西蘭移民局
URL www.immigration.govt.nz

在台灣收集情報

紐西蘭旅遊局

要想獲得紐西蘭的資訊 ，網路是最方便的辦法，像是紐西蘭政府旅遊局的官方網站上，就有歷史、基本資訊、景點介紹，以及住宿、交通、戶外活動，還有在地旅遊等觀光情報，項目可說是包羅萬象；還有可以查詢機場、遊客中心i-SITE資訊、各城市間距離與所需時間的實用地圖等豐富的內容，可說是情報量極大又紮實的網站，找資料前別忘了先來這裡看看。

除此之外，在社群網站Facebook、X上也提供當季的旅遊情報，不妨善加利用。

紐西蘭簽證申請中心

向台灣居民及合法居住在台灣的外籍人士，提供關於紐西蘭簽證申請的流程及資訊。

紐西蘭商工辦事處

座落於台北信義區的紐西蘭商工辦事處，提供與紐西蘭經濟、生活有關的一般資訊或留學情報。

在當地收集情報

遊客中心i SITE

到達當地之後，可以先去遊客中心，幾乎在每座城市的市中心都會設有遊客中心，其中擁有全國性網路的公共遊客中心為i-SITE，最為方便；舉凡住宿、餐廳、交通工具、在地旅遊或戶外活動等情報應有盡有，並提供免費的地圖、簡介小手冊，還可以依照遊客的預算代為預約旅館或交通工具，以及發行票券（部分除外），非常便利好用。開放時間通常為9:00～17:00，不過多數在夏季會延長，而冬季則會縮短服務時間。若想獲得健行、大自然的相關資訊，就要前往位於各地的DOC（自然保育部）遊客中心，另外也有特別針對介紹戶外活動的民營遊客中心。

便利的網站

只要善加運用網路，在出發之前就可以獲得充分的旅遊資訊。至於充滿網友口耳相傳訊息的個人FB粉絲頁、YouTube，也可以積極活用作為旅遊的準備工具。

《紐西蘭旅遊局》

URL www.newzealand.com（英文、中文）

紐西蘭政府旅遊局的官方網站，不論是出國或觀光等資訊都很豐富，另外也提供眾多戶外活動、在地旅遊的旅行社網站連結。

《Stuff》

URL www.stuff.co.nz/life-style/food-wine（英文）

紐西蘭的人氣新聞網站，最適合想要了解最新流行趨勢的人，網站內的餐廳、酒莊與國內旅遊資訊，對台灣遊客也能立即派上用場，還有提供料理食譜等資訊的頁面。

《New Zealand Wine》

URL www.nzwine.com（英文、中文）

紐西蘭產葡萄酒的綜合網站，介紹品種、產地及酒莊資訊，對認識葡萄酒有極大幫助。

《Department of Conservation》

URL www.doc.govt.nz（英文）

DOC（自然保育部）的官網，對於有計畫健行或對大自然有興趣的人，都很適合來看看。還可以查詢、預訂山間小屋。

《New Zealand Tourism Guide》

URL www.tourism.net.nz（英文）

提供遊客實用資訊的網站，刊登資訊從住宿到戶外活動、在地旅遊、活動、交通方式等，範圍相當廣泛，另外還有介紹「在紐西蘭的必做清單」等，不妨參考看看。

《背包客棧》

URL www.backpackers.com.tw（中文）

提供旅行資訊，並設有論壇開放網友討論旅行經驗的網站，可以交流旅行經驗、情報、尋找旅伴、比價等。

《Backpackerboard New Zealand》

URL www.backpackerboard.co.nz（英文）

紐西蘭背包客網站，提供旅遊導覽、交通、住宿，以及工作等各式各樣豐富的資訊。

《Cuisine》

URL www.cuisine.co.nz（英文）

這是紐西蘭極具人氣的美食＆生活雜誌《Cuisine》的網路版，適合想獲得最新資訊的遊客，提供餐廳、酒莊或國內旅遊等各種豐富情報；而美食食譜的部分也相當令人驚喜。

《WWOOF New Zealand》

URL wwoof.nz（英文）

WWOOF是協助有機農場生產有機作物為目標的國際性組織，可以協助一般民眾或外國遊客到農場做義工，體驗有機栽培技巧，以及感受農場的生活。必須先加入會員，並交會費$25。

旅行季節

位處於南半球的紐西蘭，氣候與台灣正好相反，台灣的夏天從6月到9月，在紐西蘭就是冬天；不過四季分明各有不同的魅力，卻是台灣所沒有的。可以按照自己的旅遊目的，來選擇合適的季節出遊。

確認當地的天氣
透過網路就可以查到當天的天氣與氣象預報。

MetService
URL www.metservice.com

Weather From NZCity
URL home.nzcity.co.nz/weather

戶外運動的季節
如果是以參加各種戶外活動為旅遊目的，要以活動項目來選擇季節，像是滑雪季節大約在6月上旬～10月下旬；至於健行，南島的峽灣國家公園周邊則大概是10月下旬～4月下旬左右。

滑雪度假村另當別論
雖然說冬季要預約住宿很容易，但是若與滑雪相關可就另當別論，滑雪度假勝地以旺季的週末最難訂到房間，房價也最貴，而人氣的住宿設施甚至是半年前就已經客滿。如果是遠離據點城市的住宿，雖然不至於訂不到，但最好還是事先預約。

服裝
雖然一整年的溫差不會太大，但是一整天卻常出現忽冷忽熱的狀況，就算白天只穿短袖，清晨和傍晚都會需要長袖或毛衣禦寒，因此不論什麼季節，容易穿脫的外套或帽T是必需品。至於計畫要參加冰河健行或出海賞鯨豚的人，即使是夏天也非常寒冷，一定要攜帶長袖或外套，如果有輕薄的防水夾克或雨衣則更方便；另外在飛機上或車內，常因為冷氣設定溫度很低，也需要有萬全的保暖措施。還有即使不是夏天，紐西蘭白天的日照依舊強烈，太陽眼鏡、帽子、防曬乳液等不可或缺。

花朵盛開時期也和台灣相反，在10～1月左右

南邊比較冷?!與台灣相反的氣候

台灣的冬季是紐西蘭的夏季

台灣冬季的時候，紐西蘭正是夏季，季節正好相反。不過紐西蘭冬夏兩季間的平均溫度差距不會超過20℃，頂多就是10℃左右，卻常被說是「一天之內經歷了四季」，而一天的劇烈溫差變化是紐西蘭氣候的最大特色；為了因應氣溫變化，最好選擇容易穿脫衣物的洋蔥式穿法，也要記得攜帶外套。此外，由於國土面積狹長，紐西蘭國內的氣溫差異很大，而且位於南半球，一定要記得愈往南走就愈冷。

認識四季獨特的魅力

春天是暢遊花園的最佳季節

紐西蘭的春天在9～11月左右，最值得推薦的行程就是花園之旅，從威靈頓到新普利茅斯New Plymouth之間火山地帶的「庭園街道」，或是有「花園之城Garden City」美譽的基督城等，都能夠盡情欣賞洋溢園藝師高雅品味與愛情的庭園。

涼爽夏天也是最多遊客的季節

紐西蘭的夏季在12～2月左右，正值北半球國家處於寒冬之際，因此吸引眾多避寒遊客來到紐西蘭；這段時期的平地氣溫大約在20幾度，最高也不過30度出頭，相當舒適宜人，而且日照時間極長，經常過了21:00天色還是很亮。也正因為是最佳旅遊季節，不論是觀光景點、住宿設施或交通工具的擁擠程度也很驚人，各項預約都要盡早處理，以免客滿。

享受金秋的自然美景

紐西蘭的秋天是3～5月，很適合出遊。這時候也是「黃葉」的季節，白楊樹等變葉木都會染成耀眼的金黃色澤，以瓦納卡Wanaka、箭鎮Arrowtown等南島南部的秋天景致最為美麗。

預算超值的冬之旅

紐西蘭的冬季是6～8月，儘管季節邁入寒冬，但除了山區與南島部分區域，並不容易看到大雪紛飛的景象；奧克蘭7月的平均最低氣溫為7.1℃，寒冷程度不至於冷冽入骨。除了滑雪度假村之外，一般來說冬季遊客相當少，因此旅館住宿容易預約，機票價格也較低，許多旅館設施還有冬季優惠。

紐西蘭各地氣溫與降雨量

地名		1月	2月	3月	4月	5月	6月	7月	8月	9月	10月	11月	12月	年平均
基督城Christchurch（南島東海岸中部）	平均最高氣溫（℃）	22.7	22.1	20.5	17.7	14.7	12.0	11.3	12.7	15.3	17.2	19.3	21.1	17.2
	平均最低氣溫（℃）	12.3	12.2	10.4	7.7	4.9	2.3	1.9	3.2	5.2	7.1	8.9	11.0	7.3
	平均降水量（mm）	38.3	42.3	44.8	46.2	63.7	60.9	68.4	64.4	41.1	52.8	45.8	49.5	51.5

地名		1月	2月	3月	4月	5月	6月	7月	8月	9月	10月	11月	12月	年平均
皇后鎮Queenstown（南島內陸南部）	平均最高氣溫（℃）	21.8	21.8	18.8	15.0	11.7	8.4	7.8	9.8	12.9	15.3	17.1	19.7	15.0
	平均最低氣溫（℃）	9.8	9.4	7.2	4.3	2.3	-0.3	-1.7	0.2	2.5	4.3	6.0	8.3	4.4
	平均降水量（mm）	64.7	50.3	53.4	56.2	68.5	71.5	50.3	66.2	62.4	66.4	63.6	75.3	62.4

地名		1月	2月	3月	4月	5月	6月	7月	8月	9月	10月	11月	12月	年平均
米佛峽灣Milford Sound（南島西海岸南部）	平均最高氣溫（℃）	18.9	19.3	17.8	15.5	12.4	9.6	9.2	11.4	13.1	14.5	16.0	17.5	14.6
	平均最低氣溫（℃）	10.4	10.3	8.8	6.6	4.5	2.2	1.3	2.4	4.1	5.7	7.5	9.3	6.1
	平均降雨量（mm）	722.0	454.7	595.1	533.2	596.6	487.1	423.7	463.5	551.4	640.3	548.0	700.1	559.6

地名		1月	2月	3月	4月	5月	6月	7月	8月	9月	10月	11月	12月	年平均
因弗卡吉爾Invercargill（南島南端）	平均最高氣溫（℃）	18.7	18.6	17.1	14.9	12.3	10.0	9.5	11.1	13.1	14.4	15.8	17.5	14.4
	平均最低氣溫（℃）	9.6	9.3	7.9	5.8	3.8	1.9	1.0	2.2	4.0	5.4	7.0	8.6	5.5
	平均降雨量（mm）	115.0	87.1	97.4	95.9	114.4	104.0	85.2	75.6	84.2	95.0	90.4	105.0	95.7

地名		1月	2月	3月	4月	5月	6月	7月	8月	9月	10月	11月	12月	年平均
奧克蘭Auckland（北島西北部）	平均最高氣溫（℃）	23.1	23.7	22.4	20.1	17.7	15.5	14.7	15.1	16.5	17.8	19.5	21.6	19.0
	平均最低氣溫（℃）	15.2	15.8	14.4	12.1	10.3	8.1	7.1	7.5	8.9	10.4	12.0	14.0	11.3
	平均降雨量（mm）	73.3	66.1	87.3	99.4	112.6	126.4	145.1	118.4	105.1	100.2	85.8	92.8	101.0

地名		1月	2月	3月	4月	5月	6月	7月	8月	9月	10月	11月	12月	年平均
羅托魯瓦Rotorua（北島中央區）	平均最高氣溫（℃）	22.8	22.9	20.9	18.0	15.1	12.6	12.0	12.8	14.6	16.4	18.6	20.8	17.3
	平均最低氣溫（℃）	12.6	13.0	11.1	8.5	6.3	4.3	3.5	4.1	5.8	7.6	9.2	11.5	8.1
	平均降雨量（mm）	92.7	93.9	99.2	107.2	116.9	136.1	134.5	131.4	109.3	112.3	93.8	114.2	118.1

地名		1月	2月	3月	4月	5月	6月	7月	8月	9月	10月	11月	12月	年平均
威靈頓Wellington（北島南部）	平均最高氣溫（℃）	20.3	20.6	19.1	16.6	14.3	12.2	11.4	12.2	13.7	14.9	16.6	18.5	15.9
	平均最低氣溫（℃）	13.5	13.8	12.6	10.7	9.1	7.2	6.3	6.7	7.9	9.0	10.3	12.2	9.9
	平均降雨量（mm）	75.7	69.8	87.1	83.6	112.9	132.8	137.5	113.7	97.8	114.9	97.0	84.4	100.5

※數據來自於National Institute of Water & Atmospheric Research

2024～2025年活動行事曆

毛利新年
6/15～28('24) 北島 奧克蘭
URL www.matarikifestival.org.nz

冬季大遊行
8/22～9/1('24) 南島 皇后鎮
URL winterpride.co.nz

哈比人節
9/22 ('24) 北島 瑪塔瑪塔
URL www.hobbitontours.com/en/experiences/hobbitday

世界穿著藝術節
9/26～10/13('24) 北島 威靈頓
URL www.worldofwearableart.com

奧克蘭馬拉松
11/3('24) 北島 奧克蘭
URL aucklandmarathon.co.nz

鐵人三項70.3陶波
12/14～15('24) 北島 陶波
URL www.ironman.com/im703-taupo

馬爾堡美酒美食節
2/8('25) 北島 布蘭尼姆
URL marlboroughwinefestival.com

野味美食節
3/8('25) 南島 霍基蒂卡
URL wildfoods.co.nz

懷卡多熱氣球節
3月中旬('25) 北島 漢密爾頓
URL balloonsoverwaikato.co.nz

箭鎮秋季嘉年華
4月下旬('25) 南島 箭鎮
URL arrowtownautumnfestival.org.nz

布拉夫牡蠣美食嘉年華
5月下旬('25) 南島 布拉夫
URL bluffoysterfest.co.nz

農業博覽會
6月中旬('25) 北島 漢密爾頓
URL fieldays.co.nz

旅行準備

行程規劃

正因為紐西蘭擁有許多能體驗豐富大自然的戶外活動，與其在短時間內從北島橫亙至南島，囫圇吞棗似的忙碌旅程，建議最好還是選擇緩慢而精緻的旅遊，才能品味紐西蘭之美。接下來就介紹將南北島分開，各自暢遊的行程規劃。

南島的行程規劃

銜接南北2條路線，變成超驚人的漫長路線？！

前往南島，一般都是從北島的奧克蘭搭乘飛機前往各個城市，大多會選擇紐西蘭第三大城市基督城Christchurch展開旅程。基督城是南島最大的城市，而前往人氣觀光景點奧拉基／庫克山國家公園Aoraki/Mt. Cook National Park、皇后鎮Queenstown也很方便。

基督城座落在地形南北狹長的南島幾乎中央位置，可說是重要的觀光門戶，從這裡出發的旅遊行程大致規劃成南北2大路線（參考下圖）。南邊的旅遊路線，包括奧拉基／庫克山國家公園、皇后鎮、峽灣地區Fiordland與西地地區Westland的冰河地帶等，所有紐西蘭具代表性的主要景點都在其中。另一方面，雖然北邊旅遊路線的景點知名度比起南路線稍嫌遜色，不過，還是有在健行活動或海洋獨木舟深受喜愛的亞伯塔斯曼國家公園Abel Tasman National Park等精采景點。

但是，如果將南北兩條路線連接，變成幾乎環繞南島一圈的超長行程，旅遊天數也會很長；既想收集南邊的主要景點，也想一睹北方的大自然，可說是非常難以達成。不妨搭飛機由皇后鎮前往尼爾森Nelson，就能節省不少交通時間。

如果時間有限，又是第一次造訪紐西蘭的遊客，不妨參考下圖基督城～皇后鎮的中央路線，去程搭乘國內航線奧克蘭→基督城，回程則是皇后鎮→奧克蘭（去回程也可以相反）。

抵達南部後，朝向西海岸或東海岸成了問題

景點眾多的南島南部，在路線規劃上的煩惱，就是要前往西海岸或是東海岸。例如從基督城行經奧拉基／庫克山國家公園往皇后鎮方向前進的主要路線，回程時應該選擇但尼丁Dunedin所在的東海岸路線，或是有西部泰普提尼國家公園等景點的西海岸路線。接下來將介紹這2條不同的旅遊路線範例，作為規劃行程時的參考。

Plan 1 南路線的中央＋西海岸路線

基本所需天數＝7～12天

從基督城出發行經奧拉基／庫克山國家公園，再到皇后鎮的主要路線，外加前往米佛峽灣Milford Sound的單純來回副線旅遊；之後再由皇后鎮前往瓦納卡Wanaka、西地（法蘭士·約瑟夫冰河Franz Josef Glacier、福克斯冰河Fox Glacier地帶），最後從葛雷茅斯Greymouth搭乘橫斷南島的人氣鐵路Tranz Alpine號返回基督城，可以盡情體驗南島獨有的自然景觀。

Plan 2 南路線的中央＋東海岸路線

基本所需天數＝7～12天

從基督城出發經過奧拉基／庫克山國家公園再到皇后鎮的路線，與上述行程相同，但之後則轉往蒂阿瑙Te Anau；這裡是峽灣國家公園Fiordland National Park的中心，也是健行的聖地（不過並沒有列入正式健行的所需天數）。然後搭乘通過東海岸的巴士前往但尼丁，這是充滿蘇格蘭風格街道的美麗城市，觀光景點也很多。如果時間許可，也不妨前往奧瑪魯Oamaru等地觀光。

Plan 3 暢遊南島「北路線」一圈

基本所需天數＝7～10天

北側路線適合愛海的人，或是想去非熱門景點的二訪遊客，像是去凱庫拉出海賞鯨豚、布蘭尼姆Blenheim周遊酒莊等，享受多元精采的旅程。由於從尼爾森前往亞伯塔斯曼國家公園、黃金灣Golden Bay的道路無法通行，是必須原路往返的副線行程。若從尼爾森延伸行程往西海岸，可以搭乘Tranz Alpine號返回基督城。

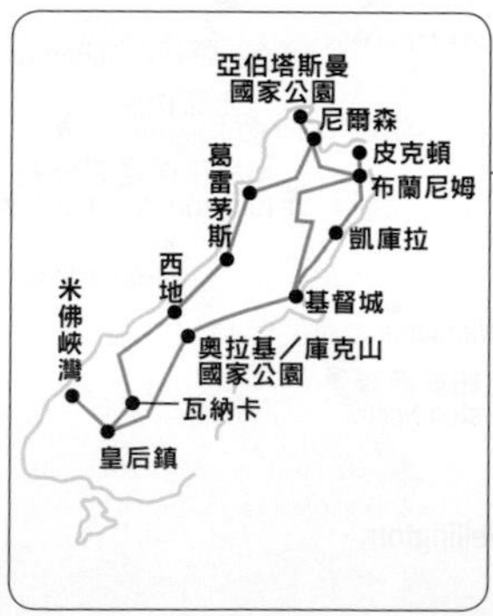

Plan 4 南島大環繞路線

基本所需天數＝12～20天

網羅南島主要觀光景點的行程範例，不過還是缺少東海岸的但尼丁等地，而峽灣國家公園也只有往返米佛峽灣而已；如果覺得這附近仍有所不足的人，不妨參考上述各行程，依照個人計畫重新安排。這個行程是以基督城出發的周遊路線，若以皮克頓為終點，搭乘前往北島的渡輪繼續旅程，則是另一種選擇。

北島的行程規劃

一定要注意東西向的交通工具極少

在旅遊路線的規劃上，最理想的狀況是曾經經過的地點不再走第二次，但是在紐西蘭北島，卻非常難以實現理想。

北島的主要觀光景點如羅托魯瓦Rotorua、陶波Taupo等地，就位在中央部分的直線上，若只想單純造訪這2地，剛好是往來於奧克蘭Auckland～威靈頓Wellington2座大城市的南北路線上，非常方便。但要是偏離中央路線，想要去內皮爾Napier、新普利茅斯New Plymouth分屬於東、西海岸的景點時，在交通時間或移動距離都相當可觀。

會遇到的瓶頸在於主要高速公路僅限於南北縱向發展，東西向的道路少之又少，而長途巴士路線也是以南北向為中心，像是由內皮爾前往新普利茅斯，只能經由北帕莫斯頓Palmerston North繞上好大一圈，是必須花費一整天時間的大移動（參考Plan 3）。

中央主要路線與東西副線要分開規劃

基於上述的理由，北島的旅遊就必須以南北縱貫路線作為主要路線，而分布在這條路線周邊有懷托摩螢火蟲洞Waitomo Cave、羅托魯瓦Rotorua、陶波、東格里羅國家公園Tongariro National Park等主要景點，由於幾乎都是並列在同一路線上，在交通上比較不會花費太多時間。

接著來考慮中央路線東側與西側的2條副線行程，特別是搭乘長途巴士的話，從中央路線接駁東西2條副線的地點，僅限於漢密爾頓Hamilton、北帕莫斯頓等地，所以一定要看清楚時刻表，規劃出詳細的旅遊計畫才行。

鎖定目標，安排出不浪費時間的旅遊路線吧

還有，從中央路線出發並造訪東西兩地時（也就是說，差不多要繞行北島一圈），會需要花費不少天數（最少也要2星期），屬於相當有空閒的人才能安排的行程，因此在出發之前就必須先決定好，究竟是前往西側還是專攻東側的景點。

另外，在北島最北端的北地也深具魅力，但這塊細長型的半島卻不可能加入旅遊路線內，必須要與周遊行程切割，是從奧克蘭出發的幾天單純來回行程。

也別錯過車窗外的風景

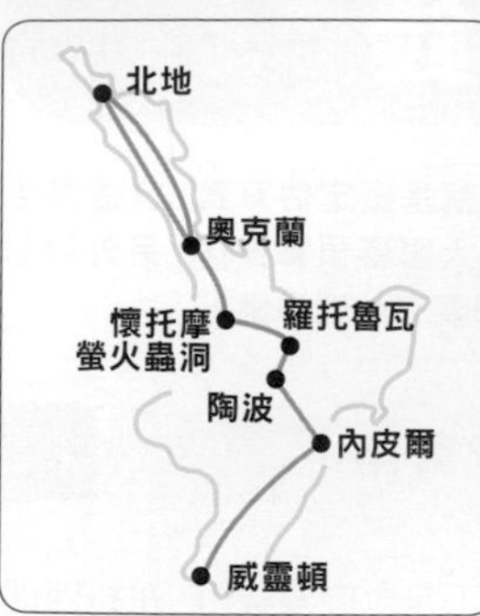

Plan 1 鎖定知名景點的南北縱貫行程

基本所需天數＝7～10天

是熱門的北島旅遊路線範例，北地則是從奧克蘭出發的周遊小旅行，由於這一段距離相當長，要安排3天2夜。之後則主要是南北方向的移動，涵蓋所有熱門的觀光景點，雖然加入了內皮爾，卻稍微有點繞路，不過是座美麗的城市，很值得前往。萬一時間不夠時，就只好刪掉這段行程，由陶波直接南下到威靈頓。

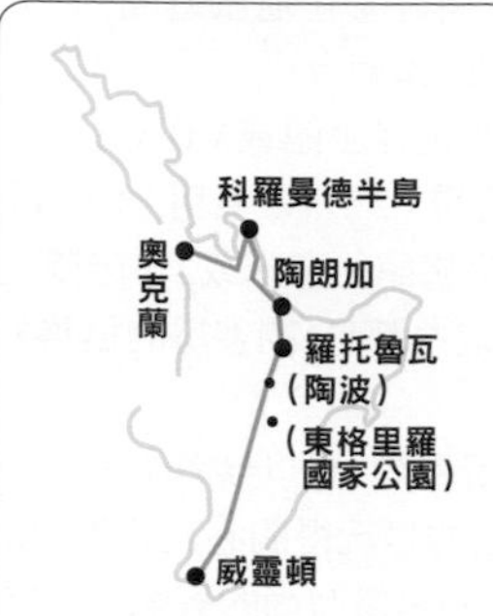

Plan 2 開闊海濱的「夏天型」路線

基本所需天數＝5～10天

加入科羅曼德半島、陶朗加＆芒格努伊山Mount Maunganui等海灘度假勝地，充滿豔夏氣氛的行程（但並沒有不適合冬季出遊），悠閒地在這些度假勝地度過時光，是理想的旅遊行程。在羅托魯瓦之後的後半段行程，就進入正規的南北中央路線，陶波、東格里羅國家公園可經過研究之後再決定停留天數（兩地都要去的話，需要8天時間，稍微有些吃緊）。

Plan 3 以西部為主，加上中央部分的「迷你一周」

基本所需天數＝8～13天

將難與其他地區銜接的西海岸路線，加入幾個熱門景點的行程，距離雖然較長，交通上卻沒有任何的浪費，對於沒有時間周遊北島一圈的人來說，最為合適。至於從新普利茅斯或旺格努伊前往內陸中央路線時，雖然沒有巴士可搭，卻有國道通行（左圖的虛線路段），雖然需要稍微翻越山嶺，若是開車出遊的話，正好可以走捷徑省時間。

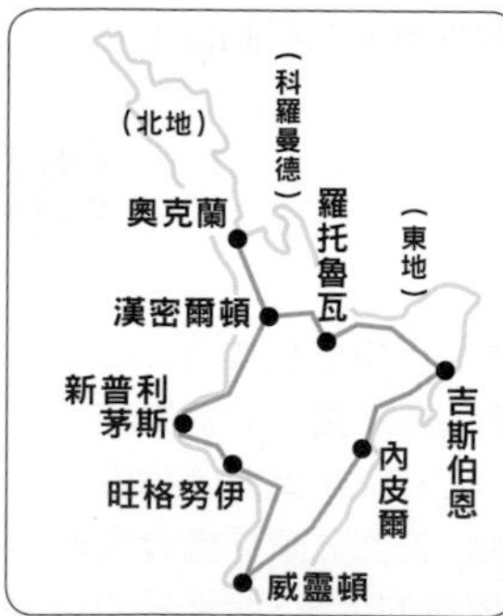

Plan 4 訪北島主要地區的貪心路線

基本所需天數＝10～18天

沿著海岸線將北島主要部分走完一圈的超長行程，不過像是北地、科羅曼德或東地等半島地區，以及內陸的陶波、東格里羅都不包含在內，可以依照個人喜好、行程天數做完研究後再選擇。就算是左圖所標示的路線，安排10天也是相當緊湊的旅程，尤其是搭乘巴士的話，在移動時必須精準算好時間才行；最好能安排15天，行程才不至於太趕。

旅行預算與金錢

來到紐西蘭旅行，究竟會需要準備多少預算？首先要做的就是擬定估算表，旅途最主要的花費就是住宿費與餐費，這兩項費用的調整方式會大大影響預算安排。另外該怎麼準備要帶出門的現金，或是到達當地之後如何帶錢等，都要有心理準備。

超級市場
→P.20
紐西蘭各城市設有連鎖大型超級市場，許多大城市的超市還有販售亞洲食材，並有輕食、調味料等商品，非常方便，而便利商店的數量也在增加中。城市裡也有專門賣日本、台灣、韓國等亞洲食材的超市。

大致的物價

匯率	$1=台幣20.13元
礦泉水（750mℓ）	$3（約60元）
可樂（600mℓ）	$3.5（約70元）
麥當勞的漢堡	$4（約80元）
卡布奇諾	$4.5（約90元）
香菸（萬寶路1包20根）	$36（約724元）
在咖啡廳吃午餐	$15～（約302元～）

※2024年5月19日調查資訊。

估算旅行費用

1人1日的最低生活費為$80

如果是個人到紐西蘭旅行時，不包含機票費用，在紐西蘭國內需要花費的有①住宿費②交通費③在地旅遊團、戶外活動參加費④餐費⑤紀念品等雜支、預備金。

首先是①住宿費，最便宜的是背包客旅館或YHA青年旅館，團體房（大房間）或多人分租房（2～4人共用）1人1晚$25～50左右；中等級的飯店、汽車旅館的單床或2小床雙人房，每間房價在$150～250範圍，這些都是1間客房的價格，即使單人入住，也不會有折扣。

②的交通費或③的在地旅遊團費用等，可以參考本書中的介紹來做估算，因為旅遊中最重要的是玩得開心，預算不能抓得太緊。④的餐費部分，如果想到稍微時尚的餐廳享受晚餐，每人需要花費$45～60左右，至於想節省餐費的人，購物中心的美食街或外帶專賣店則是不錯的選擇，每個人預算只要$15～20左右就足以吃飽。而在青年旅館或汽車旅館內會有完善的廚房設備，只要準備好食材，就能以便宜價格自己料理三餐。

以最便宜的旅遊型態來計算，每人1日的最低生活費估計為$80，然後⑤的雜費、預備金雖然會根據購物金額而有所變化，不過為了預防意外發生，最好還是要有預備金，以備不時之需。

至於兒童費用，主要交通工具都將4～15歲設定為小孩價格，大多是大人費用的60%左右，而觀光景點等地的門票費也大致相同，也有許多地方推出家族旅遊的折扣優惠。

準備金錢

該如何攜帶金錢

在紐西蘭當地的銀行與市區匯兌處都能以美金、歐元兌換紐幣，不一定要在出發前就換好紐幣；銀行的營業時間通常為9:30～16:30，週六、日、節日則公休，市區的匯兌處則不分平日週末一律營業，為一大優點，但部分匯兌處會收取高額手續費，換錢之前請先確認換匯後的金額，能接受的話再

行換匯。此外，大都市的治安年年惡化中，不時會有偷竊、搶劫等犯罪事件發生，一旦遺失錢包，幾乎不可能找得回來，因此旅費不要放在同一處，最好分開存放。

以安全性與匯率高低考量的話，推薦使用銀行金融卡或信用卡提領現金，雖然兩者都會收取手續費，但匯率大多比現金匯兌好。使用銀行金融卡時，可從台灣帳戶內的存款直接提領紐幣，不過部分金融機構僅限專用戶頭才可使用，出國前請事先確認清楚。

還有，紐西蘭信用卡及簽帳金融卡的使用率高，而且新冠肺炎之後，不收現金的店家也為之增加，以信用卡為主，再加上出國與回國時夠用的台幣，以及要帶到當地匯兌的美金、歐元或直接使用的紐幣(又或是銀行金融卡)的組合方式最為理想。

信用卡

建議最少要帶一張信用卡在身上，除了因為普及率高之外，信用卡還可說是種另類的身分證明，不論是飯店、租車或報名參加在地旅遊團，都常會被要求出示信用卡作為保證，再加上不用攜帶巨額現金在身上較為安全，更不必浪費匯兌時的手續費，比現金匯兌還划算也是一大優點。

如果是要申辦新卡的話，一定要在出發前1個月辦理才能夠即時在海外使用，目前在紐西蘭使用度最高的信用卡有MasterCard、VISA等。

銀行金融卡

將已經存在台灣銀行帳戶內的現金，在海外的ATM能直接提領當地貨幣的銀行金融卡，在紐西蘭幾乎各城市都設有ATM。必須先在台灣開通海外提款的功能，另外設一組提款密碼(4個數字)，然後就可以在有金融服務商標示(MasterCard、Cirrus、VISA、PLUS、JCB等)的ATM提領當地貨幣。至於手續費部分，在海外ATM領外幣會被收取3種費用：國內銀行手續費(約70～100 元)、海外銀行手續費、國際匯率轉換費(當地貨幣金額1.5%)。通常銀行所收取的手續費會比信用卡預借現金低，是較划算的方式。

簽帳金融卡

使用方式和信用卡相同，但付款方式是從銀行帳戶即時扣款，無法花費超過帳戶存款的金額，在預算管理上比較容易，而且也可以在當地的ATM提領紐幣現金。

卡片的提款密碼

信用卡或銀行金融卡在申請時所設定的密碼，在ATM提領現金時需要，出發前請確認清楚。

ATM(自動提款機)的操作方式

①插入卡片。
②輸入密碼(PIN Number)，按下Enter。
③選擇服務內容(領錢的話是Withdraw)。
④選擇帳戶種類(Credit Card)。
⑤選定金額後按下Enter。
⑥領取現金。
⑦還要繼續操作機器的話，按下Enter；要結束的話則按下Clear。
⑧取回卡片與收據。

依照機器的種類，部分會有每回提領現金的最高上限，要注意。

刷卡時注意貨幣與匯率

使用信用卡付帳時，有時會不是以當地貨幣而是台幣來結帳，這樣的狀況雖然合法，卻是老練的店家選擇用對自己有利的匯率來獲取小利的方法，請注意在簽名之前先確認貨幣及匯率。

遺失信用卡時

緊急聯絡發卡銀行通知停卡，將卡片背面的發卡銀行緊急聯絡電話記錄下來，以備不時之需，並到當地警察局報案，索取遺失證明，回國後再申請補發。

出發前的手續

出發去紐西蘭之前，首先最重要的事就是取得護照；簽證方面，3個月以內的觀光或留學為免簽，但要申請NZeTA，停留3個月以上需要辦理其他簽證。至於海外旅遊保險則一定要記得投保。

紐西蘭入境的注意事項
以觀光目的入境紐西蘭時，護照的有效期限必須是停留時間再加上3個月。

護照相關資訊
外交部領事事務局
住 台北市濟南路一段2-2號3～5F（中央聯合辦公大樓北棟）
☎ (02) 2343-2888
URL www.boca.gov.tw

取得護照

護照是在海外能證明持有者身分的唯一官方文件，沒有護照就不能從台灣出境，因此若是要出國的話，首要條件就是要先取得護照。護照的有效期限為10年（未滿14歲者以5年為限），護照一般件為10個工作天（自繳費之次半日起算），為了不要在出發前才趕忙送急件，記得要提早申請。

首次申辦護照，必須本人親自至領事事務局或外交部中、南、東部或雲嘉南辦事處辦理，並繳交相關文件。若無法親自辦理，則須親自至外交部委辦的戶政事務所進行「人別確認」後，再委任代理人續辦護照。代理人必須攜帶身分證正本及親屬關係證明，或是服務機關相關證件正本，並填寫申請書背面的委任書及黏貼受代理人的身分證影本。

領取護照時，若由本人親自領取，必須攜帶身分證正本及繳費收據正本領取護照，由他人代為領取時，代理人必須攜帶身分證正本與繳費收據正本才能代領。此外，護照自核發之日起3個月內未經領取者，即予註銷，所繳費用概不退還。

而已持有護照的人要確認護照有效期限，必須超過停留紐西蘭的時間再加上3個月，若旅行途中護照到期的人，最好重新申請。

● 申請護照需要的文件 ●

①簡式護照資料表（1份）
在外交部網站上網路填表申請（URL ppass.boca.gov.tw/sp-ia-login-2.html），或是下載填寫紙本。

②身分證明文件（1份）
身分證正本及正、反面影本分別黏貼於申請書正面。未滿14歲且沒有身分證的人，需準備戶口名簿正本及影本1份。

③相片（2張）
準備6個月內拍攝光面、白色背景護照專用照片。照片規格為直4.5cm×橫3.5cm，自頭頂至下顎之長度不得少於3.2cm及超過3.6cm，半身、正面、脫帽、露耳、嘴巴閉合，五官清晰之照片。

④護照規費
1300元

⑤其他
未成年人如要申請護照，應附父母親或監護人在簡式護照資料表下方之「同意書」簽名表示同意，並繳驗新式國民身分證正本。

取得簽證

2019年10月1日起，台灣人民入境紐西蘭適用免簽的3個月以內觀光或留學，需在入境前先付費申請「電子旅行授權」（Electronic Travel Authority，簡稱NZeTA），過境轉機也

適用，手機app「NZeTA」申請費用為$17、電腦網頁申請則為$23；紐西蘭政府並向旅客收取國際旅客保育及旅遊捐（International Visitor Conservation and Tourism Levy，簡稱IVL）$35，在申請NZeTA時會一併收取，使用期限均為2年。

停留期間3個月以上者須申請簽證，像是打工度假者須申請台灣打工度假簽證Taiwan Working Holiday Visa（關於打工度假的細節請至→P.483），超過3個月時間的留學為學生簽證，若是以工作為目的而來的話，則必須要有工作簽證。與簽證相關的詳細內容，請洽詢紐西蘭簽證申請中心（→P.440）。

NZeTA · IVL相關資訊
紐西蘭移民局
URL www.immigration.govt.nz/new-zealand-visas/visas/visa/nzeta

投保海外旅遊保險

海外旅遊保險是買心安

所謂海外旅遊保險，是在國外受傷、生病或旅途中發生不可預期的事故意外時，可以獲得賠償的一種保險。因為在外國受傷或生病時，不論治療或住院費用都比台灣貴很多，而且在語言不通之下絕對會造成不小的精神壓力。

保險種類與型態

針對旅遊途中可能發生的疾病或意外，有多種不同對應的保險種類，保險費用則是依照投保金額、補償金額額度、旅行地區、期間、目的而定。

而保險型態大致區分成2大類，一種是針對在旅途中可能發生的各種意外糾紛，全納進保險範圍並予以賠償的「套裝型保險」；另外就是可以自行從各式各樣的保險當中，依照預算來做組合的「量身訂做型保險」（也就是自由選購）。除了旅行社之外，在機場、網路也都可以投保海外旅遊保險，多數場合中最常看到的還是以已經規劃好的「套裝型保險」為主。

下決定前最好多看多比較，才能買到最合適自己的保險。

信用卡附帶保險的「陷阱」

許多信用卡本身就附帶有海外旅遊保險，但是賠償內容卻是依照各家發卡公司而有不同，就連普卡與金卡會員的理賠事項也不同；加上會有許多相關的限制條件，像是究竟是僅限持卡人適用於賠償對象，還是與卡片持有人一同出遊的家屬都包含在內，一定要在出發前確認清楚。

還有一些使用上的「陷阱」要格外注意，首先就是信用卡附帶保險中並沒有「疾病死亡補償」，或是理賠金額不高，大多數都還是得要自己全額負擔，還有旅費若不是刷卡支付就無法成為保險理賠對象。發現理賠金額或保險項目不足時，不妨以另外加保的方式來彌補。

去警察局或醫院時，記得索取證明

投保之後所領到的保單、保費收據、保險相關小手冊一定要攜帶出國。大部分的保險公司都有提供24小時制的緊急救助電話，萬一遇到事情時就能派上用場。如果在當地碰到失竊等問題時，一定要向警察索取報案證明，或是到醫院就醫的話，則要領取看病醫藥費用收據以診斷證明，如果沒有這些證明，回國之後無法申請辦理相關退費手續。另外也可以拿保險公司的表格請醫生寫下診斷證明，一旦雙方有任何糾紛，可以立刻聯絡保險公司。此外，在部分保險公司合作的醫院看診不用先付錢，在投保時記得先確認旅遊目的地是否有合作醫院。

國際駕照相關諮詢單位
交通部公路總局
URL www.thb.gov.tw
可到各縣市所屬監理單位辦理
台北、新北(02)2688-4366
新竹((03)589-2051
台中(04)2691-2011
高雄(07)771-1101

申請國際駕照必備文件
①身分證
②本人最近2年內拍攝2吋照片2張
③駕照
④護照影本(查核英文姓名)
⑤費用250元

國際學生證相關諮詢單位
中華民國國際青年旅舍協會
住 台北市大安區忠孝東路四段148號5樓之1
電 0911-909257
URL www.yh.org.tw

申請國際學生證必備文件
①身分證件正本(如身分證、健保卡)
②1吋照片1張
③申請表格(英文姓名填寫護照英文名,就讀學校填寫英文全名或簡稱)
④學生證正反面影本或國內外入學通知單影本,證明文件上須註明有效期限或註冊章
⑤費用400元

YHA New Zealand
紐西蘭國內
電 (03)379-9970
FREE 0080-278-299
URL www.yha.co.nz

取得國際駕照

要在紐西蘭開車,一定要擁有國際駕照International Driving Permit,手續非常簡單,只要到台灣的各監理所提出申請,當天就可以取得。

另外,國際駕照能將5種不同的駕駛車種登錄在同一本駕照上,申請者可同時持有小客車和機車的駕照在一本國際駕照上,申請費用相同。國際駕照有效期限最長1年,若在台灣的駕照有效期限少於1年,則依駕照的有效期限為準。

國際學生證(ISIC)

12歲以上的學生都可以申請聯合國認可的國際學生證(ISIC),當作全球共通的學生身分證明文件使用,除此之外,還可享有海內外美術館、博物館等設施門票及交通工具的折扣優惠,適用於約15萬項以上優惠。

於全球130多個國家發行,台灣發行單位為中華民國國際青年旅舍協會,只接受線上填表申請、現場取件,申請費為400元(若以郵寄申請,郵資另計)。國際學生證有效期限為發卡日起1年內。

YHA(青年旅館協會)會員卡

青年旅館協會是專門提供廉價住宿設施的國際性組織,只要申請成為會員之後,就能夠以會員價格入住青年旅館,而且還有許多交通工具、觀光景點、在地旅遊團或戶外活動都有針對YHA會員提供折扣優惠,千萬別忘了申請。會員卡由中華民國國際青年旅舍協會辦理,必須先上官網申請註冊會員,然後加入協會官方LINE帳號,上傳護照影本核對姓名,並在備註欄填寫要領取卡片的時間,就可以到現場領取卡片,也能以郵寄或傳真方式取得。個人會員卡申請費台幣600元,有效期限為發卡日起1年內。

如果在台灣來不及申請的話,也可以到當地的YHA辦理。全世界YHA皆可利用的Hostelling International Card,個人會員是$30(1年內有效)。

訂購機票

從台灣飛往紐西蘭的航班，除了直飛航班之外，也有經亞洲國家轉機的航班，比起需要轉機的航班，直飛航班不僅飛行時間短且接駁便利，不過票價自然也會比較高，可依照個人預算或行程好好考量，再來決定選擇哪一家航空公司。

選擇航空公司

直飛航班

搭乘紐西蘭航空的航班，可從台灣桃園國際機場直飛奧克蘭。目前去程與回程皆為週二、四、六，每週3班（2024年4月2日～2025年3月30日，之後飛行日期請見官網公告），去程約11小時，回程約11小時20分。

紐西蘭航空的飛機

不過航班行程等都會依照狀況而隨時變動，一定要在事前做好確認工作。

搭乘紐西蘭航空經香港等地轉機飛往奧克蘭

紐西蘭航空擁有綿密的亞洲航線，可利用亞洲城市轉機前往紐西蘭。從台北出發可於香港、上海、東京、新加坡等城市轉機前往奧克蘭，從台中、高雄出發的話，則可經香港轉機前往奧克蘭，可依訂位時的票價評估，在何處轉機最為划算。

如果你的目的地不在奧克蘭，搭乘紐西蘭航空在奧克蘭轉機，時間也比較容易銜接，無須在奧克蘭停留一晚。

搭乘中華航空中停澳洲飛往奧克蘭

搭乘中華航空的航班，從台灣桃園國際機場出發後中停澳洲雪梨或布里斯本Brisbane，短暫停留時間約1小時，之後原機飛抵奧克蘭，每週7班，全程約14小時。另外也可搭乘中華航空於澳洲雪梨轉機前往基督城、皇后鎮、威靈頓等城市。

經新加坡轉機飛往奧克蘭、基督城

也可搭乘新加坡航空從台灣出發，到新加坡轉機飛往奧克蘭、基督城，前往奧克蘭全程含轉機時間約18小時，前往基督城全程含轉機時間約15～20小時。

航空公司

紐西蘭航空
FREE 0080-185-2038
URL www.airnewzealand.tw

中華航空公司
☎ (02) 412-9000
URL www.china-airlines.com

新加坡航空公司
☎ (02) 7750-7708
URL www.singaporeair.com

旅行攜帶物品

不能帶上飛機的物品

瑞士刀或剪刀類的利刃都必須放進託運行李內，至於瓦斯、油（包含打火機補充油）、露營用瓦斯爐則是連託運都不被允許。

需要託運腳踏車時

不論是國際線還是國內線，將腳踏車帶上飛機的方式基本上都相同，最常見也是最簡單的，就是拆解、收納後當成手提行李來辦理登機手續。只要依照下述的方式確實打包，腳踏車也能當作託運行李來運送。登山腳踏車則只限胎壓不超過200千帕或29psi才可託運。

①將腳踏車的龍頭與踏板向內側折起，或是直接拆下。
②整輛腳踏車放入腳踏車專用攜車箱或紙箱。

在紐西蘭的所有機場都能買到腳踏車紙箱（$25）。

交通部民航局

URL www.caa.gov.tw

機上託運行李

搭乘紐西蘭航空時，託運行李（Checked in Baggage）不分國際線或國內線，經濟艙每人上限都是重量23kg的行李一件（長+寬+高總計在158cm之內），幼童與同行家長擁有相同的行李重量限制。

此外，嬰兒車或兒童座椅則能享有免費託運的服務；萬一託運行李重量超過限制時（不滿32kg），則是會依照行李件數、重量、尺寸而有不同的超重費用；高爾夫球具、滑雪用具、滑雪板、腳踏車、衝浪板等運動用品，則是當成一般行李來處理。更詳細的規定內容請洽詢各家航空公司。

機內手提行李

搭乘中華航空或紐西蘭航空的國際線經濟艙及國內線時，攜帶上機的手提行李（Cabin Baggage）是每人重量7kg以下，三邊總和在118cm以內（華航為115cm）的行李單件。至於手提包、薄型筆記型電腦或相機等隨身物品，則是除了手提行李之外還可攜帶一件。

至於國際線方面，還有著禁止攜帶裝有超過100ml液體容器上機的限制，至於裝有低於100ml液體的容器，必須裝入容量1ℓ以下的透明塑膠夾鍊袋裡（每人1袋），才能帶上飛機。詳細內容與限制請洽詢交通部民航局。

攜帶物品確認表

	名稱	重要程度	註解
貴重物品	護照	◎	影印備份
	機票（電子機票）	◎	影印備份
	現金（台幣）	◎	往來於住家的所需交通費
	現金（外幣）	△	在當地也能換錢
	信用卡	◎	也可以是身分證明
	海外旅遊保險單	◎	以備不時之需
	國際駕照	○	台灣的駕照也要帶
	國際學生證、YH會員證	△	要用的人別忘了攜帶
	飯店訂房證明或預約確認	○	有些機+酒行程不需要
	大頭照	○	護照遺失時可派上用場，需要2、3張
服裝	內衣褲	◎	儘量攜帶最少件來換洗
	運動衫	△	參加戶外活動使用
	上衣	○	毛衣或刷毛衣等最方便
	泳衣	○	泡溫泉要穿泳衣，請注意
	涼鞋	△	在房間裡穿比較舒服
	帽子、太陽眼鏡	○	陽光比想像中強
	睡衣	△	配合需要
日常用品	盥洗用品	◎	牙刷、洗面乳等
	眼鏡、隱形眼鏡	△	配合需要
	化妝品	△	勿忘防止乾燥、日曬的準備
	防曬乳液	◎	陽光強烈，一定要準備
	肥皂、洗髮精	△	大部分飯店都會提供

	名稱	重要程度	註解
日常用品	衛生紙	○	濕紙巾也很好用
	洗衣精	○	可事先分裝成小袋
	旅行用曬衣架	○	要晾襪子或內衣褲時很方便
	生理用品	△	自行準備比較安心
藥品	常備藥品	◎	事先準備好吃慣的藥物
	急救包	◎	用於緊急救護
	防蟲噴霧	△	當地買的最有效
	止癢藥	○	外國藥物可能引發過敏
其他	旅遊導覽書	◎	《地球步方》等
	會話書、字典	○	口袋書大小
	智慧手機	◎	事先確認國外使用的網路等細節
	數位相機	△	小型輕巧或慣用的
	充電器、電池	◎	手機、數位相機等電子用品之用
	插頭轉接器	◎	若有小型變壓器會很方便
	記憶卡	△	多準備一份比較安心
	雨具	○	折疊傘、雨衣等
	筆記本、筆記工具	○	記錄購物或寫日記
	鬧鐘	△	通常飯店裡會有
	吹風機	△	通常飯店裡會有
	指甲刀、耳掏	△	棉花棒最重要
	環保袋	○	購物時很方便
	筷子	◎	用餐很方便，也可帶湯匙或叉子
	瑞士刀	◎	注意不可帶上飛機

旅行技術 出入境手續

從台灣到紐西蘭的直航班機，由桃園國際機場出發，在機場辦好出國手續就能前往紐西蘭。飛機降落抵達之前，也要記得在機上將入境卡填寫完畢。

從台灣出境

紐西蘭航空的航班，可從台灣桃園國際機場直飛奧克蘭，或搭中華航空航班從桃園機場出發，中停雪梨或布里斯本後直飛奧克蘭。其他還有紐西蘭航空、中華航空、新加坡航空等公司的轉機航班（→P.450）。

搭機手續

❶抵達出發機場　辦理登機手續的時間，通常是在飛機起飛前的2小時開始，事先在航空公司官網或手機app上完成網路報到，可以節省一些排隊的時間。

❷辦理登機手續　到準備搭乘的航空公司櫃台或自助報到機Check in，將機票（電子機票憑證）、護照交給地勤人員，並將手提行李以外的大件行李託運，領取行李託運單Claim Tag。辦完手續後拿到登機證，就能知道登機時間與登機門。

❸檢查手提行李　為了防止劫機，全身都要接受金屬探測器的檢查，手提行李則是必須經過X光的查驗。至於瑞士刀、剪刀等刀刃類、噴霧劑等物品，一定得事先放進託運行李中。

❹海關　如果攜有超額台幣（10萬元）、外幣現鈔（超過等值1萬美元現金）、有價證券（總面額超過等值1萬美元），或是攜帶貨樣和其他隨身自用物品（如個人電腦、專業用攝影、照相器材等），其價值超過免稅限額（2萬美元）且日後預備再由國外帶回者，應向海關申報。

❺出境審查　向海關人員出示護照及登機證。

❻登機　在登機時間前抵達登機口，通常是在起飛前的40分鐘開始登機。此外，登機時間、登機門有時會變動，記得要不時確認顯示螢幕上的畫面。

入境紐西蘭

在機上就會分發入境審查單，降落抵達之前可以先填寫好。紐西蘭為了要完全杜絕口蹄疫或狂牛病的傳入，在檢疫把關上非常嚴格，除了一般嚴禁攜帶的物品名單，還必須申報攜帶的食物（→P.456填寫範例⑳A的問題）。雖說需要事先申報，其實就是在相關欄目上的YES欄打勾，並加以口頭說明就不成問題，否則一旦被查到會被處以罰金。而在入境審查單上還有一欄詢問行李是否由自己打包，也會查驗是否有攜帶毒品等違禁品（→P.456填寫範例⑲與㉒F的問題）。

桃園國際機場
第1航廈出境服務台
☎(03) 273-5081
第2航廈出境服務台
☎(03) 273-5086
URL www.taoyuan-airport.com

入境審查流程
①入境審查
抵達之後，依照Passport Control的指示來到入境審查海關櫃台前排隊，出示已經填寫完畢的入境審查單與護照後，蓋上入境戳記即可。
②領取託運行李
從顯示螢幕中確認搭乘的班機，到對應的行李轉盤前等待行李。如果行李有破損或遺失，請前往處理櫃台前申訴。
③海關・檢疫
將入境審查單出示給海關人員，並申報自己攜帶的食品內容，行李全部都會經過專門查驗食品的X光。若檢疫人員判斷為禁止攜帶物品的話，則需要當場銷毀或是付費寄回台灣；禁止攜帶物品包含乳製品、肉製品、植物、鳥類、魚類、動物類等，相關資訊可參考外交領事事務局網頁。

外交領事事務局紐西蘭基本資料
URL www.boca.gov.tw/sp-foof-countrycp-03-19-2e478-02-1.html

紐西蘭免稅範圍（17歲以上遊客）
酒類
酒精類飲料如啤酒或葡萄酒是4.5ℓ（6×750ml瓶裝），烈酒或利口酒則是1125ml以下瓶裝酒3瓶。
煙
最多50根，雪茄、煙絲50g。其他還有總金額上限為$700的物品。

紐西蘭海關的網站
URL www.customs.govt.nz

入境審查

飛機上會分發紐西蘭入境申請表New Zealand Passenger Arrival Card，請記得在落地抵達之前填寫好。

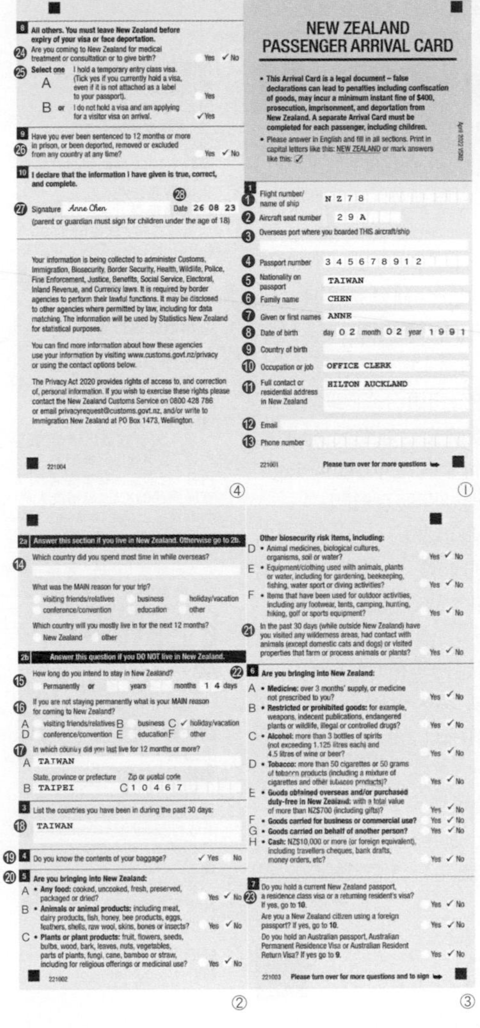

NEW ZEALAND
PASSENGER ARRIVAL CARD

- **This Arrival Card is a legal document – false declarations can lead to penalties including confiscation of goods, may incur a minimum instant fine of $400, prosecution, imprisonment, and deportation from New Zealand. A separate Arrival Card must be completed for each passenger, including children.**
- Please answer in English and fill in all sections. Print in capital letters like this: NEW ZEALAND or mark answers like this: ✓

April 2022 VSR2

1
❶ Flight number/ name of ship: N Z 7 8
❷ Aircraft seat number: 2 9 A
❸ Overseas port where you boarded THIS aircraft/ship
❹ Passport number: 3 4 5 6 7 8 9 1 2
❺ Nationality on passport: TAIWAN
❻ Family name: CHEN
❼ Given or first names: ANNE
❽ Date of birth: day 0 2 month 0 2 year 1 9 9 1
❾ Country of birth
❿ Occupation or job: OFFICE CLERK
⓫ Full contact or residential address in New Zealand: HILTON AUCKLAND
⓬ Email
⓭ Phone number

221001 **Please turn over for more questions** ➡

①

2a Answer this section if you live in New Zealand. Otherwise go to 2b.
⓮ Which country did you spend most time in while overseas?
What was the MAIN reason for your trip?
visiting friends/relatives / business / holiday/vacation / conference/convention / education / other
Which country will you mostly live in for the next 12 months?
New Zealand / other

2b Answer this question if you DO NOT live in New Zealand.
⓯ How long do you intend to stay in New Zealand?
Permanently or ___ years ___ months 1 4 days
⓰ If you are not staying permanently what is your MAIN reason for coming to New Zealand?
A visiting friends/relatives B business C ✓ holiday/vacation
D conference/convention E education F other
⓱ In which country did you last live for 12 months or more?
A TAIWAN
State, province or prefecture / Zip or postal code
B TAIPEI C 1 0 4 6 7

3 List the countries you have been in during the past 30 days:
⓲ TAIWAN

⓳ 4 Do you know the contents of your baggage? ✓ Yes No

⓴ 5 **Are you bringing into New Zealand:**
A • **Any food:** cooked, uncooked, fresh, preserved, packaged or dried? Yes ✓ No
B • **Animals or animal products:** including meat, dairy products, fish, honey, bee products, eggs, feathers, shells, raw wool, skins, bones or insects? Yes ✓ No
C • **Plants or plant products:** fruit, flowers, seeds, bulbs, wood, bark, leaves, nuts, vegetables, parts of plants, fungi, cane, bamboo or straw, including for religious offerings or medicinal use? Yes ✓ No

221002

②

Other biosecurity risk items, including:
D • Animal medicines, biological cultures, organisms, soil or water? Yes ✓ No
E • Equipment/clothing used with animals, plants or water, including for gardening, beekeeping, fishing, water sport or diving activities? Yes ✓ No
F • Items that have been used for outdoor activities, including any footwear, tents, camping, hunting, hiking, golf or sports equipment? Yes ✓ No
㉑ In the past 30 days (while outside New Zealand) have you visited any wilderness areas, had contact with animals (except domestic cats and dogs) or visited properties that farm or process animals or plants? Yes ✓ No

㉒ 6 **Are you bringing into New Zealand:**
A • **Medicine:** over 3 months' supply, or medicine not prescribed to you? Yes ✓ No
B • **Restricted or prohibited goods:** for example, weapons, indecent publications, endangered plants or wildlife, illegal or controlled drugs? Yes ✓ No
C • **Alcohol:** more than 3 bottles of spirits (not exceeding 1.125 litres each) and 4.5 litres of wine or beer? Yes ✓ No
D • **Tobacco:** more than 50 cigarettes or 50 grams of tobacco products (including a mixture of cigarettes and other tobacco products)? Yes ✓ No
E • **Goods obtained overseas and/or purchased duty-free in New Zealand:** with a total value of more than NZ$700 (including gifts)? Yes ✓ No
F • **Goods carried for business or commercial use?** Yes ✓ No
G • **Goods carried on behalf of another person?** Yes ✓ No
H • **Cash:** NZ$10,000 or more (or foreign equivalent), including travellers cheques, bank drafts, money orders, etc? Yes ✓ No

7
㉓ Do you hold a current New Zealand passport, a residence class visa or a returning resident's visa? If yes, go to **10**. Yes ✓ No
Are you a New Zealand citizen using a foreign passport? If yes, go to **10**. Yes ✓ No
Do you hold an Australian passport, Australian Permanent Residence Visa or Australian Resident Return Visa? If yes go to **9**. Yes ✓ No

221003 **Please turn over for more questions and to sign** ➡

③

8 **All others. You must leave New Zealand before expiry of your visa or face deportation.**
㉔ Are you coming to New Zealand for medical treatment or consultation or to give birth? Yes ✓ No
㉕ **Select one**
A I hold a temporary entry class visa. (Tick yes if you currently hold a visa, even if it is not attached as a label to your passport). Yes
B or I do not hold a visa and am applying for a visitor visa on arrival. ✓Yes

9
㉖ Have you ever been sentenced to 12 months or more in prison, or been deported, removed or excluded from any country at any time? Yes ✓ No

10 **I declare that the information I have given is true, correct, and complete.**
㉗ Signature Anne Chen ㉘ Date 26 08 23
(parent or guardian must sign for children under the age of 18)

Your information is being collected to administer Customs, Immigration, Biosecurity, Border Security, Health, Wildlife, Police, Fine Enforcement, Justice, Benefits, Social Service, Electoral, Inland Revenue, and Currency laws. It is required by border agencies to perform their lawful functions. It may be disclosed to other agencies where permitted by law, including for data matching. The information will be used by Statistics New Zealand for statistical purposes.

You can find more information about how these agencies use your information by visiting www.customs.govt.nz/privacy or using the contact options below.

The Privacy Act 2020 provides rights of access to, and correction of, personal information. If you wish to exercise these rights please contact the New Zealand Customs Service on 0800 428 786 or email privacyrequest@customs.govt.nz, and/or write to Immigration New Zealand at PO Box 1473, Wellington.

221004

④

入境卡填寫範例

❶搭乘航班　❷座位號碼
❸出發地　❹護照號碼
❺國籍
❻姓　❼名
❽出生年月日（日／月／年）❾出生國
❿職業（範例：上班族Office Clerk）
⓫紐西蘭境內的聯絡方式或地址
⓬Email帳號
⓭行動電話／電話號碼
⓮僅限住在紐西蘭的人才需要回答
⓯在紐西蘭停留多久？
⓰入境紐西蘭的主要目的？
A.拜訪朋友／親戚　B.商務　C.觀光　D.學術研究／會議　E.留學　F.其他
⓱最近待滿1年以上的國家是？
A.國家　B.城市　C.郵遞區號
⓲填寫過去30天內曾造訪過的國家
⓳行李內所有物品都是自己的嗎？
⓴有攜帶下列物品嗎？
A.食物（包含烹飪過、生鮮、保存食品、加工食品、乾燥食品） B.動物與動物相關商品（包含肉類、乳製品、蜂蜜、羽毛、皮革、羊毛等） C.植物與植物相關商品（包括果實、蔬菜、花、葉、種子、球根、木材、稻草等）
D.動物專用藥物、生物培養物、土壤、水
E.釣魚或水上運動時會接觸到動植物、水的裝備　F.露營用品或登山靴等可能沾染上土壤的物品
㉑過去30天內，在紐西蘭以外的地方從事過下列事項嗎？
因為露營、登山健行或打獵而前往森林，或是曾經接觸過動物（有人飼養的貓狗除外），還是曾經造訪過牧場、肉品或植物的處理工廠
㉒有攜帶下列物品嗎？
A.超過3個月分量的醫藥品，或是他人的處方藥　B.任何可能會被禁止或限制的物品　C.超過個人免稅額度的酒　D.超過個人免稅額度的煙　E.個人使用為目的但超過$700的物品（包含贈品） F.商務‧商業使用為目的的物品或他人物品　G.他人所有的物品　H.1萬紐元以上或等值外幣（包含旅行支票、銀行支票等）
㉓僅限居住在紐西蘭或澳洲，或是持有兩地國籍的人在符合項目上打勾（一般觀光客只需要全數勾No）
㉔是為了治病或生產而來的嗎？
㉕從下列擇一
A.持有臨時入境簽證（即使護照上沒有貼簽證貼紙，只要持有簽證即可勾選）
B.沒有簽證，於抵達紐西蘭時申請短期停留簽證（預定只停留3個月以內的人則於此處打勾）
㉖是否曾經在監獄服刑超過12個月，或者是遭到其他國家驅逐出境或移送？
㉗簽名（需與護照相同）
㉘日期（日／月／年）

從紐西蘭出境

前往機場請記得在班機起飛時間的大約3小時前抵達，到航空公司的服務櫃台或自助報到機辦理完登機手續後，再到海關進行出境審查，出示護照接受查驗。

另外與從台灣出境時一樣，從紐西蘭出境之際一樣有機上液態物品的攜帶限制（→P.454），因此當作伴手禮購買的葡萄酒等，必須事先放入託運行李中。

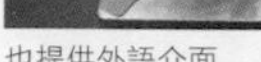
也提供外語介面

奧克蘭國際機場的自助報到機

入境台灣

直接前往接受入境海關審查，請按照台灣人、外國人的指示牌到應對的入境審查櫃台前，出示護照等待蓋下入境戳記。嚴禁攜帶新鮮水果及瓜果類植物、未經核可的動植物產品（含活動物、肉品、活植物），凡攜帶有動植物及其產品入境者，必須到動植物檢疫櫃台辦理檢疫手續。此外，為防範口蹄疫、非洲豬瘟入侵，嚴禁攜帶包含香腸、肉鬆等肉品與含肉食品，可攜帶含豬油、含豬骨熬煮高湯之食品（糕點、火鍋湯底等）、含乾燥肉粉包之調理食品，違規攜帶者入境最高將處以台幣100萬元。

通過海關之後去行李轉盤領取上機前託運的行李，持有物品都在免稅範圍內，選擇「免申報檯」（即綠線檯）通關；若是超出免稅範圍或不清楚有無超出免稅範圍，必須由「應申報檯」（紅線檯）通關。

入境台灣免稅範圍（每位成人）

品項		數量、價格	備註
酒類		1公升（不限瓶數）	限滿20歲之成年旅客始得適用
香煙	捲煙	200支	
	雪茄	25支	
	煙絲	1磅	
非管制進口物品，並且是攜帶者已使用過的行李物件		單件或一組之完稅價格在台幣1萬元以下	
其他	未使用過的禮品，完稅價格總值低於台幣2萬元		管制品及煙酒除外
	旅客攜帶貨樣，其完稅價格在新台幣1萬2000元以下者免稅		

再確認

部分航空公司會需要乘客自行再確認一次回國航班，在起飛的72小時前聯絡航空公司即可。紐西蘭航空不需要再確認。

在機場領取免稅商品

在奧克蘭與基督城的機場，可以領取在市區或機場免稅商店所購買的商品，因此接受完出境審查之後，可別忘了前往商品領取櫃台，向工作人員出示購買收據，就可以立刻領到當初購買的商品。由於櫃台前總是人滿為患，記得要多預留一點等待時間。

禁止攜入台灣的物品

不能攜帶動物及其產品（包含火腿、香腸等肉類製品）、植物（包含水果、蔬菜、種子）等物品入境。

財政部關務署

URL web.customs.gov.tw

衛生福利部疾病管制署

URL www.cdc.gov.tw

行政院農委會動植物防疫檢疫局

URL www.baphiq.gov.tw

煙酒超過免稅數量的裁罰基準

品項	罰鍰
捲煙	500元／條
煙絲	3000元／磅
雪茄	4000元／25支
酒	2000元／公升

東家里羅國家公園健行步道©MOOK

當地交通

搭乘飛機移動

紐西蘭的主要觀光景點四散分布在各個地區，如何在有限的旅遊時間裡，有效率地暢遊各個景點，搭乘國內線班機來移動，可說是最省時的方式。主要航線請參考航線圖（→P.461）。

紐西蘭的航空公司

紐西蘭航空（NZ）、捷星航空（JQ）都有班機往來於紐西蘭國內各個主要城市間，再加上與這2家公司合作的航空，使航線深入地方城市，形成非常便捷又綿密的國內線空中交通網。

紐西蘭航空　Air New Zealand（NZ）

除了台灣到奧克蘭的國際航線，在紐西蘭國內的飛航路線也相當多，而隸屬於旗下的中小型航空公司航線則是稱為Air New Zealand Link來做區分，但實際上還是以和紐西蘭航空的班機相同的預約及搭乘方式。

國內航線最豐富的當屬紐西蘭航空

捷星航空　Jetstar Airways（JQ）

以澳洲與紐西蘭為據點向世界起飛的捷星航空，也與澳洲航空（QF）推出聯營航班，在奧克蘭、威靈頓、基督城、皇后鎮、但尼丁5大城市間都有國內航班往來。

如何購買國內線機票

在台灣購買

在出發之前就已經決定好要搭乘紐西蘭國內線班機時，基本上就是透過在台灣訂購國際線機票的旅行社一併訂位購買，這樣是最簡單的方式也最確實，而且還有獲得優惠折扣的好處。

另外，也可以在各航空公司的官網訂票。購買紐西蘭航空機票時，網頁上依照是否有託運行李、是否可更改行程等選擇分成4種票價（2023年3月調查），完成後發行電子機票，只要印出來帶在身上即可。至於捷星航空等廉價航空（LCC），則以低價機票為最大魅力。

主要航空公司（紐西蘭的聯絡處）

紐西蘭航空
FREE 0800-737-000
URL www.airnewzealand.tw

捷星航空
FREE 0800-800-995
URL www.jetstar.com

澳洲航空
FREE 0800-808-767
URL www.qantas.com

國內線搭乘方式
基本搭機手續如下：
①報到
出發前1小時抵達機場，可透過櫃台或自助報到機辦理手續。使用自助報到機時，將電子機票憑據（條碼處）靠近讀碼區，再由觸控螢幕輸入個人姓名、座位、行李等資訊，就能拿到登機證。如果有託運行李的話，還會列印出行李條，必須自己綁上行李條後再放上行李輸送帶；沒有託運行李的人則直接前往登機門。
②登機
辦理好報到手續後，就能馬上移動前往登機門，至於登機門的號碼則可透過大廳內的電視螢幕確認。
③抵達
循著Baggage Claim或Baggage Pick-up標示的方向前進，領回託運行李，每座機場都不會比對託運行李與乘客手中的託運單據。

Grabaseat
URL grabaseat.co.nz

在紐西蘭購買

如果是計畫長期旅遊的人，可能在出發前很難制定出詳細的行程表，必須在旅遊途中購買國內線機票，這種時候可以到當地的航空公司服務處，或全國各地都有分店的旅行社購買，最為方便；或是直接撥電話到航空公司的訂位處，當然也可以在網路線上訂票，無論哪種方式都需要提供信用卡資訊。

尋找國際線折扣機票

LCC為廉價航空Low-Cost Carrier的簡稱，是藉由簡化業務與服務來壓低票價的航空公司，紐西蘭國內主要的LCC為捷星航空，雖然設定票價比紐西蘭航空便宜，但有託運行李要加價、無法更改航班、無法退票（或是要收手續費）等附加條件，可以在研究之後善加利用。

另外還有販售紐西蘭航空折扣機票的英文網站Grabaseat，所販售限定航線、使用期間的機票，也就是限時促銷機票，雖然不一定能找到想買的機票，但絕對能以便宜價格購入，且擁有與一般機票相同的服務。

主要城市間的主要航班（僅限直飛）

NZ：紐西蘭航空／JQ：捷星航空

航段	所需時間	1日航班數量（航空公司）
基督城～皇后鎮	約1小時15分	3～4班（NZ）
基督城～奧克蘭	約1小時25分	12～16班（NZ） 3～6班（JQ）
基督城～威靈頓	約50分鐘～1小時	8～12班（NZ） 1～2班（JQ）
基督城～但尼丁	約1小時5分	4～6班（NZ）
基督城～尼爾森	約55分鐘	4～6班（NZ）
基督城～羅托魯瓦	約1小時45分	1～2班（NZ）
基督城～新普利茅斯	約1小時30分	1～2班（NZ）
皇后鎮～奧克蘭	約1小時50分	7～9班（NZ） 2～3班（JQ）
皇后鎮～威靈頓	約1小時20分	1～2班（NZ）、1～2班（JQ）
奧克蘭～威靈頓	約1小時10分	11～19班（NZ） 3～5班（JQ）
奧克蘭～但尼丁	約1小時50分	3班（NZ）、0～1班（JQ）
奧克蘭～尼爾森	約1小時25分	7～9班（NZ）
奧克蘭～羅托魯瓦	約45分鐘	1～3班（NZ）
奧克蘭～新普利茅斯	約50分鐘	6～8班（NZ）
威靈頓～但尼丁	約1小時20分	2～3班（NZ）
威靈頓～尼爾森	約40分鐘	7～9班（NZ）
威靈頓～羅托魯瓦	約1小時15分	1～3班（NZ）
威靈頓～新普利茅斯	約1小時	1～3班（NZ）

※2023年3月調查，所需時間、航班數量會依季節與日期而異。

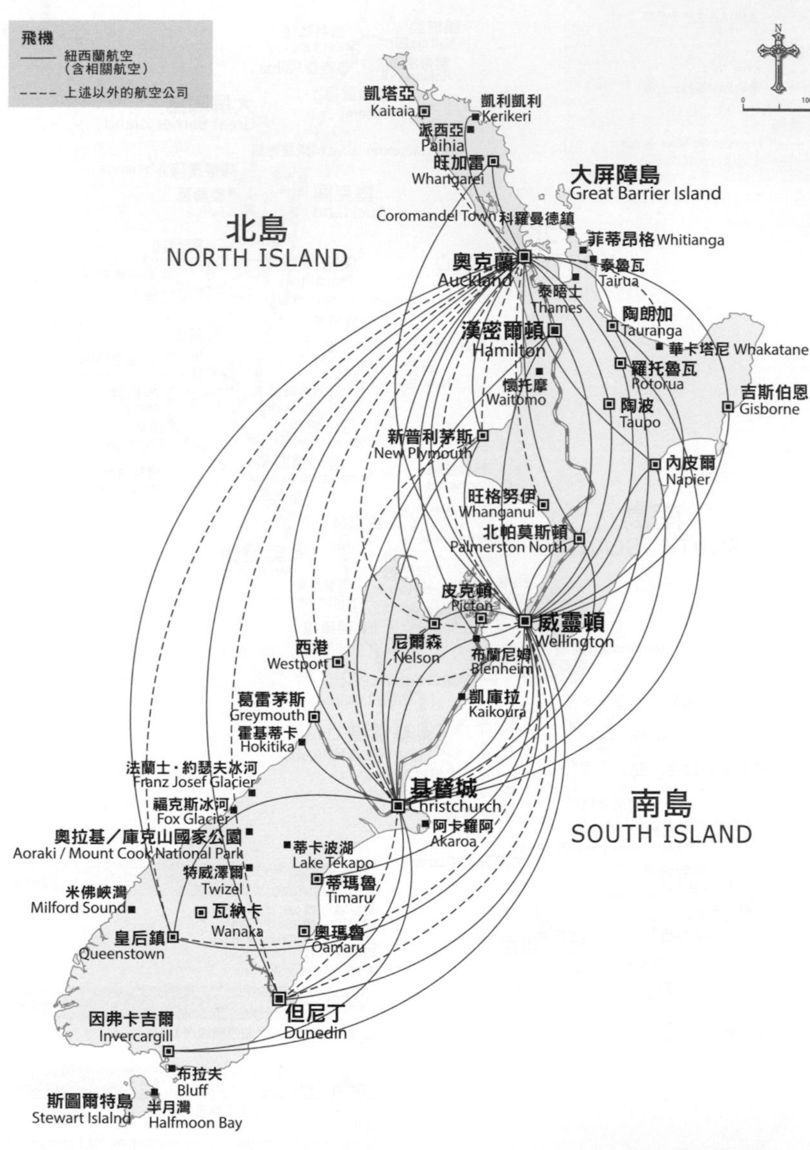

紐西蘭航空 P.459

FREE 0800-737-000（紐西蘭國內）
URL www.airnewzealand.tw

★2023年3月調查。主要刊載與本書介紹區域相關、定期運行（飛航）的交通機構，其他也有不在本圖上的資訊。

長途巴士・鐵路地圖

長途巴士 InterCity P.463

基督城 ☎(03)365-1113
但尼丁 ☎(03)471-7143
奧克蘭 ☎(09)583-5780
威靈頓 ☎(04)385-0520
URL www.intercity.co.nz

火車 Kiwi Rail P.466

FREE 0800-872-467（紐西蘭國內）
URL www.kiwirail.co.nz

渡輪 Interislander P.230

FREE 0800-802-802（紐西蘭國內）
URL www.interislander.co.nz

渡輪 Blue Bridge P.230

FREE 0800-844-844（紐西蘭國內）
URL www.bluebridge.co.nz

★2023年3月調查。主要刊載與本書介紹區域相關、定期運行（飛航）的交通機構，其他也有不在本圖上的資訊。

搭乘長途巴士移動

在紐西蘭國內的交通工具當中，擁有最細密交通網且交通費用低廉的就是長途巴士，行駛在主要城市及重要觀光景點之間，可依照預算來選擇巴士公司。在交通移動的途中，不僅能欣賞各色風景，更能仔細觀察紐西蘭最真實的面貌。主要路線請參考長途巴士・鐵路地圖（→P.462）。

主要巴士公司

路線遍及全國各地的InterCity Coach Lines

紐西蘭國內最大的巴士公司，就是InterCity Coachlines（一般簡稱為InterCity），前身是舊紐西蘭國鐵公司，現在已經民營化，並以南北兩島各主要城市為中心來提供服務。除了InterCity的巴士車班之外，在各地還與地方巴士公司合作聯營，總計提供的交通網可說是非常綿密；與大型巴士公司Gray Line、Great Sights也有合作關係，全國的巴士停靠站超過600處，1天的行駛班次則為130班以上。車內設有免費Wi-Fi可使用，還能載運腳踏車，非常方便；若搭乘次數多，不妨參加可以儲存點數的InterCity Rewards（→P.464邊欄）。

與眾多公司合作，很方便搭乘的InterCity

接駁巴士

在南島有Atomic Travel、Ritchies等中小型巴士公司，特色是可以前往大型巴士公司沒有行駛的地方。

短程路線是以行駛迷你巴士或小巴為主，長程路線則是與大型公司一樣以大巴士上路。

背包客巴士

背包客巴士並不是城市間移動的交通工具，而是以周遊觀光景點為主要目的，Kiwi Experience就是其中的代表。這些巴士主要是行駛在北島、南島各自主要城市與觀光景點間的周遊路線上，乘客只要購買各路線的巴士周遊券，就可以在同一條路線的同一方向自由上下車，稱為Hop-on Hop-off體系。除了2條主要路線，也有細密的副路線，可以自由組合搭乘。

大家可以分享彼此旅途見聞的的背包客巴士

InterCity Coach Lines
URL www.intercity.co.nz
基督城
☎(03) 365-1113
皇后鎮
☎(03) 442-4922
但尼丁
☎(03) 471-7143
奧克蘭
☎(09) 583-5780
威靈頓
☎(04) 385-0520

長途巴士的車資
InterCity Coach Lines會依季節或班次而變動車資價格，要在預約時以電話或網站確認車資。

接駁巴士
Atomic Travel
e-mail info@atomictravel.co.nz
URL www.atomictravel.co.nz

背包客巴士
Kiwi Experience
☎(09) 336-4286
URL www.kiwiexperience.com

Kiwi Experience的主要Hop-on Hop-off巴士
費 Funky Chicken　$1419
可自由設定出發地、目的地周遊於紐西蘭全國的指定路線，最少天數是23日。
Sheepdog　$1320
從奧克蘭出發，最後抵達基督城，周遊於紐西蘭全國的指定路線，最少天數是17日。
Queen Bee　$510
出發地點為皇后鎮，最後抵達奧克蘭，周遊於全國的指定路線，最少天數是9日。

折扣車票／超值周遊券

InterCity Rewards

將支付出的車資轉換成點數儲存的會員制度，儲存的點數可以用來折抵巴士車資，由於也能預約或更改班次，即使不能儲存點數也要先登錄會員，比較方便。內文所介紹的TravelPass和FlexiPass都不能儲存點數。

URL www.intercity.co.nz/frequent-travellers/about-intercity-rewards

InterCity Coach Lines的優惠車票

可以輕鬆使用的背包客折扣優惠，就是在買票時出示YHA、BBH、VIP等各背包客組織的會員證(→P.480)，就能獲得比普通車資便宜10～15%的折扣；而不能取消的標準票價Stardard Fare，就比可以取消的彈性票價Flexi Fare便宜15%左右。至於超值的周遊券則說明如下。

長途移動時相當方便的InterCity巴士

TravelPass

TravelPass是在規定路線間可以不限次數搭乘的周遊券，共有6～14種路線，可以任選想去的路線，造訪地點盡是紐西蘭當地的人氣觀光景點，像是南島路線就包含米佛峽灣1日遊，對於路線上有自己想去地方的人來說相當適合。有效期限為12個月，雖然說路線是固定的，但還是可以依照自己的步調好好遊玩。

TravelPass

URL www.intercity.co.nz/bus-pass/travelpass

費 Natural North Island　$145

從奧克蘭出發，經過陶朗加、羅托魯瓦、陶波到威靈頓，縱貫北島的周遊券，也可以選擇從威靈頓往北到奧克蘭，最少天數為2～3日。

Alps Explorer　$229

從基督城出發，前往皇后鎮的黃金路線，若在路線上的出發地點可自由選擇，包括米佛峽灣1日遊，最少天數為2日。

Ultimate New Zealand　$529

從奧克蘭到皇后鎮，包含Interislander的全區域路線，出發地點為何處都OK，包括米佛峽灣1日遊，最少天數為6～7日。

FlexiPass

FlexiPass則是可以在全國各地自由上下車，以10～80小時為單位購買的預付方式，在購買時數之內可以無限次數搭乘巴士，有效期限為12個月，可以追加購買時數，而往來於南北島間的渡輪也能搭乘；還有也可以安排米佛峽灣1日遊。因為可以在自己喜歡的時間造訪喜歡的地點，很適合背包客或想要隨興旅行的人。可從網路下載城市之間移動的所需時間，當作購買時間單位時的預估基準。

FlexiPass

URL www.intercity.co.nz/bus-pass/flexipass

費 10小時$139
15小時$169
20小時$203
25小時$239
30小時$269
35小時$314
40小時$355
45小時$395
50小時$436
55小時$477
60小時$518
65小時$559
70小時$589
75小時$610
80小時$641

預約車票

巴士屬於完全預約制，可從InterCity Coach Lines的官網(→P.463)或手機app上預約，加購車票時也可經由官網購買。若要更改或取消巴士、渡輪的預約，最晚一定要在出發前2小時辦理。

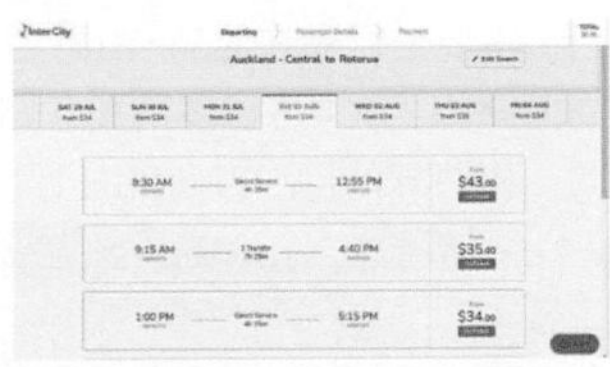

TravelPass和FlexiPass預約的方式大同小異

購票程序

❶進入網站

進入InterCity Coach Lines官網，以出發地、目的地、搭乘時間、人數等必要項目來搜尋，或是在首頁點選TravelPass或FlexiPass。

❷確認目的地或路線購買車票

先選擇要搭乘的巴士，再決定標準Stardard或彈性票價Flexi Fare，選擇FlexiPass的話依照View Passes→Buy your FlexiPass的順序點選，再選擇時間購買。TravelPass的話要在View Passes確認所有販賣中的周遊券，再選擇想要的路線並購買。FlexiPass、TravelPass的選擇、購買、預約3步驟，在How FlexiPass/How TravelPass works中有淺顯易懂的解說。

How TravelPass works的頁面

❸預約搭乘班次（FlexiPass、TravelPass）

使用FlexiPass、TravelPass時，使用預約號碼和密碼登入帳號，再預約欲搭乘的巴士。

超便宜車票GoTicket

InterCity每週會釋放出期間限定的超便宜車票GoTicket，路線每次都不同，若是符合行程需要的話，就真的非常超值。只要在登錄會員時填入電子信箱，就能收到便宜車票的信件通知。不過除了票價之外還要外加預約訂位手續費。

URL www.intercity.co.nz/gotickets

如何搭乘長途巴士

一定要預約

除了InterCity Coach Lines之外，路線巴士也是完全預約制，所以一定要記得事先預約訂位。可以打電話或從各巴士公司官網預約，遊客中心i-SITE和飯店等設施也都可以買到車票，尤其是觀光旺季的12～3月，連接各大觀光景點的路線最好在2～3天前就先預訂好座位；至於大城市以外的城鎮或小型巴士公司，也提供有至下榻旅館接送乘客的服務。

寬敞舒適的InterCity車內

搭乘巴士

長途巴士的停靠站，在大城市裡會有專用的巴士總站，至於一般的小城鎮則多數是會在遊客中心i-SITE前、一般商店或加油站等地點。

而巴士乘車處則必須在發車時刻的15分鐘前集合，行李除了手提包之外都要放在行李區。

悠閒的巴士之旅

除了一部分的接駁巴士外，所有的巴士都是大型車且座位非常舒適。沿途中駕駛會以廣播來介紹景點，並不時停車來讓大家拍照留念，同時大約每2個小時就會停靠沿途城鎮的咖啡館等處，休息30分鐘左右讓乘客可以上洗手間、休息；到達目的地的城鎮之後，也會按照乘客的要求，停靠在最近的景點。

巴士停靠市區，相當方便

利用鐵路移動

在以駕車為交通主流的紐西蘭，鐵路路線雖然少，不過Kiwi Rail公司在引進觀景車廂、提升車內服務水準等方面下足苦心，用心經營觀光列車。坐在寬敞舒適的座椅上，放鬆心情地享受車窗外的美景，像這樣悠閒自在的鐵道之旅，絕對要體驗看看。

Kiwi Rail
FREE 0800-872-467
URL www.kiwirail.co.nz
URL www.greatjourneysnz.com

沿著海邊行駛的太平洋海岸號。圖片提供／Kiwi Rail

Kiwi Rail的列車

〔南島〕

1. 太平洋海岸號　Coastal Pacific

基督城Christchurch～皮克頓Picton

僅限夏季，每日行駛來回1班，前往兩地間的交通時間約5小時40分，搭乘這班列車可享受窗外舒服的沿海景致。以賞鯨活動出名的凱庫拉，就位在這條路線的中央點；而在皮克頓前的布蘭尼姆附近則是知名的葡萄酒產地，可以欣賞廣闊的葡萄園美景。

2. The TranzAlpine號

基督城Christchurch～葛雷茅斯Greymouth

同樣也是每日行駛來回1班，全年運行，但冬季會減為1週4班，單程4小時50分；橫越南阿爾卑斯山脈的車窗外，是壯闊無比的山巒美景，在紐西蘭國內的鐵路中，不論人氣或知名度都很高。途中會經過山嶺最高處的亞瑟隘口國家公園（→P.212），則是登山健行的一大據點，除了可以享受亞瑟隘口國家公園1日遊，也是作為基督城往西海岸方向非常方便的交通工具。

位於山谷的亞瑟隘口火車站

其他鐵路
除了這裡介紹過的Kiwi Rail之外，另一個深受觀光客喜愛的鐵路就是行駛於但尼丁～Hindon的泰伊里峽谷觀光火車（→P.165）。

停靠在但尼丁火車站的泰伊里峽谷觀光火車

在各列車設有開放式的觀景車廂
Photo/Robin Heyworth

〔北島〕

3. 北部探險號　Northern Explorer

奧克蘭Auckland～威靈頓Wellington

Kiwi Rail的長途火車，途中會經過距離東格里羅國家公園最近的國家公園火車站，以及漢密爾頓、北帕莫斯頓火車站等地，單程為10小時40～55分。每週一、四、六從奧克蘭Strand火車站出發，週三、五、日則從威靈頓出發，1日1班。

停靠在奧克蘭Strand火車站的北部探險號

4. Capital Connection號

北帕莫斯頓Palmerston North～威靈頓Wellington

週一～五清晨6:15的上行列車、傍晚17:15的下行列車各有1班，這列火車與其說是觀光賞景，更主要是以通勤、通學的乘客居多。單程行車時間約2小時，途中停靠沿海的懷卡奈火車站Waikanae、知名高爾夫球場所在的Paraparaumu火車站等地。

從車窗就能眺望到雄偉的大自然美景

Capital Connection號

車票只能以現金購買，不能使用儲值卡Snapper，不過車上的咖啡館則可以使用信用卡。

URL www.greatjourneysnz.com/capital-connection

最好提早來排隊Check in

如何搭乘長途列車

一定要預約訂位

儘管列車並不容易客滿，但是一定要事先預約訂位，因為有些途中經過的車站，如果沒有預約乘客要上車的話，就會直接通過不停車。夏季時最好是在搭車的2～3日前先預約，各地的遊客中心i-SITE也提供預約訂位及購票的服務。

出發前20分鐘要Check in

搭車當天，必須在發車的20分鐘之前抵達火車站，在這裡沒有驗票口，月台可以自由出入；如果有行李箱或背包等大件行李時，要放在列車的行李室，所以要在火車站的櫃台辦理Check in手續。行李室也能受理託運腳踏車，不過必須在預約時就先告知，費用則是當天支付即可。

月台可以自由出入，可以不買票進來參觀

當所有乘客都上車之後，火車就會靜悄悄地出發，而且只要確認清楚預約乘客都已上車，即使還不到發車時間，火車也會提早開走。火車上路之後，就會有車掌人員來驗票。

大件行李要事先託運

各式各樣的優惠車票

火車的車資一共有好幾種優惠，在觀光旺季以外的時期，會販售限定座位總數的超廉價車票，因為愈早購買車票就愈有利，只要確定好行程就可以開始研究便宜車票；不過這些優惠車票都附帶有不能取消等限制條件，一定要查明。

若想同時搭乘列車與渡輪（威靈頓～皮克頓之間）時，也能享有優惠車票；至於想要全程都體驗火車樂趣的人，則建議可以購買3～21日有效的周遊券Travel Rail Pass，不論什麼列車都可以自由搭乘，還包含搭乘Interislander渡輪。開始使用日起1個月（6日以上為2個月、14日以上則無限制）內用完有效日數的話，更能靈活運用，座位預約則為出發前72小時。由於旺季時有些巴士不能使用，購買時要先確認。

販售Travel Rail Pass的網站

Scenic Rail Pass

URL scenicrailpass.com

Rail Bus New Zealand

URL railbusnewzealand.com/passes

New Zealand Rail

URL newzealandrail.com/passes/passlist/14

列車時刻表（2023年3月調査）

南島 South Island

1. 太平洋海岸號Coastal Pacific
（基督城～皮克頓）

	主要停靠火車站	
07:00	基督城	19:30
07:30	Rangiora	18:45
10:00	凱庫拉	16:25
12:10	布蘭尼姆	14:05
12:40	皮克頓	13:40

2. The TranzAlpine號
（基督城～葛雷茅斯）

	主要停靠火車站	
08:15	基督城	17:00
09:20	春田	17:45
10:40	亞瑟隘口	16:20
12:05	Moana	15:05
13:05	葛雷茅斯	14:05

● 主要路段的車資
基督城～亞瑟隘口 大人$145～
基督城～葛雷茅斯 大人$199～
基督城～皮克頓 大人$177

搭乘The TranzAlpine號，可以欣賞車窗外南阿爾卑斯山環抱的優美溪谷風景

北島 North Island

3. 北部探險號Northern Explorer
（奧克蘭～威靈頓）

※週一、四、六奧克蘭出發
週三、五、日威靈頓出發

	主要停靠火車站	
07:45	奧克蘭	19:00
10:15	漢密爾頓	16:25
13:15	國家公園	13:15
13:45	歐哈庫尼	12:45
16:20	北帕莫斯頓	10:00
18:25	威靈頓	07:55

● 主要路段的車資
奧克蘭～國家公園 大人$124
奧克蘭～威靈頓 大人$199
威靈頓～國家公園 大人$124

威靈頓火車站的外觀

※時刻・車資皆為2023年3月調查資訊。

4. Capital Connection號
（北帕莫斯頓～威靈頓）

※週一～五行駛

	主要停靠火車站	
06:15	威靈頓	19:20
08:20	北帕莫斯頓	17:15

● 車資
威靈頓～北帕莫斯頓 每人$35

租車移動

紐西蘭是個非常適合租車出遊的國家，雖然為右駕靠左行駛與台灣相反，不過整體而言車流量少，幾乎不會有塞車的問題；利用分布於全國的完善道路交通網，可以享受舒適又有效率的旅程。在紐西蘭當地通常都用以Vehicle稱呼汽車。

如何辦理租車手續

租車公司的種類

在紐西蘭的大型租車公司有Hertz、Avis、Budget等，在機場大廳、市中心都設有服務處，因此非常方便，而且不論是汽車品質、維修，還是遇到事故或故障時的支援制度都很完善，加上在全國各地都有服務據點，部分方案還可以「甲地租乙地還」（也就是One Way Rental）。以上3家大型租車公司也都可以在台灣預約訂車，並針對在台灣預約的顧客推出折扣優惠，出發前不妨先上網查詢做比較。

除了這幾家大型公司之外，還有Jucy Rental等中小規模的租車公司，由於整體租金會比大型公司來得便宜些，對於只在限定地區內駕車出遊的旅客來說，是更加划算的選擇。

租賃車的車資計算

不分大型或中小規模租車公司，幾乎都是採取無關行駛距離的計費制度（Unlimited Kilometres），也就是說無論車子開多遠，租金是一定的。不過以低價為訴求的期間限定活動租金，就有可能依照行駛距離而有不同的租車費用。

汽車租金都是以1日（24小時）為單位，而汽油費則不包含在租金之內，還車時務必要將油加滿。至於甲地租乙地還是否會多加錢，則會依照範圍而有不同，必須事先確認清楚；一般來說大多數租車公司在大城市間（例如奧克蘭～威靈頓間等）的甲地租乙地還，都不會加收費用。

預約租車

在預約租車時要告知下列3項資訊，無論在各國都相同。

1.開始、結束租車的日期與時間

租金費用設定以24小時為計算單位，例如從週一中午起租車3天的話，還車的最後時限就是週四中午，一旦超過時間就必須支付超時租金，建議等規劃出大致行程後再決定租車天數。

2.租車地點與還車地點

甲地租乙地還是否要加收費用與金額，要在此時確認。

3.汽車種類

租車公司都是依照汽車等級來設定租金，所以預約時要選擇的並非車款，而是汽車等級，出租的車輛基本上都是日本車；如要租借兒童座椅或輪胎雪鍊等設備，必須在此時提出要求。

關於國際駕照
（→P.452）
國際駕照與台灣的駕照都必須一起攜帶才行。

在台灣的預約處
Hertz
☎(02) 2731-0377
URL www.hertz.com.tw
AVIS
FREE 0800-600-601
URL www.avis-taiwan.com/tw/
Budget
☎(02) 6620-6660
URL budget.com.tw

租車的年齡限制
依照各家租車公司的規定，有些是滿25歲，也有滿21歲即可的年齡限制；還有某些高級車款需要滿25歲以上才能租借的規定。

租車費用？
依照租車公司、季節還有租賃期間而有不同，但是以一般汽車（如豐田Corolla等級車輛）為例，租金1日大致是$100～150左右，如果要加購保險、導航等，1日大約會多加$10～20左右。而萬一年齡不滿25歲的話，還可能會被要求加付年輕駕駛Young Driving的費用。

主要機場內的大型租車公司櫃台都連在一起

橫跨南北兩島的租車
Interisland Rental
一開始租車時就會詢問預定搭乘渡輪的日期，之後確定乘船日期班次時，必須再連絡租車公司並告知預約號碼。

關於信用卡
不論哪一家租車公司都可使用美國運通、MasterCard、VISA。

禁止租車車輛進入的主要區域
依據租車公司的不同，會有禁止車輛進入的地區，下列就是多數租車公司車輛禁止進入的區域。

南島
- 皇后鎮郊區的船長路Skippers Road
- 奧拉基／庫克山國家公園周邊的塔斯曼谷路Tasman Valley Rd.

北島
- 科羅曼德半島最北端地區（科爾維爾以北）
- 雷恩加海角至90哩海灘的沙灘

若非巴士或四輪傳動車輛，無法行駛90哩海灘

南北島間的租車

搭乘由皮克頓出發的渡輪

紐西蘭是由南島與北島組成的國家，因此在準備租車暢遊全國之前，有幾點注意事項一定要知道。

首先就是每家租車公司，對於跨島是否需先還車的規定有所不同。例如Hertz在跨越南北島單向租車時，就必須在搭船前先還車，渡輪到達對岸後再重新借一台車；若是接續租車契約的狀況，還車時不用先結清租金，而只是單純還車，再重新借時就不必再簽合約，只要領取新車的鑰匙就行。所以要告知租車公司搭乘渡輪的詳細事項，若要更改船班則需在搭船前5日連絡租車公司。

但是，大多數的租車公司是讓遊客自己駕車搭乘渡輪，不論是哪一種租車方案，千萬別忘記在開始租車時就要確認清楚。

租車

首先要到機場或市區內約定取車的租車公司服務櫃台，這個時候需要出示的是國際駕照（→P.452），當然要在台灣出發前就先辦好；接著需要提供信用卡，並不是要支付租車費用，而是當成信用擔保，就算已經在台灣事先購買預付折扣券，如果沒有信用卡還是無法租借車輛，請特別注意。

其他在租車時會被詢問的問題，就是是否要外加保險（對人、對車），需要的話再於合約上勾選；而在台灣辦好預約手續的人，則要記得確認清楚和已經包含在合約內的保險是否有所重複，如果簽訂合約以外的人也要開車的話，記得將姓名一併寫進合約書中。處理完上述手續之後，別忘記還要確認租借車輛的外觀有無碰撞凹痕或嚴重刮傷，必須當場當場提出並註記。

還車

在約定時間內結束行程，到目的地所在的服務據點還車。此時的手續非常簡單，在部分時段服務據點無人執勤的狀況下，只要將車停在停車場，再將車鑰匙投入歸還箱即可。還車時汽車要加滿油，如果因為某些原因而無法完成，也可以用比一般加油站略高的價格，在結帳時一併支付所需油費。至於有行駛距離限制時，則需將里程表上的公里數填寫清楚並交給櫃台。日後費用會從登記租車時的信用卡中扣款。

紐西蘭的道路

高速公路與汽車車道

紐西蘭的馬路是左側通行，對台灣人來說可能會有些不習慣，而且交通狀況與規則也不盡相同。

紐西蘭全國境內規劃有非常完善的State Highway路網，Highway在台灣是高速公路之意，英文則是指一般國道；汽車的時速限制在一般市區街道為50km，郊區則是100km，但實際上在郊區很多車輛時速都超過120km，車流速度相當快，即使是在轉彎或上下坡很多的路段也不會減速；因此如果依照台灣的行車方式，剛開始一定會不太習慣，這種時候千萬不要逞強，不妨讓其他車輛先過。但是車速過於緩慢也很危險，如果以50～60km時速行駛，就會影響到其他車輛。

其餘還有收費高速公路TollRoad、汽車專用免費道路Motorway，除了緊急時刻，禁止任何車輛暫停，而腳踏車、行人也禁止使用。高速公路在北島共有3條收費高速公路，不像台灣從交流道上高速公路，而是行駛國道直接進入高速公路。

交通規則與禮儀

圓環　Roundabout

非常類似設置在台灣火車站前的圓環，是為了讓沒有紅綠燈的十字路口車輛也能順利通行而設，基本規則就是「優先讓自己右側車輛先行」，也就是先進入圓環的車輛可以先走，等到右側來車通過之後再進入。行駛於圓環內，並不需要暫時停車。

禮讓其他車輛　Give Way

在會車進入優先道路時會看到「讓出車道」的標誌，就是會合處前的道路車輛可優先通行；在馬路上畫有白色停止線，但並沒有明文規定一定要暫時停車，只要視野清楚且能確認行車安全，就可以直接通過。進入圓環時也同樣適用。

右轉與左轉

在十字路口時，一定要優先禮讓左轉車輛，而這項交通規則是在2012年3月變更的新法規，之前曾在紐西蘭開過車的人要特別注意。

靠左行車

與台灣不同的是，一定都是靠左側行車，尤其是在Motorway上，除了超車之外都必須行駛在左側車道上。

平交道

遇到平交道並不需要暫時停車，在主要幹線道路上的平交道都設有警報器，但有時郊區的鄉下道路就沒有這樣的設備，則要注意平交道前的標誌（Railway Crossing）。

3條收費高速公路

Auckland Notherm Gateway

前往北地時使用的高速公路，為奧克蘭往北延伸國道1號的Silverdale與Puhoi之間7.5km區間。

費一般汽車＄2.4

Tauranga Eastern Link Toll Road

連接陶朗加郊區帕帕摩亞Papamoa與Paengaroa之間國道2號的15km區間。

費一般汽車＄2.1

Takitimu Drive Toll Road

從陶朗加往南延伸的國道29號沿線的5km區間。

費一般汽車＄1.9

高速公路官網

URL nzta.govt.nz

高速公路的付款方式

並非在高速公路的入口處繳費，而是可事先付費或通行後付費。

- 事先網上預付
- 通過之後5天內上網或電話付款
- 收費道路前的加油站付款

一般會選擇在通行前或通行後上網付費，繳費方式如下。

1. 連結以下網頁
URL nzta.govt.nz/roads-and-rail/toll-roads
2. 點選Buy or Pay a toll
3. 勾選Declaration的方塊後按Continue
4. 輸入車牌號碼後按Continue
5. 確認車輛資訊後按Continue
6. 選擇行經道路與次數後按Continue
7. 進入信用卡付費程序，只能使用VISA與MasterCard信用卡

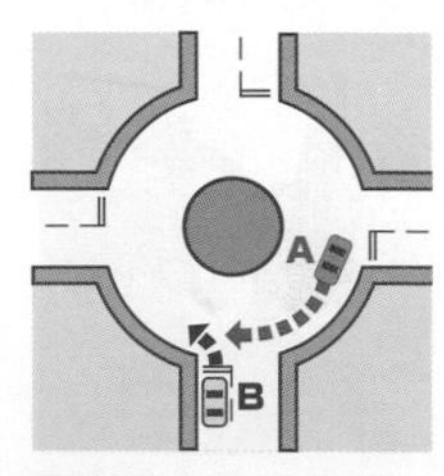

圓環

A是優先車輛，B則是要確認右側沒有來車才能前進。當然除了禮讓右側來車之外，正面車輛也可優先左轉，請多加留意。

在單行道橋前方可確認哪一方優先通行

投幣式停車場可選擇現金或信用卡支付

如何加油

1.確認清楚汽油種類，租賃車輛一般都使用普通汽油（無鉛汽油）。

2.輸入要加油的金額（要注意不是以公升來計算），如果是要加滿，就按下FULL鈕。

3.拿起油槍加油，加滿油時會自動停止再放回油槍，然後到店內櫃台告知加油處號碼並結帳。有些加油機或旁邊設有刷卡專用的自動付款機。

單行道橋（One Lane Bridge）

在郊區道路會有對面為雙線車道，卻只有橋樑是單行道，這種情況會在橋樑的一頭設置禮讓其他車輛Give Way的交通標誌，請遵照規矩前行。由於不少地方的視線並不好，因此即使是優先前行的這一側也要多加注意。

人行道

有行人走在斑馬線上時，車輛絕對要禮讓行人先走，如果看到有人想過馬路也一定要停車。

開車禮貌

除了非常時刻，否則不按喇叭；停車時，絕對不讓汽車引擎空轉，因為會有噪音及排放廢氣，是紐西蘭人非常嫌惡的事。

其餘應知事項

停車時要注意

在市區裡，可以停放車輛的地點與停車時間都有非常詳細的規定，請遵照標誌停車，一旦違法停車或超過停車時間，會有執法人員嚴格取締，請多注意。街旁雖然設有許多停車計時表，但如果要停放長時間，停車場的收費會比較划算。部分地區的停車計時表會在夜間、假日免費開放，在個別的計時表上會有清楚的開放星期與時間標示。

此外，在城市裡的汽車竊盜案時有所聞，因此把行李放在車內顯眼處是非常危險的行為。

關於汽油

在紐西蘭，汽油稱之為Petrol，加油站則是Petrol Station。在週六、日幾乎所有商店都不開門的紐西蘭，只有加油站每天營業，而且還販售簡單輕食與飲料，擔負起迷你便利商店的任務。在人煙稀少的地區，每座加油站間的距離往往長達數十公里遠，因此有計畫前往郊區的人，一定要記得提早把油加滿。基本上加油都是自助式，油價則是每公升$2.5左右，租賃車輛一般都是使用普通汽油（無鉛汽油Unleaded），不過租車時還是要確認清楚。

萬一碰到車禍

萬一遇上車禍該怎麼辦？因為可能發生的狀況非常複雜多樣，很難一概而論，不過最基本的就是維持現場，在台灣很常為了交通順暢，而將事故車移往路旁，但是在紐西蘭的慣例則是一旦發生車禍，現場周邊的交通就會立刻封鎖，如果有人受傷的話，自然是以救難為第一優先。

除此之外，就是聯絡受傷者親友、記下車牌號碼、通知警察或租車公司，如果溝通能力不足，最好儘量避免當場與對方交涉。

露營車（Motor Home）

在紐西蘭旅遊時，經常看到露營車（也稱為Motor Home或Camper Van等）的蹤影，將在設有床鋪、廚房等生活所需空間的露營車，停靠在各地的露營區Holiday Park（下述，→P.480）邊走邊玩，成為紐西蘭很受歡迎的旅遊模式。

露營車的設備與使用方式

露營車的主要設備有床、廚房（包含餐具、烹調用具）、餐桌等，大型露營車還有廁所、淋浴設備，一般為2、4、6人用的車款，租借費用隨季節變動，請事先確認。分設在紐西蘭各地的Holiday Park，都設有提供露營車使用、附電源的營地（稱為Power Site），因為可以進行充電，像車內照明、冰箱等設備就可以使用，而使用費為每人$15～40。

租賃露營車

在紐西蘭有好幾間專門出租露營車的租賃公司，必須自己直接與對方聯繫及預約，租車對象限制為21歲以上。由於在夏季的觀光旺季，露營車的需求會很高，一定要提早預約。

Holiday Park

在紐西蘭全國各地都設有名為Holiday Park（也稱為Caravan Park、Motor Camp、Motor Park）的汽車專用露營地，提供露營車所需的電源設施、用水，或是在露營地有排水設備的電源營地Power Site、一般帳篷使用的非電源營地Non-Power Site草地等，其他還有提供床鋪的小屋（Cabin）、固定於地面的牽引式露營車（On-Site Caravan）、類似汽車旅館的大型一體式客房（Tourist Flat）等各式各樣的住宿選擇。而公共設施則通常包括廚房、浴室（淋浴、廁所）、交誼廳（在部分地區也是用餐區）、洗衣區（洗衣機、烘衣機、戶外晾衣場）等。

有些地區也會提供睡袋、浴巾的租借服務，但基本上還是要自行準備。在公用廚房會有電爐、熱水瓶、吐司機、冰箱等設備，可自由使用；至於附有廚房設備的套房裡，則會有一般常用的烹調器具與餐具，而公園的服務中心也會提供租借烹調工具。有需要在車上長時間旅行的人，如果能先購買好一個戶外冰箱，在保存飲料及生鮮食品上很有幫助。

露營車出租公司

Maui
FREE 0800-688-558
URL www.maui-rentals.com

Tui Campers
☎ (03) 359-7410
URL www.tuicampers.co.nz

New Zealand Motorhomes
☎ (07) 578-9895
FREE 0800-579-222
URL www.newzealand-motorhomes.com

露營車的注意事項

露營車大多為柴油引擎，使用的燃料是柴油，不過也有少數為汽油車，租借前要先確認。

露營車就像是可以移動的家

DOC的Freedom camping

在紐西蘭全國有67個由DOC所經營的免費露營區，稱為Freedom camping，雖然只有最低限度的設備，遊客自行開露營車或準備帳篷就能免費住宿。詳情請參考DOC的官網（→P.441）。

Holiday Park名單

Holiday Park名單中，又以New Zealand Holiday Parks Association所發行的小冊子最值得信賴，在主要城市的遊客中心i-SITE等地都可以免費索取，裡面有各Holiday Park的簡圖，並介紹其特色、設施等綜合資訊。此外，也可以上網以地區來搜索，非常方便。
URL www.holidayparks.co.nz

相當適合戶外派的Holiday Park

購物基礎知識

不妨尋找看看如羊毛製品或毛利族的傳統工藝品等，紐西蘭特有的紀念品（→P.32），而且在每個地區都能發現當地藝術家的創作，至於超級市場（→P.20）的食品區也千萬別錯過。

購物時間

商店營業時間通常為週一～五9:00～17:00、週六10:00～16:00，週日為11:00～15:00，購物中心、超級市場等則很多都是全年無休。

紐西蘭特有的紀念品

羊毛製品

既然名為綿羊大國，當然能買到毛衣、帽子、手套、玩偶等頂級的羊毛製品，也有許多專賣店，可以找到在台灣看不到的別緻設計。至於最近幾年被當成有害動物而獵捕、棲息在樹上的有袋類動物袋貂，與羊毛混紡而成的織品因為質地輕軟又暖和，非常有人氣。而使用國產高品質美麗諾羊毛Merino Wool製作的戶外品牌Icebreaker，其商品也相當受到矚目。

羊皮製品

最受歡迎的羊皮外套或夾克，不但內裡柔軟，外皮則是觸感舒服的麂皮，價格比台灣便宜許多又很保暖；至於價格平實的室內拖鞋、羊皮靴，則很適合買來送人。另外，如羊毛墊被製作成各種室內用品，非常溫暖而備受好評。不論品質或等級都有清楚的標示，可以作為購買時的參考。

毛利工藝品

以精巧工藝雕刻而成的眾多木雕品，獨木舟或小船模型能讓人遙想身為海洋民族的毛利族精神，另外還有Wahaika（扁平棍棒）、Tekoteko（毛利族的神像）、Tiki（胎兒形狀，也是毛利人的幸運符）等擺設之外，也有拆信刀之類的實用物品，而可以感受手工溫暖的紀念品也很受歡迎。此外，如麻編手提袋或籃子也是毛利特有的手工藝品，能成為紐西蘭的回憶；而以牛骨、鯨魚骨頭雕刻而成的項鍊也別具趣味。

出產自南島的西海岸地區，過去是毛利人拿來作為武器而遠近馳名的紐西蘭綠玉，現在則做成琳瑯滿目的飾品，傳說只要收到綠玉的禮物，就能獲得幸福。但是若價格太過便宜，很有可能不是紐西蘭出產的綠玉，要多加注意。

高品質的針織衣並不便宜，但有其價值

紐西蘭特有的保養品也不錯

以羊毛提煉出來的羊毛脂所做成的化妝品，或是以溫泉中沉澱泥巴為主成分所製作而成的護膚產品等，都很知名；近年來使用麥蘆卡蜂蜜Manuka Honey製作的護膚產品、有機美妝品也很受到歡迎。（→P.34）

美妝品的價格有高有低

超受紐西蘭民眾喜愛的食譜

在紐西蘭可說是無人不知無人不曉的食譜《The Edmonds Cookery Book》，從1908年出版到現在，是累計發行總數已經超過300萬本的超級暢銷書，內容含括各式各樣的餐點食譜，全都簡單易懂。在書店和超級市場都可買到，不妨買來當作紀念品送人。

體育商品

帆船、高爾夫、釣魚、橄欖球等運動活動的用品非常豐富，尤其是在橄欖球界舉世聞名的球隊「黑衫軍All Blacks」，不論是球衣或印有隊徽的商品，都是紐西蘭特有的紀念品，以象徵紐西蘭的銀蕨作為隊徽，成為一大顯眼標誌。

熱愛戶外運動的人，則是可以前往禦寒衣物、露營用品等專賣店採買，機能商品的價格比台灣便宜，其中推薦在紐西蘭各地設有分店的Kathmandu等戶外品牌。

葡萄酒

利用溫暖氣候釀造的葡萄酒（→P.98），在最近數十年來，突飛猛進地確立地位，甚至獲選為「世界葡萄酒百選」，特別以白蘇維濃Sauvignon Blanc在國際受到極高評價；至於獨樹一格的奇異果水果酒及斐濟果，則具有甜蜜的果香口感，而備受青睞。

尺寸對照表

	台灣	紐西蘭	
男裝（襯衫）	34	S	13
	35		13½
	36		14
	37		14½
	38	M	15
	39		15½
	40		16
	41		16½
	42		17
	43		17½
	44	L	18
女裝	XS	6	
	S	8	36
	M	10	38
	L	12	40
	XL	14	42
		16	44

	台灣（單位：cm）	紐西蘭（單位：inch）
男鞋	24	6
	24.5	6½
	25	7
	25.5	7½
	26	8
	26.5	8½
	27	9
	27.5	9½
	28	10
	28.5	10½
女鞋	21	
	21.5	4½
	22	5
	22.5	5½
	23	6
	23.5	6½
	24	7
	24.5	7½
	25	8

到超級市場尋寶

超級市場（→P.20）裡有許多紐西蘭特有的餅乾糖果與雜貨，買來送朋友或是製造話題，都很適合。商品種類最為豐富的超級市場為Countdown、New World等，除了食品之外，日用品、衣服、電器製品等，商品內容可說是五花八門，應有盡有。要找便宜的話，則可以前往Pak'nSave等處。

超級健康食品──麥蘆卡蜂蜜

什麼是麥蘆卡

在紐西蘭旅行時，一定會看到販賣各式各樣的蜂蜜，而在數量眾多的紐西蘭蜂蜜當中，最有名氣的就屬麥蘆卡蜂蜜。

所謂的麥蘆卡蜂蜜，指的是於紐西蘭野生的桃金孃科植物麥蘆卡Manuka（英文為Tea Tree）的花朵所採集的蜂蜜，自古以來就被毛利人視為可治療各種疾病的珍貴靈藥，因為具有殺菌效果，對消化不良或緩和發炎都有療效，現在已經被認定為高品質的有機草藥。

胃癌的救世主？活性麥蘆卡

常用於紐西蘭民間療法的麥蘆卡蜂蜜，最近幾年更因為證明擁有醫學上的療效而備受矚目。

根據紐西蘭研究蜂蜜的第一人、國立懷卡托大學Peter Molan教授的學術研究，證明麥蘆卡蜂蜜對沙門氏桿菌或葡萄球菌等食物中毒病菌具有抗菌性質。而在麥蘆卡蜂蜜中抗菌性最強的，又被賦予活性麥蘆卡蜂蜜Active Manuka Honey的稱號，其抗菌作用以獨麥素UMF (Unique Manuka Factor）的數值來表示。

在紐西蘭出產的所有麥蘆卡蜂蜜中，活性麥蘆卡蜂蜜是僅能收穫2到3成左右的極珍貴蜂蜜，獨麥素UMF愈高，就表示抗菌活性度愈強。

而Molan教授在1994年還發表「獨麥素UMF可消滅造成胃潰瘍原因的幽門螺旋菌」，讓全世界相當期待活性麥蘆卡蜂蜜在預防胃潰瘍或胃癌上的效果。

有效的食用方式

清爽的香氣與蜂蜜特有的濃厚風味，是麥蘆卡蜂蜜的最大特色，如果放入熱飲會因為高溫而破壞成分，因此一般都是建議直接食用，1天3～4次，在空腹時食用一湯匙最具效果。當然也可以像普通蜂蜜一樣塗抹在麵包上，或加入優格一起食用，如果皮膚上出現疹子還能直接當藥塗抹，不妨試試看。

超級市場或藥局都有販售的麥蘆卡蜂蜜

餐廳基礎知識

紐西蘭也是畜牧王國，羊肉或牛排等肉類料理既新鮮又高品質，可以用比在台灣便宜的價格享用（→P.30）；加上四面環海，各式各樣的海鮮也非常美味，當然也別忘了搭配上最近幾年人氣愈來愈高的紐西蘭葡萄酒。

餐廳的營業時間
紐西蘭的餐廳有從中午營業到晚上的，也有只會在午餐、晚餐時段才開門做生意的；還有不少餐廳的關門時間只會寫上籠統的「Till Late」，表示只要有客人上門就會延長營業時間，因此不會有確切的關門時間。

紐西蘭的飲酒法規
關於飲酒的法規比起台灣更加嚴格，禁止在規定場所之外的公共場所喝酒，自動販賣機不會賣酒，但是在超級市場可以買到啤酒、葡萄酒。

禁止喝酒的標誌

餐廳種類與選擇方式

在糧食自給率高的紐西蘭，可以在餐廳品嚐到各種食材，雖然很難特別說明「這就是紐西蘭料理」，基本上都是以羊肉、牛肉等肉類料理，還有來自英國的料理為主；加上紐西蘭是容納來自世界各國移民的國家，各種不同國家的民族料理都能以平實價格品嚐到。

羊肉（小羊肉）、牛肉或豬肉都很受紐西蘭人喜愛，會以肉排或燒烤等各式各樣的烹調方式來品嚐。

另外與台灣相同的是海鮮相當豐富，也有許多專門的餐廳，特產海鮮有凱庫拉的淡水螯蝦，以及淡菜、牡蠣、青魽、鯛魚、鰻魚等，多到不勝枚舉，而飽含油脂且入口及化的阿卡羅阿產鮭魚更是箇中極品。

如果要挑選餐廳，除了本書中所介紹的，還能善用放置在機場、遊客中心i-SITE內的免費旅遊雜誌等刊物；另外在下榻飯店的接待櫃台，只要提出自己想要吃什麼食物、什麼用餐氣氛、多少預算等條件，一定會獲得附近當地人的推薦餐廳清單。

餐廳執照

在紐西蘭，如果餐廳要在店內提供酒類飲料就一定要有相關執照，在廣告或看板上寫有「Fully Licensed」或「BYO」的字樣，就知道這家餐廳的確擁有供酒執照。

所謂的 「Fully Licensed」，就是允許在餐廳內銷售酒精類飲料，幾乎大多數的高級餐廳都持有「Fully Licensed」，供應紐西蘭生產的啤酒、葡萄酒等酒類。

「BYO」則是「Bring Your Own」的縮寫，以一般大眾餐廳最多，也就是說如果想要喝酒的話，歡迎顧客自己帶酒來用餐。另外還有「BYOW」的寫法，是「Bring Your Own Wine」之意，表示餐廳允許顧客自行攜帶葡萄酒或香檳；也有許多餐廳屬於「Fully Licensed & BYOW」，若自行帶酒會願意免費提供酒杯，不過通常在高級餐廳就會外加洗杯費或葡萄酒開瓶費，一般每人必須多收$5～7。儘管如此，自己帶酒還是遠比在餐廳點酒要來得便宜許多。

餐廳的節日費用
紐西蘭的法律明文規定，在節日上班的員工必須獲得1.5倍的薪水，因此很多餐廳每逢節日就會休息，或是在帳單中多加10～15%的費用，請特別留意。

紐西蘭各地有各種不同的啤酒（→P.30）

紐西蘭的速食

至於方便又便宜且備受喜愛的食物，當屬炸魚薯條Fish & Chips，將炸過的白肉魚與薯條堆疊到快要滿出來，這樣分量十足只需要$15左右。另外如牛排派、百果甜派等種類豐富的派餅，也一樣量多又好吃，常常可以在街角的麵包店或雜貨店裡買到，很容易就能品嚐。至於鮭魚做成的壽司，如握壽司、壽司卷，則因為屬於健康食品而很有人氣，但在紐西蘭被當成速食也是平常我們想像不到的。

愈吃愈順口的炸魚薯條

紐西蘭的咖啡館

走在紐西蘭的街頭，會發現到處都有時尚的露天咖啡，在這些地方基本上都可以品嚐到極為美味的咖啡，而口味選擇與台灣有些不同，一般最常見的是2/3咖啡、1/3牛奶的馥列白咖啡Flat White，而拿鐵Latte（也就是咖啡歐蕾）、卡布奇諾Cappuccino等也很好喝，若想喝什麼都不加的黑咖啡則要點Long Black或美式咖啡Americano。來到擁有酒精類執照的咖啡館，不僅能點葡萄酒或啤酒喝，還能吃到三明治、義大利麵、海鮮等餐點。

紐西蘭人愛喝酒

紐西蘭的民眾多數都熱愛啤酒與葡萄酒，而本國就有生產更加助長風氣。啤酒口味依生產地區而異，像是奧克蘭就有Lion Red，基督城則以Canterbury Draft最受歡迎，至於Steinlager（通常暱稱為Steinie）則是流通全國的人氣啤酒品牌；另外還有地區限定的啤酒，以及Kiwi Lager這種充滿紐西蘭特色名稱的啤酒，普通1罐（350ml）售價$2～3左右。至於葡萄酒則以北島的霍克斯灣、吉斯伯恩一帶，以及南島的馬爾堡地區等為頂級葡萄酒產地，1瓶價格從$10左右到$100以上，款式琳瑯滿目。其他如伏特加、琴酒等蒸餾酒也很受歡迎，由於紐西蘭也有生產，不妨到酒店看看；而皇后鎮還有家名為全黑的酒廠製造日本酒。

鹿肉很也受歡迎

對於台灣人並不熟悉的鹿肉Venison，在紐西蘭則是常見肉品之一，以半烤或肉排的烹調方式最受歡迎，價格比牛肉稍微貴一些，不妨嚐一次試試看。

淡水螯蝦

雖然英文名稱有Fish，卻不是魚而是龍蝦的同類，接近於日本的伊勢龍蝦；但是售價可不便宜，在高級餐廳一隻完整的淡水螯蝦料理，價格為$50以上。

布拉夫生蠔

在南島南端布拉夫所採收的布拉夫生蠔，每年4月解禁，只有在冬季的極短期間內品嚐得到，個頭比一般太平洋生蠔要來得小卻更貴，但濃郁的美味口感也讓它大受歡迎。

冬季來到紐西蘭，一定要嚐嚐布拉夫生蠔的好滋味

外帶

一般常說的外帶Take Out，在紐西蘭則是「Take Away」，除了披薩或中華料理可以外帶之外，還有許多便宜的外帶美食，不妨可以買到公園或飯店內享受。

在紐西蘭很受歡迎的馥列白咖啡Flat white

紐西蘭具代表性的葡萄酒麥圖亞Matua

住宿基礎知識

觀光客眾多的紐西蘭，住宿種類也是形形色色非常豐富，不妨按照個人的旅遊型態或預算，選擇最超值的旅館吧！

住宿型態

飯店

多數中、高級飯店集中在基督城、皇后鎮、奧克蘭及威靈頓等主要城市；高級飯店住宿1晚約$300起，不僅客房或建築物本身洋溢高級感，服務更是無微不至，餐廳、酒吧、游泳池等設備也是應有盡有。以客房數不超過200間的中型飯店為主流。

基督城不斷興建新飯店

汽車旅館

整體數量比飯店多，是一般較常見的住宿設施，大多在客房內設有簡單的廚房設備，而且停車空間大，可將車輛停放在客房附近。汽車旅館大多數是一大床（或2小床）的雙人房，房價約為$150～200，也有汽車旅館2～3間臥室供3～4人團體、家庭住宿的套房。

汽車旅館經常接受深夜抵達入住

在面對大馬路的顯眼處，會掛出VACANCY（有空房）或NO VACANCY（沒有空房）的招牌，可以一邊開車一邊尋找下榻處；就算沒有開車，也是相當便利的住宿選擇。

民宿（B&B）

供應早餐與客房的民宿簡稱為B&B，有的是一般家庭提供多餘的房間，也有不論客房數量或設備都媲美飯店模式經營的，住宿氣氛可說是五花八門；而早餐內容也同樣包羅萬象，從只提供早餐穀片、吐司與飲料的歐陸式早餐，到配合房客要求供應現烤出爐的麵包或雞蛋料理。通常一人住宿1晚為$150左右，而高級B&B的房價就等同中、高級飯店。

座落於城市郊區或鄉下的B&B，許多是裝飾著古董傢俱的古蹟建築，並注重花園造景，充滿優雅的住宿氛圍，與殷勤好客的民宿主人交流，也是投宿B&B的一大樂趣。

有許多B&B為殖民式獨棟建築，圖為新普利茅斯的Airey House B&B

Ensuite

廉價旅館、B&B、青年旅館的個人房，大部分需要與人共用淋浴、廁所設備，如果在客房內有衛浴設備，就會以Ensuite來表示，當然房價也會較高。

汽車旅館的房價

基本上大多顯示的是2人一房的價格，3人以上的話每人會多加$20～30，而汽車旅館沒有單人房，因此價格會與雙人入住相同或便宜一些。大多數的汽車旅館，都會有可住宿4～6人的大型家庭套房。

鑰匙保證金

青年旅館通常會在一開始收取$5～20左右的鑰匙保證金，但在歸還房間鑰匙時就會全數退還。而在都市地區裡的住宿設施，大門通常會有密碼設定，千萬要記好密碼。

貴重物品要收好

令人遺憾的是，多人房的失竊問題時有所聞，因此相機、錢包等貴重物品千萬不要離身，或是直接放進保險箱中，否則就是要有抱著這些物品睡覺的準備，妥善收好。

客房形式

Double & Twin
一大床雙人房與2小床雙人房

供2人使用的寢室，只是分成一張大床或2張小床的不同形式。

Unit & Studio
套房

指的是包含廁所、淋浴、廚房設備的套房，汽車旅館多數都是這種房型。

Dormitory & Share
團體房

團體房又被稱為Dorm，在一間大房間裡設置多個上下鋪，可容納5～10人的又稱為Bunk Room；為了區別，供2～4人使用的較小團體房則稱為Share Room。

背包客青年旅館

是價格最低廉的住宿，不論哪個城市都有眾多選擇，房間基本上都是屬於多人住宿的團體房，價格則是每人$25左右，某些青年旅館也針對女性推出專屬的團體房；通常是共用廁所、淋浴設備，也提供公共廚房、放置電視的交誼廳，不少在庭院中還會設置BBQ區。因顧慮到衛生問題，在青年旅館內原則上禁止使用睡袋，而幾乎所有青年旅館都免費提供枕頭與床單。

也有為數不少的青年旅館在服務櫃台設有旅遊諮詢，提供在地旅遊團、戶外活動、長途巴士等訂位預約。

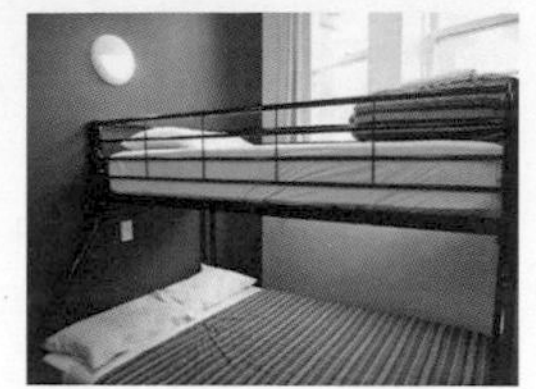
以低廉價格為最大魅力的背包客青年旅館

農莊住宿

想要嘗試紐西蘭特有體驗的人，最值得推薦的就是農莊、牧場住宿，不僅可以實際參與農莊的工作流程及生活模式，幫忙照顧家畜的經驗也非常難得，費用包含3餐，每人住宿1晚約$199起，可透過當地的遊客中心代為介紹。另外還有到在有機農場以提供勞力換取免費住宿，可體驗農業活動並住宿在農場中的WWOOF。

被可愛動物所療癒

餵食是不可或缺的體驗活動

農莊住宿的斡旋組織

WWOOF Taiwan
URL www.wwooftaiwan.com

WWOOF New Zealand
住 Aniseed Valley, Richmond, Tasman
☎ (03) 544-9890
URL wwoof.nz

Rural Holidays New Zealand
URL www.ruralholidays.co.nz

Rural Tours
住 P.O. Box 228, Cambridge
☎ (07) 827-8055
URL www.ruraltours.co.nz

有效善用評鑑標誌Qualmark

經過紐西蘭政府觀光局與NZAA（New Zealand Automobile Association）共同的嚴格評鑑，將紐西蘭國內值得信賴的觀光業者給予Qualmark的標誌，並且附上分成5種等級的★，成為旅客猶豫迷惘時的最佳參考指標。過去原本只適用於住宿設施，現在已經將評鑑範圍擴大到戶外活動、文化設施、交通工具等，成為愈來愈方便的制度，相信在旅遊途中不時就能看到以銀蕨為圖騰的Qualmark標誌。

這套系統最為出色的部分，就是例如在評鑑住宿時會區分為「Hotel」、「Motel」、「Holiday Parks」、「Bed & Breakfast（B&B等）」、「Backpacker（青年旅館）」等不同類型，並在每種類型中依5種等級來評鑑，因此會提供的服務可說是一目了然。但如果認為沒有Qualmark就是不足以信賴，就太過武斷了，請將Qualmark當成是參考之一而加以活用。

URL www.qualmark.co.nz

預約YHA青年旅館

許多YHA青年旅館都提供預約下一站要投宿青年旅館的服務，除了協會自己直營的青年旅館之外，也有與民間簽訂契約的合作式青年旅館（Associate Hostel），紐西蘭所有的YHA青年旅館都為後者。各青年旅館的所在地點，都刊登在協會的官網上。

URL www.yha.co.nz

取得青年旅館協會會員卡

→P.452

18歲以上才能加入會員，會費1年$30。

提升住宿等級的豪華度假屋Luxury Lodge

在紐西蘭各地都有稱為豪華度假屋Luxury Lodge的最高等級住宿設施，提供豪華的設備與一流的服務，幾乎都只擁有不超過20間的少量客房，還會有被名流貴婦或VIP包場的狀況。像是北島的KAURI CLIFFS、羅托魯瓦的Treetops、霍克斯灣的The Farm at Cape Kidnappers都很知名。

URL www.newzealand.com/int/feature/luxury-lodges/

YHA青年旅館

位於蒂卡波湖畔的YHA蒂卡波湖，擁有時尚而完善的設施

以青少年能自由旅遊為宗旨，由青年旅館協會（YHA）所經營的青年旅館，設備內容與背包客青年旅館相同，不過整體水準較高。紐西蘭國內共有25間YHA青年旅館，只要繳交會費成為YHA的會員，所有青年旅館的全部客房隨時都可享有10%折扣。

而且紐西蘭國內的戶外活動、交通工具，也有很多針對YHA會員提供折扣優惠，可至官方網站（URL www.yha.co.nz）確認。

雖說成立目的之一為青少年的交流，但是並沒有對住宿者的年齡有所限制，任何人都可以入住；公共的廚房與交誼廳就和背包客青年旅館一樣，會放置可免費使用的調理器具、餐具、調味料，而且沒有門禁，可以自由進出。

房間類型除了多人房之外，還有單人房、雙床及單床雙人房等個人房，也有供團體使用的客房，另外也有附淋浴、廁所的個人房，住起來的感覺就像飯店。

紐西蘭的YHA有很多原本是背包客青年旅館，後來才加入YHA體系，因此住宿的構造、服務內容不一，還有很多獨具風格的青年旅館，成為其一大特色；還有青年旅館特有的服務，不妨嘗試看看。

高人氣的庫克山YHA

Holiday Park（露營區）

除了帳篷區之外，也有露營車專用區、山莊、小屋Cabin、木屋Cottage等，在同一園區內有各種不同類型的住宿設施，可自行選擇。另外也有設置公共廚房區、淋浴、泳池、洗衣設備的Holiday Park，對自駕遊客來說使用價值很高。不過受歡迎的Holiday Park很早就會客滿，一定要提早預約。

設有帳篷區、汽車旅館的Lake Tekapo Motels & Holiday Park

Pure Pods

孤單地矗立在遠離人跡大自然中的小屋型住宿設施，能在四面皆為透明玻璃的屋內享受欣賞風景之樂，而且周圍屬於沒有道路和其他建築的私人土地，可以保有完全的隱私，並以不破壞環境的設計為特色。此外，還擁有淋浴、抽水馬桶、與高級飯店同等級的床舖等，舒適的完善設備。

PurePods

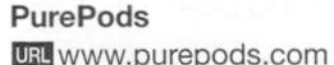

URL www.purepods.com

位於基督城郊外懷帕拉Waipara的Greystone PurePod

尋找住宿與預約

千萬要記得，在觀光旺季與假期期間的住宿一定非常混亂，有可能很難訂到住宿，紐西蘭的旅遊觀光季節最高峰，是在夏季的12月到3月期間，特別是南島的皇后鎮、蒂阿瑙、瓦納卡，還有北島的羅托魯瓦、陶波等度假勝地最為擁擠，雖然大概在2～3日前預約就不成問題，不過只要完全確定自己的行程，愈早預約飯店愈能安心。冬季也是一樣，作為人氣滑雪場據點的城市，往往在季節開始的半年前就已經客滿，要格外當心。

此外，從耶誕節到新年的10多天，以及3月下旬～4月中旬的復活節假期（每年變動），飯店或汽車旅館經常在幾週前就已經客滿，一定要記得提早預約。

預約方式

最簡單的方式，就是在飯店的官方網站利用預約表單直接預約，有時也會依不同季節推出優惠房價，若沒有預約表單，也可以使用電子郵件來預約。預約時請仔細確認預約內容、費用明細、付款方式與取消條件，為避免糾紛，一定要將預約確認信帶在身上。

此外，提供中文、英文介面的訂房網站也很方便，網頁內收集了各種住宿資訊，不僅容易比較，使用者評語也可作為選擇住宿時的參考，而且還有喊出「最低價格保證」的訂房網站，很多時候比直接預約還便宜。付款方式則有在飯店現場付款、在網站以信用卡結帳等方式，依網站而有各種不同規定。

另外，也可以請各地的遊客中心i-SITE介紹住宿並幫忙預約。

住宿的網路設備

從高級飯店到青年旅館，幾乎所有紐西蘭的住宿都有提供Wi-Fi的服務，其中大半為免費，最近使用光纖高速上網的地點也日益增加。不過，也有網路速度緩慢、免費使用容量1日只有2GB的旅館，所以追劇或看影片等就要視狀況而定了。還有，有些免費Wi-Fi可能會發生資安的問題，小心個人資料被竊取盜用；若要總是順暢地連接網路，建議租借國外專用的Wi-Fi分享器（→P.486）。有些飯店、青年旅館則會提供備有電腦的商務中心或電腦室。

所謂的信用卡資訊

包括卡片種類、號碼及有效期限等，並不是一開始就告訴對方卡片號碼，而是等確定好預約訊息後才需要提供。

取消住房

已經告知對方信用卡卡號的住宿預約，想要取消時，如果沒在住宿的前一天傍晚（16:00）之前通知的話，很多都會直接從信用卡扣取第一天的住宿費，要格外注意。而且每一家旅館的取消規定各有不同，在預約時務必要確認清楚。

便利的訂房網站

Booking.com
URL www.booking.com
Expedia
URL www.expedia.com.tw
Agoda
URL www.agoda.com
Trivago
URL www.trivago.com.tw

小費與禮儀

去海外旅行，應該經常對台灣沒有的習慣或禮儀而感到困擾，不妨於在出國前事先預習，到各國當地就入境隨俗吧。紐西蘭沒什麼令人退卻的狀況，但最好還是先認識以下的基本守則。

關於小費

小費是對服務表示感謝之意的小額金錢，雖然在台灣沒有這種習慣，但在歐美國家等海外國家中，許多都習慣在日常生活當中支付小費；在這些國家，搭計程車或餐廳結帳時、飯店服務人員幫忙搬運行李及打掃客房之際，支付小費已成為常識。不過在紐西蘭基本上沒有給小費的習慣，因此不需要想得太過複雜，若覺得服務不錯，只要依個別狀況判斷要給的小費即可。在餐廳以信用卡結帳時，聰明做法就是在帳單上的「Tip」欄位寫上小費金額，或是在「Total」欄位寫下加上小費金額的總額。

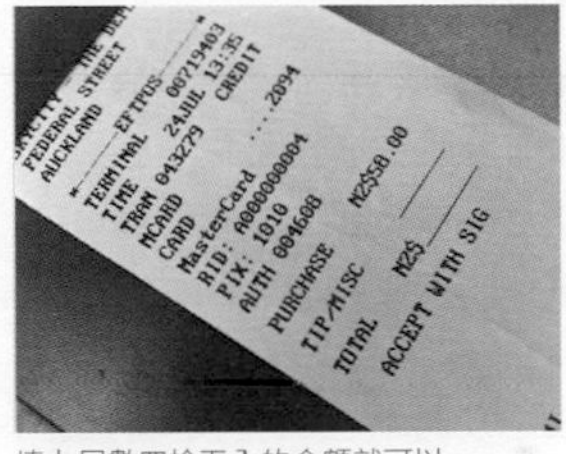

填上尾數四捨五入的金額就可以

關於禮儀

請留意嚴格的抽煙禮儀

對癮君子來說，紐西蘭是規定相當嚴格的國家之一，禁煙意識高漲，香煙的平均價格為每包$36（約台幣724元），依《無煙環境修正案》法律規定，包含餐廳、酒吧、夜店等場所在內的室內公共設施全面禁煙，違反者將被處以罰金，抽煙必須到設有煙灰缸的戶外，而邊走邊抽煙當然也是嚴格禁止。另外請注意「Smoke Free」為禁煙之意。

不知者並非無罪，請嚴格遵守

從事戶外活動一定要維護環境

紐西蘭是環境保護健全的先進國家，在大自然當中從事健行等戶外活動時，請謹記勿餵食野生動物、不留下垃圾等基本常識禮儀（→P.418）。

掌握不同於台灣的禮儀

搭乘計程車時，無論坐後座或前座都可以，不過若獨自一人搭乘，一般來說都會坐在前座。從計程車、巴士下車時，說聲「Thank You, Driver!」也是紐西蘭式的禮儀。

也有對環境友善的計程車

關於服裝儀容

紐西蘭對服裝儀容的標準比較寬鬆，不少當地人會舒適地赤腳走在街上，不過在參加完戶外活動後前往商店或餐廳時，至少要依時間、地點和場合決定服裝。晚餐若在中級以上餐廳用餐的話，最好穿著正式休閒裝Smart Casual。

旅行技術 長期停留的基礎知識

除了吸引絡繹不絕的觀光客之外，留學、打工度假，甚至是退休之後移民等，以各種目的形式前往紐西蘭的人愈來愈多，豐富的大自然環境與良好治安，加上消費物價並不算非常昂貴，種種絕佳的生活條件，讓在紐西蘭的長期停留不再遙不可及。

長期停留的必備簽證

台灣人停留時間超過3個月的話，就必須要依照目的申請「訪客簽證」、「工作簽證」、「學生簽證」、「監護人簽證」或是「打工度假簽證」等；若為「訪客簽證」的話，在18個月時間當中最長可停留9個月時間，但在出境紐西蘭之後的9個月時間內就不可再入境。雖然紐西蘭不允許就業，但在3個月的觀光期限中還是可以允許參加遊學行程。

從2019年10月1日起，入境紐西蘭必須事先申請NZeTA與國際旅客保育及旅遊捐IVL（→P.451），申請簽證時請詳細確認；而且簽證的條件與內容經常有變動，一定要在事前到紐西蘭商工辦事處官網查詢。

打工度假

所謂的打工度假是以18～30歲的年輕人為對象，是為了增進認識彼此國家的生活、文化等層面而設置的國際交流制度，入境時可以1年為期待在紐西蘭，也可在觀光或6個月為限的語言研修課程外打工。申請打工度假的簽證，可以在紐西蘭移民局的官網上辦理。

打工度假的內容因人而異，有些人選擇周遊紐西蘭，也有人是到語言學校加強英文能力，或是尋找打工機會等不一而足。選擇打工的話，法規規定最低勞工薪資每小時$22.7。此外，在申請打工度假簽證時有附帶一項條件，就是「申請時必須要持有最少$4200的資產以作為停留費擔保」，因此在紐西蘭的生活費必須要多準備。

在當地的居所

在紐西蘭的居住房舍有獨棟建築或公寓（一般稱為Flat或Unit），選擇非常多樣，不過最受年輕人喜愛的還是最經濟省錢，稱為Flatting的共同生活，而一邊住在寄宿家庭Homestay、一邊上語言學校的人也愈來愈多。如果想體驗更有紐西蘭氣氛的住宿方式，也可以選擇農莊體驗。

紐西蘭簽證的相關洽詢
紐西蘭簽證申請中心
（→P.440）

需要延長簽證時
在過了NZeTA的3個月時間，或是訪客簽證的9個月期限之後還需要延長時間的人，只要到紐西蘭國內的移民局辦理相關手續，就有可能延長簽證。不過在紐西蘭工作的人並不適用。
紐西蘭移民局
URL www.immigration.govt.nz

打工度假簽證申請條件
- 持有護照的有效期限是預定停留期間再多加3個月以上。
- 身體健康且無犯罪前科。
- 擁有台灣國籍的18歲至30歲單身或無兒童隨行的已婚者。
- 同一人以申請一次為限。

延長打工度假簽證
停留期間，從事過種植葡萄或園藝相關的季節勞動工作3個月以上，就可以延長打工度假簽證3個月，而延長期間不需要從事季節勞動工作。

旅行技術 電話、郵政與網路

紐西蘭國內的公共電話
Spark
URL www.spark.co.nz/shop/landline/payphones

台灣電信公司國際電話相關業務諮詢
中華電信
FREE 800（手機直撥）、0800-080100
URL www.cht.com.tw
台灣大哥大
FREE 188（手機直撥）、0809-000-852
URL www.taiwanmobile.com
遠傳電信
FREE 123（手機直撥）
URL www.fetnet.net

電話

國內電話

紐西蘭的區域號碼一共有5種（北島是04、06、07、09，南島是03），即使是屬於同一個區域號碼，只要不是在附近，撥打電話時都一定要加上區域號碼。而以0800或0508為開頭的電話號碼，則是僅限在紐西蘭國內使用的免費電話，會在預約住宿旅館時用到。

國際電話

除了可以從飯店客房內的電話直接撥打之外，公共電話也能撥打國際電話，大型電信公司Spark的公共電話（Payphones）亭，設置在全國約2000處，可以使用預付式電話卡（稱為Phone Card）撥打電話；也有投幣式公共電話，但數量很少，無法使用信用卡。Phone Card屬於IC晶片卡，插入電話就能立即使用，分為$5、10、20三種，在超市或便利商店就能買到。

設置在機場或購物中心的公共電話

在海外使用行動電話

經常使用網路的話，建議可以購買當地的上網SIM卡來使用，像是紐西蘭主要的電信公司Spark、One，在機場內的店

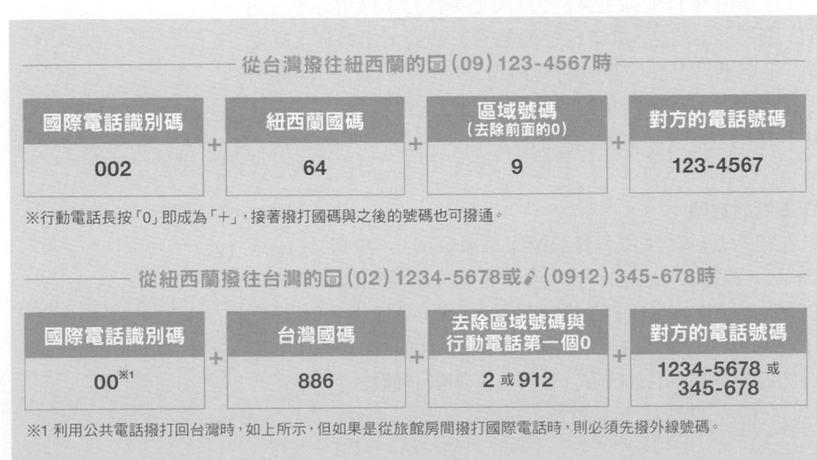

舖購買，順便請店員幫忙設定，比較放心。費用有3個月2GB及100分鐘國際電話$29等。

郵政

紐西蘭的郵政工作除了國營的New Zealand Post之外，還有名為Fastway Couriers的民營公司負責。郵局的營業時間一般是週一～五的8:00～17:30及週六的9:00～12:00；國際郵件分成大概在1～5日可送達的國際快捷信件Express、要花2～6日左右送到的國際經濟型信件Courier，以及3～10日左右才能送到的普通信件Economy。Express和Courier信件可以使用追蹤調查服務。

位在市區的郵局

郵資

國內郵件大小不超過13cm×23.5cm、厚度不超過6mm、重量未滿500g的普通信件為$1.7，而信件尺寸愈大、郵資就愈貴。

一般寄送國際郵件的話，寄往台灣的明信片$3，信件（尺寸為13cm×23.5cm，厚0.5cm，重量100g以內）為$3.8；小包則依尺寸、重量、內容物的價值而有不同價格，例如尺寸23.5cm×16.5cm×7cm、重量500g以下、價值$100的話，Economy郵件為$32.7、Courier郵件為$64.42、Express郵件為$126.66。為了預防破損或遺失，不妨可以再多加補償金額設定或追蹤調查服務。

紅色的郵筒

對紐西蘭旅遊有幫助的app

●Google Map
會顯示路線及道路的塞車情況，作為導航的地圖app，商店及餐廳的資訊也很齊全。

●Google翻譯
相機或語音輸入也能翻譯的app（→P.491）。

●LINE
可以免費通話或接收訊息，其他還有「Skype」等訊息app可以使用。

●紐西蘭航空
具有預訂機票、里程管理、網路報到、發行登機證等功能。

●Uber
主要城市都能使用的計程車叫車app。

●MetServices
天氣預報app，可以查看1小時到10天後的氣象預報，也能確認海象，並可離線使用。

●CamperMate
對自駕旅行很有幫助的app，像是山路的狀況、公共廁所、超市、加油站、住宿設施等都能搜尋位置。

●InterCity
針對搭乘長途巴士旅行的人，可以預約巴士、搜尋巴士站位置、即時行駛狀況、累積點數的管理等。

紐西蘭的電信公司
Spark NZ
URL www.spark.co.nz
One NZ
URL one.nz
Skinny Mobile
URL www.skinny.co.nz
2 degrees
URL www.2degrees.nz

New Zealand Post
FREE 0800-501-501
URL www.nzpost.co.nz

買張郵票當伴手禮
紐西蘭的郵票不僅比台灣的大張，而且多數都印有漂亮的圖案，從優美風景到鳥類、電影《阿凡達》等，內容廣泛多元，很適合買來當作伴手禮。
URL stamps.nzpost.co.nz

遺失行動電話時
遺失行動電話之際，請撥打以下電話辦理停話。
中華電信
（國際識別碼00）
☎+886+928000086
（須付費）
台灣大哥大
（國際識別碼00）
☎+886+2+66062995
（須付費）
遠傳電信
（國際識別碼00）
☎+886+936010888
（須付費）

紐西蘭的無線網路
Zenbu
URL www.zenbu.net.nz

可租借海外Wi-Fi分享器的公司
GLOBAL WiFi
☎ (02) 2564-1189
URL globalwifi.com.tw
GoWiFi
☎ (02) 7751-5335
URL www.gowifi.com.tw

紐西蘭的網路

總是會擔心從台灣帶去紐西蘭的手機或筆電到底能不能上網，雖然可以使用無線Wi-Fi的地方愈來愈多，也可以選擇使用電信公司的海外定額漫遊服務，或是租借Wi-Fi分享器。

在紐西蘭Wi-Fi十分普及，可以高速連接的場所也很多，奧克蘭、威靈頓、基督城等都市市中心的免費Wi-Fi熱點也非常完備；不過，有些地方還是設有時間限制與流量限制。

遊客中心i-SITE和圖書館都能使用免費Wi-Fi，尤其是遊客中心i-SITE，通常即使過了營業時間也仍然可以在附近使用免費Wi-Fi，是很重要的場所。

其他像是麥當勞、漢堡王、星巴克等連鎖速食店與部分咖啡廳，也有提供免費Wi-Fi；不過，這些免費Wi-Fi熱點可能會發生資安的問題，使用時要多加小心。

住宿設施也會有提供住宿房客專用的Wi-Fi，辦理住房登記時可以詢問網路名稱及密碼，有些也會準備電腦供房客使用；還有依據飯店會有容量限制或電波異常的狀況，也要跟櫃台確認。

INFORMATION

在紐西蘭使用智慧手機、網路

使用智慧手機或上網有許多方法，其中最簡單的就是善加利用飯店等處的網路服務（收費或免費）、Wi-Fi熱點（無線網路連接處，免費），在紐西蘭的主要飯店與城市裡都有Wi-Fi熱點，最好能事先上網查詢住宿飯店是否可以使用、哪裡有Wi-Fi熱點等資訊。不過Wi-Fi熱點可能會遇到網路速度不穩定、無法連線、連線地點有限制等缺點，其他還可使用各電信公司的「漫遊上網定額方案」，或是購買能在當地使用的上網SIM卡，選項非常豐富。如果想毫無壓力地使用手機和網路，也可以考慮以下方式。

☆租借海外Wi-Fi分享器

也可以選擇租借在紐西蘭使用的Wi-Fi分享器，在定額費用內使用，有多間公司提供此項服務。Wi-Fi分享器是可以在當地供智慧手機、平板電腦與電腦等設備連線的機器，可事先預約，選擇在機場等地領取。不僅費用便宜、1台分享器可供多台機器連線（可以分享給同行者），而且還能隨時隨地使用，移動時也可以舒服地使用網路，因此使用者日益增加。

旅行糾紛與安全對策

即使是一向給人安全印象的紐西蘭，還是不時有犯罪事件發生，自己的人身安全由自己守護才是最高原則。為以防萬一，記得先記下緊急時的聯絡電話與應對方法。

預防糾紛上身

紐西蘭的治安狀況

紐西蘭曾經是治安非常良好的國家，現在人口集中的奧克蘭、基督城等大城市就經常傳出偷竊或闖空門的事件，而最常見的犯罪則以偷竊、扒手等輕刑犯罪為主，另一方面殺人、強盜等重刑犯罪也在增加中；尤其是在大城市裡，隨著居住人口與觀光客的暴增，取締犯罪的警察人員不足也成為治安的當務之急。

沒有人能預料，什麼時候會有事故或意外發生，因此絕對不能認為身處安全國家而掉以輕心，自己的人身安全還是要靠自己來保護。

糾紛案例與對策

除了人禍，天災也是難以預料的，有計畫長期停留海外時，一定要告訴台灣家人自己的住處地址，而且停留超過3個月時間時，更一定要到台灣駐紐西蘭代表處或辦事處提出居留登記，一旦發生緊急事件時才能夠迅速證明身分，或是在捲入事故時才能迅速辦理手續與身分證明。

●搶劫・偷竊

不僅侷限於大城市，是紐西蘭全國各地頻繁發生的社會案件，失竊場所形形色色，像是放置在飯店大廳的行李稍微遠離視線、把行李掛在餐廳椅背上、在青年旅館睡覺時（或外出時）疏於保管行李等，只要稍有不注意就會引發偷竊事件；另外也出現過長途巴士行駛中行李失竊的案例，因此在夜間或陰暗車內都要提高警覺。應變方法就是將大件行李以雙腳夾住、手提包不側揹改用斜揹、在餐廳用餐時不讓行李離開視線，以及下榻旅館（特別是青年旅館的多人房）中將行李上鎖，貴重物品不離身等。

●單獨走在路上

雖然紐西蘭的治安大致上很良好，但在市區的陰暗巷弄間單獨行走還是非常危險，搶劫或性侵事件經常發生在這種小巷或人煙稀少之處，特別是女性絕對要避免一個人走夜路。

●汽車竊盜

汽車竊盜問題也必須提高警覺，市區會有罪犯打破停在

警察・救護車・消防的緊急電話
全部為☎111（警察・消防撥打免費，救護車則須付費）

外交部海外安全相關情報
只要登入進下列的網站，點選旅外安全中的旅遊警示，就可以查詢相關的旅遊安全資訊。
URL www.boca.gov.tw

駐紐西蘭代表處（駐紐西蘭台北經濟文化代表處）
Taipei Economic and Cultural Office in New Zealand
住 Level 23, 100 Willis Street, Wellington
☎ (04) 473-6474
FAX (04) 499-1458
URL www.roc-taiwan.org/NZ
領務服務時間
開 週一～五9:00～12:30、13:30～17:00
休 週六・日・節日

駐奧克蘭辦事處（駐奧克蘭台北經濟文化辦事處）
Taipei Economic and Cultural Office in Auckland
住 Level 15, Tower 2, 205 Queen Street, Auckland
☎ (09) 303-3903
FAX (09) 302-3399
URL www.roc-taiwan.org/NZ/AKL
領務服務時間
開 週一～五9:00～17:00
休 週六・日・節日

急難救助電話
✆ (64) 27-449-5300、紐西蘭境內直撥：027-449-5300
旅外國人急難救助全球免付費專線：00-800-0885-0885
※急難救助電話專供如車禍、搶劫、有關生命安危緊急情況等緊急求助之用，非急難重大事件請勿撥打

旅外國人急難救助全球免付費專線
桃園國際機場的外交部辦事處設有「旅外國人急難救助全球免付費專線」800-0885-0885，有專人24小時輪值接聽。在紐西蘭如果無法與台灣駐外館處取得聯繫，可在當地撥打這支電話尋求協助。

停車時的警察警示招牌

路旁的汽車車窗，將車內物品洗劫一空，或是車內破壞事件頻繁發生。具體的防竊盜對策就是別忘了上鎖，不將車停在人煙稀少的馬路旁，或者寧可多花一點錢，將車停放在有人管理的停車場等，還有不在車內顯眼處放置旅遊導覽書、地圖等物品，讓歹徒一眼能就看出來這是觀光客的車。

●女性為主的受害事件

近年來增加的犯罪案件是對女性的受害問題，特別是以打工度假或留學而停留在紐西蘭的女性被害者愈來愈多。歹徒的共通手法就是在咖啡館或夜店中搭訕，再藉機於酒精飲料中混入藥物，性侵之後，有時還會將現金、信用卡等財物洗劫一空。尤其在紐西蘭，亞洲女性相當受歡迎，一定要記得保護自身安全，並且辨識清楚好人與壞人。

●汽車事故

紐西蘭的國道限速在都市裡是時速50km，郊區的速則為100km，儘管路上的行車數量比台灣少，但上下坡、轉彎相當多，而且還是在不熟悉的右駕國度裡，開車要格外小心。如果是時速100km左右發生車禍，往往是攸關性命的嚴重問題，此外再加上路上幾乎沒有路燈，強烈建議最好避免開長途夜車。

儘管除了山區以外的道路幾乎都不會積雪，但是在冬季的夜間或清晨時，還是會有路面結霜的地方，要記得小心慢行，並與前方車輛保持安全距離。

遇到意外該怎麼辦

被扒・遺失

●現金

一旦遺失現金，想要找回來的機率可說是零，而且現金遭竊遺失不屬於海外旅遊險的賠償項目，請盡量攜帶最低限度的現金在身上。遺失現金時只能先到警局報案，然後使用信用卡提領現金；也可以使用在世界各地都有據點的國際匯款公司──西聯匯款Western Union，從台灣匯款過來，不過必須事先申請註冊帳號，通過之後便能使用，台灣的合作銀行為京城銀行。

●信用卡

立刻聯絡發卡公司辦理停卡手續，只要有事先備案說明卡片遺失或失竊，即使信用卡遭人盜用也能靠保險來支付，不過信用卡卡號等資訊與發行公司的緊急聯絡電話等都要事先記錄下來，並且與信用卡分開保管。

若希望在海外換卡的話也要進行上述手續，手續與所需天數依信用卡公司而異，必須備有信用卡卡號、有效期限、護

下機後找不到行李時

找不到自己的行李時，可至航空公司櫃台提出遺失申請，包括找到行李為止前的補償、找到行李後的處理方式，都得要詳細問清楚。依照各家航空公司的規定，會有補償與行李內容物相當的現金或衣物等不同方式。

行李遭到破壞時

發現從飛機上卸下來的行李遭到損壞時，一定要立刻前往航空公司的服務櫃台，當場請地勤人員填寫相關文件；有些航空公司會發給補償金，但是如果有投保海外旅遊險（攜帶物品的損壞）的話，一定要請航空公司的相關負責人在事故說明文件上蓋章，才能要求保險公司理賠，最好能拍下破損行李的照片為證。

西聯匯款Western Union（與京城銀行合作）

URL customer.ktb.com.tw/new/personal/9c60e7b3

信用卡遺失的緊急聯絡電話

美國運通卡American Express
FREE 0800-656-660
大來卡Diners
FREE 0800-44-3688
MasterCard
FREE 0800-44-9140
VISA
FREE +1-303-967-1090（由當地接線生轉撥之緊急聯絡電話）

照等身分證明文件，辦理天數為2天～1週左右。

●行李、貴重物品

行李或貴重物品遺失、遭竊時，請至最近的警察局開立遺失・失竊證明，有這份證明文件的話，即使有投保海外旅遊保險也無法得到賠償，記得千萬一定要索取。做筆錄時，警察會詢問遺失或失竊的日期與地點、物品的特徵等資訊，請先準備好最基本的描述內容；尤其是遺失或失竊物品為包包、錢包時，若能掌握好內容物，會讓手續辦理更加順利。

回國後聯絡保險公司，交出保險理賠文件、遺失或失竊證明以申請保險金。

●手機、平板電腦

先連絡電信公司，辦理停話手續（→P.485），之後的程序和遺失行李、貴重物品相同。由於手機、平板遺失後不太可能找得回來，重要的照片和資料最好事先儲存在雲端硬碟。

●遺失護照

萬一護照遺失，先立刻到警局報案，申請遺失・失竊的證明文件；接著前往駐外館處（駐紐西蘭代表處、駐奧克蘭辦事處）辦理護照失效手續，重新申請新的護照，或者是申請發給「入國證明書」。

為了讓手續可以順利進行，護照上有照片內頁與機票、日程表都要影印備份，並放置在不同地方保管。

交通事故

●關於事故賠償金制度（ACC）

在紐西蘭國內，遇到車禍事故時的治療費用或賠償金都是由國家來支付（ACC＝Accident Rehabilitation and Compensation Insurance Corporation），就算是遊客或打工度假的外國人，也一樣能享有這項補償制度，但並不是所有的事故都適用，基本的支付對象包含叫救護車（須付費）的緊急交通費、治療費、入院費，而申請則是由醫生代為處理，至於最終是否適用則要由ACC來做判斷。

●租車時遇上車禍

紐西蘭的道路狀況良好，加上車流量不多很容易行駛，但還是要小心避免交通事故。一旦發生車禍，首先要做的是找租車時投保的保險公司緊急聯絡電話，以及報警並依照他們的指示處理現場，之後也一定要向警察索取事故證明。

生病時

ACC的補償制度中，生病並不在補償範圍內，所有的治療費用都得自行負擔，由於住院或動手術時會有極昂貴的醫療

申請時的所需文件

■申請換發新護照時

1.普通護照申請書（申請書可在駐外館處領務櫃台取得，或自外交部領事事務局網站下載「國外用或在台無戶籍國民在國內填用」之護照申請書）
2.最近6個月內相片2張（長4.5cm×寬3.5cm）
3.當地身分證件（外國護照或當地居留證件）
4.報案證明（若當地警察機關不受理、不發給報案證明，可以自己書寫一份「遺失護照說明書」代替）
5.手續費
內植晶片護照，每本收費美金$45。
無內植晶片護照，每本收費美金$10。

※「申請護照所需文件」的詳細細節，請至外交部領事事務局網站確認。

外交部領事事務局

URL www.boca.gov.tw

■申請入國證明書

[必備文件]

1.警察局發給的護照遺失報案證明
2.最近6個月內相片2張（長5cm×寬3.5cm）
3.本人親自到辦事處填寫「具結書」、「護照遺失說明書」、「入國證明書申請書」各乙份
4.護照、身分證或駕照影本等
5.規費：每本收費美金$5

※入國證明書上准予進入臺灣的截止日期，為核發日算起的30天內。獲發入國證明書者，抵達台灣機場時應向移民署設於該處之國境事務單位換領入國證明文件並繳納規費，持憑查驗入國；供持證人申辦護照或戶籍遷入登記。

ACC

FREE 0800-101-996
URL www.acc.co.nz

主要城市的警察局

基督城
住 40 Lichfield St.
皇后鎮
住 11 Camp St.
奧克蘭
住 13-15 College Hill
威靈頓
住 41 Victoria St.
☎ 105（共用號碼）
※緊急時☎111

支出，因此千萬別忘了為自己投保海外旅遊保險（→P.451）。另外，向保險公司提出理賠申請時，需要就診之後的收據與醫師的診斷證明，千萬別忘了。

大致的醫療費用
叫救護車　$800～
在診所看診　$76～
在醫院緊急治療　$76～
住院（1日）　$1300～
※費用依醫院而異。

主要城市的醫療服務與醫院
Healthline
FREE 0800-611-116（24小時）
URL www.health.govt.nz
基督城
Christchurch Hospital
住 Riccarton Ave.
電 (03) 364-0640
皇后鎮
Lakes District Hospital
住 20 Douglas St. Frankton
電 (03) 441-0015
但尼丁
Dunedin Hospital
住 201 Great King St.
電 (03) 474-0999
奧克蘭
Auckland City Hospital
住 2 Park Rd. Grafton
電 (09) 367-0000
Ascot White Cross
（24小時的醫療中心）
住 Ground Floor, Ascot Hospi-tal, 90 Greenlane E.
電 (09) 520-9555
羅托魯瓦
Lakes Care Medical Centre
住 1165 Tutanekai St.
電 (07) 348-1000
威靈頓
City Medical Centre
住 Level 2, 190 Lambton Quay
電 (04) 471-2161

位在市區內的醫療中心

商品種類豐富的連鎖藥局 Unichem Pharmacy

在醫院接受治療時

紐西蘭的醫療系統分成第一階段的家庭醫師治療（GP＝General Practitioner），與第二階段的醫院、專門醫師治療。不論是生病或受傷，需要讓醫生診斷時，首先是由稱為GP的家庭醫師診療，判斷在這裡無法處理時，才會送往醫院或專門醫師治療的系統。沒有GP這個階段的家庭醫師介紹，就無法接受第二階段的治療，因此必須先找家庭醫師看診。

GP基本上屬於預約看診制，通常在週末或節日以休診居多，因此夜間或發生緊急意外時，要去在正常時間外看診的醫療中心或急診醫院。接受看診時，如果能將自己何時開始、多久的頻率、有什麼樣的症狀一一以英文寫在紙上，可以讓就診過程更加順利；若有常用的藥物，最好事先將藥物所含成分翻成英文，在看診時一定要清楚告訴醫生。

如果擔心用英文看診會溝通不良，可以委託中文醫療口譯人員幫忙，只要是在第二階段的醫療單位，就能派遣醫療口譯人員來協助病患；至於家庭醫師也正陸續完成這樣的服務，不妨問問看。另外也可參考緊急時的醫療會話（→P.495）。

購買藥品

在醫療機關領到處方簽之後，就可以去藥局（Pharmacy或Chemist），處方箋受理櫃台會有明確的「Prescription」標示，只要向藥劑師出示醫生處方箋即可。藥局也提供市售的感冒藥、頭痛藥及胃腸藥，像這些藥物則是不用處方箋就能購買。如果不清楚哪種藥比較好，不妨詢問藥劑師。

其他像是超級市場等地也有販售不需要處方箋的一般藥物。

旅行英語會話

Kiwi English的ABC

深受歐洲影響的紐西蘭英語，又被稱為Kiwi English，發音比起美語更偏近於英式英語，不過有些發音還是與英國不同。儘管同樣都是英文，卻與我們在學校學的美式英語不盡相同，剛開始聽到時可能會有些疑惑。

英式說法

在日常用語中最重要的差異，應該是時間的描述方法；例如2點45分，在紐西蘭不是說「two forty five」，而是說成「quarter to three（3點前15分）」的情況較多，至於4點50分會講成「ten to five（5點前10分）」，9點10分則是「ten past nine」。另外在單字的用法上也很英式，Center→Centre，Theater→Theatre，而1樓會稱為Ground Floor，2樓是First Floor，而在速食店的外帶Take Out則會說成Take Away。

發音上的差異

發音則是接近澳洲式英語，最具代表性的如「e」會讓人聽成「aɪ」（例如：Today的a母音咬字就會比較重），「ɛ」的音則會發成「i」的長音（例如Pen→Pin，Yes→Yis）等。另外，由於會把「i」發成像「e」的音，可千萬別誤聽數字的Six而把自己搞得面紅耳赤。

與美式英語不同的單字

藥局	drugstore（美）
	chemist（NZ）
電梯	elevator（美）
	lift（NZ）
公寓	apartment（美）
	flat（NZ）
泳衣	swimming suit（美）
	togs（NZ）
健行	trekking（美）
	tramping（NZ）
汽油	gasoline（美）
	petrol（NZ）
垃圾桶	trash can（美）
	rubbish bin（NZ）

紐西蘭國內的方言

與台灣一樣，在各個地方都會有不同的腔調和用詞，紐西蘭國內也是以威靈頓為中心，若和其他地區的語言相比，就會發現當地的特殊方言，去比較語言的差異也非常有意思。

便利的app
善用Google 翻譯！

除了能翻譯輸入的英文單字，或是用手機拍攝餐廳菜單在螢幕上出現翻譯，也可以直接說中文翻譯成英文語音播放，擁有許多便利的功能。

毛利語的基本知識

毛利語與英語同時並列為紐西蘭的官方語言，這是原住民毛利族所說的語言，在與白人相遇之前並沒有文字，歷史或傳說都是靠口述的方式一代代傳承下來。原本有普通的、自然之意的「毛利Maori」這個名詞，會拿來當成自己民族的代名詞，則是從與白人開始交流時才開始的。

毛利語的基本發音，是由母音與子音的組合而成，讀起來很像是羅馬字發音。在紐西蘭國內的書店中，都有販售口袋型毛利語會話集或地名字典，有興趣的人不妨可以買來研究。

【毛利語的基本單字與會話】

Aotearoa ＝長雲繚繞之島（指紐西蘭）
Pakeha＝英國裔紐西蘭人
Maori＝普通的、一般的、自然的
Kia Ora＝你好、謝謝
Tena Koe＝第一次見面時打招呼（對方只有一人時）
Haere mai＝歡迎光臨
E Noho Ra＝再見
Ae＝是
Kaore＝不是
Whānau＝家人（廣義，包含非常親密的朋友）

●飛機上／在機場●

我想要預約3月16日從奧克蘭出發往基督城的班機	I'd like to make a reservation for a flight from Auckland to Christchuch, March 16th.
請給我靠窗／靠走道的座位	An aisle／A window seat, please.
請將我們的位子安排在一起	We'd like to sit together.
可以寄放行李嗎？	Could you store my baggage?
紐西蘭航空118班機的登機口在哪裡？	Where's the boarding gate for Air New Zealand 118?
對不起，請借過	Excuse me, can I get through?
可以再給我一條毯子嗎？	May I have another blanket?
不好意思，請問椅子可以往後躺嗎？	Excuse me, may I put my seat back?
有中文報紙嗎？	Do you have a Chinese newspaper?
可以教我怎麼填寫這份文件嗎？	Could you tell me how to fill in this form?
沒有需要申報的物品	I have nothing to declare.
這趟旅行的目的是什麼？	What's the purpose of your visit?
是來觀光的	Sightseeing.
預定會停留1個星期	I'll stay here about a week.
我的行李沒有出來	My luggage is not coming out yet.

●交通工具●

迷路了	I think I'm lost.
大教堂廣場是在地圖上的哪裡？	Where's the Cathedral Square on this map?
火車站／巴士總站／渡輪乘船處在哪裡？	Where's the station／bus terminal／bording gate?
從這裡到皇后鎮還要多久？	How long does it take from here to Queenstown?
請給我到皇后鎮的單程／來回車票	One-way（Single）／Round trip（Return）to Queenstown, please.
哪一輛才是前往奧克蘭的巴士／火車？	Which bus／train goes to Auckland?
你好，我想租車	Hello. I'd like to rent a car.
可以在威靈頓還車嗎？	Can I drop the car off in Wellington?
哪裡能叫得到計程車？	Where can I get a taxi?
請打開汽車後座行李箱	Can you open the trunk?
到機場需要多久時間？	How long does it take to go to the airport?

●觀光／城市漫遊●

這是什麼街？	What's this street?
我想要去這個地址	I'd like to go to this address.
不好意思，可以拿到免費的市區地圖嗎？	Excuse me. May I have a free city map?
可以幫我／我們拍照嗎？	Could you take a picture of me／us?

最近的公共電話在哪裡？	Where is a pay phone near here?
這附近有公廁嗎？	Is there a public restroom around here?
我想要報名參加觀賞企鵝之旅	I'd like to take a penguin watching tour.
可以在這裡預約嗎？	Can I make a reservation here?
旅程是何時／在哪裡出發？	Where／When does the tour start?

●住宿●

已經在台灣預約了	I made a reservation in Taiwan.
今天晚上有單人房嗎？	Do you have a single room tonight?
用網路預約了從今天開始的3天住宿，我叫○○	I have a reservation getting by internet for 3 nights from tonight. My name is ○○.
我想要取消預約，會需要收取手續費嗎？	I'd like to cancel the reservation. Will I have to pay cancellation fee?
我想要登記住房／退房	Check in／out, please.
冷氣壞了，請來修理	The air conditioner doesn't work. Could you fix it?
房間鑰匙不見了	I lost my room key.
鑰匙忘在房間裡	I'm locked out.
沒有熱水	The hot water isn't running.
廁所沒水	The toilet doesn't flush.
可以麻煩明天早上7:30 Morning Call嗎？	Can I have wake up call tomorrow morning at 7:30?
我想要多延長住宿1晚	Iwould like to stay one more night.
可以寄放貴重物品嗎？	Could you keep my valuables?

●購物●

沒有，只是看一看	No, thank you. I'm just looking.
有賣送人的麥蘆卡蜂蜜嗎？	Do you have a Manuka Honey for souvenirs?
我想要這個	Can I have this one?
可以把那個拿給我看嗎？	Could you show me that?
可以試穿嗎？	Can I try this on?
可以拿起來嗎？	May I hold it?
還有沒有大一點的？	Do you have any larger one?
這個總金額不對	This total cost isn't correct.

●在餐廳●

我想訂今天晚上8:00的晚餐，一共有3個人	I'd like to reserve a table for 3 people tonight at eight.
請給我菜單	May I have the menu?
這裡有什麼道地知名料理嗎？	Do you have any local specialties?
我要點燒烤羊肉	I'll take a roast lamb.
我們想分著吃，請另外給我小盤子	Can we have some small plates for sharing?

這個可以打包嗎？	Can I take this away？
我沒有點這道菜	This is not my order.

●糾紛●

我還可以繼續行程嗎？	Can Icontinue my trip?
護照不見了	I lost my passport.
錢包被偷了	Someone stole my wallet.
請給我失竊／遺失證明	Could you make a report of the theft／loss?
汽車爆胎了	I have a flat tire.
發生車禍	I had a traffic accident.

●英文單字●

【飛機／機場】

單程／來回....one way／return
經過..............................transit
轉乘............................transfer
登機證............boarding pass
費用........................ fare (fee)
預約再確認............ reconfirm
出發........................departure
抵達.............................. arrival
目的地................. destination
行李提領處....baggage claim

【巴士／電車／租車等】

時刻表..................... timetable
乘車..............................get on
下車.............................. get off
十字路口.................. crossing
距離..........................distance
更換輪胎........... retire the tire

【住宿】

預約.........................reservation
有空房／客滿...vacancy／no vacancy

【購物】

襯衫................................ shirt
領帶.................................... tie
褲子...........................trousers
鮑魚貝....................paua shell
翡翠（綠玉）.................... jade
羊皮皮革...............sheepskin
羊毛衣..............wool sweater

【食材】

小羊肉............................ lamb
小牛肉...............................veal
鹿肉........................... venison
蝦肉................. shrimp/prawn
牡蠣............................. oyster
淡菜...........................mussels

【換錢】

換錢...........money exchange
手續費...............commission
密碼.....................PIN number
提領現金..................withdraw

【糾紛】

警察..............................police
救護車................ ambulance
遊客保險....... travel insurance
重新發行.................... reissue
收據 ....record of checks
駐紐西蘭台北經濟文化代表處....
Taipei Economic and Cultural Office in New Zealand
駐奧克蘭台北經濟文化辦事處....
Taipei Economic and Cultural Office in Auckland
失竊證明.......theft certificate
遺失證明........loss certificate

能在紐西蘭吃到的主要魚類

旗魚	Swordfish	鯛魚	Snapper
紅肉旗魚	Striped Marlin	石首鯩	Tarakihi
南方黑鮪	Southern Bluefin Tuna	棘黑角魚	Gurnard
黃鰭鮪	Yellowfin Tuna	藍鱈	Blue Cod
鰹魚	Skipjack Tuna	鮟鱇魚	Monkfish
黃尾鰤	Kingfish	紐西蘭盾吻鰈	New Zealand Sole
魴魚	John Dory	鮭魚	Salmon
石斑魚	Grouper	鱒魚	Trout

緊急時的醫療會話

●在飯店索取藥物

我身體不舒服。

I feel ill.

請問有止瀉藥嗎？

Do you have an antidiarrheal medicine?

●前往醫院

這附近有醫院嗎？

Is there a hospital near here?

有華人醫生嗎？

Are there any Chinese doctors?

可以帶我去醫院嗎？

Could you take me to the hospital?

●在醫院的會話

我想要預約看診。

I'd like to make an appointment.

Green Hotel介紹我來的。

Green Hotel introduced you to me.

叫到我名字的時候請通知我。

Please let me know when my name is called.

●在診療室

我需要住院嗎？

Do I have to be admitted?

下次要什麼時候來？

When should I come here next?

我需要定期回診嗎？

Do I have to go to hospital regularly?

我預計還會在這裡待2週。

I'll stay here for another two weeks.

●診療結束後

診療費多少錢？

How much is it for the doctor's fee?

保險有給付嗎？

Does my insurance cover it?

可以刷卡嗎？

Can I pay it with my credit card?

請在保險文件上簽名。

Please sign on the insurance papar.

※若有符合的症狀，請打勾後交給醫生

☐ 想吐 nausea	☐ 發冷 chill	☐ 食慾不振 poor appetite
☐ 頭暈 dizziness	☐ 心悸 palpitation	☐ 胸痛 chest pain
☐ 發燒 fever	☐ 腋溫 armpit	______C／F
	☐ 口溫 oral	______C／F
☐ 腹瀉 diarrhea	☐ 便秘 constipation	
☐ 水便 watery stool	☐ 軟便 loose stool	1天　次　times a day
☐ 有時候 sometimes	☐ 頻繁 frequently	不間斷地 continually
☐ 感冒 common cold		
☐ 鼻塞 stuffy nose	☐ 鼻水 running nose	☐ 打噴嚏 sneeze
☐ 咳嗽 cough	☐ 痰 sputum	☐ 血痰 bloody sputum
☐ 耳鳴 tinnitus	☐ 聽力受損 loss of hearing	☐ 耳屎 ear discharge
☐ 眼屎 eye discharge	☐ 眼睛充血 redness in the eye(s)	☐ 看不清楚 visual disturbance

※使用下列單字向醫生傳達必要資訊

●什麼狀態的食物

生的　raw

野生的　wild

油膩的　oily

不熟的　uncooked

煮好後放置一段時間

a long time after it was cooked

●受傷

被叮・被咬　bitten

割傷　cut

跌傷　fall down

撞傷　hit

扭傷　twist

摔傷　fall

燙傷　burn

●疼痛

灼痛　burning

刺痛　sharp

尖銳　keen

嚴重　severe

●原因

蚊子　mosquito

黃蜂　wasp

虻　gadfly

毒蟲　poisonous insect

蠍子　scorpion

水母　jellyfish

毒蛇　viper

松鼠　squirrel

（野）狗　(stray)dog

●從事什麼活動的時候

去叢林

went to the jungle

潛水

diving

露營

went camping

去爬山

went hiking (climbling)

在河裡游泳

swimming in the river

實用旅遊資訊

航空公司

【紐西蘭航空 Air New Zealand】
FREE 0080-185-2038
URL www.airnewzealand.tw
經營台灣直飛紐西蘭奧克蘭班機，是紐西蘭規模最大的航空公司，航線連接國內超過20個城市。

【捷星航空 Jetstar Airways】
☎0080-185-2015（台灣）
FREE 0800-800-995
URL www.jetstar.com
以澳洲與紐西蘭為據點的航空公司，主要往來奧克蘭～威靈頓等主要區間。

機場

【基督城國際機場 Christchurch International Airport】
☎(03) 353-7777
URL www.christchurchairport.co.nz

【奧克蘭國際機場 Auckland International Airport】
☎(09) 275-0789
FREE 0800-247-767
URL www.aucklandairport.co.nz

長途巴士公司

【Intercity Coachlines】

基督城	☎(03) 365-1113
皇后鎮	☎(03) 442-4922
但尼丁	☎(03) 471-7143
奧克蘭	☎(09) 583-5780
威靈頓	☎(04) 385-0520

URL www.intercity.co.nz
簡稱Intercity，為紐西蘭國內最大的巴士公司，路線遍及南北2島，和Newmans Coach Lines、Great Sights、Northliner Express合作。

【Great Sights】
☎(09) 583-5790
FREE 0800-744-487
URL www.greatsights.co.nz
推出奧克蘭～懷托摩Waitomo等南北島主要城市間的各種1日遊行程。每到一個目的地，司機就會在車上以廣播導覽。

【Atomic Travel】
✆021-0867-6001
URL www.atomictravel.co.nz
連接基督城～霍基蒂卡的接駁巴士，途中行經亞瑟隘口Arthur' s Pass、葛雷茅斯Greymouth。

【Ritchies】
URL www.ritchies.co.nz
皇后鎮～瓦納卡Wanaka的定期巴士及奧克蘭機場巴士等，行駛在紐西蘭各地。

【East West Coaches】
✆027-201-8825
URL www.eastwestcoaches.co.nz
行駛於西海岸（葛雷茅斯、西港）～基督城的接駁巴士，途中行經亞瑟隘口。

鐵路公司

【Kiwi Rail】
FREE 0800-872-467
URL www.greatjourneysnz.com
行駛往來基督城～葛雷茅斯的Tranz Alpine號、基督城～皮克頓的太平洋海岸號Coastal Pacific、奧克蘭～威靈頓的北部探險號Northern Explorer、北帕莫斯頓～威靈頓的Capital Connection號。

渡輪公司

【Interislander】
FREE 0800-802-802
URL www.interislander.co.nz
往來威靈頓～皮克頓的渡輪，所需時間約3小時30分。

【Bluebridge】
FREE 0800-844-844
URL www.bluebridge.co.nz
往來威靈頓～皮克頓的渡輪，所需時間約3小時30分。

駐外館處

【駐紐西蘭代表處（駐紐西蘭台北經濟文化代表處）】
Taipei Economic and Cultural Office in New Zealand
Map P.394-C1
住Level 23, 100 Willis Street, Wellington
☎(04) 473-6474 FAX (04) 499-1458
URL www.roc-taiwan.org/nz
（領務服務時間）
開週一～五9:00～12:30、13:30～17:00
休週六・日・節日

【駐奧克蘭辦事處（駐奧克蘭台北經濟文化辦事處）】
Taipei Economic and Cultural Office in Auckland
Map P.246-D1
住Level 15, Tower 2, 205 Queen Street, Auckland
☎(09) 303-3903 FAX (09) 302-3399
URL www.roc-taiwan.org/nzakl
（領務服務時間）
開週一～五9:00～17:00 休週六・日・節日

急難救助電話：行動電話：(64)27-449-5300、紐西蘭境內直撥：027-449-5300
旅外國人急難救助全球免付費專線：00-800-0885-0885
※急難救助電話專供如車禍、搶劫、有關生命安危緊急情況等緊急求助之用，非急難重大事件請勿撥打

信用卡遺失時的緊急聯絡電話

美國運通卡American Express	FREE 0800-656-660
大來卡Diners	FREE 0800-44-3688
MasterCard	FREE 0800-44-9140
VISA	FREE +1-303-967-1090（由當地接線生轉撥之緊急聯絡電話）

緊急時的聯絡電話

【警察・救護車・消防】
☎111（警察、消防免費，救護車須付費）

看電影了解紐西蘭

《俘虜Merry Christmas Mr. Lawrence》（1983年）

導演／大島渚
演出／大衛鮑伊David Bowie、坂本龍一、北野武

日本、紐西蘭、英國、澳洲聯合製作的電影，在奧克蘭等地拍攝。

《鋼琴師和她的情人The Piano》（1993年）

導演・劇本／珍康萍Jane Campion
演出／荷莉杭特Holly Hunter、哈維凱托Harvey Keitel

來自威靈頓的女導演珍康萍一大代表作，榮獲坎城影展的金棕櫚獎。

《曾是戰士Once Were Warriors》（1994年）

導演／Lee Tamahori
演出／Rena Owen、Temuera Morrison

導演是具有毛利人血統的Lee Tamahori，敘述現代毛利社會問題的電影。

《尋龍傳說Pete's Dragon》（2016年）

導演／大衛羅利David Lowery
演出／Oakes Fegley

首部於紐西蘭製作的迪士尼電影，在羅托魯瓦Rotorua等地拍攝。

《攻殼機動隊Ghost in the Shell》（2017年）

導演／魯伯特桑德司Rupert Sanders
演出／史嘉蕾・喬韓森Scarlett Johansson、北野武

以日本漫畫《攻殼機動隊》改編的電影，以威靈頓為據點拍攝約5個月。

《魔戒The Lord of the Rings》三部曲（2001～2003年）

導演／彼得傑克森Peter Jackson
演出／伊利亞伍德Elijah Wood、伊恩麥克連Ian McKellen

引發紐西蘭電影熱潮的火種，將不可能實現的書中世界，以紐西蘭各地的豐富大自然為背景，一一精采地完整呈現。

《鯨騎士Whale Rider》（2003年）

導演／Niki Caro
演出／Keisha Castle-Hughes

將毛利女作家的原著小說改編後，由同樣具有毛利血統的女導演拍攝成電影。

《末代武士The Last Samurai》（2003年）

導演・劇本・製作／Edward Zwick
演出／湯姆克魯斯Tom Cruise、渡邊謙、真田廣之

以外型極似富士山的塔拉納基山Mt. Taranaki為背景，忠實呈現出日本19世紀的古老農村景致。

《納尼亞傳奇The Chronicles of Narnia》第1集・第2集（2006・2008年）

導演／Andrew Adamson
演出／William Moseley、Anna Popplewell

取景於奧克蘭、基督城郊區與北島的科羅曼德半島Coromandel Peninsula。

《哈比人The Hobbits》（2012～2014年）

導演／彼得傑克森
演出／馬丁費里曼Martin Freeman、伊恩麥克連Ian McKellen

以《魔戒》故事60年前為背景的科幻電影，共有三部曲。

《為妳說的謊The Light Between Oceans》（2016年）

導演／Derek Cianfrance
演出／Michael Fassbender、Alicia Vikander

改編自同名暢銷小說，在但尼丁附近拍攝。

《X戰警：金鋼狼X-Men Origins: Wolverine》（2009年）

導演／蓋文胡德Gavin Hood
演出／休傑克曼Hugh Michael Jackman

是X戰警系列的衍生作品，在皇后鎮周邊取景拍攝。

《阿凡達Avatar》（2009年、2022年）

導演／詹姆斯卡麥隆James Francis Cameron
演出／山姆沃辛頓Sam Worthington、柔伊莎達娜Zoe Saldaña、

實景部分在威靈頓附近拍攝，由威塔工作室負責電腦動畫CG製作。

紐西蘭的歷史

Maoritanga
所謂的Maoritanga就是毛利文化，在毛利村落，至今仍保留著傳統藝術與各種儀式，介紹給來這裡參觀的旅客認識。

毛利人的打招呼方式稱為Hongi，是以鼻子碰鼻子來表達親切之意；而毛利族戰士的勇敢善戰也是出很有名，過去在遇到外來者時會以張大眼睛、吐出長長舌頭的姿勢來威嚇對方；毛利人集會所的樑柱雕刻上，更有驅魔之意的「恐嚇姿勢」圖紋。

以獨木舟而來的毛利人

最早來到這塊土地上的人類，據說是在距今大約1000年前，從南太平洋玻里尼西亞一帶划著獨木舟乘風破浪而來的毛利人，但是真正開始有毛利人定居，則是在13～14世紀時，搭乘巨大的雙體獨木舟，依據星星的位置、風向、海潮來決定方位，憑藉優秀的航海技術展開移民行動。他們以火焚燒樹林或草原來開墾，過著農耕與狩獵生活，以芋頭、山藥、地瓜等農作物，以及鳥、海鮮等為食物。毛利人以部落方式群居，隨著時代的演進，部落人數增加後便分成數個部落，在毛利人的村落中設有集會所Marae來舉辦重要儀式，現在依舊保留於各地。另外對毛利人來說，土地是部落共有的重要財產，毛利戰士則以勇猛果敢而出名；當時的毛利人還不會使用鐵等金屬，而是利用石頭製作成各式各樣的工具，所以他們的雕刻工藝相當纖細精巧。遇見歐洲人之前的毛利人是沒有文字的，全是靠口述方式來傳承他們的歷史。

18世紀末期的西歐人

這個居住著原住民毛利人的島國，首先來到的歐洲人是1642年荷蘭的帆船航海家亞伯塔斯曼Abel Tasman（→P.211），但是他遇到毛利戰士的襲擊而放棄登島，直接離開；之後這座島嶼雖然以荷蘭地名被稱為Novo Zeelandia，卻長時間被人所遺忘。然後在100多年後的1769年，英國航海家詹姆斯・庫克James Cook花了半年時間，調查紐西蘭全島的沿岸，製作出正確的紐西蘭地圖（→P.368）。從1790年左右，許多捕鯨、獵取海豹皮毛、尋找木材、麻等資源的許多歐洲人紛紛到來，西歐人與毛利人展開頻繁的交流，毛利人在提供豬肉、芋頭類食物的同時，也交換到斧頭、鐵釘等鐵製品，以及大砲、火藥、毯子等物資。

可以自行選擇毛利身分
現在根據紐西蘭政府的統計，認為自己是毛利人的民眾占總人口的大約16.5%，之所以出現「認為」一詞，主要是因為對毛利人的定義，會隨著時代變遷而有不同的認定。

原來的毛利人是指擁有一半以上毛利血統的人，但是在1986年、1991年的國力調查中卻使用了「Solo Maori」的新定義，只要是具有部分毛利血統的人，就被認定為紐西蘭毛利人。

根據上一次2018年進行的國力調查，認為自己是毛利人後代子孫的比例，在過去5年間增加1.4%。不過這項調查也因為認可一個人可複數選擇屬於多個不同種族，因此最後的結果，整體總人數與回答人數無法一致。

英國移民與懷唐伊條約

隨著西歐人與毛利人的交流日益熱絡，也讓英國人Edward Gibbon Wakefield興起正式引進大規模移民的念頭，他在1838年於倫敦設立紐西蘭公司，正式有組織性地展開移民。因為對於這項事業的發展有所擔憂，英國政府決定於1840年出海統治紐西蘭，下令威廉・霍布森William Hobson上尉前來推行殖民政策。同年2月5日與集合在北島北部懷唐伊Waitangi的毛利各部族酋長們協議，簽署正式條約，這就是

讓紐西蘭成為英國殖民地的懷唐伊條約Treaty of Waitangi。條約只有下述3項條件的簡單內容，「紐西蘭的主權屬於英國國王」、「繼續承認毛利族的土地所有權，但是土地買賣僅限於英國政府」、「承認毛利人身為英國國民的權利」。

紐西蘭就此正式成為英國的殖民地，移民的湧入也日益增多，1840年第一批移民來到威靈頓之後，僅僅6年時間，移民人口就暴增到9000人。

因土地紛爭引起的毛利戰爭

簽訂懷唐伊條約的結果，就是1850年代後半英國移民人口超過毛利人，對土地的需求急速增加，但是對多數毛利人來說，並不願意輕易出售土地，尤其是在土地肥沃且適合農耕的懷卡托Waikato、塔拉納基Taranaki等地區，雙方的對立愈來愈白熱化，到最後發展成英國人以兵力強硬接收土地的事態。為此在1860年時爆發英軍與毛利人的戰爭，戰火持續長達12年之久，最後以毛利人的敗北告終；這段期間毛利人的人口數也大為減少，除了戰爭因素外，還有歐洲人把各種疾病帶來這個國家。戰爭主要是以眾多毛利人居住的北島為主，於此同時，南島不僅發展出興盛的農畜牧業，還挖掘出金礦，讓移民人數也因此增加。

真正的政黨政治並邁向現代化國家

到了19世紀後半，紐西蘭國內開始陸續發展鐵路、通訊網，讓原本只靠移民發展出據點城市的紐西蘭，漸漸地形成國家的雛形。而最早比南島擁有優勢地位的北島，也因為南島的淘金熱而流失人口，加上由於毛利戰爭所造成的土地荒廢等，最後喪失成為政治中心的機會。考量到南北島間的平衡，於1865年將當時在奧克蘭的首都搬遷到威靈頓；趁著這個機會，紐西蘭也迎來正式的政黨政治年代，特別是1890年在大選中獲得壓倒性勝利的自由黨，其所進行的一連串政治改革，為國家帶來劇烈的改變。世界第一個開放女性擁有參政權的國家、土地改革、老人年金等法規的制定，穩定政權下也讓紐西蘭經濟蒸蒸日上，人口更是大幅增加，從1890年約50萬人，倍數增長到1912年約100萬人。現在的紐西蘭更加強與有深厚地緣、經濟關係的澳洲和美國，以及日本、亞洲各國間的關係，出口總額有半數以上是農畜牧產品，而石油或工業製品則多數仍仰賴進口。與外國的貿易除了農畜牧產品之外，並出口鋁等非鐵金屬、海鮮、羊毛等，並進口汽車、通訊機械、鋼鐵等物資。近年來也以豐富大自然為賣點，致力於推廣觀光事業，成為觀光大國。

英國的「海外農園」

1860～1870年代，為了配合紐西蘭風土而進行的綿羊品種改良，以及小麥栽培都陸續步上軌道，奠定畜牧農產的一大基礎。1880年代發展出集約農業，增加奶油和起司的出口量，加上冷凍技術的進步，開始以冷凍貨輪出口羊肉至英國；即使進入20世紀，羊毛、羊肉、酪農產品的輸出依然很旺盛，確立紐西蘭農產品出口大國的地位，又因為與前殖民國英國的緊密關連，而被稱為英國的「海外農園」。

淘金熱

1861年澳洲的礦石工程師在但尼丁的Lawrence附近發現大量的金礦，而開啟淘金熱；之後在皇后鎮周邊也挖掘出金礦，讓奧塔哥Otago地區的人口在2年左右成長5倍。但是這些金礦不到3年時間就宣告挖罄，在這段時間的前後，南島西海岸West Coast、北島科羅曼德鎮Coromandel Town等地也都有發現金礦存在，只是礦藏量極少，淘金熱在1868年左右就如夢般消失。

世界第一個女性參政權

紐西蘭在1893年立法，成為全世界第一個承認女性參政權的國家，美國、英國則是在25年之後才陸續承認；至於台灣是於1947年通過的中華民國憲法，給予婦女平等的選舉權，比紐西蘭晚了54年。

索引

D

E

F

G

N

O

P

Q

R

S

T

U

V

W

Y

Z

Place your cart on the conveyor
Exit to the right

遠眺皇后鎮©MOOK

紐西蘭世界遺產，東加里羅國家公園©MOOK

地球の歩き方

紐西蘭 NO.65

主編 Senior Editor
王藝霏

執行編輯 Editor
吳秀雲

作者 Writer & Editor
地球の歩き方編集室

譯者 Translator
吳秀雲

美術編輯 Designer
林意玲

封面設計 Cover Designer
羅婕云

中文版封面第一張小圖©Lawrence Murray

日版工作人員與圖片來源

Producer: Yasuyuki Kawamura
Editors: Group PICO Co., Naoko Imafuku(Grupo PICO), Emiko Takeshima
Reporters: Miko Grooby, Mayuko Iwasaki
Photographers: Taizo Takei(Grupo PICO), Miko Grooby
Designers: Meishodo Co.,Ltd.
Maps:fromage,Heibonsha Co.,Ltd.
Proofreading: Tokyo Syuppan Service Center
Cover Design: Akio Hidejima
Cooperation&Photo provided: New Zealand Embassy,Tokyo, Tourism New Zealand, Air New Zealand, Qbook, Auckland Tourism,Events and Economic Development, Dark Sky Project, Explore NZ, Hobbiton Movie Set Tours, Hairy Feet Waitomo, IS GLOBAL SERVICES, Japan Connect NZ Ltd., Real NZ, Yoshiki Satou(Wilderness), KIWIsh JaM Tour, Japan Tourist Service, Best Inn Rotorua, Yumerando NZ.com, Minoru Toyama, Getty Images, iStock, shutterstock, Franz Josef Glacier Guides, Hukafalls Jet, All Blacks Experience, Agrodome, Wētā Workshop, Rotoura NA, Kiwi Rail, PureGlenorchy, Shamarra Alpacas

國家圖書館出版品預行編目資料

紐西蘭 = New Zealand/地球の步方編集室作；吳秀雲譯.
-- 初版. -- 臺北市：墨刻出版股份有限公司出版：英屬蓋曼群島商家庭傳媒股份有限公司城邦分公司發行, 2024.06
512面：13.5×21公分. – –(地球の步き方：65)
譯自：地球の步き方 ニュージーランド 2024～2025
ISBN 978-626-398-018-1(平裝)
1.CST: 旅遊 2.CST: 紐西蘭

772.9　　113005118

總經理 … Group President
… g Director
… n Chief
… eting Manager

出版公司 Publication
墨刻出版股份有限公司
地址：115台北市南港區昆陽街16號7樓
電話：886-2-2500-7008
傳真：886-2-2500-7796
E-mail：mook_service@cph.com.tw
讀者服務：readerservice@cph.com.tw
網址：travel.mook.com.tw

發行公司 Publication(TW)
英屬蓋曼群島商家庭傳媒股份有限公司城邦分公司
地址：台北市104民生東路二段141號2樓B1
電話：886-2-2500-7718　886-2-2500-7719
傳真：886-2-2500-1990　886-2-2500-1991
城邦讀書花園：www.cite.com.tw
劃撥：19863813
戶名：書虫股份有限公司

香港發行所 Publication(HK)
城邦(香港)出版集團有限公司
地址：香港九龍土瓜灣土瓜灣道86號順聯工業大廈6樓A室
電話：852-2508-6231
傳真：852-2578-9337
E-mail：hkcite@biznetvigator.com

馬新發行所 Publication(M)
城邦(馬新)出版集團 Cite (M) Sdn Bhd
地址：41, Jalan Radin Anum, Bandar Baru Sri Petaling, 57000 Kuala Lumpur, Malaysia.
電話：(603)90563833
傳真：(603)90576622
E-mail：services@cite.my

製版 Production
藝樺彩色印刷製版股份有限公司

印刷 Printing
漾格科技股份有限公司

經銷商 Agency
聯合發行股份有限公司（電話：886-2-29178022）
金世盟實業股份有限公司

城邦書號
KJ0065

定價
NT＄650元 HK＄217

ISBN
978-626-398-018-1・978-626-398-016-7（EPUB）

2024年6月初版